HAMILTON COUNTY, OHIO BURIAL RECORDS

VOLUME 10
GREEN TOWNSHIP

D1736729

HAMILTON COUNTY CHAPTER
of the
OHIO GENEALOGICAL SOCIETY
P O BOX 15851
CINCINNATI, OH 45215

EDITED by MARY H. REMLER

HERITAGE BOOKS, INC.

Other Books/CDs by the Hamilton County Chapter of the Ohio Genealogical Society:

HCOGS/Volumes 1-9 CD-ROM

HCOGS/Hamilton County, Ohio, Burial Records,
Volume 9, Union Baptist African American Cemetery

HCOGS/Restored Hamilton County, Ohio
Marriages 1870-1884

HERITAGE BOOKS, INC.
1540E Pointer Ridge Place
Bowie, Maryland 20716
1-800-398-7709

ISBN 0-7884-0856-9

A Complete Catalog Listing Hundreds of Titles
On History, Genealogy, and Americana
Available Free Upon Request

INTRODUCTION

The surveyed boundaries for Green Township were established circa 1809 for thirty-six sections as an even surveyed township. The precise survey lines separated it from Cincinnati and the (former) Millcreek Township on the east, Delhi Township on the south, Miami Township on the west, and Colerain on the north. Some of the most interesting and attractive scenery in the county may be seen driving through this township.

National census records attest to the rapid influx of pioneer settlers. Histories of the county give brief accounts of individual ancestral information and their contributions to the development of the area. They established schools, churches and developed civic institutions. Some of the names of villages formed in this township were Bridgetown, Cedar Grove, Cheviot, Covedale, Dent, Dry Ridge, Five Corners, Mount Airy, St Jacob's, Sheartown, Weisenburgh, and Westwood. Mount Airy was annexed on July 26, 1911 and Westwood was annexed on January 1, 1896 to the City of Cincinnati. In 1861 the first gathering to celebrate the "Harvest Home" was held in Cheviot and it has been an annual event up to the present day.

The City of Cheviot has a Historical Society. To become informed about activities of this Historical Society you may write to Cheviot Historical Society, Cheviot City Hall, 3814 Harrison Avenue, Cheviot, OH 45211. A Historical Society for Green Township originated in 1978 and correspondence may be addressed to: 3973 Grace Avenue, Cincinnati, OH 45211. They have meetings every other month of the year at 6303 Harrison Avenue, the Green Township Administration building.

This is a publication of the reading of gravestones to be found in the burial grounds of Green township. A brief history is the preface for the records of each cemetery. Small rectangular marks on the plat indicate the grave location for a military service veteran. Bridgetown, St Aloysius Gonzaga and St James of White Oak are still active cemeteries. The location for burial in Bridgetown and St Aloysius Gonzaga is given by section according to the plat. St James of White Oak gives the gravestone readings as found in sequence by rows within each section, thus keeping family units of information together. The maiden surnames listed in the information column for Bridgetown Cemetery were indexed. The following is a list of Jewish cemeteries in Covedale area that are still to be recorded for publication: United Romanian Hebrew, Kneseth Israel, Galican Society, American Jewish Burial, Beth Hemdresh Hogodoll, B'Nai Jacob, New Hope, Norwood-Northern Hills, Tifeeres Israel, and Yad Choritzim.

We are most grateful for the contributions of time and cooperation by the following members to make the publication of these records possible: Eleanor D Bardes, Elizabeth W Bauscher, William R Halm, Joan H Jester, Elva W Kluener, Catherine W Miodrag, Rose Moore, Mary H Remler, Paul Ruffing, Betty Ann Smiddy, Mark Steinke, Marjorie Waidner, Jeanne S Wullenweber, and Dorothy Wurzelbacher.

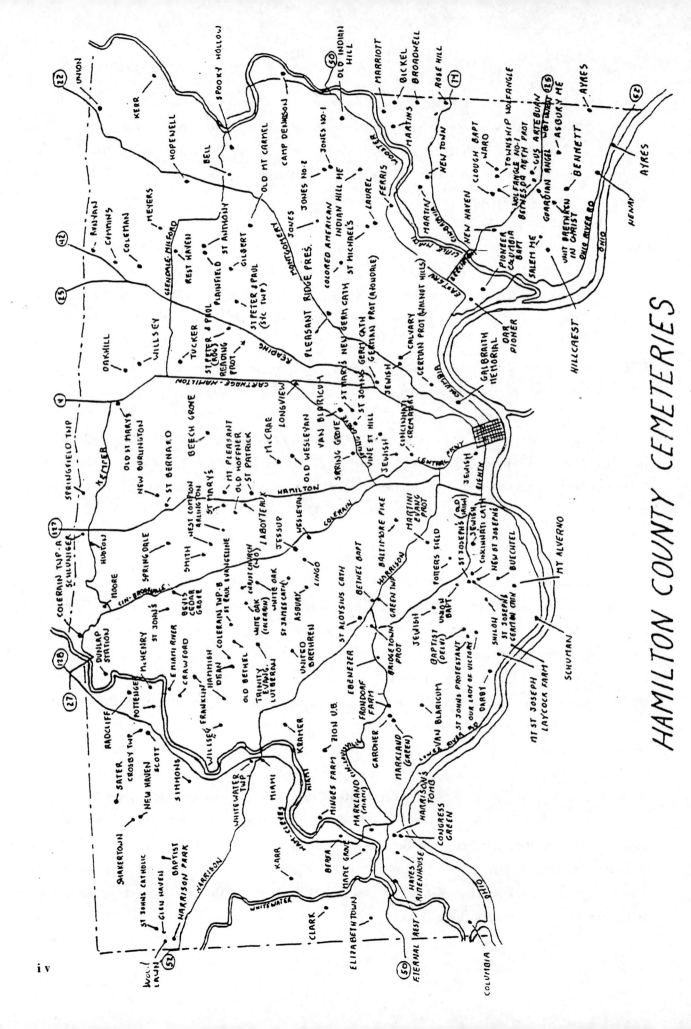

HAMILTON COUNTY CEMETERIES

iv

TABLE OF CONTENTS

ABBREVIATIONS

AE	Age		
b.	born (Geb./geboren)	AK	Alaska
BD	birth date	AL	Alabama
ch/o	child of	AR	Arkansas
Co	County or Company/military	AZ	Arizona
d	day (s)	CA	California
d.	died (Gest./gestorben)	CO	Colorado
DD	death date	CT	Connecticut
DI	date interred	DC	District of Columbia
d/o	daughter of	DE	Delaware
emb	emblem on stone	FL	Florida
F & AM	Member of Masons	GA	Georgia
f/o	father of	HI	Hawaii
Gr	grave	IA	Iowa
Grd	grand	ID	Idaho
h/o	husband of	IL	Illinois
Jr	Junior	IN	Indiana
LO	Lot owner	KS	Kansas
m	month (s)	KY	Kentucky
m. or Mar	married	LA	Louisana
mkr	marker	MA	Massachusetts
m/o	mother of	MD	Maryland
O.E.S.	Order of Eastern Star	ME	Maine
Rec	record	MI	Michigan
Res	Resided or residence of	MN	Minnesota
Rev	Reverend or Revolutionary	MO	Missouri
ssa	on same stone as name above	MS	Mississippi
sb	stillborn	MT	Montana
Sec	Section	NC	North Carolina
s/o	son of or sister of	ND	North Dakota
sp	spelling uncertain	NE	Nebraska
Sr	Senior	NH	New Hampshire
Twp	Township	NJ	New Jersey
Vet	Veteran of military service	NM	New Mexico
w'd	widowed spouse	NV	Nevada
wk	week (s)	NY	New York
w/o	wife of	OH	Ohio
WW I	World War I	OK	Oklahoma
WW II	World War II	OR	Oregon
y or yrs	year (s)	PA	Pennsylvania
&	and	PR	Puerto Rico
?	not known or uncertain	RI	Rhode Island
Jan	January	SC	South Carolina
Feb	February	SD	South Dakota
Mar	March	TN	Tennessee
Apr	April	TX	Texas
May (Mai)	May	UT	Utah
Jun (Juni)	June	VA	Virginia
Jul	July	VT	Vermont
Aug	August	WA	Washington
Sep	September	WV	West Virginia
Oct	October	WI	Wisconsin
Nov	November	WY	Wyoming
Dec	December		

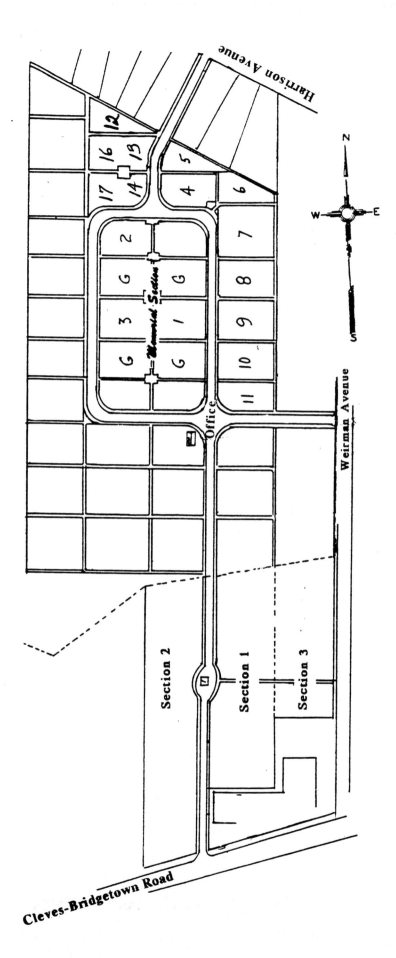

BRIDGETOWN PROTESTANT CEMETERY

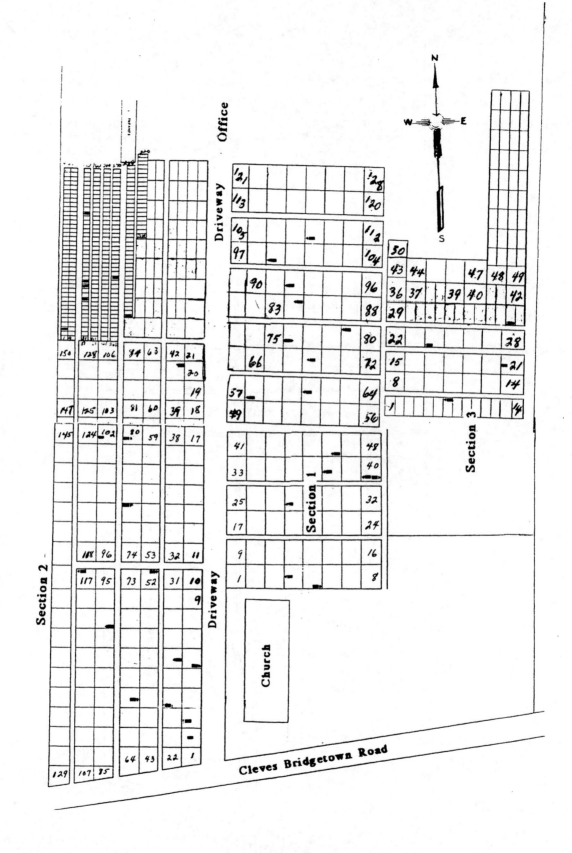

BRIDGETOWN PROTESTANT CEMETERY

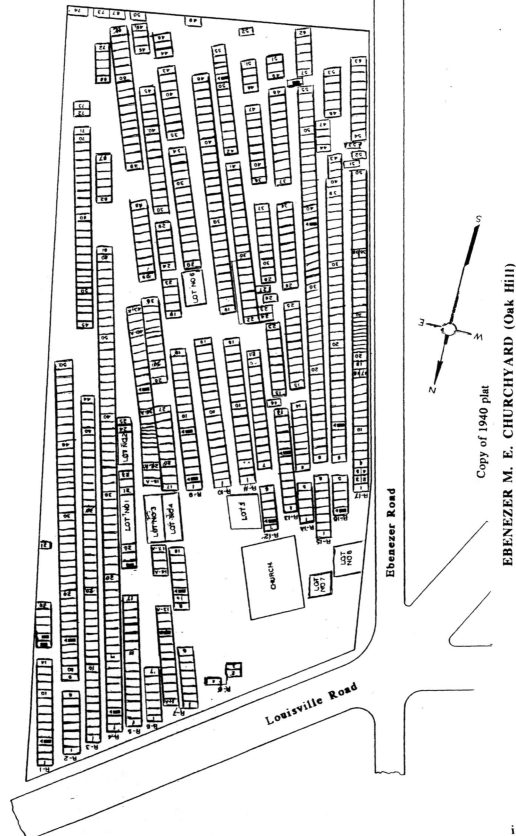

Copy of 1940 plat

EBENEZER M. E. CHURCHYARD (Oak Hill)

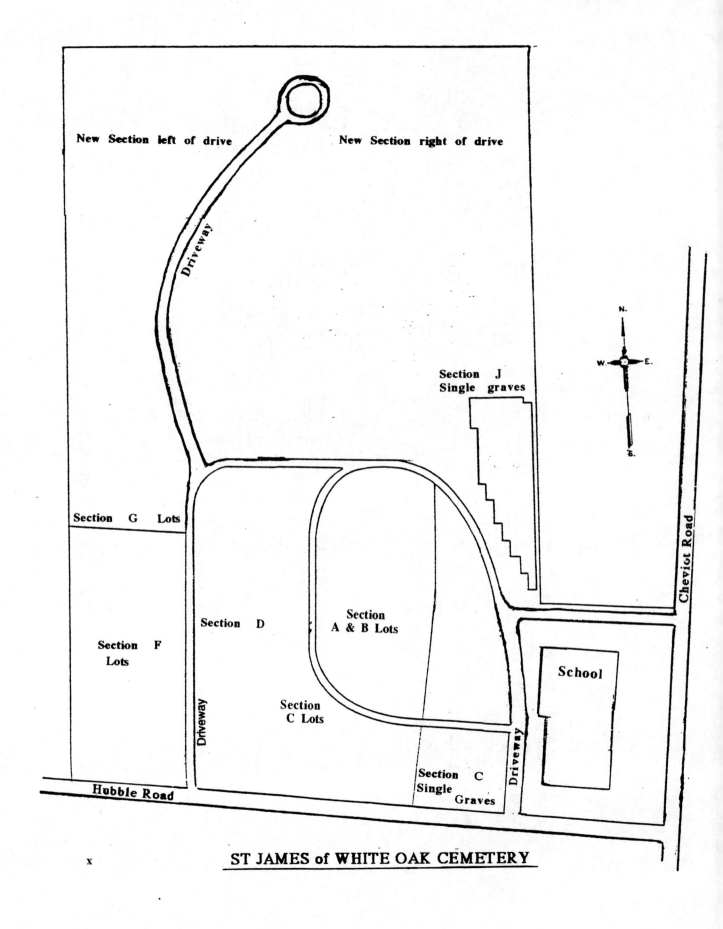

New Section left of drive

New Section right of drive

Driveway

Section J
Single graves

N.

W. E.

S.

Section G Lots

Section D

Section
A & B Lots

Section F
Lots

Driveway

Section
C Lots

Cheviot Road

School

Section C
Single Graves

Driveway

Hubble Road

x

ST JAMES of WHITE OAK CEMETERY

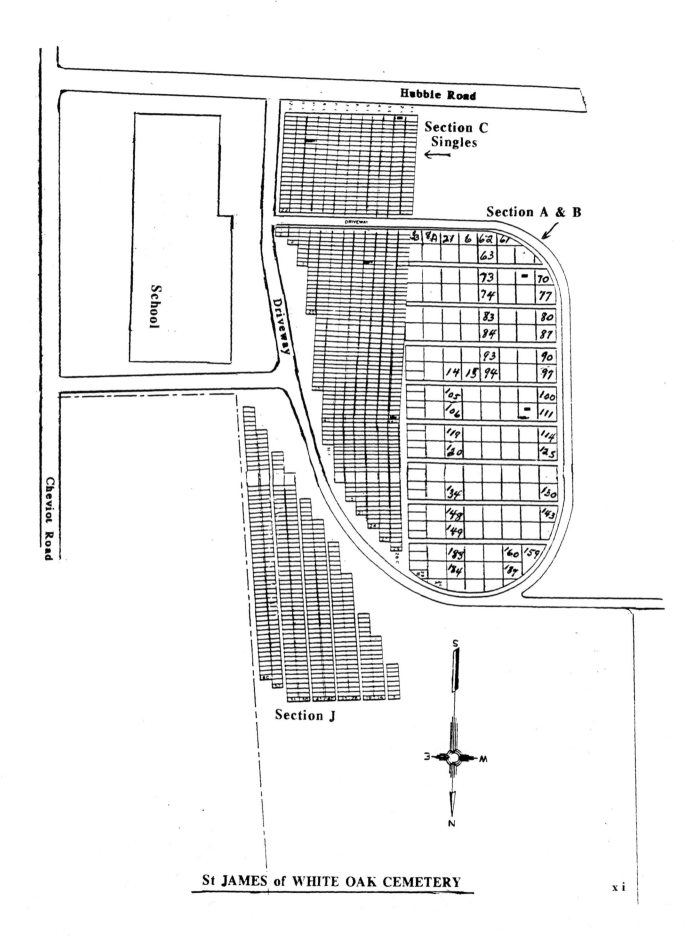

St JAMES of WHITE OAK CEMETERY

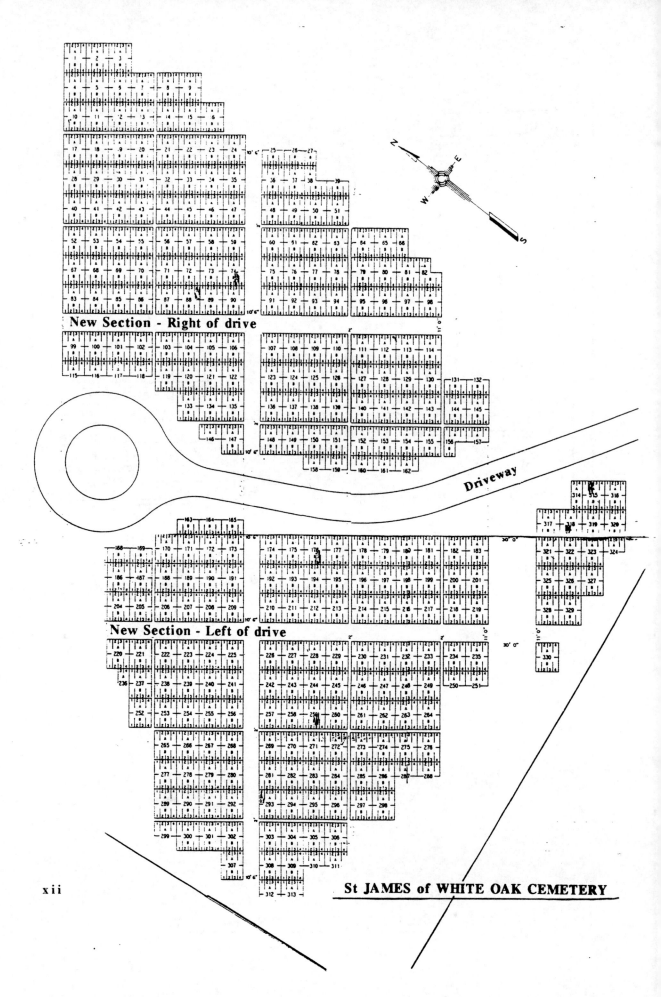

New Section - Right of drive

New Section - Left of drive

Driveway

St JAMES of WHITE OAK CEMETERY

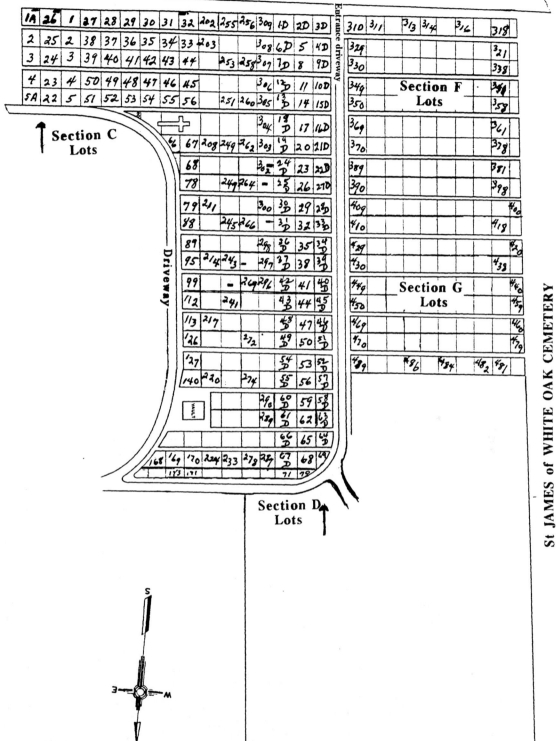

Hubble Road

Section C
Lots

Section F
Lots

Section G
Lots

Driveway

Entrance driveway

VAULT

Section D
Lots

St JAMES of WHITE OAK CEMETERY

S

E — W

N

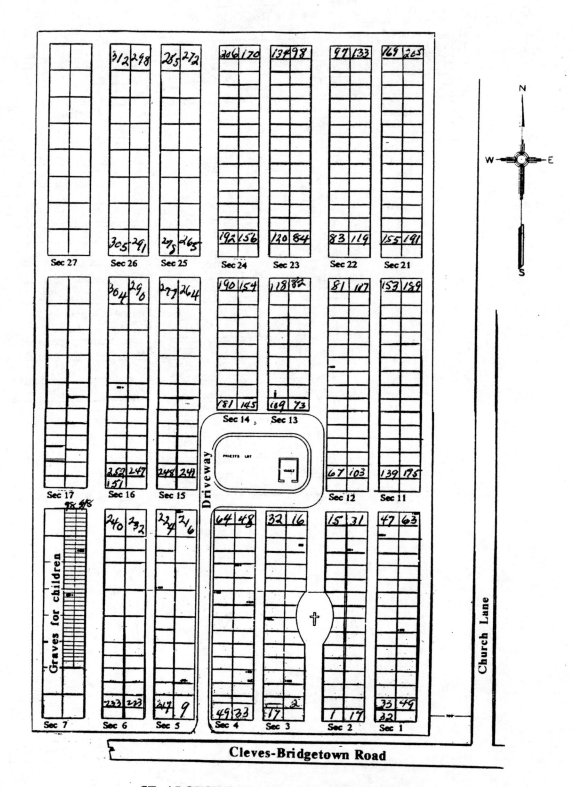

ST ALOYSIUS GONZAGA CHURCHYARD

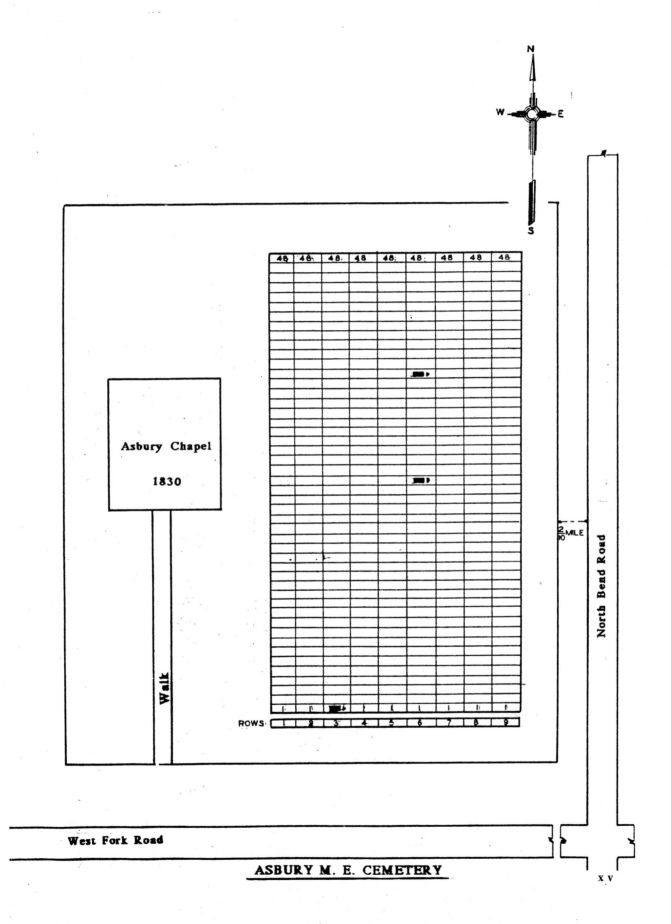

ASBURY M. E. CEMETERY

This is still an active cemetery in the community of Bridgetown, Section 15 of Green Township, Hamilton County, Ohio. It was established in 1864 by members of the First German Protestant Church which adjoined the property on Cleves Pike (Bridgetown Road) or south side of the cemetery. The deed was recorded at the courthouse on December 1, 1864. Additional land was added and developed to the north with a second entrance from 4337 Harrison Avenue, for a total of about twenty-two acres. In approximately 1904 the operation of this cemetery was placed in the control of a private board of trustees. A monument inscribed with the following: "This tribute is made with loving respect in honor of The Pioneers of Green Township," was erected in Bridgetown Cemetery where reinterrment of the remains and gravestones were buried from the Green Township Cemetery.

Gravestone inscriptions are the only records for Bridgetown Cemetery from 1864 until 1875. From 1875 until 1904 the burial records were written in German script and some pages may be missing. Jeffrey G Herbert transcribed the records written in German script for this publication. Rosemary Moore copied all the records from 1905 until 1990. Most of the dates given in the cemetery records for both the German and English writing were for the date of burial as only a few entries gave the actual date of death. The reading of all gravestone inscriptions was completed in September 1996 by Paul Ruffing, Jeanne Wullenweber and William Halm. Mr Halm combined the gravestone readings with the office burial records to complete the information for each individual. A notation of military service and date of death for veterans up to 1940 was added from the Veterans Grave Registration File at the county courthouse.

Name	Birth	Death	Interment	Age	Sec- Lot	Infomation
Heidemann, Anna			26 Mar 1953	72y	1 - 1	ssa Paul
Heidemann, Paul					1 - 1	ssa Anna
Pelizaeus, Christine	1860	1916	21 Nov 1916	56y	1 - 1	ssa Edward
Pelizaeus, Edward	1866	1916			1 - 1	ssa Christine
Stammel, Oscar Martin	1887	1907	27 Oct 1906	19y	1 - 1	
Stammel, Gerhardt	1833	1907	27 Feb 1907	74y 1m 16d	1 - 1	
Kock, John Adam	1 Apr 1817	31 Jul 1897	31 Jul 1897	80y 4m	1 - 2	ssa Anna Elizabeth
Kock, Anna Elisabetha	3 Jan 1821	12 Jan 1891	6 Apr 1891	70y 9d	1 - 2	nee, Heerdt - ssa John Adam
Kock, Elizabeth A.	1862	1946	9 Dec 1946	83y	1 - 2	
Metsch, Martha A.	1901		19 Jun 1990	88y	1 - 2	ssa Richard
Doll, George Washington	1922	1922	1 Mar 1922	7d	1 - 3	baby Doll
Doll, Joseph R.	1896	1970	29 Dec 1970	74y	1 - 3	ssa Emma
Doll, Emma	1897	1982	2 Mar 1982	84y	1 - 3	ssa Joseph R.
Metsch, Richard A.	1901				1 - 3	
Rannar, Leonhart		16 Sep 1866		64y	1 - 3	
Brockhoff, Johan Georg	18 Sep 1891	19 Sep 1891	20 Sep 1891	1d	1 - 4	s/o H & G Brockhoff - aka Jonnie
Keller, Harry H.	1888	27 Nov 1918	8 Dec 1918	30y	1 - 4	Pvt, WW I Vet
Keller, Edward			2 Dec 1921	41y	1 - 4	
Keller, Mary			2 Feb 1927	70y	1 - 4	
Keller, Conrad					1 - 4	
Kleemann, Philipp	20 Nov 1828	3 Dec 1903			1 - 4	ssa Philippina
Kleemann, Philippina	20 Sep 1836	25 Jul 1894			1 - 4	ssa Philipp
Klug, Mollie			23 Nov 1936	51y	1 - 4	nee Keller
Holderer, Magdalena	2 Mar 1840	11 Oct 1906	25 Dec 1906	66y 10m	1 - 5	ssa Jakob - Born in Mictersheim, Baden
Holderer, Alma	24 Jul 1892	5 Jan 1895	3 Feb 1895	2y 5m 11d	1 - 5	
Holderer, Jakob	17 Jun 1829	11 Oct 1875	12 Oct 1875	47y	1 - 5	ssa Magdalena - Born in Mictersheim
Holderer, Elizabeth	1865	1949	9 Nov 1949	84y	1 - 5	ssa Jacob
Holderer, Charles		9 Apr 1911			1 - 5	1 Ohio Inf Co B, Spanish AmericanWar Vet
Holderer, Jacob	1866	1914			1 - 5	ssa Elizabeth
Schaumloeffel, Louis Conrad	1861	1906	13 Apr 1906	45y 1m 3d	1 - 5	

Name	Birth	Death		Age	Plot	Notes
Hutzelmann, Barbara	5 Feb 1861	29 Mar 1899	1 Apr 1899	48y	1 - 6	Obelisk
Hutzelmann, Barbara	18 Jan 1818	11 Feb 1882	9 Mar 1882	64y 1m 6d	1 - 6	Obelisk - ssa Kasper -Bayern,
Hutzelmann, Kasper	23 Apr 1822	25 Jul 1882	27 Jul 1882	60y 3m 2d	1 - 6	Obelisk - ssa Barbara
Hutzelmann,			23 Nov 1922	63y	1 - 6	
Hutzelmann, Heinrich	29 Sep 1848	17 Jan 1872			1 - 6	Obelisk
Fellers, Emma, Mrs.	1867	1907	21 Oct 1907	40y 4m 5d	1 - 7	
Neideregger, Luella	1908	1935	16 Mar 1935	26y	1 - 7	nee, Rodler - Wife
Riggs, Robert D.	1942	1970	23 Dec 1970	28y	1 - 7	Son
Rodler, Louisa B.	1872	1952	3 Jan 1953	80y	1 - 7	ssa John August
Rodler, John August	1871	1958	16 Oct 1958	87y	1 - 7	ssa Louisa B.
Rodler, Magthalena	12 Aug 1835	6 Nov 1911			1 - 7	ssa Johann - obelisk
Rodler, Johann	16 Apr 1835	18 Jul 1893			1 - 7	ssa Magthalena - obelisk
Rodler, Magthalena		26 Oct 1866		72y	1 - 7	ssa Johann - obelisk
Beckmann, Helena	27 Aug 1860	17 Apr 1880			1 - 8	
Haft, John Andrew	10 Apr 1830	26 Jun 1909	1909	79y	1 - 8	
Haft, Helena	20 Sep 1828	22 ??? 1891	10 Jan 1892	63y 3m 2d	1 - 8	nee Wendelmann
Haft, Carrie	1862	1937	10 Apr 1937	74y	1 - 8	
Haft, Magdalena	3 Oct 1829	12 Aug 1874		44y 10m 9d	1 - 8	nee Zinger
Krueger, Ruth Marion	31 Aug 1913	29 Jan 1986	31 Jan 1986	72y	1 - 8	nee, Grace - w/o Otto Krueger
Beiser, Carolina	7 Feb 1846	10 Mar 1905	9 Mar 1905	59y 1m 10d	1 - 9	
Hoffman, Howard Edward	1914	1915		1y	1 - 9	
Ketterman, Dorothy	Feb 1929	Jun 1982	24 Jun 1982	53y	1 - 9	ssa Floyd
Ketterman, Floyd	May 1916				1 - 9	WW II Vet.
Lane, Raymond E.	20 Jan 1947	27 Dec 1987	9 Jan 1988	40y	1 - 9	
Miller, Henrietta	1858	1951	10 Feb 1951	92y	1 - 9	ssa John E.
Miller, Mary C.	31 Oct 1893	1 Aug 1955	3 Aug 1955	61y	1 - 9	ssa George P.
Miller, George P.	17 Aug 1884	6 Oct 1961	6 Oct 1961		1 - 9	ssa Mary C.
Miller, William	22 Oct 1881	4 Feb 1965	8 Feb 1965	83y	1 - 9	
Miller, John E.	1848	1920			1 - 9	ssa Henrietta
Kerber, Anna Maria		18 Sep 1874		74y	1 - 10	nee, Aring - obelisk
Scheid, Charles H.	1916	1975	9 Dec 1975	59y	1 - 10	
Kayser, Albert	22 Oct 1878	24 May 1890	26 May 1889	10y 6m 28d	1 - 11	
Kayser, Philipp Wilhelm	8 Oct 1873	14 Sep 1875			1 - 11	
Scheid, Sophia	1921				1 - 11	ssa Charles
Steinmann, Amelia	1861	1898	15 May 1898	37y	1 - 11	
Steinmann, Philip	6 Feb 1818	6 Aug 1903			1 - 11	ssa Magdalena - obelisk
Steinmann, Magdalena	19 Oct 1820	15 Nov 1903			1 - 11	ssa Philip - obelisk
Rodler, George A.	16 Sep 1816	5 Jun 1908	5 Jun 1908	91y	1 - 12	
Rodler, Maria (Mrs. George)	6 May 1859	19 Jan 1889	24 Feb 1889	29y 8m 13d	1 - 12	nee Korzdorfer
Rodler, Maria Dalia	11 Jan 1889	2 Apr 1889	1 Apr 1889	2m 22d	1 - 12	
Rodler, Edward Wilhelm	26 Apr 1887	20 Mar 1897	11 Apr 1897	9y 10m 22d	1 - 12	
Rodler, Johan	12 Sep 1855	6 Jan 1895	23 Feb 1895	39y 3m 24d	1 - 12	
Rodler, Carolina	12 Jan 1866	2 Jan 1869			1 - 12	d/o G & M
Rodler, Margaretha	9 Jun 1825	22 Nov 1886			1 - 12	nee Hartmann
Rodler, George	1858	1902			1 - 12	
Pfaff, Michael	1831	1908	12 Sep 1908		1 - 13	ssa Margaret
Pfaff, Margaret	1829	1904			1 - 13	ssa Michael
Clark, Hilda A.	1898	1957	22 Oct 1957	59y	1 - 14	ssa Roy E.
Clark, Roy E.	1898	1976	12 Nov 1976	77y	1 - 14	ssa Hilda A.
Clark, Ray			18 Mar 1977		1 - 14	
Keiser, William Lester	1901				1 - 14	ssa Martha S.
Keiser, Martha S.	1904				1 - 14	ssa William Lester
Kramer, Henry, Sr.	12 Jun 1883	15 Jun 1957	15 Jun 1957	75y	1 - 14	ssa Ada M.
Kramer, Henry Joseph	1887	1957	30 Jul 1957	70y	1 - 14	ssa Rose
Kramer, Rose	1898	1980	8 Mar 1980	81y	1 - 14	ssa Henry Joseph
Kramer, Ada M.	3 Oct 1899	7 Jun 1981	9 Jun 1981	79y	1 - 14	ssa Henry, Sr.
Kramer, Henry, Jr.	12 Feb 1924	12 Jan 1987	14 Jan 1987	62y	1 - 14	ARM 2 US Navy, WW II
Barwick, Conrad	24 Nov 1780	11 Sep 1868			1 - 15	
Dennis, Laura F.			9 Aug 1941	92y	1 - 15	
Neiert, Susanna	10 Dec 1872	13 Apr 1875	14 Apr 1875	2y 4m 3d	1 - 15	Daughter of J & S Neiert
Neiert, Jacob	1851	1926	3 Apr 1926	51y	1 - 15	ssa Susan

Name	Birth	Death	Internment	Age	Sec- Lot	Information
Neiert, Susan	1850	1937	19 Oct 1937	87y	1 - 15	ssa Jacob
Neiert, Albert	----	----	19 Oct 1937	57y	1 - 15	
Neiert, John	1885				1 - 15	
Neiert, Willie	16 Apr 1877	28 Aug 1878			1 - 15	s/o J & S Neiert
Neiert, Magie	10 Dec 1872	2 Aug 1878			1 - 15	d/o J & S Neiert
Barwick, Mary		18 Nov 1851		34y 2m	1 - 16	w/o Martin
Barwick, Martin	27 Sep 1815	27 Apr 1871			1 - 16	
Barwick, El??a		21 Jul 1855		13y 11m 2d	1 - 16	
Barwig, Margaret	1821	1905	10 Oct 1905	84y 5m 27d	1 - 16	
Long, Emma	6 Jun 1883	31 May 1908	31 May 1908	24y 11m 25d	1 - 16	nee, Neiert - w/o Jos R. Long
Aring, George Heinrich	28 May 1823	15 Dec 1899	19 Dec 1899	76y 6m 17d	1 - 17	Obelisk
Aring, Luetta Louisa	13 Jul 1879	2 Mar 1883	17 Apr 1883	3y 7m 15d	1 - 17	ssa George H. - obelisk
Aring, Reginia W.	12 Dec 184?	28 Aug 1930	30 Aug 1930	84y	1 - 17	nee, Hoffeld - ssa George H. - obelisk
Aring, Clara	17 Sep 1876	10 Dec 1915		39y	1 - 17	ssa George H. - obelisk
Dieckman, Alvina Mathilda	3 Nov 1856	5 Jan 1881	5 Apr 1881	24y 2m 4d	1 - 17	nee, Aring - ssa George H. - obelisk
Klusmann, George H.	1865	1907	18 May 1907		1 - 17	
Klusmann, Amelia M.	1866	1925	8 Dec 1925	60y	1 - 17	
Vogeding, Heinrich Christian	12 Apr 1869	3 May 1891	6 May 1891	22y 21d	1 - 17	
Beiderhake, George, Jr.	1925	1925	29 Mar 1926	8d	1 - 18	
Beiderhake, Wilma Clara	1905	1938	20 May 1938	33y	1 - 18	
DuChemin, Edna	1891	1967	10 Jul 1967	76y	1 - 18	nee, Aring - ssa Charles A.
DuChemin, Charles A.	1888	1973	29 Jan 1973	84y	1 - 18	ssa Edna
Klusmann, Emma G.	5 Feb 1900	31 Jul 1902			1 - 18	
L. M. D.,					1 - 18	
-----, Fredie			20 Oct 1898	8m 12d	1 - 18	
Bearghman, Louis	1864	1931	27 Aug 1931	67y	1 - 19	
Bearghman, Katherine	1872	1947	23 May 1947	74y	1 - 19	
Drews, Katherine			31 Mar 1950	69y	1 - 19	nee Scheidt
Flick, Eleanor			12 Jan 1976	74y	1 - 19	
Scheidt, Ella A.	1880	1948	25 Jan 1948	67y	1 - 19	ssa Harrison
Scheidt, Harrison M.	1870	19	8 Mar 1950	81y	1 - 19	ssa Ella
Scheidt, Ann M.	24 Dec 1830	8 Sep 1912			1 - 19	nee Weitzel
Scheidt, Conrad	1862	1913			1 - 19	
Bohning, C. F. (Charlie)	10 Sep 1856	6 Apr 1905	10 Apr 1905	49y 7m 9d	1 - 20	s/o Fred & Lizetta
Bohning, Friedrich (Fred)	12 Dec 1821	9 Oct 1897	18 Oct 1897	75y 9m 27d	1 - 20	ssa Lizetta
Bohning, Wilhelm (William	15 Oct 1888	30 Mar 1900	10 Mar 1900	11y 5m 5d	1 - 20	
Bohning, Rosette Elizabet	21 Sep 1859	17 Mar 1864			1 - 20	nee, Musekamp - d/o Frau Bohning & Cheftau Lisette
Bohning, Clara Elizabeth	6 Feb 1866	18 May 1868			1 - 20	d/o F & L Bohning
Bohning, Lotte					1 - 20	
Bohning, Edward William	4 Sep 1884	30 Aug 1889			1 - 20	
Bohning, Lizetta	18 Aug 1826	8 Aug 1904			1 - 20	nee, Musekamp - ssa Fred
Finkbeiner, Carrie	1866	1940	22 Nov 1940	75y	1 - 22	ssa Fred
Finkbeiner, Fred	1862	1950	22 Jun 1950	87y	1 - 22	ssa Carrie
Geist, Wilhelmina (Minnie)	15 Feb 1834	1 Mar 1899	5 Mar 1899	65y 14d	1 - 22	ssa William
Geist, Anna Maria	13 Feb 1874	27 Feb 1875	2 Mar 1875	1y 10d	1 - 22	ssa William
Geist, Wilhelmina (Minnie)	25 May 1861	7 Oct 1875	11 Oct 1875	14y	1 - 22	ssa William
Geist, George	21 Feb 1864	12 Mar 1937	16 Mar 1937	72y	1 - 22	ssa William
Geist, Henry	23 Feb 1868	11 Mar 1940	14 Mar 1940	73y	1 - 22	ssa William
Geist, John	6 Jul 1869	10 Jun 1870			1 - 22	ssa William
Ruewer, William			14 Jan 1933	70y	1 - 22	
Lohman, Edward	18 Feb 1910	28 Sep 1989	30 Sep 1989	79y	1 - 23	Johnny
Herholtzheimer, Johann	3 Jul 1816	30 May 1880	2 Jun 1880	63y 10m 27d	1 - 24	Born in Oberness, Elbach, Bayern
Herholtzheimer, W. Elisab	18 Apr 1818	21 May 1890	23 May 1890	72y 1m 3d	1 - 24	
Koch, John M.			30 Jun 1926	61y	1 - 24	
Loffink, George	1846	1928	14 Feb 1928	82y	1 - 24	Husband
Loffink, Louisa M.	1859	1933	10 Feb 1933	73y	1 - 24	Wife
Lohman, Carrie	3 Feb 1906	29 Mar 1990	2 Apr 1990	84y	1 - 24	nee, Schuck - ssa Edward
-----, Margaret					1 - 24	

Name	Birth	Death	Internment	Age	Sec- Lot	Information
Gerne, Paul F.	25 Jul 1894	4 Sep 1955	5 Sep 1955	61y	1 - 25	Ohio Pvt Co D 309 Engrs, WW I
Gerne, Marie M.	8 Apr 1896	1 Sep 1985	5 Sep 1985	89y	1 - 25	
Krueger, Marie R. (Toots)	1886	1950	7 Apr 1950	63y	1 - 25	
Krueger, Otto	1880	1959	30 Aug 1959	79y	1 - 25	
Schantz, Elisabeth		13 Jun 1872		44y	1 - 25	w/o Michael
Schantz,	3 Aug 1861	10 Oct 1861			1 - 25	
Schantz, Michael	14 Aug 1823	18 Dec 1871			1 - 25	
Ginginrch,			27 Jul 1953	77y	1 - 26	
Zorn, Elisabeth S.	29 Nov 1869	10 Feb 1896	12 Feb 1896	26y 2m 12d	1 - 26	nee, Schweizer - Zorn obelisk
Zorn, Karl Bernhardt	15 Feb 1869	7 Sep 1883	17 Sep 1883	14y 6m 23d	1 - 26	Zorn obelisk
Zorn, Philipp	24 Oct 187?	17 Jan 1875	19 Jan 1875	2y 2m 24d	1 - 26	Zorn obelisk
Zorn, Katherine	1864	1947	21 Jun 1947	83y	1 - 26	
Zorn, Emma S.	1878	1950	6 Sep 1950	72y	1 - 26	Ashes
Zorn, Elizabeth R.	1896	1976	6 Jan 1976	79y	1 - 26	
Zorn, Elizabeth	7 Jan 1867				1 - 26	Zorn obelisk
Zorn, Carl					1 - 26	Zorn obelisk
Zorn, Heinrick	?? Jun 1871	?? Aug 1871			1 - 26	Zorn obelisk
Zorn, Georg Friedrich	2 Nov 1838	17 Jul 1911			1 - 26	Zorn obelisk - His wife Anna Elisabeth
Zorn, Anna Elisabeth	9 May 1831	20 Feb 1902			1 - 26	nee, Neuforth - Zorn obelisk
Zorn, Emil	1866	1953			1 - 26	
Berberick, Infant			12 May 1907		1 - 27	
Berberick, Elizabeth			19 May 1907	40y 8m 14d	1 - 27	
Scheidt, Lillie M.			1932	17d	1 - 27	
Steinmann, Elenora Christ	1835	1906	5 Feb 1906	70y 9m 9d	1 - 27	
Steinmann, Henry	1833	1920	19 Mar 1920	87y	1 - 27	
Steinmann, Edward, Sr.	1859	1938	29 Aug 1938	79y 6m	1 - 27	
Steinmann, Louise	1864	1958	1 Feb 1958	94y	1 - 27	
Birck, Katherine			31 Mar 1908	71y 2m 6d	1 - 28	
Birck, Grace M.	1874	1905	5 Oct 1905	31y 1m 23d	1 - 28	ssa Peter, Mother
Birck, Heinrich (Henry)	23 Jul 1857	17 Feb 1891	9 Apr 1891	33y 6m 25d	1 - 28	Birck obelisk
Birck, Johan Heinrich Edw.			11 Jan 1890	4y 1m 15d	1 - 28	
Birck, Peter	1870	1937	24 Feb 1937	66y	1 - 28	Father
Birck, Conrad	9 Nov 1827	25 Sep 1894			1 - 28	Co B 108th Ohio Inf, Civil War obelisk
Birck, Caroline K.		8 Feb 1879			1 - 28	d/o C & K Birck
Birck, Eddie		28 Feb 1874		1y 17d	1 - 28	s/o Conrad & Catherina Birck
Jennings, Franklin			31 May 1945	9m	1 - 28	
Riggs, James (Jimmie)	1922	1938	14 Jul 1938	15y	1 - 28	
Butke, Hanna	1865	1944	28 Mar 1944	78y	1 - 29	Daughter
Butke, Fred	1822	1903			1 - 29	ssa Hanna - Father
Butke, Sophia	1830	1902			1 - 29	ssa Hanna - Mother
Musekamp, Johanna Maria	11 Jun 1804	14 Feb 1845			1 - 29	nee Gattemollers
Musekamp, Georg Heinrich	27 Jun 1802	31 Aug 1874			1 - 29	
Klein,	9 Dec 18??	20 Jan 1867			1 - 30	Kingdom Bayern
Klein, Anna E.	?? ??? ????	25 Apr 1866			1 - 30	nee, Schaf - Bayern, Konigr, Hoheinath
Almon, Allen H., Jr.			12 Sep 1935	14y	1 - 31	
Chamberlain, Carrie	1869	1948	11 Sep 1948	79y	1 - 31	ssa James A.
Chamberlain, James A.	1867	1951	10 Oct 1951	84y	1 - 31	ssa Carrie
Kuehn, Walter G., Sr.	1871	1942	7 Apr 1942	71y	1 - 31	Father
Kuehn, Pauline	1878	1943	12 Nov 1943	65y	1 - 31	Mother
Stinebuck, Paul	1897	1970	11 Mar 1970	72y	1 - 31	ssa Irene
Stinebuck, Irene			24 Apr 1974	80y	1 - 31	nee, Chamberlin
Traner, Nikolaus			25 May 1883	83y 7m 5d	1 - 31	
Traner, Elisabeth Christina	6 Sep 1806	6 Apr 1875		68y 7m	1 - 31	nee, Kuhn - Quittschreiber
Miller, Marie	1899	1905	21 Apr 1905	5y 8m	1 - 32	
Miller, Caroline	1870	1917	15 Feb 1917	46y	1 - 32	ssa John
Miller, John	1863	1945	30 Aug 1945	82y	1 - 32	ssa Caroline
Phandner, Barbara	16 Nov 1830	9 Oct 1897			1 - 32	
Bayer, Rube E.			19 Oct 1906	8y	1 - 33	

Name	Birth	Death	Internment	Age	Sec- Lot	Information
Bayer, Philip	1833	1917	14 Aug 1917	83y	1 - 33	ssa Katherina
Bayer, Rachael	1863	1945	1 Jun 1945	82y	1 - 33	
Bayer, Katherina	16 Mar 1837	5 Feb 1902			1 - 33	ssa Philip, w/o Philip
Bayer, Chester	9 Feb 1890	26 Feb 1894			1 - 33	
Frey, Anna F.	1871	1909	1909	37y	1 - 33	nee, Bayer - ssa Mother
Bolsinger, Hermann	19 May 1876	8 Jul 1876	4 Jul 1876	1m 17d	1 - 34	s/o A.& L.F. Bolsinger
Bolsinger, Louisa	1849	1885	22 Dec 1885		1 - 34	
Hauer, Theresa	15 Oct 1819	14 Jan 1897	17 Jan 1897	78y 3m 17d	1 - 34	nee, Fehr - ssa Michael
Hauer, Charles E., Sr.	1858	1948	23 Mar 1948	89y	1 - 34	Uncle
Hauer, Michael, Sr.	25 Feb 1811	3 Sep 1894			1 - 34	ssa Theresa
Heel, Mollie	1875	1895			1 - 34	
Newman, Friedrik (Frankie)	1881	1884	30 Dec 1884	3y 6m 7d	1 - 34	
Newman, John Michael	1875	1890	4 May 1890	15y 2m 18d	1 - 34	
Newman, Emma Estella			24 Nov 1895	8y 10m 10d	1 - 34	
Martz, Wilhelm Heinrich	21 Sep 1893	18 Feb 1894	21 Feb 1894	4m 27d	1 - 35	Willie
Martz, George	1861	1924	16 Jan 1924	62y	1 - 35	ssa Susan
Martz, Susan	1860	1932	1932	72y	1 - 35	nee, Nightengale - ssa George - Parents
Steinmann, Lulu K.	1897	1953	12 May 1953	55y	1 - 35	ssa Henry C.
Steinmann, Henry C.	1892	1965	16 Mar 1965	73y	1 - 35	ssa Lulu K.
Burgess, Gertrude	1899	1990	3 May 1990	91y	1 - 36	Mother
Holder, Nellie	1902	1963	12 Sep 1963	61y	1 - 36	nee, Puckett - Wife
Holder, Robert	1901	1964	20 Sep 1964	63y	1 - 36	Husband
Martz, George L.	1891	1945	12 Sep 1945	54y	1 - 36	ssa Catherine
Martz, Catherine	1892	1967	22 Mar 1967	75y	1 - 36	nee, Bertram - ssa George L.
Nachtigall, Eleanora	3 May 1822	1 Apr 1894	3 Apr 1894	71y 10m 28d	1 - 36	ssa Ludwig
Nachtigall, Ludwig	20 Nov 1818	25 Dec 1893	4 Feb 1894	75y 1m 5d	1 - 36	ssa Eleanora
Nachtigall, Ludwig	19 Dec 1854				1 - 36	
Nachtigall, A. Elisabeth	7 Jul 1863	1 Apr 1901			1 - 36	Sister
Vollmer, Melva			26 May 1930	5y 2m 4d	1 - 36	
Vollmer, Edward J.	1879	1964	8 Nov 1964	86y	1 - 36	
Weninger, Henrietta	20 Sep 1891	2 Nov 1893			1 - 36	
Weninger, Louise			17 Jan 1950	86y	1 - 36	
Albers, Riggs, Hazel	1897	1964	26 Sep 1964		1 - 37	nee, Birck - Our Mom
Burgess, Oliver	1897	1957	8 Nov 1957	60y	1 - 37	Father
Riggs, Albers, Hazel	1897	1964	26 Sep 1964		1 - 37	nee, Birck - Our Mom
Wuest, Augusta Kate			22 Jun 1908	10 hr	1 - 37	
Wuest, Arthur Edward	1899	1900	7 Apr 1900	1y	1 - 37	
Wuest, Howard W.	1895	1900	Dec 1900	5y 1m 4d	1 - 37	
Wuest, Jacob			26 Jan 1875	61y 3d	1 - 37	
Wuest, Walter			29 May 1878	2m 1d	1 - 37	
Wuest, William L.	1870	1919	13 Sep 1919	49y	1 - 37	
Wuest, John Jacob	1845	1927	22 Mar 1927	81y 3m 4d	1 - 37	
Wuest, Minnie	1870	1960	20 Nov 1960	90y	1 - 37	
Wuest, John	15 Apr 1849	11 Feb 1850			1 - 37	s/o Jacob & M.M. Wuest
Wuest, Magdalena	20 Mar 1854	16 Jul 1855			1 - 37	d/o Jacob & M.M. Wuest
Wuest, Eddie					1 - 37	
Wuest, Georgie					1 - 37	
Wuest, Ida					1 - 37	
Wuest, Louisa	20 Jun 1851	17 Jul 1855			1 - 37	d/o Jacob & M.M. Wuest
Wuest, Maria M.	27 Nov 1823	18 Apr 1885		61y 4m 21d	1 - 37	Mother
Wuest, Kate	1849	1912			1 - 37	
Bayer, Lillie			10 Sep 1907	14d	1 - 38	
Brinkman, Paul D.	25 Mar 1953	23 Aug 1988	29 Aug 1988	35y	1 - 38	
Fruehe, Charles	1854	1905	7 Nov 1905	50y	1 - 38	
Fruehe, Francesca	1864	1918	21 Jun 1918	53y	1 - 38	
Fruehe, Frank, Jr.			8 Feb 1919	34y	1 - 38	
Fruehe, Louise M.	1859	1927	22 Feb 1927	67y	1 - 38	
Fruehe, Amelia			14 Jan 1940	72y	1 - 38	
Fruehe, Josephine	1860	1944	22 Nov 1944	84y	1 - 38	

Name	Birth	Death	Internment	Age	Sec- Lot	Information
Fruehe, Frank X.		13 Oct 1914			1 - 38	Co K 2nd Missouri Vol Cal, Civil War
Fruehe, Franz J.		18 Feb 1867		14y	1 - 38	
Fruehe, Louise Marie	17 Feb 1828	1 Mar 1901			1 - 38	nee, Mueller - Mother
Schulze, Frederick W.	1851	1920	4 Oct 1920	69y	1 - 38	
Schulze, Magdalina M.			24 Jan 1950	86y	1 - 38	
Ahlenstorf, Henrietta Maria	16 Jun 1826	29 Dec 1889	2 Mar 1890	63y 6m 13d	1 - 39	nee, Bayer - Rheinpfalz, Bayern
Ahlenstorf, Johann H.	7 Nov 1820	25 Nov 1898	27 Nov 1898	77y	1 - 39	nee, Martfeld - Vatter Province Hanover
Downing, William P.	7 Jan 1951	11 Mar 1993			1 - 39	
Mueller, Carl Jacob	28 Aug 1891	21 Jul 1892			1 - 39	
Schunk, Hermina	1860	1933	24 Mar 1933	73y	1 - 39	ssa Karl W.
Schunk, Karl W.	1855	1934	16 Sep 1934	78y	1 - 39	ssa Hermina
Schunk, G. Wilhelm	4 Jan 1889	6 Feb 1890			1 - 39	
Huy, Walter Albert	1892	Oct 1930	2 Nov 1930	37y 11m 29d	1 - 40	Son - WW I Vet.
Huy, Frank			18 Feb 1937	55y	1 - 40	
Huy, Frank C.	1887	1938			1 - 40	Son
Kuntz, Peter	12 Feb 1814	10 Apr 1896	12 Apr 1896	82y 1m 28d	1 - 40	Father
Kuntz, Katharina	8 Jan 1818	16 Nov 1898	18 Nov 1898	81y	1 - 40	Mother
Kuntz, Christopf	12 Oct 1792	27 Aug 1867			1 - 40	Albersbach, Rhinpfalz - Died in Dent, Hamilton County
Miller, Kate	1882	1919	20 Jan 1919	36y	1 - 40	
Schleue, Carl M.	21 Sep 1918	20 Oct 1994	22 Oct 1994	56y	1 - 40	1st Lt US Army
Tosky, Louisa	1884	1952	12 Feb 1952	68y	1 - 40	ssa Lillie Warken
Tosky, Frank J.	1871	19--	3 Oct 1957	86y	1 - 40	ssa Lillie Warken
Warken, Lillie	2 Feb 1882	25 Aug 1897	27 Aug 1897	14y 6m 24d	1 - 40	ssa John
Warken, Margaretha	3 Mar 1852	30 Apr 1897	2 May 1897	45y 1m 27d	1 - 40	ssa Lillie
Warken, Johan			22 Mar 1875	4d	1 - 40	
Warken, John					1 - 40	Co F 193 Ohio Inf, Civil War
Warken, John	25 Sep 1848	28 May 1903			1 - 40	ssa Lillie
Rogers, Boyd			14 Jul 1936	31y	1 - 41	Daddy
Schleue, Artie Peggy	11 Feb 1920	30 Apr 1991	4 May 1991	71y	1 - 41	Wife & Mother
Schmidt, Elmer G. F.			21 Jul 1906	6m 18d	1 - 41	
Vollmer, Franz	6 Nov 1823	5 Jun 1890	8 Jun 1890	66y 6m 29d	1 - 41	ssa Catharina - obelisk
Vollmer, Catharina		22 Jan 1874		52y 9m 25d	1 - 41	ssa Franz
Vollmer, Elise		26 Feb 1870		15y 4m 22d	1 - 41	ssa Franz - d/o Franz & Catharina
Brenner, John W.	9 Jan 1858	2 Mar 1887	4 Mar 1887		1 - 42	
Messerle, William			9 Jun 1925	63y	1 - 42	
Messerle, Charles, Sr.			23 Sep 1944	78y	1 - 42	
Messerle, Wilhelm	21 Oct 1833	25 Jun 1911			1 - 42	ssa Catharina, Father
Messerle, Catharina	2 Dec 1841	2 Jun 1911			1 - 42	ssa Wilhelm, Mother
Metzger, Barbara	15 Mar 1791	31 Mar 1872			1 - 42	w/o B. Metzger - Fossdorf, Rheinpfalz, Baiern
Metzger, Bernhard	21 Mar 1796	6 Feb 1873			1 - 42	Bochingen, Rheinpfalz, Bayern
Boyer, A. Elizabetha	6 Apr 1806	22 Apr 1869			1 - 43	nee, Akerman
Brown, Eunice			18 Nov 1943	16y	1 - 43	
Knabe, Clarence L.	1908	1990	27 Mar 1990	81y	1 - 43	ssa Linda O. - Sgt USAF, WW II
Knabe, Linda O.	1905				1 - 43	ssa Clarence L.
Maier, Christian	1851	1933	6 Dec 1933	82y	1 - 43	ssa Mary
Maier, Mary	1866	1942	28 Jan 1942	75y	1 - 43	ssa Christian
Bennett, Baby			5 Feb 1924	10d	1 - 44	
Bommer, Franz Edward (Eddie)			7 Jun 1894	10m 5d	1 - 44	
Bommer, Magdalena Mina (Lena)			3 Oct 1891	9y 5m 26d	1 - 44	
Herrmann, Karolina	23 Feb 1858	11 Jan 1886	15 Sep 1886		1 - 44	nee, Korzdorfer - w/o Andreas Herrmann
Korzdorfer, Freidricka, M	28 Feb 1826	26 Mar 1906	27 Mar 1906	80y 26d	1 - 44	nee Steinmann
Korzdorfer, Johanna	6 Jan 1863	11 Mar 1865			1 - 44	
Korzdorfer, Johann	18 Aug 1826	29 Apr 1874			1 - 44	Bayern
Lathrop, Elenora					1 - 44	
Nachtigall, Katharina	25 Sep 1855	20 Dec 1876	22 Dec 1876	21y 3m	1 - 44	nee Korzdorfer

Name	Birth	Death	Internment	Age	Sec- Lot	Information
Nachtigall, Clara	16 Dec 1876	10 Jul 1877			1 - 44	*
Vogel, Baby			6 Sep 1938	Infant	1 - 44	
Wimmer, Louis			10 Feb 1878	2y 7m 26d	1 - 44	
Wimmer, Caroline					1 - 44	
Wagner,	29 Jul 1863	27 Dec 1873			1 - 45	
Wagner, Regina	13 Jul 1850	26 Nov 1873			1 - 45	
Wagner, Katharina	28 Feb 1849	23 Jul 1865			1 - 45	
Brunstrap, William F.		1 Oct 1878			1 - 46	Civil War Vet.
Springmyer, Mary	1845	1926	1 Mar 1926	87y	1 - 46	
Springmyer, Henry	1836	1926	19 Apr 1926	90y	1 - 46	
Springmyer, Henry F.	1866	1946	28 May 1946	80y	1 - 46	ssa Amanda E.
Springmyer, Amanda E.	1868	1954	16 Apr 1954	85y	1 - 46	ssa Henry F.
Boehmer, Ida K.	1879	1935	16 Oct 1935	55y	1 - 47	nee Springmyer
Boehmer, Harry William	1879	1965	30 Apr 1965	85y	1 - 47	
Springmyer, Alice	1875	1962	17 Nov 1962	87y	1 - 47	
Dinger, Charles	1901	1968	16 Oct 1968	67y	1 - 48	
Kirchgessner, Anna	1871	1952	14 Jun 1952	80y	1 - 48	Mother
Kirchgessner, Charles	11 Mar 1910	15 Apr 1970	18 Apr 1970	60y	1 - 48	
Schafer, John			18 Aug 1907		1 - 48	
Schafer, William			6 Apr 1944	67y	1 - 48	
Smith, Edna	1905				1 - 48	nee Dinger
Weninger, George	1894	1968	14 Feb 1968	74y	1 - 48	ssa Emma
Weninger, Emma	1898	19--			1 - 48	ssa George
Myers, Augusta	1880	1889	13 May 1889	8y 21d	1 - 49	
Myers, Lewis	1879	1899	31 Jul 1899	21y	1 - 49	
Myers, David	1841	1923	8 Sep 1923	82y	1 - 49	ssa Jacobena - Father
Myers, Jacobena	1844	1923	12 Dec 1923	79y	1 - 49	ssa David - Mother
Myers, Emma	1875	1928		54y	1 - 49	
Myers, Matilda L.	1877	1956	2 Apr 1956	79y	1 - 49	
Myers, Callie	1881	1960	31 Dec 1960	79y	1 - 49	
Myers, Edward F.	1883	1972	6 May 1972	88y	1 - 49	
Myers, Louisa P.		12 Aug 1864		1y 11m 12d	1 - 49	d/o David & Jacobena Myers
Myers, Louesa P.		12 Aug 1864		11m 12d	1 - 49	d/o David & Jocabena Myers
Schweizerhof, Maria Barbara	4 Nov 1800	10 Apr 1877	12 Apr 1877	76y 6m 6d	1 - 49	nee Speidel
Hackman, John H.	1915	1980	30 Apr 1980	64y	1 - 50	ssa Hazel S. - Pfc US Army, WW II
Hackman, Hazel S.	1912				1 - 50	ssa John H.
Lorenz, Anna Marie	13 Jun 1828	13 Oct 1907	13 Oct 1907	79y 4m 0d	1 - 50	ssa Friedrich G.
Lorenz, Friedrich G.	26 Aug 1826	12 Oct 1882	22 Apr 1882	57y 1m 10d	1 - 50	ssa Anna Marie
Lorenz, Catharine			22 Aug 1939	69y	1 - 50	
Lorenz, Christian			3 May 1945	83y	1 - 50	
Lorenz, William			17 Oct 1946	92y	1 - 50	
Lorenz, Eduard	8 May 1858	21 Aug 1881			1 - 50	
Ruebel, Christian P.	24 Aug 1829	4 Jan 1896	24 Jan 1896	67y 4m 11d	1 - 51	ssa Maria R.
Ruebel, George L.	1878	1938	5 Jul 1938	59y	1 - 51	ssa Helen H.
Ruebel, Helen H.	1877	1966	20 Apr 1966	88y	1 - 51	nee, Hallmeyer - ssa George L.
Ruebel, Maria R.	10 Nov 1839	9 Feb 1912			1 - 51	ssa Christian P.
Graf, Margaret J.	1883	1960	28 Aug 1960		1 - 52	
Graf, William P.	1880	1960	26 Dec 1960	80y	1 - 52	
Klusman, Louis J.	1863	1932	1932	69y	1 - 52	Daddy
Klusman, Henry	22 Apr 1876	15 Oct 1937	18 Oct 1937	61y 5m 23d	1 - 52	
Klusman, Catherine	1877	1955	19 Feb 1955	78y	1 - 52	Mother
Klusman, William			13 Jan 1956	87y	1 - 52	
Klusman, Sophia	9 Feb 1870	22 May 1915			1 - 52	
Klusmann, Friedrich Ludwig	4 Apr 1823	20 Feb 1890	23 Feb 1890	66y 10m 16d	1 - 52	
Klusmann, Johannah D.	12 Aug 1838	11 Jun 1913			1 - 52	
Deitemeier, Henrietta	20 Feb 1850	24 Sep ????			1 - 54	
Schlensker, Laura A.	1866	1922			1 - 54	
Springmeier, Clara Sophie	11 Jul 1802	10 Sep 1873			1 - 54	nee, Mindaus - Preussen
Springmeier, Johann Fried	21 Jul 1800	12 Jan 1872			1 - 54	Hanover

Name	Birth	Death	Internment	Age	Sec- Lot	Information
Springmeyer, Chester A.	. 1883	1934	10 Mar 1934	49y	1 - 54	Dad
Springmyer, Wilhelm H.	28 Apr 1834	7 Jun 1898	9 Aug 1898	64y 2m	1 - 54	ssa Josephine A. - aka William
Springmyer, Josphine A.	24 Jan 1842	4 May 1920	7 May 1920	78y	1 - 54	ssa William H.
Petri, George			8 Jan 1937	63y	1 - 55	
Petri, Clara			5 Jan 1942	60y	1 - 55	
Petri, Leonard			2 Jul 1951	42y	1 - 55	
Petri, Caroline	1853	1912			1 - 55	
Petri, Maria Louise	18 Sep 1848	22 Dec 1871			1 - 55	nee John
Driver, Leslie Ray	1895	1954	20 Sep 1954	58y	1 - 56	ssa Lola M. - Father
Driver, Lola M.	1893	1950			1 - 56	ssa Leslie Ray - Mother
Oble, Thomas John	1889	1951	20 Aug 1951	61y	1 - 56	
Popp, Andreas	30 Nov 1811	7 Feb 1883	7 Feb 1883	72y	1 - 56	Eudendorf Mittel Franken
Popp, Thomas	3 May 1855	13 Apr 1895	15 Apr 1895	40y 21d	1 - 56	Father
Popp, Elisabeth	12 Jul 1817	27 Feb 1885			1 - 56	nee, Zehbogen - Lautenbach, Bayern
Fuchs, Johan Ludwig	29 Apr 1808	11 Dec 1886			1 - 57	Wurttemberg
Fuchs, Philippina	-- Dec 1825	11 Aug 1891	12 Aug 1891	65y 8m	1 - 57	nee, ??rich - Rheinfalz
Jaich, John	1856	1906	21 Sep 1906	50y	1 - 57	
Scheidt, John M.	1852	1923	22 Sep 1923	71y	1 - 57	Father
Scheidt, Louisa M.	1858	1946	13 Apr 1946	88y	1 - 57	Mother
-----, George					1 - 57	
-----, Carrie					1 - 57	
Zorn, Johann Peter	29 Apr 1841	19 Oct 1882	22 Oct 1882	41y 5m 20d	1 - 58	Obelisk, - ssa Michael, Sr. - Civil War Vet.
Zorn, Michael, Sr.	27 Mar 1811	16 Nov 1897			1 - 58	Obelisk
Zorn, Katharine	2 Feb 1815	8 Dec 1904			1 - 58	nee, Steinmann - ssa & w/o Michael, Sr.
Zorn, Martin	14 Jun 1844	9 Mar 1903			1 - 58	ssa Michael, Sr.
Zorn, Katharine	25 Feb 1845	28 Jul 1911			1 - 58	nee, Surenkamp - ssa Michael, Sr. & w/o Martin
Schlensker, Frederick	3 Mar 1827	17 Feb 1900	9 Feb 1900	73y	1 - 59	Obelisk
Schlensker, Maria Louise	8 Sep 1830	13 Mar 1890	2 Apr 1890	59y 6m 5d	1 - 59	ssa Frederick
Schlensker, Edward		3 Aug 1913		39y	1 - 59	
Zorn, Bertha B.	1873	1930	25 Sep 1930	57y	1 - 59	
Zorn, Edward	1868	1932	13 Apr 1932	64y	1 - 59	
Schlensker, Evenell			10 Mar 1906	1y 3m	1 - 60	
Schlensker, Louisa			27 Aug 1905	1y 1m 6d	1 - 60	
Schlensker, John			4 Aug 1925	63y	1 - 60	
Arnold, Anna Maria	23 May 1819	30 Oct 1896	1 Nov 1896	77y 5m 7d	1 - 61	ssa Paul
Arnold, Paul	20 Oct 1818	1 Mar 1898	3 Mar 1898	79y 4m 8d	1 - 61	Obelisk
Arnold, Christopher	1842	20 Mar 1921	24 Mar 1921	79y 9m 8d	1 - 61	Civil War Vet. - Christie
Schoner, Catherine	1854	1874			1 - 62	
White, Anna Margaret	1872	1949	6 Oct 1949	77y	1 - 62	
White, Andrew John	1864	1949	19 Oct 1949	85y	1 - 62	
Noller, Hattie C.	1889	1967	27 Apr 1967	63y	1 - 63	Sister
Remle, Maria Emilia	1811	1888	1 Apr 1888	76y 8m 20d	1 - 63	ssa Jakob
Remle, Jakob	17 Apr 1846	23 Dec 1896	14 Feb 1897	50y 8m 6d	1 - 63	Obelisk
Remle, Kate	1880	1928	14 Jan 1928		1 - 63	
Remle, Jacob	1873	1946	30 Oct 1946	73y	1 - 63	
Remle, Carrie	1878	1966	24 Feb 1966	87y	1 - 63	
Remle, William	1892	1985	11 Feb 1985	93y	1 - 63	
Remle, Emma C.	1895	1986	22 May 1986	90y	1 - 63	
Remle, Barbara	5 Jun 1851	10 Mar 1914			1 - 63	ssa Jakob
LaCasella, Anna Lorraine	1909	1962	24 Jan 1962	52y	1 - 64	nee Lane
LaCasella, Vito	6 Apr 1895	18 Jul 1913	21 Jul 1973	78y	1 - 64	Italy - Cook US Army, WW I
Loffink, Katharina	11 Feb 1853	20 Aug 1880	22 Aug 1880	27y 6m 9d	1 - 64	nee Schunk
Schoenecker, Anna	1887	1935	22 Jul 1935	48y	1 - 64	nee, Schunk - w/o Frank M.
Schoenecker, Frank M.	21 Aug 1892	21 Dec 1972	26 Dec 1972	80y	1 - 64	Ohio Pvt US Army, WW I
Schoenecker, Alice	15 Oct 1903				1 - 64	nee Lane
Schunk, Maria	29 Sep 1822	13 Apr 1909	1909	86y	1 - 64	Rheinpfalz, Bayern

Name	Birth	Death	Internment	Age	Sec-Lot	Information
Schunk, Georg Jakob	7 Mar 1823	31 Mar 1883	3 Apr 1883	60y 24d	1 - 64	Rheinpfalz, Bayern
Schunk, M. Katharina					1 - 64	Husband - Jack
Schunk, Phillipp Frank	20 Dec 1864	10 Feb 1893			1 - 64	
Kenker, Frederick E.	1869	1937	4 Sep 1937	68y	1 - 65	32° Mason emb.
Kenker, Elizabeth	1870	1943	28 Dec 1943	73y	1 - 65	Eastern Star
Luikart, Johan	1824	1875	12 Oct 1875	51y 11m 2d	1 - 65	
Luikart, Katharin	1826	1903			1 - 65	
Luikart, Louisa	1871	1899			1 - 65	nee Kenker
Luikart, Ernstine	19 Feb 1862	26 Sep 1880			1 - 65	
Luikart, Johan???	6 Apr 1866	25 Oct 1866			1 - 65	
Schmidt, Andrew					1 - 65	
Smith, Marion	1900	1974	4 Oct 1974	74y	1 - 65	Father
Smith, Artie	1908	1981	19 Sep 1981	73y	1 - 65	ssa Marion - Mother
Smith, Naomi	1924				1 - 66	ssa Rudolph
Clifford, William	1892	1896			1 - 67	
Schinkal, William E.	1857	1917	19 Jun 1917	59y	1 - 67	
Schinkal, Mary	1862	1919	16 Dec 1919	57	1 - 67	
Schinkal, Lewis			3 Jul 1936	75y	1 - 67	
Schinkal, Dennis Ray	18 Apr 1946	20 Dec 1946	23 Dec 1946	8m	1 - 67	
Schinkal, Edward W.	1887	1970	21 May 1970	83y	1 - 67	
Schinkal, Emma O.	1894	1987	8 Apr 1987	92y	1 - 67	
Smith, Rudolph	1924	1977	22 Jan 1977	52y	1 - 67	
Schott, John C.	1807	1887	29 Jun 1888	80y 8m 10y	1 - 68	
Schott, William G.	1854	1878	25 May 1878	23y 6m 25d	1 - 68	
Branditettner, Heinrich A	11 Sep 1859	27 Aug 1880	29 Aug 1880	20y 11m 16d	1 - 69	
Dick, Katharina	10 Apr 1854	2 Mar 1878	11 Mar 1878	23y 10m 20d	1 - 69	nee, Schwarz - ssa John F., Husband - A. Dick
Schwarz, John F.	29 Sep 1828	3 Apr 1908	3 Apr 1908	78y 6m 14d	1 - 69	Obelisk - Northeim, Wurtemberg - Civil War Vet.
Schwarz, Margeretha	16 Jul 1827	15 Jan 1916	18 Jan 1916	89y	1 - 69	nee, Eifert - ssa John F. - ??ondorf, Hessen, Darmstat
Stern, Heinrich	7 Nov 1820	11 Aug 1888			1 - 69	
Brunn, Infant			1908		1 - 70	Oct or Nov
Brunn, Anna B.	1846	1926	21 May 1926	79y 10m	1 - 70	Mother
Brunn, Daniel	1844	1932	2 Apr 1932	87y 9m	1 - 70	Father
Brunn, Fred			5 May 1954	80y	1 - 70	
Brunn, Katie			3 Jun 1969	85y	1 - 70	
Brunn, Alvie I.			28 Nov 1969	82y	1 - 70	
-----,-----	20 Oct 1857	21 Dec 1893			1 - 70	
Meier, Christian	7 Aug 1800	15 Jun 1878	17 Jun 1878	77y 10m 8d	1 - 71	
Meyer, Louis	1865	1936	6 Jun 1936	70y	1 - 71	Father
Meyer, Sophia Anna	1872	1949	27 Oct 1949	78y	1 - 71	Mother
Meyer, Henry F.	1906	1969	24 Jun 1969	62y	1 - 71	
Peters, Richard			21 Jan 1933	55y	1 - 71	Cremated
Stemler, Mrs J. C.			30 Sep 1933		1 - 71	Cremated
Schaefer, Ludwig	2 Feb 1836	15 Oct 1899	18 Oct 1899	63y 8m 13d	1 - 72	
Schafer, Louis			17 Jul 1934	72y	1 - 72	
Graham, John W.	7 Jul 1900	5 Jan 1980	8 Jan 1980	79y	1 - 73	AS US Navy, WW I
Childs, Clara	1901	1938	3 Jun 1938	36y	1 - 74	Mother
Graham, Mildred	28 Jan 1896	7 Jan 1968			1 - 74	nee Carter
Gutzki, William F.	1878	1937	3 Apr 1937	58y	1 - 74	
Gutzki, Anna R.	1874	1950	17 Jul 1950	75y	1 - 74	
Mattner, Max K.	21 Jun 1904	6 Aug 1990	11 Aug 1990	86y	1 - 75	
Mattner, Hedwig M.	7 Apr 1903	25 Apr 1976	27 Apr 1976	68y	1 - 76	
Menz, Barbara	16 Mar 1857	3 Oct 1943	6 Oct 1943	86y	1 - 76	nee, Seiter - ssa Jacob - Mother
Menz, Jacob	6 Mar 1842	8 Mar 1903		61y 2d	1 - 76	Obelisk, Father, Co H 52nd Inf, Civil War
Nusky, Emma E.	10 Sep 1877	18 Aug 1951	24 Aug 1951	73y	1 - 76	
Nusky, Clarence	23 Dec 1875	9 Nov 1904		29y 10m 16d	1 - 76	

Name	Birth	Death	Internment	Age	Sec- Lot	Information
Seiter, Eva	29 Oct 1830	16 Sep 1905	22 Sep 1905	74y 11m 6d	1 - 76	
Seiter, Johann	6 Apr 1826	6 Dec 1899	10 Dec 1899	72y 8m	1 - 76	
Greer, Charles	1919	1978	7 Dec 1978	59y	1 - 77	S1 US Navy, WW II Vet
Kress, Elisabetha	1881	1911			1 - 77	Gomfritz, Hessen
Mueller, Minnie		11 Apr 1880	30 Apr 1880	28y	1 - 77	Obelisk - w/o B Mueller
Mueller, Balser	1848	1924	26 Jan 1924	75y	1 - 77	Father
Mueller, Infant			19 Nov 1930		1 - 77	
Mueller, Margaretha	1879	1963	10 Mar 1963	84y	1 - 77	nee, Kress - Mother
Mueller, Nickolas	1906	1973	9 Aug 1973	67y	1 - 77	Dad
Mueller, Balser N.	1902	1981	20 Jul 1981	78y	1 - 77	Son
Mueller, Minnie	2 Feb 1854	2 May 1901			1 - 77	nee, Criepke - ssa Minnie
Greer, Virginia C.	1921				1 - 78	ssa Charles
Kaes, Salme	1827	1908	8 Dec 1907	80y 1m 58d	1 - 78	ssa Joseph
Kaes, Joseph	1825	1880	27 Jun 1880	50y 15d	1 - 78	ssa Salme
Kaes, Henry	1854	1918	27 May 1918	64y	1 - 78	ssa Joseph
Kaes, Carrie	1863	1944	13 Oct 1944	81y	1 - 78	ssa Joseph
Schenkel, John	1870	1922	1922	50y	1 - 78	Between 28 Nov and 31 Dec
Schenkel, Elizabeth A.	1882	1964	25 Feb 1964	81y	1 - 78	
Schenkel, Elizabeth Mary	1 Nov 1922	6 Jul 1981	9 Jul 1981	59y	1 - 78	US Marine Corps, WW II
Huber, J. Adam	1861	1939	8 Apr 1939	77y	1 - 79	Father
Huber, Margaret	1872	1947	27 Mar 1947	74y	1 - 79	Mother
Huber, Adam		22 Apr 1913			1 - 79	Co F 181 Ohio Inf, Civil War Vet
Josting, Henry		4 Aug 1880	6 Aug 1880	1d	1 - 80	
Josting, Barry		27 May 1881	6 Jun 1881	12 hr	1 - 80	
Josting, Louisa Anna		28 Jul 1892	22 Jun 1892	1y 2m 19d	1 - 80	
Josting, Luella		4 Mar 1883	6 Mar 1883	4 hr	1 - 80	
Josting, M. Elisabeth		19 Oct 1882	9 Nov 1882	4y 5m 10d	1 - 80	
Josting, Henry	16 Dec 1840	1 Feb 1913			1 - 80	Obelisk - Father
Josting, Louisa	27 Apr 1852	14 Feb 1901			1 - 80	ssa Henry - Mother
Josting, Eddy		15 Oct 1874		13 hr	1 - 80	
Josting, John		13 Mar 1876		18 hr	1 - 80	
Josting, Willie		8 Apr 1877		1 hr	1 - 80	
Josting, Baby		9 Jul 1886			1 - 80	
Schaffer, Christina	1884	1929			1 - 80	Mother
Black, Joann M.	10 Aug 1953	30 Nov 1987	14 Dec 1987	34y	1 - 83	ssa Jeri R. Croskey - Sisters
Croskey, Jeri R.	26 Apr 1957	14 Apr 1962	14 Apr 1962	5y	1 - 83	
Infant			29 Sep 1934	2d	1 - 83	
Hurlburt, Fred	1881	1953	7 Feb 1953	71y	1 - 83	ssa Lavinia
Hurlburt, Lavinia	1885	1964	8 Apr 1964	80y	1 - 83	nee, Nightingale - ssa Fred C.
Nachtigall, Eleanora	30 Dec 1879	4 Dec 1880	7 Feb 1881	11m 5d	1 - 83	
Nightingale, Elisabeth	15 Sep 1857	6 Dec 1897	13 Feb 1898	40y 2m 20d	1 - 83	Mother
Nightingale, Philip	20 Sep 1852	3 Dec 1935	6 Dec 1935	83y	1 - 83	Father
Record, Alma E.	1888	1909	1909	21y	1 - 83	
Record, Grace E.	1905	1931	26 Mar 1931	25y 8m	1 - 83	
Record, Ida E.	1886	1943	14 Mar 1943	56y	1 - 83	
Wilde, Frank	1884	1940	31 Mar 1940	56y	1 - 83	Father
Wilde, Florence	1890	1961	17 Feb 1961	71y	1 - 83	Mother
Bernauer, Elizabeth (Lizzie)	1865	1898	8 May 1898	33y 2m	1 - 84	nee, Frey - Mother
Emmes, Irma	1907	1960	15 Jul 1960	54y	1 - 84	nee Frey
Emmes, Reginald J.	1903	1970	14 Oct 1970	67y	1 - 84	
Frey, Irwin John	1902	1908	29 Jan 1908	5y 0m 0d	1 - 84	
Frey, Gottfried	20 Feb 1834	22 Sep 1895	25 Sep 1895	61y 7m 2d	1 - 84	Obelisk - Father
Frey, Sibilla	22 Oct 1837	7 Nov 1915		78y	1 - 84	ssa Gottfried - Mother
Frey, Henrietta	1871	1934	14 Nov 1934	62y	1 - 84	
Frey, Louis P.	1898	28 Jan 1935	31 Jan 1935	36y	1 - 84	WW I Vet.
Frey, Louis	1874	1939	21 Aug 1939	65y	1 - 84	
Frey, Celia	1869	1941	27 Jan 1941	71y	1 - 84	
Lucas, Clifford E.	1881	1956	21 Oct 1956	75y	1 - 84	
Lucas, Cora	1886	1959	13 Nov 1959	74y	1 - 84	ssa Clifford

Name	Birth	Death	Internment	Age	Sec-Lot	Information
Noell, George	1866	1939	1940		1 - 84	ssa Anna - Ashes, between 22 Jan and 30 Jan
Noell, Anna	1867	1897			1 - 84	nee, Frey - ssa George
Bradley, Infant		1949	2 Mar 1949		1 - 85	ssa Infant Fox
Fox, Infant		1914			1 - 85	ssa Infant Bradley
Fox, Elmer	7 Jul 1915	26 Feb 1922			1 - 85	
Heinz, John	11 Oct 1861	5 Jun 1941	6 Jun 1941	80y	1 - 85	
Heinz, William E.	23 Dec 1872	25 Sep 1955	30 Sep 1955	82y	1 - 85	
Heinz, Hallie H.	9 Aug 1905	21 Aug 1960	21 Aug 1960	55y	1 - 85	
Heinz, William F.	7 Apr 1896	25 Jan 1975	28 Jan 1975	79y	1 - 85	
Heinz, Joseph	23 Apr 1825	11 Apr 1907			1 - 85	
Heinz, Christine	31 May 1831	11 Apr 1915			1 - 85	
Heinz, Ernestine	16 Jun 1866	25 Feb 1914			1 - 85	
Schwarz, Barbara	6 Jul 1867	28 Jun 1895	30 Jul 1895	27y	1 - 85	
Buchwald, Jacob	28 Nov 1853	13 Nov 1881	9 Dec 1881	27y 10m 15d	1 - 86	
Buchwald, Frank	1868	1941	16 May 1941	72y 5m 9d	1 - 86	
Buchwald, William	1862	1946	29 Mar 1946	80y	1 - 86	
Buchwald, Laura	1879	1956	4 Oct 1956	76y	1 - 86	
Buchwald, Joseph	1858	1923			1 - 86	
Buchwald, Andrew	18 Feb 1827	8 Jan 1899			1 - 86	Obelisk
Smith, Elizabeth			30 Oct 1939	72y	1 - 86	
Bayer, Valentine	1841	1920	31 Jan 1920	77y 3m 5d	1 - 87	
Bayer, Philipp	10 Aug 1869	15 Sep 1903			1 - 87	ssa Katharina
Bayer, Katharina	22 Feb 1845	21 Mar 1886			1 - 87	ssa Philipp
Bayer, Ronald	17 Nov 1867			5m 2d	1 - 87	
Bayer, ????????	17 Dec 1866			1m 5d	1 - 87	
Korb, Cora	1874	1954	23 Apr 1954	79y	1 - 87	
Korb, Alma M.	1899	1902		2y 9m 6d	1 - 87	
Pfaff, George S.	5 Dec 1896	16 Nov 1965	19 Nov 1965	68y	1 - 87	Ohio Wagr Co E Supply Det, WW I
Pfaff, Florence P.	16 Jun 1903	7 May 1981	11 May 1981	77y	1 - 87	
Grauvogel, Emma E.	1889	1967	27 Dec 1967	78y	1 - 88	nee, Schunk - ssa Albert
Reiners, Herman Heinrich	24 Dec 1829	20 Jan 1884	19 Mar 1884	54y 27d	1 - 88	
Reiners, Dorothea	25 Dec 1829	2 Dec 1892	30 Jul 1892	62y 11m 7d	1 - 88	
Reiners, Christine Sophia	2 Nov 1867	24 Mar 1886			1 - 88	
Reiners, Anna	1852	1902			1 - 88	
Zimmerman, Emma	1884	1884	21 Jul 1884	4m 4d	1 - 88	ssa Edward
Zimmerman, Anna	1856	1931	1 May 1931	74y	1 - 88	nee, Reiners - ssa Martin
Zimmerman, Walter J.		21 Sep 1942	23 Sep 1942	40y	1 - 88	Ohio Cpl Motor Trans Corp
Zimmerman, Martin	1859	1954	26 Jan 1954	95y	1 - 88	ssa Anna
Zimmerman, Edward	1885	1886			1 - 88	ssa Emma
					1 - 88	Small stone w/initials R.B.
					1 - 88	Small stone w/initials H.H.B.
					1 - 88	Small stone w/initials P.B.
Grauvogel, Albert H.	1886	1961	15 Sep 1961	75y	1 - 89	
Fischer, Irene M.	30 Jul 1896	16 Sep 1897	18 Sep 1897	1y 1m 17d	1 - 90	
Fischer, Katherine	1831	1895	10 Mar 1895	62y 10m 12d	1 - 90	Mother
Fischer, Henry, Sr.	1827	1925	24 Apr 1925	97y 9m	1 - 90	Father
Markland, Charles B.	1862	1893			1 - 90	
Schmogrow, Lillie C.	1893	1946	17 Sep 1946	53y	1 - 90	
Haubrock, Karolina	7 Nov 1832	26 Jan 1897	2 May 1897	64y 3m 20d	1 - 91	ssa & w/o Henry
Haubrock, Caroline			1 Jun 1951	83y	1 - 91	
Haubrock, Henry	26 Oct 1832	23 May 1901			1 - 91	Obelisk, Father
Haubrock, Henrietta	4 Oct 1862	14 Jan 1884			1 - 91	ssa & d/o H. & C.
Haubrock, --f---w.	12 Nov 1896	5 Nov 1902			1 - 91	
Allgeier, Infant			5 Mar 1935	9 hr	1 - 92	
Allgeier, Mary	1870	1943	13 May 1943	73y	1 - 92	nee Bayer
Allgeier, Bernard W. (Ben)	1870	1944	26 Feb 1944	73y	1 - 92	Father
Bayer, John	1841	9 Jul 1916		75y	1 - 92	Civil War Vet.
Bayer, John, Jr.	1868	1929	30 Sep 1929	62y	1 - 92	

Name	Birth	Death	Internment	Age	Sec- Lot	Information
Bayer, Elizabeth	1846	1928			1 - 92	
-------------, Caroline	?? ??? 1846	?? ??? 188?			1 - 93	
Aplonup, Infant			12 Sep 1905		1 - 93	
Bommer, Christian	1 Jul 1810	18 Feb 1900	8 Feb 1900	89y 7m 18d	1 - 93	Obelisk - Father
Bommer, Caroline	7 Aug 1827	17 Nov 1911			1 - 93	ssa Christian - Mother
Bommer, Laverne A.	1925	1929			1 - 93	
Kreisle, Louisa	8 Jun 1851	5 Aug 1886			1 - 93	nee Bommer
Kreisle, Baby	18 Jun 1883	26 Oct 1884			1 - 93	s/o Fred & Louisa
Miller, Louise			27 May 1966	92y	1 - 93	
Miller, William			14 Dec 1967	90y	1 - 93	
Miller, William			14 May 1970	70y	1 - 93	
Pennak, Henriette	8 Dec 1847	18 Oct 1884	21 Oct 1884	36y 10m	1 - 94	nee, Schwartman - w/o T. M. Pennak
Pennak, Anna C.	1854	1927	20 Oct 1927	73y	1 - 94	ssa William F - Mother
Pennak, Elizabeth	1882	1962	14 Jul 1962		1 - 94	
Pennak, Bertha	1885	1967	3 Oct 1967	72y	1 - 94	
Pennak, William F.	1847	1912			1 - 94	ssa Anna C. - Father
Fuchs, Johan A.	15 Apr 1817	20 Feb 1887	22 Feb 1887		1 - 95	
Larberg, William F.	1875	1957	15 Mar 1957	82y	1 - 95	
Larberg, Johanna	1881	1969	3 Jun 1969	88y	1 - 95	ssa William F.
Weber, Rosa					1 - 95	
Weber, Anna	24 Jul 1857	3 Jun 1885			1 - 95	nee, Fuchs - Gatin Von J. Weber
Bailey, Henrietta			8 Mar 1988	75y	1 - 96	
Schwartz, Margaretha	8 Apr 1830	7 Jun 1900	Jun 1900	70y	1 - 96	
Schwartz, George	1858	1934	13 Jul 1934	76y	1 - 96	Brother
Schwartz, Infant			29 Jun 1936		1 - 96	
Schwartz, Charles, Jr.	1902	1938	11 Mar 1938	35y	1 - 96	Son
Schwartz, Charles F.	1863	1939	12 Apr 1939	75y	1 - 96	ssa Lillian R. - Father
Schwartz, Infant			14 Jan 1942		1 - 96	
Schwartz, Lillian R.	1876	1950	7 Sep 1950	74y	1 - 96	ssa Charles F. - Mother
Schwartz, Emma	1901	1965	12 Mar 1965	64y	1 - 96	nee, Bene - ssa George - Mother
Schwartz, Henry	1856	1910			1 - 96	
Schwartz, George	1900				1 - 96	ssa Emma - Father
Westrich, Gustav J.	1917	1973	18 Sep 1973	56y	1 - 96	ssa Alice R.
Westrich, Alice R.	1914	1989	4 Aug 1989	74y	1 - 96	ssa Gustav J.
Knapp, Margaretha C.			5 Nov 1906	18y 4m	1 - 98	nee Wagenbach
Rolfes, Lottie			27 Jul 1945	56y	1 - 98	
Wagenbach, Anna Margaret			3 Dec 1906	52y 3m	1 - 98	nee, Hofmann - Mother
Wagenbach, Jacob, Sr.			7 Jan 1923	73y	1 - 98	Father
Wagenbach, Evelyn	1908	1949	6 Aug 1949	41y	1 - 98	Daughter
Wagenbach, Jacob J.	1882	1950	11 Dec 1950	68y	1 - 98	Father
Wagenbach, Minnie	1883	1953	9 Apr 1953	70y	1 - 98	Mother
Wagenbach, John C.					1 - 98	
Doermann, Andrew F.	30 Jan 1907	28 Nov 1958	28 Nov 1958	51y	1 - 99	
Doermann, Jennie	24 Jul 1875		22 May 1969	94y	1 - 99	
Doermann, Frank A.	19 May 1872	2 Jan 1912		39y	1 - 99	
Gray, Alanzo V.	1873	1962	24 Sep 1962	89y	1 - 99	Beloved Husband
Gray, Minnie M.	1883	1967	13 Jul 1967	83y	1 - 99	nee, Schmidt - Beloved Wife
Schmidt, Carolina	11 Feb 1843	26 Jan 1887	28 Jan 1887		1 - 99	w/o A. Schmidt
Schmidt, Carolina	1867	1932	23 Sep 1922	54y	1 - 99	
Schmidt, Katharine (Kate)	1870	1945	8 Aug 1945	75y	1 - 99	
Schmidt, Louise A.			29 Aug 1958	85y	1 - 99	
Schmidt, Andrew W.		25 May 1862			1 - 99	Co F 28 Ohio Inf, Civil War
Schmidt, Andrew	1885	1886			1 - 99	
Smith, Charles			28 Nov 1922	62y	1 - 99	
Brockhoff, S.					1 -	
Spieckermann, Elizabeth	23 Nov 1823	1 Apr 1907	1 Apr 1907	83y 6m	1 -	nee, Sand - ssa Johann - Wersen Provinz Preuszen
Spieckermann, Johann	3 Jun 1840	27 Dec 1902			1 -	ssa Elizabeth - Oldenburg
Ahlers, Emily L.	1923	1949	3 Feb 1949	25y	1 -	Daughter

Name	Birth	Death	Internment	Age	Sec-Lot	Information
Ahlers, Fred W.	1890	1961	22 Oct 1961		1 -	Father
Ahlers, Norma		1976	29 Oct 1976	85y	1 -	nee, Aring - Mother
Aring, Charles F.	1860	1926	15 Mar 1926	65y	1 -	Father
Aring, Emma B.	1861	1947	12 May 1947	86y	1 -	Mother
Aring, Edna L.	1887	1904			1 -	Daughter
Koerber, Henry C.	1873	1947	24 Dec 1947	74y	1 -	Father
Koerber, Estella R.	1883	1968	26 Mar 1968	84y	1 -	Mother
Larberg, Raymond	1912	1979	2 May 1979	67y	1 -	Cpl US Army, WW II
Lorenz, Edna C.			10 Apr 1908	6m 0d	1 -	
Marsh, Anna Lilly	1891	1968	9 Nov 1968	77y	1 -	
Menz, Reinhard F.	1846	1929	1929	73y	1 -	Father
Menz, Jacob J.	1873	1952	30 Jan 1952	78y	1 -	
Menz, Anna Mary	1842	1912			1 -	Mother
Sauer, Harry	1877	1949	7 Apr 1949	72y	1 -	Father
Sauer, Barbara L.	1894	1981	26 Oct 1981	86y	1 -	Mother
Sauer, Estelle R.	3 Oct 1913	9 Apr 1987	11 Apr 1987	73y	1 -	ssa Edwin J. - m. 5 Aug 1939
Sauer, Edwin J.	27 Oct 1913	19 Apr 1990	23 Apr 1990	76y	1 -	ssa Estelle R.
Bocklet, Edward L.	7 Sep 1890	30 Dec 1966	3 Jan 1967	57y	1 -	Pvt Co E 405 Inf, WW II
Bocklet, Elizabeth S.	1 Nov 1894	3 Jun 1967	6 Jun 1967	72y	1 -	nee, Koch - Beloved Mother
Koch, Walter J.	19 Jan 1901	9 Nov 1949	12 Nov 1949	48y	1 -	Pvt 405 Inf, WW II
Hagene, Nicholas	10 Dec 1826	5 Jan 1887	9 Jan 1887		1 -	
Hagene, Katherine Louise	1865	1947	11 Jun 1947	81y	1 -	ssa George
Hagene, Christina	22 Jun 1838	5 Jan 1878			1 -	nee, Herrman - w/o Nicholas
Hagene, George	1859	1913			1 -	ssa Katherine
Uchtmann, Elenora	1872	1935	13 Jan 1935	62y	1 -	Mother
Uchtmann, Gustav	1874	1954	5 Jan 1954	79y	1 -	Father
Noerr, Georg	6 Oct 1829	22 Jan 1887	25 Jan 1887		1 -	
Noerr, Georg H.	23 Dec 18??	29 Dec 18??			1 -	
Storch, Josephine	1867	1926			1 -	Mother
Clemens, Robert J.	1891	1958	22 Mar 1958	66y	1 -	
Clemens, Christina E.	1900	1975	12 Mar 1975	74y	1 -	ssa Robert
Thullen, Charles W.			20 Apr 1940	93y	1 -	
Thullen, Ida F.	1882	1949	4 Feb 1949	66y	1 -	ssa Charles F., Mother
Thullen, William			3 Feb 1960	85y	1 -	ssa Cora
Thullen, James W.	16 Jul 1912	9 Jun 1963	12 Jun 1965	53y	1 -	Ohio Tech 1879 Engr AVN Bn, WW II
Thullen, Cora			16 Jul 1966	82y	1 -	nee, Renner - ssa William
Thullen, Charles F.	1877	1972	1 May 1972	94y	1 -	ssa Ida F. - Father
Tullen, Sophie			23 Dec 1930	73y	1 -	
Hollenberg, Alma Louise	1914	1915			1 -	
Loffink, Jacob	1849	1908	13 Jan 1908		1 -	ssa Barbara - Father
Loffink, George F.	30 Jun 1885	11 Sep 1900	Sep 1900	15y 2m 11d	1 -	
Loffink, Barbara	1862	1944	11 Jun 1944	82y	1 -	ssa Jacob his wife - Mother
Loffink, Andres H.	18 Feb 1887	27 Feb 1887			1 -	
Stroschen, Arthur W.			26 Dec 1919	3d	1 -	
Stroschen, Margaret	1865	1945	19 Apr 1945	80y	1 -	ssa Henry & Henrietta Wittenberg
Stroschen, William E.	1861	1947	21 Mar 1947	85y	1 -	ssa Henry & Henrietta Wittenberg
Stroschen, William			25 Jun 1951	58y	1 -	
Wittenberg, Henry	1839	27 Jun 1921	29 Jun 1921	82y	1 -	ssa Henrietta - Civil War Vet.
Wittenberg, Henrietta	1834	1930	22 Dec 1930	96y 6m	1 -	ssa Henry
Begel, Louisa Doris	1862	1917	30 Jul 1917	57y	1 -	
Begel, Alma	1899	1952	14 Jul 1952	54y	1 -	
Begel, David	1862	1952	5 Aug 1952	90y	1 -	
Begel, Walter L.	7 Jan 1890	30 May 1893		3y 4m 23d	1 -	s/o D. & L.
Begel, Freddie D.	7 Jul 1887	28 Nov 1887		4m 21d	1 -	s/o D. & L.
Stenger, John J.	1881	1959	17 Nov 1959	79y	1 -	
Stenger, Emma L.	1881	1976	25 Feb 1976	87y	1 -	
Forester, Matilda E.	1883	1967	24 Apr 1967	78y	1 -	nee, Kaes - ssa Ida M. Spreen
Horn, Louis A.	1889	1960	20 Dec 1960	72y	1 -	ssa Louisa A.
Horn, Louisa A.	1890	1969	23 Jul 1969	79y	1 -	ssa Louis A.

Name	Birth	Death	Internment	Age	Sec- Lot	Information
Horn, Ruth	1919	1969	6 Nov 1969	50y	1 -	nee, Kramer - ssa John E.
Horn, John E.	1918				1 -	ssa Ruth H.
Horn, Richard C.	1926				1 -	
Kaes, Heinrich (Henry)			28 Jun 1882	3d	1 -	ssa George
Kaes, John J.	1858	1928		70y	1 -	ssa Caroline M.
Kaes, Caroline M.	1859	1945	13 Dec 1945	86y	1 -	ssa John J.
Kaes, George				8m	1 -	ssa Henry
Spreen, Ida M.	1885	1977	15 Jul 1977	91y	1 -	ssa Matilda E. Forester
Schroder, Bertha	1848	1905	2 Sep 1905	61y 6m	1 -	
Schroder, Albert	1870	1935	8 Feb 1935	64y	1 -	
Schroder, Edward	1872	1949	8 Aug 1949	72y	1 -	
Schroder, Mike	1874	1958	3 Jul 1958	84y	1 -	
Schroder, Henry	1884	1967	22 May 1967	84y	1 -	
Schroder, Herman	23 Nov 1837	27 Sep 1885			1 -	Obelisk
Stroscherm, Wilhelm	20 Sep 1830	12 Jun 1887			1 -	ssa Henry & Henrietta Wittenberg
Metzger, Anna	1878	1959	4 Sep 1959	81y	1 -	
Metzger, Maltilda	1880		4 Mar 1965	81y	1 -	
Beischer, Anna M.	1 Dec 1858	27 Nov 1897	15 Jan 1898	38y 9m 27d	1 -	
Heubach, Benjamin (Ben)	1863	1927	19 Mar 1927	63y	1 -	
Heubach, Bernard	1824	1911			1 -	
Heubach, Catherine	1832	1916	26 Jan 1916	84y	1 -	
-----, Baby					1 -	Small Stone
Baarlaer, Leo John, Jr.	18 Jul 1914	3 Aug 1975	5 Aug 1975	61y	1 -	Pvt US Army, WW II Vet
Gudgel, Daisy			22 Dec 1935	57y	1 -	
Dillinger, Martha Anna			18 Oct 1922	36y	1 -	
Dillinger, Nickolas	1875	1941	6 Feb 1941	65y	1 -	Husband
Dillinger, Anna			3 Dec 1953	80y	1 -	
Dillinger, George			22 Sep 1957		1 -	
Dillinger, Ella	1874	1960	5 Aug 1960	86y	1 -	nee, Grumm - Wife
Hollmeyer, Heinrich (Harry)	1879	1900	Sep 1900	21y	1 -	
Hollmeyer, Alfordt (Clifford)	1887	1890	5 Jan 1891	3y 11m 13d	1 -	
Hollmeyer, Sophia	1855	1927	30 Sep 1927	72y 6m	1 -	
Hollmeyer, Herman	1849	1937	22 Sep 1937	88y 6m	1 -	
Hollmeyer, William	1889	1970	18 Dec 1970	81y	1 -	ssa Ella
Hollmeyer, Ella	1896	19--	19 Apr 1988	92y	1 -	ssa William
Feldkamp, Minnie	1841	1920	24 Feb 1920	79y	1 -	ssa William
Feldkamp, William	1839	1915		75y 9m 2d	1 -	ssa Minnie
Feldkamp, Katie	1864	1936	28 Jan 1936	71y	1 -	Wife
Feldkamp, Louise	1903	1939	15 Nov 1939	36y	1 -	Interment rec. says Norma B.
Feldkamp, Fred	1864	1943	27 Jul 1943	78y	1 -	Husband
Feldkamp, George W.	1866	1958	22 Feb 1958	92y	1 -	ssa Bertha - Father
Feldkamp, Bertha	1872	1961	21 Jan 1961	88y	1 -	ssa George W. - Mother
Feldkamp, Elmer W.	1896	1974	16 Jan 1974	77y	1 -	ssa Hilda H.
Feldkamp, Hilda H.	1901				1 -	ssa Elmer W.
Beiner, Tillie					1 -	nee, Beuse - ssa Katherine Huy
Beuse, Ludwig	30 Jan 1826	21 Jun 1897	22 Jun 1897	71y 4m	1 -	ssa Katherine Huy
Beuse, M. G.	11 Jun 1872	1 Jul 1905			1 -	ssa Katherine Huy
Buese, William E.			4 Jul 1905	33y 20d	1 -	
Heaner, Andy			20 Jun 1905	74y	1 -	
Heaner, Sophia			7 Aug 1926	80y	1 -	
Huy, Katherine	1862	1949	19 Aug 1949	86y	1 -	ssa Ludwig Beuse
Huy, Donald L.	11 Feb 1927	14 Jan 1975	17 Jan 1975	47y	1 -	Tech 5, US Army Vet
Huy, Florence C.	1899	1975	21 Jun 1975	75y	1 -	ssa Elmer L.
Huy, Elmer L.	1897	1978	7 Sep 1978	81y	1 -	ssa Florence C.
Mistarky, Infant			3 May 1905		1 -	
Pierce, Carrie			10 Dec 1970	81y	1 -	
-----, Willie			----		1 -	Small stone
Weirman, John			14 Mar 1906	74y 3m	1 -	
Weirman, John	1831	1904		74y	1 -	

Name	Birth	Death	Internment	Age	Sec-Lot	Information
Weirman, Johanna	1841	1915			1 -	His Wife
Adolphus, Louis	1848	1930			1 -	
Durfeld, Sophia	1856	1935	11 Jul 1935	78y	1 -	nee Greiser
Greiser, Lucille			5 Jul 1923	71y	1 -	
Greiser, Charles L.	1861	1925	22 Oct 1925	64y	1 -	
Greiser, Charles L.			22 Oct 1926	64y	1 -	
Greiser, Adolphus L.			4 Oct 1930	81y	1 -	
Greiser, Katherine M. (Kate)			25 Feb 1946	81y	1 -	
Greiser, Eva			8 Apr 1965	99y	1 -	nee Beckwith
Greiser, Albert			1 Jun 1968	78y	1 -	
Greiser, Louis	15 Sep 1823	1 Mar 1912			1 -	ssa Catherine
Greiser, Catherine	26 Aug 1826	13 Mar 1893			1 -	ssa Louis
Meyers, Harry H.	1896	1979	30 Jun 1979	82y	1 -	Father
Ranz, Margaret	1861	1891	22 Oct 1891	30y	1 -	nee Greiser
Weirman, John			1 Feb 1943	83y	1 -	
Appel, Pauline	1863	1946	5 Mar 1946	82y	1 -	Mother
Given, Mary W.	1876	1939	5 Apr 1939		1 -	ssa Charles E. - Wife
Given, Charles E.	1877	1963	15 Feb 1963	85y	1 -	ssa Mary W. - Husband
Haas, Joseph			5 Jul 1922	57y	1 -	
Meyers, Helen A.	1898	1959	4 Apr 1959	60y	1 -	ssa Harry - Mother
Pragar, Mary		23 May 1922	25 May 1921	3 hr	1 -	ssa Iris Mary Elizabeth
Prager, Mary	1838	1920	31 Dec 1920	82y	1 -	ssa George, Mother
Prager, Ida	1875	1933	4 Mar 1933	58y	1 -	Mother
Prager, Christopher	1870	1947	16 Nov 1947	73y	1 -	
Prager, Charles			16 Jul 1959	61y	1 -	
Prager, Matilda	1883	1960	11 Jul 1960	77y	1 -	Wife
Prager, Edward	1882	1962	30 Apr 1962	80y	1 -	Husband
Prager, George	1832	1900			1 -	ssa Mary - Father
Weber, Nicholas	9 Sep 1889	18 Jul 1930	19 Jul 1930	41y	1 -	
Bachman, May			7 Apr 1928	33y	1 -	
Bachman, Howard W.			29 Oct 1936	21y	1 -	
Barrelman, Elizabeth			8 Dec 1905	70y	1 -	
Luther, John William	16 Jul 1912	14 Mar 1968	18 Mar 1968	55y	1 -	Ohio SK3 USNR, WW II
Rohr, George	1878	1960	17 Apr 1960	82y	1 -	
Kunkel, John David	1837	1907	15 Jul 1907	70y 4m 14d	1 -	Obelisk
Kunkel, Catherine	1840	1900	Oct 1900	60y 9m	1 -	nee, Meyer - ssa John D. - His wife.
Kunkel, Edward R.	1882	1949	2 Feb 1949	66y	1 -	
Kunkel, Joseph S.	1877	1958	19 Feb 1958	81y	1 -	
Kunkel, Oscar P.	1875	1962	21 Aug 1962	87y	1 -	Papa
Kunkel, Emma V.	1891	1973	7 Nov 1973	72y	1 -	Mama
Moebus, Lucile L.	1896	1955	2 Jul 1955	58y	1 -	ssa Walter H.
Moebus, Walter H.	1894	1971	12 Feb 1971	76y	1 -	ssa Lucile L.
Rohr, Emma	1884	1960	17 Jul 1960	75y	1 -	ssa George
Stiers, Lena	1866	1933	22 Jun 1933	76y	1 -	nee, Kunkel - Mother
Meier, Louis	24 Jul 1857	8 Apr 1902			1 -	Obelisk
Meier, Salma	16 Jun 1862				1 -	ssa Louis
Meyers, Alma	1862	1946	4 Nov 1946	84y	1 -	
Morgan, George J.	12 Apr 1918	4 Sep 1973	7 Sep 1973	55y	1 -	Ohio LCDR USNR, WW II
Morgan, Ruth	1913	1960	3 Sep 1960	43y	1 -	nee, Bryant - Wife & Mother
Oettinger, William	1843	1901			1 -	Obelisk
Oettinger, Theresa	1847	1929			1 -	ssa William
Oettinger, William H.	1874	1931			1 -	ssa William
Oettinger, Lillian (Lillie)	1873	1945	5 Sep 1945	72y	1 -	
Ries, Carl			14 Aug 1908	82y 2m 16d	1 -	
Ries, Elizabeth			14 Aug 1940	76y	1 -	
Ries, Charles			5 May 1941	86y	1 -	
Ries, William			28 May 1943	77y	1 -	
Focke, Infant			1 Sep 1930	5 hr	1 -	ssa Thomas McArthur
Focke, Infant			1 Sep 1930	5 hr	1 -	ssa Thomas McArthur

Name	Birth	Death	Internment	Age	Sec-Lot	Information
Focke, August			31 Aug 1956	81y	1 -	ssa Thomas McArthur
Focke, Caroline A.	1908	1984	29 Oct 1984	76y	1 -	ssa Vincent H.
Focke, Vincent H.	1906	1987	24 Jun 1987	80y	1 -	ssa Caroline A.
Grover, Benjaman			29 Jan 1942	59y	1 -	ssa Thomas McArthur
Grover, Amelia			18 Jun 1953	69y	1 -	ssa Thomas McArthur
Grover, Josephine					1 -	ssa Thomas McArthur
Grover, John					1 -	ssa Thomas McArthur
Grover, Baby					1 -	ssa Thomas McArthur
McArthur, Thomas			1 Jun 1934	82y	1 -	ssa Elizabeth
McArthur, Elizabeth (Lizzie)				54y	1 -	ssa Thomas
Moore, Marie			29 May 1947	56y	1 -	ssa Thomas McArthur
Goeddel, Carrie			6 May 1922	25y	1 -	
Goeddel, Louis			8 Nov 1930	75y	1 -	
Goeddel, Edward	1865	19--	31 Oct 1933	68y	1 -	ssa Lena
Goeddel, Edward John			13 Nov 1942	51y	1 -	
Goeddel, Lena	1869	1913			1 -	ssa Edward - His wife
Goeddel, Raymond	1900	1900			1 -	
McIlroy, Frances	1857	1937	24 Dec 1937	80y	1 -	nee, Schwab - Mother
Meister, Herbert P.	1890	1965	4 Aug 1965	74y	1 -	Father
Meister, Lillian R.	1891	1987	1 Aug 1987	96y	1 -	ssa Herbert - Mother
Rice, Rose S.			30 Aug 1937	43y	1 -	
Rice, William			26 Jan 1966	76y	1 -	
Schunk, Henry	1860	1922	24 May 1922	61y	1 -	ssa Wilhelmina - Father
Schunk, Louis	1890	1939	22 Mar 1939	47y	1 -	ssa Edna
Schunk, Wilhelmina	1863	1945	15 Mar 1945	81y	1 -	ssa Henry - Mother
Schunk, Milton E.	May 1913	Oct 1950	23 Oct 1950	37y	1 -	
Schunk, John	1885	1958	21 Nov 1958	73y	1 -	ssa Kate
Schunk, Edna	1895	1959	16 Mar 1959	64y	1 -	ssa Louis
Schunk, Kate	1883	1966	8 Feb 1966	82y	1 -	nee, Feiss - ssa John
Meister, Dorothy M.	1920	1985	4 Nov 1985	65y	1 -	ssa Harvey - Mother
Meister, Harvey H.	1919				1 -	Father
Schunk, Adam	1858	1946	5 Dec 1946	88y	1 -	ssa Carrie - Father
Schunk, Theodore	1903	1970	24 Sep 1970	67y	1 -	
Schunk, Carrie	1879	1970	15 Dec 1970	92y	1 -	ssa Adam - Mother
Schunk, Minnie	1904	1982	14 Apr 1982	77y	1 -	
Schunk, August	26 Jul 1918	12 Dec 1987	16 Dec 1987	69y	1 -	Pfc US Army, WW II
Burkhardt, Joseph			23 Apr 1935	70y	1 -	
Burkhardt, Philip	29 Jul 1895	8 Feb 1951	12 Feb 1951	55y	1 -	ssa Jennie C.
Burkhardt, Jennie C.	16 Sep 1895	28 Jun 1986	1 Jul 1986	90y	1 -	ssa Philip
Sievers, Alice			12 Feb 1934	63y	1 -	
Sievers, William			27 Jun 1944	74y	1 -	
Zugelter, Robert L., Jr.	1957	1979	6 Jul 1979	22y	1 -	Son
Zugelter, Robert L.	11 Dec 1929	29 Jan 1988	2 Feb 1988	58y	1 -	ssa Ruby Ann
Zugelter, Ruby Ann	9 Jul 1932				1 -	ssa Robert L.
Hatcher, Infant	1931	1931	4 May 1931		1 -	ssa Oscar R.
Hatcher, Alma Lee	1891	1932	1932	38y	1 -	ssa Oscar
Hatcher, Almeda	1866	1929	1929	62y	1 -	ssa Oscar
Hatcher, James C.	1901	1937	29 Nov 1937	37y	1 -	ssa Oscar
Hatcher, Samuel L.	1894	1947	24 Mar 1947	52y	1 -	ssa Oscar
Hatcher, Oscar R.	1885	1948	13 Jul 1948	63y	1 -	
Hatcher, William R.	1931	1932			1 -	ssa Oscar
Hatcher, Edith	1910	1932			1 -	nee, Buente - ssa Oscar
Carroll, Foster G.	6 Jul 1903	13 Dec 1977	16 Dec 1977	74y	1 -	ssa Jeanette A.
Carroll, Jeanette A.	29 Jul 1905				1 -	ssa Foster G.
Helwig, Raymond A.	1898	1947	5 Jul 1947	49y	1 -	
Helwig, Mildred S.	1903	1976	20 Jul 1976	73y	1 -	
Schuch, Olivette	1888	1959	15 Jul 1959	71y	1 -	
Schuch, Frank V.	1887	1983	16 Feb 1983	95y	1 -	
Siegman, Lena	1876	1949	21 Dec 1949	73y	1 -	

Name	Birth	Death	Internment	Age	Sec- Lot	Information
Bowser, Edward	1873	1949	25 Jul 1949		1 -	
Bowser, Otilda (Tillie)	1873	1963	27 Mar 1963	90y	1 -	
Bowser, Marie	1900	1984	30 May 1984	83y	1 -	
Mathias, Edgar H.	1893	1970	8 Dec 1970	77y	1 -	
Mathias, Laura B.	1895				1 -	
Sonneborn, Arthur H.	9 Jun 1917	6 Feb 1989	9 Feb 1989	71y	1 -	ssa Dorethea M.
Sonneborn, Dorothea M.	24 Feb 1916				1 -	ssa Arthur H.
Zimmerman, Alma P.	1891	1977	6 Dec 1977	86y	1 -	
Huelsebusch, Henry	1875	1954	13 Sep 1954	79y	1 -	Father
Huelsebusch, Elsie	1900	1955	7 May 1955		1 -	Daughter
Huelsebusch, Johanna	1877	1973	19 Nov 1973	96y	1 -	Mother
Huelsebusch, Harry	5 Jun 1902	24 Jun 1986	27 Jun 1986	84y	1 -	Pvt US Army, WW II Vet
Schuch, Ray	1908	1974	16 Nov 1974	66y	1 -	Stone says Roy
Schuch, Ethel	1911				1 -	ssa Rray
Ballauer, Margaret	1878	1955	3 Aug 1955	76y	1 -	ssa Frank
Ballauer, Frank	1880	1973	16 May 1973	94y	1 -	ssa Margaret
McCreary, Paul E.	26 Nov 1904	3 Jun 1956	6 Jun 1956	51y	1 -	Ohio Tec 4 Co A 384 port BNTC, WW II Vet
McCreary, Paul Rogers	15 Apr 1975	2 Jun 1979	5 Jun 1979	4y	1 -	
Seig, Peter, Jr.	22 Apr 1892	27 Dec 1960	27 Dec 1960	68y	1 -	Ohio Pvt Btry G 150 Field Arty, WW I
Seig, Freida A.	11 Apr 1901	27 Nov 1986	1 Dec 1986	86y	1 -	Wife and Mother
Storch, Raymond J.	1905	1960	12 Sep 1960	55y	1 -	
Storch, Estelle L.	1906	1982	24 Mar 1982	75y	1 -	
Voegtle, Edward H.	2 Jun 1893	14 Dec 1955	17 Dec 1955	62y	1 -	Ohio Cpl C 330 Inf, WW I Vet
Voegtle, Mary H.	1890	1959	27 May 1959	69y	1 -	
Focke, Vincent			1 Aug 1936	1 minute	1 -	
Groth, Clifford	1888	1979	18 Jun 1979	90y	1 -	
Groth, Anna W.	1889	1984	17 Feb 1984	94y	1 -	
Sonneborn, Georgianna			6 May 1948	32y	1 -	
Fogle, George H.	20 Aug 1905	22 Jun 1979	25 Jun 1979	73y	1 -	Capt US Army, WW II Vet
Kessler, Flora A.	1893	1947	24 Nov 1947	54y	1 -	ssa William, Sr.
Kessler, William, Sr.	1890	1851	11 Oct 1951	60y	1 -	ssa Flora A.
Brady, William E., Jr.	1941	1958	6 May 1958	17y	1 -	Son
Breen, Frank J.	1830	1958	23 May 1958	78y	1 -	
Breen, Lucy E.	1887	1969	29 Oct 1969		1 -	ssa Frank
Forsyth, Leo E.	1895	1956	6 Mar 1956	60y	1 -	Father
Forsyth, Elizabeth	1873	1973	4 Dec 1973	99y	1 -	Mother
Noller, Arthur E.	1902	1971	4 Mar 1971	68y	1 -	Husband
Noller, Ida	1899	1987	9 Feb 1987	87y	1 -	nee, Forsyth - Mother
Parry, John	1882	1958	24 Apr 1958	76y	1 -	
Parry, Lona D.	1882		9 Aug 1976	94y	1 -	ssa John
York, Charles J.	1871	1947	27 Oct 1947	75y	1 -	ssa Sally F., Father
York, Sally F.	1875	1963	4 Mar 1963	89y	1 -	ssa Charles J., Mother
Eads, Bettie	1882	1970	8 Jul 1970	88y	1 -	ssa Walter A., Mother
Eads, Walter A.	1881	1967			1 -	ssa Bettie, Father
Rardin, William	1895	1959	5 Jun 1959	64y	1 -	ssa Mae
Rardin, Mae	1907				1 -	ssa William
Postle, Infant			9 May 1946		1 -	
Aring, Frederick			31 Aug 1927	63y	1 -	
Bookwalt, John W.			30 Apr 1928	75y	1 -	
Heidecker, Dora	1889	1957	11 Nov 1957	68y	1 -	Wife
Hunt, James Robert	5 May 1925				1 -	Director, Public Library of Cincinnati & Hamilton County
Hunt, Gloria Beth	28 Jan 1926				1 -	ssa James Robert, Teacher
Hunt, Christopher James	25 Mar 1955				1 -	ssa James Robert, Eldest child of 2 males, 4 females
Hunt, Déirdre Mór	1 Sep 1962				1 -	ssa James Robert, Youngest Child of 2 males, 4 females
Johnson, Alfred Franklin			21 Jul 1917	2m 3d	1 -	

Name	Birth	Death	Internment	Age	Sec- Lot	Information
Knerium, Caroline			11 Jan 1930	90y	1 -	
Koch, Anna			24 Sep 1929	67y	1 -	
Koch, Philip			15 Nov 1930	66y	1 -	
Pfaff, David			14 Nov 1930	71y	1 -	
Riggs, Raymond			23 Sep 1930	3m	1 -	
Schaller, Barbara J.			14 May 1925	13 hr	1 -	
Wessling, Charles H.	1876	1957	18 Apr 1957	81y	1 -	
Wessling, Carrie	1883	1957	11 Aug 1957	73y	1 -	Stone says Caroline Neu
Wessling, Ethel M.	1903				1 -	
Gutzweiler, Louis	1854	1936	8 Apr 1936	83y	2 - 1	ssa Mary - Father
Gutzweiler, Mary	1853	1929			2 - 1	ssa Louis - Mother
Gutzweiller, Louis H., Jr	1878	1940	11 Sep 1940	62y	2 - 1	
Gutzwiller, Louisa M.	1881	1956	24 Nov 1956	74y 3m 2d	2 - 1	
Jaspers, Ella	1879	1935	24 Dec 1935	56y	2 - 1	nee, Gutzweiller - Mother
Musekamp, George H.W., Dr	1840	1900	Oct 1900	59y 2m 5d	2 - 1	ssa Pearl
Musekamp, Walter G., Jr.	1911	1919	11 Jul 1919	8y	2 - 1	"Our boy"
Musekamp, Elizabeth Marie	1842	1927	28 Feb 1927	85y	2 - 1	ssa Pearl
Musekamp, Charlotte E.	1864	1935	7 Aug 1935	70y	2 - 1	ssa Pearl
Musekamp, Rose N.	1871	1946	5 Jun 1946	76y	2 - 1	
Musekamp, Pearl	1872	1951	28 Apr 1951	78y	2 - 1	
Musekamp, Cordelia	1866	1957	21 Oct 1957	90y	2 - 1	
Musekamp, Freda E.	1893	1978	30 Mar 1978	84y	2 - 1	
Musekamp, Frederic W.	1868	1901			2 - 1	
Applegate, Mary Ann			4 Dec 1916	71y 7m	2 - 2	
Applegate, Mary			26 Oct 1918	46y	2 - 2	
Applegate, Orman			27 Feb 1919	80y	2 - 2	
Applegate, Herbert	1870	1920	8 Oct 1920	50y	2 - 2	
Applegate, Thomas			5 Jul 1923	29y	2 - 2	
Applegate, Davis			16 Mar 1950	77y	2 - 2	
Applegate, Mae			10 Dec 1952	69y	2 - 2	
Applegate, Orman		24 Mar ----			2 - 2	Civil War Vet.
Bender, Frank	1874	1950	23 Jul 1950	76y	2 - 2	ssa Elizabeth
Bender, Elizabeth	1877	1971	4 Nov 1971	94y	2 - 2	nee, Mueller - ssa Frank
Buescher, Etta			28 Jun 1940	38y	2 - 2	
Comeradi, Tillie			19 Nov 1929	57y	2 - 2	
Janson, Robert William			9 Dec 1917	7y	2 - 2	
Janson, Joseph			11 May 1938	52y	2 - 2	
Rohrer, Mary	1910	1937	12 Oct 1937	27y	2 - 2	
Amspaugh, Martha	1887	1960	3 May 1960	71y	2 - 3	
Amspaugh, Ray O.	1887	1975	26 Dec 1975	88y	2 - 3	
Baechle, Peter J.	1873	1926	8 May 1926	52y	2 - 3	Father
Kaiser, Anna M.	1875	1951	16 Jun 1951	76y	2 - 3	
Kaiser, William C.	1873	1955	16 Jun 1955	81y	2 - 3	
Rodler, William		3 Dec 1929	5 Dec 1929	41y	2 - 3	WW I Vet.
Runck, Henry H.	30 Oct 1870	17 Jan 1953	20 Jan 1953	82y	2 - 3	
Runck, Elizabeth			28 Jul 1957	82y	2 - 3	
Sauer, Lena	1850	1930	25 Jun 1930	79y	2 - 3	Mother
Sauer, Edna M.	1885	1944	22 Mar 1944		2 - 3	
Sauer, Charles	1881	1957	8 Feb 1957	77y	2 - 3	
Culbertson, Carl Stanton	1876	1930	15 Jan 1930	54y	2 - 4	ssa Mary E.
Culbertson, Mary E.	1877	1956	10 Aug 1956		2 - 4	ssa Carl Stanton
Keiser, Paul H.	1947	1969	26 Nov 1969	22y	2 - 4	
Keiser, Raymond C.	1910	1988	4 Oct 1988	78y	2 - 4	ssa Bernice S., CEM US Navy Vet
Keiser, Bernice S.	1911				2 - 4	ssa Raymond C.
Steinmann, Henry	6 Oct 1871	22 Apr 1939	25 Apr 1939	67y	2 - 4	
Steinmann, Mary	23 Apr 1879	31 Aug 1961	31 Aug 1961	83y	2 - 4	nee Menz
Udry, Robert M.	2 Aug 1905	1 Feb 1973	5 Feb 1973	67y	2 - 4	
Udry, Sylva L.	22 Jul 1907				2 - 4	
Brockhoff, Christina	1858	1939	31 May 1939	81y	2 - 5	ssa John Henry - Mother

Name	Birth	Death	Internment	Age	Sec- Lot	Information
Brockhoff, John Henry	1859	1952	24 Mar 1952	92y	2 - 5	ssa Christina - Father
Fleury, Marie			9 Dec 1929		2 - 5	
Fleury, Dominque			31 Jul 1931	95y	2 - 5	Interment says Henry for last name
Fleury, Mary L.			16 Feb 1946	94y	2 - 5	nee Conrad
Zaeske, Albert Charles	1883	1966	26 Jan 1966	82y	2 - 5	
Zaeske, Hilda	1894	1969	20 Jan 1969	74y	2 - 5	
Andrews, Joseph W.	1894	1971	11 Nov 1971	77y	2 - 6	ssa Cordelia m. - Husband
Andrews, Cordelia M.	1898				2 - 6	ssa Joseph W. - Wife
Harrison, Sarah E.	1880	1930	12 Mar 1930	50y	2 - 6	
Hurlburt, Emma	1884	1963	3 Jul 1963	78y	2 - 6	nee, Schaffer - Mother
Hurlburt, Louisa D.	1882	1907	12 May 1907	25y 3m 4d	2 - 6	
Hurlburt, William	1876	1958	2 Feb 1958	82y	2 - 6	Father
Hurlburt, G. W.	1845	20 Feb 1914			2 - 6	Co K 10 NY Cav, Civil War - Father
Hurlburt, Delia B.	1844	1910			2 - 6	Mother
Kiser, Elizabeth Frances	1856	1931	6 Apr 1931	75y	2 - 6	
Herzer, Catherine	1873	1941	6 Jan 1941	67y	2 - 7	ssa Clarence L.
Mueller, Howard H.	1903	1932	24 Mar 1932	28y	2 - 7	Dad
Mueller, Charles B.	1877	1937	10 Apr 1937	58y	2 - 7	Husband
Mueller, Maude	1884	1954	14 Jan 1954	69y	2 - 7	Mother
Orr, Charles			16 Jul 1907		2 - 7	
Sperber, Laura	1882	1935	16 Aug 1935	52y	2 - 7	ssa John - Mother
Sperber, Joll			21 Jul 1951	1d	2 - 7	
Sperber, John	1879	1969	17 May 1969	91y	2 - 7	ssa Laura - Father
Weber, Milton F.	1888	1932	8 Feb 1932	44y	2 - 7	ssa Anna
Weber, Anna	1882	1932	1932		2 - 7	nee, Hauer - ssa Milton F.
Wilde, Obert F.	1914	1981	22 Sep 1981	67y	2 - 7	ssa Lillian - m. 22 Jun 1940
Wilde, Lillian	1916				2 - 7	ssa Obert F.
Wolf, Emma	1887	1930	9 Dec 1930	42y	2 - 7	ssa William
Wolf, Sophia			29 Mar 1933	79y	2 - 7	
Wolf, William	1884	1958	25 Jun 1958	74y	2 - 7	ssa Emma
Ahlers, Ellanora	1883	1909	1909	25y 11m 24d	2 - 8	
Herzer, Clarence L.	1872	1936	23 Dec 1936	64y	2 - 8	ssa Catherine
Schrader, Mary Ann	1857	1920	5 Mar 1920	62y	2 - 8	nee, Nightingale - ssa William F., Sr.
Schrader, William F., Sr.	1852	1927	29 Jun 1927	74y	2 - 8	ssa Mary Ann
Schrader, William F., Jr.	1885	1907			2 - 8	
Schrader, Charles P.	1887	1901			2 - 8	
Schroder, William			12 Sep 1907	22y 6m 2d	2 - 8	
Storch, Roy A.	1922	1925	27 Mar 1925	2y 4m 25d	2 - 8	
Wuelzer, Robert	1928	1931	30 Mar 1931	2y 3m	2 - 8	
Wuelzer, Albert F.	1889	1939	20 Jun 1939	50y	2 - 8	
Wuelzer, Louis B.	1860	1941	2 Sep 1941	81y	2 - 8	Father
Wuelzer, Theresa	1863	1953	7 Dec 1953	90y	2 - 8	Mother
Miller, Jacob	1869	1932	1932	62y	2 - 9	ssa Henry
Miller, Walter	27 Apr 1906	11 Aug 1968	11 Aug 1963	57y	2 - 9	
Miller, Clara J.	8 Jan 1906	14 Jul 1972	18 Jul 1972	67y	2 - 9	
Miller, Henry	1859	1932			2 - 9	ssa Jacob
Reisinger, George Fred	1872	1954	23 Aug 1954	82y	2 - 9	Father
Reisinger, Mary M.	1886	1960	14 Dec 1960	75y	2 - 9	nee, Rnaler - Mother
Reisinger, Walter C.	1911	1968	9 Dec 1968	57y	2 - 9	Son
Reisinger, Fred W.	1914	1989	2 Nov 1989	74y	2 - 9	Son
Reisinger, Estelle G.	1918				2 - 9	Daughter
Rodler, Barbara	8 Mar 1885	1 Jan 1906	4 Jan 1906	20y 9m	2 - 9	
Rodler, Margaret	23 Nov 1856	3 May 1928	5 May 1928	71y	2 - 9	nee, Reisinger - ssa Casper
Rodler, Casper	15 Jan 1861	2 Sep 1949	5 Sep 1949	88y	2 - 9	ssa Margaret
Rodler, Estella C.	1896	1970	21 Aug 1970	73y	2 - 9	Daughter
Frank, Carolina	1865	1930	30 Dec 1930	65y	2 - 10	ssa William
Frank, August	1867	1946	19 Apr 1946	78y	2 - 10	
Frank, William H.	1865	1930	13 Nov 1950	85y	2 - 10	ssa Carolina
Frank, Harry A.			16 Mar 1977	80y	2 - 10	

Name	Birth	Death	Internment	Age	Sec-Lot	Information
Knapp, Lillian Paula	1901	1905	5 May 1905	3y 6m 1d	2 - 10	ssa Frederick - d/o Alma & Frederick
Knapp, Alma	1861	1943	7 Sep 1943	81y	2 - 10	ssa Frederick - Mother
Knapp, Frederick, Rev.	1861	1914			2 - 10	Father
Morrison, Caroline H.	1861	1928	11 Jul 1928	67y	2 - 10	
Dilworth, Joseph James	1872	1935	3 Jul 1935	63y	2 - 11	
Dilworth, Cora E.	1888	1965	5 Jun 1965	75y	2 - 11	
McCane, Jacob Wesley	1874	1932	1932	58y	2 - 11	ssa Juliana
McCane, Juliana	1876	1946	30 Dec 1946	70y	2 - 11	nee, Hettesheimer - ssa Jacob Wesley
Passo, Harry	1900	1967	21 Oct 1967	67y	2 - 11	ssa Grace D. - Husband
Passo, Grace D.	1908				2 - 11	ssa Harry - Wife
Snyder, Lillie M.	1883	1954	3 Oct 1954	71y	2 - 11	
Steiman, Myrthe			19 Feb 1905	12d	2 - 11	
Steinmann, Albert C.	1892	1931	22 Apr 1931	38y	2 - 11	
Steinmann, Sophia	1867	1956	21 Nov 1956	89y	2 - 11	Mother
Steinmann, Thomas J.	1859	1911			2 - 11	Father
Eilers, Otto	1873	1940	15 Feb 1940	66y	2 - 12	ssa Anna - Husband
Eilers, Anna	1880	1948	16 Jan 1948	67y	2 - 12	ssa Otto - Wife
Haydon, Rosa Lee	1865	1940	4 Mar 1940	74y	2 - 12	
Heis, Paul W.	1902	1981	2 Feb 1981	78y	2 - 12	
Hines, Paul W.	14 Oct 1934	14 Oct 1934	16 Oct 1934	Infant	2 - 12	
Hines, Infant			13 Aug 1948	2d	2 - 12	
Hines, Iva Nora	1894	1968	23 Jul 1968	74y	2 - 12	ssa William E.
Hines, William E.	1897	1986	14 Oct 1986	89y	2 - 12	ssa Iva Nora
Reiss, Friedericka	1863	1912			2 - 12	
Rohr, Phillip	1838	1905	29 May 1905	66y 9m 13d	2 - 12	ssa Mary
Rohr, Mary	1840	1923	10 Mar 1923	82y	2 - 12	ssa Phillip
Scheidt, Jacob J.	1867	1940	11 Jul 1940	72y	2 - 12	ssa Lena B. - Father
Scheidt, Lena B.	1874	1946	24 Aug 1946	72y	2 - 12	ssa Jacob J. - Mother
Scheidt, Hilda	1898	1975	28 Apr 1975	76y	2 - 12	
Kleinle, Magdalina	10 Oct 1836	2 Apr 1916	5 Apr 1916	80y	2 - 13	
Kleinle, Jacob	12 Mar 1832	13 Mar 1910			2 - 13	
Menz, Harold J.	1908	1930	20 Dec 1930	22y	2 - 13	
Menz, Elsa	1885	1964	5 Mar 1964	78y	2 - 13	nee, Pieper - ssa Harold - Mother
Menz, Edward J.	1881	1968	17 Aug 1968	87y	2 - 13	ssa Harold - Father
Menz, Marjorie B.	1916	1977	13 Jan 1977	60y	2 - 13	ssa Harold - Sister
Morretta, Carmen	1906	1983	1 Apr 1983	76y	2 - 13	ssa Harold Menz - Mother
Morretta, Herman E. (Budd)	1910	1985	6 Dec 1985	76y	2 - 13	ssa Harold Menz - Father
Rutemeyer, Michael H.	1880	1940	18 Feb 1940	59y	2 - 13	ssa Louisa M.
Rutemeyer, Louisa M.	1881	1953	7 Mar 1953	71y	2 - 13	ssa Michael H.
Wuelzer, William	1891	1970	21 Feb 1970	78y	2 - 13	ssa Grace - Father
Wuelzer, Grace	1894	1983	9 Nov 1983	89y	2 - 13	ssa William - Mother
Bardua, William (Willie)	21 Mar 1889	18 Feb 1906	20 Feb 1906	16y 11m	2 - 14	
Bardua, Magdalena	8 Feb 1836	11 Sep 1892	20 Jul 1892	56y 7m 3d	2 - 14	Zuspeyer am Rhein
Bardua, Daniel	1862	1925	4 May 1925	63y	2 - 14	
Bardua, Mary	1866	1929	5 Oct 1929	63y	2 - 14	
Bardua, Carl	1891	1956	10 Oct 1956	65y	2 - 14	Dad
Bardua, Flora	1894	1984	8 Jan 1985	90y	2 - 14	
Comstock, Herbert Clare	1876	1933	10 Jan 1933		2 - 14	
Haas, John James	1876	1952	12 May 1952	74y	2 - 14	
Fatthauer, Fred	1879	1907	29 Mar 1907		2 - 15	
Fatthauer, John F.	24 May 1857	6 Jan 1932	8 Jan 1932	74y	2 - 15	ssa Elizabeth
Fatthauer, Elizabeth	13 Mar 1855	7 May 1939	10 May 1939	84y	2 - 15	ssa John F.
Fatthauer, Charles	1886	1941	28 May 1941	54y	2 - 15	ssa Christina - Husband & Dad
Fatthauer, Frank	1877	1956	11 Aug 1956	78y	2 - 15	Father
Fatthauer, Gustav			20 Nov 1956	71y	2 - 15	
Fatthauer, Christina	1891	1981	4 Jan 1982	91y	2 - 15	ssa Charles
Fatthauer, August	1884	1956			2 - 15	
Schafer, August	1881	1936	8 Sep 1936	53y	2 - 15	ssa Edna
Schafer, Edna	1886	1936	3 Jun 1962		2 - 15	ssa August

Name	Birth	Death	Internment	Age	Sec- Lot	Information
Stutman, Carolina	6 Jan 1805				2 - 15	nee, ??almann
Farris, Catherine	1835	1922	2 Oct 1922	87y	2 - 16	ssa Henry, Mother
Farris, Henry	1828	1915		86y 4m	2 - 16	ssa Catherine
Greiser, Katherine E.(Katie)	1868	1937	29 Jan 1937	69y	2 - 16	ssa William F. - Mother
Greiser, William F.	1862	1940	16 Feb 1940	77y	2 - 16	ssa Katherine E. - Father
Greiser, Infant		18 Nov 1946	20 Nov 1946	2d	2 - 16	
Greiser, Elmer A.	1904	1973	4 Aug 1973	69y	2 - 16	Brother
Greiser, Marion M.				11 wk	2 - 16	
Redai, Eva	1886	1934	5 May 1934	47y	2 - 16	ssa Alexander - Mother
Redai, Alexander	1878	1963	25 Jan 1963	84y	2 - 16	ssa Eva - Father
Metrock, Michael John			3 Mar 1944	2d	2 - 17	
Thompson, Elizabeth E.	1885	1934	23 Nov 1934	49y 8m 16d	2 - 17	
Thompson, Albert	1882	1962	16 Aug 1962		2 - 17	
Wurtz, John F.			5 Mar 1976	85y	2 - 17	
Zorn, Lillian			30 Nov 1908		2 - 17	
Zorn, Otto	1877	1964	28 Dec 1964	88y	2 - 17	
Zorn, Emma	1878	1967	8 Dec 1967	90y	2 - 17	nee, Bertram - ssa Otto
Zorn, Geneva	1906	1977	8 Mar 1977	70y	2 - 17	ssa Otto
Zorn, Naomi	1910	1983	21 Jun 1983	70y	2 - 17	ssa Otto
Zorn, Lavan (Baby)	1908	1908			2 - 17	
Buescher, Louisa	1848	1929	21 Aug 1929	80y	2 - 18	Mother
Buescher, Herman		9 Apr 1911			2 - 18	9 Ohio Inf Co H, Civil War Vet
Dettmer, Catherine	1866	1935	27 May 1935	68y	2 - 18	nee, Luers - ssa Henry
Dettmer, Henry	1868	1940	7 Jun 1940	71y	2 - 18	ssa Catherine
Dettmer, Christian H.	1896	1968	Jul 1969		2 - 18	
Dettmer, Cornelia V. S.	1904	1980	25 Mar 1985	76y	2 - 18	Cremains
Schaufert, Peter	1863	1936	12 Sep 1936	72y	2 - 18	ssa Emma
Schaufert, Emma	1864	1949	23 Nov 1949	85y	2 - 18	nee, Holderer - ssa Peter
Zorn, Albert Martin	Sep 1881	Apr 1907	17 Apr 1907	25y 7m 5d	2 - 18	ssa Charolotte
Zorn, Charolotte	Oct 1875	Mar 1955	12 Mar 1955	79y	2 - 18	ssa Albert Martin
Pieper, Mary	1858	1915		57y	2 - 19	Mother
Pieper, August W.	1857	1938	13 Feb 1937	81y	2 - 19	Father
Pieper, Edna	1896	1984	6 Aug 1984	88y	2 - 19	Daughter
Pieper, Alma A.	1888	1912			2 - 19	Sister
Ruebel, Christian N.	6 Oct 1893	31 Jan 1937	3 Feb 1937	44y	2 - 19	Dad
Ruebel, Tina	6 Nov 1895				2 - 19	
Gilbert, Harry			3 Oct 1977	68y	2 - 20	
Hazlett, Charles W.	1885	1943	9 Jul 1943	57y	2 - 20	
Hazlett, Carla	1885	1964	21 Jun 1964	79y	2 - 20	
Hazlett, Charles W.	7 Oct 1917	9 Jun 1973	12 Jun 1973	55y	2 - 20	KY - T-Sgt US Air Force WW II, Korea
Bernhard, ----	1913	1957			2 - 21	
Gehringer, William	1880	1956	17 Sep 1956	76y	2 - 21	ssa Bertha
Gehringer, Bertha	1882	1973	20 Feb 1973	91y	2 - 21	ssa William
Bernhard, Lillie			23 Sep 1983	97y	2 - 22	
Geist, William	1 Apr 1823	29 Sep 1904			2 - 22	ssa Minnie
Gutzweiler, Wilbert L.	1906	1931	28 May 1931	24y	2 - 22	
Melvin, Dorothy			6 Mar 1939	20y	2 - 22	
Musekamp, Walter G., Dr.	1870	1942	30 Sep 1942	70y	2 - 22	
Musekamp, Laura S.	1886	1949	30 Jul 1949	63y	2 - 22	
Hemerle, Infant Girl			18 Jul 1967		2 - 23	
Pragar, Iris Mary Elizabeth	21 Mar 1919	6 Mar 1924	8 Mar 1924	6y	2 - 23	ssa Mary
Pragar, John	1869	1936	6 Mar 1936	66y	2 - 23	ssa Mary
Pragar, Mary	1870	1956	27 Jul 1956	85y	2 - 23	ssa John
Pragar, Leonard H.	1902	1982	4 May 1982	79y	2 - 23	Son
Prager, Florence	1880	1917	6 Mar 1917	37y 2m 4d	2 - 23	ssa Alma
Prager, George	1877	1949	27 Jul 1949	71y	2 - 23	ssa Alma
Prager, Alma	1882	1966	28 Mar 1966	83y	2 - 23	ssa George
Steel, Edward R.	1862	1943	11 Dec 1943	81y	2 - 23	ssa Elizabeth E.
Steel, Elizabeth E. Loren	1881	1964	8 Jan 1964	86y	2 - 23	ssa Edward R.

Name	Birth	Death	Internment	Age	Sec- Lot	Information
Heinlein, Pearl Anna	1902	1917	15 Feb 1817	13y	2 - 24	
Heinlein, Fred	1867	1925	17 Jan 1925	58y	2 - 24	Father
Heinlein, Dena	1870	1932	3 Feb 1932	61y	2 - 24	Mother
Hettesheimer, Julia M.	1900	1965	4 Sep 1965	65y	2 - 24	ssa Clarence F.
Hettesheimer, Clarence F.	1894	1988	3 Jun 1988	93y	2 - 24	ssa Julia M.
Hughes, Caroline V.	1849	1909	1909	59y 6m 14d	2 - 24	
Hughes, Charles H.	1845	1910			2 - 24	
Link, Hanna L.			23 May 1945	77y	2 - 24	
Link, Charles			27 Nov 1945	81y	2 - 24	
Link, Chas. D.			10 Mar 1966	60y	2 - 24	
Link, Louise			16 Apr 1984	77y	2 - 24	
Schroeder, Ruth	1920	1953	16 May 1953	33y	2 - 24	Stone says Schreiber
Tomaseck, Julia	1884	1947	20 Jan 1947	62y	2 - 24	
Covert, Miriam J.			22 Aug 1916	2m	2 - 25	
Covert, John		30 Oct 1916	1 Nov 1916	71y	2 - 25	Civil War Vet.
Covert, May			23 Jul 1918	2y	2 - 25	
Covert, Stella			1 Jan 1920	40y	2 - 25	
Gingerich, Clem			19 Sep 1953		2 - 25	
Gingerich, Edward Christi	1904	1967	19 Jul 1967	62y	2 - 25	ssa Dorothy Alice
Gingerich, Dorothy Alice	1906				2 - 25	ssa Edward Christian
Gingerich, Clement	1867	1930			2 - 25	
Gingerich, Nancy Olive	1876	1953			2 - 25	
Murray, Raymond A.	24 Dec 1896	11 Nov 1968	7 Dec 1968		2 - 25	Ohio SFC Co F 17 Engineers WW I
Bender, Robert R.	1923	1937	6 Jul 1937	14y	2 - 26	Our boy
Gingerich, Charles O.	1906	1974	3 Jun 1974	67y	2 - 26	ssa Rose E.
Gingerich, Mary Inez	1907	1986	27 Jan 1986	78y	2 - 26	
Gingerich, Rose E.	1908				2 - 26	ssa Charles O.
Kinemeyer, Harry	1885	1925	6 Dec 1925	40d	2 - 26	Pop
Kinemeyer, Elmer C.	7 Aug 1911	31 Aug 1956	4 Sep 1956	45y	2 - 26	Ohio Tec5 US Army, WW II
Kuennemeyer, William	1841	1906	19 Apr 1906	64y 7m 22d	2 - 26	ssa Sophie
Kuennemeyer, Johan	22 Jul 1877	12 Mar 1900	3 Mar 1900	22y 8m 20d	2 - 26	ssa William
Kuennemeyer, Sophia	1842	1921	2 Jun 1921	79y	2 - 26	ssa William
Kuennemeyer, Charles M.	1882	1934	14 Oct 1934	52y	2 - 26	
Sturtz, Ruth E.	1909	1977	13 Apr 1977	67y	2 - 26	ssa Clifford H.
Leichman, Joseph J.	1929	1949	26 Nov 1949	20y	2 - 27	Son
Leichman, Freda Victoria	25 Feb 1957	19 Mar 1957	20 Mar 1957	3 wk	2 - 27	
Leichman, Madeline	1907	1970	5 Jan 1970	63y	2 - 27	ssa Charles C. - Wife
Leichman, Charles C.	1904	19			2 - 27	ssa Madeline, Husband
Sturtz, Clifford H.	1907	1973	29 Dec 1973	66y	2 - 27	ssa Rose E.
Tullis, John P.	1833	1917	16 Jul 1917	84y	2 - 27	Civil War Vet.
Tullis, Clara			Apr 1931		2 - 27	
Tullis, Clara F.	1844	1915			2 - 27	ssa John P. - His wife
Tullis, Alice E.	1882	1903			2 - 27	ssa John P.
Tullis, Burl					2 - 27	
Blankenship, Carol J.			27 Aug 1943	2 hr	2 - 28	
Garrett, Jean	16 Jul 1911	9 Jan 1988	12 Jan 1988	76y	2 - 28	Mom
Rothman, Christ J.	17 Apr 1879	28 Nov 1969	2 Dec 1969	90y	2 - 28	Sgt Svc Co 21 Inf, WW I
Rothmann, Frieda	26 Jun 1874	26 Oct 1898	30 Nov 1898	24y 4m	2 - 28	
Rothmann, Katherine	17 Aug 1840	23 Nov 1925	25 Nov 1925	85y	2 - 28	
Rothmann, Alberta	17 Jan 1870	8 May 1944	10 May 1944	68y	2 - 28	
Rothmann, Fred	25 Jan 1868	27 Oct 1948	30 Oct 1948	80y	2 - 28	
Rothmann, Mary	17 Apr 1871	10 Jul 1963	10 Jul 1963	91y	2 - 28	
Schmidt, Heinrich	2 Dec 1832	6 Sep 1910			2 - 29	ssa Margaret
Schmidt, Margaret	20 Jun 1840	31 May 1926			2 - 29	ssa Heinrich
Fischer, Ferdinand			22 Dec 1899	19y	2 - 30	
Fischer, Harold E.	25 Apr 1915	2 Jul 1926	2 Jul 1926	11y	2 - 30	
Fischer, John William	1880	1948	4 Aug 1948	68y	2 - 30	ssa Jennie A.
Fischer, Jennie A.	1888	1957			2 - 30	ssa John William - Sometime between 6 Apr and 12 Apr

Name	Birth	Death	Internment	Age	Sec-Lot	Information
Fischer, Erma			20 Apr 1990	70y	2 - 30	Cremains
Bunselmeier, Ruth Anna M.	1913	1914			2 - 31	
Doll, Michael	1872	1939	22 Aug 1939	67y	2 - 31	ssa Margaret - Father
Doll, Margaret	1869	1953	26 Jan 1953	82y	2 - 31	ssa Michael - Mother
Heinlein, Johann C., Sr.	22 Feb 1836	22 Apr 1906	22 Apr 1906	70y 2m	2 - 31	Kant Bayern
Heinlein, David	6 Apr 1879	25 May 1916	26 May 1916	51y	2 - 31	
Heinlein, Barbara	25 Oct 1838	1 Apr 1922	4 Apr 1922	83y	2 - 31	nee, Walter - Herzogthum Baden
Heinlein, Louisa			14 Jul 1927	58y	2 - 31	
Traner, Anna Elisabeth		26 Oct 1866		6?y 9m 10d	2 - 31	w/o Nikolas
Zelner, Margaretha	9 Jul 1881	2 Jan 1894	4 Jan 1894	32y 5m 22d	2 - 31	nee Heinlein
Heckendorn, Kraig			17 Dec 1977	19y	2 - 32	
Schunk, Katharina	1855	1892	23 Jul 1892	36y 9m 25d	2 - 32	ssa Jacob G.
Schunk, Louisa Karolina	14 Aug 1892	6 Sep 1892	29 Jun 1892	23d	2 - 32	
Schunk, Jacob G.	1849	1933	22 Jul 1933	83y	2 - 32	ssa Katharina
Schunk, William E.	1891	1970	10 Feb 1970	78y	2 - 32	ssa Cecelia B.
Schunk, Cecelia B.	1889	1980	5 Jan 1980	90y	2 - 32	ssa William E.
Breinner, Theodore			2 Dec 1905	46y 3m	2 - 34	
Vollmer, Katharina	19 Aug 1859	7 May 1895	9 May 1895	35y 8m 18d	2 - 35	nee, Heinlein - ssa Frank
Vollmer, Frank	14 Mar 1857	12 Feb 1932	16 Feb 1932	73y	2 - 35	
Vollmer, Albert	1891	1951	4 Sep 1951	60y	2 - 35	
Vollmer, Mabel	1896	1966	8 Feb 1966	70y	2 - 35	nee Scheidt
Vollmer, Clarence E.	19 Apr 1895	17 Oct 1903			2 - 35	ssa Frank
Brockhoff, Johan			21 Oct 1895	20d	2 - 36	
Brockhoff, Frederick J.	26 Oct 1860	6 Sep 1915		54y	2 - 36	ssa Louisa
Brockhoff, Louisa W.	6 Aug 1860	14 Dec 1938	17 Dec 1938	78y	2 - 36	ssa Frederick J.
Brockhoff, Henry			28 Jul 1979	84y	2 - 36	
Kailholz, C., Mrs.			26 Mar 1906	72y 9m 29d	2 - 37	
Kailholz, John F.	1858	1945	4 Dec 1945	86y	2 - 37	Father
Kailholz, Infant Girl			12 Mar 1968	1d	2 - 37	
Keilholz, Johan	26 Jun 1899	1 Jul 1899	6 Jul 1899	8d	2 - 37	ssa Johann
Keilholz, Johann	9 Jul 1828	9 Aug 1898	12 Aug 1898	70y 1m	2 - 37	Grandpa
Keilholz, Klara	1886	1899	8 Sep 1899	13y	2 - 37	Daughter
Keilholz, Matilda	1865	1922	27 Jun 1922	58y	2 - 37	Mother
Keilholz, Barbara	1833	1907			2 - 37	Grandma
Keilholz, J. F.	14 May 1865				2 - 37	ssa Johann
Keilholz, M. C.	30 Jun 1865				2 - 37	ssa Johann
Hunzicker, Susan W.	1869	1925	6 May 1925	56y	2 - 38	ssa Charles R.
Hunzicker, Charles R.	1861	1939	20 May 1939	78y	2 - 38	ssa Susan W.
Schmidt, Karl	28 Mar 1816	4 Jul 1894	6 Jul 1894	78y 1m 6d	2 - 38	ssa Maria
Schmidt, Maria	4 Feb 1831	6 Feb 1894	14 Mar 1894	63y 2d	2 - 38	ssa Karl
Heubach, William, Sr.	1872	1956	3 Apr 1956	83y	2 - 39	ssa Lillie Belle
Heubach, Lillie Belle	1879	1965	25 Jun 1965	85y	2 - 39	ssa William, Sr.
Neiert, Hatti Maria	1880	1899	8 Jul 1899	18y 8m 9d	2 - 39	
Neiert, George D.	1853	1928		75y	2 - 39	ssa Elizabeth - Father
Neiert, Elizabeth	1858	1934	25 Feb 1934	76y	2 - 39	ssa George D. - Mother
Neiert, William	1883	1950	19 Mar 1950	66y	2 - 39	
Vincent, Frank			8 Aug 1916	34y	2 - 40	
Vincent, John P.			17 Jun 1944	55y	2 - 40	
Vincent, Thalia			24 Nov 1947	91y	2 - 40	
Buede, Fred J.	1905	1948	10 Apr 1948	42y	2 - 41	
Buede, Elizabeth	1879	1954	2 Jan 1955	75y	2 - 41	ssa Fred H.
Buede, Fred H.	1883	1962	1 Dec 1962	80y	2 - 41	ssa Elizabeth M.
Medecke, John K., Jr.	24 Sep 1889	23 Jun 1924	25 Jun 1924	34y	2 - 41	
Medecke, Elizabeth	1859	1933	4 May 1933	74y 3m 19d	2 - 41	Mother
Medecke, John H., Sr.	1852	1929			2 - 41	Father
Nolkamper, Frederick W.		19 Jan 1920	22 Jan 1920	88y	2 - 41	Civil War Vet.
Nolkamper, Christine					2 - 41	Obelisk
Budke, Arnold	9 Sep 1825	20 Jul 1903			2 - 42	
Budke, Christine	8 Jun 1830	10 Feb 1914			2 - 42	

Name	Birth	Death	Interment	Age	Sec-Lot	Information
Ivey, Roger W.	1886	1939	8 Dec 1939	53y	2 - 42	ssa Kathryn M.
Ivey, Kathryn M.	1889	1962	17 Mar 1962	73y	2 - 42	nee, Brown - ssa Roger W.
Keilholz, Infant			8 Nov 1920		2 - 42	
Schulze, Fred C. L.	27 Sep 1819	19 Dec 1906	16 Dec 1906	87y 2m 20d	2 - 42	
Schulze, Heinrich Friedrich A.	12 Sep 1893	12 Jun 1894	12 Jun 1894	8m 28d	2 - 42	
Schulze, Henry	1860	1931	5 Feb 1931	71y	2 - 42	
Schulze, John	1857	1936	2 Dec 1936	79y	2 - 42	ssa Lizzie - Father
Schulze, Lizzie	1864	1902			2 - 42	ssa John - Mother
Schulze, John				infant	2 - 42	
Woods, Anna E.	1882	1935	8 Jul 1935	53y	2 - 42	Mother
Woods, Lee	1887	1962			2 - 42	Father
Frank, Carl Adam	22 Mar 1890	13 Dec 1918	16 Dec 1918	28y	2 - 43	
Frank, Nellie K.	6 May 1896	27 Mar 1955	31 Mar 1955	64y	2 - 43	
Frank, Carlyn	28 Jun 1919	22 Jun 1989	26 Jun 1989	69y	2 - 43	
Kumpf, Jacob	22 Feb 1868	16 Apr 1940	19 Apr 1940	72y 1m 24d	2 - 43	
Rudisell, Earl M.	8 Feb 1911	30 Dec 1945	2 Jan 1946	34y	2 - 43	
Rudisell, Martha	19 Apr 1917	13 May 1991	17 May 1991	75y	2 - 43	
Kempf, Walter E.	1914	19--			2 - 44	
Petri, Peter J.	1893	1937	6 Dec 1937	44y	2 - 44	Husband
Petri, Helen G.	1894				2 - 44	Wife
Piper, Harry B.	1883	1943	22 Sep 1943	60y	2 - 44	ssa Freda R.
Piper, Freda R.	1868	1945	2 Apr 1945	76y	2 - 44	nee, Kempf - ssa Harry B.
Winkler, Rudolph	1840	1918	18 Sep 1918	78y	2 - 44	
Winkler, Rose	1870	1942	15 Apr 1942	71y 6m 1d	2 - 44	ssa Henry B.
Winkler, Henry B.	1866	1956	29 Sep 1956		2 - 44	ssa Rose
Apinsch, Martha			17 Feb 1979	84y	2 - 45	
Apinsch, Alfred			17 Feb 1979	91y	2 - 45	
Apwisch, Melva Mae			26 Aug 1916	3y	2 - 45	
Apwisch, Eugene Harry	1899	1919	24 Jan 1919	19y	2 - 45	Son
Apwisch, Fredericka	1858	1921	25 Aug 1921	63y	2 - 45	Mother
Apwisch, Henry	1852	1930	11 Jan 1930	77y	2 - 45	Father
Aring, George H.	1881	1944	13 Jun 1944	62y	2 - 45	
Aring, Magdalena J.	1882	1960	31 Aug 1960	79y	2 - 45	
Gaub, Josephine			12 Apr 1960	67y	2 - 46	nee Ries
Gaub, Jacob			18 Dec 1973	89y	2 - 46	
Gaub, Edith			5 Oct 1976	51y	2 - 46	
Gaub, Edward J.			30 Jul 1985	33y	2 - 46	
Ries, John J.	1863	1946	7 Jan 1946	82y	2 - 46	Father
Ries, Catherine	1872	1957	7 May 1957	86y	2 - 46	Mother
Ries, Elmer F.	23 Aug 1893	10 May 1966	13 May 1966	73y	2 - 46	
Ries, Alma C.	28 May 1895		10 Mar 1987	91y	2 - 46	
Gehring, Mildred C.			18 Jul 1908	5m	2 - 47	
Schaeperklaus, Minnie	1866	1925	19 Jun 1925	60y	2 - 47	Sister - D of A emb.
Schaeperklaus, Louis	1862	1933	30 Dec 1933	70y	2 - 47	Brother
Schaeperklaus, George H.	1868	1939	22 Dec 1939	71y	2 - 47	Brother
Schierlok, Raymond			16 Mar 1976	70y	2 - 48	
Schwander, Henry John	1894	1907	26 Mar 1907		2 - 48	
Schwander, John	1864	1928		64y	2 - 48	ssa Marguerite - Father
Schwander, Louise Julia	1898	1931	12 Nov 1931	33y	2 - 48	
Schwander, Marguerite	1868	1959	17 Dec 1959	92y	2 - 48	ssa John
Schwander, Walter E.	1897				2 - 48	
Schwander, Audre V.	1911				2 - 48	
Hader, Jacob	1827	1916	2 Feb 1916	88y	2 - 49	Father
Hader, Barbara	1833	1914			2 - 49	Mother
Bommer, Louise	5 Dec 1893	30 Aug 1900	Aug 1900	6y 8m	2 - 50	
Bommer, Adam	23 Feb 1854	24 Apr 1919	25 Apr 1919	65y	2 - 50	ssa Barbara, Father
Bommer, Barbara	31 Mar 1863	9 Jun 1937	12 Jun 1937	74y	2 - 50	ssa Adam, Mother
Bommer, George W.	22 Feb 1892	27 Apr 1954	30 Apr 1954	62y	2 - 50	
Bommer, Edward	27 Jul 1896	13 Sep 1984	17 Sep 1984	88y	2 - 50	

Name	Birth	Death	Internment	Age	Sec-Lot	Information
Newman, Elizabeth	1883	1906	5 Dec 1906	23y 1m	2 - 51	nee, Ranly
Ranly, Helena	16 Feb 1849	10 Apr 1906	10 Apr 1906	57y 1m 22d	2 - 51	
Ranly, John	14 Apr 1845	8 Jan 1929	1929	83y	2 - 51	
Ranly, John, Jr.	1877	1940	24 Apr 1940	62y	2 - 51	
Runck, Peter	1862	1928		68y	2 - 51	Father - Also listed in Sec 2, Lot 72
Runck, Helena	1871	1929	1929	58y	2 - 51	Mother - Also listed in Sec 2, Lot 72
Runck, Jacob F.	1867	1941	25 Oct 1941	79y	2 - 51	Father
Runck, Emma	1874	1951	12 Jun 1951	77y	2 - 51	Mother
Runck, Lester Peter	7 Nov 1903	30 Mar 1957	30 Mar 1957	53y	2 - 51	Ohio Pvt 322 Depot Rep Sq AAF, WW II
Runck, John P.	1893	1970	28 Feb 1970	76y	2 - 51	Dad - Also listed in Sec 2, Lot 72
Runck, Romilda	1902	1990	5 Jun 1990	88y	2 - 51	Also listed in Sec 2, Lot 72
Heel, Rosa	1851	1922	14 Feb 1922	70y	2 - 52	nee Hauer
Heel, Michael	1851	1913			2 - 52	
Newman, Mary	1853	1930	18 Sep 1930	76y	2 - 52	
Newman, Herman	1852	1932	6 Apr 1932	80y	2 - 52	
Poth, Frances	1843	1935	19 Dec 1935	93y	2 - 52	nee Hauer
Poth, Andrew	1842	14 *** 1902			2 - 52	*Oct, Nov, or Dec. Civil War Vet.
Hauck, Otto F.	1882	1974	23 Feb 1974	92y	2 - 53	ssa Sophia, Father
Hauck, Sophia	1888	1932			2 - 53	ssa Otto F., Mother
Schaeperklaus, Henry F.	1860	1924	4 Aug 1924	64y	2 - 53	ssa Sophia
Schaeperklaus, Sophia	1864	1944	29 Mar 1944	79y	2 - 53	ssa Henry F.
Schaeperklaus, Estella	1890	1901			2 - 53	ssa Henry F.
Brierly, Alma	1905	1976	16 Feb 1976		2 - 54	nee Waltz
Waltz, Julius Ludwig	10 Oct 1894	15 Feb 1897	18 Feb 1897	2y 4m 15d	2 - 54	ssa Fred J.
Waltz, Anna	8 Apr 1899	20 Sep 1900	Sep 1900	1y 6m	2 - 54	ssa Fred J.
Waltz, Louisa M.	1871	1936	22 Feb 1936	64y	2 - 54	ssa Fred J.
Waltz, Fred J.	1867	1948	1 Mar 1948	80y	2 - 54	
Waltz, Friedrich	20 Feb 1902	15 Feb 1902			2 - 54	
Applegate, Edna M.			16 Nov 1955	60y	2 - 55	
Applegate, Oscar			27 Aug 1964	73y	2 - 55	
Waltz, Louise	1865	1930	28 Feb 1930	64y	2 - 55	ssa Charles
Waltz, Albert			17 Feb 1940	42y	2 - 55	
Waltz, Chas. F.			8 Jul 1949	59y	2 - 55	
Waltz, Charles	1869	1902			2 - 55	ssa Louise
Bassing, Ragina	1835	1934	7 Apr 1934	99y	2 - 56	nee, Bayer - ssa Valentin
Bassing, Valentin	1831	1914			2 - 56	ssa Ragina
Bayer, Elizabeth Anoreas	1845	1928	7 Jun 1928	82y	2 - 56	
Weis, Herman	1860	1932	1932	72y	2 - 56	
Ferril, Grace Harriet			25 Feb 1985	67y	2 - 57	nee, Young - Cremains
Schultheiss, Michael			15 Apr 1916	70y	2 - 57	
Schultheiss, Jeanne			29 Jan 1970	98y	2 - 57	
Schultheiss, Michael	1844	1917			2 - 57	Father
Schultheiss, Josephine	1839	1931			2 - 57	Mother
Young, Homer B.	1889	1961	18 Dec 1961	72y	2 - 57	ssa Ethel R.
Young, Ethel R.	1888	1978	25 Nov 1978	90y	2 - 57	ssa Homer B.
Nichols, David W.	1889	1967	19 Sep 1967	79y	2 - 59	ssa Emma M.
Nichols, Emma M.	1887	1986	16 Jan 1986	98y	2 - 59	ssa David W,
Steiner, Howard G.			22 Jun 1920	2m 14d	2 - 59	
Steiner, George	1854	1931	13 may 1931	77y	2 - 59	ssa Minnie
Steiner, Donald Edward			11 May 1937	2y 7m 2d	2 - 59	
Steiner, Minnie	1860	1937	5 Jun 1937	76y	2 - 59	ssa George
Steiner, Henrietta	1882	1950	20 May 1950	67y	2 - 59	ssa John C.
Steiner, Edward J.	1883	1951	24 Sep 1951	68y	2 - 59	Brother
Steiner, John C.	1878	1952	24 Jan 1952	73y	2 - 59	ssa Henrietta
Steiner, Oscar J.	1884	1913			2 - 59	Brother
Dochterman, Ida B.	6 Jun 1888	22 Dec 1898	24 Dec 1898	10y	2 - 60	
Dochterman, Wallace	19 Dec 1892	5 Aug 1898	7 Aug 1898	4y 7m 10d	2 - 60	
Dochterman, Alonzo	1858	1919	26 Sep 1919	61y	2 - 60	ssa Mollie

Name	Birth	Death	Internment	Age	Sec- Lot	Information
Dochterman, Mollie	1859	1937	15 Apr 1937	77y 4m 5d	2 - 60	ssa Alonzo
Dochterman, Florence	1881	1945	30 Jun 1945	64y	2 - 60	
Dochterman, Elenore	1886	1961	30 Dec 1961	75y	2 - 60	ssa Marcellus
Dochterman, ----			20 Dec 1971		2 - 60	
Dochterman, Marcellus	1890	1980	23 Oct 1980	90y	2 - 60	ssa Elenore
Mitchell, Annie	1867	1957	15 Jan 1957	89y	2 - 60	
Mitchell, George	1861	1903			2 - 60	ssa Annie
Soellner, Paul W.	1883	1955	7 Feb 1955	71y	2 - 60	ssa Carrie
Soellner, Carrie	1883	1977	29 Nov 1977	94y	2 - 60	ssa Paul W.
Haucke, Kate	1867	1941	30 Jan 1941	73y	2 - 61	Mother
Haucke, Frank	1862	1952	24 Jun 1952		2 - 61	Father
Haucke, Appolonia	1833	1910			2 - 61	
Hausfeld, Anna B.	1877	1923	10 Dec 1923	46y	2 - 62	
Hausfeld, Edward J.	1871	1958	26 Sep 1958	87y	2 - 62	
Schmid, George	1840	1923	28 Aug 1923	82y	2 - 62	ssa Anna B.
Schmid, Anna B.	1841	1911			2 - 62	nee, Dangel - ssa George
Kuehn, Elsworth H.	1864	1931	17 Aug 1931	67y	2 - 63	Father
Kuehn, Katherine	1872	1959	4 Mar 1959	86y	2 - 63	Mother
Kuehn, Dorothy I.	1906	1970	4 Nov 1970	64y	2 - 63	Mother
Kuehn, Harry H.	1902	1978	13 Jan 1978	75y	2 - 63	Father
Kuehn, Elmer	1899	1982	16 Oct 1982	82y	2 - 63	Father
Kuehn, Christine B.	1900	1986	25 Jul 1986	86y	2 - 63	Mother
Kuehn, Alma E.	30 May 1905	14 Oct 1912			2 - 63	
Brogle, Joseph	1867	1924	11 Sep 1924	58y	2 - 64	Husband
Geist, William Carl	10 Dec 1892	4 Jan 1924	8 Jan 1924	31y	2 - 64	
Geist, Carrie	1855	1938	2 Oct 1938	84y	2 - 64	ssa William - Mother
Geist, William	1858	1949	31 Mar 1949	91y	2 - 64	ssa Carrie - Father
Geist, Carrie	1891	1973	19 Sep 1973	82y	2 - 64	
Smith, George William	1918	1919	26 Sep 1919	9m	2 - 64	
Smith, Mason Lewis	1920	1920	7 May 1920	6d	2 - 64	
Smith, George N.	1890	1953	Sep 1953	63y	2 - 64	Sometime between 26 Aug and 19 Sep.
Smith, Flora L.	1897	1978	18 Feb 1978	80y	2 - 64	
Sammons, Melva E.	1912	1916	8 Sep 1916	4y 3m 3d	2 - 65	
Sammons, Edwin P.	1908	1931	1 Feb 1931	22y	2 - 65	
Sammons, Alexander L.	1869	1941	9 Nov 1941	72y	2 - 65	
Sammons, Margaret A. (Maggie)	1882	1963	22 Apr 1963	81y	2 - 65	nee Buecker
Scheidt, William	1892	1943	22 Nov 1943	51y	2 - 65	
Scheidt, Lulu	1906	1976	21 Aug 1976	70y	2 - 65	nee Sammons
Cochran, Pearl Evelyn	1907	1926	20 Feb 1926	18y	2 - 66	
Cochran, Mary E.	1878	1949	7 Sep 1949	71y	2 - 66	
Hughes, Willis F.	1877	1941	1 Dec 1941	64y	2 - 66	Father
Hughes, Bernice E.	1905	1942	11 Apr 1942	36y 7m 9d	2 - 66	
Hughes, Lillian J.	1882	1961	10 Sep 1961	79y	2 - 66	nee, Meyer - Mother
Hughes, Gilbert (Jeff)	1905	1966	30 Jun 1966	61y	2 - 66	Husband
Darnell, Inez			6 Dec 1976	67y	2 - 67	
Felix, Louisa M.	1872	1922	6 Apr 1922	49y	2 - 67	nee Guenther
Guenther, August F.	1831	1920	29 Jun 1920	89y	2 - 67	ssa Susan - Co B 9th O.V.I., Civil War
Guenther, Earl Robert	20 Apr 1925	26 Apr 1925	25 Apr 1925	5d	2 - 67	
Guenther, Susan	1839	1934	31 May 1934	94y	2 - 67	nee, Menz - ssa August F.
Guenther, Mayme	1886	1935	7 Jun 1935	49y	2 - 67	nee Koch
Ruebel, Katherine	6 Jun 1878	30 Jul 1927	1 Aug 1927	49y	2 - 68	ssa Nicholaus
Ruebel, Edward	1908	1933	13 Sep 1933	24y	2 - 68	
Ruebel, Nicholaus	10 Aug 1857	9 Jan 1915			2 - 68	ssa Maria
Ruebel, Maria	1 Sep 1863	10 Feb 1895			2 - 68	nee, Nusekabel - ssa Nicholaus
Ruebel, Maria	13 Jan 1883	10 Nov 1887			2 - 68	ssa Mathilda
Ruebel, Mathilda	4 Sep 1884	10 Feb 1885			2 - 68	ssa Maria
Wolf, Helen			15 Dec 1954	57y	2 - 68	
Hill, Margaret	23 Aug 1861	27 Sep 1927	28 Sep 1927	66y	2 - 69	nee, Nusekabel
Kleemann, George Edward	1863	1909	1909	45y	2 - 69	Father

Name	Birth	Death	Internment	Age	Sec- Lot	Information
Kleemann, Theresa	1864	1902	1909	44y	2 - 69	Mother
Kleemann, George H.	1885	1899	2 Apr 1899	14y	2 - 69	Brother
Nusekabel, H. William	20 Apr 1858	26 Dec 1915	5 Jan 1916	59y	2 - 69	
Nusekabel, Victoria M.			19 Jun 1921	2y 6m	2 - 69	
Nusekabel, Matilda			30 Aug 1946	62y	2 - 69	
Nusekabel, George			17 Jun 1957	75y	2 - 69	
Hockholzer, John	1834	1909	23 Dec 1908		2 - 70	
Ruebel, Edwin C.	14 Sep 1903	22 Aug 1905	23 Aug 1905	1y 11m 8d	2 - 70	
Ruebel, Clarence G.	15 May 1909	9 Oct 1915		6y	2 - 70	
Ruebel, John C.	12 Sep 1900	21 Jan 1901			2 - 70	
Mueller, John Fredrich	6 Jan 1845	4 Jun 1906	4 Jun 1906	61y 5m	2 - 71	
Mueller, Anna Elizabeth	21 Jan 1854	27 Jan 1940	30 Jan 1940	86y	2 - 71	
Mueller, Henrietta (Nettie)	1879	1975	3 Jan 1976	96y	2 - 71	
Mueller, Frieda	1889	1980	18 Dec 1980	91y	2 - 71	
Runck, John H.	15 Dec 1929	18 Jan 1973	20 Jan 1973	43y	2 - 72	Ohio Cpl US Army, Korea
Runck, Wanda	Mar 1933	Mar 1987	3 Apr 1987	54y	2 - 72	nee Brater
Loffink, Andrew	1851	1905	2 Mar 1905	53y	2 - 73	Father
Loffink, John	3 Jun 1848	26 Apr 1928	28 Apr 1928	79y	2 - 73	Brother
Loffink, Agatha	1853	1942	23 Jul 1942	88y	2 - 73	Mother
Loffink, Edward	1886	1954	7 Dec 1954	68y	2 - 73	Brother
Loffink, Elizabeth	1882	1965	29 May 1965	83y	2 - 73	Daughter
Rohrer, Samuel B.	1858	1929	1929		2 - 74	Father
Rohrer, Clara B.	1868	1934	16 Jun 1934	65y	2 - 74	nee, Thomas - Mother
Rohrer, Thelma M.	1898	1964	12 Nov 1964	67y	2 - 74	Mother
Rohrer, Arthur J.			26 Apr 1991	98y	2 - 74	
Saiske, Lister			10 Oct 1905	3m	2 - 74	
Wiesner, Cecil May	1902	1957	12 Nov 1957		2 - 74	
Zaeske, Elizabeth A.	1885	1966	3 Feb 1966	81y	2 - 74	nee, Rohrer - ssa Charles T.
Zaeske, Charles T.	1877	1971	10 Mar 1971	93y	2 - 74	ssa Elizabeth A.
Decker, George E.			19 Apr 1918	4 hr	2 - 75	
Decker, Infant			10 Mar 1925	2d	2 - 75	Could be Angela
Decker, Juanita Elaine			10 Jul 1926	13d	2 - 75	
Decker, George E., Jr.	1921	1940	6 Feb 1940	19y	2 - 75	Son
Koenig, Frank			5 Aug 1928		2 - 75	
Koenig, Angela			8 May 1935	12y	2 - 75	
Koenig, Infant			1 May 1939	sb	2 - 75	
Rogge, Harry	1880	30 Dec 1932	2 Jan 1933	52y	2 - 76	Spanish American, WW Vet. - Father
Rogge, Sophie	1847	1936	21 Jul 1936	89y	2 - 76	nee, Meyer - ssa William R. - Mother
Rogge, Emma L.	1897	1969	17 Mar 1969	80y	2 - 76	
Rogge, William R.	1838	1911			2 - 76	ssa Sophia, Father
Carl, Frederick	1883	1949	21 Dec 1949	66y	2 - 77	ssa Magdalena L.
Carl, William F.	1913	1988	10 Aug 1988	74y	2 - 77	ssa Jane
Carl, Magdalena L.	1890	1982	26 Jul 1982	92y	2 - 77	ssa Frederick
Carl, Jane	1916				2 - 77	ssa William F.
Carl, Frederick	1862	1914			2 - 77	ssa Catherine - Father
Carl, Catherine	1864	1911			2 - 77	ssa Frederick - Mother
Toepfer, Walter J. (Barney)	1909	1979	20 Dec 1979	70y	2 - 77	
Kegel, Martha C.	1845	1922	7 Jan 1922	76y	2 - 78	ssa Frederick
Kegel, Elizabeth			31 Oct 1959	90y	2 - 78	
Kegel, Frederick	1843	1911			2 - 78	ssa Martha C.
Thrift, Douglas T.	1875	1932	28 Mar 1932	56y	2 - 78	Father
Thrift, Martha F.	1876	1947	13 Jun 1947	71y	2 - 78	Mother
Fields, James			21 Feb 1935	69y	2 - 79	
Fischer, George	1859	1923	15 Jan 1923	63y	2 - 79	
Fischer, Catherine	1864	1942	11 Mar 1942	76y	2 - 79	
Pfaff, Beatrice Lorney	1916	1920	31 Aug 1920	3y	2 - 79	Daughter
Pfaff, David	1921	1963	21 Jun 1963	41y	2 - 79	Son
Pfaff, Walter J.	1887	1965	5 Nov 1965	79y	2 - 79	ssa Cora F. - Father
Pfaff, Cora F.	1892	1965	13 Nov 1965	72y	2 - 79	ssa Walter J. - Mother

Name	Birth	Death	Internment	Age	Sec- Lot	Information
Knierim, Helena	20 Sep 1852	14 Feb 1897	12 May 1897	45y 4m 25d	2 - 80	nee, ?boy
Knierim., Philip		11 Jan 1914			2 - 80	Civil War Vet.
Cones, Lewis Lee	1916	1934	23 Jul 1934	18y	2 - 82	Son
Cones, Lewis E.	1871	1948	6 Nov 1948	77y	2 - 82	ssa Lillie
Cones, Lillian (Lillie)	1876	1956	10 Aug 1956	80y	2 - 82	ssa Lewis E.
Bertram, Cora L.	1873	1963	26 Apr 1963	89y	2 - 83	
Bertram, Caroline	1854	1914			2 - 83	
Hauer, Michael G., Jr.	1845	1927	25 May 1927		2 - 83	
Hauer, Edith C.	1886	1915		29y	2 - 83	
Hauer, Caroline Lydia	1862	1950	3 Mar 1950	88y	2 - 83	
Hauer, Michael R.	1891	1963	4 Feb 1963	72y	2 - 83	
Hauer, Herman L.	5 Nov 1889	10 Dec 1974	13 Dec 1974	85y	2 - 83	Pfc US Army
Hauer, Marie	14 Feb 1884	17 Jul 1976	20 Jul 1976	92y	2 - 83	
Hauer, Thelma J.	1897	1983	21 Apr 1983	86y	2 - 83	
Rabenstein, Ida H.	1886	1913			2 - 83	
Bavis, ------ D.			3 Feb 1916	14y	2 - 84	
Bavis, Otto			27 Oct 1918	50y	2 - 84	
Bavis, Augusta Anna			26 Apr 1926	58y	2 - 84	
Bavis, Otto S.	10 Nov 1896	29 Oct 1948	1 Nov 1948	51y	2 - 84	Ohio Pvt Field Art Repl Depot, WW I
Budke, Katherine	11 Jun 1865	27 1909	1909	43y 8m 16d	2 - 85	
Budke, Henry	5 Aug 1861	11 Aug 1935	14 Aug 1935	74y	2 - 85	
Spreen, William H. F., Jr	1919	1923	8 Aug 1923	3y 6m	2 - 85	
Spreen, Katherine	1922	1923	28 Aug 1923	1y 6m	2 - 85	
Spreen, William	1883	1962	11 Mar 1962	79y	2 - 85	
Spreen, Emma	1891	1968	5 Sep 1968	77y	2 - 85	nee Buake
Barth, Charles J.	23 Mar 1862	3 Dec 1914			2 - 86	ssa Emma L.
Barth, Emma L.	28 Feb 1868	24 Nov 1914			2 - 86	ssa Charles J.
Sheppard, Albert E.	24 Dec 1891	21 Jan 1977	26 Jan 1977	85y	2 - 86	
Sheppard, Lulu C.	9 Oct 1892	6 Feb 1983	9 Feb 1983	90y	2 - 86	
Ruehmeier, Eleanora M.	1905	1972	5 May 1972	67y	2 - 87	ssa Henry
Ruehmeier, Henry	1903	1973	16 Jul 1973	70y	2 - 87	ssa Eleanora M.
Steinman, Dorthy C.			12 Nov 1935	29d	2 - 88	
Steinmann, Irene S.	1906	1918	11 Apr 1918	11y 7m 20d	2 - 88	Daughter
Steinmann, Infant			11 Jan 1935	22 hr	2 - 88	
Steinmann, Charlie	1869	1944	8 Dec 1944	74y	2 - 88	ssa Mary, Father
Steinmann, Infant (Twin #1)			14 Jun 1945		2 - 88	
Steinmann, Infant (Twin #2)			14 Jun 1945		2 - 88	
Steinmann, Mary	1886	1961	14 Sep 1961	76y	2 - 88	nee, Wissemeier - ssa Charlie, Mother
Schinkal, ---- A.			6 May 1916	5y 4m 9d	2 - 89	
Schinkal, George S.	1859	1941	2 Jan 1942	82y 10m 20d	2 - 89	
Schinkal, John A.	1889	1961	14 Dec 1961	72y	2 - 89	
Schinkal, Alma M.	1895	1969	29 Apr 1969	73y	2 - 89	
Schinkal, Anna	1863	1916			2 - 89	
Sening, Bette	1950	1978	24 Nov 1978	28y	2 - 89	nee Siles
Siles, Ruth A.	1922	1978	24 Nov 1978	56y	2 - 89	nee Schinkal
Haucke, Eva	1856	1905	17 Mar 1905	48y 6m	2 - 90	
Haucke, Frederick	1854	1924	16 Apr 1924	68y	2 - 90	Father
Haucke, Helen	1877	1936	9 Mar 1936	58y	2 - 90	Mother
Knose, Cora	1892	1983	10 Apr 1983	90y	2 - 90	
Negley, Henry		1 May 1906	2 May 1906	78y	2 - 90	
Negley, Eva		7 Feb 1912		50y	2 - 90	
Schmitt, Andrew		1915			2 - 90	Civil War Vet.
Bernard, Julius	1874	1941	2 Sep 1941	67y	2 - 91	ssa Phoebe
Bernard, Jerry	1932	1950	9 Dec 1950	18y	2 - 91	Son
Bernard, Phoebe	1883	1955	5 Oct 1955	72y	2 - 91	ssa Julius
Bernard, Anna Maria	1909	1975	24 Jun 1975	65y	2 - 91	ssa William J.
Bernard, Juluis	1901	1910			2 - 91	
Bernard, William J.	1904	19--			2 - 91	ssa Anna Maria
Baumgartner, David			19 Feb 1982	38y	2 - 92	

Name	Birth	Death	Internment	Age	Sec-Lot	Information
Deifel, Henrietta	1877	1909	1909		2 - 92	ssa Joseph
Deifel, Joseph	1866	1947	13 Mar 1947	79y	2 - 92	ssa Henrietta
Deifel, Gertrude	1902	1949	1 Jul 1949	46y	2 - 92	nee Cosiger
Deifel, Carl Joseph	1904	1982	7 Jul 1982	77y	2 - 92	ssa Helen
Deifel, Helen	1911				2 - 92	nee, Meta - ssa Carl Joseph
Eberhardt, Otto, Jr.	1898	1930	12 Mar 1930	31y	2 - 92	
Eberhardt, Caroline	1864	1953	6 Aug 1953	89y	2 - 92	ssa Otto
Eberhardt, Otto	1868	1927			2 - 92	ssa Caroline
Bond, Florence B.	1875	1947	7 Jul 1947	71y	2 - 93	
Bond, Louis B.	1882	1977	28 Apr 1977	94y	2 - 93	
Bond, Harvey	1908	1909			2 - 93	
Francis, Joshua		—			2 - 93	Cpl Co F 79 Ohio Inf, Civil War
Hearn, Eliza			15 Mar 1923	87y	2 - 93	
Hearne, Daisy D.	1873	1906	28 Apr 1906	32y 8m 1d	2 - 93	nee, Fischer - ssa Horace
Hearne, Horace	1844	10 Oct 1920	11 Oct 1920	76y	2 - 93	ssa Margaret - Co D 5th Ohio Cav, Civil War
Hearne, Margaret	1847	1935	28 Feb 1935	87y 4m 14d	2 - 93	ssa Horace
Hearne, Walter	1876	1885			2 - 93	ssa Baby
Hearne, Baby	1867	1867			2 - 93	ssa Walter
Martin, James L.			27 Feb 1976	67y	2 - 93	
Robinson, Lillie	1867	1909			2 - 93	
Dennis, Charles H.		18 Apr 1903			2 - 94	Co K 27 Ohio Inf, Civil War
Mundstock, Frank	1868	1930	25 Apr 1930	61y	2 - 94	
Mundstock, Gertrude	1873	1939	11 Jul 1939	66y	2 - 94	
Mundstock, Clarence F.	5 Jul 1896	3 Jul 1951	7 Jul 1951	51y	2 - 94	Ohio Pfc 6 Regt USMC, WW I
Mundstock, Helen	1898	1910			2 - 94	
Happley, Barbara	1863	1947	23 Oct 1947	84y	2 - 95	
Happley, Carl Henry	15 Jun 1891	3 Jul 1950	8 Jul 1950	59y	2 - 95	
Happley, George R.	1896	1971	16 Sep 1971	74y	2 - 95	ssa Pearl m. - m. 10 Apr 1918
Happley, Pearl M.	1895	1983	19 Sep 1983	88y	2 - 95	ssa George R.
Happley, Charles	1860	1910			2 - 95	
Raible, Alice H.	1903	1959	21 Jan 1959	55y	2 - 95	nee Happley
Brown, Hugh Carl	27 Oct 1898	27 Jun 1981	30 Jun 1981	82y	2 - 96	Cpl US Army, WW I
Brown, Jewel B.	17 May 1905	13 Apr 1991	23 Apr 1991	85y	2 - 96	
Decker, George E.	1894	1973	17 Feb 1973	78y	2 - 96	Father
Decker, Hilda R.	1898	1978	20 Dec 1978	80y	2 - 96	Mother
Kottmeyer, William			26 Mar 1980	83y	2 - 96	
Kottmyer, Daisy			21 Mar 1992	81y	2 - 96	
Bruestle, William	1869	1947	30 Apr 1947	77y	2 - 97	ssa Anna C.
Bruestle, Anna Caroline	1876	1958	9 Apr 1958	81y	2 - 97	ssa William
Bruestle, Walter			2 Feb 1985	80y	2 - 97	
Runte, Fred			10 Jul 1968	89y	2 - 97	
Runte, Henry	1832	1912			2 - 97	
Runte, Carrie	1848	1932			2 - 97	
Knausz, Lester	1905	1962	3 Jun 1962	57y	2 - 98	Husband
Knausz, Mary L.	1908	1984	16 Feb 1984	75y	2 - 98	Wife
Vincent, Groves			10 Sep 1917	24y	2 - 98	
Vincent, James A.	1867	1937	18 May 1937	69y	2 - 98	Father
Vincent, Ida	1881	1947	16 Jul 1947	64y	2 - 98	Mother
Vincent, Carl	1915	1960	9 Jun 1960	44y	2 - 98	Father
Amiss, Samuel Wesley	1850	1924	14 Jul 1923	73y	2 - 99	Father
Amiss, Emil W.	1877	1955	4 Aug 1955	77y	2 - 99	ssa Daisy P.
Amiss, Daisy P.	1877	1959	26 May 1959	81y	2 - 99	ssa Emil W.
Amiss, Freeman	1901	1974	3 Sep 1974	73y	2 - 99	ssa Lola
Amiss, Jennie	1857	1932			2 - 99	nee, Hudson - Mother
Amiss, Lola	1893	19			2 - 99	ssa Freeman
Williams, Frank R.	1887	1958	17 Nov 1952	65y	2 - 99	ssa Ethel
Williams, Ethel	1887	1958	28 Mar 1958	71y	2 - 99	nee, Amiss - ssa Frank R.
Ammon, Lillian V.	1907	1978	8 Mar 1978	70y	2 -	Daughter

Name	Birth	Death	Internment	Age	Sec-Lot	Information
Gerland, Herman	1894	1981	22 Dec 1981	88y	2 -	ssa Evelyn
Gerland, Evelyn	1906				2 -	ssa Herman
Waldorf, Vera B.	1910	1918	11 Dec 1918	7y	2 -	Daughter
Waldorf, Clara M.	1874	1924	20 Dec 1924	50y	2 -	Mother
Waldorf, John	1867	1942	11 Dec 1942	76y	2 -	Father
Waldorf, Elsie	1917	1967	25 Jul 1967	51y	2 -	
Waldorf, Dorothy Ida	1909	1988	25 May 1988	78y	2 -	Daughter
Pfaff, Infant			30 Mar 1942		2 -	
Pfaff, Infant			30 Mar 1942	10 hr	2 -	
Pfaff, Louis H.	6 Dec 1907	22 Mar 1944	25 Sep 1948	35y	2 -	Ohio Pvt 235 Engr Combat Bn, WW II
Pfaff, Regina A.	1888	1956	10 Dec 1956	68y	2 -	
Pfaff, Emma	1865	1957	27 Jun 1957	92y	2 -	
Pfaff, Allinda G.	1890	1968	24 Sep 1968	78y	2 -	
Pfaff, Lillian E.	1892	1974	13 Jul 1974	81y	2 -	
Pfaff, John M.	1858	1932			2 -	
Watters, Freda	1886	1926	2 Aug 1926	40y	2 -	nee Ruebel
Watters, Charles M.	10 Feb 1875	21 Sep 1937	23 Sep 1937	62y	2 -	Sgt 3 Ohio Inf, Spanish American War
Watters, Bruce D.	2 May 1922	7 Jun 1979	11 Jun 1979	57y	2 -	Sgt US Army, WW II
Billinghurst, Dorothy	1907	1923	3 Jul 1923	16y	2 -	
Billinghurst, Elmer, Jr.	1923	1927	1 Jul 1927	3y 7m 5d	2 -	
Billinghurst, Fred, Jr.	1899	1935	31 Aug 1935	36y	2 -	
Billinghurst, Margaret	1871	1943	30 Dec 1943	72y	2 -	nee Fassler
Billinghurst, Elmer E.	6 Nov 1896	2 Jan 1968	4 Jan 1968	71y	2 -	Ohio Cpl US Army, WW I
Billinghurst, Mary Grace	30 Nov 1893	25 Nov 1975	29 Nov 1975	82y	2 -	w/o Elmer E.
Schmitt, Edward J.	1906	1972	11 Jul 1972	65y	2 -	Father
Schmitt, Doris M.	1907				2 -	Mother
Steidl, Mary A.	14 Nov 1869	7 Sep 1909			2 -	w/o V.A. Wright & A.J. Steidl
Wright, Verda A.	24 Sep 1873	29 Mar 1897	2 May 1897	23y	2 -	
Bartholmew, Amelia			15 Jul 1940	71y	2 -	
Bartholomew, Newton			1 Sep 1931	66y	2 -	
Scheidt, Thornton M.			3 Jan 1923		2 -	
Scheidt, John H.	14 Sep 1881	3 Jul 1944	7 Jul 1944	61y 9m 10d	2 -	Ohio Chief Bos'n Mate, US Navy
Scheidt, Earl N.	10 Apr 1921	1 Sep 1946	4 Sep 1946	25y	2 -	Ohio Staff Sgt 405 Inf
Clemens, Mary Elizabeth	1927	1933	9 Nov 1933	6y 2m 29d	2 -	
Marsh, Mary E.	1870	1932	1932	62y	2 -	nee, Lorenze - ssa Albert
Marsh, Albert	1906	1959	10 Mar 1959	53y	2 -	
Marsh, William	1917	1970	20 Feb 1970	52y	2 -	
Marsh, Albert	1872	1972	15 Aug 1972	100y	2 -	ssa Mary E.
Ross, Herman			12 Jun 1943	29y	2 -	
Vollmer, Virginia (Infant)			12 Oct 1920		2 -	
Vollmer, Frederick J.	1856	1936	6 Apr 1936	80y	2 -	ssa Anna
Vollmer, Minnie	1891	1949	16 Jul 1949	58y	2 -	ssa Harry
Vollmer, Anna	1857	1951	10 Feb 1951	93y	2 -	ssa Fred
Vollmer, Harry	1890	1961	8 Sep 1961	72y	2 -	ssa Minnie
Vollmer, Lester G.	1924	1975	6 Mar 1975	51y	2 -	
Bohning, Frederick	1853	1920	18 Dec 1920	67y	2 -	
Bohning, Barbara	1853	1935	27 Mar 1935	81y 8m 3d	2 -	
Bohning, Theresa	1876	1948	12 Jan 1948	71y	2 -	
Bohning, George	1877	1963	26 Apr 1963	85y	2 -	
Bohning, Agnes	1877	1920			2 -	
Hearn, Clara			8 Apr 1938	58y	2 -	
Hollenberg, Gale			18 Sep 1953	sb	2 -	
Carl, Lena	1873	1955		82y	2 -	Aunt - Sometime between 16 Jun and 2 Jul
Heinlein, Michael	2 Nov 1870	30 Dec 1915	2 Jan 1916	46y	2 -	Father
Heinlein, Walter, Jr.	1933	1933	15 May 1933	sb	2 -	
Heinlein, Ernestine	1879	1964	4 Sep 1964	85y	2 -	nee, Liebrand - Mother
Heinlein, Walter H.	1905				2 -	ssa Alma B.
Heinlein, Alma B.	1908				2 -	ssa Walter H.

Name	Birth	Death	Internment	Age	Sec- Lot	Information
Storck, Paul F.	1904	1966	4 Feb 1966	62y	2 -	
Storck, Dolores	1909				2 -	
Carson, Margerite M.			30 Oct 1918	49y	2 -	ssa Gladys
Carson, James				38y	2 -	ssa Gladys
Carson, Harry Story			28 Feb 1934	60y	2 -	ssa Gladys
Carson, Infant			8 Apr 1935	16d	2 -	
Carson, Gladys			1 Aug 1943	33y	2 -	ssa James
Carson, Mary A.			14 Aug 1944	72y	2 -	ssa Gladys
Carson, Enoch			9 Apr 1955	83y	2 -	ssa Gladys
Carson, Scott H.		16 Jun 1916			2 -	Civil War Vet.
Carson, Clara					2 -	ssa Gladys
Hoffman, Louise J.	1890	1918	16 Nov 1918	28y	2 -	
Hoffman, George Roy			20 Jan 1920	2d	2 -	
Hoffman, William Orville			20 Jan 1920	1d	2 -	
Hoffman, William	11 Aug 1852	8 Feb 1922	11 Feb 1922	69y 5m	2 -	Father
Hoffman, Lena	23 Aug 1856	12 Apr 1938	15 Apr 1938	81y	2 -	Mother
Hoffman, Charles R.	1880	1913			2 -	
Schrader, Freda C.	1895	1919	8 Mar 1919	23y	2 -	
Reddehase, Edith S.	1906				2 -	
Schrader, Sophia	1870	1920	11 Dec 1920	57y	2 -	ssa Edward
Schrader, Edward	1863	1931	25 May 1931	68y	2 -	ssa Sophia
Schrader, Bertha S.	1894	1979	12 May 1979	85y	2 -	
Schrader, Walter E.			21 May 1983	72y	2 -	
Schroder, Alice			15 May 1980	78y	2 -	
Sauer, Elizabeth	1872	1916	20 Mar 1916	44y	2 -	nee Rogge
Sauer, Wilhelmina	1875	1931	28 Oct 1931	56y	2 -	nee Rogge
Sauer, John	1879	1951	9 Jul 1951	72y	2 -	
Schaumloeffel, Joanna M.	1889	1954	11 Oct 1954	65y	2 -	ssa Martin
Schaumloeffel, Conrad			7 May 1960	81y	2 -	
Schaumloeffel, Martin	1882	1977	28 Jun 1977	94y	2 -	ssa Joanna
Schaumloeffel, Elizabeth	1917	1990	1 Sep 1990	73y	2 -	
Schaumloeffel, Elizabeth	1848	1932			2 -	ssa Conrad
Schaumloeffel, Conrad	1832	1912			2 -	ssa Elizabeth
Buescher, Lillie			26 Apr 1927	46y	2 -	
Meyer, Oscar H.	6 Feb 1893	25 Apr 1944	28 Apr 1944	51y	2 -	
Meyer, Emma M.	28 Jul 1888	17 Mar 1966	21 Mar 1966	77y	2 -	nee Sauer
Sauer, Louis	1859	1919	27 Mar 1919	59y	2 -	
Sauer, Barbara	1856	1929	13 Dec 1929		2 -	Mother
Sauer, George J., Sr.	1885	1949	30 Aug 1949	63y	2 -	
Sauer, Louise M.	1893	1958	16 Mar 1958	66y	2 -	
Scheidt, Harlan A.	1917	1931	14 Oct 1931	14y	2 -	Son
Scheidt, George J.	1856	1935	13 Jul 1935	78y	2 -	ssa Caroline
Scheidt, Harry W.	1881	1952	1 Mar 1952	71y	2 -	ssa Catherine
Scheidt, Catherine	1886	1974	19 Feb 1974	88y	2 -	ssa Harry W.
Scheidt, Florence E.	1906	1981	16 Feb 1981	74y	2 -	nee, Schinkal - ssa Albert W.
Scheidt, Caroline	1860	1932			2 -	ssa George J.
Scheidt, Flora F.	1883	1913			2 -	nee Hollmeyer
Scheidt, Abert W.	1905				2 -	ssa Florence E.
Bitter, Sophia Carolina	1825	1920	20 Oct 1920	94y	2 -	
Bitter, Benjamin	1860	1930	25 Feb 1930	69y	2 -	
Bitter, William L.	3 Aug 1890	21 Jan 1939	24 Jan 1939	48y	2 -	Ohio Pvt 136 Field Arty 37 Div, WW I
Bitter, Catherine	1868	1945	15 Jun 1945	77y	2 -	
Davis, Richard Arthur	1890	1962	29 Jan 1962	71y	2 -	
Davis, Elsie S.	1888	1971	2 Aug 1971	82y	2 -	
Hollerbach, Charles	1860	1922	8 Mar 1922	61y	2 -	
Hollerbach, Theresa	1859	1927	7 May 1927	67y	2 -	
Mynheir, Henry O.	7 Apr 1915	6 Apr 1957	6 Apr 1957	42y	2 -	Ohio Cpl Hq Det 760 MP BN, WW II
Remle, Robert J. C.		30 Jan 1922	1 Feb 1922	5m	2 -	
Remle, John	1888	1959	22 Sep 1959	71y	2 -	ssa Cora

Name	Birth	Death	Internment	Age	Sec- Lot	Information
Remle, Cora	1889	1985	14 Aug 1985	96y	2 -	ssa John
Engel, Andrew	1879	1943	3 May 1943	63y	2 -	Father
Engel, Geneva Mae	1911	1977	4 Aug 1977	65y	2 -	Wife
Engle, Emma M.	1890	1918	8 Nov 1918	28y	2 -	Mother
Lipps, Albert H.	1896	1974	20 Jul 1974	78y	2 -	
Lipps, Louise C.	1898	1988	1 Apr 1988	90y	2 -	
Schunk, John Henry	1879	1928	16 Aug 1928	49y	2 -	
Schunk, Louise W.	1885	1962	30 Apr 1962	76y	2 -	
Albrecht, Elsie C.	1892	1949	1 Aug 1949	57y	2 -	ssa Elsie C.
Albrecht, Louis	1893	19--			2 -	ssa Elsie C.
Imhulse, Carrie	1886	1960	8 Apr 1960	73y	2 -	ssa Herman F.
Imhulse, Herma F.	1885	1961	4 Apr 1961	75y	2 -	ssa Carrie
Lay, John Thomas	25 Dec 1872	3 Feb 1947	7 Feb 1947	72y	2 -	Pvt 160 Ind Inf, Sp. Am. War
Lay, Rosa	27 May 1874	15 Dec 1952	18 Dec 1952	78y	2 -	nee Dettmer
Barlion, Virgilynne	1921	1924	10 Apr 1924	3y	2 -	
Barlion, Edward	1917	1925	19 Jan 1925	7y	2 -	
Barlion, George	1889	1969	15 Apr 1969	79y	2 -	ssa Edna M.
Barlion, Edna M.	1891	1976	7 Jul 1976	85y	2 -	ssa George
Fehr, John L.	1892	1952	14 Jan 1952	59y	2 -	
Schulten, Donald M.	1858	1966	23 Jul 1966	8y	2 -	Son
Lepple, Clifford G.	1900	1956	6 Oct 1956	56y	2 -	
Lepple, Alma	1898	1990	2 Mar 1990	91y	2 -	
Springmeyer, Minnie	1877	1925	17 Jun 1925	48y	2 -	
Springmeyer, William	1870	1948	20 Apr 1948	77y	2 -	
Supper, Richmond P.	1899	1981	4 Aug 1981	81y	2 -	Husband
Supper, Lorene	1902		30 Jan 1992	89y	2 -	Wife
Uhlmann, Jacob	1871	1960	25 Jan 1960	89y	2 -	ssa Laura M.
Uhlmann, Laura M.	1873	1962	11 May 1962	89y	2 -	nee, Springmeyer - ssa Jacob
Day, Walter E.	1896	1971	12 Feb 1971	74y	2 -	ssa Henrietta
Day, Henrietta	1893	1985	19 Feb 1986	92y	2 -	ssa Walter E.
Dreier, William F.	1869	1927	18 Jun 1927	58y	2 -	Father
Dreier, Mary	1869	1965	5 Nov 1965	97y	2 -	Mother
Hasselbeck, Amelia	1906	1927	27 Jun 1927	21y	2 -	
Hasselbeck, Louis	27 Oct 1896	5 May 1949	7 May 1949	52y	2 -	Ohio Mech 72 Field Arty 11 Div, WW I
Hasselbeck, Lena	1861	1949	7 May 1949	87y	2 -	ssa August
Hasselbeck, August	1857	1949	11 Oct 1949	92y	2 -	ssa Lena
Fischer, Louis	1859	1938	20 Feb 1939		2 -	Ashes - Father
Fischer, Augusta G.	1884	1941	17 Mar 1941	56y	2 -	
Fischer, Maria L.	1859	1929			2 -	Mother
Hyde, Infant			5 Jul 1943	2d	2 -	On 21 Oct 1943, removed from 2-238, reinterred here
Hyde, Edward P.	1892	1967	14 Nov 1967	76y	2 -	ssa Mary E.
Hyde, Mary E.	1906	1989	25 Jul 1989	83y	2 -	ssa Edward P.
Lewis, Frank E.	1905				2 -	ssa Edna L.
Lewis, Edna L.	1906				2 -	ssa Frank E.
Markland, Catherine			21 Jul 1962	92y	2 -	nee Fischer
Stuefee, William F.	1881	1951	14 Jul 1951		2 -	ssa Katherine A.
Stuefee, Katherine A.	1887	1977	18 Jun 1977	91y	2 -	nee, Steinman - ssa William F.
Beyrer, Rosa	1889	1935	30 Sep 1935	45y	2 -	nee Schell
Bracken, Morton L., Jr.	1869	1914			2 -	
Hughes, Albert J.	1868	1926	13 Dec 1926	58y	2 -	ssa Emma K.
Hughes, Emma K.	1877	1939	26 Dec 1939	62y	2 -	ssa Albert J.
Jaeger, Anna M.	1867	1931	13 Nov 1931	63y	2 -	nee, Maas - Mother
Jaeger, George	1862	1941	2 Apr 1941	78y	2 -	Father
Kittel, Albert	1886	1964	22 May 1964	77y	2 -	
Kittel, Irma	1894	1966	26 Sep 1966	72y	2 -	nee Jaeger
Schwander, Walter E., Jr.			4 May 1988	59y	2 -	
Bommer, Lena	1860	1937	4 Sep 1937	77y	2 -	ssa John - Mother
Bommer, John, Sr.	1848	1938	11 Dec 1938	90y	2 -	ssa Lena - Father

Name	Birth	Death	Internment	Age	Sec- Lot	Information
Bracken, Rebecca Jane	1850	1930	11 Dec 1930	80y	2 -	
Lathrop, Carrie	1880	1960	11 Apr 1960	80y	2 -	nee, Bommer - ssa Willis
Lathrop, Willis	1875	1963	3 Apr 1963	87y	2 -	ssa Carrie
Myers, Esther V.		25 Apr 1924	28 Apr 1924	1m 1d	2 -	Daughter
Myers, Edna M.	1900	1982	22 Mar 1982	82y	2 -	ssa Lewis L.
Myers, Lewis L.	1899				2 -	ssa Edna M.
Pennak, George Edward	17 Sep 1890	16 Jun 1959	16 Jun 1959	69y	2 -	Ohio Pvt Med Det 305 Fld Sig Bn, Ph. WW-I
Pennak, Tillie S.	1883	1978	1 Jul 1978	94y	2 -	
Wirtz, Louis M.	1882	1945	1 Oct 1945	60y	2 -	
Bracken, Joseph C.	1858	19	2 Apr 1932	73y	2 -	
Daiker, William G.	1874	1949	3 Feb 1949	76y	2 -	Uncle
Nosteheide, Bernard			9 Aug 1980	67y	2 -	
Schmitt, Edith			2 Jul 1927	35y	2 -	
Schmitt, Lena	1863	1930	29 Dec 1930	67y	2 -	Mother
Schmitt, J. Jacob	1861	1937	30 Sep 1937	76y	2 -	Father
Schmitt, Edward H.	1886	1946	11 Jun 1946	60y	2 -	Husband
Schmitt, Amelia C.	1889	1949	27 Jun 1949		2 -	Wife
Schmitt, Dorothy L.	1899	1958	16 Jul 1958	59y	2 -	Wife
Schmitt, John J.	1888	1965	14 Jul 1965	77y	2 -	Husband
Schmitt, Clarence	1898	1986	20 Nov 1986	85y	2 -	Husband
Schmitt, Lillie B.	1893				2 -	Wife
Henson, Arthur E.	1919	1980	1 Jul 1980	61y	2 -	Father
Henson, Hilda L.	1914				2 -	nee, Schmitt - Mother
Pfaff, Arther W., Sr.	1888	1969	27 Jan 1969	80y	2 -	ssa Sarah E.
Pfaff, Sarah E.	1889	1974	29 Jan 1974	84y	2 -	ssa Arthur W.
Schwartz, Louis E.	1897	1920	6 Feb 1920	22y	2 -	ssa Luella B.
Schwartz, Alice	1867	1941	30 Sep 1941	74y	2 -	ssa William, Sr. - Mother
Schwartz, William, Sr.	1865	1945	6 Mar 1945	79y	2 -	ssa Alice - Father
Schwartz, Luella B.	1896	1955	16 Sep 1955	59y	2 -	ssa Louis E. - His wife
Schwartz, William, Jr.	26 Feb 1895	27 Sep 1965	30 Sep 1965	71y	2 -	Ohio Cpl Co C23 Inf, Ph, WW I
Bernhardt, Louise	1864	1935	8 Nov 1935	71y	2 -	ssa Andrew
Bernhardt, Andrew	1854	1937	24 Sep 1937	83y	2 -	ssa Louise
Bernhardt, Andrew J.	1885	1951	16 Dec 1951	65y	2 -	Father
Bernhardt, Elsie	1902	1985	1 Oct 1985	83y	2 -	Mother
Hagemann, Frank R. Henry			28 Jun 1920	19y	2 -	
Hagemann, Hermina Carolin			26 Jul 1920	53y	2 -	
Kegel, Fred	1872	1949	5 May 1949	76y	2 -	Husband
Kegel, Helen	1888	1973	19 Oct 1973	85y	2 -	Wife - w/o Louis Bond
Knapp, Alice			12 Apr 1982	49y	2 -	
Hagemann, Herman			10 Dec 1947	82y	2 -	
Hagemann, Marie			21 Aug 1960		2 -	
Hagemann, Bernadine	1911	1967	9 Mar 1967	56y	2 -	nee, Cag - ssa Herman
Hagemann, Herman	1909	1983		73y	2 -	ssa Bernadine - between 12 Jan and 13 Jan
Sander, Elsie H.	1905	1974	27 Jul 1974	68y	2 -	
Bloom, Ira W.	1847	1919	12 Dec 1919	71y	2 -	
Bloom, Sara M.	1852	1929	1929	77y	2 -	
Long, Conrad C.	1893	1946	1 Jul 1946	53y	2 -	
Long, Robert C.	20 Jun 1918	7 Mar 1969	10 Mar 1969	50y	2 -	Ohio S.Sgt CIC, WW II
Long, Ruth A.	1898	1981	Mar 1981		2 -	
Nattenheimer, Martha	1876	1925			2 -	
O'Gara, James M.	1854	1932	22 Mar 1932	77y 4m 8d	2 -	
O'Gara, Emma A.	1869	1936	12 Feb 1936	67y 1m 6d	2 -	
Heaner, Julia	1864	1933	5 Mar 1933	67y	2 -	ssa John
Heaner, William E.	1887	1938	18 Dec 1938	51y	2 -	
Heaner, Lillie			30 Jul 1942		2 -	Removed from 01-119 and reinterred here, this date
Heaner, Lewis	23 Aug 1889	24 Nov 1943	29 Nov 1943	54y	2 -	Wagoner 309 Engrs 84 Div

Name	Birth	Death	Internment	Age	Sec- Lot	Information
Heaner, John	1860	1945	18 Jul 1945	85y	2 -	ssa Julia
Heaner, Bernard			22 Oct 1961		2 -	
Heaner, Marguerite	1899	1975	28 Feb 1975	75y	2 -	Mother
Heaner, Louis Bernard, Jr	4 Dec 1926	19 Dec 1984	22 Dec 1984	58y	2 -	US Marine Corps
Sandlin, James M.	1888	1947	18 Feb 1947	58y	2 -	ssa May E.
Sandlin, May E.	1888	1954	15 Jan 1954	65y	2 -	ssa James M.
Schafer, John	1873	1948	17 Apr 1948	74y	2 -	ssa Katherine
Schafer, Katherine	1877	1959	15 May 1959	82y	2 -	ssa John
Schafer, Anna	1880	1911			2 -	nee Schreiner
Schreiner, Mary			14 May 1920	64y	2 -	
Schreiner, George	1853	1924	8 Aug 1924	71y	2 -	
Pauley, Perry C.	1868	1934	8 Dec 1934	66y	2 -	
Pauley, Wilhelmina D.	1886	1973	12 Mar 1973	87y	2 -	
Rodler, Anna	1852	1915			2 -	old stone
Sagel, George H.	1908	1976	14 Jul 1976	69y	2 -	Pfc US Army, WW II
Sagel, Edna					2 -	
Clements, Katheleen			5 Sep 1954	54y	2 -	
Engel, Andrew (Andy)	1850	1927	15 Jun 1927	76y	2 -	Father
Engel, Wilhelmina	1854	1934	7 Jan 1934	79y	2 -	Mother
Kasmore, George	1879	1916	15 May 1916	36y	2 -	
Reinstein, Adam	1852	1916	19 Oct 1916	60y	2 -	
Schunk, Emma G.	1886	1921	22 Jan 1921	35y	2 -	nee Schulze
Schunk, Walter C.	1915	1921	2 Feb 1921	6y	2 -	
Schunk, Scott		1956	24 Jul 1956	sb	2 -	
Schunk, Christine	1890	1973	13 Nov 1973	83y	2 -	ssa Charles
Schunk, Charles	1885	1982	15 Mar 1982	96y	2 -	ssa Christine
Biehl, Herbert L.	8 Oct 1910	13 Dec 1987	16 Dec 1987	77y	2 -	
Biehl, Luella	20 Aug 1911				2 -	
Bittner, Anna	1874	1949	12 Sep 1949	75y	2 -	ssa John
Bittner, John	1886	1953	16 Apr 1953	87y	2 -	ssa Anna
Bittner, Frederick	1902	1983	2 Aug 1983	81y	2 -	
Boertlein, Martha B.	1909	1970	22 Sep 1970	61y	2 -	nee Bittner
Stechno, Anna C.	1852	1916	30 Nov 1916	60y	2 -	nee, Keeppinger - Wife
Rodecka, John D.	1843	1917	30 Jan 1917	73y	2 -	
Springmyer, George F.	1867	1927	26 Oct 1927	60y	2 -	
Springmyer, Anna M.	1869	1947	22 Feb 1947	77y	2 -	
Springmyer, Warren W.	1896	1969	6 Mar 1969	73y	2 -	
Springmyer, Alice D.	1901	1990	21 Dec 1990	89y	2 -	
Falk, Louisa			14 Oct 1927	80y	2 -	
Falk, Estella	1883	1935	10 Jan 1935	51y	2 -	ssa George
Falk, George	1879	1957	3 Jan 1957	77y	2 -	ssa Estella
Falk, Valentine	8 Mar 1882	30 Nov 1961	30 Nov 1961	79y	2 -	
Schneider, Wilson S.			28 Sep 1921	8m 5d	2 -	
Schneider, Lygia			28 Oct 1927	27y	2 -	
Schneider, Anna			26 Aug 1953	28y	2 -	
Schneider, Joseph			21 Nov 1956	82y	2 -	
Geeding, Louisa	1848	1917	9 Feb 1917	68y	2 -	Mother
Peters, Bessie	14 Sep 1879	6 Jun 1922	8 Jun 1922	42y	2 -	ssa Grant
Peters, Grant	6 Aug 1872	15 Sep 1933	19 Sep 1933	61y	2 -	ssa Bessie
Townley, Harry David	10 Nov 1903	7 Mar 1990	10 Mar 1990	86y	2 -	ssa Mary Belle
Townley, Mary Belle	25 Mar 1905				2 -	ssa Harry David
Geeding, Theodore	1845	1923	25 Jun 1923	77y	2 -	Father
Kleeman, Robert John	1907	1930	2 Jun 1930	22y	2 -	Son
Kleeman, Henry	1910	1982	7 Apr 1982	71y	2 -	Tec 5 US Army, WW II
Kleemann, William, Sr.	1866	1942	2 May 1942	76y	2 -	Father
Kleemann, Elizabeth	1873	1943	20 Dec 1943	70y	2 -	Mother
Anders, Anna D.	1881	1964	25 Mar 1964	83y	2 -	nee, Tiege - Mother
Anders, Adam G.	1870	1966	2 Dec 1966	96y	2 -	Father
Stein, Hedwig	1873	1927	9 Aug 1927	54y	2 -	ssa Christian, Mother

Name	Birth	Death	Internment	Age	Sec- Lot	Information
Stein, Christian	1867	1949	11 May 1949	82y	2 -	ssa Hedwig, Father
Stein, Josephine E.	1885	1974	30 Nov 1974	89y	2 -	nee Dollenmeyer
Warren, Jesse F.			14 Jul 1928	75y	2 -	
Warren, Jesse F.	1892	1970	17 Jun 1970	87y	2 -	ssa Murrell K.
Warren, Murrell K.	1899	1979	29 Aug 1979	80y	2 -	ssa Jesse F.
Warren, Teddy K.	7 Mar 1926	30 Jan 1991	9 Feb 1991	64y	2 -	nee, Kline - GM3 US Navy, WW II
Koth, Charles			28 Nov 1945	71y	2 -	
Koth, Herman	1879	1960	8 Sep 1960	82y	2 -	ssa Emma
Koth, Emma	1886	1966	17 Nov 1966	81y	2 -	nee, Hoffman - ssa Herman
Rith, Magdalina	1840	1923	8 Dec 1923	69y	2 -	Mother
Ruskaup, Frederick, Sr.	1870	1931	7 Aug 1931	61y	2 -	Father - Jr. O
Ruskaup, Amelia	1871	1949	12 Mar 1949		2 -	Mother
Ruskaup, Edward C.	1909	1981	30 Mar 1981	71y	2 -	Son
Ruskaup, Amelia	1911				2 -	Daughter
Ruskaup, Walter	6 Aug 1892	16 Feb 1958			2 -	Ohio Pfc MTC, WW I Vet
Carter, Sophia			19 Jul 1985	86y	2 -	
Heitkamp, Charles	1865	1931	10 Jul 1931	66y	2 -	
Heitkamp, Louise	1866	1957	3 Feb 1957	91y	2 -	
Heitkamp, Harry C.	1 Jun 1890	14 Apr 1970	17 Apr 1970	79y	2 -	
Heitkamp, Margaret W.	27 Sep 1918	23 Dec 1984	27 Dec 1984	66y	2 -	
Carter, Julian H.	1895	1980	29 Jan 1980	84y	2 -	Regtl Sgt US Army
Pragar, Charles E.	1899	1959			2 -	ssa Sophia E.
Pragar, Sophia E.	1899	1985			2 -	ssa Charles E.
Weber, Mary Ann	1886	1930	25 May 1930	43y	2 -	nee, Begley - Wife - Mother
Weber, Nick			5 Feb 1953	74y	2 -	
Weber, Norma			10 Nov 1963	58y	2 -	nee, Ashorn
Weber, Wilbur			16 Mar 1977	73y	2 -	
Weber, Lee Ann			18 Jul 1986	65y	2 -	nee Dueitsch
Kissick, William			2 Aug 1947	73y	2 -	
Kissick, Leland Geo.			14 Dec 1965	57y	2 -	
Kissick, Carrie A.			27 Jun 1968	88y	2 -	
Kissick, Hobart			23 Feb 1978	57y	2 -	
Kissick, William			1 Sep 1982	64y	2 -	
Pfahler, Mary Ann			2 Oct 1956	55y	2 -	
Cook, Louis	1870	1955	7 Dec 1955	85y	2 -	ssa Minnie
Cook, Minnie	1873	1957	5 Apr 1957	84y	2 -	ssa Louis
Cook, Oscar	1897	1969	14 May 1969	71y	2 -	ssa Stella
Cook, Stella	1899	1979	30 Jan 1979	79y	2 -	ssa Oscar
Driever, Mary Edna	7 Aug 1894	3 Jul 1972	6 Jul 1972	77y	2 -	nee, Andivan - Mother
Fagaly, Carl	3 Sep 1913	26 Mar 1984	28 Mar 1984	70y	2 -	Husband
Hess, Ferdinnand		25 Feb 1874		47y 25d	2 -	
Neugebauer, Alvina			25 Oct 1978	82y	2 -	
Zimmerman, Martin			----		2 -	Co H 187th Ohio Inf, Civil War
Bayer, William			17 Nov 1953	87y	2 -	
Bayer, Anna M.	1878	1959	23 May 1959	82y	2 -	Mother
Bayer, John J.	1875	1960	26 Oct 1960		2 -	Father, Jr. O
Chman, Heinrick	1871			2y 4m 20d	2 -	
Chman, Anna Maria	26 May 1856	17 Jun 1866			2 -	
Wolfer, Edwin A.	1900	1973	5 Apr 1973	72y	2 -	Husband
Wolfer, Catherine A.	1904				2 -	Wife
Bennett, Bertha	1879	1938	11 Mar 1938	58y	2 -	His wife - Stone says Wheatley, Bertha H.
Brockhoff, Walter	1898	1946	5 Dec 1946	47y	2 -	
Brockhoff, Virginia N.	1905				2 -	Mother
Francotte, Clara	1895	1957	1 Apr 1957	61y	2 -	nee, Armbruster - ssa Julius
Francotte, Juluis	1890		3 Apr 1961	70y	2 -	ssa Clara, WW I
Barlion, George, Sr.	1859	1950	30 Oct 1950	96y	2 -	
Barlion, Matilda	1889	1961	22 Jan 1961	73y	2 -	ssa Bass
Barlion, Bass	1893	1964	1 Oct 1964	71y	2 -	ssa Matilda

Name	Birth	Death	Internment	Age	Sec- Lot	Information
Jones, Mary A.			27 Mar 1972		2 -	
Reiff, William F., Jr.			20 Sep 1929	13y	2 -	
Reiff, Christina	1863	1941	3 Oct 1941	78y	2 -	ssa John
Reiff, John	1862	1941	21 Oct 1941	79y	2 -	ssa Christina
Reiff, Albert W.	1891	1944	1 Nov 1944	53y	2 -	
Reiff, Infant			20 Aug 1947	4d	2 -	
Reiff, Corrine & Billy					2 -	
Ruff, Myrtle			25 Aug 1961	70y	2 -	nee Kath
Ruff, William			1 Jun 1965	80y	2 -	
----, Clara			----		2 -	
Huelsebusch, Helen E.			25 Jan 1982	69y	2 -	
Boffing, Joseph C.	1850	1917	12 Dec 1917	67y	2 -	ssa Elizabeth
Boffing, Elizabeth	1867	1937	27 Jan 1937	69y	2 -	ssa Joseph
Knose, Ernst A.	1894	1961	29 Sep 1961	68y	2 -	ssa Mary
Knose, Mary	1892	1963	10 May 1963	71y	2 -	nee, Lorenz - ssa Ernest
Eads, John, Sr.			1 Sep 1936	82y	2 -	Father
Eads, Mary			6 Nov 1940	79y	2 -	Mother
Vollmer, Katie	1889	1918	19 Oct 1918	29y	2 -	Mother
Pfaff, Anna	1876	1919	8 May 1919	44y	2 -	Stone says Emma
Deuter, Minnie Lena	25 Dec 1849	23 Jan 1923	25 Jan 1923	75y	2 -	nee Kappel
Sacks, Louisa	1854	1925	17 Nov 1925	71y	2 -	
Huy, Joseph	1862	1922	25 Aug 1922	59y	2 -	
Samson, Margaret	1866	19	27 Mar 1943	69y	2 -	
Samson, Paul	10 Jan 1866	1 Oct 1923	3 Oct 1923	57y	2 -	
Strateger, Pearl			16 Jun 1976		2 -	
Weber, John Gottlieb	1884	1957	1957		2 -	Between 01 Sep and 22 Sep 1957
Weber, Lena	1884	1927	15 Sep 1927	43y	2 -	
Gudgeon, Betty Jean	1927	1932	28 Mar 1932	4y 11m 17d	2 -	ssa Ruthie M. - Sisters
Gudgeon, Ruthie Mae	1920	1932	1932	12y	2 -	ssa Betty J. - Sisters
Hertel, Thresa M.	1879	1932	15 Feb 1932	53y	2 -	
Gresham, Joshua L.	1869	1930	15 Sep 1930	60y	2 -	Father
Grinstead, John W.	1867	1935	16 Jul 1935	68y	2 -	ssa Anna E.
Grinstead, Anna E.	1860	1944	15 Mar 1943	90y	2 -	ssa John W.
Martin, John		30 Mar 1929			2 -	Civil War Vet.
Neugebauer, Arthur			2 Nov 1981	78y	2 -	
Veid, Nettie	1868	1931	31 Jan 1930	63y	2 -	ssa George - Mother
Veid, George	1868	1934	10 Jul 1934	66y	2 -	ssa Nettie - Father
Nieland, Charles Robert	1918	1936	12 Feb 1936	17y	2 -	
Stoll, Bertha	1884	1937	25 May 1937	53y	2 -	
Crowe, Marie E.	1881	1947	7 Aug 1947	66y	2 -	ssa Andrew
Crowe, Anna Lee	1903	1937	5 Jun 1937	33y	2 -	
Crowe, Andrew	1876	1949	2 Apr 1949	72y	2 -	ssa Marie E.
Finkbeiner, Maria L. (Mamie)			12 Jun 1937	46y	2 -	
Kuhlman, Earl J.	27 Jan 1913	1 Feb 1946	5 Feb 1946	33y	2 -	Ohio Tech Sgt 2 AAF Base Unit
Lehnerd, Alexander			18 Nov 1947	75y	2 -	
Muellen, Carolyn L.			10 Apr 1981	63y	2 -	
Remle, George	1882	1933	7 Feb 1933	50y	2 -	ssa Pauline
Remle, Pauline	1887	1951	20 Oct 1951	62y	2 -	ssa George
Armbruster, Christian	26 Jul 1861	18 Apr 1938	21 Apr 1938	76y	2 -	Father
Armbruster, Magdalina	18 Jul 1863	13 Jan 1934	16 Jan 1934	70y	2 -	Mother
Mullins, Charles	1863	1934	1 Sep 1934	72y	2 -	ssa Elizabeth
Lewis, Ruby C.			27 Jun 1981	55y	2 -	
Mullins, Elizabeth	1873	1960	22 Dec 1960	87y	2 -	nee, Bollmann
Moore, Floyd	1887	1936	7 Aug 1936	48y	2 -	ssa Mary E.
Moore, Mary E.	1897	1976	15 Dec 1976	80y	2 -	ssa Floyd
Clements, Louis Perry	1903	1934	21 Sep 1934	31y	2 -	
Wiesehan, Estella	1886	1937	1 Jan 1938	51y	2 -	ssa William H.
Wiesehan, William H.	1879	1963			2 -	ssa Estelle
McCurdy, George	1881	1938	31 May 1938	57y	2 -	ssa Theresa

Name	Birth	Death	Internment	Age	Sec- Lot	Information
McCurdy, Theresa	1877	1965	1 Jun 1965	88y	2 -	ssa George
Gempp, Johan	1881	1940	12 Apr 1940	59y	2 -	
Childs, Minnie			10 Dec 1941	68y	2 -	
Waldsmith, George W.			29 Sep 1942	67y	2 -	
Boettcher, Henry	1878	1945	25 Oct 1945	76y	2 -	
Rith, John			22 Mar 1947	61y	2 -	
Rith, Katherine			4 Sep 1970	82y	2 -	
Waldsmith, George			1 May 1947	45y	2 -	
Singleton, William T.			24 Dec 1947	71y	2 -	
Francis, Frank	1867	1948	18 Oct 1948	81y	2 -	
Anderson, Eva			29 Nov 1948	52y	2 -	
Kempf, Emil			22 Jan 1949	93y	2 -	
Renner, Chas A.			21 Apr 1981	69y	2 -	
Schroll, Infant			5 Apr 1948	2 hr	2 -	
Meyer, Madelyn Mae	6 Jan 1930	20 Sep 1934	22 Sep 1934	4y	2 -	
Focke, Frank	19 Jun 1932	19 Mar 1935	22 Mar 1935	2y 9m	2 -	
Weise, Infant			12 Jul 1946		2 -	
Corner, Donald Conrad			24 Sep 1946		2 -	
Vogel, Infant			12 Nov 1946		2 -	
Raul, Infant			16 Mar 1948	1 hr	2 -	
Fox, Infant			10 Sep 1948		2 -	
May, Kenneth R.	17 Jan 1950	8 Feb 1950	10 Feb 1950		2 -	Son
Trader, Prader, Jr., Infant			24 Aug 1950		2 -	
Trader, Murrell			1 Jul 1952		2 -	
Ley, Robert			15 Feb 1982	69y	2 -	
Britton, Helen			2 Apr 1940	56y	2 -	
Goebel, Matilda			21 Jun 1940	79y	2 -	
Docter, Ruth E.			20 Sep 1989	84y	2 -	
Doctor, Corrine			23 Dec 1940	8y	2 -	
Riddell, Russell			8 Mar 1982	60y	2 -	
LeDoux, Ben	1883	1941	23 Nov 1941	58y	2 -	
Meyers, Robert C.			28 Jun 1981	64y	2 -	
Holderer, Caroline	1873	1945	2 Jun 1945		2 -	
Potraffke, Herman	1963	1946	6 Feb 1946	82y	2 -	
Potraffke, Martha A.	1897	1948	14 Jul 1948	52y	2 -	nee Betzing
Potraffke, Herman	8 Dec 1890	21 Sep 1961	21 Sep 1961	70y	2 -	Ohio Pfc Co F 7th Eng WW II
Vollmer, Bernard			10 Jun 1981	64y	2 -	
Moody, William	1884	1949	4 May 1949	64y	2 -	ssa Lyda
Moody, Lyda	1884	1949	16 Dec 1949	65y	2 -	nee, Conway - ssa William
Finkbeiner, Karl			8 Dec 1949	49y	2 -	
Hounz, Jacob	1865	1950	26 Apr 1950	84y	2 -	
Schweitger, Clifford			1 Jul 1950	43y	2 -	
Holmes, Grace S.	1873	1951	13 Apr 1951	79y	2 -	
Holmes, James T.	1897	1989	26 Sep 1989	91y	2 -	
Holmes, Katherine L.	1890	1986	14 Nov 1986	95y	2 -	
Gilbert, Mary			26 May 1948	82y	2 -	
Gilbert, Philip			1 Aug 1942	82y	2 -	
Haft, Florence	1895	1943	5 Feb 1943	47y	2 -	ssa John
Haft, John	1888	1958	19 May 1958	70y	2 -	ssa Florence
Wilburn, Thomas	1930	1943	1 Jul 1943	12y	2 -	Our boy
Retzsch, Frances S.	1890	1965	10 May 1965	75y	2 -	nee, Schill - ssa Gustav W.
Retzsch, Gustave W.	1892	1973	19 Oct 1973	81y	2 -	ssa Frances S.
Westmeyer, Emma			12 May 1948	82y	2 -	
Bohsancurt, George, Sr.	1878	1951	30 Mar 1951	73y	2 -	
Bohsancurt, Amelia	1882	1949	10 Jul 1949	67y	2 -	
Bohsancurt, Helen	1903	1966	30 Nov 1966	62y	2 -	Daughter
Smith, John A.	1871	1950	26 Sep 1950	80y	2 -	ssa Katerine M.
Smith, Katerine M.	1877	1969	9 Dec 1969	92y	2 -	ssa John A.
Smith, Ralph Philip	12 Mar 1916	11 Dec 1964	11 Dec 1964	48y	2 -	Ohio Pfc Co B 322 Inf WW II

Name	Birth	Death	Internment	Age	Sec- Lot	Information
Bohsancurt, Elmer			Jan 1963	63y	2 -	Sometime between 25 Jan and 03 Feb
Bohsancurt, Emma B.	1897	1951	5 Feb 1951	53y	2 -	Mother
Heisel, Walter	1879	1951	3 Apr 1951	73y	2 -	
Janson, John J.			12 Sep 1951	10y 9m	2 -	
Smith, Lydia			18 Sep 1953		2 -	
Walther, Fred			10 Sep 1943	66y	2 -	
Waltker, Margaret			22 Aug 1942	70y	2 -	
Wiesehan, James W.	1922	1948	23 Sep 1948	26y	2 -	Son
Nistler, William			26 Aug 1950	73y	2 -	
Taylor, Sherman	18 Jun 1884	1 Oct 1966	20 Sep 1966		2 -	ssa Harriet H.
Taylor, Harriett H.	23 Apr 1885	29 Nov 1979	1 Dec 1979	94y	2 -	ssa Sherman
Heisel, Elmer (Bud)	1904	1965	13 Jul 1965	61y	2 -	
Parry, John Emerson	5 Dec 1914	18 Mar 1969	24 Mar 1969	54y	2 -	Ohio Tec5 66 Armored Regt WW II
Gordan, Baby		28 Apr 1971			2 -	
Janson, Fleda Mae	26 Oct 1907	6 May 1969	9 May 1969	61y	2 -	ssa John G.
Janson, John G.	7 Mar 1905	22 Oct 1991	26 Oct 1991	86y	2 -	
Janson, Jerry	25 Jan 1930	2 Nov 1932			2 -	ssa John G.
Janson, John J.	9 Dec 1941	9 Sep 1951			2 -	ssa John G.
Wood, Billy E.	1934	1992	30 Jan 1992	57y	2 -	ssa Bonita
Wood, Bonita	1936				2 -	ssa Bill, m. Sep 1953
Tomaseck, Thomas E.	1916	1973	28 Aug 1973	56y	2 -	ssa Ethel F.
Tomaseck, Ethel F.	1921				2 -	ssa Thomas E.
Crawford, Barkley H.	1899	1976	19 Mar 1976	76y	2 -	ssa Dorothy C.
Crawford, Dorothy C.	1907	1975	16 Jan 1975	60y	2 -	ssa Barkley H.
Richmond, Charles F.	1927	1978	20 Sep 1978	51y	2 -	ssa Annabell
Richmond, Annabell					2 -	ssa Charles F.
Beaupre, Clarence			19 Nov 1986	81y	2 -	Cremains
Herzog, George			19 Nov 1986	63y	2 -	Cremains
Lentz, Rose			19 Nov 1986	83y	2 -	Cremains
Reames, Frances			19 Nov 1986	76y	2 -	Cremains
Schweikhardt, Fred			19 Nov 1986	58y	2 -	Cremains
Johnson, Bertha Carol	22 Dec 1923	4 Oct 1989	11 Oct 1989	66y	2 -	Cremains, Mother
Ehrlich, Margot	1927				2 -	Married 08 Apr 1950 in Permasens, W. Germany
Ehrlich, Albert H.	1921	1989	6 Oct 1989	68y	2 -	
Ballmer, Infant girl			Apr 1963		2 -	Sometime between 03 Apr and 22 Apr
Barber, Adrienne	1920	1929	1929	8y	2 -	
Benmasky, Infant			7 Apr 1955		2 -	
Beyner, Michael			2 Jun 1953	70y	2 -	
Bossert, Melvin Mohr			4 Jul 1917	7d	2 -	
Buck, Infant girl			15 Jan 1963		2 -	
Burling, Infant girl			18 Jun 1958		2 -	
Comstack, Edna			12 Feb 1958	81y	2 -	nee Hoas
Fitzgerald, Infant			6 Jun 1956		2 -	
Hageman, Linda Gail			8 Apr 1954		2 -	
Hammer, Jacob			20 Aug 1955	5d	2 -	
Hammer, Infant			1 Aug 1956	sb	2 -	
Hettesheimer, Daniel	7 Apr 1827	28 Feb 1901			2 -	
Muckenfuss, Katharine	1845	1932			2 -	
Myers, Mattie	1872	1898			2 -	
Nauman, Infant			12 May 1955		2 -	
Popplewell, Infant			26 Sep 1963		2 -	
Potraffke, Ernestine	17 Aug 1864	19 Jan 1903			2 -	
Reiff, Carolina	1819	1906	22 May 1906	87y 2m 17d	2 -	Mother
Reiff, Wilhelm	20 Jan 1859	22 Jan 1894			2 -	
Riggs, Clarence Fred			6 Apr 1928	21d	2 -	
Rohr, Howard John			22 Aug 1931	sb	2 -	
Scharar, Arlene			15 Dec 1955	sb	2 -	
Stritenger, Martin		27 Jun 1873		55y 5m 27d	2 -	

Name	Birth	Death	Internment	Age	Sec- Lot	Information
Taylor, Gustav			7 Dec 1953	78y	2 -	
Weber, Infant girl			11 May 1954	2d	2 -	
Weber, Infant boy			31 Jul 1958		2 -	
Whacke, Infant			18 Feb 1955		2 -	
Woods, Elmer Leroy			2 Aug 1963	83y	2 -	
Arentz, Ethel			24 Oct 1953	60y	3 - 1	
Bennett, Grover	1886	1940	2 Feb 1940	53y	3 - 1	Dad
Dewan, Jeremiah P. (Jerry)	1875	1938	9 Nov 1938	63y	3 - 1	ssa Minnie
Dewan, Minnie	1878	1961	22 Apr 1961	83y	3 - 1	nee, Widmer - ssa Jerry
Widmer, John			20 Jan 1926	73y	3 - 1	
Applegate, Ollie H.	1867	1935	30 Nov 1935	68y	3 - 2	ssa Dollie P.
Applegate, Dorothy P. (Dollie)	1871	1952	28 Jul 1952	80y	3 - 2	ssa Ollie
Manning, Carrie	1874	1935	21 Aug 1935	60y 11m 15d	3 - 2	
Marks, Elizabeth			2 Dec 1950	88y	3 - 2	
Leichman, Stephan	1895	1940	7 Mar 1940	44y	3 - 3	Husband
Madison, Mark C.	1875	1926	5 Nov 1927	52y	3 - 3	Father
Madison, Carrie	1879	1957	12 Dec 1957		3 - 3	Mother
Wagner, Mary M.	1876	1962	9 Jun 1962	85y	3 - 3	nee, Remle - Mother
Wagner, Jacob	15 Sep 1876	8 Aug 1964	8 Aug 1964	87y	3 - 3	Ohio Pvt Co A Reg't Inf, Spanish AmericanWar Vet
Alexander, Elmer George			2 Mar 1946	48y	3 - 4	
Heilmann, Emma	1876	1927	27 Jan 1927	50y	3 - 4	ssa Henry, Mother
Heilmann, Henry	1869	1927	18 May 1927	57y	3 - 4	ssa Emma, Father
Omen, Grace B.	1900	1973	26 May 1973	73y	3 - 4	nee, Leidman - Mother
Feiss, Theodore	1874	1941	20 Feb 1941	67y	3 - 5	Daddy
Schrimpf, Casper	1845	1931	8 Aug 1931	85y	3 - 5	ssa Barbara
Schrimpf, Barbara	1851	1937	27 Sep 1937	85y	3 - 5	ssa Casper
Nightingale, Bertha M.	1886	1927	6 Oct 1927	41y	3 - 6	Mother
Nightingale, Walter L.	3 Apr 1883	28 Jun 1965	1 Jul 1965	82y	3 - 6	Ohio Cpl Trp 1 12 Reg't Cav, Spanish AmericanWar Vet
Paull, Mary T.	1860	1927	26 Mar 1927	67y	3 - 6	Mother
Paull, James A.	1860	1934	23 Mar 1934	73y 6m	3 - 6	Father
Thomas, William F.			12 Jan 1949	68y	3 - 6	
Herman, William F.	1867	31 May 1927	3 Jun 1927	59y	3 - 7	Husband -Sp Am, Cuban Occ, Philippine Insur, Boxer Reb, WW I
Herman, Carrie B.	1879	1940	25 Oct 1940	62y	3 - 7	
Thomas, Margaret			3 May 1941	61y	3 - 7	nee, Funk
Brug, William	1888	1963	5 Aug 1963	74y	3 - 8	ssa Minnie - Father
Brug, Minnie	1891	1969	7 Jun 1969	78y	3 - 8	ssa William - Mother
Geist, Charles	1859	1941	1 Nov 1941	82y	3 - 8	ssa Elizabeth - Father
Geist, Elizabeth	1865	1942	24 Feb 1942	77y	3 - 8	ssa Charles - Mother
Rodler, Anna	1861	1925	26 Jan 1925	63y	3 - 8	Mother
Rodler, Clara	1899	1936	31 Aug 1936	37y	3 - 8	nee, Gardner - ssa Robert
Rodler, Harry J.	1893	1948	13 Jul 1948	54y	3 - 8	Brother
Rodler, Robert	1895	1958	26 Mar 1958	63y	3 - 8	ssa Clara
Rodler, Frank A.	1891	1981	24 Jan 1981	89y	3 - 8	ssa Lucile A.
Rodler, Elsie M.	1902	1987	11 Mar 1987	85y	3 - 8	Sister
Rodler, Lucile A.	1903	1988	21 Nov 1988	85y	3 - 8	ssa Frank A.
Tebelman, Herman H.	1868	1941	6 Oct 1941	72y	3 - 8	Father
Pfaff, Harold C. F.	27 Sep 1922	20 Jan 1928	22 Jan 1928	5y	3 - 9	Sonny
Pfaff, Frederick W.	1898	1949	3 Oct 1949	52y	3 - 9	ssa Bertha
Pfaff, Bertha	1897	1970	6 Jan 1970	72y	3 - 9	ssa Frederick W.
Pfaff, Frieda L.	26 May 1896	27 Feb 1986	4 Mar 1986	89y	3 - 9	
Plicker, Edward Adam	1875	1932	1932	57y	3 - 9	Father
Reiring, John J., Sr.	1910	1983	20 Aug 1984	71y	3 - 9	ssa Hilda Tragesser
Reiring, Ruth I.	1920	1984	20 Aug 1984	64y	3 - 9	ssa Hilda Tragesser
Roth, Christina	1859	1932	1932	73y	3 - 9	ssa Frederick
Roth, Frederick	1855	1933	15 Nov 1933	78y	3 - 9	ssa Christina
Schuster, Elizabeth	1866	1950	11 Dec 1950	84y	3 - 9	Mother

Name	Birth	Death	Internment	Age	Sec- Lot	Information
Tebelmann, Minnie	1871	1950	6 Apr 1950	79y	3 - 9	ssa Herman - Mother
Tragesser, Jacob M.	1887	1927	9 Mar 1927	38y	3 - 9	
Tragesser, Grace M.		11 Jan 1947	14 Jan 1947	infant	3 - 9	
Tragesser, Victoria A.	8 Jan 1952	15 Apr 1952	18 Apr 1952	3m	3 - 9	
Tragesser, Hilda	1898	1981	24 Jul 1981	83y	3 - 9	ssa John J. Reiring, Sr.
Waller, William M.	5 May 1879	7 Jul 1944	10 Jul 1944	65y	3 - 9	Ohio Sgt 7 Cav.
Beck, Frank J.	1879	1942	26 Sep 1942	63y	3 - 10	Brother - grave marker says 54B
Furnish, Clay A.	1876	1928	16 Aug 1928	55y	3 - 10	ssa Nannie E.
Furnish, Nannie E. (Nancy)	1875	1965	28 Dec 1965	90y	3 - 10	ssa Clay A.
Kinemeyer, Anna	1886	1958	29 Jan 1958	72y	3 - 10	
Kinnemeyer, Carrie R.	1871	1949	9 Feb 1949	77y	3 - 10	ssa William H. - Mother
Kinnemeyer, William H.	1867	1950	28 Sep 1950	82y	3 - 10	ssa Carrie R. - Father
Kuennemeier, Clarence C.	1900	1927	22 Feb 1927	26y 6m	3 - 10	Son
Kuennemeier, George A.	1865	1935	24 Apr 1935	70y	3 - 10	Father
Kuennemeier, Minnie	1864	1944	28 Apr 1944	80y	3 - 10	Mother
Kuennemeier, Edwin	1892	1949	25 Apr 1949	56y	3 - 10	
Pfister, Mollie	1896	1983	14 Apr 1983	86y	3 - 10	
Schroer, Charles W.	1894	1966	30 Aug 1966	72y	3 - 10	ssa Bertha K. - Husband
Schroer, Bertha K.	1893	1983	18 Jan 1983	79y	3 - 10	ssa Charles W. - Wife
Bayer, Sophie W.	1871	1943	27 Feb 1943	71y	3 - 11	nee, Klink - Mother - Grave marker says 56-B
Culbertson, Harold	1899	19--	24 Jun 1971	72y	3 - 11	
Engel-Kleinle, Karl	1862	1928	11 Feb 1928	60y	3 - 11	
Engel-Kleinle, Rudolph	1858	1934	27 Nov 1934	76y 5m 18y	3 - 11	
Engel-Kleinle, Louise	1873	1950	18 Sep 1950	77y	3 - 11	
Engel-Kleinle, Christian	1877	1955	10 Mar 1955	77y	3 - 11	
Harding, Ida B.	1873	1940	25 Apr 1940	66y	3 - 11	ssa Arthur V.
Harding, Arthur V.	1870	1946	28 Jun 1946	75y	3 - 11	ssa Ida B.
Kleinle-Engle,					3 - 11	See Engel-Kleinle
Hoefelmeier, Charles	1863	1929	30 Oct 1929	66y	3 - 12	Father
Hoefelmeier, Louise	1867	1942	4 Mar 1942	74y	3 - 12	Mother
Lake, Arthur C.	7 Jun 1915	26 Dec 1979	29 Dec 1979	64y	3 - 12	US Army, WW II
Lake, Ruth C.	11 Mar 1914	15 Sep 1992			3 - 12	nee Remle
Remle, Adam	1885	1971	7 Jun 1971	86y	3 - 12	Father
Remle, Edna L.	1891	1973	30 Aug 1973	82y	3 - 12	Mother
Schafer, Henry	1849	1930	6 May 1930	80y	3 - 12	
Schafer, George	1879	1944	26 Jul 1944	65y	3 - 12	
Baldinger, Bruce C.	22 Feb 1923				3 - 13	US Army
Baldinger, Shirley L.	2 May 1926				3 - 13	
Haubrock, Henry H.	1865	1946	29 Oct 1946		3 - 13	Father
Haubrock, Minnie C.	1863	1957	8 Oct 1957	95y	3 - 13	Mother
Heis, Helen F.	1902	1943	25 Dec 1943	41y	3 - 13	nee, Norris - ssa Paul
Herbig, Louise M.	1879	1963	7 Aug 1963	83y	3 - 13	
Rothert, Henry L.	1 Nov 1870	9 Aug 1963	9 Aug 1963	92y	3 - 13	
Surface, Della M.	1904	1966	12 Nov 1966	62y	3 - 13	nee Haubrock
Surface, James Earl	2 May 1903	15 Aug 1989	18 Aug 1989	86y	3 - 13	
Callie, Emil			12 Jul 1960	86y	3 - 14	
Callies, Rosa			2 Sep 1969	83y	3 - 14	nee Heinrich
Hepp, John			15 May 1944	42y	3 - 14	
Mundorf, Edna C.	1909	1939	17 Feb 1939	29y	3 - 14	Mother
Mundorff, Walter Emil	1929	1952	14 May 1952	22y	3 - 14	EM2(T), US Navy
Mundroff, Walter A.	1906	1955	16 Mar 1955	46y	3 - 14	Father
Rickert, Teddy Carl Louis	1929	1935	24 May 1935	5y	3 - 14	ssa Sylvester
Rickert, Marie G.	1904	1983	28 Jun 1983	78y	3 - 14	ssa Sylvester - Mother
Rickert, Sylvester	1905	19--			3 - 14	ssa Marie G. - Father
Fisher, Thomas C.	1896	1942	18 Jul 1942	45y	3 - 15	Father
Hepp, Irene			21 Nov 1979	80y	3 - 15	
Knoth, Elsie A.	1899	1935	30 Mar 1935	35y	3 - 15	nee Springmyer
Moebus Fischer, Hilda	1900	1984	6 Sep 1984	84y	3 - 15	nee Springmyer

Name	Birth	Death	Internment	Age	Sec- Lot	Information
Springmyer, John H.	1875	1930	1 Nov 1930	55y	3 - 15	Father
Springmyer, Anna S.	1874	1940	15 Apr 1940	66y	3 - 15	Mother
Springmyer, Beulah	1902	1960	21 Feb 1960		3 - 15	nee Heater
Springmyer, Arthur A.	1897	1961	6 May 1961	63y	3 - 15	
Hageman, Henry August	1892	1944	23 May 1944	51y	3 - 16	Dad
Hageman, Hanna B.	1891	1966	23 Feb 1966	75y	3 - 16	nee, Begal - ssa Henry - Mother
Hasselbeck, Carl E.	1898	1953	27 Jul 1953	54y	3 - 16	ssa Orine E.
Hasselbeck, Orine E.	1899	1982	20 Oct 1982	83y	3 - 16	ssa Carl E.
Weis, Edward		28 Aug 1926	3 Aug 1926	1m	3 - 16	
Weis, Peter	1874	1948	21 Jul 1948	73y	3 - 16	ssa Wilhelmenia
Weis, Irma E.	1903	1953	15 Jun 1953	49y	3 - 16	ssa Edward P.
Weis, Wilhelmenia (Minnie)	1879	1973	3 Mar 1973	93y	3 - 16	ssa Peter
Weis, Edward P.	1901	1975	11 Dec 1975	74y	3 - 16	ssa Irma E.
Schroer, John L.	1886	1945	23 Jul 1945	59y	3 - 17	Father
Schroer, Louise	1890	1973	17 Nov 1973	83y	3 - 17	nee, Tucker - Mother
Streibig, Raymond J.	1904	1968	27 Mar 1968	63y	3 - 17	ssa Helen S.
Streibig, Helen S.	1907				3 - 17	ssa Raymond J.
Tucker, Brack R.	1888	1963	1 Jul 1963	75y	3 - 17	
Vollmer, Sophia	1872	1951	5 Mar 1951	81y	3 - 17	Grandma
Aldinger, Johnson (John)	1874	1958	16 Jan 1958	84y	3 - 18	ssa Anna M. - Husband
Aldinger, Anna M.	1881	1963	22 Feb 1963	81y	3 - 18	nee, Mohr - ssa Johnson - Wife
Bantz, Hedwig W.	1893	1975	24 Nov 1975	81y	3 - 18	
Mohr, Jacob, Sr.	1852	1930		77y	3 - 18	ssa Anna Margaret - Father
Mohr, Louis	1884	1934	16 Dec 1934	50y	3 - 18	Father
Mohr, Anna Margaret	1856	1944	16 Sep 1944	95y	3 - 18	ssa Jacob, Sr. - Mother
Mohr, Ida C.	1886	1957	6 Mar 1957	70y	3 - 18	Mother
Mohr, Loretta H.	1897	1972	7 Nov 1972	74y	3 - 18	ssa Jacob
Mohr, Jacob	1889	1974	9 Feb 1974	84y	3 - 18	ssa Loretta
Bassert, Otto			1 Jul 1971	88y	3 - 19	
Bassertt, Katherine			12 Apr 1978	91y	3 - 19	
Brandhorst, William F.	1859	1933	26 Jan 1933	73y	3 - 20	ssa Freda - Father
Brandhorst, William	1891	1943	26 Aug 1943	52y	3 - 20	ssa Alma - Dad
Brandhorst, Lee			26 Oct 1943	8m	3 - 20	
Brandhorst, Freda	1869	1957	12 Apr 1957	88y	3 - 20	ssa William F. - Mother
Brandhorst, Alma	1891	1977	6 Jan 1977	85y	3 - 20	ssa William - Mom
Brandhorst, Dorothy J.	1929	1985	26 Jun 1985	57y	3 - 20	ssa Wilbur H.
Brandhorst, Wilbur H.	1926				3 - 20	ssa Dorothy J.
Waller, Hariett	29 Aug 1890	19 Nov 1975	22 Nov 1975	85y	3 - 20	Born in Riverton, Ky - Died Cincinnati, OH - w/o William
Ivey, John		26 Jul 1935	29 Jul 1935	53y	3 - 21	Spanish American War Vet.
Ivey, Nillie			19 Apr 1957	68y	3 - 21	
Littell, Clinton D.	1873	1940	22 Jan 1940	66y	3 - 21	
Littell, Amelia J.	1868	1958	23 Jan 1958	89y	3 - 21	nee Springmyer
Littell, Argretta	1899	1964	23 Feb 1964	65y	3 - 21	
Nugent, Edith M.	1897	1967	7 Aug 1967	70y	3 - 21	nee Littell
Sturtz, Henry J.	1867	1951	27 Aug 1951	84y	3 - 21	
Brewster, Glendora	1894	1981	23 Mar 1981	85y	3 - 22	
Sturtz, Julia Mary	1869	1945	12 Feb 1945	75y	3 - 22	ssa Henry
Zimmermann, Cordelia	1866	1926	7 Jul 1926	59y 10m 17d	3 - 22	
Zimmermann, John C.	1862	1943	19 Oct 1943	81y	3 - 22	
Zimmermann, Dorothy	1894	1959	12 Jun 1959	64y	3 - 22	
Zimmermann, Ethel	1904	1967	12 May 1967	62y	3 - 22	
Zimmermann, Louis	1904	1974	28 Dec 1974	70y	3 - 22	
Habig, Charles J.	20 Feb 1922	21 Mar 1945	28 Mar 1945	23y	3 - 23	Ohio 2 Lt, Army Air Forces Vet
Kiefer, Nellie			20 May 1963	78y	3 - 23	nee Sammons
Rabenstein, Eleanor	1899	1961	15 Aug 1961	61y	3 - 23	Wife
Rabenstein, Charles F.	1902	1965	14 Sep 1965	63y	3 - 23	Husband
Sammons, Parker			17 Nov 1946	68y	3 - 23	
Wehrmeyer, David	1907	1927	28 May 1927	19y	3 - 23	Son

Name	Birth	Death	Internment	Age	Sec- Lot	Information
Wehrmeyer, Elizabeth	1873	1945	18 Jun 1945	71y	3 - 23	Mother
Wehrmeyer, William	1872	1953	10 Apr 1953	81y	3 - 23	Father
Hoover, John W.	1886	1938	6 Mar 1938	51y	3 - 24	Jacob - WW I Vet.
Hoover, Elizabeth	1893	1982	23 Jul 1982	69y	3 - 24	nee Barnes
Lamb, Roy P.	1905	1988	28 Mar 1988	83y	3 - 24	ssa Cecelia - Wife - Cremains
Lamb, Cecelia	1918				3 - 24	ssa Roy P. - Wife
Vonarb, Paul Gregory	1921	1927	31 Oct 1927	6y	3 - 24	
Vonarb, Elizabeth	1872	1956	10 Mar 1956	83y	3 - 24	ssa Julius - Mother
Vonarb, Juluis	1869	1961	1 May 1961	93y	3 - 24	ssa Elizabeth - Father
Vonarb, Emil			14 Jul 1970	79y	3 - 24	
Vonarb, Lulu			29 Jun 1976	87y	3 - 24	
Garber, Eda	1882	1967	11 Jul 1967	84y	3 - 25	nee, Glatt - ssa William
Haubrock, Edward	1869	1928	16 Jul 1928	58y	3 - 25	Father
Haubrock, Emma M.	1873	1961	1 Jan 1961	87y	3 - 25	Mother
Haubrock, Augusta C.	1895	1967	24 Aug 1967	72y	3 - 25	Daughter
Siebler, Charles, Sr.	1841	1930	23 Jul 1930	88y	3 - 26	
Siebler, Caroline	1849	1923	18 Sep 1930	74y	3 - 26	
Siebler, Hattie	1881	1941	30 Apr 1941	60y	3 - 26	
Siebler, Dora	1872	1947	21 Aug 1947	75y	3 - 26	
Siebler, Arthur C.	1883	1956	13 Mar 1956		3 - 26	
Siebler, Edith M.	1882	1957	29 Aug 1957	65y	3 - 26	
Siebler, Charles	1874	1960	26 Feb 1960		3 - 26	
Bennett, Malcolm R.	1912	1948	18 Jan 1948	35y	3 - 27	My darling
Mayleben, Charles G.	1914	1948	21 Feb 1948	33y	3 - 27	
Meyer, Emma	1887	1961	5 Apr 1961	74y	3 - 27	nee Koenig
Meyer, George R.	1888	1978	21 Nov 1978	90y	3 - 27	
Troehler, Anna	1885	1937	6 Feb 1937	52y	3 - 27	nee, Reinke - ssa John
Troehler, John	1884	19--	11 Oct 1963	80y	3 - 27	ssa Anna
Troehler, Anne Louise	1917	1971	26 Mar 1971	53y	3 - 27	ssa Rudy
Troehler, Rudolph (Rudy)	1919	1971	3 Nov 1971	51y	3 - 27	ssa Louise
Brunswick, Albert N. (Bud)	1912	1937	13 Mar 1937	24y	3 - 28	
Brunswick, Marie (Rhea)	1888	1950	31 May 1950	61y	3 - 28	
Brunswick, Frederick W.	1889	1956	26 Aug 1956	66y	3 - 28	
Brunswick, Harold			10 Feb 1965	54y	3 - 28	
Bommer, Frank W. A.	1858	1940	22 Mar 1940	82y	3 - 29	Father
Bommer, Minnie	1865	1949	17 Sep 1949		3 - 29	ssa Frank W. A. - Mother
Bommer, John Frank	1897	1976	3 Jun 1976	79y	3 - 29	Pvt US Army, WW I
Bommer, Marcella			3 Mar 1986	84y	3 - 29	
Egbert, William H.	1881	1968	16 Sep 1968	86y	3 - 29	
Egbert, Hattie M.	1884	1980	17 Sep 1980	96y	3 - 29	ssa Willaim H.
Negley, John	1867	1948	10 Jun 1948	80y	3 - 29	
Eads, Paul	5 Oct 1895	10 Sep 1949	13 Sep 1949	52y	3 - 30	Ohio Pvt 7 Inf 3 Div, WW I
Eads, Alice R.	1892	1966	22 Aug 1966	73y	3 - 30	My beloved mother
Schmidt, Matilda	1871	1936	19 Jul 1936	64y	3 - 30	ssa Paul - Reverand
Schmidt, Paul, Rev.	1866	1946	27 Aug 1946	80y	3 - 30	
Schunk, Charles, Jr.	1887	1943	31 May 1943	55y	3 - 30	
Schunk, Henrietta	1893	1981	9 Nov 1981	88y	3 - 30	ssa Charles
Wanek, Anton	1875	1932	7 Apr 1932	56y	3 - 30	Father
Aufderheide, Augusta	1879	1933	3 Aug 1933	54y	3 - 31	ssa Henry
Aufderheide, Henry H.	1872	1950	25 Jul 1950	78y	3 - 31	
Flournoy, Robert M.	1897	19--			3 - 31	
Flournoy, Elsie E.	1907	19--			3 - 31	ssa Robert
Sills, Paul C.			20 Apr 1965	66y	3 - 31	
Sills, Marie			22 Oct 1970	66y	3 - 31	
Bender, Doris	21 Aug 1925	27 Apr 1976	29 Apr 1976	50y	3 - 32	nee, Ellis - Mother
Bender, Jeannette			4 Feb 1983	76y	3 - 32	
Bender, Ralph			8 May 1989	87y	3 - 32	
Hoffman, Edith	20 Jun 1909	23 Jan 1950	26 Jan 1950	40y	3 - 32	
Mueller, Elnore	1914	1934	28 Sep 1934	20y	3 - 32	

Name	Birth	Death	Internment	Age	Sec- Lot	Information
Mueller, Theobald	1882	1958	22 Aug 1958	75y	3 - 32	
Mueller, Augusta E.	1882	1966	11 Jun 1966	83y	3 - 32	ssa Theobald
Keilholz, Henry	24 Sep 1896	30 Mar 1967	1 Apr 1967	70y	3 - 33	Stone says Harry A.
Keilholz, Clara C.	11 May 1896	3 Aug 1979	6 Aug 1979	83y	3 - 33	ssa Henry
Lauch, William H.	1889	1936	27 Jan 1936	46y	3 - 33	Father
Ley, Walter	1883	1951	13 Nov 1951	68y	3 - 33	Father
Reiners, Carrie	1868	1935	22 Oct 1935	67y	3 - 33	ssa John
Reiners, John	1870	1946	13 Feb 1946	75y	3 - 33	
Snapp, Ronald			6 Jul 1943	4d	3 - 33	
Wessel, Clara Marie	1892	1953	26 Sep 1953	59y 27d	3 - 33	nee, Lauch - Mother
Elsener, Albert	1879	1937	19 Jul 1937	58y	3 - 34	
Elsener, Emma D.	1879	1959	16 Jun 1959	81y	3 - 34	ssa Albert
Elsener, Clifford M.	16 Nov 1913	25 May 1980	28 May 1980	66y	3 - 34	TEC5 US Army, WW II
Koch, John, Sr.	1885	1938	17 Oct 1938	52y	3 - 34	
Koch, Barbara	1891	1958	12 Mar 1958	67y	3 - 34	nee, Kartze - ssa John
Ley, Clara	1886	1976	26 Mar 1976	89y	3 - 34	ssa Walter - Mother
Shelton, Edwin Francis	9 Jan 1894	7 Jan 1939	10 Jan 1939	44y	3 - 35	Fireman 1CL US Navy USNNRT, WW I
Steinmann, Margaret			23 Jul 1968	58y	3 - 35	
Vatter, John	3 Apr 1883	16 Jan 1957	16 Jan 1957	74y	3 - 35	
Vatter, Caroline L.	13 Jan 1900				3 - 35	
Weghorst, Margaret Carol	1939	1941	11 Jun 1941	1y	3 - 35	
Weghorst, Catherine J.	1907	1972	9 Dec 1972	65y	3 - 35	ssa Carl
Weghorst, Carl F.	1911	1990	10 Jan 1990	78y	3 - 35	
Erion, Edna	1889	1931	7 Aug 1931	42y	3 - 36	nee Kuball
Kuball, Albert G.	1855	1907	24 Jul 1907	52y	3 - 36	
Kuball, Clifford G.	1885	1941	21 Apr 1941	55y	3 - 36	
Kuball, Augusta	1858	1943	4 May 1943	86y	3 - 36	
Kuball, Stanley H.	1897	1964	27 Jan 1964	66y	3 - 36	
Kuball, Francis	1896	1964	10 Dec 1964	68y	3 - 36	
Kuball, Hazel K.	1892	1987	17 Jan 1987	94y	3 - 36	
Rehn, William			12 Mar 1983	76y	3 - 36	
Story, Nettie K.	1887	1971	23 Jan 1971	83y	3 - 36	
Schaeperklaus, John Howar	1928	1935	1 Jul 1935	6y 11m 28d	3 - 37	
Schaeperklaus, Louis H.	1892	1963	14 Dec 1963	71y	3 - 37	
Schaeperklaus, Frederick	1894	1980	11 Jul 1980	86y	3 - 37	
Schaeperklaus, Anna E.	1896	1985	16 Oct 1985	89y	3 - 37	ssa Louis H.
Schaeperklaus, Martha M.	1898	1990	14 Feb 1990	91y	3 - 37	
Stoffel, Joseph	1885	1973	4 Jan 1973	88y	3 - 37	
Gruenemeier, Amelia	1891	1936	4 mar 1936	44y	3 - 38	ssa George
Gruenemeier, Grace	1892	1955	15 Oct 1955		3 - 38	nee Williamson
Gruenemeier, George	1893	1969	29 Dec 1969	76y	3 - 38	
Hinz, Herman	1857	1936	28 Sep 1936	79y	3 - 38	
Hinz, Emma	1857	1905	6 Oct 1936	47y	3 - 38	nee, Linhart - ssa Herman - Removed from Spring Grove Cem.
Stoffel, Margaret	1888	1955	16 Apr 1955	67y	3 - 38	ssa Joseph
Fox, Walter V.	1890	1940	5 May 1940	49y 4m 12d	3 - 39	
Haubrock, Bertha M.	28 Mar 1904	22 Jul 1972	22 Jul 1972	68y	3 - 39	ssa Stanley
Haubrock, Stanley W.	16 Sep 1901	5 Feb 1980	7 Feb 1980	78y	3 - 39	
Kerber, George J.	1879	1958	4 Aug 1958	78y	3 - 39	
Kerber, Freda	1891	1973	5 Sep 1973	82y	3 - 39	
Kerber, Jos C.	14 Sep 1915	15 Sep 1992			3 - 39	
Kerber, Betty J.	15 Aug 1934				3 - 39	ssa Jos C.
Rentschler, Charles	1915				3 - 39	
Wissemeier, Anna M.	1858	1941	28 Feb 1941	83y	3 - 39	Mother
Wissemeier, John	1860	1941	20 May 1941	80y	3 - 39	Father
Habel, Adele A.	1 Dec 1923	8 Aug 1976	11 Aug 1976	52y	3 - 40	nee, Schinkal - Wife and Mother
Schinkal, Henry I.	1893	1968	21 Mar 1968	75y	3 - 40	Father
Schinkal, Elizabeth	1896	1977	23 Aug 1977	80y	3 - 40	Mother

Name	Birth	Death	Internment	Age	Sec- Lot	Information
Weil, Robert C.	12 Jul 1918	8 Aug 1946	12 Aug 1946	27y	3 - 40	Ohio TEC5 393 Inf
Giesenberg, Charles F.	1864	1941	19 Jun 1941	77y	3 - 41	
Giesenberg, Anna J.	1864	1954	2 Jun 1954	90y	3 - 41	ssa Charles
Giesenberg, Carl John	2 Jan 1898	17 May 1978	19 May 1978	80y	3 - 41	Cpl US Army, WW I
Giesenberg, Carl J., Jr.	19 May 1928	5 Dec 1983	8 Dec 1983	55y	3 - 41	US Marine Corps, WW II
Giesenberg, Olivia F.	24 Oct 1898	25 Oct 1993			3 - 41	
Prock, Russell	1919	1938	30 Jul 1938	19y	3 - 41	
Prock, James O.	1864	1951	1 Jun 1951	86y	3 - 41	
Prock, Alpha	1897	1962	29 Aug 1962		3 - 41	nee, Hamm - ssa William - Mother - Stone says Altha
Prock, William	1893	1967	4 Nov 1967		3 - 41	Father
Bruch, Lillian	1908	1942	14 Nov 1942	33y	3 - 42	Mother
Bruch, Harry C.	1907	1994			3 - 42	Father
Egbert, Edward A.	1885	1945	23 Oct 1945	60y	3 - 42	Father - Stone says Edward C.
Egbert, William H.	1884	1954	6 Nov 1954	70y	3 - 42	
Egbert, Albert E.	1914	1963	3 Apr 1963	48y	3 - 42	Bud
Egbert, Maggie A.	1890	1978	27 Nov 1978	88y	3 - 42	Mother
Kallmeyer, Margaret (infant)			Aug 1941		3 - 42	
Kallmeyer, Helen S.	1912	1963	18 Jul 1963	51y	3 - 42	nee, Egbert - ssa Thomas
Kallmeyer, Thomas E.	1910	1967	22 May 1967		3 - 42	
Messerle, Richard			28 Sep 1954		3 - 42	
Stearns, Flora	1888	1968	14 Feb 1968	79y	3 - 42	Mother
Moorman, Robert Las.	1907	1981	27 Mar 1981	73y	3 - 43	
Storch, Erma	1908	1935	10 May 1935	26y	3 - 43	
Storch, Margaret	1882	1946	8 Feb 1946	64y	3 - 43	
Storch, Carl A.	1878	1964	16 May 1964	87y	3 - 43	
Curry, Victoria	1874	1939	10 Jul 1939	70y	3 - 44	ssa Elizabeth McCurdy
Giering, Charles	1879	1943	3 Jun 1943	64y	3 - 44	
Giering, Nora J.	1882	1949	29 Dec 1949		3 - 44	ssa Charles
McCurdy, Elizabeth	1862	1949	24 Jan 1949	86y	3 - 44	ssa Victoria Curry
Mulcahy, Eleanor	1905	1984	11 Sep 1984	79y	3 - 44	
Mulcahy, John	1905	1993			3 - 44	
Murray, Alice S.	1899	1981	8 Jun 1981	81y	3 - 44	Mother
Rudolph, Lillian	1884	1940	19 Jul 1940	54y	3 - 44	Stone says Lillie
Rudolph, Frank	1880	19--			3 - 44	
Dangel, Andrew			27 Feb 1954	88y	3 - 45	
Schaefer, Rose			16 Jun 1938	75y	3 - 45	
Schaefer, Louis			18 May 1942	78y	3 - 45	
Schaefer, Margaret L.	1908	----	27 Nov 1953		3 - 45	ssa Charles Edward
Schaefer, Charles Edward	1901	1980	7 May 1980	79y	3 - 45	
Berry, E. Richard	14 Aug 1926	6 Mar 1991	9 Mar 1991	64y	3 - 46	S1 US Navy, WW II
Stegner, William L.	1907	1969	27 Dec 1969	62y	3 - 46	
Stegner, Marguerite	1912	1993			3 - 46	ssa William
Letzler, Frank G.	1872	1945	8 Jul 1945	73y	3 - 47	
Letzler, Gilbert F.	20 Feb 1891	2 Mar 1978	6 Mar 1978	87y	3 - 47	
Letzler, Lena	31 May 1894	17 Mar 1988	21 Mar 1988	93y	3 - 47	nee Wengert
McClain, Mark William	11 Oct 1951	8 Oct 1975	11 Oct 1975	23y	3 - 47	
McClain, Chas. William, J	28 May 1925	5 Jul 1984	7 Jul 1984	59y	3 - 47	US Navy, WW II
Brockmeier, Henry	6 Dec 1876	7 Nov 1939	10 Nov 1939	62y	3 - 48	Father
Brockmeier, Robert A.	24 Aug 1913	28 Mar 1993			3 - 48	T Sgt US Army, WW II
Disser, Elmer F.	1905	1939	10 Oct 1939	34y	3 - 48	
Disser, Charles F.	1868	1959	5 Sep 1959	92y	3 - 48	
Disser, Carrie P.	1873	1969	26 May 1969	96y	3 - 48	
Baldinger, Mabel	1890	1961	9 Oct 1961	72y	3 - 49	nee Bender
Baldinger, Edward	1887	1967	10 Feb 1967	79y	3 - 49	
Bender, Harvey J.	1892	1944	22 Jul 1944	52y	3 - 49	Father
Hust, Edward	1880	1948	7 Feb 1948	67y	3 - 49	
Hust, Clara	1884	1963	7 Mar 1963	79y	3 - 49	nee, Schrenker - ssa Edward
Kolb, Elsie Margaret	1928	1940	1 Nov 1940	13y	3 - 49	Daughter

Name	Birth	Death	Internment	Age	Sec- Lot	Information
Kolb, Margaret	1902	1950	26 Oct 1950	47y	3 - 49	ssa Henry - Mother
Kolb, Henry	1901	1968	29 Feb 1968	66y	3 - 49	Father
Matthews, John M.	1902	1974	20 May 1974	72y	3 - 49	
Matthews, Vera	1915				3 - 49	ssa John
Weber, Marion A.	1921	----			3 - 49	
Davis, Clifford			6 Jun 1941	37y	3 - 50	
Harmes, Antoinette	1901	1936	26 Aug 1936	36y	3 - 50	nee Schnellbacher
Schnellbacher, Antoinette	1875	1969	19 Aug 1969	94y	3 - 50	Mother
Schnellbacker, Carl	1870	1940	20 Jun 1940	70y	3 - 50	Father
Schnellbacker, William			16 Jul 1980	81y	3 - 50	
Ransom, Esther			2 Apr 1946	20y	3 - 51	
Ringshauser, Clara C.	1886	1959	26 Jun 1959	74y	3 - 51	ssa Siegfried
Ringshauser, Siegfried	1882	1973	5 Jul 1973	91y	3 - 51	
Hoffman, Hennrietta	1879	1943	20 Mar 1943	63y	3 - 52	ssa Edward
Hoffman, Edward John	1879	1944	23 May 1944	64y 10m 4d	3 - 52	
Scheidt, Charles J.	1859	19--	16 Dec 1943	84y	3 - 52	Grave marker says 97-B
Wegelin, George R.	1883	1943	12 Apr 1943	59y	3 - 52	
Wegelin, Carrie A.	1891	1963	3 Feb 1963	71y	3 - 52	ssa George
Rodgers, Samuel L.	1875	1945	13 Jan 1945	69y	3 - 53	
Rodgers, Lulie M.	1878	1958	18 Aug 1958		3 - 53	ssa Samual
Rudolph, Gayle	1927	1948	18 Sep 1948	21y	3 - 53	ssa George - Daughter
Rudolph, George A.	1894	1966	10 Sep 1966	72y	3 - 53	Father
Rudolph, Alice	1900	1991	30 Mar 1991	91y	3 - 53	ssa George - Mother
Scheidt, Olive	1875	1941	30 Jun 1941	65y	3 - 53	ssa Charles
Scott, Ralph	1914	1957	8 Feb 1957	44y	3 - 53	
Scott, Laura	1914	1984	8 Nov 1984	70y	3 - 53	ssa Ralph
Shelton, Marlette A.	10 Feb 1924	4 Oct 1978	7 Oct 1978	54y	3 - 53	nee, Rodgers - Mother
Leigh, John Sherman	1885	1943	15 Mar 1943	54y	3 - 54	Grave marker says 99-B
Stein, Alva M.	1914	1946	9 May 1946	32y	3 - 54	Mommie
Stern, Florence			7 Apr 1953	78y	3 - 54	
Corum, Martha			7 Dec 1943	88y	3 - 55	
Keller, Charles			21 Jun 1941	67y	3 - 55	
Keller, Elizabeth			20 Nov 1941	69y	3 - 55	
Keller, Edward C.	1901	1962	6 Apr 1962		3 - 55	
Keller, Thelma C.	1909	1989	12 Dec 1989	80y	3 - 55	ssa Edward
Kelley, Charles W.	1884	1944	18 Nov 1944	60y	3 - 55	
Kelley, Louise D.	1890	1970	9 Apr 1970	79y	3 - 55	ssa Charles
Ross, Harold C.	1910	1987	10 Sep 1987	76y	3 - 55	
Ross, Jean K.	1919	----			3 - 55	ssa Harold
Feith, Elsie V. O.	1896	1949	21 Sep 1949	53y	3 - 56	ssa William - Wife
Feith, Barbara			28 Mar 1951	63y	3 - 56	
Feith, Frank			17 Sep 1966	77y	3 - 56	
Feith, Fred William	1897	1967	1 Jul 1967	70y	3 - 56	Husband - Stone says William F.
Hamersly, Raymond D.	-- --- ----	-- --- ----	17 Apr 1944	39y	3 - 56	
Stoll, Charles	----	----	19 Jun 1945	65y	3 - 56	
Stoll, Elizabeth A.	----	----	6 May 1954	83y	3 - 56	ssa Charles
Stoll, Frank A.	1898	1966	8 Apr 1966	69y	3 - 56	
Baas, Michael	1879	1944	17 Jan 1944	64y 8m 28d	3 - 57	Father
Baas, William	1910	1944	7 Aug 1948	34y	3 - 57	T/Sgt. - Killed in England 10 Feb.
Baas, John	1902	1957	26 Aug 1957	55y	3 - 57	
Baas, Maria	1881	1961	15 Nov 1961	81y	3 - 57	ssa Michael - Mother
Baas, Katherine	1904	1973	9 Feb 1973	68y	3 - 57	ssa John
Baas, Carl H.	1914	1981	7 Dec 1981	66y	3 - 57	
Baas, Ethel C.	1915	1986	14 Mar 1986	70y	3 - 57	ssa Carl
Rehn, Fred Samual, Jr.	5 Dec 1925	20 Feb 1967	23 Feb 1967	42y	3 - 58	Ohio S1 USNR, WW II
Rehn, Fred W.	1897	1980	12 Sep 1980	83y	3 - 58	
Rehn, Frieda M.	1902	----			3 - 58	ssa Fred
Stuehrmann, Anna	25 Oct 1873	12 Jan 1945	16 Jan 1945	71y	3 - 58	nee, Reidel - "Mom"
Stuehrmann, Herman H.	16 Dec 1866	21 Apr 1946	24 Apr 1946	79y	3 - 58	Born in Bremerhafen - "Pop"

Name	Birth	Death	Internment	Age	Sec- Lot	Information
Rothert, Mary Louise	16 Apr 1872	21 Sep 1944	23 Sep 1944	72y	3 - 59	ssa Henry
Schmidt, Frank D.	1869	1946	27 Feb 1946	76y	3 - 59	
Schmidt, Frank E.	1894	1951	2 May 1951	56y	3 - 59	
Schmidt, William R.	1901	1952	30 Jul 1952	51y 5m 17d	3 - 59	
Schmidt, Rosa K.	1875	1957	1 Mar 1957	81y	3 - 59	ssa Frank D.
Schmidt, Clara L.	1901	1982	9 Jun 1982	80y	3 - 59	ssa William
Schmidt, Ruth M.	22 Sep 1923	22 May 1984	24 May 1984	72y	3 - 59	Sgt US Marine Corps, WW II
Schmidt, Henrietta M.	1896	1988	1 Mar 1988	91y	3 - 59	ssa Frank E.
Boyd, Philip	1931	1945	14 Jul 1945	14y	3 - 60	Son
Boyd, Harry V.	1901	1970	11 Mar 1970	61y	3 - 60	Dad
Boyd, Pauline	1900	1974	28 Oct 1974	74y	3 - 60	Mom
Dunning, Audrey E.	1907	1946	22 Aug 1946	38y	3 - 60	ssa Mortimer
Dunning, Mortimer	1906	1979	7 Apr 1979	74y	3 - 60	
Norris, Gilbert Lee	1880	1945	16 Aug 1945	65y	3 - 60	
Vonderwish, Helen	26 May 1916	15 Mar 1980	19 Mar 1980	63y	3 - 60	
Brockhoff, John H.	1890	1948	6 Mar 1948	57y	3 - 61	
Brockhoff, Estella E.	1894	1948	20 May 1948	53y	3 - 61	ssa John
Brockhoff, Clifford H.	1915	1987	7 Jan 1987	71y	3 - 61	
Brockhoff, Lavina	1919	----			3 - 61	ssa Clifford
Norris, Josephine	1879	1946	12 Nov 1946		3 - 61	ssa Gilbert
Bommer, Alma L.	1898	1974	3 Jun 1974	76y	3 - 62	ssa William
Boomer, William F.	1890	1977	2 Sep 1977	86y	3 - 62	
Hiltenbeitel, Dorithy	7 Nov 1925	28 Aug 1945	1 Sep 1945	19y	3 - 62	
Hader, Henry	1890	1946	19 Oct 1946	56y	3 - 63	
Hader, James Henry	24 Dec 1951	3 Jan 1952	4 Jan 1952	10d	3 - 63	
Hader, Alma H.	1895	1984	22 May 1984	88y	3 - 63	ssa Henry
Hiltenbeitel, Lester N.	18 Dec 1923	5 Jan 1945	11 Sep 1948		3 - 63	Pfc, Trail Blazers
Brockhoff, Albert	1892	1947	31 Dec 1947	55y	3 - 64	Father
Brockhoff, Bertha	1902	1993			3 - 64	ssa Albert - Mother
Frankenberg, Margaret	1900	1980	31 Mar 1980	79y	3 - 64	Our beloved mother
Zaeske, William H.	1883	1957	9 Aug 1957	74y	3 - 64	
Zaeske, Carrie E.	1887	1976	12 Jul 1976	88y	3 - 64	ssa William
Zaeske, Helen L.	1918	1980	3 Oct 1980	62y	3 - 64	
Brockhoff, Louise	1895	1972	27 Nov 1972	77y	3 - 65	ssa Edward
Brockhoff, Edward F.	1890	1973	23 Jan 1973	82y	3 - 65	
Bunselmeier, Viola E.	1921	1990	14 Aug 1990	69y	3 - 65	ssa Robert
Bunselmeier, Robert W.	1918	----			3 - 65	
Klopfstein, Michael	7 Dec 1886	18 Jun 1967	23 Jun 1967	80y	3 - 65	
Klopfstein, Elizabeth	12 Sep 1889	19 Feb 1974	23 Feb 1974	92y	3 - 65	ssa Michael
Reese, Herman	1872	1949	4 Oct 1949	77y	3 - 65	Father
Reese, Margareta	1881	1957	1 Sep 1957		3 - 65	ssa Herman - Mother
Bauer, Aimee E.	1910	1985	20 Nov 1985	74y	3 - 66	Mom
Bauer, Harold J.	1909	1989	31 May 1989	80y	3 - 66	Dad
Heeb, Christ	1880	1954	7 Dec 1954	73y	3 - 66	Dad
Heeb, Mildred B.	1879	1955	23 May 1955	76y	3 - 66	Mom
Long, Fred	1887	1963	21 Dec 1963	76y	3 - 66	
Long, Cathren M.	1889	1981	28 Aug 1981	92y	3 - 66	ssa Fred
Rinthen, Nick	1908	1985	20 Sep 1985	77y	3 - 66	Dad
Miller, Elizabeth		30 Sep 1945	3 Oct 1945	74y	3 - 67	
Neiheisel, Ralph S.	1910	1989	28 Feb 1989	78y	3 - 67	WW II Vet.
Neiheisel, Edith L.	1911	----			3 - 67	nee, Rabenstein - ssa Ralph
Rabenstein, Clara M.	1888	1947	3 Apr 1947	58y	3 - 67	ssa Dayton
Rabenstein, Frances Clara	1888	1953	23 Jun 1953	70y	3 - 67	ssa William
Rabenstein, William C.	1883	1957	14 Jun 1957	74y	3 - 67	
Rabenstein, Dayton L.	1886	1975	3 Jan 1976	89y	3 - 67	
Klusman, John	1879	1947	17 Jan 1947	68y	3 - 68	
Klusman, Grace	1887	1970	21 Apr 1970	83y	3 - 68	
Knieriehm, Frank A.	1909	1958	29 Aug 1958	49y	3 - 68	Son
Knieriehm, Frank G.	1879	1975	14 Oct 1975	95y	3 - 68	Father

Name	Birth	Death	Internment	Age	Sec- Lot	Information
Leonard, Edith	1878	1949	23 Apr 1949	71y	3 - 68	
Mefford, Harry P.	1879	1947	14 Mar 1947	67y	3 - 68	
Mefford, Carrie P.	1875	1954	22 Sep 1954	79y	3 - 68	ssa Harry
Mefford, Marie M.	1910	1975	9 May 1975	64y	3 - 68	
Knieriehm, Bessie	1871	1947	15 Apr 1947	75y	3 - 69	Interment rec says Elizabeth A.
Knieriehm, Gertrude	1905	1993			3 - 69	Daughter
Schmid, Edward	1891	1952	26 Jun 1952	61y	3 - 69	Father
Schmid, Dorothea K.	1891	1973	13 Jul 1973	82y	3 - 69	ssa Edward - Mother
Reif, Charles	1883	1961	29 Jun 1961	78y	3 - 70	Father
Reif, Emma	1889	1964	6 Jul 1964	76y	3 - 70	nee, Voelcker - ssa Charles - Mother - ays Ella E.
Schaufert, Clif N.	1888	1952	21 Nov 1952		3 - 70	
Witte, Helen B.	1908	1948	15 Jul 1948	40y	3 - 70	Mother
Witte, William A.	1908	1992			3 - 70	Father
Doelling, Edward F.	1890	1949	10 Aug 1949	58y	3 - 71	
Doelling, Florence B.	1895	1986	27 Jan 1986	90y	3 - 71	ssa Edward
Henke, William H.	1879	1958	21 Feb 1958	79y	3 - 72	
Henke, Emma	1879	1966	20 Oct 1966		3 - 72	nee, Quadman - ssa William
Peterson, Lee M.	1879	1948	22 Jul 1948	68y	3 - 72	
Peterson, Meta S.	1882	1959	18 Jan 1959	77y	3 - 72	ssa Lee
Roehrer, Michael	1867	1959	16 Jun 1959	90y	3 - 72	
Roehrer, Viola E.	1890	1981	25 May 1981	90y	3 - 72	nee, Schaufert - ssa Micheal
Schaufert, Lena A.	1890	1951	23 Jun 1951		3 - 72	nee, Seelinger - ssa Clif
Weymann, John	1869	1949	13 Jul 1949	79y	3 - 72	
Schulz, Frank Ernie, Sr.	18 Sep 1894	21 Sep 1970	25 Sep 1970	76y	3 - 73	Ohio Sgt EVAC HOSP 22, WW II
Schulz, Marie W.	1906	1990	17 Aug 1990	83y	3 - 73	
Weymann, Elizabeth	1886	1964	31 Jul 1964	78y	3 - 73	nee, Helmer - ssa John
Weber, Hilda A.	1899	1950	8 May 1950	50y	3 - 75	
Weber, ------	----	----			3 - 75	ssa Hilda
Bassman, Alice	22 May 1900	8 Aug 1952	12 Aug 1952	52y	3 - 76	ssa Fred B. - Mother
Bassman, Fred B.	16 Nov 1899	17 May 1974	20 May 1974	74y	3 - 76	Father
Bassman, Fred G.	8 Jun 1921	14 Oct 1991	16 Oct 1991	70y	3 - 76	S Sgt US Army, WW II
Lammers, Katherine E.	1864	1949	19 Dec 1949	85y	3 - 76	Mother
Lammers, J. William	1861	1933	23 Dec 1949		3 - 76	Father - Removed from Spring Grove Cem. & reinterred this
Lammers, Irene M.	1900	1979	13 Oct 1979	79y	3 - 76	Daughter
Lammers, Helen C.	1900	1989	16 Jan 1989	88y	3 - 76	Daughter
Wehrmeyer, Arthur	1904	----			3 - 76	
Keller, Sophia K.	1868	1952	15 Dec 1952	84y	3 - 77	nee, Prager - Mother
Keller, John C.	1905	1971	1 Jun 1971	66y	3 - 77	
Keller, Emma G.	1901	1972	3 Mar 1972	70y	3 - 77	
Wehrmeyer, Mae	1904	1953	23 Jun 1953		3 - 77	ssa Arthur
Jacobs, Harold C.	13 Nov 1931	25 Dec 1957	25 Dec 1957	26y	3 - 78	ssa Clarence
Jacobs, Clarence E.	2 Nov 1902	13 Oct 1991	16 Oct 1991	88y	3 - 78	
Jacobs, Helen A.	18 Apr 1907	-- --- 1995			3 - 78	ssa Clarence
Molnar, Paul	1881	1953	28 May 1953	71y	3 - 78	Dad
Molnar, Marie	1893	1977	23 Mar 1977	84y	3 - 78	ssa Paul - Mother
Schwab, John	1877	1962	1 Sep 1962	85y	3 - 78	
Buschbacher, Anton	1921	1991			3 - 79	
Buschbacher, Rosalia	1916	----			3 - 79	ssa Anton
Ferneding, Neal E.	1925	1954	5 Aug 1954	29y	3 - 79	
Hilsinger, May M.	1894	1960	25 Nov 1960	66y	3 - 79	ssa Howard
Hilsinger, Howard P.	1892	1970	5 May 1970	78y	3 - 79	
Phillips, Emma	1886	1954	10 Nov 1954	69y	3 - 79	Mother
Schroeder, Ted	1904	1955	6 Dec 1955	50y	3 - 79	Dad
Schroeder, Audrey	1904	1991	15 Jan 1991	87y	3 - 79	ssa Ted - Mom
Boothe, Infant			24 Jul 1961		3 - 80	
Cantzler, Elsie Sophia	1895	1983	20 Apr 1983	87y	3 - 80	ssa Edwin
Cantzler, Edwin J.	1897	1976	30 Jan 1976	78y	3 - 81	

Name	Birth	Death	Internment	Age	Sec- Lot	Information
Hauser, Karl G.	1877	1958	11 Mar 1958	81y	3 - 82	
Hauser, Barbara B.	1880	1966	14 Mar 1966	80y	3 - 82	ssa Karl
Eads, Walter F.	26 Jul 1921	24 Dec 1963	24 Dec 1963		3 - 86	Daddy
Dreher, Edward W.	1878	19--	16 Nov 1951	71y	3 - 91	
Dreher, Dorothy Louise	1884	1942	26 Jun 1942	57y	3 - 92	ssa Edward
Carson, Anna M.	1876	1942	20 Oct 1942	66y	3 - 95	ssa Robert - Mother
Carson, Robert C.	1879	19--			3 - 95	
Shuter, William	1873	1950	1 May 1950	76y	3 - 96	
Shuter, Hattie	1875	1944	19 Mar 1944	69y	3 - 97	ssa William
Rodgers, Bernard W.		19 Dec 1942	22 Dec 1942	45y	3 - 98	Ohio Cpl 5 Cav. - Grave marker says 138-B
Haunsz, Peter M.	23 Dec 1892	27 Apr 1971	30 Apr 1971	78y	3 - 99	Ohio Sgt 3 AA Sector CAC, WW I
Haunsz, Helen M.	21 Jun 1910	17 Oct 1993			3 - 99	nee Rodgers
Schenk, John			12 Dec 1944	49y	3 -	
Chapman, William H.		20 Jan 1947	23 Jan 1947	81y	3 -	
Chapman, Anna D.		11 Jan 1963	11 Jan 1963	63y	3 -	ssa William
Insko, Ida			16 Sep 1946	69y	3 -	
Hilsinger, Peter L.	1868	1951	1 Dec 1951	83y	3 -	
Hilsinger, Annie	1868	1946	29 Oct 1946	78y	3 -	ssa Peter
Ernst, Andrew A.	1883	1947	25 Feb 1947	64y	3 -	Dad
Ernst, Eleanor	1887	1961	13 Jul 1961	74y	3 -	ssa Andrew - Mom
Herbert, Edward W.	1875	1948	11 Sep 1948		3 -	Dad
Herbert, Louise M.	1875	1958	25 Jun 1958	83y	3 -	nee, Nuss - ssa Edward - Mom
Radnowitz, Bozas	1877	1950	19 May 1950	72y	3 -	Father
Radnowitz, Sara	1875	1950			3 -	Mother
Steiner, William E.	1874	1949	8 Dec 1949	70y	3 -	
Steiner, Addie	1879	1968	16 Jan 1968	88y	3 -	ssa William
Knauber, Carl	27 Apr 1883	11 Oct 1950	14 Oct 1950	67y	3 -	Interment rec says Charles
Knauber, Eleanor M.	15 Jan 1897	5 Mar 1974	9 Mar 1974	77y	3 -	
Winterhalter, Alma	1892	1950	21 Dec 1950	57y	3 -	ssa Bernard - Mother
Winterhalter, Bernard	1896	1959	6 Dec 1959	62y	3 -	Father
Frankenberg, Stanley D.	1 Feb 1911	11 Aug 1955	15 Aug 1955	44y	3 -	Ohio TEC5 Engineers, WW II
Beyer, Clarence P.	----	----	6 Mar 1956	62y	3 -	
Beyer, Florence J., Rev.	----	----	29 Mar 1972	76y	3 -	ssa Clarence
Kanit, Clara	1903	1956	17 Sep 1956	53y	3 -	nee Scheidt
Brown, Anna Sue	1918	1958	23 Apr 1958	38y	3 -	Mother
Ferneding, Joseph A.	18 Jul 1894	1 Apr 1981	3 Apr 1981	86y	3 -	Pvt US Army, WW I
Ferneding, Margarette	1895	1982	14 May 1982	86y	3 -	
Miller, William L.				67y	3 -	Between 31 Mar and 3 Apr
Troescher, Anna K.	1907	1980	10 Oct 1980	73y	3 -	ssa Carl
Troescher, Carl	1905	1989	28 Feb 1989	84y	3 -	Cremains
Jacobs, Charles A.	1870	1948	1 Mar 1948	77y	3 -	
Jacobs, Mary	1872	1958	3 Jan 1958	85y	3 -	ssa Charles
Kircher, Herman	26 Nov 1887	14 Apr 1956	17 Apr 1956	68y	3 -	Ohio PFC 301 Service Co. QMC, WW I
Kircher, Elizabeth	1890	1961	29 Jan 1961	71y	3 -	
Schrader, Lillian	1923	1980	27 Aug 1980	57y	3 -	
Schoenberger, Louisa	1878	1943	2 Oct 1943	65y	3 -	ssa Harry
Schoenberger, Harry	1876	1968	27 Jan 1968	91y	3 -	Stone says Schonberger
Coorner, Katherine			20 May 1944	44y	3 -	
Watson, Edna Hilda			12 Aug 1944	22y 8m 25d	3 -	
Moll, August	1888	1947	24 Jan 1947	58y	3 -	Father
Moll, Ella	1876	1945	27 Mar 1945	68y	3 -	ssa August - Mother
Manley, Mildred M.	1920	1988	7 Jul 1988	68y	3 -	Mom
Duschinski, John	1889	1946	22 May 1946	57y	3 -	
Duschinski, Luella	1898	19--			3 -	ssa John
Geyer, Harry, Sr.	1874	1950	9 Jul 1950	76y	3 -	
Covert, James Clarence	1888	1958	10 Apr 1958	70y	3 -	Father
Covert, Helen	1895	1961	13 Mar 1961	66y	3 -	nee, Luermann - ssa James - Mother
Geyer, Ida S.	1879	1947	3 Jul 1947	68y	3 -	ssa Harry, Sr.

Name	Birth	Death	Internment	Age	Sec- Lot	Information
Geyer, Alice H.	1908	1971	17 Nov 1971	62y	3 -	ssa Harry, Jr.
Geyer, Harry J., Jr.	1903	1978	23 May 1978	75y	3 -	
Rothert, Herbert H.	1900	1972	2 Dec 1972	72y	3 -	
Rothert, Gertrude W.	1901	1947	25 Sep 1947		3 -	ssa Herbert
Julch, Fred, Sr.	1880	1958	13 Feb 1958		3 -	
Julch, Louise	1883	1948	9 Oct 1948	65y	3 -	ssa Fred, Sr.
Vonderhaar, Clara A.	1887	1963	5 Sep 1963	76y	3 -	Mother
Vonderhaar, Eleanor	----	----			3 -	Daughter
Grosskopf, Florence	1910	1992			3 -	ssa Charles
Grosskopf, Charles A.	1882	1949	20 Jun 1949	66y	3 -	
Grosskopf, Minnie	1883	1970	18 Mar 1970	86y	3 -	ssa Charles
Stentz, Lewis	1864	1949	1 Jul 1949	84y	3 -	
Stentz, Lorine	1865	1957	18 Nov 1957	92y	3 -	nee, Rothert - ssa Lewis
Miller, Frank E.	1881	1951	21 Mar 1951	62y	3 -	Pop
Miller, Frieda	1888	1973	22 Dec 1973	86y	3 -	Mom
Betzing, Clara E.	1883	1953	11 Feb 1953	68y	3 -	Aunt
Cates, James Earl	1897	1954	6 Apr 1954	56y	3 -	Dad
Cates, Lucille	1901	19--			3 -	ssa James - Mother
Schwarte, John H.			28 Oct 1954	69y	3 -	
Holderer, George J., Sr.	1871	1947	6 Feb 1947	75y	3 -	
Rothert, Nancy Lee	1942	1965	1 Jun 1965	22y	3 -	
Covert, Richard W.	1917	1973	2 Feb 1973	55y	3 -	
Covert, Clara	1917	----			3 -	ssa Richard
Schrader, Mary E.	6 Apr 1929	30 Nov 1973	3 Dec 1973	44y	3 -	
Schrader, Richard D.	11 Mar 1926	13 Mar 1989	17 Mar 1989	63y	3 -	TEC 5 US Army, WW II Vet
Covert, Alice Sue	1940	1987	7 Feb 1987	46y	3 -	Wife & Mother
Gilbert, Pearl M.	1899	1971	13 Apr 1971	72y	3 -	Mother
Gilbert, Frank L.	17 Apr 1896	22 Apr 1972	26 Apr 1972	76y	3 -	Ohio Pfc Co L 10 Inf, WW I
Bachman, Charles	1891	1963	11 Feb 1963		3 -	
Bachman, Henrietta	1897	1988	12 Jan 1988	90y	3 -	ssa Charles
Elsener, Albert H.	21 Apr 1912	21 Sep 1974	23 Sep 1974	62y	3 -	Sgt US Army
Holderer, Rosa	1873	1962	10 Jun 1962	89y	3 -	nee Bleh
Soult, Louis	1872	1963	7 Jul 1963	91y	3 -	
Soult, Marie	1872	1947	30 Apr 1947	75y	3 -	ssa Louis
Winkemeier, Alfred S.			5 Jul 1947	66y	3 -	
Robbins, Leona			18 Oct 1974	91y	3 -	
Wilmer, Robert F.	1893	1948	19 Nov 1948	55y	3 -	
Wilmer, Helen M.	1898	1982	22 Feb 1982	83y	3 -	ssa Robert
Wolfer, Emma	1879	1948	27 Dec 1948	69y	3 -	Mom
Wolfer, John	1878	1959	5 Oct 1959	82y	3 -	Dad
Meyer, Anna	1871	1953	24 Nov 1953	82y	3 -	Mom
Bender, Alvin C.	1900	1949	16 May 1949	49y	3 -	Father
Bender, Loretta G.	1910	----			3 -	
Allen, Wilbur H.	1900	1949	22 Aug 1949	49y	3 -	Daddy
Johnson, Albert A.	1865	1950	4 Apr 1950	84y	3 -	L.O.O.M.
Johnson, Helena	1869	19--	2 Jun 1964	94y	3 -	D of A
Drews, Fredrick M.	21 Jan 1859	22 Jun 1951	25 Jun 1951	92y	3 -	Kansas Pvt 7 Cav Vet
Schneider, Mathilda	21 Jan 1883	28 Oct 1956	1 Nov 1956	73y	3 -	
Schneider, Theodore H.	16 Sep 1880	26 Jan 1959	26 Jan 1959	78y	3 -	
Motz, Rupert	1887	1960	24 Mar 1960		3 -	
Motz, Hilda A.	1900	1992	10 Apr 1992	91y	3 -	nee Stein
Garber, William E., Jr.	19 May 1913	13 Jun 1966	15 Jun 1966	53y	3 -	
Garber, Gary W.	12 May 1952	14 Jun 1973	6 Jun 1973	21y	3 -	
Voss, Ted G.	1907	----			3 -	
Voss, Pauline M.	1910	1993			3 -	ssa Ted
Ultsch, William W.	1901	1958	5 Feb 1958	57y	3 -	Father
Ireland, John C.	1888	1978	22 Feb 1978	90y	3 -	
Ireland, Mayme	1890	1959	29 May 1959	69y	3 -	ssa John
Hill, Warren M.	1901	1946	22 Feb 1946	45y	3 -	Father

Name	Birth	Death	Internment	Age	Sec- Lot	Information
Hill, Virginia	1906	1945	25 Jan 1945		3 -	ssa Warren - Mother
Liebermann, Frank J.	1878	1951	19 Jul 1951	73y	3 -	
Liebermann, Margaret	1877	1958	31 Jan 1958	81y	3 -	
Schroeder, John			9 Apr 1951	83y	3 -	
Schroeder, Lillian	1874	1947	1 Jul 1947	67y	3 -	nee, Letzler - Mother
Haunsz, Frank M.	1894	1955	20 Oct 1955	61y	3 -	
Jacobs, Emma	1899	1949	15 Dec 1949	50y	3 -	
Engle, Victor E.	16 Oct 1911	19 Apr 1985	23 Apr 1985	73y	3 -	Sweetie
Engle, Marjorie	28 Jun 1913				3 -	ssa Victor - Sweetheart
Thomas, Benj. (B.J.)	1888	19--	1 Nov 1958	70y	3 -	
Thomas, Eva Marie	1885	1948	14 Dec 1948	63y	3 -	ssa B.J.
Peters, Philip M.			28 Feb 1953	71y	3 -	
Seiter, Jas.			23 Jun 1957	66y	3 -	
Seiter, Marie			24 Sep 1976	83y	3 -	nee Thomas
Steidle, Herman H.	1881	1949	29 Jun 1949	67y	3 -	Daddy
Steidle, Anna E.	1886	1964	31 Jan 1964	77y	3 -	nee, Eismanon - ssa Herman - Mom
Bommer, John C.	1886	1949	13 Dec 1949	63y	3 -	
Bommer, Charlotte E.	1885	1968	4 Jun 1968	83y	3 -	
Thullen, Harry Buck	1883	1950	16 Jan 1950	67y	3 -	
Thullen, Sophia	1885	1955	21 Dec 1955	70y	3 -	nee Martin
Knauber, Minnie			21 Sep 1951	34y	3 -	
Knauber, Henry	1875	1955	10 Sep 1955	80y	3 -	Father
Knauber, Anna	1877	1953	6 Nov 1953	75y	3 -	Mother
Metz, Ruth	1896	1954	10 May 1954		3 -	
Focke, George M.	1901	1960	17 Apr 1960	58y	3 -	
Focke, Dolly M.	1903	1962	10 Apr 1962	59y	3 -	nee Clark
Garber, William	1879	1960	22 Nov 1960	81y	3 -	
Jacobs, Clifford C.	1894	1970	5 Sep 1970	76y	3 -	
Jacobs, Norma L.	1893	1977	18 Feb 1977	84y	3 -	
Deimer, Myrna D.	1937	1988	10 Mar 1988	50y	3 -	
Steele, Lillian D.	1925	1972			3 -	ssa Carl Holderer
Holderer, Carl E.	1897	1951	19 Dec 1951	54y	3 -	
Hader, Dorothy J.	1901	1991	10 Dec 1991	90y	3 -	ssa Carl Holderer
Townsley, William Jewett	1882	1952	15 Apr 1952		3 -	
Wrescham, ----			23 Aug 1963	84y	3 -	
Townsley, Mary E.	1882	1955	25 Jan 1955	72y	3 -	ssa William Jewett - Stone says May E.
Shotwell, Iva P.	1889	1987	23 Apr 1987	98y	3 -	
Watermon, Joseph F.	1886	1952	14 Jun 1952	65y	3 -	
Watermon, Esther Anna	1888	1962	30 Jan 1962	73y	3 -	
Gannon, Martin M., Jr.	1905	1952	24 Nov 1952	47y	3 -	Dad
Gannon, Grace A.	1907	1979	5 Nov 1979	72y	3 -	ssa Martin, Mom
Nichols, Elizabeth			13 May 1963	73y	3 -	
Childs, Burt			13 Apr 1943	74y	3 -	
Hartwig, Arthur C.	17 Nov 1897	18 Sep 1954	21 Sep 1954	57y	3 -	Ohio MM2 US Navy, WW I Vet
Hartwig, Dorothea W.	10 Jan 1895	11 Sep 1980	15 Sep 1980	85y	3 -	Wife
Smith, Edward F.	1909	1958	18 Feb 1958	48y	3 -	Husband
Karst, August	1879	1961	1 Aug 1961	82y	3 -	Father
Karst, Amelia	1879	1964	7 Sep 1964	84y	3 -	ssa August - Mother
Fowler, Edward A.	1876	1963	22 Apr 1963		3 -	
Fowler, Eva	1888	1961	14 Aug 1961	73y	3 -	ssa Edward
Peterson, Harry O., Sr.	1891	1963	14 Mar 1963	71y	3 -	Father
Peterson, Ruth A.	1887	1969	9 Aug 1969	81y	3 -	ssa Harry - Mother
Hasselbeck, August, Jr.	31 Aug 1893	4 Dec 1964	4 Dec 1964	72y	3 -	Ohio Pvt Inf, WW I Vet
Walker, Michael D.	1948	----			3 -	Son
Walker, Joyce R.	1929	1977	5 Jul 1977	48y	3 -	ssa Michael - Mother
Sault, Louis F., Jr.			26 Apr 1952	56y	3 -	
Cunningham, Grace E.	1916	1952	24 Jul 1952	36y 4m 28d	3 -	
Brown, Harvey E.	1905	1982	7 Jun 1982	76y	3 -	Pfc US Army, WW II Vet
Nichols, Mary	1885	1954	1 Mar 1954	68y	3 -	nee Binon

Name	Birth	Death	Internment	Age	Sec- Lot	Information
Deimer, William H.	1879	1952	9 Sep 1952	73y	3 -	
Deimer, Gregory W. (infant)			27 Feb 1956		3 -	
Deimer, Rose	1879	1959	3 Oct 1959	80y	3 -	ssa William
Deimer, Ruth			25 Feb 1985	57y	3 -	Cremains
Reed, William Henry	1903	1974	9 Aug 1974	71y	3 -	
Reed, Flora Belle	1906	1963	9 Dec 1963	57y	3 -	ssa William Henry
Seigert, Edmond C.	1888	1954	1 Mar 1954	65y	3 -	
Seigert, Edith J.	1887	1974	7 Mar 1974	84y	3 -	ssa Edmond
Zimmerman, George	1870	1959	24 Sep 1959	90y	3 -	
Miller, Frank			Sep 1962		3 -	
Howard, Henry	1904	1974	20 Jun 1974	70y	3 -	
Frank, Lester	1900	1976	26 Oct 1976	76y	3 -	
Frank, Helen	1908	----			3 -	ssa Lester
Fritz, Jeanette	1911	1953	17 Mar 1953	42y	3 -	Daughter
Berkemeier, William C.	1902	1986	15 Feb 1986	83y	3 -	Uncle
Schroeder, Marie			31 Mar 1953	57y	3 -	
Griesser, Anthony J.	1886	1953	23 Apr 1953	66y	3 -	
Griesser, Ella L.	1889	1965	13 Apr 1965	76y	3 -	nee Steuer
Griesser, Stanton A.	1911	1975	8 May 1975	64y	3 -	Tec4 US Army, WW II Vet
Griesser, Luienne	1904	1980	11 Jan 1980	75y	3 -	
Borgman, Charles H.	1887	1982	14 Dec 1982	94y	3 -	
Borgman, Anna G.	1896	1958	9 Sep 1958	62y	3 -	ssa Charles
Wissemeier, Eugene E.	11 Oct 1934	29 Nov 1992			3 -	Pvt US Army
Smith, Edith	1904	1973	29 Dec 1973	69y	3 -	nee Hodson
Budke, William F.	22 Dec 1871	5 Jul 1965	8 Jul 1965	93y	3 -	
Williams, Curtis A.	19 Nov 1906	15 Feb 1964	15 Feb 1964	57y	3 -	Ohio Pfc 1 Armd Stu Tng Regt, WW II
Williams, Rose	9 Nov 1902	27 Jun 1972	29 Jun 1972	69y	3 -	Mother
Comrey, Edwin S., Rev.	1878	1964	22 Sep 1964	86y	3 -	
Comrey, Meta S.	----	----	12 Jun 1986	81y	3 -	ssa Edwin
Schulte, Albert H.	30 Sep 1921	15 Nov 1980	18 Nov 1980	59y	3 -	Pfc US Army, WW II Vet
Mohr, Andrew, Sr.	1892	1953	13 Jan 1953	60y	3 -	Father
Mohr, Edna	1896	1962	4 Oct 1962	67y	3 -	nee, Powner - ssa Andrew - Mother
Dornsher, Elmer	1880	1953	4 Jun 1953	72y	3 -	
Domsher, Ida	1882	1953	10 May 1953	70y	3 -	ssa Elmer
Kern, Albert C.	1909	1991	19 Mar 1991	80y	3 -	ssa William
Kern, William J.	1871	1953	9 Jun 1953	82y	3 -	
Kern, Anna M.	1883	1977	28 Jun 1977	93y	3 -	ssa William
Noll, Etta	1887	1955	19 Feb 1955	68y	3 -	
Noll, George	1879	1960	10 Feb 1960	80y	3 -	
Nichols, William Henry			17 Feb 1969	86y	3 -	
Wissemeier, Charles W., Sr.	27 Feb 1905	23 Sep 1964	22 Sep 1964	59y	3 -	Dad
Wissemeier, Herrietta	8 Sep 1905	12 Jan 1985	17 Jan 1985	79y	3 -	Mom
Welsh, Dan			10 Sep 1971	65y	3 -	
Ireland, Irvin G.	27 Jun 1915	28 Aug 1966	31 Aug 1966	51y	3 -	Ohio MMOM2 USNR, WW II
Story, William F.	1887	1954	26 Feb 1954	66y	3 -	
Schnur, Frank J.	1912	1973	1 Jul 1973	60y	3 -	
Schnur, Evelyn M.	1914	1980	26 May 1980	66y	3 -	ssa Frank
Phoenix, Joseph Randazzo	1879	1966	30 Jun 1966	85y	3 -	
Freppon, William T.	25 Aug 1927	-- --- ----			3 -	Dad
Freppon, Jean N.	9 Sep 1927	12 Feb 1984	15 Feb 1984	56y	3 -	ssa William - Mom
McMurray, Catherine	1910	1966	21 Nov 1966	56y	3 -	nee Marler
Cunningham, Gary	1942	1979	15 Jan 1979	36y	3 -	
Cunningham, Arlene	1944	----			3 -	ssa Gary
Ramlow, Amelia	1909	----			3 -	
Baldinger, Albert	1892	1968	18 Dec 1968	76y	3 -	
Bichsel, John J.	12 Aug 1900	10 Nov 1970	13 Nov 1970	70y	3 -	Dad
Bichsel, Margaret	21 Jun 1902	5 Mar 1969	8 Mar 1969	65y	3 -	ssa John - Mom
Peters, James W.			22 Mar 1974	70y	3 -	
Cummings, Jeannette	22 May 1909	16 Oct 1975	23 Oct 1975	66y	3 -	

Name	Birth	Death	Internment	Age	Sec- Lot	Information
Powner, John M.	1887	1961	23 Jun 1961	74y	3 -	
Senour, Margaret	1881	1962	29 Oct 1962	82y	3 -	nee Buehler
Taylor, Helen D.	1903	1989	2 Aug 1989	85y	3 -	
Taylor, Harold	1898	1979	5 Sep 1979	81y	3 -	
Givens, James Stewart	13 Jun 1892	1 Sep 1970	4 Sep 1970	78y	3 -	
Givens, Margaret C.	22 Feb 1909	1 Apr 1988	4 Apr 1988	79y	3 -	
Tomsitz, George	1904	1970	10 Dec 1970	66y	3 -	
Tomsitz, Marie	1906	----			3 -	ssa George
Stuck, Frank	1881	1971	23 Mar 1971	90y	3 -	Brother
Barnes, Infant			5 May 1917		3 -	
Graham, Mildred			7 Dec 1957	61y	3 -	
Kesselring, Harold	1912	1961	20 Sep 1961		4 - 2	
Brandhorst, Frank S.	21 Dec 1890	18 Dec 1971	21 Dec 1971	80y	4 - 5	
Brandhorst, Louise M.	9 May 1880	23 Mar 1972	25 Mar 1972	91y	4 - 6	
Mistler, Ruth	1916		4 Oct 1965		4 - 7	ssa Joseph
Mistler, Joseph	1907	1962			4 - 8	ssa Ruth
Mistler, Phillip	1906	1970	7 Jan 1970	63y	4 - 9	ssa Alma - Dad
Mistler, Alma	1906	1976	14 Dec 1976	70y	4 - 10	ssa Phillip - Mom
Mistler, Carrie	1878	1962	20 Jul 1962	85y	4 - 11	nee, Frank - ssa William H.
Mistler, William H.	1877	1950			4 - 12	ssa Carrie
Lowe, Nathaniel A.	17 Oct 1887	12 Jan 1962	12 Jan 1962	75y	4 - 13	ssa Luella J.
Lowe, Luella J.	14 Sep 1896	2 Jun 1975	5 Jun 1973	76y	4 - 14	ssa Nathaniel A.
Ahlers, Karl W.	1896	1962	26 Oct 1962	66y	4 - 17	ssa Minna J.
Ahlers, Minna J.	1896	1973	28 Dec 1973	77y	4 - 18	ssa Karl W.
Widner, Elsie	1896	1972	26 Feb 1972	75y	4 - 19	ssa Vincent
Widner, Vincent	1892	1978	17 Oct 1978	85y	4 - 20	ssa Elsie
Vogel, June	1916	1962	13 Feb 1962		4 - 21	nee, Markli - ssa James
Vogel, James	1917				4 - 22	ssa June
Roedig, Peter	1884	1963	14 Feb 1963	78y	4 - 25	Father
Roedig, Ida E.	1892	1987	22 Sep 1987	94y	4 - 26	Mother
Kay, George	1907	1979	18 Dec 1979	73y	4 - 29	ssa Mabel E.
Kay, Mabel E.	1908				4 - 30	ssa George
Armstrong, Arthur L.	1918	1979	28 Sep 1979	61y	4 - 31	ssa Dorothy B.
Armstrong, Dorothy B.	1925				4 - 32	ssa Arthur L.
Schuch, Adeline	1892	1983	3 Oct 1983	90y	4 - 33	ssa Walter H.
Schuch, Walter H.	1889	1969	28 Nov 1969	80y	4 - 34	ssa Adeline
Loch, Erma S.	1912	1983	10 Jun 1983	70y	4 - 35	ssa Nicholas M.
Loch, Nicholas M.	1913	1983	6 Jun 1983	69y	4 - 36	ssa Erma S.
Ehlers, Anna	1888	1980	27 Mar 1980	91y	4 - 37	ssa Henry W.
Ehlers, Henry W.	1883	1964	5 Jun 1964	81y	4 - 38	ssa Anna
Hein, Agnes	1 Nov 1892	18 Jan 1978	24 Jan 1978	85y	4 - 45	ssa Edward F.
Hein, Edward F.	11 Sep 1896	13 Jul 1975	16 Jul 1975	78y	4 - 46	ssa Agnes
Wesolowski, Otto	5 Nov 1889	5 Feb 1979	7 Feb 1979	89y	4 - 47	ssa Elizabeth
Wesolowski, Elizabeth	24 Dec 1889	9 Jul 1974	12 Jul 1974	84y	4 - 48	ssa Otto
McCarter, Ernest			17 Feb 1992	78y	4 - 50	
Wessel, Anna M.	1886	1967	14 Jan 1967	80y	4 - 51	ssa Frederick J.
Wessel, Frederick J.	1884	1962	22 May 1962	78y	4 - 52	ssa Anna M.
Innis, Florence W.	1921				4 - 53	ssa Howard L.
Innis, Howard L.	1918	1985	4 Feb 1985	66y	4 - 54	ssa Florence W.
Buns, Mildred A.	11 May 1914	21 May 1988	24 May 1988	74y	4 - 55	ssa William
Buns, William	9 Sep 1909	6 Jan 1984	10 Jan 1984	74y	4 - 56	ssa Mildred A.
Fitzpatrick, Violet E.	1923	1963	11 Oct 1963	41y	4 - 57	
Henke, Albert C.	1893	1963	14 Aug 1963	69y	4 - 59	ssa Norma E.
Henke, Norma E.	1896	19			4 - 60	ssa Albert C.
McCarter, Pearl	1894	1985	18 Oct 1985	90y	4 - 61	
Wood, Norma M.	1908	1970	11 Jul 1970	62y	4 - 62	ssa William - Mom
Wood, William P.	1910	1970	2 Oct 1970	60y	4 - 63	ssa Norma M. - Dad
Becker, Edward A.	1904	1969	6 May 1969	65y	4 - 66	ssa Anna Lucille
Becker, Anna Lucille	1906	1991	30 Dec 1991	85y	4 - 67	ssa Edward A.

Name	Birth	Death	Internment	Age	Sec- Lot	Information
Henke, C. Roger	31 Jan 1925	6 Nov 1969	11 Nov 1969	44y	4 - 72	
Pegg, Wilfred	1903	1963	15 May 1963	60y	4 - 73	ssa Florence
Pegg, Florence	1905	1972	9 May 1972	66y	4 - 74	ssa Wilfred
Tebelman, Kenneth	1922	1963	19 Oct 1963	42y	4 - 77	
Tebelman, Gladys M.	1902	1982	21 Aug 1982	80y	4 - 78	ssa Carl H.
Tebelman, Carl H.	1898	1985	23 Mar 1985	86y	4 - 79	ssa Gladys M.
Tebelman, Charles E.	1923				4 - 80	
Duecker, William C.(F.),	1906	1964	22 Jan 1964	57y	4 - 81	ssa Myrtle D., Bud
Duecker, Myrtle D.	1913				4 - 82	ssa William C., Sr.
Gehl, Dorothy	1912	1976	31 Mar 1976	64y	4 - 83	ssa John
Gehl, John	1910	1987	29 Aug 1987	76y	4 - 84	ssa Dorothy
Nieman, Frank, Jr.	1899	1974	24 Apr 1974	74y	4 - 85	ssa Henrietta
Nieman, Henrietta	1903				4 - 86	ssa Frank
Hubbard, Harry	1891	1963	26 Oct 1963	72y	4 - 87	ssa Ruth
Hubbard, Ruth T.	1884	1978	8 May 1978	94y	4 - 88	ssa Harry
Tebelman, Marie E.	1 Oct 1915	11 Aug 1971	14 Aug 1971	55y	4 - 89	nee Russo
Carter, Peggy Ann	17 Mar 1948	27 Aug 1980	29 Aug 1980	32y	4 - 91	nee Tebelman
Phelps, Lulu B.	27 Feb 1895	18 Jun 1977	21 Jun 1977	82y	4 - 92	
Greiser, Edwin F.	1890	1974	14 Dec 1974	82y	4 - 97	ssa Emma K. - Father
Greiser, Emma K.	1887	1973	16 Aug 1973	86y	4 - 99	ssa Edwin F. - Mother
Greiser, Alta M.	1920	1982	11 Dec 1982	62y	4 -	ssa William F. - Mother
Grieser, William F.	1914	1987	1 Oct 1987	73y	4 -	ssa Alta M.
Pegg, Joseph H.	1900	1983	6 Apr 1983	82y	4 -	ssa Ruby F.
Pegg, Ruby F.	1907				4 -	ssa Joseph H.
Lipps, John H.	1885	1967	Sep 1967	83y	4 -	Father
Lipps, Clara	1886	1969	1 Aug 1969	83y	4 -	Mother
Lipps, Hilda I.	1919	1989	16 Aug 1989	70y	4 -	Daughter
Pfaff, Loretta E.	1911	1989	16 May 1989	77y	4 -	ssa Arthur W. - Mother
Pfaff, Arthur W., Jr.	1910	1990	22 Jan 1990	79y	4 -	ssa Loretta E. - Father
Kolbinsky, Clara	1891	1968	12 Aug 1968	77y	4 -	ssa Otto F.
Kolbinsky, Otto F.	1889	1974	24 May 1974	84y	4 -	ssa Clara
Baltes, George	1891	1964	6 Oct 1964	73y	4 -	Father
Baltes, August	1888	1964	17 May 1964	75y	4 -	Uncle
Weidmann, Jeanette	1929	1979	20 Jul 1979	49y	4 -	ssa Rudy C.
Weidmann, Rudy C.	1925				4 -	ssa Jeanette
Frondorf, Donn M.	13 Sep 1929	23 Jul 1968	25 Jul 1968	38y	4 -	Ohio Sgt 2 Army Korea Vet
Sparks, Harry T.	1908	1965	21 Jun 1965	57y	4 -	
Kolbinsky, Janet M.	1920		1 Jun 1988	68y	4 -	ssa Lester O.
Kolbinsky, Lester O.	1917	1983	19 Nov 1983		4 -	ssa Janet M.
McLaughlin, Grace H.					4 -	ssa Lester O.
McLaughlin, John D.	1917	1985	14 Nov 1985	68y	4 -	ssa Grace H.
Smith, Marie	1899	1991	7 Aug 1991	92y	4 -	ssa Edna T.
Devins, Edna T.	1905	1965	18 Dec 1965	60y	4 -	ssa Marie
Wolf, Joseph H.	1908	1976	7 Jul 1976	68y	4 -	ssa Martha A.
Wolf, Martha A.	1910				4 -	ssa Joseph H.
Broz, Carol	18 Jan 1931	13 Nov 1973	16 Nov 1973	43y	4 -	nee Frondorf
Frondorf, James E.	3 Jun 1927	11 Aug 1970	14 Aug 1970	47y	4 -	Ohio Sgt 59 Air Svc Gp AAF WW II
Neyman, Helen			29 Jun 1982	85y	4 -	
Neyman, Earl C.	3 Feb 1899	22 Oct 1982	26 Oct 1982	83y	4 -	Cpl US Army WW I
Siereveld, Emma	1897	1975	9 Sep 1975	78y	4 -	ssa Adrion - Stone has "Dawn 1970" on it.
Siereveld, Adrian, Sr.	30 Jul 1895	3 Aug 1964	3 Aug 1964	69y	4 -	ssa Emma - Ohio Sgt 5 Corps Arty Park WW I Vet
Siereveld, Marie Dawn			13 Nov 1970		4 -	
Houston, Shellye L.	23 Feb 1913	8 Mar 1987	10 Mar 1987	74y	4 -	ssa Curtis E.
Houston, Curtis E.	21 Feb 1907	10 Jun 1975	13 Jun 1975	68y	4 -	ssa Shellye L.
Steele, John E.	1908	1973	23 Nov 1973	65y	4 -	ssa Lassye M.
Steele, Oliver Lassye M.	1907	1963	26 Jul 1963	55y	4 -	ssa John E.
Morris, Lillian E.	1910				4 -	ssa John G.

Name	Birth	Death	Internment	Age	Sec-Lot	Information
Morris, John G.	1908	1986	17 Jun 1986	78y	4 -	ssa Lillian E.
Hoffman, Barbara E.	1917	1964	7 Mar 1964	46y	4 -	nee, Hoerst - ssa Richard A.
Hoffman, Richard A.	1921	1985	24 Oct 1985	64y	4 -	ssa Barbara E.
Pfahler, Ernetta	1899	1984	21 Jul 1984	85y	4 -	ssa Ferdinand A.
Pfahler, Ferdinand A.	1891	1981	24 Jan 1981	89y	4 -	ssa Ernetta
Murray, Elden R.	1918	1977	17 Sep 1977	58y	4 -	VFW, WW II Vet
Murray, Dorothy J.	1919				4 -	
Arrico, Janet M.	1933	1978	31 Aug 1978	46y	4 -	
Schuch, Irene M.	1896	1961	13 Aug 1961	65y	4 -	ssa Fred J.
Schuch, Fred J.	1892	1969	19 Aug 1969	76y	4 -	ssa Irene M.
David, Edward J.	18 Sep 1889	3 Mar 1961	20 Mar 1961		4 -	Ohio Cpl Evacuation Hosp 22 WW I
David, Cora C.	7 Jul 1888	14 Mar 1967	18 Mar 1967	78y	4 -	nee Birkigt
Saunders, Clinton D.	1883	1961	16 Mar 1961	78y	4 -	
Saunders, Eunice May	1884	1974	31 Aug 1974	90y	4 -	
Saunders, Forrest D.	29 Aug 1912	11 Nov 1982			4 -	Lt US Navy, WW I Vet
Ebel, Edward W. H.	1912	1970	9 Jun 1970	57y	4 -	ssa Vera K.
Ebel, Vera K.	1921	1967	4 Dec 1967	46y	4 -	nee, Huber - ssa Edward
Huber, Evelyn R.	1896				4 -	ssa Walter A.
Huber, Walter A.	1894	1973	21 Jul 1973	79y	4 -	ssa Evelyn R.
Uchtman, Cora A.	1898	1988	25 Aug 1988	90y	4 -	ssa Elmer M.
Uchtman, Elmer M.	1898	1962	1 Sep 1962	64y	4 -	ssa Cora A.
Kuhn, Fred W.	1889	1963	16 Mar 1963	81y	4 -	
Raible, Henry J.	1879	1964	31 Oct 1964	85y	4 -	ssa Jessie, Father
Raible, Jessie	1885	1968	26 Jan 1968	82y	4 -	nee, Staffilder - ssa Henry J., Mother
Boyd, Elmer	1885	1973	23 Nov 1973	88y	4 -	ssa Dora
Boyd, Dora	1889	1961	12 Mar 1961	72y	4 -	nee, Armbruster - ssa Elmer
Rau, Rose	1908				4 -	ssa Louis
Rau, Louis	1906	1968	18 Jul 1968	62y	4 -	ssa Rose
Rau, Herman L.	1902	1972	22 Jul 1972	70y	4 -	ssa Frieda
Rau, Frieda	1902	1992	21 Jan 1992	89y	4 -	ssa Herman L.
Schroeder, Stella	20 Oct 1907	10 Jul 1990	12 Jul 1990	82y	5 - 9	
Schroeder, Gilbert			23 Dec 1964	66y	5 - 10	
Samuelson, Louise	1909	1980	28 Jul 1980	72y	5 - 14	nee, Weaver - ssa Charles
Samuelson, Charles	1905	1964	14 Oct 1964	60y	5 - 15	ssa Louise
Hust, Betty Marie	11 Aug 1905	13 Aug 1986	19 Aug 1986	81y	5 - 16	
Boiman, Verna	1916	1985	11 Nov 1985	69y	5 - 17	ssa Sam
Boiman, Sam	1914				5 - 18	ssa Verna
Schwartz, Helen W.	1903	1985	28 Oct 1985	82y	5 - 21	ssa John F.
Schwartz, John F.	1897	1971	16 Feb 1971	73y	5 - 22	ssa Helen W.
Kay, Ann C.	1903	1985	29 Jul 1985	81y	5 - 30	ssa Leonard
Kay, Leonard	1904	1984	14 Nov 1984	80y	5 - 31	ssa Ann
Thullen, Robert W.	1913	1983	22 Dec 1983	69y	5 - 34	ssa Gloria H.
Thullen, Gloria H.	1923				5 - 35	ssa Robert W.
Wilcher, James C.	29 Jan 1921	16 Mar 1986	20 Mar 1986	65y	5 - 38	ssa Omalee F., US Navy GM1, WW II
Wilcher, Omalee F.	12 Jun 1929				5 - 39	ssa James C. - Mother - m. 25 Sep 1948
Sandusky, Cyril	25 Nov 1915	15 Jan 1973	19 Jan 1973	57y	5 - 41	Ohio S2 USNR, WW II Vet
Sandusky, Mildred	26 Jan 1914	10 Feb 1975	14 Feb 1975	61y	5 - 42	Mother & Wife
Sandusky, William Douglas	6 Aug 1944	2 Jan 1965	7 Jan 1965	20y	5 - 43	Ohio AN US Navy Vet
Hasselbeck, Robert P.	15 Jul 1925	30 Apr 1987	4 May 1987	61y	5 - 44	Sgt. US Army, WW II Vet
Hasselbeck, Vivian M.	3 Oct 1926				5 - 45	
Yearout, Vera M.	1914				5 - 46	ssa Gilmore H.
Yearout, Gilmore H.	1911	1991	28 Jan 1991	79y	5 - 47	ssa Vera M.
Wilson, Myrtle G.	1913				5 - 48	ssa Earl C.
Wilson, Earl C.	1911				5 - 49	ssa Myrtle G.
Clark, Louise D.	11 Aug 1915				5 - 50	ssa Peter C.
Clark, Peter C.	2 Apr 1913				5 - 51	ssa Louise D.
Driesler, Kathryn M.	1898	1964	1 Aug 1964	66y	5 - 59	Mother
Hahn, George	20 Jun 1891	26 Jun 1967	29 Jun 1967	76y	5 - 63	Ohio Pvt Co A 51 Inf, WW I Vet
Hahn, Marjorie R.	1896	1971	9 Feb 1971	74y	5 - 64	

Name	Birth	Death	Internment	Age	Sec- Lot	Information
Thompson, Oscar Sam	1935	1987	16 May 1987	52y	5 - 65	Dad
Ruebel, Nicholas P.	1906	1982	30 Apr 1982	76y	5 - 69	ssa Mary E. - m. 9 Nov 1933
Ruebel, Mary E.	1910				5 - 70	ssa Nickolas P.
Davis, Brian Walter	21 Dec 1968	15 Jun 1977	18 Jun 1977	8y	5 - 74	Son & Brother
Carter, Edna E.	22 Dec 1906	21 Oct 1991	23 Oct 1991	84y	5 - 77	
Carter, O. James	28 Jul 1895	23 May 1964	23 May 1964	69y	5 - 78	Ohio Sfc 497 Aero Sq, WW I
Palk, Blanche			6 May 1980	87y	5 - 79	
Pragar, John G.	1897	1965	29 Jun 1965	68y	5 - 80	Dad
Pragar, Melvina M.	1897	1973	4 Apr 1973	82y	5 - 81	Mom
Finkbeiner, William	1892	1982	13 Dec 1982	90y	5 - 82	ssa Mildred
Finkbeiner, Mildred	1901	1970	29 Jun 1970	68y	5 - 83	ssa William
Butke, Earl P.	1907	1980	11 Aug 1980	72y	5 - 84	
Henderson, Alphaeus	12 Sep 1908	15 Aug 1967	17 Aug 1967	59y	5 - 85	
Henderson, Marie M.	1 Jun 1914	15 Jun 1979	18 Jun 1979	65y	5 - 86	
Kuehn, Gilbert	26 Sep 1904	15 Jun 1973	17 Dec 1973	69y	5 - 90	
Luhrman, Johannah	1889	1966	14 Mar 1966	76y	5 - 91	ssa Charles - Stone says Hannah
Luhrman, Charles	1886	1974	25 Apr 1974	88y	5 - 92	ssa Johannah
Meehan, Phyllis W.	1918	1980	15 Mar 1980	61y	5 - 97	Wife
Boehm, Mildred	1912	1965	16 Dec 1965	53y	5 - 99	
Boehm, Harold	1909	1965	16 Aug 1965	56y	5 -	
Carter, Betty	3 Feb 1923	18 Aug 1989	22 Aug 1989	66y	5 -	nee, Polk - Wife & Mother
Carter, James Curtis	22 Jan 1922	8 Aug 1975	12 Aug 1975	33y	5 -	TEC5 US Army, WW II
White, Roy			17 Aug 1973	66y	5 -	
Vanderbank, Mary Ann	1888	1968	28 Aug 1968	80y	5 -	nee Lauman
Vanderbank, Leo H.	1889	1976	8 Jan 1976	86y	5 -	
Nickum, Clara C.	1897	1975	21 Feb 1975	78y	5 -	
Nickum, John S.	1891	1979	12 Dec 1979	88y	5 -	
Monahan, Richard E.	21 May 1925	19 Dec 1989	22 Dec 1989	64y	6 - 2	S.Sgt US Army, WW II
Muhle, August	1907	1984	7 Mar 1984	76y	6 - 6	ssa Marie
Muhle, Marie	1914				6 - 7	ssa August
Duecker, Margaret A.	1899	1982	20 Feb 1982	83y	6 - 9	ssa Clifford H.
Duecker, Clifford H.	1896	1986	6 Dec 1986	90y	6 - 10	ssa Margaret A.
Eckel, Mae Ellen	1913	1975	9 Aug 1975	61y	6 - 11	ssa Nelson A.
Eckel, Nelson A.	1912	1984	10 Oct 1984	72y	6 - 12	ssa Mae Ellen
Starns, Helen O.	1909	1980	11 Jul 1980	70y	6 - 13	Interment rec says Storms
Borger, Christine	1902	1980	2 May 1980	78y	6 - 14	ssa Frank R.
Borger, Frank R.	1900	1973	8 Jun 1973	72y	6 - 15	ssa Christine
Daugherty, Lucille S.	1924				6 - 18	ssa David W.
Daugherty, David W.	1926	1989	14 Aug 1989	62y	6 - 19	ssa Lucille S.
Wolf, Marie	15 Aug 1920	14 Feb 1989	17 Feb 1989	68y	6 - 20	nee, Enneking - ssa John
Wolf, John	29 Apr 1920				6 - 21	ssa Marie
Ernst, Barbara	1906	1977	25 Aug 1977	71y	6 - 23	ssa William
Ernst, William	1906	1973	19 Jul 1973	68y	6 - 24	ssa Barbara
Braun, Stella C.	1909				6 - 25	ssa Howard C.
Braun, Howard C.	1906	1977	10 Oct 1977	71y	6 - 26	ssa Stella C.
Wagner, Margaret	1 May 1920				6 - 27	ssa Albert O.
Wagner, Albert O.	23 Mar 1906	24 Aug 1972	28 Aug 1972	66y	6 - 28	ssa Margaret - Ohio TEC4 3479 Ord Mam Co, WW II
Sparks, Sally M.	1908	1984	19 Apr 1984	76y	6 - 29	
Faust, John F.	1921				6 - 30	ssa Delores
Faust, Delores H.	1920	1973	6 Feb 1973	52y	6 - 31	ssa John F.
Ervin, Margaret			4 Dec 1990	60y	6 - 32	
Rooney, Dora P.	1945	1973	11 Jul 1973	28y	6 - 33	ssa Bernard J.
Rooney, Bernard J.	1939				6 - 34	ssa Dora P.
Sgouris, Nicholas T.	1935	1978	7 Apr 1978	43y	6 - 35	Husband
Steele, Brenda			9 Jul 1991	28y	6 - 38	
Walker, Octavia America	1 Sep 1892	3 Oct 1980	9 Oct 1980	80y	6 - 40	nee Stephens
Sund, Joseph C.	18 Oct 1898	1 Aug 1973	3 Aug 1973	74y	6 - 42	Ky Pvt US Army, WW I
Gutierrez, Dora G.	1919	1992	1 Apr 1992	72y	6 - 49	ssa Delio, Jr.

Name	Birth	Death	Internment	Age	Sec-Lot	Information
Gutierrez, Delio, Jr.	1909	1978	3 Feb 1978	68y	6 - 50	ssa Dora G.
Hardwick, Ann	1931	1984	25 Aug 1984	53y	6 - 56	Mother
Roberts, Michael, Sr.	1955	1985	11 Sep 1985	30y	6 - 69	Husband & Father
Czoer, John G.	1911	1984	3 Mar 1984	72y	6 - 73	ssa Dorothy M.
Czoer, Dorothy M.	1911				6 - 74	ssa John G. - m. 1933
Lowe, Warren R.	28 Aug 1921	17 Sep 1983	20 Sep 1983	62y	6 - 75	
Anness, Della R.	22 Aug 1907				6 - 76	ssa Bernard J.
Anness, Bernard J.	6 Oct 1905	22 Nov 1983	26 Nov 1983	78y	6 - 77	ssa Della R.
Lipps, Betty			13 Mar 1992	68y	6 -	
Hochdorfer, Friedrich	6 Oct 1902	27 Sep 1977	1 Oct 1977	74y	7 - 1	ssa Berta
Hochdorfer, Berta	12 Mar 1910				7 - 2	nee, Lehner - ssa Friedrich
Lehner, Catherine	1909				7 - 3	ssa Albert
Lehner, Albert	1906	1983	18 Jan 1983	76y	7 - 4	ssa Catherine
Fischer, Joseph	1893	1971	28 Dec 1971	78y	7 - 5	ssa Hilda
Fischer, Hilda	1895	1984	20 Feb 1984	88y	7 - 6	ssa Joseph
Frey, John B.	1902	1969	19 Sep 1969	66y	7 - 7	ssa Rose
Frey, Rose	1905				7 - 8	ssa John B.
Gurnett, Ruth	1909	1970	9 Jan 1970	59y	7 - 9	Mother
Peters, Lynn	21 Sep 1949	6 Mar 1987	10 Mar 1987	37y	7 - 10	nee, Rollinger - Daughter
Berger, Rose K.	15 Sep 1904				7 - 11	ssa Andrew
Berger, Andrew	21 Oct 1891	3 Aug 1987	7 Aug 1987	95y	7 - 12	ssa Rose K., WW I
Berger, Rita V.	1932				7 - 13	ssa Clyde
Berger, Clyde	1927	1984	24 Mar 1984	57y	7 - 14	ssa Rita V., WW II
Wright, Fannie S.	1913	1987	2 Nov 1987	74y	7 - 17	
Wright, Robert			13 Apr 1992	52y	7 - 17	Cremains, on top of Fannie Wright
Haskell, Mathilda	1892	1974	22 Apr 1974	81y	7 - 19	ssa Edward
Haskell, Edward	1889	1983	17 May 1983	93y	7 - 20	ssa Matilda
Rollinger, Ada L.	14 Mar 1914				7 - 27	ssa Joseph F.
Rollinger, Joseph F.	11 Feb 1909	12 Mar 1983	15 Mar 1983	74y	7 - 28	ssa Ada L.
Toepfer, Clements	1907	1989	6 Oct 1989	82y	7 - 29	ssa Mildred
Toepfer, Mildred	1906				7 - 30	ssa Clements
Flach, Alma L.	1931	1974	9 Sep 1974	43y	7 - 31	ssa Lawrence R.
Flach, Lawrence R.	1923				7 - 32	ssa Alma L.
Gunn, Lauretta A.	1936	1973	30 Oct 1973	36y	7 - 33	ssa Harold C.
Gunn, Harold C.	1930				7 - 34	ssa Lauretta A.
Thaler, Mildred (Dolly)	30 Apr 1920	7 Dec 1973	8 Dec 1973	53y	7 - 35	
Thaler, Clarence (Babe)	31 Dec 1918	12 Dec 1981	15 Dec 1981	62y	7 - 36	
Schroer, Louis H.	2 Jul 1916	7 Jul 1974	11 Jul 1974	58y	7 - 37	AEI USNR
Potts, Jacqueline M.			22 Jul 1987	33y	7 - 38	
Hendricks, Helen R.	1918				7 - 39	ssa Charles
Hendricks, Charles	1915	1987	5 Jun 1987	76y	7 - 40	ssa Helen R.
Benefiel, Jacqueline	8 Dec 1922				7 - 41	nee, Pragar - ssa Raymond Ross
Benefiel, Raymond Ross	17 Sep 1907	10 May 1989	15 May 1989	81y	7 - 42	ssa Jacqueline - m. 15 Nov 1952
Riggs, Daniel I.	1 Feb 1925	3 Sep 1974	6 Sep 1974	49y	7 - 45	
Kleinwaechter, Virginia P		1920			7 - 46	ssa Edward
Kleinwaechter, Edward W.	1909	1988	3 Dec 1988	79y	7 - 47	ssa Virginia P.
Schira, Elizabeth A.	8 Oct 1908				7 - 48	ssa Peter J.
Schira, Peter J.	5 Oct 1906	23 Jan 1988	26 Jan 1988	81y	7 - 49	ssa Elizabeth A.
Stilt, Anna A.	1906	1986	24 May 1986	79y	7 - 50	ssa George - Mom
Stilt, George	1903	1978	4 Jan 1978	74y	7 - 51	ssa Anna A. - Dad
Weaner, Alma E.	1906	1985	12 Dec 1985	79y	7 - 52	ssa Clarence R. - Mother
Weaner, Clarence R.	1900	1990	12 Jul 1990	89y	7 - 53	ssa Alma E. - Father
Whited, Fleeta			24 Sep 1981	80y	7 - 56	
Bedel, John E.	29 Oct 1925	21 Jun 1987	24 Jun 1987	61y	7 - 58	US Navy, WW II
Schafer, Herbert C.	1908	1988	22 Mar 1988	80y	7 - 59	ssa Vivian - m. 1929
Schafer, Vivian		1910			7 - 60	ssa Herbert C.
Schwarte, Earl J.	1903	1980	11 Nov 1980	75y	7 - 61	
Reichle, Elsie N.	1906	1991	25 Mar 1991	85y	7 - 62	ssa Edward J.
Reichle, Edward J.	1903	1985	27 Apr 1985	81y	7 - 63	ssa Elsie N.

Name	Birth	Death	Internment	Age	Sec- Lot	Information
Schmidt, Sandra S.	1943	1977	20 Sep 1977	31y	7 - 64	
Ebner, Thelma	1923				7 - 65	
Meyer, Loraine C.	1944	1984	26 Apr 1984	40y	7 - 66	nee, Buzzard - Wife & Mother
Buzzard, Henrietta	1916	1974	13 Dec 1974	58y	7 - 67	ssa Theodore - Mom
Buzzard, Theodore	1918	1975	30 Sep 1975	57y	7 - 68	ssa Henrietta - Dad
Lameier, Angela E.	1910				7 - 69	ssa Richard H. - Mother - m. 12 Aug 1939
Lameier, Richard H.	1912	1984	3 Apr 1984	72y	7 - 70	ssa Angela E. - Father
Folsom, Robert E.	1918				7 - 71	ssa Viola
Folsom, Viola M.	1916				7 - 72	ssa Robert E.
Keene, Fannie V.	1914	1978	29 Jul 1978	62y	7 - 73	ssa Henry C.
Keene, Henry C.	1912				7 - 73	ssa Fannie V.
Ebner, Betty Jane			7 Jun 1988	65y	7 - 82	
Ebner, Leslie M.	1918	1988	22 Jul 1988	65y	7 - 83	
Fischer, Sylvia B.	1910				7 - 84	ssa Elmer H.
Fischer, Elmer H.	1905	1985	29 Jul 1985	79y	7 - 85	ssa Sylvia B.
Bantel, Mary M.	1922				7 - 90	ssa James E. - m. 19 Feb 1944
Bantel, James E.	1923	1984	6 Jan 1984	60y	7 - 91	ssa Mary M.
Williamson, Kevan L.E.	17 Jun 1962	29 Sep 1978	3 Oct 1978	16y	7 - 98	Son & Brother
Proctor, Eva Irene	1905	1982	10 May 1982	77y	7 -	ssa Stanley
Proctor, Stanley	1908	1984	20 Jan 1984	75y	7 -	ssa Eva Irene
Fightmaster, Jessica		1980	16 Jun 1980	2y	7 -	d/o Gary & Judy
Huffman, Shirley L.	1927	1982	16 Jun 1982	65y	7 -	ssa Herbert O.
Huffman, Herbert O.	1927				7 -	ssa Shirley L.
Donisi, Douglas			28 Sep 1983	18y	7 -	
Donisi, Carl A. P.	13 Sep 1931	19 Nov 1979	23 Nov 1979	48y	7 -	ssa Margaret
Donisi, Margaret	27 Mar 1937				7 -	ssa Carl A. P.
Schaurer, Louise Jessie	1910	1969	13 May 1981		7 -	nee Gump
Gump, Joseph John	1901	1975	13 May 1981		7 -	ssa Alma E.
Gump, Alma E.	1903	19			7 -	ssa Joseph J.
Oaks, Jean	1926				7 -	ssa Alva, Mother
Oaks, Alva	1921	1982			7 -	ssa Jean
Oaks, Alva, Jr.	28 Jan 1921	25 Aug 1982	28 Aug 1982	61y	7 -	S.Sgt US Army, WW II
Morgan, Walter	24 Mar 1920	29 Dec 1982	31 Dec 1982	62y	7 -	MUS3 US Navy, WW II
Warren, Carol A.			14 Apr 1992	40y	7 -	
Dickman, Earl E.	4 Dec 1899	19 Mar 1985	22 Mar 1985	85y	7 -	ssa Delphine T. - Sgt US Army WW I
Dickman, Delphine T.	2 Nov 1902				7 -	ssa Earl E.
Niehaus, Joshua Dean	1 May 1987	16 May 1987	19 May 1987	16d	7 -	
Niehaus, Consuelo W.	19 Jul 1927				7 -	ssa William D.
Niehaus, William D.	24 Feb 1916	1 Mar 1984	5 Mar 1984		7 -	ssa Consuelo W. - S.Sgt US Army, WW II
Frey, Elsie			29 Feb 1992	84y	8 - 1	
Morgan, Dena K.	1959	1983	9 Feb 1983	23y	8 - 3	nee, Neal - Daughter, Wife, Mother
Weber, Alberta J.	1925	1985	30 Dec 1985	52y	8 - 4	Wife, Mother
Prem, Jonathan K.	1953	1985	9 Aug 1985	31y	8 - 8	Son
Wund, Edward G.	1913	1984	13 Sep 1984	71y	8 - 9	ssa Evelyn M.
Wund, Evelyn M.	1914				8 - 10	ssa Edward G.
Darling, Nancy L.	1933				8 - 11	ssa Russell E.
Darling, Russell E.	1929	1982	6 Apr 1982	52y	8 - 12	ssa Nancy L.
Wiesman, Amelia	1898	1981	11 Mar 1981	82y	8 - 13	ssa Frank
Wiesman, Frank	1897				8 - 14	ssa Amelia
Schneider, Marie	1909				8 - 17	ssa Peter
Schneider, Peter	1907	1981	4 Aug 1981	74y	8 - 18	ssa Marie
Kailholz, Ruth E.	1901				8 - 21	ssa Oscar M. - Mother
Kailholz, Oscar M.	1902	1981	13 Aug 1981	79y	8 - 22	ssa Ruth E. - Father
Pistor, Esther C.	1912	1985	18 Feb 1985	70y	8 - 23	ssa Howard
Pistor, Howard (Bud)	1919	1985	2 Nov 1985	65y	8 - 24	ssa Esther C.
Schulte, Ruth	1918				8 - 25	ssa Edward R. - m. 29 May 1937 - Mom

Name	Birth	Death	Internment	Age	Sec- Lot	Information
Schulte, Edward R.	1912	1981	6 Oct 1981	69y	8 - 26	ssa Ruth - Dad
Leedy, Charlotte V.	7 Oct 1911	28 Mar 1982	31 Mar 1982	70y	8 - 27	ssa Charles S.
Leedy, Charles S.	5 Dec 1905	11 Mar 1989	14 Mar 1989	83y	8 - 28	ssa Charlotte V.
York, Violet W.	1919				8 - 31	ssa Raymond O.
York, Raymond O.	1915	1981	28 Sep 1981	66y	8 - 32	ssa Violet W.
Griffin, Harold R.	1931	1981	3 Dec 1981	49y	8 - 36	US Navy Korea
Schwab, Mildred R.	24 Jun 1918				8 - 37	
Schwab, Walter S.	26 Mar 1915	5 Apr 1987	9 Apr 1987	72y	8 - 38	S.Sgt US Army WW II Vet
Haberthier, Harold G.	21 Jun 1919	28 Sep 1987	2 Oct 1987	68y	8 - 40	Cpl US Army WW II Vet
Gum, Ina			5 Jan 1991	71y	8 - 42	
Brewer, Wanda Marie	1939	1982	13 Jul 1982	42y	8 - 43	ssa Richard
Brewer, Richard	1938				8 - 44	ssa Wanda
Knauber, Elsie A.	1906				8 - 47	ssa John J.
Knauber, John J.	1907	1982	29 Aug 1982	75y	8 - 48	ssa Elsie A.
Estes, Guy David E.	4 Mar 1936	4 Dec 1982	8 Dec 1982	42y	8 - 49	Son
Frederick, V. Beatrice	1913				8 - 50	ssa Robert A.
Frederick, Robert A.	1910	1985	17 Oct 1985	74y	8 - 51	ssa V. Beatrice
Carboina, Eileen	1 Feb 1921		15 Sep 1984	63y	8 - 52	ssa John
Carboina, John	17 Apr 1916				8 - 53	ssa Eileen
Altimari, Theresa B.	18 Jun 1905	1 Nov 1985	5 Nov 1985	80y	8 - 56	ssa Santo - married. 20 Nov 1921
Altimari, Santo	9 Feb 1900	27 Jan 1991	30 Jan 1991	90y	8 - 57	ssa Theresa B.
Broerman, Iris B.	6 May 1926	3 Apr 1989	6 Apr 1989	62y	8 - 59	ssa Jack F. - married. 19 May 1956
Broerman, Jack F.	29 Dec 1927				8 - 60	ssa Iris B.
Momper, William F.	1928	1983	13 Apr 1983	55y	8 - 61	ssa C. Carole
Momper, C. Carole	1925				8 - 62	nee, Goebel - ssa William F.
Sunberg, Fred C., Sr.	1938	1985	11 Jan 1985	46y	8 - 63	
Sunberg,					8 - 64	
Shababian, Adrian	28 Oct 1906	8 Aug 1985	9 Aug 1985	78y	8 - 66	
Haynes, Irene	13 Jun 1930				8 - 67	ssa Vernon, Mother - mar. 6 Apr 1956
Haynes, Vernon	1 Jan 1929				8 - 68	ssa Irene
Bauer, Jos. (Jack)			1 Dec 1984	54y	8 - 82	
Philippi, Zona	17 Feb 1921	7 Jan 1988	11 Jan 1988	66y	9 - 5	nee, Patton - Sister of Lavonne
Baker, Lavonne	1 Apr 1918				9 - 6	nee, Patton - Sister of Zona
Strasser, Bernard E.	1905	1989	25 Sep 1989	84y	9 - 9	ssa Ida H. - married 30 Jul 1928
Strasser, Ida H.	1908	1990	6 Dec 1990	82y	9 - 10	ssa Bernard E.
Waltamath, Mary Jane	5 Dec 1919				9 - 11	nee, Hahn - ssa Arthur I.
Waltamath, Arthur I.	18 Aug 1915	31 Jul 1989	3 Aug 1989	73y	9 - 12	ssa Mary Jane
Pape, Howard T.	1908	1992	8 Jan 1992	83y	9 - 13	ssa Ethel M.
Pape, Ethel M.	1911				9 - 14	ssa Howard T.
Moore, Joseph A.	6 Mar 1920	20 Oct 1988	24 Oct 1988	68y	9 - 16	S.Sgt US Army WW II Vet
Elliott, Gerald W. (Jerry)	20 May 1917	21 Jan 1989	25 Jan 1989	71y	9 - 17	ssa Ruth - S.Sgt US Army WW II Vet, Mt. Airy/Northside Eagles
Elliott, Ruth	1919				9 - 18	ssa Gerald
Brossart, Gerald R.	1938	1991	31 Dec 1991	53y	9 - 20	
Schulz, Maria	1898	1988	16 Feb 1988	89y	9 - 21	ssa Nikolaus
Schulz, Nikolaus	1904	1991	19 Mar 1991	87y	9 - 22	ssa Maria
Bowker, Richard Lee	28 Nov 1969	15 Jul 1988	19 Jul 1988	18y	9 - 23	
Locke, Viola M.	1920	1990	11 Jul 1990	69y	9 - 30	ssa Leonard B.
Locke, Leonard B.	1921	1989	31 May 1989	67y	9 - 31	ssa Viola M. - married 5 Jul 1960
Dorenkemper, Leeroy Jos.	1951	1989	19 Apr 1989	37y	9 - 52	ssa Sandra - Mother - mar 29 Oct 1977
Dorenkemper, Sandra	1953				9 - 53	ssa Leeroy - Father
Bross, Arline			23 Mar 1992	62y	9 - 59	
Roedig, Nancy O.			27 Oct 1989	66y	9 - 61	ssa George A. - Mother
Roedig, George A.	1911				9 - 62	ssa Nancy O. - Father
Lock, Richard L.	1925				9 - 63	ssa Edna F.
Lock, Edna F.	1924				9 - 64	ssa Richard L.
Thulen, Infant			6 Dec 1966	1d	9 - 68	
Ross, Lydia B.	1926				9 - 73	ssa Roland H. - Wife - mar 24 Jul 1948
Ross, Roland H.	1919	1989	8 Jul 1989	69y	9 - 74	ssa Lydia B. - Husband, - T/4 WW II

Name	Birth	Death	Internment	Age	Sec-Lot	Information
Thomas, Clarence			7 Mar 1992	51y	9 - 76	
Rothan, Hazel M.	1923	1991	29 Jul 1991	68y	9 - 86	ssa William J. - Dad (Rick, Nancy, Bill)
Rothan, William J.	1917				9 - 87	ssa Hazel M. - , Dad
Shepherd, ----					9 - 88	
Shepherd, William H.	12 Dec 1919	1 Jan 1992	6 Jan 1992	72y	9 - 89	married 17 Sep 1942
Fyke, Karl M.			17 May 1991	43y	9 -	
Dreigon, James			13 Jun 1992		9 -	
Borchers, Gordon W.	22 Apr 1942				10 - 1	ssa Shirley A. - Husband
Borchers, Shirley A.	1 Jul 1954				10 - 2	nee, Wilson - ssa Gordon W. - Wife - married 7 Jan 1977
Knauber, David Byrd	26 Jun 1956	3 Dec 1990	6 Dec 1990	34y	10 - 9	Husband, Father
Wandstrat, Janet			12 Mar 1992	38y	10 -	
Schlomann, Norbert			6 Apr 1992	74y	10 -	
Townley, Vivian M.	7 Jan 1925				10 -	ssa David H. - married 12 Apr 1945
Townley, David H.	19 May 1924	22 Feb 1991	26 Feb 1991	66y	10 -	ssa Vivian M.
Stacey, Jessie L.	17 Apr 1916				10 -	ssa Caleb W. - Mother
Stacey, Caleb W.	18 Jan 1907				10 -	ssa Jessie L. - Father
Frank, Emily Jane	9 Jan 1926	10 May 1991	14 May 1991	65y	10 -	ssa Roy - married 18 Jan 1958
Frank, Roy	19 Mar 1929				10 -	ssa Emily Jane
Conner, Hazel	1927				10 -	ssa Edward R. - Nana
Conner, Edward R.	1927	1991	30 Aug 1991	64y	10 -	ssa Hazel - Papa
Redener, Harold, Rev.			24 Feb 1971	46y	11 -	
Hawkins, James R.	1940				12 - 6	
Hawkins, Clemmie Jo	1938	1988	12 Aug 1988	50y	12 - 7	ssa James R.
Ledermeier, George	1902	1978	24 Oct 1978	76y	12 - 8	
Ledermeier, Lillian B.	1904	1980	24 Mar 1980	75y	12 - 9	ssa George
Westermann, Arthur C.	8 Dec 1904	5 Nov 1978	9 Nov 1978	78y	12 -	
Westermann, Norma E.	2 Sep 1908				12 -	ssa Arthur C.
Powell, John W.	9 Jan 1943	7 Mar 1987	10 Mar 1987	44y	12 -	
Groping, Marie M.	1911	1995			12 -	
Martin, John	4 Oct 1898	11 Jun 1988	15 Jun 1988	89y	12 -	Johnnie
Dahmer, Carroll	23 Nov 1927				12 -	Husband - USAF WW II Vet
Dahmer, Delphia	17 Dec 1923				12 -	ssa Carroll
Maier, Gilbert W., Sr.	1921	1980	18 Jan 1980	58y	12 -	Father
Dragan, John H.	1915	1992	18 May 1992	76y	12 -	
Dragan, Jean J.	1919				12 -	ssa John H.
Hawkins, William E.	1942	1990	23 Oct 1990	48y	12 -	
Sweet, Doreen Lee	13 Feb 1957				12 -	ssa Ronnie Lee
Sweet, Ronnie Lee	20 Sep 1951				12 -	
Eisenecker, Minnie Delores	2 Feb 1930	20 Sep 1990	22 Sep 1990	60y	12 -	ssa Earl Joseph
Eisenecker, Earl Joseph	27 Sep 1923				12 -	
Henn, Elmer			16 Aug 1989	76y	12 -	
Howard, Nancy J.	1944				12 -	ssa Charles E. - married 15 Oct 1966
Howard, Charles E.	1934	1989	1 Sep 1989	55y	12 -	
Fairbanks, Ansel Wilfred	1891	1971	15 Mar 1971	79y	13 - 1	Dad
Fairbanks, Florence V.	1891	1973	25 Jul 1973	80y	13 - 2	Mom
Spronk, Quentin					13 - 3	
Spronk, Shirley					13 - 4	ssa Quentin
Bibent, Maurice J.					13 - 6	
Emmerich, Kenneth M.	12 Jun 1930	23 Feb 1983	26 Feb 1983	52y	13 -	ssa Theodora H., Sr.
Emmerich, Frieda E.	21 Jun 1902	5 Sep 1993			13 -	ssa Theodora H., Sr.
Emmerich, Theodore H., Sr	11 Aug 1894	23 Jan 1966	26 Jan 1966	71y	13 -	
Miller, Norma H.	3 Oct 1899	15 May 1982	18 May 1982	82y	13 -	ssa Joseph M.
Miller, Joseph M.	28 Apr 1898	18 Dec 1979	21 Dec 1979	81y	13 -	
Craft, Gerda E.	1908	1994			13 -	ssa Millard H.
Craft, Millard H.	1912	1991	5 Nov 1991	79y	13 -	
Brown, Katherine Edna	5 Nov 1891	20 Sep 1965	24 Sep 1965	73y	13 -	nee, Maier - Mother
Brown, Eunice G.	19 Mar 1927	15 Nov 1943	12 Oct 1965		13 -	Daughter

Name	Birth	Death	Internment	Age	Sec- Lot	Information
Brown, Herbert E.	5 Jul 1892	12 Apr 1969	15 Apr 1969	76y	13 -	Father
Barmore, Carl	1890	1971	10 Sep 1971	81y	13 -	Poppie
Barmore, Emma	1910	1990	13 Nov 1990	80y	13 -	Mome
Schmidt, Carl F. O., Rev.	12 Jan 1878	11 Jan 1966	14 Jan 1966	88y	13 -	
Schmidt, Louise M.	21 Aug 1881	10 May 1976	13 May 1976	94y	13 -	
Benson, Lotus D.	1906	1967	6 Mar 1967	61y	13 -	
Wertz, Marie	1899	1980	30 Jun 1980	80y	13 -	ssa Stanley
Wertz, Stanley	1901	1987	12 May 1987	85y	13 -	
Hermann, Matilda	1891	1974	11 Dec 1974	83y	13 -	
Hermann, Leo F.	1891	1976	14 Jan 1976	84y	13 -	
Guckerd, John	1883	1968	20 Jul 1968	85y	13 -	Father
Guckerd, Louise T.	1883	1978	14 Oct 1978	95y	13 -	Mother
Probst, Christy Louis	17 Nov 1895	7 Jun 1970	9 Jun 1970	74y	13 -	Massachusetts Pvt US Marine Corps WW I
Prichard, Michael			23 Jan 1973	4m	13 -	
Koopman, Elsa W.	1896	1978	9 May 1980	84y	13 -	
Koopman, Albert H.	1897	1972	9 May 1980	83y	13 -	
Oberhelman, Rose	1904				13 -	ssa Rudolph
Oberhelman, Rudolph	1899	1979	5 Oct 1979	80y	13 -	
Frey, Lillian M.	1888	1976	6 Jan 1976	86y	13 -	ssa Frederick J.
Frey, Frederick J. (Fred)	1886	1979	30 Jan 1979	92y	13 -	
Rasp, Ruth C.	1910	1991	15 May1991	80y	13 -	nee Thaler
Rasp, Robert J.	1909	1965	4 Oct 1965	56y	13 -	
Adams, Luella	1905	1993			13 -	
Adams, Stanley	1902	1971	22 Feb 1971	68y	13 -	
Osterhus, Lillian D.	1912	1975	20 Oct 1975	62y	13 -	ssa Bernhard F.
Osterhus, Bernard F.	1902	1966	17 Dec 1966	64y	13 -	
Greiser, Gladys B.	1904				13 -	ssa Clifford W.
Greiser, Clifford W.	1898	1974	29 May 1974	76y	13 -	
Thier, Roy A.	8 May 1914	26 May 1976	25 Oct 1978	62y	13 -	
Thier, Audrey E.	14 Oct 1916				13 -	ssa Roy A.
Wode, William L.	1 Dec 1892	9 Aug 1970	12 Aug 1970	78y	13 -	
Wode, Antonia F.	2 Apr 1891	19 Sep 1974	21 Sep 1974	83y	13 -	nee, Fiedler - ssa William L.
Applegate, Frances	1902	1980	3 Apr 1980	77y	13 -	
Applegate, Walter S.	1901	1968	25 Mar 1968	66y	13 -	
Browne, David			24 Nov 1969	77y	13 -	
Malloy, Frances	1902	1967	27 Sep 1967	66y	13 -	nee Callahan
Malloy, Terry J.	1963	1992			13 -	Daughter
Shriver, Helen	8 Feb 1922				13 -	
Shriver, Thomas D.	18 Jun 1913	5 May 1980	8 May 1980	66y	13 -	WOJG US Navy WW II
Gardner, Robert E.	1892	1969	23 Aug 1969	77y	13 -	
Gardner, Louise	1889	1977	1 Nov 1977	88y	13 -	ssa Robert E.
Childs, Albert T., Jr.	1920	1976	9 Nov 1976	56y	13 -	Dad
Antrim, Joy B.	1893	1976	6 Feb 1976	81y	13 -	ssa James E.
Antrim, James E.	1884	1968	17 Dec 1968	84y	13 -	
Duke, Margaret C.	1920				13 -	ssa Bernard M. - m. 19 Feb 1944
Duke, Bernard M.	1909	1976	26 Nov 1976	67y	13 -	
Childs, Albert T., Sr.	1894	1970	20 Jul 1970	75y	13 -	
Childs, Ethel S.	1897	1992			13 -	ssa Alberet T., Sr.
Clements, Margaret F.	1908	1983	2 Nov 1983	75y	13 -	ssa Edward A.
Clements, Edward A.	1908	1990	17 Feb 1990	81y	13 -	
Boehringer, Edith	1881	1976	29 Mar 1976	95y	13 -	ssa William
Boehringer, William	1875	1974	3 Apr 1974	98y	13 -	
Schemel, Rose	1891	1970	9 Feb 1970	79y	13 -	Mother
Schemel, George E.	1888	1966	4 Apr 1966	78y	13 -	Father
Hermann, Florence M.	1909	1983	30 Oct 1982	73y	13 -	ssa Harry H. - Mother
Hermann, Harry H.	1907	1974	26 Jun 1974	67y	13 -	Father
Miller, Elizabeth	1891	1974	30 Apr 1974	82y	13 -	
Miller, John	1888	1965	13 Dec 1965	77y	13 -	Father

Name	Birth	Death	Internment	Age	Sec-Lot	Information
Benzinger, Elsie	1 Jan 1906	2 Apr 1971	6 Apr 1971	65y	13 -	
Schilstra, Matilda	17 Dec 1919				13 -	ssa Howard F.
Schilstra, Howard F.	25 Jan 1918	14 Jul 1992			13 -	
Tritschler, Ruth	18 Dec 1908	29 Apr 1981	1 May 1981	72y	13 -	
Fritschler, George	18 Feb 1908	21 Jul 1970	25 Jul 1970	62y	13 -	
Fleck, Ferdinand H.	21 May 1914	19 Aug 1987	22 Aug 1987	73y	13 -	WW II Vet
Steinborn, Robert K.	14 Mar 1893	26 Jun 1968	28 Jun 1968	75y	13 -	Ohio CMC US Navy WW I Vet
Schaumloeffel, Mae M.	9 Oct 1900	21 Aug 1980	25 Aug 1980	79y	13 -	nee Myers
Schaumloeffel, Ralph H.	2 Mar 1897	20 Mar 1985	23 Mar 1985	88y	13 -	Pvt US Army WW I Vet
Brockmeier, Alma	1909	1980	31 Mar 1980	70y	13 -	nee Haubrock
Brockmeier, David	1906	1966	24 Oct 1969		13 -	
Getzendanner, Walter C.	25 Oct 1920	15 Jun 1966	18 Jun 1966	45y	13 -	Ohio ARM3 USNR WW II Vet
Horstmann, Endora	1908	1978	12 Oct 1978	70y	13 -	ssa Chris T.
Horstmann, Chris T.	1901	1969	13 Jan 1969	68y	13 -	
Miller, Marie			9 Dec 1986	74y	13 -	
Hoffman, Elvira R.	1915				13 -	ssa William J.
Hoffman, William J.	1912	1969	19 Dec 1969	57y	13 -	
Meister, Elaine L.	1942	1989	12 Jul 1989	47y	13 -	ssa Mildred - Daughter
Meister, Mildred	1919	1994			13 -	ssa Elaine L. - Mother
Meister, Wilbur G.	1918	1968	20 Nov 1968	49y	13 -	
Becker, Ruth M.	1913				13 -	ssa John Carl
Becker, John Carl	1910	1990	20 Jan 1990	79y	13 -	
Clasen, Marie T.	25 Apr 1901	11 Sep 1968	14 Sep 1968	67y	13 -	ssa Robert J. B.
Clasen, Robert J. B.	13 Sep 1900	19 Apr 1968	23 Apr 1968	67y	13 -	
Tillett, Jessie M.	1895	1985	29 Apr 1985	89y	13 -	ssa Jesse - Mother
Tillett, Jesse	1901	1974	30 Jan 1974	72y	13 -	Father
Sommerfield, Gladys	30 Mar 1910	10 Nov 1994			13 -	ssa George C.
Sommerfield, George C.	28 Dec 1909	1 Aug 1992			13 -	
Mundstock, Marion L.	1909				13 -	ssa Frank C. - mar 31 Dec 1926
Mundstock, Frank C.	1903	1993			13 -	
Bienenstein, Margaret C.	11 May 1898	31 Dec 1967	4 Jan 1968	70y	13 -	nee Carson
Bienenstein, Edward C.	29 Jun 1895	12 Mar 1974	15 Mar 1974	79y	13 -	Ohio Pvt US Army WW I Vet
Kirchgessner, Estella	1897	1969	31 Dec 1969	72y	13 -	ssa George W - mar 28 Oct 1917
Kirchgessner, George W.	1896	1980	24 Dec 1980	84y	13 -	
Hamilton, Emma	1904	1983	6 Dec 1983	79y	13 -	ssa Harland
Hamilton, Harland	1900	1975	17 Feb 1975	74y	13 -	
Shepstone, Oscar			4 Nov 1969	74y	13 -	
Thompson, Marilynn A.	22 Jun 1931	5 Aug 1991	7 Aug 1991	60y	13 -	
Wick, Mathilda H.	1892	1969	20 Aug 1969	77y	13 -	
Ludwig, Stella M.	1907	1986	16 Dec 1986	79y	13 -	ssa Charles W.
Ludwig, Charles W.	1909	1992	5 May 1992	72y	13 -	
Royce, Geraldine	1945	1977	18 Jul 1977	31y	13 -	Daughter
Geartlein, John C.	1894	1976	16 Sep 1976	82y	13 -	
Geartlein, Mamie	1897	1969	3 Jul 1969	72y	13 -	ssa John C.
Funk, George A.	8 Oct 1896	11 Nov 1968	14 Nov 1968	72y	13 -	
Funk, Mary Jane	24 Jun 1898	15 Mar 1984	19 Mar 1984	85y	13 -	ssa George A.
Dieckroeger, Olga			28 Feb 1970	51y	13 -	
Hoffman, Ann C.	1909	1993			13 -	ssa Edward G.
Hoffman, Edward G.	1914				13 -	
Archer, Minnie	1903	1990	31 Jul 1990	87y	13 -	ssa Ernest
Archer, Ernest	1900	1970	5 Jan 1970	69y	13 -	
Kobbe, Marie M.	1910				13 -	ssa Ernest C.
Kobbe, Ernest C.	1908	1996			13 -	
Schnatz, Goldie I.	1 Nov 1910				13 -	Wife
Schnatz, Julius	13 Sep 1911	22 May 1992	26 May 1992	82y	13 -	Cpl US Marine Corps WW II Vet, Purple Heart
Metzger, Elizabeth	1913				13 -	
Metzger, Peter	1904	1989	30 Sep 1989	85y	13 -	
Zimmerman, Ida L.	12 Feb 1885	6 Nov 1972	8 Nov 1972	87y	13 -	

Name	Birth	Death	Internment	Age	Sec- Lot	Information
Zimmerman, John William	25 Jan 1887	13 Jan 1971	16 Jan 1971	83y	13 -	
Schafer, Catherine	1891	1970	30 Jan 1970	78y	13 -	ssa George
Schafer, George	1887	1968	6 Dec 1968		13 -	
Sandusky, Columbus	1894	1975	18 Mar 1975	81y	13 -	
Sandusky, Minnie Ola	1897	1971	19 Apr 1971	74y	13 -	ssa Columbus
Sandusky, Kenneth R.	1929	1973	19 May 1973	45y	13 -	
Fraas, Carrie	14 Oct 1890	17 Sep 1970	21 Sep 1970	79y	13 -	ssa Bollinger, Phillip J.
Bollinger, Phillip J.	10 May 1952	12 Mar 1994			13 -	
Noll, Joseph E.	18 Jun 1902	24 Jun 1982	28 Jun 1982	80y	13 -	Pvt US Army WW I
Dickman, Gertrude C.	17 Jan 1897	10 Nov 1984	13 Nov 1984	87y	13 -	
Dickman, William John	12 Mar 1895	13 Jul 1976	17 Jul 1976	81y	13 -	Pfc US Army WW I
Kuhn, Rosella A.	1899	1981	21 Sep 1981	82y	13 -	ssa Irvin I.
Kuhn, Irwin I.	1899	1969	6 May 1969	70y	13 -	
Radel, Clifford J.	28 Apr 1920	4 Jan 1994			13 -	US Army WW II
Radel, Marian E.					13 -	ssa Clifford J. - m. 21 Mar 1942
Ferrell, Shirley A.	1945	1980	24 Dec 1980	35y	13 -	
Hicks, Herbert	30 May 1924	11 May 1987	13 May 1987	62y	13 -	Tec5 US Army WW II
Carmichael, Jack V.	1923	1980	2 Jun 1980	58y	13 -	
Gilvin, Gertrude			15 Dec 1988	83y	13 -	
Gilven, Owens			2 Jul 1979	81y	13 -	
Rhine, Esther L.	1908	1993			13 -	ssa Albert F., m. 23 Jun 1926
Rhine, Albert F.	1898	1991	11 May 1991	92y	13 -	Also spelled Rhein
Winold, Gladys M.	1902	1973	2 Jan 1974	71y	13 -	ssa Earl A.
Winold, Earl A.	1896	1985	7 Aug 1985	89y	13 -	
Ballard, Ruth E.	1911				13 -	nee, Dieckroeger - ssa Fred W.
Ballard, Fred W.	1910	1988	9 Sep 1988	78y	13 -	
Feldkamp, Mary			9 Sep 1991	82y	13 -	
Goertemoeller, Jeffrey	18 Jul 1970	21 Apr 1974	23 Apr 1974	3y	13 -	
Patterson, Margaret K.	1904	1974	9 Apr 1974	70y	13 -	
Osterhues, Elizabeth	1913	1973	31 Oct 1973	60y	13 -	ssa Frank - m. 29 Nov 1934
Osterhues, Frank	1908	1989	7 Feb 1989	80y	13 -	
Peck, Steve P.	1919	1995			13 -	
Fink, Hannah	1891	1993			13 -	
Dissinger, Grace K.	1915				14 - 1	ssa George J.
Dissinger, George J.	1913	1967	23 Jan 1967	53y	14 - 2	
Dissinger, Mariam E.					14 - 3	ssa Lloyd L., Sr.
Dissinger, Lloyd L., Sr.	3 Oct 1922	17 Oct 1977	20 Oct 1977	55y	14 - 4	
Korb, Henrietta	5 May 1897	21 Oct 1975	24 Oct 1975	78y	14 - 6	ssa William L.
Korb, William L.	25 Jan 1889	8 Aug 1980	11 Aug 1980	91y	14 - 7	
Hatcher, Oda	1891	1983	22 Dec 1983	92y	14 - 8	ssa Homer P.
Hatcher, Homer P.	1891	1966	31 Jan 1966	74y	14 - 9	
Grosse, Emma T.	28 Oct 1879	6 Jul 1968	9 Jul 1968	89y	14 -	Mother
Bollinger, Charles E.	1911	1967	4 Apr 1967	55y	14 -	
Bollinger, Roger Charles	1936	1989	30 Sep 1989	52y	14 -	
Neugebauer, Phyllis J.					14 -	ssa Raymond T.
Neugebauer, Raymond T.	22 Dec 1937	17 Nov 1987	20 Nov 1987	49y	14 -	
Dissinger, Bernice	15 Jan 1929	15 May 1973	18 May 1973	44y	14 -	
Dissinger, Gail E.	5 Feb 1927	4 Apr 1986	7 Apr 1986	59y	14 -	
Von Walden, Irene	1915	1966	11 Aug 1966	51y	14 -	nee Davis
Hatcher, Samuel L.			5 Aug 1969	49y	14 -	no stone
Koch, Florence W.	1904	1977	10 Jun 1977	73y	14 -	ssa Alfred
Koch, Alfred	1907				14 -	
Rainey, Irene	1905	1966	23 May 1966	60y	14 -	nee Pasquire
Rainey, Earl G.	1905	1977	30 Mar 1977	71y	14 -	
Clark, Deron Robert			2 Nov 1966	infant	14 -	
Schilling, Verna L.	1899	1984	7 Jun 1984	84y	14 -	
Schilling, Robert G.	1894	1965	13 Sep 1965	70y	14 -	
Gresham, Edna	1906		9 Nov 1988	81y	14 -	ssa Earl
Gresham, Earl	1911	1972	28 Jul 1972	60y	14 -	

Name	Birth	Death	Internment	Age	Sec- Lot	Information
Schafer, Caroline H.	18 Sep 1888	29 Apr 1973	2 May 1973	84y	14 -	ssa Martin L.
Schafer, Martin L.	7 Sep 1887	20 Feb 1967	23 Feb 1967	79y	14 -	
Koch, Lillian A.	1910	1987	24 Jun 1987	76y	14 -	ssa George H.
Koch, George H.	1909	1981	30 Nov 1981	72y	14 -	
Claypoole, Texie	1908	1992	7 Apr 1992	83y	14 -	ssa Lee Roy - Mother
Claypoole, Le Roy	1906	1986	16 Oct 1986	80y	14 -	Dad
Eckert, Deborah (Debbie)	23 Jul 1955	23 Oct 1972	24 Oct 1972	17y	14 -	
Pickens, Carrie	2 Jul 1895	30 Jun 1980	23 Jun 1980	84y	14 -	
Pickens, Clifford, Sr.	17 Jan 1894	7 Nov 1970	11 Nov 1970	76y	14 -	Ohio Pvt US Marine Corps WW I
Boenitsch, Anna Tecla	1900	1987	24 Oct 1987	87y	14 -	ssa Edward
Boenitsch, Edward	1899	1970	2 Mar 1970	70y	14 -	
Siermann, Fred J.	1906	1967	26 May 1967	61y	14 -	
Siermann, Mildred H.	1910				14 -	ssa Fred J.
Siermann, Alvera	1915				14 -	ssa Edward
Siermann, Edward	1908	1970	9 Mar 1970	61y	14 -	
Ridener, Harold	3 Aug 1924	21 Feb 1971			14 -	Kentucky Pfc AT Co 275 Inf Regt WW II Vet
Joyner, Imogene	25 Aug 1932	19 Apr 1978	22 Mar 1978	46y	14 -	nee Ridner
Schwing, Pauline	1898	1988	8 Sep 1988	89y	14 -	ssa Joseph
Schwing, Joseph Frank	1879	1969	15 Jul 1969	90y	14 -	
Wurtz, Jennie	13 Jan 1909	28 Apr 1994			14 -	nee Claypoole-Jones
Wurtz, Louis H.	10 Oct 1907	6 Apr 1983	8 Apr 1983	75y	14 -	Cpl US Army WW II Vet
Ottaway, Estelle L.	1899	1975	31 Dec 1975	76y	14 -	ssa James S.
Ottaway, James S.	1900	1968	27 Mar 1968	67y	14 -	
Gresham, Leroy Z.	1911	1971	16 Jun 1971	60y	14 -	
Kuhn, Ruth M.	28 Nov 1911				14 -	ssa Howard C.
Kuhn, Howard C.	19 Sep 1908	1 Mar 1966	4 Mar 1966	57y	14 -	
Stephan, Frederick C.	1896	1985	11 Jul 1985	89y	14 -	Father
Stephan, Minnie W.	1899	1968	24 Aug 1968	69y	14 -	Mother
Stephan, Eleanor M.	1925				14 -	Daughter
Miller, Robert E.	1925	1968	22 Jan 1969	43y	14 -	Dad
Mardorff, Vola C.	1904	1977	4 Mar 1977	72y	14 -	Wife - Interment rec. says Vivian
Mardorf, Albert A.	1901	1971	22 Jan 1971	69y	14 -	Husband
Thompson, Mary Margaret	6 Jan 1899	6 Apr 1983	8 Apr 1983	85y	14 -	ssa George Henry - mar 25 Jun 1920
Thompson, George Henry	24 Feb 1889	17 Mar 1973	19 Mar 1973	84y	14 -	
Winter, Erma G.	1902	1979	13 Jan 1979	76y	14 -	ssa George W.
Winter, George Walter	1902	1972	12 Sep 1972	70y	14 -	
Schoenberger, Theckla M.	2 Oct 1901	8 Sep 1989	11 Sep 1989	87y	14 -	ssa Clifford G. - married 30 May 1941
Schoenberger, Clifford G.	30 Aug 1901	7 Aug 1987	10 Aug 1987	85y	14 -	
Pellman, Edna L.	1888	1983	31 Dec 1983	95y	14 -	
Pellman, John J.	1885	1969	13 Jun 1969	84y	14 -	
Runck, Norma	1896	1985	26 Dec 1985	89y	14 -	
Runck, Raymond	1898	1967	15 Nov 1967	70y	14 -	
Fisher, Ivy L.	1905	1991	13 Aug 1991	85y	14 -	
Fisher, Charles W.	1903	1975	10 May 1975	71y	14 -	
Sobanski, Frank G.					14 -	
Sobanski, Ruth D.					14 -	ssa Frank G. - married 6 Oct 1945
Kallmeyer, Mildred	1906	19			14 -	ssa Frank J.
Kallmeyer, Frank J.	1903	1977	23 Mar 1977	73y	14 -	
Kleinfelter, Edward A.	1919	1990	24 Dec 1990	71y	14 -	
Kleinfelter, Charlotte D.	1922	1993			14 -	ssa Edward A. - Wife
Kleinfelter, Randall E.	1952				14 -	ssa Edward A. - Son
Mode, Estella	1894	1994			14 -	
Mode, Arthur	1889	1966	18 Apr 1966	77y	14 -	
Philipp, Louise			9 May 1986	80y	14 -	
Giannetto, Rose C.	1896	1981	15 Jun 1981	84y	14 -	ssa Marion M.
Giannetto, Marion M.	1894				14 -	
Sampson, Ruth L.	1898	1971	29 Dec 1971	73y	14 -	nee, Grashein - Wife
Sampson, Claude R.	1896	1986	27 Jan 1986	89y	14 -	Husband

Name	Birth	Death	Internment	Age	Sec-Lot	Information
Glaser, Katherine	1891	1971	15 Mar 1971	79y	14 -	ssa Jacob
Glaser, Jacob	1893	1970	6 Feb 1970	70y	14 -	
Shearer, Ruby	1916	1970	9 Nov 1990	74y	14 -	
Thompson, Ralph E., Sr.	6 Sep 1925	27 Aug 1973	29 Aug 1973	47y	14 -	Ohio US Marine Corps WW II
Roland, Vernie	22 Feb 1932	18 Mar 1991	21 Mar 1991	59y	14 -	Husband, Dad, Brother
Stefan, Andrew J.	1898	1980	1 May 1980	81y	14 -	
Stefan, Bertha K.	1902	1994			14 -	ssa Andrew J.
Buhrlage, Robert E.	6 Nov 1920	21 Feb 1971	24 Feb 1971	51y	14 -	Kentucky Pvt 126 QM Co WW II
Buhrlage, Bertha C.	21 Jan 1922	5 Nov 1990	7 Nov 1990	68y	14 -	
Kiehborth, Ervin	1902	1971	31 Mar 1971	68y	14 -	
Kiehborth, Louise	1909	1978	23 Aug 1978	69y	14 -	nee Mohr
Cox, George Burton	22 Feb 1913	26 Mar 1969	29 Mar 1969	56y	14 -	SC2 USNR WW II
Wax, Gilbert Arthur	28 Aug 1915	19 Jul 1970	22 Jul 1970	54y	14 -	Ohio Ssgt US Marines Corps WW II
Jett, Mae	1900	1976	9 Feb 1976	75y	14 -	
Korb, Mary Lou	1928	1973	14 Dec 1973	45y	14 -	
Wagenlander, Robert J.	1905	1968	27 Sep 1968	63y	14 -	
Wagenlander, Margaret	1909	1982	7 Jun 1982	72y	14 -	ssa Robert J.
Hader, Clara Louise	1913	1985	6 May 1985	72y	14 -	ssa Andrew
Hader, Andrew	1898	1985	22 Apr 1985	86y	14 -	
Strunk, Carl J.	1910	1969	10 Jun 1969	59y	14 -	
Kuntz, Suzanne	14 Mar 1924				14 -	nee, Spiese - ssa Paul J.
Kuntz, Paul J.	1 Jul 1922	1 Dec 1986	4 Dec 1986	64y	14 -	
Mills, Maggie L.	1919				14 -	ssa Martin N.
Mills, Martin N.	1910	1970	11 Apr 1970	59y	14 -	
Gutekunst, Mary S.	19 Jul 1903	23 Sep 1993			14 -	ssa Vernon F.
Gutekunst, Vernon F.	21 Nov 1903	6 Jul 1974	9 Jul 1974	70y	14 -	
Bardua, Robert S.	1913	1969	13 Jul 1969	56y	14 -	ssa Donald
Bardua, Donald	1936	1983	5 Jan 1983	46y	14 -	ssa Robert S.
Hillman, Alice M.	1918	1993			14 -	
Hillman, Max W., Sr.	1915	1984	24 Apr 1984	69y	14 -	
Miller, Henry W.	9 Oct 1907	20 Sep 1971	23 Sep 1971	63y	14 -	OH Tec5 102 General Hosp WW II
Backus, Anna E.	14 Dec 1908				14 -	ssa Barney E.
Backus, Birney E.	7 Apr 1906	10 Oct 1977	13 Oct 1977	71y	14 -	Interment rec says Barney
Kane, Florence M.	1907	1992			14 -	ssa Thomas P.
Kane, Thomas P.	1902	1982	21 Jul 1982	80y	14 -	
Probst, Lillian M.	1907	1978	27 Nov 1978	71y	14 -	ssa John B.
Probst, John B.	1906	1995			14 -	
Pfaff, Lillian L.	1895	1975	4 Aug 1975	79y	14 -	ssa Arthur H.
Pfaff, Arthur H.	1891	1975	15 Oct 1975	85y	14 -	
Schwab, Mary	1911	1980	11 Apr 1980	69y	14 -	ssa Carl F.
Schwab, Carl F.	1906	1972	22 Feb 1972	65y	14 -	
Schroeder, Joel E.	1932				14 -	ssa Joseph C.
Schroeder, Mildred G.	1910	1972	9 Mar 1972	61y	14 -	ssa Joseph C.
Schroeder, Joseph C.	1908	1989	1 Aug 1989	81y	14 -	
Thacker, John W.	1889	1972	10 May 1972	83y	14 -	
Thacker, Alice	1898	1972	5 Jun 1972	74y	14 -	ssa John W.
Boehm, Elmer G.	20 Oct 1894	25 May 1972	27 May 1972	77y	14 -	Ohio Pvt Btry D309 Fld Art WW I
Boehm, Alice Virginia	4 May 1903	2 jan 1976	5 Jan 1976	72y	14 -	Married 53y
Sexton, Jewel			22 Oct 1982	57y	14 -	
Hettesheimer, Irene	1904	1985	20 May 1985	80y	14 -	ssa Earl, m. 14 Feb 1922
Hettesheimer, Earl	1901	1974	20 Feb 1974	73y	14 -	
Schaefer, Rosalyn K.	1916	1974	20 Mar 1974	57y	14 -	
Bast, Lorraine K.	1914	1981	12 Jun 1981	67y	14 -	
Bast, John V.	1915				14 -	
Birkenmaier, Martha E.	1899				14 -	ssa Edward M.
Birkenmaier, Edward M.	1894	1980	3 Oct 1980	86y	14 -	
Stuart, Harvey J.	19 May 1912	3 Apr 1974	6 Apr 1974	65y	14 -	US Army
Stuart, Ruby B.	8 Jun 1923				14 -	
Stephens, Margaret	1897	1983	25 Jul 1983	86y	14 -	

Name	Birth	Death	Internment	Age	Sec- Lot	Information
Stephens, Bryan M.	1897	1991	17 Apr 1991	93y	14 -	
Stephens, Jean	1927				14 -	
Scheidt, Antoinette	3 Apr 1924				14 -	nee Cianciolo
Scheidt, John P.	17 Jul 1917	7 Jan 1974	10 Jan 1974	56y	14 -	Tec4 US Army WW II
Uchtman, Vernon L.	1911	1978	14 Jul 1978	67y	16 - 1	
Neal, Miriam M.	1915				16 - 2	ssa Vernon L.
Neal, Helen	1910	1990	19 Nov 1990	79y	16 - 3	ssa Wesley
Neal, Wesley	1904	1986	6 Jan 1986	81y	16 - 4	
Gilbert, Mildred R.	1907	1993			16 - 5	ssa Edward C.
Gilbert, Edward C.	1906				16 - 6	
Eppler, Mary E.	1910				16 - 7	
Eppler, Stanley D.	1913	1983	13 Jan 1983	69y	16 - 8	
Knaggs, Steve Kurt	5 Mar 1956	22 Feb 1978	28 Feb 1978	21y	16 -	Son, Grandson, Brother
Gildehaus, Fred H.	1916	1975	13 Jan 1975	58y	16 -	
Gildehaus, Edythe M.	1916				16 -	ssa Fred H.
LaCorte, Marie B.	1906	1974	12 Dec 1974	68y	16 -	ssa Ray A.
LaCorte, Ray A.	1904	1977	17 Sep 1977	73y	16 -	
Hammer, Dorothy	1918				16 -	ssa Jacob, Jr.
Hammer, Edna	1895	1987	4 Dec 1987	92y	16 -	ssa Jacob, Jr. - Mother
Hammer, Jacob, Jr.	1893	1979	10 Aug 1979	86y	16 -	Father
Krentz, Alfred J.	16 Jul 1900	3 May 1978	8 Aug 1978	78y	16 -	Cpl US Army WW I
Drischel, Theodore D.	1924	1987	6 Jan 1987	62y	16 -	
Drischel, Martha B.	1927	1978	18 Jul 1978	51y	16 -	
Bradford, Conrad Vernon	1915	1977	11 Nov 1977	61y	16 -	
Bradford, Anna H.	1913	1995			16 -	ssa Conrad Vernon
Samuelson, John R.	17 Jun 1928				16 -	
Samuelson, Margaret A.	23 Dec 1937				16 -	ssa John R. - m.10 Oct 1987 - aka Peg
Doppler, Vivian June	1914	1991	26 Dec 1991	77y	16 -	ssa Walter F.
Doppler, Walter F.	1914				16 -	
Espelage, Eleanor M.	1915				16 -	ssa Robert G.
Espelage, Robert G.	1914	1975	22 Jul 1975	61y	16 -	
Derie, Helen	1898	1975	21 Feb 1975	77y	16 -	ssa Frank G.
Derie, Frank G.	1894	1975	23 May 1975	80y	16 -	Pvt US Army WW I
Derie, Betty	1925				16 -	ssa Frank G.
Erhart, JoAnn M.	1962	1979	31 Jul 1979	17y	16 -	
Erhart, John J.	10 Oct 1920	9 Jan 1983	12 Jan 1983	62y	16 -	AETM 1, US Army, WW II
Boehringer, Elizabeth	1902	1987	20 Aug 1987	84y	16 -	ssa Raymond C.
Boehringer, Raymond C.	1900	1983	3 Jan 1984	83y	16 -	
Tungate, Mildred	1903		10 Oct 1990	87y	16 -	ssa Dorothy Domsher - Sisters
Domsher, Dorothy	1920	1979	10 Mar 1979	59y	16 -	ssa Mildred Tungate - Sisters
Camarca, Richard	1945	1987	6 Oct 1987	42y	16 -	Son, Brother
Camarca, Margaret	1904	1990	28 Dec 1990	86y	16 -	ssa Frank ("Pop") - Mom
Camarca, Frank ("Pop")	1901	1979	28 Jun 1979	77y	16 -	
Ries, Mildred I.	5 Feb 1920				16 -	ssa George E. - m. 21 Aug 1943
Ries, George E.	7 Oct 1916	23 Feb 1994			16 -	
Sandberg, Beverly C.	7 Oct 1930	16 Nov 1978	18 Nov 1978	48y	16 -	
Sandberg, Gordon H.	4 Nov 1926	4 Jun 1995			16 -	
Hengehold, Leo R.	5 Jul 1939	10 Oct 1980	14 Oct 1980	41y	16 -	
Wertz, Ruth M.	1912				16 -	
Wertz, Edgar G.	1911				16 -	
Hon, Marsha E.	1951				16 -	ssa Herschel S.
Hon, Marjorie C.	1927				16 -	ssa Herschel S.
Hon, Herschel S.	1911	1982	8 Jan 1982	70y	16 -	
Waltz, Voneita E.	1913	1983	20 Dec 1983	70y	16 -	
Waltz, Clifford J.	1906	1990	7 May 1990	83y	16 -	
Unthank, Helen G.	7 Feb 1910	3 Oct 1982	7 Oct 1982	72y	16 -	nee Grote
Watts, Mazie L.	1932	1982	15 Oct 1982	50y	16 -	ssa Emmett S.
Watts, Emmett S.	1929				16 -	
Sizemore, Peggy	19 Jul 1950				16 -	nee, Schmidt - ssa Arthur

Name	Birth	Death	Internment	Age	Sec- Lot	Information
Sizemore, Arthur	27 Nov 1943				16 -	
Schmidt, Creola P.	1927	1989	24 Jul 1989	62y	16 -	ssa Hubert J. - also on stone 'Ginger 1973-1985
Schmidt, Hubert J.	1918				16 -	
Saver, Gary E.			31 Oct 1983	42y	16 -	
Sprague, Valerie C.	1934	1985	15 Mar 1985	50y	16 -	ssa Robert H.
Sprague, Robert H.	1928				16 -	
Underwood, Rachel Allen	10 Jun 1929	25 Mar 1993			16 -	
Ross, Ruth E.	28 Aug 1919	28 Mar 1990	30 Mar 1990	70y	16 -	ssa Peggy J.
Ross, Peggy J.	31 Dec 1945				16 -	ssa Ruth E. - Daughter
Underwood, Deborah Rae	11 Oct 1954				16 -	ssa Raymond C., Sr.
Underwood, Raymond C., Sr.	24 Jul 1948				16 -	101st Airborne
Shubert, Florence M.	1899	1974	21 Nov 1974	75y	17 - 1	ssa Elmer H.
Shubert, Elmer H.	1898	1986	18 Oct 1986	87y	17 - 2	
Dalessandro, Mary Jane	1919	1987	22 Aug 1987	69y	17 - 3	ssa John "Gick" - m.12 Jun 1937
Dalessandro, John "Gick"	1917				17 - 4	
Ernst, Lillian M.	22 Feb 1913				17 - 5	ssa Henry L.
Ernst, Henry L.	6 May 1907	9 May 1995			17 - 6	
Strittmatter, Luther R.	1925	1975	8 Jan 1975	49y	17 - 8	1st Sgt US Army
West, Amelia A.	23 Oct 1913				17 -	ssa Boyd L., Jr. - m. 26 Nov 1936
West, Boyd L. Jr.	23 Jul 1913	30 Mar 1984	4 Apr 1984	70y	17 -	Husband-Father
Wetterer, Arthur J.	1903	1975	20 Feb 1975	71y	17 -	
Wetterer, Nellie M.	1901				17 -	ssa Arthur J.
Clyde, Pearl R.			22 May 1982	89y	17 -	
Clyde, Frank			27 Aug 1983	89y	17 -	
Noes, Ruth E.	1921				17 -	ssa Clifford, m. 12 Mar 1938
Noes, Clifford	1915	1990	23 Oct 1990	74y	17 -	
Noes, Earl			24 Jul 1991	78y	17 -	
Noes, Clarence C.	9 Mar 1939	15 Jan 1978	20 Jan 1978	39y	17 -	Msgt US Air Force
Dinsmore, Hilda			22 Aug 1988	47y	17 -	Cremains
Schlimm, Nellie K.	1902	1975	18 Feb 1975	72y	17 -	ssa Joseph R.
Schlimm, Joseph	1907	1990	1 Mar 1990	82y	17 -	
Wuebbling, Edward H.	13 Oct 1924	7 Jun 1975	10 Jun 1975	50y	17 -	Tec 5 US Army, WW II, Korea
Kelley, Marjorie J.	1921				17 -	ssa Leonard T.
Kelley, Leonard T.	1914	1988	29 Jun 1988	73y	17 -	
Schweizerhof, Edwin L.	7 Jun 1928	10 May 1979	14 May 1979	56y	17 -	US Army, Korea
Reyes, Robert L.	3 May 1954	18 Oct 1983	21 Oct 1983	29y	17 -	
Boyd, Evaline			24 Jul 1918	60y	17 -	
Chumbley, Trena E.	1924				17 -	ssa Benjamin I. - m. 9 Oct 1940
Chumbley, Benjamin I.	1912	1978	2 Jan 1979	66y	17 -	
Quelle, Jacob	1920	1978	26 Sep 1978	58y	17 -	
Quelle, Maurice	3 Oct 1944	16 May 1991	25 May 1991	47y	17 -	Son & Brother
Eggerding, Elizabeth M.	3 Aug 1917				17 -	ssa Henry J.
Eggerding, Henry J.	1 Oct 1913	14 Feb 1991	18 Feb 1991	77y	17 -	
Hettesheimer, Anna Mae	1926	1989	15 Nov 1989	63y	17 -	ssa Vernon F. - m. 4 Jun 1947
Hettesheimer, Vernon F.	21 Feb 1924	29 Mar 1988	2 Apr 1988	64y	17 -	S.Sgt US Army WW II
Phillipps, Evelyn L.	1905	1982	30 Nov 1982	77y	17 -	ssa Erwin L. - m. 20 Feb 1932
Phillipps, Erwin L.	1903	1992	24 Feb 1992	89y	17 -	
Plogsted, James R.	1949	1986	18 Apr 1986	36y	17 -	Brother
Plogsted, Marie H.	1925	1980	6 Jul 1980	54y	17 -	ssa Edward J.
Plogsted, Edward J., Sr.	1913	1983	1 Jul 1983	69y	17 -	
Waddle, Milford D.	1915	1982	10 May 1982	67y	17 -	
Waddle, Matrie M.	1914	1993			17 -	ssa Milford D. - m. 7 Frb 1934
Gresham, Leroy			17 Jun 1980	44y	17 -	
Hunt, Karen Elaine	9 Aug 1957				17 -	Married 15 Jul 1977
Hunt, Myron Joe	17 Nov 1953	7 Mar 1985	11 Mar 1985	31y	17 -	
Todd, James E.	1943	1985	29 Aug 1985	42y	17 -	
Schneider, Robert R.	1932	1985	19 Aug 1985	62y	17 -	WW II
Hettesheimer, Dale Thomas	1952	1989	11 Mar 1989	36y	17 -	

Name	Birth	Death	Internment	Age	Sec- Lot	Information
Barry, Jack G.	18 Jan 1930	16 Sep 1983	21 Sep 1983	53y	17 -	Cpl US Army, Korea
Hatcher, Donald G.			7 Feb 1981	54y	17 -	
Beck, Maureen Faye	26 Sep 1932	9 May 1994			17 -	
Fiedler, Elmer			21 Dec 1983	77y	2B -	
McEnery, Judith J.			13 Dec 1982	23y	2B -	
Knight, DeWitt E.	1918	1983	2 Dec 1983	65y	2B -	
Enderle, Charles E.	9 Mar 1921	15 Dec 1983	19 Dec 1983	62y	2B -	Cpl US Army WW II
Seibel, George Robert	19 Mar 1935	1 Sep 1985	4 Sep 1985	50y	2B -	ssa Jeanne
Seibel, Jeanne	12 Mar 1928				2B -	nee, Robertson - ssa George Robert
Doctor, Charles			5 Jan 1979	70y	2V -	
Bullerdick, Fred I.	4 Apr 1888	28 Mar 1981	31 Mar 1981	92y	2V -	
Schwarte, Genevieve			14 Sep 1983	78y	3B -	
Bradford, Infant			8 Nov 1956	sb	BA -	
Buck, Infant girl			12 Feb 1957		BA -	
Kieffer, Infant girl			17 Mar 1957	sb	BA -	
Bedel, Bridget Kristine	17 May 1977	19 Mar 1979	22 Mar 1979	22m	BS - 3	
Hayden, Jennifer Marie		17 Oct 1991	29 Oct 1991	infant	BS - 6	
Roberts, Lloyd Adam		5 Jun 1989	10 Jun 1989	infant	BS - 7	
Gordan, Infant girl			16 Feb 1965		BS - 8	
Becker, Angela Kathleen		30 May 1985	6 Jun 1985	infant	BS - 9	
Mullins, Jeremiah	1977	1978	24 Oct 1978	13m	BS -	
Scott, Lora Lee	1964	1965	4 Feb 1965	4m	BS -	
Coffey, Steven Arthur	12 Dec 1986	16 Apr 1987	18 Apr 1987	4m	BS -	
Hater, Louis & Alexander			22 Sep 1983	At birth	BS -	
Abdella, Joshua			20 Sep 1979	7m	BS -	
Stewart, Nathan			9 Jan 1986	16m	BS -	
Schwab, Darla Marie	11 Mar 1972		11 Apr 1972		BS -	
Atkins, Amy Lynn			8 Nov 1971		BS -	
Stone, James I. (infant)		1973	3 Dec 1973		BS -	
Carlton, Justen Matthew		15 Oct 1982	22 Oct 1982	1hr	BS -	
Smith, Daniel Lee			16 Jul 1986	2d	BS -	
Maisch, Charles	1907				G - 1	ssa Katherine
Maisch, Katherine	1911				G - 2	ssa Charles
Dreizler, Herman M.	1906				G - 3	ssa Clara H.
Dreizler, Clara	1907	1986	28 Oct 1986	79y	G - 4	ssa Herman M.
Wodrich, Louis A.	31 Aug 1912	27 Oct 1990	2 Nov 1990	78y	G - 8	ssa Grace M.
Wodrich, Grace M.	9 Jan 1916	6 May 1974			G - 9	ssa Louis A. - m. 8 Aug 1934
Barnhart, Carl A.	17 Jun 1896	16 Feb 1966	19 Feb 1966	98y	G - 10	Pvt Mtr Trans Corp, WW II
Barnhart, Martha			25 Jun 1979	88y	G - 11	
LaBanz, Harry			30 Jan 1991	76y	G - 12	
Spiess, Philip C.	1893	1980	6 Jun 1980	86y	G - 15	ssa Dorothea M.
Spiess, Dorothea M.	1984	1980	21 May 1980	85y	G - 16	ssa Philip C.
Spiess, Charles E.	1921				G - 17	ssa Catherine M.
Spiess, Catherine M.	1923				G - 18	ssa Charles E.
Spiess, Dennis P.	1917				G - 19	ssa Evelyn K.
Spiess, Evelyn K.	1919				G - 20	ssa Dennis P.
Smith, Steven D.	12 Jan 1959	3 May 1983	6 May 1988	29y	G - 24	
Haehl, John	3 May 1897	21 Apr 1989	25 Apr 1989	91y	G - 30	ssa Hilda G.
Haehl, Hilda G.	12 Mar 1901		27 May 1992	91y	G - 31	ssa John
Haehl, J. George	22 Jul 1892	6 Oct 1977	10 Oct 1977	85y	G - 32	b/o John
Kleeb, Arthur			2 Jun 1992	82y	G - 33	
Neiheisel, Alfred H.			13 May 1992	72y	G - 35	
Schafer, Ervin J.	1905	1983	10 Oct 1983	78y	G - 36	ssa Thelma C.
Schafer, Thelma C.	1909	1985	27 Feb 1985	75y	G - 37	ssa Ervin J.
Morgan, Ella R.	1899	1986	5 Nov 1986	88y	G - 40	
Sporing, Ulmon	1884	1968	19 Jan 1968	83y	G - 41	ssa Martha
Oettinger, Carrie E.			6 Dec 1988	101y	G - 42	Cremains
Sporing, Martha	1892	1988	6 Dec 1988	96y	G - 42	ssa Ulmon, Cremains
Friedrich, Frank	1894	1965	15 Mar 1965	71y	G - 43	Father

Name	Birth	Death	Internment	Age	Sec- Lot	Information
Friedrich, Bertha	1895	1970	3 Feb 1970	70y	G - 44	Mother
Goedde, Marie	11 Nov 1903	9 Nov 1966	12 Nov 1966	60y	G - 45	nee, Fischesser - ssa Ralph A.
Goedde, Ralph A.	10 Feb 1902	15 Mar 1973	17 Mar 1973	71y	G - 46	ssa Marie
Keller, Albert	1890	1975	21 May 1975	84y	G - 52	
Keller, Kate	1891	1963			G - 53	
Keller, Betty J.	1919	1963			G - 54	
Gruseck, Lawrence	1887	1964	1 Mar 1964		G - 57	Dad
Gruseck, Emma E.		17 May 1980	20 May 1980	86y	G - 58	Mother
Gruseck, Virginia R.		27 Jun 1991	28 Jun 1991	78y	G - 59	Sister & Anut
Cabage, Mildred D.					G - 60	
Walters, Albert Mason	23 May 1893	10 Jun 1965	12 Jun 1965	72y	G - 61	Ohio Pvt US Army, WW I
Horn, Ralph W.	11 Jan 1916	5 Aug 1972	10 Aug 1972	57y	G - 62	Ohio Pvt Ho Co 44 Inf Div, WW II
Holtvogt, Marie	1909	1969	21 Aug 1969	60y	G - 66	
Studer, Leslie E.	1 Apr 1891	28 Jan 1965	1 Feb 1965	68y	G - 67	Ohio Pvt Co C 332 Inf, WW I
Platt, Earl L., Jr.	25 Jan 1917	9 Jan 1968	13 Jan 1968	50y	G - 69	Ohio Flt O Army Air Forces, WW II
Jones, Irene	1908	1989	16 Dec 1989	80y	G - 78	ssa Kennedy - Mother
Jones, Kennedy	1900	1990	8 Sep 1990	90y	G - 79	ssa Irene - Father
Powner, Clarence			22 Dec 1962	71y	G - 80	ssa Camilla - Wife
Powner, Camilla			21 Dec 1979	90y	G - 81	ssa Clarence - Husband
Haft, Jacob A.	1897	1964	21 Jul 1964	67y	G - 82	ssa Stella L. - Husband
Haft, Stella L.	1904		14 Nov 1968		G - 83	ssa Jacob A. - Wife
Haft, Louise	1886	1966	19 Mar 1966	79y	G - 84	
McAvoy, Frank E.	1901				G - 85	ssa Carrie
McAvoy, Carrie H.	1902	1984	21 Jun 1984	78y	G - 86	nee, Haft - ssa Frank E.
Bruestle, Anna	1904	1983	21 Jun 1984	78y	G - 87	nee Haft
Younger, Saul J.	17 Jan 1901	16 Mar 1968	19 Mar 1968	67y	G - 92	ssa Nell F.
Younger, Nell F.	28 Dec 1902	25 Mar 1991	28 Mar 1991	88y	G - 95	ssa Saul J.
Ruehl, Jacob E.	1912	1976	18 Sep 1976	64y	G - 96	
Ruehl, Nymphia E.	1918	1966			G - 97	
Plummer, Edith Jane	1891	1975	10 Oct 1975	84y	G - 98	
Culbertson, James R.	1897	1972	1 Nov 1972	75y	G - 99	ssa Margaret E.
Culbertson, Margaret E.					G -	ssa James R.
Traut, Stanley	1909	1970	3 Aug 1970	61y	G -	ssa Rose
Traut, Rose	1909				G -	ssa Stanley
Rink, Lorraine M.	28 Feb 1923	16 Oct 1987	21 Oct 1987	60y	G -	
Rink, William G.	17 Aug 1951	22 Apr 1984	28 Apr 1984	32y	G -	FTMC US Navy
Jung, William C.	1892	1973	3 Jul 1973	81y	G -	ssa Belle A.
Jung, Belle A.	1895	1983	11 Jun 1983	87y	G -	ssa William C.
Becker, Paul G.	1915				G -	ssa Lawrence C. - Father
Becker, Lawrence C. (Larr	1947	1967	14 Sep 1967	19y	G -	ssa Paul G. - Son
Becker, Elizabeth E.	1918				G -	ssa Paul G. - Mother
Feger, Frank J.	1900	1965	23 Feb 1965	65y	G -	
Feger, Martha	1905	1967	8 May 1967	63y	G -	nee Gildehaus
White, Eric A.	1908	1989	20 Jan 1989	81y	G -	ssa Mavis T.
White, Mavis T.	1905				G -	ssa Eric A.
Watts, Roscoe	1901	1966	13 Sep 1966	65y	G -	
Chirch, John			19 Apr 1979	76y	G -	
Church, Mollie			4 Jan 1979	69y	G -	
Green, Ralph			30 Sep 1977	72y	G -	
Coop, Charles J.	23 Apr 1898	28 Sep 1974	2 Oct 1974	76y	G -	F3 US Navy
Coop, Theresa A.	11 Nov 1899	11 Mar 1985	13 Mar 1985	85y	G -	
Wightman, Joseph F.	13 Nov 1902	1 Jun 1986	5 Jun 1986	83y	G -	
Beller, James A.	18 Oct 1953	20 Jan 1984	14 Jul 1984	30y	G -	
Kuhn, Karl R.	1909	1978	3 Jan 1979	69y	G -	ssa Grace Louise
Kuhn, Grace Louise	1911	1970	9 Sep 1970	58y	G -	ssa Karl R.
Hancock, Harold R.	1900	1973	20 Mar 1973	73y	G -	ssa Charlett S.
Hancock, Charlett S.	1913				G -	ssa Harold R.
Cooper, Charles T.	6 Jul 1924	19 Nov 1987	21 Nov 1987	63y	G -	Cpl US Army, WW II
Christie, August	1909	1982	24 Sep 1982	73y	G -	ssa Selma

Name	Birth	Death	Internment	Age	Sec-Lot	Information
Christie, Selma	1911	1991	21 Oct 1991	80y	G -	ssa August
Frey, Ernest C.	1900	1986	19 Aug 1986	85y	G -	ssa Florence D.
Frey, Ernst			16 Jul 1987		G -	Dis-inter
Frey, Florence D.	1898	1989	9 Jun 1989	91y	G -	ssa Ernest C.
Schlensker, Hilda V.	1900	1973	22 Aug 1973	73y	G -	ssa Ralph R.
Schlensker, Ralph R.	1896	1970	3 Sep 1970	74y	G -	ssa Hilda V.
Ferguson, Vivian E.	1919	1968	29 Oct 1968	48y	G -	Mother
Bachman, James N.	1940	1985	14 Aug 1985	45y	G -	Beloved son
Lipps, Charles Arthur	27 Oct 1920	5 Jun 1978	8 Jun 1978	57y	G -	SM2 US Navy, WW II
McFarland, John M.	1912	1974	5 Dec 1974	62y	G -	ssa Adith M.
McFarland, Adith M.	1911	1990	31 Aug 1990	79y	G -	ssa John M.
Shiplett, Ambrose A.	15 Nov 1907	30 Aug 1985	4 Sep 1985	77y	G -	ssa Julia C.
Shiplett, Julia C.	19 Jun 1912	27 May 1984	30 May 1984	71y	G -	ssa Ambrose A.
Foegle, Edward J.	14 Dec 1924	6 Jan 1978	9 Jan 1978	53y	G -	Sgt US Army, WW II
Kruit, Daniel	1900	1965	27 May 1967	64y	G -	ssa Helen E.
Kruit, Helen E.	1895	1969	27 Mar 1969	73y	G -	ssa Daniel
Hagemann, Ruth C.	1909	1983	28 Apr 1983	73y	G -	
Bracher, Anna E.	1897	1983	20 Apr 1983	86y	G -	nee Hagemann
McFarland, Richard M.	18 Jan 1880	3 Dec 1965	7 Dec 1965		G -	ssa Ethel S.
McFarland, Ethel S.	18 Jan 1885	13 Mar 1976	16 Mar 1976	91y	G -	ssa Richard M.
Bachman, Harold A.	1919				G -	ssa Lela G.
Bachman, Lela G.	1922				G -	ssa Harold A.
Banderman, Alfred	1894	1967	8 Aug 1967	73y	G -	ssa Catherine
Banderman, Catherine	1900				G -	ssa Alfred
Heckman, Edward	1890	1975	3 Apr 1975	84y	G -	ssa Ida, Dad
Heckman, Ida	1891	1981	4 Sep 1981	90y	G -	ssa Edward - Mom
Ludwig, Henry	1891	1968	26 Mar 1968	77y	G -	
Ludwig, Emma	1896	1976	23 Dec 1976	79y	G -	
Lischeid, Albert H.	28 Jun 1912	27 Jul 1989	1 Jul 1989	77y	G -	ssa Mildred
Lischeid, Mildred	23 Sep 1916				G -	ssa Albert H.
Rink, Fred J.	1896	1980	29 Mar 1980	83y	G -	ssa Helen M.
Rink, Helen M.	1894	1971	22 Feb 1971	76y	G -	ssa Fred J.
Behne, Vincent J.	1915	1992	7 Feb 1992	76y	G -	ssa Catherine
Behne, Catherine	1915				G -	ssa Vincent J.
Hellkamp, Aloysius	26 Aug 1896	26 Dec 1971	29 Dec 1971	75y	G -	Ohio Sgt COD 2 Engrs, WW I
Hellkamp, Alvina			24 Feb 1973	80y	G -	
Heineman, Stanley R.	31 Jan 1917	12 Oct 1989	17 Oct 1989	72y	G -	S1 US Navy, WW II
Sheehan, Joseph B.	17 May 1945	24 May 1989	30 May 1989	44y	G -	
Dean, Frank J.	11 Oct 1924	24 Oct 1990	27 Oct 1990	66y	G -	ssa Helen F.
Dean, Helen F.	11 Apr 1924				G -	ssa Frank J.
Lee, John A.	31 Aug 1898	1 Dec 1987	4 Dec 1987	89y	G -	ssa Lora A.
Lee, Lora A.	4 Apr 1900	10 Dec 1980	15 Dec 1980	80y	G -	ssa John A. - m. 26 Oct 1919
Burke, Travis E.	17 Jul 1917	4 Nov 1983	7 Nov 1983	66y	G -	
Burke, Infant boy			29 Mar 1985		G -	Beloved son - cremains
Sager, Frank	1914	1978	2 Nov 1978	63y	G -	ssa June
Sager, June	1919	1968	23 Nov 1968	49y	G -	ssa Frank
Ward, Dewey			18 Jan 1971	67y	G -	
Ward, Dewey A.	1903	1971			G -	ssa Ruth C.
Ward, Ruth C.	1918	1990	29 Mar 1990	71y	G -	ssa Dewey A.
Laug, Jacob C.	1896	1978	3 May 1978	81y	G -	ssa Helen C.
Laug, Helen C.	1898	1985	9 Jul 1985	87y	G -	ssa Jacob C.
Bailey, Louis E.	17 Feb 1926	3 May 1974	7 May 1974	48y	G -	Cpl US Air Force
Atkins, Ray G.	1907	1977	8 Mar 1977	69y	G -	
Heineman, Wilbert	13 Apr 1920	7 Nov 1976	11 Nov 1976	56y	G -	Tech 5 US Army, WW II
Beigel, Walter L., Father			12 Feb 1969	68y	G -	
Beigel, Mildred			17 Oct 1991	88y	G -	
Neal, Lillie O.	6 Sep 1891	6 May 1972	9 May 1972	80y	G -	Our Mom
Miller, Alvin C.	1914	1988	16 Jan 1988	73y	G -	ssa Wilma R.
Miller, Wilma R.	1914				G -	ssa Alvin C.

Name	Birth	Death	Internment	Age	Sec-Lot	Information
Pfau, Clifford H.	1897	1972	24 Jan 1972	74y	G -	Father
Pfau, Edna	1890	1984	10 Oct 1984	85y	G -	Mother
Ernst, Harry	1919				G -	Husband
Ernst, Alice	1923				G -	Wife
Elliott, Richard	1893	1972	10 Mar 1972	79y	G -	ssa Marie C.
Elliott, Marie	1895	1971	7 Sep 1971	76y	G -	nee, Scheit - ssa Richard
Davis, Karen E.	1964	1972	9 Apr 1972	8y	G -	
McCue, John T.	10 Oct 1899	22 Jan 1992	25 Jan 1992	92y	G -	ssa Mary H.
McCue, Mary H.	26 Jul 1899	13 Aug 1990	15 Aug 1990	91y	G -	ssa John T.
Rees, William F.	1900	1971			G -	ssa Marie D.
Rees, Marie D.	1902	1986	9 Jun 1986	83y	G -	ssa William F.
Freeson, Edward F.	1899	1974	28 May 1974	74y	G -	ssa Selma R.
Freeson, Selma R.	1905				G -	ssa Edward F.
Laug, Ralph C., Jr.	1949	1983	7 Mar 1983	33y	G -	
Noll, George J.	1927	1991	11 Mar 1991	64y	G -	US Army, WW II
Wopperer, Edwin J.	1909	1985	6 May 1985	79y	G -	ssa Louise J.
Wopperer, Louise J.	1913	1978	8 Aug 1978	65y	G -	ssa Edwin J.
Reed, Dewey M., Sr.	1904	1974	11 Feb 1974	69y	G -	Father
Reed, Zethel B.	1910	1972	15 Apr 1972	61y	G -	Mother
Stroschen, Walter	1944				G -	ssa Judith Ann
Stroschen, Judith Ann	1943	1989	10 Jan 1989	45y	G -	ssa Walter
Molengraft, Edward C., Sr	1908	1988	29 Jul 1988	79y	G -	ssa Leona
Molengraft, Leona	1910				G -	ssa Edward C.
Berner, Edward F.	1908	1986	11 Oct 1986	78y	G -	ssa Julia C.
Berner, Julia C.	1910				G -	ssa Edward F.
Hasselbeck, Robert A.	1912				G -	ssa Elvira M.
Hasselbeck, Elvira M.	1908	1990	29 May 1990	82y	G -	ssa Robert A.
Laug, Ralph C., Sr.	1928	1983	2 Feb 1983	54y	G -	S1 US Navy, WW II
Ploss, William	1897	1971	10 Aug 1971	73y	G -	ssa Lucy
Ploss, Lucy A.	1901	1989	13 Nov 1989	88y	G -	ssa William
Richards, Elmer A.	1896	1981	2 Jan 1982	85y	G -	ssa Luella C.
Richards, Luella C.	1906	1978	29 Aug 1978	72y	G -	ssa Elmer A.
LaHue, Paul J.	1922				G -	ssa Jean E.
LaHue, Jean	1925	1989	27 May 1989	63y	G -	ssa Paul J.
Pinkerton, Robert C.	9 Mar 1894	19 Jan 1967			G -	ssa Louise D.
Pinkerton, Louise D.	1 Feb 1892	29 May 1977	1 Jun 1977	85y	G -	ssa Robert C.
Muckenfuss, Mildred	1905				G -	ssa Ruth
Muckenfuss, Ruth	1924				G -	ssa Mildred
Reidel, Donald Ben	4 Oct 1926	3 jul 1966	7 Jul 1966	39y	G -	
Barnes, Albert S.	18 Jun 1891	13 Jan 1968	17 Jan 1968	76y	G -	Ohio Pvt 13 Regt FA Repl Depot, WW I
Barnes, Elsie A.	7 Oct 1901	16 Feb 1976	20 Feb 1976	74y	G -	
Knipper, Helen	1901	1972	19 Aug 1972	71y	G -	ssa Carl
Knipper, Carl	1897	1969	11 Dec 1969	72y	G -	ssa Helen
Mattei, Valentino G.	1901	1992	4 May 1992	91y	G -	ssa Hazel S.
Mattei, Hazel S.	1908	1974	5 Aug 1974	66y	G -	ssa Valentino G.
Henry, William F.	1911	1978	24 Jul 1978	66y	G -	ssa Anna M.
Henry, Anna M.	1919	1978	12 May 1978	58y	G -	ssa William F.
Roberts, Ernest			25 Apr 1992	62y	G -	
Roberts, Nora	1900	1971	8 Jun 1971	71y	G -	nee, Bell - Mother
Raugh, Lewis P.	1900	1970	4 Apr 1970	69y	G -	ssa Hilda M. - Father
Raugh, Hilda M.	1905	1985	30 May 1985	80y	G -	ssa Lewis P. - Mother
Raugh, Fred H.	27 Jul 1923	12 Sep 1972	15 Sep 1972	49y	G -	Cpl US Marine Corp, WW II
Raugh, Ruth I.	1912	1972	17 Aug 1972	60y	G -	Mother
Gehring, John J.	1913	1977	29 Nov 1977	63y	G -	ssa Mary L.
Gehring, Mary L.	1916				G -	ssa John J.
Eagan, William J.	1908	1965	13 Jan 1965	56y	G -	ssa Dorothy
Eagan, Dorothy	1910				G -	ssa William J.
McClellan, Alice	1896	1985	19 Apr 1985	88y	G -	

Name	Birth	Death	Internment	Age	Sec- Lot	Information
Timberlake, Will H.	16 May 1915				G -	ssa Audrey Jane
Timberlake, Audrey Jane	10 feb 1921	17 Nov 1983	21 Nov 1983	62y	G -	ssa Will H.
Michel, Clarence L.	19 Dec 1908	9 Dec 1979	12 Dec 1979	71y	G -	ssa Frances W.
Michel, Frances W.	21 Nov 1916	28 Aug 1992			G -	ssa Clarence L.
Delaney, Irene	2 May 1922	20 Jul 1978	22 Jul 1978	56y	G -	nee Barnes
Letzler, Alfred	1892	1979	3 Mar 1979	87y	G -	ssa Anna C.
Letzler, Anna C.	1895	1979	3 Jan 1980	84y	G -	ssa Alfred
Morris, Robert L.	1903	1987	4 Jun 1987	84y	G -	ssa Dorothy J. - Dad
Morris, Dorothy J.	1924				G -	ssa Robert L. - Mom
Morris, Walter L.	1953				G -	ssa Robert L. - Son
Matgen, Cletus Fred	28 Sep 1904	1 Apr 1993			G -	
Stroschen, Walter T.	1921	1982	29 Jul 1982	61y	G -	ssa Marion R - m. 20 Jun 1946
Stroschen, Marion R.	1919				G -	ssa Walter T.
Blum, Raymond L.	12 Jun 1921	26 Jun 1969	30 Jun 1969	48y	G -	Ohio TECS Svc Co 405 Inf, WW II - BSM - P4
Goebel, Paul F.	1911	1988	2 Feb 1988	76y	G -	ssa Teresa M. - m. 1 Jun 1935
Goebel, Teresa M.	1914				G -	ssa Paul F.
Wolf, Elsie	8 Feb 1911	12 Jan 1990	15 Jan 1990	78y	G -	
Dunn, Lillian	1928	1971	7 Sep 1971	43y	G -	nee, Rough - ssa Harland
Dunn, Harland	1917	1989	1989		G -	ssa Lillian - Cremains
Desmond, John J., Sr.	22 Feb 1897	11 jun 1980	15 Jul 1980	83y	G -	Sgt US Army, WW I
Schneider, Charles E.	18 Apr 1891	29 Nov 1975	2 Dec 1975	84y	G -	Pvt US Army, WW I
Schneider, Margaret	10 Jul 1894	20 Aug 1976	23 Aug 1976	82y	G -	nee Stapelton
Schneider, Clifford H.	1887	1967	6 Mar 1967	79y	G -	ssa Hilda L.
Schneider, Hilda L.	1890	1974	8 May 1974	84y	G -	ssa Clifford H.
Suhr, Ernest J.	1896	1967	27 Mar 1967	71y	G -	
Suhr, Emma W.	1900	1975	18 Dec 1975	75y	G -	nee, Manders - ssa Ernest J.
Ridder, Eleanore	1902	1968	28 Oct 1968	65y	G -	
Van DeRyt, Willoughby F.	25 Sep 1907	21 Feb 1979	24 Feb 1979	71y	G -	ssa Gladys C.
Van DeRyt, Gladys C.	25 Feb 1909	24 Jul 1983	26 Jul 1983	74y	G -	ssa Willoughby F.
Hiltenbeitel, Alma			4 Jun 1987	85y	G -	
Surnbrock, Alan	12 Jun 1954	22 Oct 1972	21 Oct 1972	18y	G -	
Meyer, Robert			12 May 1975	51y	G -	
Meyer, Louis	25 Dec 1892	23 May 1978	25 May 1978	85y	G -	Cpl US Marine Corp, WW I
Muckenfuss, Lester G.	16 Sep 1903	15 Sep 1978	19 Sep 1978	74y	G -	Pvt US Army, WW II
Muckenfuss, Mary			21 May 1974	74y	G -	
Graham, Maude	1909	1965	23 Aug 1965		G -	nee, Montgomery - Grandmother
Walker, Bruce	28 Jul 1949	3 Feb 1968	7 Feb 1968	18y	G -	Son
Willenburg, Theodore	1899	1990	28 Nov 1990	91y	G -	ssa Frances - m. 2 Jul 1924
Willenburg, Frances	1901				G -	ssa Theodore
Miller, William J.	1895	1969	11 Feb 1969	73y	G -	ssa Catherine N.
Miller, Catherine	1900	1969	22 Feb 1969	68y	G -	ssa William J.
Holderer, Ervin	1 Feb 1911	6 May 1972	9 May 1972	61y	G -	
Halsey, George A.	3 Apr 1917	22 Feb 1969	25 Feb 1969	51y	G -	Illinois 2d Lt Mil Intel, WW II
Schwalback, Douglas F.	22 Jul 1923				G -	ssa Shirley C.
Schwalbach, Shirley C.	16 mar 1928	27 Jul 1988	30 Jul 1988	60y	G -	ssa Douglas F.
Lauck, Dorothy			6 Jul 1990	79y	G -	
Lauch, Eleanor			31 May 1974	75y	G -	
Miller, Florence A.	21 May 1912	10 Mar 1976	13 Mar 1976	64y	G -	
Krauss, Elmer	1907	1977	19 Jul 1977	70y	G -	ssa Carolyn L.
Krauss, Carolyn Louise	1911	1982	21 Dec 1982	71y	G -	ssa Elmer
Bednarski, Walter J.	22 Oct 1919	25 Dec 1986	29 Dec 1986	67y	G -	Pvt US Army, WW II
Lewis, Floyd R.	1907	1968	29 Jun 1968	61y	G -	ssa Sue L.
Lewis, Sue L.	1908	1984	17 Dec 1984	76y	G -	ssa Floyd R.
Michel, August	1906	1987	4 Feb 1987	80y	G -	ssa Media
Michel, Media	1908				G -	ssa August
Paul, Philip J.	10 Nov 1894	26 Mar 1978	28 Mar 1978	88y	G -	Pvt US Army, WW I
Paul, Ida	16 Sep 1898	30 Jul 1988	2 Aug 1988	99y	G -	
Meyer, Donald F.	16 Feb 1926				G -	ssa Jo Ann

Name	Birth	Death	Internment	Age	Sec- Lot	Information
Meyer, Jo Ann	11 Jan 1935				G -	ssa Donald F.
Samples, Robert G	9 Oct 1907	21 Nov 1972	25 Nov 1972	65y	G -	ssa Elsie
Samples, Elsie	1 Dec 1913	5 Nov 1979	7 Nov 1979	65y	G -	ssa Robert G.
Andler, Walter Adam	1918	1969	8 Sep 1969	51y	G -	ssa Betty L.
Andler, Betty L.	1921	1988	5 Jan 1988	66y	G -	ssa Walter Adam
Noll, Frank J.	14 Jan 1903	21 Jun 1976	24 Jun 1976	73y	G -	ssa Loretta M.
Noll, Loretta M.	28 Aug 1904	22 Jun 1972	26 Jun 1972	67y	G -	ssa Frank J.
Poole, Ernest W.	8 Nov 1914	4 Nov 1972	7 Nov 1972	57y	G -	Ohio S2 US Navy, WW II
Mirus, Albert F.	1909	1976	20 Apr 1976	67y	G -	1st Lt US Army, WW II
Johns, Lee L.	2 Apr 1904	25 Mar 1990	28 Mar 1990	85y	G1 - 1	ssa Irma E.
Johns, Irma E.	12 Mar 1909	24 may 1973	29 May 1973	64y	G1 - 2	ssa Lee L.
Wittrock, Elizabeth M.	27 Apr 1905	13 Mar 1987	16 Mar 1987	81y	G1 - 3	Mother
Duesing, Frank J.	27 Sep 1905	16 Mar 1982	19 Mar 1982	76y	G1 - 4	
Duesing, Thelma	´5 Mar 1910	20 Oct 1990	25 Oct 1990	80y	G1 - 5	
Wagner, Walter	6 Oct 1891	1 Jun 1972	3 Jun 1972	80y	G1 - 6	
Wagner, Allen W.	2 Jun 1923	1 Aug 1945			G1 - 6	2nd Lt US Army Air Corp, WW II
Wagner, Helen K.	19 May 1894	8 May 1979	11 May 1979	84y	G1 - 7	
Storz, Christian	1911	1973	18 May 1973	62y	G1 - 8	
Hagen, Gilbert A., Sr.	1910	1975	1 May 1975	64y	G1 -	ssa Harriet E.
Hagen, Harriet E.	1920				G1 -	ssa Gilbert A.
Schlenker, Irvin	9 Jun 1891	20 Nov 1972	24 Nov 1972	81y	G1 -	
Schlenker, Elsie M.	5 May 1896	12 Apr 1988	13 Apr 1988	91y	G1 -	
Vollmer, Walter H.	26 Oct 1907	15 Jun 1975	19 Jun 1975	67y	G1 -	Tech 4 US Army, WW II
Vollmer, Luella C.	Jul 1907				G1 -	
Collini, Thomas P.	11 Nov 1910	21 Nov 1972	25 Nov 1972	62y	G1 -	Ohio Pfc US Army, WW II
Collini, Helen	6 Sep 1907	22 feb 1989	25 Feb 1989	82y	G1 -	
Messer, Jerry			7 May 1975	21y	G1 -	
Clements, Milton G.	1912	1982	15 Jul 1982	70y	G1 -	Dad
Olding, Elmer John	26 Jul 1911	13 Mar 1973	16 Mar 1973	61y	G1 -	Ohio Tec 5 Btry C 157 Fld Arty Bn, WW II
Zeek, Dorothy E.	30 Oct 1933	3 Aug 1977	5 Aug 1977	43y	G1 -	
Spizzica, Paul J.	3 Oct 1914	31 Dec 1986	5 Jan 1987	72y	G1 -	Cpl US Army, WW II
Handyside, Elmer	5 Mar 1910	17 Nov 1980	19 Nov 1980	70y	G1 -	
Handyside, Ruth J.	22 Jan 1918				G1 -	
Lail, Richard Hall	20 May 1913	16 Jun 1973	20 Jun 1973	60y	G1 -	ssa Rose M.
Lail, Rose M.	12 Feb 1913				G1 -	ssa Richard Hall
Amthauer, Howard J.	1906	1976	22 Nov 1976	71y	G1 -	ssa Alma
Amthauer, Alma					G1 -	ssa Howard J.
Becker, Jacob	1900	1976	7 May 1976	76y	G1 -	ssa Ellen
Becker, Ellen	1898	1974	12 Jan 1974	75y	G1 -	ssa Jacob
Gary, Howard V.	1925				G1 -	ssa Lillian E.
Gary, Lillian E.	1909	1989	19 Jun 1989	79y	G1 -	ssa Howard V.
Nies, John	1905	1973	11 Dec 1973	68y	G1 -	ssa Margaret
Nies, Margaret	1909				G1 -	ssa John
Berauer, Marie C.	1904	1973	19 May 1973	69y	G1 -	ssa Lee J.
Berauer, Lee J.	1905				G1 -	ssa Marie C.
Abegglen, Lewis W.	28 Oct 1901	27 Sep 1974	30 Sep 1974	72y	G1 -	ssa Edith C.
Abegglen, Edith C.	13 Mar 1904	12 Nov 1985	15 Nov 1985	81y	G1 -	ssa Lewis W.
Kresup, Fritz E.	1911	1973	14 Nov 1973	61y	G1 -	
Doerman, Ronald C.	1934	1974	18 May 1974	40y	G1 -	
Wehrle, William R.	1908	1974	27 Jul 1974	65y	G1 -	ssa Rosella H.
Wehrle, Rosella H.	1909				G1 -	ssa William R.
Steinhauer, Arnold	3 May 1908	26 Dec 1992			G1 -	Tec4 US Army, WW II
Mueller, Robert J.	25 Feb 1924	16 Apr 1974	19 Apr 1974	50y	G1 -	Ohio Cpl Army Air Forces, WW II
Kistner, Howard L.	1898	1976	7 Sep 1976	77y	G1 -	ssa Viola B.
Kistner, Viola B.	1903	1988	5 Jan 1988	84y	G1 -	ssa Howard L.
Mendel, George	1891	1980	29 Jul 1980	89y	G1 -	Father
Mendel, Martha	1894	1974	15 Oct 1974	80y	G1 -	Mother
Schuch, Raymond F.	1919	1992	4 Mar 1992	73y	G1 -	ssa Florence A.

Name	Birth	Death	Internment	Age	Sec- Lot	Information
Schuch, Florence A.	1915	1987	18 Aug 1987	72y	G1 -	ssa Raymond F.
Schotte, Herman C.	1890	1975	21 May 1975	82y	G1 -	
Schotte, Clara	1892	1978	16 Feb 1978	85y	G1 -	Stone says Clark K.
Hoffman, Harry H.	1909	1974	22 Aug 1974	66y	G1 -	ssa Helen C.
Hoffman, Helen C.	1910	1975	24 Mar 1975	64y	G1 -	ssa Harry H.
Menke, Herman F.	1912	1979	26 Nov 1979	66y	G1 -	Father
Menke, Myrtle V.	1912	1975	11 Jul 1975	63y	G1 -	Mother
Bunselmeier, Wayne R.	15 Apr 1947	31 Aug 1974	4 Sep 1974	27y	G1 -	Sp5 US Army
Kelley, George R.	10 Apr 1915	21 Feb 1975	24 Feb 1975	59y	G1 -	EM3 US Navy
Kelley, Marian V.	14 Jun 1916				G1 -	
Rauf, Albert A. (Bud)	7 Apr 1913	6 Nov 1975	10 Nov 1975	62y	G1 -	Sgt US Army, WW II
Minth, Esther L.	1911	1985	14 May 1985	74y	G1 -	nee Heimlich
Heimlick, Anna Marie	1919	1974	27 Dec 1974	55y	G1 -	Mother
Auer, Charles Joseph	1905	1975	14 Jan 1975	69y	G1 -	
Pereira, Bryon K.	1913	1975	24 Jan 1975	60y	G1 -	
Wendling, Joseph	1890	1975	23 Apr 1975	84y	G1 -	
Wendling, Marie	1903	1993			G1 -	
Osterday, John E.	1912	1979	10 May 1979	67y	G1 -	ssa Leona C.
Osterday, Leona C.	1912	1975	24 Mar 1975	63y	G1 -	ssa John E
Marchion, Vincent Phillip	27 Sep 1924	2 Apr 1977	5 Apr 1977	52y	G1 -	Pvt US Army, WW II
Shambaugh, Joseph	20 Nov 1895	23 Oct 1975	24 Oct 1975	77y	G1 -	Pvt US Army, WW I
Beiersdorfer, Louis (Jim)	1906	1984	11 Jul 1984	78y	G1 -	ssa Mildred A.
Beiersdorfer, Mildred A.	1907	1975	24 Sep 1975	68y	G1 -	ssa Louis
Geier, James C.	1950	1977	29 Oct 1977	27y	G1 -	Father
Sallee, Oliver P.	1917				G1 -	
Sallee, Melva	1918				G1 -	
Cantzler, John	1893	1984	2 May 1984	91y	G1 -	ssa Minnie
Cantzler, Minnie	1898	1975	11 Sep 1975	77y	G1 -	ssa John
Ketteman, Nancy C.	1939	1977	10 Jun 1977	38y	G1 -	Mother
Schumacher, Henry C.	1929	1975	18 Oct 1975	45y	G1 -	Sgt US Army, Korea
Flick, Frank J.	1896	1987	4 Aug 1987	91y	G1 -	ssa Loretta
Flick, Lorretta	1900	1976	16 Oct 1976	76y	G1 -	ssa Frank J.
Phillips, Lawrence L.	14 Jan 1903	27 Nov 1975	1 Dec 1975	72y	G1 -	Pvt US Army, WW II
Mills, Emory O., Sr. (Bud)	1919	1975	22 Nov 1975	56y	G1 -	
Mills, Mary Jo	1928	1991	4 Sep 1991	63y	G1 -	
Tewes, Albert B.	1905	1976	17 Feb 1976	71y	G1 -	ssa Mary W.
Tewes, Mary W.	1912	1992	6 Jan 1992	79y	G1 -	ssa Albert B.
Dunaway, Clifford E.	14 Sep 1912	10 Aug 1977	13 Aug 1977	64y	G1 -	Cpl US Army, WW II
Dunaway, Clara	28 Sep 1918	27 Jun 1984	29 Jun 1984	65y	G1 -	Grandmother
Tomlin, Robert	1922	1979	12 Feb 1979	56y	G1 -	ssa Lucille
Tomlin, Lucille	1921	1975	17 Dec 1975	54y	G1 -	ssa Robert
Thiemann, Harry B.	1907	1976	16 Apr 1976	68y	G1 -	ssa Gladys M.
Theimann, Gladys M.	1908				G1 -	ssa Harry B.
Book, Janet E.	1931	1978	8 Mar 1978	46y	G1 -	
Leidenheimer, Edmond A.	25 Feb 1917	27 Nov 1975	29 Nov 1975	58y	G1 -	Pvt US Army, WW II
Leidenheimer, Josephine L	17 Aug 1906	9 Oct 1979	11 Oct 1979	73y	G1 -	
Goodwin, Billie	1939				G1 -	nee, Kidd
Jacob, George J.	12 Feb 1929	21 Dec 1975	27 Dec 1975	46y	G1 -	Pfc US Army, Korea
Jacob, Armellia C.	15 Sep 1909				G1 -	
Kirby, Ina S.	20 Nov 1913	26 Nov 1987	30 Nov 1987	74y	G1 -	
Juengling, William F. (Bill)	9 Jun 1900	29 Feb 1976	2 Mar 1976	75y	G1 -	ssa Elsie
Juengling, Elsie	14 Apr 1905	9 Aug 1990	13 Aug 1990	85y	G1 -	ssa William F.
Metze, Norma Lee	1924				G1 -	
Enright, Irene C.	17 Jul 1898	30 May 1976	2 Jun 1976	77y	G1 -	ssa Edward J.
Enright, Edward J.	26 Jan 1902	7 Nov 1980	11 Nov 1980	78y	G1 -	ssa Irene C.
Carr, Flora			29 Jan 1980	58y	G1 -	
Baumer, Alvin G.	18 Dec 1908	30 Dec 1983	4 Jan 1984	75y	G1 -	Pfc US Army, WW II
Geir, Ruth C.	1921	1982	13 May 1982	61y	G1 -	ssa Charles A.
Geir, Charles A.	1918				G1 -	ssa Ruth C.

Name	Birth	Death	Internment	Age	Sec-Lot	Information
Casey, William C.	1909	1979	10 Apr 1979	69y	G1 -	Dad
Casey, Edna E.	1911	1979	22 Jun 1979	68y	G1 -	Mother
Panaro, Eugene	1899				G1 -	ssa Hazel M.
Panaro, Hazel M.	1902	1987	26 Jan 1987	84y	G1 -	ssa Eugene, Mom
Wilson, Milton G.	4 Jun 1913	17 Feb 1979	20 Feb 1979	64y	G1 -	ssa Opal
Honican, Opal	15 Dec 1920	30 Nov 1990	4 Dec 1990	69y	G1 -	This stone is next to Opal Wilson's
Wilson, Opal	15 Dec 1920				G1 -	ssa Milton G.
Mueller, William J.	23 Jul 1892	10 Sep 1981	14 Sep 1981	89y	G1 -	
Mueller, Margaret L.	15 Aug 1903	26 Feb 1979	1 Mar 1979	75y	G1 -	
Linnihan, Mary J.	15 Aug 1903	17 Mar 1991	21 Mar 1991	87y	G1 -	
Huber, Robert E.	1931	1990	24 Apr 1990	58y	G1 -	ssa Jean E.
Huber, Jean E.	1933				G1 -	ssa Robert E.
Taylor, Raymond	20 Oct 1910				G1 -	ssa Dorothy
Taylor, Dorothy	11 Dec 1919	9 Jul 1992			G1 -	ssa Raymond
Lacy, Marvin L.	26 Aug 1916	2 Nov 1989	6 Nov 1989	73y	G1 -	SP3 US Coast Guard, WW II
Lacey, Bernice P.	23 Dec 1917				G1 -	nee, Bardel
Kirby, Howland M.	1907				G1 -	ssa Millie E.
Kirby, Millie E.	1905	1981	5 Jan 1981	75y	G1 -	ssa Howland M.
Young, William H.	1916				G1 -	ssa Rosella
Young, Rosella	1917				G1 -	ssa William H.
Neiheisel, Lawrence H.	1909				G1 -	ssa Marie E.
Neiheisel, Marie E.	1912				G1 -	ssa Lawrence H.
Sahm, Robert	1 Apr 1924	23 Nov 1989	27 Nov 1989	65y	G1 -	S2 US Navy, WW II
Bohn, Frank J.	1910	1981	27 Feb 1981	70y	G1 -	
Bohn, Elizabeth	1909	1981	12 Jun 1981	72y	G1 -	
Birkenhauer, Walter P. (J	1923	1984	14 Mar 1984	60y	G1 -	
Schille, Arthur M.	1908				G1 -	ssa Florence M.
Schille, Florence M.	1908				G1 -	ssa Arthur M.
Walden, Leonard J.	1922				G1 -	ssa Helen R.
Walden, Helen R.	1924				G1 -	ssa Leonard J.
Frey, John E.	24 Apr 1925	27 Nov 1981	30 Nov 1981	56y	G1 -	US Navy
Lang, Ferdinand W.	1910	1987	19 May 1987	85y	G1 -	
Westrich, Eric J.	1909	1985	14 Mar 1985	76y	G1 -	
Westrich, Helen O.	1914	1981	10 Jan 1981	66y	G1 -	
Ellis, Elwood A.	1909	1983	6 Sep 1983	74y	G1 -	
Ellis, Susan D.	1912	1987	14 Jan 1987	74y	G1 -	
Martin, Harold			8 Sep 1983	63y	G1 -	
Westerfield, William E.	10 Mar 1921	31 Jan 1993			G1 -	Tec5 US Army, WW II
Davis, Robert M.	3 Aug 1923	24 Jan 1982	27 Jan 1982	58y	G1 -	ssa Mary E.
Davis, Mary E.	29 Oct 1929				G1 -	ssa Robert M.
Lang, Ronald X.	1931	1985	31 Oct 1985	54y	G1 -	
Lang, Bertha C.	1904	1981	3 Mar 1981	76y	G1 -	Mother
Ruoff, Marlin A.	1931				G1 -	ssa Alice J.
Ruoff, Alice J.	1932				G1 -	ssa Marlin A.
Ruoff, Henry A.	1895	1988	19 Feb 1988	92y	G1 -	ssa Mary
Ruoff, Mary	1909	1989	29 Mar 1989	79y	G1 -	nee, Springmyer - ssa Henry A.
Freese, Arthur L.	1901	1991	15 Jun 1991	89y	G1 -	ssa Emma C.
Freese, Emma C.	1903				G1 -	ssa Arthur L.
Mansfield, Roy D.	17 Sep 1920	13 May 1985	17 May 1985	64y	G1 -	S2 US Navy, WW II
Hunebrink, George B.	1913				G1 -	ssa Ruth A.
Hunebrink, Ruth A.	1913	1993			G1 -	ssa George B.
Kaser, Albert T.	1906	1984	22 Oct 1984	77y	G1 -	ssa Marie M. - m. 30 Jan 1926
Kaser, Marie M.	1909				G1 -	ssa Albert T.
McLane, Donald L.	1937	1985	12 Feb 1985	47y	G1 -	
McLane, Mae	19 Sep 1899	24 Aug 1987	27 Aug 1987	87y	G1 -	
Billing, Waldron H.	29 Oct 1910	2 Feb 1985	5 Feb 1985	74y	G1 -	F3 US Navy
Robinette, James M. (Jimmy)	6 Feb 1964	3 May 1991	6 May 1991	27y	G1 -	
Weingartner, Leonard			25 Oct 1990	69y	G2 - 1	
Sansone, Bethel			15 Feb 1977	70y	G2 - 3	

Name	Birth	Death	Internment	Age	Sec- Lot	Information
Watts, Virgil			9 Feb 1977	64y	G2 - 6	
Bevins, Hazel			8 Feb 1977	63y	G2 -	
Richmond, Richard			14 Oct 1978	33y	G2 -	
Frondorf, Christina			17 Apr 1984	16y	G2 -	
Frondorf, Maureen			25 Jan 1977	30y	G2 -	
Frondorf, Marian Caroline			6 Jan 1989	73y	G2 -	
Wurtz, Edna			30 Dec 1986	91y	G2 -	
Waldro, William Arthur			24 Jul 1987	75y	G2 -	
Lanier, Harry			9 Aug 1988	75y	G2 -	
Knosp, John			8 Feb 1978	62y	G2 -	
Fersich, Marita			2 Feb 1978	50y	G2 -	
Heckendorn, Janet			6 Jun 1979	49y	G2 -	
Roa, Elmer			1 Dec 1987	71y	G2 -	
Roa, Zella			14 Mar 1991	82y	G2 -	
Minella, Victor, Sr.			1 Apr 1985	85y	G2 -	
Minella, Lorretta			7 Aug 1976	69y	G2 -	
Leibrook, Milton			2 Aug 1978	73y	G2 -	
Wessel, Harry			25 Apr 1980	84y	G2 -	
Wessel, Catherine			9 Dec 1976	79y	G2 -	
Schurlok, Elizabeth			21 Oct 1980	71y	G2 -	
Kirchgessner, ----			29 Dec 1987	87y	G2 -	
Camper, Dale, Sr.			14 Jan 1989	64y	G2 -	
Partridge, Sara			15 Feb 1978	48y	G2 -	
Scheurer, Henry			17 Oct 1988	86y	G2 -	
Scheurer, Emma			14 Jun 1988	80y	G2 -	
Case, Ranson			12 Aug 1987	80y	G2 -	
Darnell, Chas C.			29 Nov 1988	78y	G2 -	
Oakley, Chas J.			22 Mar 1977	70y	G2 -	
Williams, Walter			13 Oct 1984	82y	G2 -	
Williams, Rose			17 Mar 1988	79y	G2 -	
Albert, Virginia M.			24 Jul 1976	65y	G2 -	
Hafner, Vivian			27 Jul 1978	60y	G2 -	
Albert, Carl J.			17 Feb 1984	73y	G2 -	
Vollhardt, Milford			24 Aug 1976	75y	G2 -	
Hundemer, Rose Mary			15 Nov 1976	51y	G2 -	
Schwier, Henry			9 Feb 1990	66y	G2 -	
Schwier, Virginia			9 Aug 1988	66y	G2 -	
Franz, William J.			28 Feb 1983	64y	G2 -	
Franz, Janet			18 Oct 1978	28y	G2 -	
Ruebusch, Marjorie			11 Feb 1991	68y	G2 -	
Wingert, Stephen			17 Jul 1978	63y	G2 -	
Specht, Henry			4 Sep 1976	71y	G2 -	
Specht, Dorothy			7 Apr 1990	83y	G2 -	
Walsh, Robert			19 Nov 1976	59y	G2 -	
Foppe, Lawrence L.			29 Apr 1977	50y	G2 -	
Munrath, Philip			28 Oct 1978	68y	G2 -	
Hischemiller, John			19 Sep 1977	61y	G2 -	
Hischemiller, Dorothy			16 Oct 1976	60y	G2 -	
Frank, George E.			16 Sep 1977	40y	G2 -	
Schneider, Alfred			7 Oct 1989	84y	G2 -	
Schneider, Helen			5 May 1979	71y	G2 -	nee Schwenker
Schweitzer, Stanley			22 May 1985	71y	G2 -	
Schweitzer, Ruth E.			18 Jan 1991	77y	G2 -	
Willoughby, Ida B.			23 Nov 1988	80y	G2 -	
Schneider, Robert			25 Aug 1978	64y	G2 -	
Knapp, Fred G.			19 Dec 1978	70y	G2 -	
Schneider, Ruth L.			26 Jan 1981	65y	G2 -	
Spenlen, Milford			26 Feb 1991	75y	G2 -	
Hawthorne, Wm S.			13 Oct 1986	82y	G2 -	

Name	Birth	Death	Internment	Age	Sec- Lot	Information
Knauber, Edward A.			12 Oct 1990	88y	G2 -	
Knauber, Violet			18 Feb 1989	83y	G2 -	
Bailey, Catherine			12 Mar 1979	56y	G2 -	
Nerl, Donald E.			2 Feb 1984	52y	G2 -	
Jones, Shural			5 Jul 1979	68y	G2 -	
Belcher, Herbert			21 Mar 1979	68y	G2 -	
Hibberd, Cornelius			22 Nov 1978	63y	G2 -	
Bihn, Carma J.			15 Jan 1991	68y	G2 -	
Maier, Wesley F.			5 Jun 1991	69y	G2 -	
Huelsebusch, Walter			20 Jul 1979	71y	G2 -	
Cameron, Bommer			15 Sep 1990	77y	G2 -	
Klein, Frederick			3 May 1991	79y	G2 -	
Klein, Lorretta			9 Oct 1979	63y	G2 -	
Crane, Martha			8 Dec 1983	82y	G2 -	
Wesselman, Larry			8 Jan 1990	79y	G2 -	
Fuller, Shirley			3 Jul 1979	44y	G2 -	
Heepke, Donald Charles			31 Mar 1980	55y	G2 -	
King, Lennora R.			Feb 1980	52y	G2 -	Between 7 Feb and 1 Mar 1980
Walsh, John			11 Feb 1987	69y	G2 -	
Dwelly, Jesse E.			10 Mar 1983	78y	G2 -	
Dwelly, Lyda			18 Mar 1980	74y	G2 -	
Williams, Harry C.			22 Apr 1987	76y	G2 -	
McCarthy, Nellie			9 Jul 1988	83y	G2 -	
Sperber, Geo			13 May 1980	68y	G2 -	
Sperber, Anna			11 Jun 1984	74y	G2 -	
Bauer, Elmer			21 Aug 1987	69y	G2 -	
Baner, Dorothy			8 Aug 1979	57y	G2 -	
Martin, Jack			1 Jul 1988	68y	G2 -	
Codier, Francis			1 Mar 1980	42y	G2 -	
Mullins, Denver			25 Jan 1990	45y	G2 -	
Carboina, Edna			3 Feb 1987	71y	G2 -	nee Neugebauer
West, Luther			23 Jul 1980	82y	G2 -	
Woefer, Irene L.			2 Feb 1981	71y	G2 -	
Bourn, Iva Dale			2 May 1980	59y	G2 -	
Mullen, James			30 Aug 1988	70y	G2 -	
Elliott, Richard T.			14 Oct 1983	29y	G2 -	
Elliott, Michael			12 Jun 1992		G2 -	
Rogers, Robert C.			20 Feb 1981	39y	G2 -	
Bailey, Robert			14 Aug 1980	71y	G2 -	
Schaible, James			9 Jan 1991	76y	G2 -	
Robinson, Michael			26 Jul 1980	24y	G2 -	
Lewis, Eugene			17 Apr 1985	60y	G2 -	
Ellis, Geo.			25 Jun 1980	70y	G2 -	
West, Duard			15 Aug 1988	86y	G2 -	
O'Hearn, Patricia			11 Feb 1989	54y	G2 -	
Peters, Robert W.			29 Oct 1982	50y	G2 -	
Wells, Edward			11 Nov 1980	69y	G2 -	
Rahe, Jessie B.			27 May 1989	87y	G2 -	
Rahe, Catherine			13 Nov 1981	39y	G2 -	
Peter, Jos A.			2 Jul 1981	80y	G2 -	
Peter, Minnie			17 Dec 1991	90y	G2 -	
Pfeiffer, Wilhemina			15 Feb 1992	84y	G2 -	
Illian, Gertrude			31 Mar 1987	71y	G2 -	
Illian, Harold			19 Dec 1988	71y	G2 -	
Weber, George			10 Jun 1986	72y	G2 -	
Rowekamp, Leonard			17 Nov 1983	83y	G2 -	
Wehrmeyer, Raymond W.			22 Aug 1986	75y	G2 -	
Koch, Clarence			1 Feb 1991	74y	G2 -	
Dittus, John Edward			11 Apr 1990	59y	G2 -	

Name	Birth	Death	Internment	Age	Sec-Lot	Information
Dittus, Sheba			23 May 1992	63y	G2 -	
Gum, James D.			19 Feb 1991	63y	G2 -	
Potraffke, Gordon G.			15 Sep 1982	59y	G2 -	
Myers, Nellie M.			5 Jul 1984	69y	G2 -	
Essert, Marion			12 Jul 1983	68y	G2 -	
Brooks, Ira			22 Sep 1990	87y	G2 -	
Brooks, Hallie			23 Jul 1991	82y	G2 -	
Schlenker, Alvin			27 Mar 1991	75y	G2 -	
Dissinger, Chas			30 Sep 1985	70y	G2 -	
Dissinger, Helen			5 Jul 1984	68y	G2 -	
Ziesmann, Elsie			16 Feb 1991	87y	G2 -	
Mohr, Nelson J.			2 Dec 1989	69y	G2 -	
Mohr, Margaret			5 Jan 1984	60y	G2 -	
Zimmerman, Alvin			21 Jan 1985	65y	G2 -	
Zimmerman, Virginia L.			9 Oct 1982	59y	G2 -	
Earle, Wilbert			11 Jul 1987	80y	G2 -	
Werner, Henry			15 Jan 1983	74y	G2 -	
Byrd, Leslie			14 Sep 1983	59y	G2 -	
Stevens, Henry			25 Sep 1987	90y	G2 -	
Stevens, Rose			1 Oct 1983	76y	G2 -	
Pekel, Herbert			18 Sep 1990	70y	G2 -	
Bean, Minnie H.			12 Apr 1991	64y	G2 -	
Bender, Elmer			3 Oct 1989	63y	G2 -	
Bender, Betty			22 Jun 1983	61y	G2 -	
Metz, Ruth			13 Feb 1992	79y	G2 -	
Gruener, John E.			16 Nov 1982	66y	G2 -	
Cramerding, George			11 Oct 1983	66y	G2 -	
Brown, Wilma			8 Sep 1983	46y	G2 -	
Tufts, Frank H.			20 Nov 1990	67y	G2 -	
Mohaupt, Karl			21 Mar 1987	73y	G2 -	
Werner, Robert H.			5 Mar 1984	73y	G2 -	
Mullins, Harry			15 Jun 1988	63y	G2 -	
Brabender, Clemens			14 Feb 1986	66y	G2 -	
Rosenfeld, Jacqueline			16 Mar 1987	36y	G2 -	
Motz, Orville F.			22 Jan 1985	72y	G2 -	Cremains
Motz, Artie M.			22 Jan 1985	64y	G2 -	Cremains
Ginter, Chas			21 Mar 1989	76y	G2 -	
Davis, James M.			22 Apr 1986	62y	G2 -	
Freitag, Vivian			27 Jul 1984	64y	G3 - 4	
Schehl, Catherine			18 Mar 1989	85y	G3 - 9	
Roessler, Geneva			7 Jan 1988	67y	G3 -	
Hartlaub, Paul P., Jr.			30 Jun 1984	54y	G3 -	
Hartlaub, Paul, Sr.			5 Mar 1985	83y	G3 -	
Baechle, James P., Sr.			21 Jun 1985	75y	G3 -	
Homer, Ralph			29 Dec 1989	69y	G3 -	
Brockhoff, Margaret			11 Dec 1984	58y	G3 -	
Rebholz, John A.			7 Jan 1985	49y	G3 -	
Rebholz, Thomas			30 Oct 1985	3wk	G3 -	
Hartlaub, Mary Anne			4 Mar 1988	80y	G3 -	
Peace, Elmer C.			21 Jul 1987	70y	G3 -	
Zeek, Mary			16 Oct 1984	61y	G3 -	
Baechle, Laverne			2 Jan 1992	52y	G3 -	
Zavisin, Ivan			5 Dec 1991	83y	G3 -	
Elkins, Raymond			11 Aug 1990	78y	G3 -	
Winkler, Susan			28 Dec 1991	24y	G3 -	
Kreimer, Richard			22 Mar 1989	77y	G3 -	
Kreimer, Stephen A.			5 Jan 1990	33y	G3 -	
Cole, Charles			14 Nov 1988	44y	G3 -	
Frazier, Vera			11 Jul 1991	43y	G3 -	

Name	Birth	Death	Interment	Age	Sec-Lot	Information
Ingua, Mary Alice			18 Jul 1927		- 1	
Boffing, Nancy			16 Sep 1919	79y	- 2	
Gaige, Lorena			8 Feb 1937	29y	- 2	
Raible, Infant			30 Jul 1927		- 2	
Eads, Alice Catherine			27 Aug 1927	3m	- 3	
Ferneding, Marylyn			30 Sep 1927	6hr	- 4	
Knauber, J. R.			15 Aug 1928	3d	- 5	
Bohnert, David			28 Sep 1916	85y	- 7	
Wadick, Grace M.			9 May 1974	58y	- 9	
Elliott, Richard Jacob			30 Aug 1924	2m	- 12	
Johnson, Howard D.			29 Jan 1931	46y	- 14	
Fritzpatrick, Thomas			30 Apr 1917	24y 2m 4d	- 21	
Billinghurst, Fred E., Sr	1854	1917	1 Sep 1917	63y	- 22	
Hartman, John			18 Jul 1918	48y	- 23	
Flinckpauch, Julia			28 Jun 1933	75y	- 24	
Gibbs, Infant			8 Mar 1933		- 25	
Waldsmith, Henry D.			8 Aug 1933	61y	- 25	
Seig, Henry			7 Mar 1963	78y	- 27	
Neiderhelman, Matilda			20 Jul 1905	1y 9m 17d	- 34	
Lammers, Infant			10 Jul 1906		- 35	
Srebock, Frederick			23 May 1907		- 36	
Gerber, John H., Sr.			5 Apr 1933	77y	- 37	
Woods, Clara			16 Jul 1918	25y	- 38	
Markland, Albert H.			5 Sep 1917	43y	- 43	
Snider, Charles			6 Aug 1919	52y	- 47	
Byrd, Mary Emily			4 Apr 1920	12y	- 48	
Schutt, August D.			9 Jun 1908	55y 3m 5d	- 5?	
Backman, Catherine			23 Aug 1920	77y	- 50	
Hall, Lulu			30 Apr 1906	20y	- 50	nee, Virmir
Keller, Katherine			19 Dec 1963		- 52	nee, Sudendle
King, Infant			29 Jan 1918	4d	- 52	
Dervert, Infant			11 Feb 1918		- 53	Twin?
Dervert, Infant			11 Feb 1917		- 53	Twin?
Lauck, Henry			5 Apr 1918		- 54	
Fuss, Infant			20 Dec 1907		- 55	
Von Luckores,			1 Aug 1907	64y 10m	- 57	
Preising, Mike			8 Oct 1927	71y	- 60	
Scudder, Jasper			15 Jul 1908		- 60	
Dixon, Matilda			3 Oct 1908		- 61	
Berberick, John W.			31 May 1921	59y	- 72	
Schlick, John			3 Nov 1917	76y	- 73	
Blaga, Ruth D.			4 Apr 1978	62y	- 77	
Ruehl, Nymphia			18 Feb 1966	48y	- 97	nee, Plummer
Borgmann, Magdalena			21 Sep 1925	55y	- 102	
Selleck, Lucille L.			20 Nov 1934	77y	- 102	
Haines, Nicholes			30 Aug 1919	78y	- 119	
Segel, Edna			5 Jan 1921	11y 11m 11d	- 122	
Schantz, Elizabeth			27 Oct 1914	76y	- 128	27 Sep 1935 removed from grave 128 to Spring Grove Cem.
Britton, Stephen			15 Sep 1935	50y	- 130	
Rodecka, Margaret			22 Nov 1936	78y	- 140	
Meyer, Mary			31 Dec 1923	86y	- 147	
Fatthauer, Infant			12 Oct 1921	6m	- 15-	
Frazier, Vera			11 Jul 1991	43y	- 158	
Hageman, Carl F.			29 Jul 1963	57y	- 164	
Aisenbrey, Charles W.			7 Aug 1922	58y	- 182	
Eichels, Louisa M.			25 Jul 1925	67y	- 184	
Sepin, William			21 Oct 1925	63y	- 186	
Strateger, Pearl			23 Nov 1925	33y	- 186	

Name	Birth	Death	Internment	Age	Sec- Lot	Information
Leininger, Wilhelmina Helena			17 Aug 1925	6m	- 188	
Kawalszik, William John			15 May 1971	69y	- 206	
Waldsmith, Louise			2 Dec 1929	52y	- 216	
Geiger, August			10 Mar 1930	77y	- 217	
Eads, James			27 Apr 1937	18y	- 223	
Hampton, Henry			8 Oct 1937	72y	- 229	
Weber, Charles			25 Oct 1937	84y	- 230	
Thornton, Emily			30 Oct 1937	44y	- 231	
Taylor, Guy			3 Nov 1937	31y	- 232	
Beyer, Barbara			13 Feb 1939	60y	- 233	
Rees, William F.			8 Sep 1971	70y	- 233	
Schmeusser, Lois Alma		4 Jun 1932			- 238	Removed to Arlington Cem. 11 Oct 1937
Sammons, Lois			18 Jan 1933	1hr	- 242	
Hargan, Roy			5 Mar 1933	3m 17d	- 243	
Scheid, Gertrude C.			10 Apr 1937	2y	- 244	Removed from Mount Morhia Park Cem., Boomer Rd
Rottinghaus, Edna			14 Aug 1936	38y	- 247	
Herndon, Hazel			12 Jan 1933	86y	- 248	
Donkeler, Frances			13 Jan 1938	38y	- 263	
Donkeler, Infant			13 Jan 1938		- 263	
Pinkerton, Robert			25 Jan 1967	73y	- 271	
Leonhardt, Lester			18 Aug 1936		- 284	
Stoll, Infant			17 Sep 1936	1d	- 285	
Hiltenbeitel, Robert			18 Jun 1969	77y	- 340	
Ratte, Margaret			19 Apr 1972	94y	- 342	
Ahlenstorf, Friedrich			23 Apr 1891	1y 28d	-	
Ahlenstorf, Johan Friedri			16 Apr 1892	39y 10m 6d	-	
Allgeier, Arthur			29 Jun 1896	4m 13d	-	
Amgelder, Friedrich			17 Mar 1892	31y 4d	-	
Arentz,			1932	53y	-	
Aring, Louisa Maria			10 Oct 1879	7m	-	
Arnis, Hudson			1932	74y	-	
Arnold, (child)			30 Jan 1881		-	
Arnold, -lilsa			23 Jun 1879	2m 26d	-	
Asehle, Joseph			17 Dec 1890		-	
Atwood, Infant			23 Feb 1959	1 hour	-	
Bachmann, Sophia			7 May 1900	27y 02m	-	
Baker, Christian			27 Jun 1888	4m 27d	-	
Baker, Friedrich			4 Jul 1884	6m	-	
Baker, Infant					-	
Barlion, Infant			30 Aug 1916		-	
Bauer, Anna			13 Jul 1883	20y 11m	-	
Bauer, Maria			2 Jun 1875	38y 4m 11d	-	
Bauer, Maria Margaret			23 Aug 1889	24y 10m 28d	-	
Bauer, S.			6 Apr 1882	80y 11m 16d	-	
Bauer, Wilhelm			4 Mar 1891	22y 19d	-	
Bauer, Frank			9 Apr 1920	58y	-	
Baye, Infant			1929		-	
Bayer, (child)			3 Dec 1881		-	
Bayer, (infant)			12 Jul 1898	8d	-	
Bayer, Georg			26 Apr 1891	1y 17d	-	
Bayer, John			1 Sep 1888	26d	-	
Bayer, John			13 Aug 1888	2y 5m 17d	-	
Bayer, Karl Wilhelm			27 Apr 1890	9d	-	
Bayer, Philip			24 Jun 1875		-	
Bayer, Regina			14 May 1876	3y 1m 25d	-	
Bayer, Susana			18 Jul 1883	2y 6m 23d	-	
Beck, Joseph			20 Jul 1923	17y	-	

Name	Birth	Death	Internment	Age	Sec- Lot	Information
Berberich, Karl			10 Aug 1895	sb	-	
Bergmann, Loui			9 Mar 1898	sb	-	
Bernhard, Harvey			16 May 1957	45y	-	
Besel, Infant			11 Jul 1919	3y 3d	-	
Beyer, Andrew				83y	-	
Biehl, Baby			24 Oct 1953	sb	-	
Blasdell, Caroline			31 Mar 1958	71y	-	
Bofinof, Andreas			1 Mar 1887		-	
Bolzinger, Martin			10 Oct 1890	5y 8m 18d	-	
Boyd, Eleanor			6 Jan 1921	2y 10m	-	
Braeger, Friedrich			31 Aug 1881	2m 15d	-	
Braidweit, Anna			5 Jan 1890	1y 7m	-	
Brarucht, (child)			14 May 1884	4d	-	
Braun, Mena			1 Dec 1895	55y	-	
Brenstrub, Wilhelm			6 Oct 1878	30y 11m 14d	-	
Bries, Johan (child)			4 Sep 1878		-	
Broeger, Georg			3 Apr 1900	68y	-	
Brokhoff, Johan Heinrich			15 Jan 1896	76y 3m 22d	-	
Brutschin, Wilhelm			24 Jan 1894	35y 2d	-	
Buctpult, Friedrich William			25 Apr 1880	4y 28d	-	
Budde, J.			24 Oct 1899	6d	-	
Bueher, Katharina			29 Mar 1881	5y 6m 5d	-	
Burkhardt, Ella Jenetta			1 Jul 1890	7m 5d	-	
Burkhardt, Estella			25 Mar 1890	1m 24d	-	
Burkhardt, Friedrich			8 Jul 1888	4m 14d	-	
Burkhardt, Maria			26 Sep 1899	28y 2m	-	
Burkhardt, Matilda			26 Jul 1891	1m 1d	-	
Buthaubt, Ernst (child)			16 Nov 1878		-	
Butke, Elenora			Nov 1900	6m	-	
Butke, Friedrich			11 Jun 1897	sb	-	
Butke, Kora			27 Jul 1875	8m 27d	-	
Carson, Laura			24 Feb 1917	48y	-	
Carson, Rebecca			5 Mar 1923	77y	-	
Dalby, Richard				40y	-	
Decker, Donald U.			7 Mar 1924	1y 8m 11d	-	
Defis, Pat			16 Apr 1885		-	
Deitemeier, Adam			7 May 1884	61y	-	
Deitemeier, Emilia			18 Apr 1894	65y 3m	-	
Deitmeyer, Charles			7 Aug 1884	25y 10m 26d	-	
Denfort, Eli			22 Jan 1887		-	
Denfort, Lise			30 Dec 1886		-	
Denfort, Selena			4 Jan 1887		-	
Dik, August (child)			26 Aug 1875		-	
Dillinger, William			1929	16y 4m 2d	-	
Dillinger, ---				88y	-	
Doebeli, Infant					-	
Dougel, Regina Dorothea			24 Apr 1892	53y 6m 23d	-	
Downs, Infant			3 Oct 1926		-	
Doyle, Infant (girl)			19 Nov 1959		-	
Dukmann, ---- (child)			4 Jan 1881		-	
Dye, Infant (girl)			1 Nov 1944		-	
Eads, Ethel May			9 Jun 1925	7y	-	
Eichbusch, Infant			6 Jan 1925		-	
Emhel, Karl			9 Feb 1884	1m	-	
Erkel, Mary S.			1909	73y	-	
Fatthauer, Infant			28 Jan 1916		-	
Fatthauer, Infant			26 Sep 1917		-	
Fegele, (Mrs.)			1 Mar 1885		-	
Fentner, Valentin			8 May 1883	69y 1m 13d	-	

Name	Birth	Death	Internment	Age	Sec- Lot	Information
Ferneding,				1d	-	
Feth, Naoma H.				6hr	-	
Fichebaum, Anna			14 Feb 1887		-	
Fichebaum, Maria			17 Sep 1878	14y 10m 25d	-	
Fiegenbauer, Ernst			26 Mar 1899	85y	-	
Finkbauer, Friedrich			15 Feb 1896	19d	-	
Finkbauer, Johan			19 Jan 1896	6d	-	
Fischer, Benjamin Harrison			9 Nov 1890	1y 6m 10d	-	
Fischer, Estela Mary			17 Jun 1896	2y 6m 16d	-	
Fischer, Estella Katharina			26 Jan 1894	10d	-	
Fischer, Karl (child)			16 Jun 1891	sb	-	
Fischer, Paulina			9 May 1895	37y 1m 11d	-	
Fisher, Daisy			1909		-	Removed from Lot 9
Flinschbach, Lorenz			20 Feb 1898	20y	-	
Fox, Elmer J.			Mar 1923	7y 6m	-	Between 5 Mar and 10 Mar
Frankenstein, Johannes			14 Mar 1896	79y 3m 28d	-	
Fruehe, Karl			10 Nov 1877	1y	-	
Fruehe, Mina			24 Nov 1878	23y	-	
Frun, Frank			8 Dec 1886		-	
Fuchs, Barbara			24 Dec 1896	75y 5m 19d	-	
Fuchs, Margaretha			1 Feb 1888	76y	-	
Fuchs, Wilhelm			15 Sep 1899	44y 8m 27d	-	
Funk, Karolina			2 Apr 1879	10y 6m 27d	-	
Gaub, Infant			8 May 1916		-	
Gennerlein, Elmer			10 Jan 1897	23d	-	
Gerber, Elisabeth			2 Oct 1897	7y 9m 10d	-	
Gerber, Maria			23 Oct 1897	1y 11m 10d	-	
Gerwin, Barbara Margareth			10 Oct 1897	60y 10m 28d	-	
Gibbs, Katie			9 Apr 1885		-	
Gillis, Johan			5 Aug 1900	sb	-	
Girber, Katharina			4 Oct 1897	6y 6m 10d	-	
Goldmeier, Philip			24 Jun 1894	75y	-	
Graham, John Weseley			1929	2y	-	
Greile, Wilhelm			28 Oct 1884	1y 4m	-	
Grifi, Mester			14 Feb 1887		-	
Grover, ----				8y	-	
Gruseck, Infant			15 Feb 1926	3d	-	
Habut, Heinrich			29 Mar 1884	21y 3m 10d	-	
Hachen, Christina			8 Jan 1878	48y 3m 21d	-	
Hadley, Ruth			1909	2y 5m 10d	-	
Haft, Henry			16 May 1917	22y	-	
Halstedd, Infant			20 Jul 1921		-	
Harter, Joseph			23 Feb 1896	32y 2d	-	
Harter, Karl Joseph			17 Apr 1894	2m 26d	-	
Hasselbeck, Infant			1 May 1926		-	
Hauer, ----			16 Mar 1932	50y	-	
Hein, Gertrude			25 Apr 1923	91y	-	
Herl, M. Theresa			14 Jun 1895	19y 8m 20d	-	
Herman, Andreas (child)			30 Jun 1881		-	
Herman, ----			1932	61y	-	
Hermann, Heinrich			18 Sep 1883	1y 1m 28d	-	
Hermann, Heinrich			27 Apr 1887		-	
Hernn, Jan.			21 Jan 1885		-	
Hiner, Wilhelm			5 Sep 1882	20y 11m 10d	-	
Hold, Florenza			11 Feb 1890		-	nee Ward
Holer, Heinrich			6 Jul 1882	68y 7m 10d	-	
Holtcamp, Infant			18 Feb 1926		-	
Home, Elizabeth Florence			20 Feb 1926	65y	-	
Hubbell, Milton S.				58y	-	

Name	Birth	Death	Internment	Age	Sec- Lot	Information
Huber, Charlotte			9 Jun 1892	59y 2m 7d	-	
Huber, Sophia			7 Jul 1890	21y 8m 13d	-	
Huner, Heri			2 May 1891	3m 27d	-	
Huner, Lillie			30 Aug 1891	26y 4m 29d	-	
Ireland, Charles R.			1932	73y	-	
Johnson, Melba Virginia			20 Aug 1919	5y	-	
Jones, ----			1929	35y	-	
Jones, Albert			16 Oct 1957	90y	-	
Jopps, Heinrich			10 Apr 1876	2y 10d	-	
Josting, Katharina			29 May 1881	1d	-	
Josting, Herman				69y	-	
Juli, Johan			11 Oct 1899	28y	-	
Jung, Daniel			20 Jan 1890		-	
Kempf, Harry			17 Mar 1890	1d	-	
Kaes, John			25 Aug 1888	7m 16d	-	
Keeler, Betty J.			2 Jan 1963	43y	-	
Keilholz, Peter			12 Jan 1877	9y 5m 7d	-	
Keller, William			1909	26y	-	
Keyser, Wilhelm			16 Sep 1875	1y 11m 6d	-	
Kimball, William		3 Mar 1901			-	Civil War Vet.
Kissick, Hattie			17 Aug 1926	20y	-	
Klinela, Wilhelm			9 Jul 1888	25y 9m 18d	-	
Kloha, Rose			19 Feb 1917	53y	-	
Klusman, Unnamed			1909		-	
Kober, Eva			Sep 1900	1y 06m	-	
Koch, Emma			3 Jun 1881	3y 11m	-	
Koch, Ida			Nov 1900	4y 01m	-	
Koch, Karl Philip			23 May 1899	5m 24d	-	
Koch, Katharina			30 Mar 1882	26y 2d	-	
Koenig, Wilhelm			5 Sep 1899	8d	-	
Koenig, Mary Ann			29 May 1923	sb	-	
Kohlheim, Margaretha			26 May 1889	34y 7m 11d	-	
Korndorfer, C.			22 Oct 1884	75y 10m 23d	-	
Kramer, Joseph			6 Apr 1920	23d	-	
Kramer, Philmonea			7 Feb 1924	60y	-	
Kuball, ----			1932		-	Removed from single grave #102
Kubel, Maria			17 Mar 1895	32y 5m 10d	-	
Kuhlmann, Karl			4 Jun 1890	42y 8m 2d	-	
Kumpf,----				44y	-	
Kutharm, Fridrika			6 Apr 1884	64y 3m 27d	-	
Laijer, Valentin (child)			20 May 1879	5d	-	
Lancaster, Infant			11 Feb 1960		-	
Langandorf, Friedrich			22 Mar 1895	39y	-	
Leckenren, ----			25 Apr 1880	19y 7m 21d	-	
Lehnard, Margaret			22 Mar 1928	52y	-	
Linhart, Andrew				63y	-	
Lofing, Karolina			9 Mar 1891	44y 3m 16d	-	
Lonning, Edward			2 Sep 1889	4y 11m 25d	-	
Lorenze, Infant			1932	3m	-	
Loth, Heinrich			13 Aug 1888	7y 9m 4d	-	
Loth, Karolina R.			20 Apr 1888	86y	-	
Lucht--, Ann Katharina			25 Sep 1879	6m 20d	-	
Maier, Christina			27 Jul 1884	71y 13d	-	
Marklin, Jefferson			28 Oct 1889		-	
Marzlof, Luisa			23 Nov 1884	34y 2m 28d	-	
Masguar, Robert			20 Jul 1888	23y	-	
Matts, Elizabeth			7 Jun 1923	78y	-	
Matts, Philip		28 May 1925	----			Civil War Vet.
May, Mary E.			2 Mar 1928	65y	-	

Name	Birth	Death	Internment	Age	Sec- Lot	Information
Meier, (child)			9 Feb 1898	1m	-	
Meier, Matti			22 May 1898	28y	-	
Meier, Walter			19 Jan 1896	7y 2m	-	
Messler, R.			9 May 1899	1m	-	
Meyer, Margaret			7 Aug 1924	37y	-	
Mon, Paul			4 Apr 1900	2y	-	
Mueller, Luella, Mrs.			1909	30y	-	
Mueller, Infant			1909		-	
Mueller, (Mrs.)			11 Apr 1885		-	
Mueller, Mina			5 May 1880	4m 12d	-	
Mueller, Wilhelm			16 Mar 1888	4m 20d	-	
Musekamp, -lisa			14 Oct 1879	3m	-	
Musekamp, Gerta Rosina			12 Jul 1876	1m 7d	-	
Musekamp, J. (child)			25 Sep 1879		-	
Musekamp, Mary			3 Sep 1881	3m	-	
Musekamp, Willi			9 Jul 1875	1m 27d	-	
Musgabel, Margarete			1909		-	
Nachtigall, Katharina			12 Jul 1877	6m 27d	-	
Neier, Jacob (child)			4 Oct 1878		-	
Neimann, Johan (child)			7 Jun 1879		-	
Nida, Christ			12 Mar 1876	72y 2m 1d	-	
Nutzel, Georg			6 Jan 1897	89y 2m 9d	-	
Nutzel, Jakob			2 Jun 1889	6d	-	
Nutzel, Jakob			8 Sep 1889	29y 2m 22d	-	
Nuzmann, (child)			3 Nov 1880		-	
Nuzmann, Joseph			23 Jan 1877	14d	-	
Nuzmann, Valentin			11 Feb 1878		-	
Nuzmann, Valentin (child)			25 Mar 1879	1d	-	
Nuzmann, Valentin (child)			9 Apr 1882		-	
Peery, Bruce (Infant)			16 Oct 1920		-	
Pefe, (Mrs.)			16 Jan 1885		-	
Pendleton, Robert			23 Feb 1932	52y 7m 24d	-	
Petri, Albert			14 Jan 1876	11m	-	
Petri, August			31 Aug 1882	5m	-	
Petri, Phillipp			2 Jan 1900	19y 8m 7d	-	
Pfaff, Johan			9 May 1894	77y 11m	-	
Pfaff, Margaretha K.			1 Feb 1894	2m 7d	-	Middle name is 'Katharina'
Pfaff, Wilhelm David			31 Oct 1894	13d	-	
Pinak, Wilhelm			17 Apr 1889	10m 2d	-	
Plecker, Lana			15 Mar 1959	85y	-	
Powner, Elmer S.			27 Jul 1934	69y	-	Buried at Ebeneezer Cem. Mack, OH. Cincinnati & Louisville Pk
Radler, Elisabeth			8 Apr 1875	68y 7m	-	
Reece, Diane (infant)			11 Feb 1960		-	
Reif, Infant			2 Feb 1920		-	
Reiners, Henry				4y 8m	-	
Remlin, August			11 Apr 1875	6m	-	
Resichen, Ernst			31 Jan 1877	42y 4m 2d	-	
Rettig, Harry Lee			6 Oct 1921	25d	-	
Reuskamp,			16 Feb 1958	66y	-	
Riegley, Louis			7 Nov 1916	60y	-	Interment rec. says ' in the poor graveyard'.
Riley, Friedrich			8 Sep 1899	8m	-	
Rodler, Anna			23 Nov 1881	46y 4m	-	
Rodler, Christina			19 Jan 1896	31y 8m 21d	-	
Rodler, Erwina			7 Jan 1899	1m 10d	-	
Rodler, Florence			24 Jan 1897	1y 14d	-	
Rodler, G.			19 Mar 1899	2y 3m	-	
Rodler, Maria			24 Dec 1898	19y 5m	-	

Name	Birth	Death	Internment	Age	Sec- Lot	Information
Rodler, John			11 Aug 1927	93y	-	
Rodler, Margaret			4 Dec 1927	54y	-	
Rohr, Infant			17 Feb 1932		-	
Rudolph, Fred B.			31 Mar 1926	62y	-	
Ruebel, Margaretha			Sep 1900	1y 7m	-	
Ruebel, A.				57y	-	
Ruecker, ----				63y	-	
Ruff, Peter			7 Mar 1899	39y 11m	-	
Rundle, Friedrich			28 May 1876	14d	-	
Sacks, Emma			4 Aug 1878	48y	-	
Sammons, Infant			14 Sep 1931		-	
Schaefer, Friedrika			8 Feb 1877	42y 2m 16d	-	
Schaefer, Georg			31 Oct 1878	52y	-	
Schaefer, Martin (child)			20 Apr 1892		-	
Schaeperklaus, Hauch			1932	44y	-	
Schafer, Caroline			1 Dec 1956	89y	-	
Schansen, (Mrs.)			18 Apr 1885		-	
Schardt, Georg			13 Aug 1888	17d	-	
Scheidt, Karolina			4 Jan 1900	15y 8m 8d	-	
Scheidt, ----			1932	43y	-	
Scheidt, ----			1932	72y	-	
Schenkel, Jacob			30 Jan 1876	8d	-	
Schenkal, Barbara A.			12 Mar 1916	76y	-	
Schenkel, Wilhelm			8 Nov 1896	4y 8m 8d	-	
Schlensker, Christian			6 Aug 1957	81y	-	
Schlenzker, Heinrich			10 Feb 1895	sb	-	
Schlenzker, Heinrich			Dec 1900	33y	-	
Schmidt, Andreas			28 Dec 1890	88y	-	
Schmidt, Conrad			26 Aug 1891	sb	-	
Schmidt, E.			6 Feb 1898	2m	-	
Schmidt, Elisabeth			30 Apr 1892	1y 3m 27d	-	
Schmidt, Johan			3 Mar 1895	68y 9m 24d	-	
Schmidt, Jacob			2 Apr 1923	75y	-	
Schmitt, Albert			30 May 1921	30y	-	
Schmitt, Andrew				80y 9m	-	
Schnetheiss, Josephine			18 Nov 1931	92y	-	
Schoenfeld, Rosa			8 Sep 1900	21y	-	
Schorr, George			17 Aug 1921		-	
Schreiner, Georg (child)			1 Mar 1882		-	
Schreiner, Johan			24 Feb 1876	7d	-	
Schroeder, Berta			16 Nov 1879	4m	-	
Schroeder, Friedrich			25 May 1879	57y 6m 14d	-	
Schroeder, Hermann			30 Sep 1889	50y 10m 5d	-	
Schroer, Mildred Louise			27 Jan 1916		-	
Schulz, Friedrich			22 Oct 1898	8m	-	
Schulz, Mina			10 Apr 1898	37y 2m 25d	-	
Schunk, Georg Wilhelm			8 Feb 1890	1y 1m 2d	-	
Schunk, Katharina			8 Jul 1875	22y 11m	-	
Schunk, Maria			15 Jun 1876	1y 18d	-	
Schunk, Michael	29 Mar 1863	28 Jun 1891	30 Jun 1891	28y 3m	-	
Schuster, Myra			26 Mar 1925	1y 4m 3d	-	
Schwab, Lidia			21 Jul 1891	5y 2m 5d	-	
Schwab, Michael			16 Aug 1884	11d	-	
Sepp, Georg			28 Jan 1880	2d	-	
Seibel, Matilda			17 Feb 1885		-	
Siegman, August			11 May 1958	86y	-	
Siekermann, Louisa			17 Mar 1889	19y 8m 23d	-	
Simon, Maria			6 Aug 1884	32y 7d	-	
Sock, Heinrich			17 Jun 1881	8y 4m 3d	-	

Name	Birth	Death	Internment	Age	Sec- Lot	Information
Sojoker, (Mrs.)			16 Jan 1887		-	
Springmeyer, Heinrich			8 Jul 1882	1d	-	
Stammel, Friedrich			9 Aug 1876	8y 1m 16d	-	
Steiert, Margaretha			4 Aug 1878	5y 7m 22d	-	
Stein, Max			25 Jan 1959	90y	-	
Steinman, Robert Philip			13 Jan 1917	5m	-	
Steinmann, Edward			Jul 1900	sb	-	
Steinrt, Wilhelm			23 Aug 1878	1y 4m 12d	-	
Steuert, Georg			20 Jun 1892	1d	-	
Stiel, Philip Edmund			13 Jul 1891	3m 2d	-	
Stoll, Lena			28 Jun 1897	29y 9m 21d	-	
Stollkamper, Christina			17 Apr 1892	53y 11m 29d	-	
Storey, Frances			7 Feb 1917	80y	-	
Storr, Georg			31 Dec 1891	1d	-	
Symonds, Dorothy			23 Jan 1923	27y	-	
Tellis, John M.			9 Jan 1932	58y	-	
Trunnell, Clara Lucille			7 Aug 1917	71y	-	
Tulen, Anna			8 Dec 1886		-	
Tulen, Nali			8 Dec 1885		-	
Vest, Infant			27 Jun 1957	sb	-	
Vinzent, Elmer			13 Feb 1897	45y	-	
Wachner, Wilhelm			17 Aug 1883	5m 15d	-	
Wagner, Jon			10 Jul 1884	1m 9d	-	
Walz, Maria			Sep 1900	64y 8m 1d	-	
Weber, Johan (child)			11 Dec 1875		-	
Weckel, Jacob			11 Jan 1882	1d	-	
Weierman, Christ			7 Mar 1876	13y 2m 16d	-	
Weierman, Liaus			28 Apr 1876	8m	-	
Weihermann, Wilhelm (child)			9 Apr 1892		-	
Weikel, Alvina			14 Apr 1879	7y 3m 4d	-	
Weikel, Elisa			30 Apr 1879	3y 9m 6d	-	
Weikel, Katharina			23 Apr 1879	2y 3d	-	
Weikel, Sofi			30 May 1879	1y 1m 2d	-	
Weinmann, Lui.			2 Sep 1884	4m 3d	-	
Weninger, Jacob J.			20 Sep 1931	77y	-	
Wessemeier, Baby			10 Jun 1924	2d	-	
Willkinson, Elisabeth			27 Jan 1899	44y 1m 27d	-	
Wimmer, Barbara			17 Jan 1875	1y 10m 4d	-	
Wocher, Katharina			9 Jun 1881	1m 9d	-	
Wuest, A.			1 Jun 1879	3y 14m	-	
Wuest, Maria			20 Apr 1995		-	
Zimmermann, Barbara			1 Jul 1875	15d	-	
Zimmermann, Johan			31 Jan 1878	81y 5d	-	
Zimmermann, Martin			12 Jun 1877	46y 2m	-	
Zorn, Elizabeth			1909		-	
Zorn, Michael			19 Nov 1897	16y 20d	-	
Zuglisch, Maria Elisabeth			24 Nov 1889		-	

LINGO FAMILY CEMETERY Green Township

This Cemetery was first established during 1847 by Obediah Lingo for family and friends. Robert Bauman, a decendant of the Lingo family, was still caring for the site in 1991 and contributed these records for our publication. It is his plan to be buried in this family cemetery. Obediah Lingo operated a sawmill and owned a large tract of land. There are probably more burials than there are gravestone markers, even some fieldstones. The following is a copy of a later deed that truly documents family related interests in this burial site. This is the first time for these records to be published.

Joseph Lingo et al "Deed" James Epley etal Trustees: Know all men by these presents; that Joseph Lingo, Ellen Williams, Anna Lingo, Elija Lingo, Joseph Lingo, Emma Lingo, Benjamine McKnight, Elizabeth McKinght, James Hart, Frances Hart, Henry Lingo, Lida Lingo, Charley Lingo, Ada Lingo, George Snyder, Caroline Lingo, Nathan B Lingo, Mary E Lingo, Sarah Lingo, James E Lingo, Harriet Lingo, Beacham Lingo, William Lingo, in consideration of One Dollar, Love and affection to them paid by James Epley, Nathan B Lingo, Josiah C Lingo, Trustees the receipt where of is hereby acknowledged do hereby grant, bargain, sell and convey to the said James Epley, Nathan B Lingo, Joseph C Lingo, Trustees and their successors forever, the followsing described Real Estate to wit: all that certain lot or parcel of land situated in Green Township, Hamilton County, Ohio, described as follows: Beginning at the Northwest corner of Section 5 thence east along the section line, about (8) rods thence south parcell south with the S. section line to the center of the North Bend Road thence West along the North Bend Road to the S section line, thence North along the said section line to place of beginning, containing one acre of land more or less and being apart of the track of Obediah Lingo (deceased) the premises to be used under the direction of the Trustees as a private family burying ground known as the Lingo Cemetery and all the estates titles interest of the said grantors either in law or equity of in and to the said premises together with all the privileges and appurtenances to the same belonging. To have and to hold the same to the only proper use of the said trustees and their successors forever and the said grantors for themselves and heirs. Executor and administrators do hereby covenant with said trustees, their successors that the title so conveyed is clear, free and unencumbered by any act of the said grantor. In witness whereof the said Joseph Lingo, Ellen Williams, Amos Lingo, Elija Lingo, Joseph Lingo, Emma Lingo, Benjamin McKnight, Elizabeth McKnight, James Hart, Frances Hart, Henry Lingo, Lida Lingo, George Snyder, Caroline Lingo, Nathan B Lingo, Mary E Lingo, Charley Lingo, Ada Lingo, Sarah A Lingo, James Lingo, Harriet Lingo, Beacham Lingo, William Lingo, Louisa, Emma, Lida, Ada, Mary E, Harriet, do hereby release their right and expectancy of Dower in the said premises have here unto set their hands and seals this twenty-sixth day of December in the year of our Lord one thousand eight hundred eighty-one. (Twenty-three names of the above per seals were listed.)

Name	BD or AE		DD		Name	BD or AE		DD	
HOMER Herbert T	28 Apr	1899	11 Aug	1952	STEPHENSON Cindy L	30 Jan	1970	2 Aug	1970
Pvt 136 Field Arty 37 Division, WW I - 2nd stone					SNYDER George		1859		1921
" ssa Anna M	7 Oct	1898	- - - -		" ssa Mattie **COPE**		1860		1919
FRANKENBERG Charles E		1883		1953	w/o George Snyder				
" ssa Gertrude		1877		1962	_____ Charlie, s/o Henry & Lida		rest illegible	- - - -	
PROTSMAN Claude A		1879		1953	WOOLLEY Lenton V- Dad		1921		1974
PROTSMAN Bessie L	- - - -		24 Oct	1938	BAUMANN Richard G	26 Jan	1930	21 Oct	1977
VARNER Hattie	- - - -		- - - -		Sgt U S Army - Korea - 2nd stone				
LINGO Lida **BILLINGS** - Mother		1858		1900	MYERS Robert	3 Sept	1908	15 Mar	1980
LINGO Charles E		1855		1915	Pfc U.S. Army- WW II				
" ssa Ada M		1859		1949	BAUMANN Robert A	13 Feb	1917	- - - -	
" ssa Grace E		1883		1884	McCANE Jane		1832	1881 or 1886	
LINGO(?) Harvey		1878		1935	McCANE Wiley - Brother		1876		1930
LINGO Susan V		1885		1964	WILSON A(dam) R	- - - -		- - - -	
Eastern Star emb on stone					Co F 138th Ohio Inf - Civil War Veteran				
FREISENS Martha L		1887		1973	LINGO Francis J	5m 20d		28 Apr	1854
FREISENS Robert J		1885		1959	s/o William and M Lingo				
Mason emb on stone					LINGO John	1y 1m 27d		8 June	1851
LINGO Agnes	28y & 20d		5 Oct	1863	s/o William and Mary Ann Lingo				
" ssa Frances	79y & 20d		1 Feb	1892	LINGO Jacob A	5y 10m 10d		19 Nov	1844
" ssa Henry	54y 11m 13d		29 Dec	1862	s/o William and Mary Ann Lingo				
Civil War Veteran					LINGO Beaghem	18 Jun	1813	11 Dec	1831
FOX Wm. Richard	6y 11m 21d		12 Aug	1859	" ssa w/o O	61y 6m 16d		25 July	1835
s/o Henry and Frances Lingo					E. H. W.	- - - -		- - - -	
LINGO Emma		1844		1887	A. M. L.	- - - -		- - - -	
" ssa Josiah C		1843		1916	EPLEY Sarah w/o Joseph	72y 6m 15d		31 Aug	1874
Civil War Veteran, Co G 194 Ohio Vol Inf					" ssa Joseph	34y 10m 14d		6 Aug	1835
SIPE Ethel Mae **SHELTON**		1917		1939	EPLEY Alma B	3y		21 Nov	1849
SHELTON James - Father		1886		1933	" ssa Caleb L, the	1y 3m 26d		18 July	1850
SHELTON Jessie - Mother		1891		1967	children of James and Sarah Eply				

LINGO FAMILY CEMETERY

Green Township

Name	BD or AE		DD		Name	BD or AE		DD	
EPLEY Sarah		1825		1895	LINGO William	60y & 3d		8 Dec	1878
EPLEY James		1824		1902	" ssa Mary A		1814		1889
s/o Joseph & Sarah					w/o William Lingo				
MORTIMER John	85y		4 Nov	1883	MYERS Alma L		1894		1972
" ssa Ellenor, w/o John	75y		31 Dec	1877	MYERS Nelson		1906		1958
Both were natives of Yorkshire, England					MYERS David - Father		1870		1941
SPARKS Sarah	51y 6m 4d		2 Aug	1861	" ssa Sgt David L, Son	16 Mar	1917	11 Feb	1945
w/o R Sparks					Ohio Sgt 424 Inf 106th Inf Div				
SPARKS Rhodolphus	8 Sept	1821	20 Jan	1886	" ssa Mamie L - Mother		1871		1964
GOHS Zada nee Lingo		1890		1975	SCHOEMER Charlie E	10 Jan	1887	14 Jan	1959
GOHS George H		1877		1941	HAEUSSLER H Edward		1892		1923
LINGO Ida A	4 Oct	1862	2 Nov	1941	WW I Veteran				
" ssa Louis B	4 Oct	1860	24 Nov	1919	LINGO Obediah	81y 4m 18d		2 J--?	1848
MYERS Flossie W		1912		1979	SANDERS Eli	82y &1d		26 Feb	1876
MYERS Russell D		1904		1972	WILLIS Edward H		- - - -	17 Mar	1859
MYERS David L	6 Mar	1917	11 Feb	1945	LINGO Mary - w/o D Lingo	Illegible		25 May	188?
Ohio Staff Sgt 424 Inf & 106 Inf Div - 2nd stone					LINGO Margaret	27 Oct	1893	29 Nov	1894
_____?	82y & 11d		26 Feb	1876	J.A.L.		- - - -	- - - -	
Broken stone									

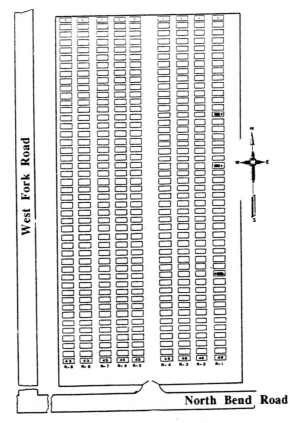

LINGO FAMILY CEMETERY
Copy of 1940 Plat

UNITED BRETHREN in CHRIST CHURCHYARD — Green Township

A deed for the United Brethren in Christ Church was recorded at the Hamilton County, Ohio Courthouse on February 11, 1847 for thirty-five hundredths of an acre in Green township. The burial site remains on the south side of West Fork Road about two miles northwest of the intersection of West Fork Road and North Bend Road. It was an active congregation until the early 1900's. Circa 1911 the church appointed Edwin WEBER, John PFOETZER and Andrew BENZING as trustees to find a buyer for the property. It was sold to David MEYERS, et al for the sum of fifty dollars in September 1911. Other signatures on the deed were well known family names of the area: John A BENTEL, Mrs Kathren FARRIS, Mrs Katherine GREISSER, William METZGER, Mrs Tilla FAIGLE, John SCHAFER, George and Ed BENTEL, Charles REGALL, John BECK, George MYERS, James HERN, L R SCHAEFER, John HEIOB, H HAGUE, Lizzy SCHNEIDER, Joshua P TAYLOR, Jacob SCHAEFER, Peter SNYDER, John AUEL, Mary WEIGH, Dorothy GAISER, J A BENTEL, Etheline CRAMER, William BENTEL, Carrie SMITH, Samuel MYERS, Jr, John MYERS, William MYERS, and Mary WEIK.

However, the cemetery was neglected over a period of time until in 1977 the Monfort Heights Civic Association reclaimed the historical site. A bronze plaque was placed on a brick monument at the entrance which reads: The German Society of the United Brethren in Christ Church Cemetery 1847 restored by the Monfort Heights Civic Association at 5873 West Fork Road, directed by Harold E Connor May 27, 1979. It is enclosed with a chain link fence and is now maintained by the Green Township Trustees.

The following gravestone inscriptions remaining at the site were read in August 1984 by Joan Jester and Marjorie Waidner. No original records for this cemetery are known to exist. A reading of these stones by Marie Dickore was published in Hamilton County, Ohio, Cemetery Inscriptions, Vol 1, p.29.

A few gravestones that were salvaged from the obliterated Ebenezer Churchyard at the southeast corner of Bridgetown and Ebenezer Road were placed in this cemetery in the fall of 1993. Gravestone readings for the Ebenezer Cemetery are herein listed separately in this publication.

Name	BD or AE	DD
BAUCH - - - -?chipped	12 Aug 1839	5 Apr 1864
BAUCH - - - -?	20 Jun 1857	22 Feb 1860
BECK Carrie	22 Aug 1872	8 Aug 1879
d/o John & Kate Beck		
BECK George	22 Apr 1861	30 Oct 1863
s/o John & Kate Beck		
BECK John	17 Dec 1870	10 Oct 1871
s/o John & Kate Beck		
BENTEL Rosa Ann	6 Jan 1860	20 May 1862
BRIERLY Caroline	1837	1908
BRIERLY Louise	1842	1909
BRIERLY Rebecca	14 Feb 1814	14 Dec 1879
w/o William Brierly		
BRIERLY Richard	1836	1900
d/o M & M Metzger		
BRIERLY William	1812	1902
BRUNNER George J	- - Nov 1807	- - Oct 1875
BRUNNER Katharina	29 Juli 1807	28 Feb 1861
geboren KLEMENS		
BUTTGER Dora	17 Okt 1809	8 Okt 1902
BUTTGER Gottlob	7 Juni 1799	8 Jan 1884
CRAMER Lewis	1y 10m 9d	24 Apr 1860
s/o John & Elizabeth		
ERHARDT Michael	28 Aug 1798	8 Oct 1852
von Flaacht Oberamt Leonberg Königreich Würtemberg, 54y 1m 10d		
ERMER John	24 Mar 1838	28 June 1890
ERMER Michael	25 Nov 1803	25 Oct 18?7
FAGALY Caroline A	20 Jan 1844	5 Dec 1860
w/o Francis M Fagaly		
_____ ? Baby - footstone	- - - -	- - - -
FLYNN Lena nee YANNEY	9 Mar 1861	11 Nov 1890
w/o P J Flynn - 29y 8m2d		
ssa YANNEY Catharina C	16 Mar 1821	3 Sept 1891
70y 5m 17d		
GRAMER King	1830	1896
ISGRIGG Mary	41y	Broken off
2nd w/o D Isgrigg & d/o B UNDERWOOD		
KRAMER Barbara	1 Feb 1798	8 May 1876
w/o Lorenz Kramer		
KRAMER Johan	22 Dez 1820	15 Nov 1880
" ssa Elisabeth	12 Mai 1825	- - - -
w/o Johan, geboren WEIK		
KRAMER Lorenz	13 Nov 1800	24 Feb 1880
79y 3m 11d		
LENSE John	1856	1903
LOHN Charles F	9 Jahr & 15d	8 Apr 1866
s/o Geo F & Eva B Lohn		
LOHN Eva B	?7y 10m 11d	24 Juni 1871
frau von Georg F Lohn - broken stone		
MAST Jane Virgin	22 Apr 1818	4 Apr 1853
d/o John & Jane Mast		
METZGER Emma C d/o M & M	3 yrs	9 Sept 1864
METZGER George	1y & 3m	12 Jan 1869
s/o M & M Metzger		
METZGER Infant d/o M & M - No dates		- - - -
METZGER Infant	1m	15 Apr 1860
s/o M & M Metzger		
METZGER Melinda	54y 5m 12d	10 Jan 1889
w/o Michael Metzger - Mother		
METZGER Michael	42 yrs	26 Feb 1873
MEŸER Johann Georg	16 Sep 1797	1 Juni 1874
b. in Burgstall Königr.Württemberg		
MŸERS Barbara	77y 8m 18d	24 Mai 1882
MŸERS Jacob - Co.A 4th Ohio Cav. - (Civil War Veteran)		
RAISCH - - tharina	12 Aug 1859	5 Apr 1864
RAISCH Johan(?)	20 Jun 1857	22 Feb 1860
REMLINGER Jacob	26 Dec 1788	5 Aug 1849
REMLINGER Charlotte	In 73rd yr	17 Aug 1869
w/o Jacob Remlinger		
REXILIUS F - Mother	6 May 1828	16 Jul 1886
70y 5m 17d		

UNITED BRETHERAN in CHRIST CHURCHYARD   Green Township

Name	BD or AE	DD	Name	BD or AE	DD
HAAG John	4y 3m 11d	4 Feb 1864	RODLER Barbara	- - - -	19 Juli 1904
s/o J & Dorothy ?			geb **CRAMER** in Schnabelwaid, Bayern		
HEIOB Mary	9 Jun 1839	18 Sept 1902	" ssa Georg E	21 Jan 1824	22 Dec 1908
Our Mother			b in Neudorf, Bayern		
SCHAEFER Jacob	1841	(28 Oct) 1918	SHAFER Leonard	In Concrete	3 Apr 1871
(Civil War Veteran)			SHAFER _Pheobe_	58y 2m 17d	9 Nov 1880
" ssa Margaret	1817	1883	w/o Leonard Shafer		
SCHAFER Eva Louise	1y 1m 24d	6 Oct 1873	SHURG Caroline	5 Dec 1811	12 Feb 1885
d/o J & M Schafer			w/o J.G. - 73y 2m 7d		
SCHAFER Maria	80y 9m 9d	3 Mai 1889	SHURG Johann G(eorg)	28 Apr 1789	2 Oct 1874
frau von L - Our Mother			84y 5m 2d		
SCHAFER Lorenz	84y 8m 1d	6 Marz 1889	SNYDER George	20 Sep 1849	28 Oct 1890
Our Father			41y 1m 8d		
SCHEIDT Mary	- - - -	- - - -	SNYDER Henry	_?_ July 1880	25 July 1880
SCHEIDT William	16 May 1855	26 June 1879	s/o P & L Snyder		
24y 1m 10d			SNYDER John	11y 7m 2d	10 Jan 1862
SCHNEIDER Philip	17 May 1817	15 Nov 1894	s/o Philip & Margaret		
77y 5m 28d			SPINNER Barbara	illegible	illegible
" ssa Margaretha	12 Apr 1824	10 Nov 1895	SPINNER Mary - Infant	4y 6m	16 Apr 1858
nee **KORZDORFER** - 71y 6m 29d			STENGEL Chr	- - - -	26 Juni 1851
SCHNEIDER - - -?broken	16 Feb 1802?	12 Feb 18??	TAYLOR Charles	2y 4m 13d	17 Aug 1854
geb Kleebrunn, Württemberg			s/o Wm & N J		
SCHONER Catharine	65y 1m 23d	6 Aug 1872	THIMMENS, Caroline	6 Feb 1843	11 June 1860
w/o Johann Schoner			d/o Fredrick & Catharine		
SHAFER Wm Henry	19 Nov 1851	22 Aug 1853	WERNER, Infant	No dates	- - - -
s/o Leonard & _Phebe_, 1y 9m 3d			WABNITZ Ernst W	Infant - - - -	- - - -
SHAFER Anna M	illegible	1 Sept 186_?_	WEHRLE Franz Xaver	8 Sept 1815	25 Marz 1855
d/o Leonard & _Phebe_			39y 6m 17d		
SHAFER Caroline	13 May 1844	8 Sept 1850			
d/o Leonard & _Phebe_; 6y 3m 26d					
SHAFER John	6 Aug 1849	9 Sept 1850			
s/o Leonard & _Phebe_ - 1y 1m 3d					

The following 3 gravestone readings were found in 1962 but not in 1984:

Name	BD or AE	DD
DOROLLICA John	4y 3m 11d	4 Feb 1840
s/o J.F.D.		
SNYDER Elizabeth	64y	27 Oct 1879
SNYDER George	15 Aug 1809	25 Aug 1891
82y & 10d		

This burial site was located in Section nine of Green Township on the south side of Harrison Avenue, one hundred and seventy eight feet west of Glenmore Avenue, in Cheviot, OH. A deed was recorded at the courthouse on 15 January 1822. It was opposite the Bethel Baptist Cemetery on the other side of Harrison Avenue which is owned and now known as the Westwood Baptist Church Cemetery. In 1955 this burial site was turned into a parking lot and according to the deed the ownership then reverted to the Bethel, now the Westwood Baptist Church. In 1975 the church sold the land to the City of Cheviot and reinterrments were made in 1976 to the Bridgetown Protestant Cemetery, at 4337 Harrison Avenue. All of the gravestones were discarded. A single marker was erected that reads: This tribute is made with loving respect in honor of The Pioneers of Green Township. This is a listing of the gravestones thought to have been for the burials made in this cemetery, which probably is only a fraction of all the burials originally made at the site. The Westwood Baptist Church has no records for this cemetery. Listings as of 1940 for Veterans of military service from the file at the courthouse have been added to this list.

Gravestone readings for Bethel Baptist Churchyard and Green Township Cemetery previously were combined and published in Hamilton County, Ohio, Cemetery Inscriptions, Vol. II, (Cincinnati, OH: Robert D Craig, 1963), pp 28-33.

Name	DD or AE	DD	Name	BD or AE	DD
ALEXANDER John		1839	CRAIG Archibald	17y	14 May 1814
AMISS Wesley G	1891	1895	s/o John and Jennet, killed by lightning.		
AMTHE (?sp) Eliz Ann	----	?----	CRAIG Jennet	59y	28 June 1836
ANDERSON George R	----	7 Oct 1913	w/o John Craig, a native of Scotland		
Civil War Veteran			CRAIG John	In 77th y	10 Sept 1846
ARMSTRONG Jane	50y 8m 5d	26 Jun1829/39	A native of Scotland		
Consort of James Armstrong. She was a native of			CRAIG Thomas	15y	14 May 1814
Mifflin Co PA			s/o John and Jennet Craig, killed by lightning.		
ARTHWER Nancy, w/o J C	34y	19 Aug 1849	DAVIS Sarah	49y	4 June 1825
ARTHWER Sarah	11y	11 Oct 1847	Consort of Rev John Davis, native of Birmingham,		
d/o J C & N Arthwer			England		
ASPEY Rachel	26y 4m 27d	22 Feb 1837	DOTY Jane W	15y	29 June 1847
ASPEY Sarah	35y	9 Oct 1846	DOTY Levi	21y	1849
BISHOP Achasah C	7m 12d	24 Aug 1823	DOTY Samuel	45y 11m	7 Aug 1852
d/o Joel and Mary Bishop			EGAN Thomas D	19y	21 Sept 1846
BISHOP John A	----	2 Sept 1820	"A native of Baltimore, MD, killed in the Battle of		
s/o Joel and Mary Bishop			Monterey, Mexico."		
BISHOP Infant - s/o Joel and Mary - born & died 19 Dec1824			EVANS George William	8y 5m 2d	3 Apr 1851
BOFFING John	54y 11m 3d	12 Mar 1860	s/o George and Frances S Evans		
Civil War Veteran			FENTON Andrew J	1y & 5d	2 Aug 1825
BOYD Rebecca	14 Feb 1827	18 June 1847	FENTON Anna, w/o R	63y	19 Mar 1855
d/o John and Rebecca			FENTON John F	29y 9m 24d	15 June 1845
BRAY Henry	45y	27 Sept 1839	FENTON Roswell	44y 8m 28d	8 Nov 1830
BRAY Jane	53y	7 Mar 1857	FINLEY John Alexander	11m	18 Mar 1832
BRAY Peter	71y	23 Oct 1838	s/o Robert & Martha Finley		
BRAY Sarah, w/o Peter	69y	24 Aug 1834	FISH Eli R	25y	21 Apr 1843
BRIANT Arrindell Alfred	4y 10m	29 May 1839	FISH Timothy Edgar	1y	4 Oct 1843
BROWN Anna	27 Dec 1800	12 Nov 1852	s/o Eli and Sarah Fish		
born Germantown, PA; w/o Jacob Brown			FISHER Joseph	26y	5 Dec 1851
BROWN William Howard	26 May 1829	2 May 1878	FITHIAN Sarah	20y 2m 20d	9 Apr 1849
IOOF Mkr			FRANK Amanda	6 July 1816	24 Nov 1843
BURK Jane	51y 3m 4d	28 Apr 1843	born Sheldon, NY		
w/o Henry Burk, d/o Josiah and Mary BROOKS			GOLDEN Mary Ann	17y 10m 4d	11 Feb 1838
BUSH Margaret M	25 Dec 1808	17 Apr 1858	GOUDY James	----	----
CLAYPOOL George	23 Apr 1801	16 July 1849	GRIFFITH Ephraim	----	5 Aug 1863
CLAYPOOL Joseph	61y 1m 7d	21 Sept 1834	Civil War Veteran, Co K 83rd Ohio Inf		
COCHRAN James	27y	15 Dec 1831	GROH Ludwig	22 Dec 1815	2 Apr 1863
COCHRAN John	77y	18 Jan 1827	born in Bayern, Germany, Civil War Veteran		
COCHRAN John	54y 2m 5d	8 July 1839	HARTLEY Margaret	2y	11 Oct 1847
COCHRAN Sarah	In 47th yr	16 June 1845	d/o Richard and Hannah Hartley		
COCHRAN Mary	----	1822	HARTLEY Samuel D	4y	14 Oct 1847
CONNELL Huldah	22y	20 July 1849	s/o Richard and Hannah Hartley		
niece of M & E WOLFE			HERRINGTON Anthony H	34y	19 Dec 1831
COVERT Meridia	----	20 Aug 1920	HILDRETH Asenath	41y 8m 21d	6 Dec 1832
Civil War Veteran			w/o George Hildreth		
DAIR Sarah, w/o R	35y	22 Apr 1820			

Name	BD or AE	DD
HILDRETH George	56y	24 May 1839
"In memory of Elder George Hildreth, late Pastor of the Baptist Church in this place. He was ordained 1815 in Cape May, NJ		
HOWARD Mary	49y 5m 10d	29 Oct 1841
w/o Philip H Howard		
HOWARD Philip H	13 Mar 1789	28 June 1853
JACKSON Peter	16 Jan 1789	24 Feb 1837
s/o W & Martha Jackson		
JACOB Eliza W	22 Dec 1811	20 Apr 1891
JOHNSON Nansey	13y 6m	29 Sept 1832
JOHNSON Peter	- - - -	1837
JONES Isaac M	22 Jan 1837	4 Apr 1845
s/o James and Nancy Jones		
JONES Jacob	66y 9m 5d	19 Jan 1847
JONES Mary	85y	26 May 1879
JONES Robert M	- - - -	1850
JONES William O	17 Jun 1842	24 Aug 1844
s/o James and Nancy Jones		
KAUTZ Elizabeth	25 Feb 1842	2 July 1875
w/o John D Kautz		
KEPPNER George	46y	26 Apr 1854
KEPPNER Peter	38y 6m	26 Apr 1851
LEGG Alice	45y	13 Jan 1839
LEWIS Elizabeth, Consort of John	85y	2 Jan 1842
LEWIS Jenne	19y	18 Sept 1822
w/o John Lewis; d/o John and Jennet Craig		
LEWIS John	17y	26 July 1822
LEWIS Lucinda	17y 6m 29d	17 Aug 1827
Consort of John T Lewis		
LITTEKIN Mary	31y 3m 9d	12 Sep 1851
MATLACK C		1837
McGARVEY Mary	81y 3m 3d	27 Apr 1830
McCLAIN Isabel	50y 1m 14d	23 Sept 1843
w/o William McClain; stone erected by her son Thomas		
McCLAIN Abraham	55y 7m	29 Oct 1818
McINTIRE William	27y	4 Jan 1825
MILLER Achasah	- - - -	1813
MILLER George	60y	13 Apr 1860
MILLER Isaac	2y 8m	- - Feb 1861
s/o W & Mary Miller		
MILLER John	77y 3m 3d	23 Sep 1827
Consort of Barbara Miller		
MILLER Julian	- - - -	1848
MOORE Caroline	- - - -	1839
MOORE Charles	54y	7 Feb 1824
ssa " Hannah, w/o Charles	64y	7 Aug 1834/54
MOORE Hugh	11 Aug 1812	24 Feb 1845
MOORE Isabella	51y 10m 15d	12 Mar 1835
w/o John Moore		
MOORE James R	1 Nov 1810	28 Jul 1851
MOORE J B	- - - -	- - - -
Co D 39th Ohio Inf, Civil War Veteran		
MORTON Eliza	2y	14 Mar 1840
d/o John & Evaline Morton		
MORTON Hannah	10y	3 Feb 1850
d/o John & Evaline Morton		
MORTON John	3y	7 Oct 1838
NOBLE Jonathan	6 Dec 1785	23 Jan 1840
NOBLE Mary	1 Jan 1791	18 Sep 1846
ORR Caroline M	24y 5m 27d	19 July 1839
d/o Robert and Elizabeth Orr		
SCHEIDT Johannes	1791	11 Jan 1854

Name	BD or AE	DD
PEARMAN David	8 Apr 1793	20 June 1848
born in Nelson Co KY, died in Cincinnati		
REDDISH John	80y 3m 27d	6 Feb 1839
REDDISH Rhoda	70y 4m 19d	19 July 1833
Consort of John Reddish		
SCOFIELD Harold	- - - -	1845
SMITH David S	3m	- - July 1835
s/o Sylvester and Elizabeth Smith		
SMITH Elizabeth	30y	11 Mar 1838
Consort of Sylvester Smith		
SMITH Hester, w/o George	39y	1 Nov 1840
SMITH John	2y 6m	12 Mar 1835
s/o Samuel T and Martha Smith		
SMITH Joseph S	2m 25d	28 Dec 1832
s/o Sylvester and Elizabeth Smith		
SMITH Lucius L	13m 13d	24 Nov 1834
SMITH Martha E	34y & 2d	15 Oct 1834
Consort of Samuel T Smith		
SMITH Mary E	6y 11 4d	5 Feb 1846
d/o Sylvester and Mary Smith		
SMITH Noah	53y	30 Aug 1822
STEWART Amanda	24y 7m 15d	11 July 1849
w/o Wellington Stewart		
TETSEKER ?sp, Matey	- - - -	1851
THRASHER Malinda	38y 1m 21d	3 July 1837
Consort of Charles Thrasher		
TRUSS Isaac	3 May 1814	18 July 1836
born Salem Co NJ, died Cincinnati; s/o Michael & Mary		
TRUSS Mary	12 Feb 1782	13 Mar 1861
TRUSS Michael	22 Oct 1781	25 Mar 1851
TRUSS Sarah Ann	25 Jun 1825	27 Aug 1826
born Ohio, died Green Township, d/o Michael and Mary		
TRUSS Thomas	9 Oct 1808	15 Oct 1862
TRUSS William	15 Apr 1820	11 July 1834
s/o Michael and Mary Truss		
VANHART James, Jr	29y 5m 20d	20 June 1841
s/o James and Elizabeth Vanhart		
VINCENT Mary Ann	6m 18d	1 Sept 1838
d/o Jeremiah and Elizabeth Vincent		
VINCENT Clarissa	3y	16 June 1833
d/o Jeremiah and Elizabeth Vincent		
WALKER George Washington	8 Dec 1840	26 May 1842
s/o Daniel and Caroline Walker		
WATSON Samuel D	- - - -	1817
s/o Daniel & Ann Watson		
WEDDING Ann Eliva	2 Dec 1848	22 May 1849
d/o T L and Rachel Wedding		
WEDDING Thomas L	38y 3m 13d	3 July 1849
WILLIAMS, Joseph	77y	31 Mar 1861
WILLIAMS Watkins	9 Apr 1830	1 Nov 1832
s/o Watkins and Mary Williams		
WILLIAMSON Rector	18y 11m	11 Aug 1840
WIRTHLIN Susan J	22 Oct 1845	6 Apr 1882
WOLFE Rev Martin	- - - -	3 Jul 1839
Member of the Ohio Conference		
WOLFE Charles M	12y	11 Jul 1849
s/o M & E Wolfe		
WOLFE Ellen	29y	10 Jul 1839
WOOD Elijah D	20y 11m 22d	20 Oct 1846
s/o Jonathan and Harriet Wood		
WOOD George H	- - - -	?- - - -
WOOD Hannah Ann	20 Mar 1818	8 June 1907
WOOD Jonathan	56y 5m 14d	8 Mar 1843

This Cemetery is on the north side of Harrison Avenue and one hundred and seventy eight feet west of Glenmore Avenue in Section 15 of Green Township, at Cheviot, Ohio. The Green Township Cemetery was on the opposite side of Harrison Avenue from this Cemetery which is now owned by the Westwood Baptist Church. They do not have any burial records for this cemetery. A publication of gravestone readings for this cemetery and Green Township were combined in Hamilton County, Ohio, Cemetery Inscriptions, Vol II, (Cincinnati, OH: Robert D Craig, 1963), pp 28-33. We have attempted to separate the names of burials into the original burial locations. The burying- ground of four acres was donated in 1809 by John Craig to Green Township. His heirs deeded two acres to the Bethel Baptist Church on 26 April 1850, recorded at the courthouse in Deed Book 154, page 285. The following gravestone readings for Bethel Baptist were recorded by Earl W Armstrong, and many are still to be found within the cemetery.

Name	BD or AE	DD
ARMSTRONG Martha A	11 Feb 1767	1 June 1852
w/o William Armstrong		
ARMSTRONG William	6 Feb 1767	10 Mar 1851
ARMSTRONG Anthony M	13 Oct 1806	29 Sept 1876
Mason emb		
ASHLEY Elizabeth M	12 June 1808	13 Dec 1885
w/o Robert Ashley, born in Frederick Co MD		
ASHLEY, Joseph	----	(14 Dec 1890)
Co G 2nd MO CAV, Civil War Veteran		
ASHLEY Robert	6 Dec 1798	25 Oct 1876
born in Lincolnshire, England		
ASHTON Henry	44y	6 July 1858
ASHTON S	Lot 23, W. Div; mkr on 4 corners	
BENN George	20or 28 May 1830	15 Aug 1891
Civil War Veteran		
BENN Henry & Loretta, children of George & Welthy	----	
BENN Martha G	4 Dec 1887	4 July 1897
BENN Welthy F	26 Nov 1826	13 Oct 1861
d/o Boswell & Ann FENTON (34y 10m 17d)		
BOYD Stella	5y 5m 8d	24 Mar 1870
d/o Joseph & Bertha		
BOYD Joseph	72y	30 Jan 1854
BRACKEN Michael	----	9 Aug 1849
BRACKEN Emma	10m	23 July 1851
d/o Thos and Rebecca Bracken		
BROCKHOFF Johann H- geb 6 Aug 1819		gest 27 Nov 1895
BROCKHOFF Maria E - geb 24 Okt 1818		gest 7 Nov 1873
geb STRUBBE		
BROCKHOFF Mathew	4 Mar 1865	8 Mar 1865
BROCKHOFF ___?	27 Dec 1862	8 June 1865
BROCKHOFF Gerhard Heinrich	14 May 1822	9 Sept 1864
Aug Fridorf, Amt Bruchaulen		
CARSON Henry Clay	34y	17 Sep 1864
s/o Isaac D and Mary Ann Carson, our brother		
CARSON Isaac D	21 Apr 1792	14 Nov 1873
CARSON Isaac J	2 Nov 1820	15 June 1884
CARSON James H	26y	31 Aug 1851
s/o I and M A Carson, our brother		
CARSON Mary Ann	15 Jan 1796	26 Dec 1875
w/o Isaac Carson		

Name	BD or AE	DD
CARSON Melissa B	43y	15 July 1866
d/o Isaac D and Mary Ann Carson, our Sister		
CARSON Oliver H P	2 May 1832	19 Feb 1896
CARSON Robert G	23 May 1818	7 Dec 1893
CARSON Ruth Ann	25y	24 Aug 1847
w/o W L Carson & baby died 7 Aug 1847, ae 13d		
CARSON Samuel W	1 Jan 1816	12 Feb 1883
ENGLISH Alfred M	----	1 May 1861
s/o Wm M & M E English		
ENGLISH Amanda M	1871	1890
ENGLISH Anna M	1862	1894
ENGLISH Mary E	1829	1889
ENGLISH William M	56y & 11d	11 Feb 1871
GAINES Richard	29 Dec 1762	29 Nov 1857
born in Stef- -yl- - ?, Aged 95 years		
GAINES Mary H	9 June 1786	19 Apr 1856
born in Newport, RI, aged 69 years		
GETZENDANNER Achsah	26 Oct 1819	31 Jan 1884
w/o Nathaniel Getzendanner		
GETZENDANNER Nathaniel	10 Dec 1806	20 Nov 1862/82
GETZENDANNER Hannah	3 Jan 1845	1 Sept 1851
d/o N & A Getzendanner		
GETZENDANNER Katie	19 Dec 1858	31 Dec 1884
d/o N & A Getzendannter		
GETZENDANNER Lewis	13 Nov 1783	10 Sept 1859
GETZENDANNER Margaret	29 Jan 1785	28 Aug 1851
w/o Lewis Getzendanner		
GOESS Mari Kunigunda	- - Nov 1795	aged 62y 2m ?d
geboren HUTZELMAN, w/o Heinrich Goess for 25 years.		
HANNAFORD Phoebe STATHEM	14 Oct 1835	26 May 1871
w/o S Hannaford		
HILDRETH Jacob	61y 11m 2d	21 Aug 1872
HILDRETH Eliza	22 Dec 1811	20 Apr 1891
w/o Jacob Hildreth		
HODGE Mary M, In Memory of her husband,		
" ssa Adam	29y & 19d	3 May 1851
HUDSON George	----	----
Co G, 139 Ohio Inf, Civil War Veteran		
HUTCHINSON Amy	88y 8m 9d	25 Dec 1866
w/o John Hutchinson		
HUTCHINSON Hattie M	29y	17 Dec 1871
HUTCHINSON Joanna J	In 75th yr	17 July 1877
HUTCHINSON John	----	12 Nov 1860
HUTCHINSON John	91y 1m 9d	17 Jan 1866
HUTCHINSON John	4m 24d	4 Aug 1834
s/o Levi and Joanna Hutchinson		
HUTCHINSON Levi	In 75th yr	15 Mar 1871
HUTCHINSON Mary H	19y 14m 14d	4 Jan 1828
w/o Levi Hutchinson; d/o Isaac H & Deborah JACKSON		
HUTCHINSON William H	2y 10m 15d	15 Feb 1843
s/o Levi and Joanna Hutchinson		
MATLACK Charlotte	84y 4m 8d	12 Mar 1888
Aunt		
MATLACK Jacob	83y 11m 2d	20 Feb 1889
Uncle		
MATLACK Samuel T	5 Aug 1807	11 May 1855
born in New Jersey		
MATLACK William N	7 June 1835	22 June 1901

BETHEL BAPTIST CEMETERY

Name	BD or AE	DD
McELVAIN Children of Alonzo and Mary E:		
"	10m 10d	5 July 1860
"	2y 8m	- - Feb 1861
"	8m	11 June 1862
"	1y 5m 2d	23 Sept 1865
MITCHELL William	36y 2m 17d	16 Apr or Jan 1859
s/o Jacob and Lydia Mitchell		
MINFORD Jane	60y	8 Mar 1876
w/o Robert Minford		
MINFORD Robert	16y 1m 23d	14 Aug 1851
MORTON, John B	- - - -	29 Mar 1929
Civil War Veteran		
MORTON, Joseph D, Sr	?6y & 4 m	7 Oct 1845
MORTON, Joseph B or D, Jr	20y & 9 m	30 Sep 1864
Civil War Veteran, s/o J D & M Morton		
MORTON, J B	- - - -	- - - -?
Civil War Veteran		
MORTON Margaret J	- - July 1818	4 Feb 1899
Our Mother		
NOBLE Lewis F	2 Nov 1839	25 Sep 1878
NOBLE William F	8 Oct 1810	18 June 1871
NOBLE William Clark	9 Oct 1843	5 Aug 1886
PARROTT Joseph	90y	3 Nov 1876
born Lincolnshire, England		
PARROTT John	11 Oct 1821	11 June 1888
born near Lincolnshire, England; Mason emb; father		
PARROTT John	1y 5m	26 Jan 1860
s/o John Parrott		
PARROTT Joseph	2y 1m	12 Nov 1860
s/o John Parrott		
PARROTT Mary A	75y	10 Dec 1898
w/o John Parrott; born in ? illegible, England		
PAVEY Thomas J	- - - -	27 Dec 1915
1st Sgt 93 Ind Inf, Civil War Veteran		
PERRY Mason D	33y 11m 15d	6 Oct 1861
Father		
PLATTS David Gilman	21 Mar 1809	8 Mar 1892
PLATTS Hannah Ann WOOD	20 Mar 1818	8 June 1907
w/o David G Platts		
RURHER Charles	- - - -	21 Mai 1875
RICHARDSON Anna	83y	4 Feb 1864/54
w/o David Richardson		
RICHARDSON David	In 83rd yr	17 Feb 1847
RICHARDSON Isaac	- - - -	- - - -
ROCKENFIELD Asenath	- - - -	- - - -
w/o John Rockenfield		
Small Markers: L S M, L M, D R M, B M		

Name	BD or AE	DD
ROCKENFIELD John	49y 11m	4 Jan 1849
"A tribute of affection by Asenath, in memory of her husband."		
ROCKENFIELD Mary Frances	2y 11m	29 Oct 1847
d/o John and Asenath Rockenfield		
SCHOFIELD Richard	25y	29 Oct 1834
SCHOFIELD Richard A	21y 5m 4d	12 Jan 1856
Only s/o R and N (ancy PATTON) Schofield		
SCHOFIELD Harriet	2m 21d	30 Apr 1845
SHEPPARD David	20 Sep 1793	8 May 1877
SHEPPARD Elizabeth ENGLISH	14 Jan 1795	22 Apr 1862
w/o David Sheppard		
SHEPPARD Mary F	1 Mar 1836	6 Apr 1870
d/o D E Sheppard		
SIMPSON Eleanor CARR	22 Feb 1802	8 Mar 1865
w/o Thomas Simpson		
SIMPSON Thomas	78y & 2d	11 Nov 1876
SIMPSON Thomas J	22 Jan 1837	8 Oct 1864
Civil War Veteran, s/o T & E Simpson		
SMITH Nancy P	63y 8m 24d	17 Feb 1877
STOREY Annie	5m 12d	12 Dec 1867
d/o Wm and F A Storey		
STOREY Francis A - Mother	1836	1917
STOREY James Addison	38y	16 Sep 1861
s/o James & Hannah		
STOREY James	15y 11m 18d	28 Jan 1865/68
s/o James and Hannah Storey		
STOREY James Fremont	19y 5m	7 May 1876
s/o James and Hannah Storey		
STOREY William Edgar	19y 3m 25d	10 May 1870
STOREY William W	87y or 47y	30 June 1870/79
VANZANT James, Jr	- - - -	- - - -?
s/o James and Elizabeth Vanzant		
VANZANT Mary	25 Oct 1808	2 Aug 1878
VANZANT Susannah F	27 Apr 1837	31 Aug 1878
d/o Thomas C and Mary Vanzant		
VANZANT Thomas C	11 Jun 1809	12 Oct 1878
VINCENT Harry	2y 10m 13d	24 Mar 1875
s/o W S and M E Vincent		
VINCENT Mary E	29y 5m 1d	21 July 1879
w/o W S Vincent; only d/o H and S ASHTON		
WATSON Lt J C	- - - -	- - - -
Co M 5th Ohio Cavalry, Civil War Veteran		
WATSON Daniel M	69y	12 July 1859

This cemetery was located in Green Township on the southeast corner of the intersection of Bridgetown and Ebenezer Roads. Reportedly the first full time minister in 1798 was Rev John KOBLER who was assisted by the men of the community to make an unhewed log chapel. The first deed was recorded at the Hamilton County Courthouse on April 10, 1816 for one and a third acres of land. Organizers in 1839 of a pioneer chapel included Benjamin, Washington, and Jonathan MARKLAND, Tobias MILLER, Orman MANN, AND Eli ROFELTY. A tornado destroyed an early church building. The church membership continued to grow and by the late 1930's the building was inadequate so a campaign was begun to build a new church. During this campaign, Rev Charles BERNHARDT, then the minister, visited August "Doc" WILKE, who was ill at the time. That was the first time a clergyman had ever visited Mr Wilke. The gesture was so appreciated that, after his death, his widow, the late Amelia Wilke, provided the money to build the new church. In 1940 when it was completed it was called the Wilke Methodist Church as a memorial to Mr Wilke. However, the pioneer chapel was continued in use for 20 years after the new building was opened. Congregation members built their own parsonage on the other side of the new church in 1949 and completed an educational addition on a basement level behind the church in January 1960. Leaders of the church decided in 1962 to dismantle the Ebenezer Chapel built in 1866. The church at this location was renamed in 1967 as the Oak Hills United Methodist Church, thus identifying with the name that had evolved for the area.

Construction on Bridgetown Road in 1949 caused some of the gravestones to be reset. In 1989 the church officials decided to enlarge the parking lot by eliminating the adjacent pioneer cemetery. Pictures were taken of the gravestones and they were removed from the site but no reinterrments were made. A few of the gravestones were transferred to the United Brethren in Christ Churchyard on West Fork Road in Green Township. Others were damaged upon removal and discarded in a ravine on a nearby farm. A few descendants upon learning that the gravestones had been removed from the graves obtained the markers of their ancestors for placement in another cemetery. Dorothy Morgan had made a partial reading of the gravestones in 1981 and in 1984, Joan Jester and Marjorie Waidner completed reading all the stones that remained and are given in this listing. No doubt there were burials for which gravestones were never placed or have disappeared over the years. A listing of these gravestones was published by Marjorie Byrnside Burress, Early Rosters of Cincinnati and Hamilton County, (Cincinnati, 1984), p 103-105. The names of Veterans and the war in which they served were obtained from the Registration File at the courthouse.

Name	BD or AE	DD	Name	BD or AE	DD
APPLEGATE Charles	27y 5m 8d	8 Dec 1859	HART Mary Ann	16y 4m 21d	24 Mar 1848
APPLEGATE Henry	85y 8m 12d	12 Mar 1877	d/o Abram & Elizabeth		
APPLEGATE Margaret	64y 10m 7d	18 Oct 1863	HAY Alice H	4y 1m 12d	9 Dec 1863
APPLEGATE Samuel	In 74th yr	10 Jul 1849	d/o Geo W & Josephine P		
b Sommerset Co state of Maryland			HAY Edward M	5m & 14d	26 Feb 1869
BENN Henry	18y 8m 6d	15 Jul1854/84	s/o Geo W & Josephine P		
s/o Samuel & Pheba, drowned in Big Miami River			HAY Hannah A	1843	1882
BENN Jane	68y 3m	3 Dec 1851	ssa " Richard	1839	1897
BENSON Blackley	37y 6m 15d	28 Jul 1851	HEARN Elizabeth nee	In 66th yr	22 Jun 1833
(h/o Eliza SCOFIELD)			MILLER, w/o James		
BENSON Harriet	9m 6d	----	HEARN James	12 Nov 1749	18 Oct 1823
d/o B & J Benson			b Sommerset Co state of Maryland, in 74th yr		
BOLSER Margaret	21y 11m	5 Apr?1823/25	HEARN W	----	----
w/o John			Sgt Co K 83rd Ohio Inf		
BROWN John F	29 Nov 1813	15 Feb 1849	Civil War Veteran		
35y 2m 16d			HOLLIDAY Mary	1777	1852
BURR Cyntha	1 Nov 1805	18 Apr 1834	HUMMEL Jacob	1819	1895
w/o William P - 28y 7m 18d			HUMMEL Phoebe J	1825	1898
BURR Phebe	26 Oct 1775	13/18 Sep 1859	KELSAY Elizabeth	36y 6m 4d	22 Sep 1849
b on Long Island, NY, w/o Samuel			d/o William & Lydia		
BURR Samuel	65y 10m 3d	19 Jul 1832	KINNAN Elizabeth	69y 2m 5d	2 Jul 1843
CAMPBELL Thomas H	28y 9m 22d	22 Jul 1828	LONG Florinda Bell	2y 3m 13d	25 Jun 1853
COX Deborah	45y 4m 1d	4 Sep 1822	d/o A & P		
w/o Joseph P			MANN Francis M	1847	1917
COX Joseph P	51y 9m 28d	25 Jul 1830	MANN Harriet B	1853	1924
GARRISON Hannah R	21y 6m 23d	6 Aug 1842	MARKLAND Anna R	13 Aug 1835	15 Nov 1896
w/o Isaac C			nee ROFELTY		
GARRISON Isaac C	1812	1901	ssa " Washington N	10 Aug 1827	1 Aug 1895
ssa " Mary	1824	1906	MARKLAND Benjamin	In 67th yr	16 Mar 1860
HART Abram	In 42nd yr	25 Dec 1834	MARKLAND Elmer A	11m & 27d	17 Jul 1855
HART Elizabeth	In 34th yr	15 Oct 1834	s/o W N & A		
w/o Abram			MARKLAND Jonathan	1812	23 Aug 1873

Name	BD or AE	DD
McGEE Sarah Ellen	28y 3m 2d	20 Aug 1863
d/o John & Nackey		
MILLER Andrew A	18y & 15d	3 or 8 May 1849
s/o William & Mary		
MILLER Catharine	In 67th yr	13 Mar 1828
w/o Daniel		
MILLER Cynthia L	1866	1898
MILLER Daniel	- - - -	22 Nov 1841
Pvt Heron's Co 10 NC Revolutionary War Veteran		
on 2nd stone		
MILLER Daniel	82y 10m 20d	22 Nov 1841
MILLER Frederick	74y 5m 24d	14 Aug 1868
MILLER John B	37y 1m 3d	22 Aug 1864
Civil War Veteran		
MILLER Martha M	70y 7m 25d	27 Dec 1896
MILLER W Wesley	30 Apr 1825	11 Sep 1903
MITCHELL J(ames) B	1821	20 May 1863
Sgt Co K 83rd Ohio Inf, Civil War Veteran		
Moore monument with the following 6 names:		
MOORE Charles M	18 Aug 1818	2 Sep 1899
MOORE Ellen R	2 Mar 1822	2 Dec 1898
MOORE John R	8 Dec 1816	30 Jun 1851
MOORE Mary C	15 Dec 1795	6 Mar 1849
MOORE Sarah A	1 Aug 1807	26 Oct 1864/49
MOORE William, Jr	28 Dec 1826	4 Nov 1854
MOORE William, Sr	22 Jun 1791	31 Jan 1871
MORE Abram	8 Sep 1801	24 Dec 1881
MORE Polly	76y	7 May 1882
w/o Abram		
MORINGSTAR Mary Louiza 17 or 13y 1m4d		17 Jul 1857
d/o Adam & Elizabeth		
PARKER Ann Marie	40y 1m 8d	31 Oct 1850
w/o Joseph		
PASELEY David	14y 5m 7d	21 Feb 1848
s/o Hugh		
PASELEY Mary Eliza	25 Feb 1825	21 Feb 1843
w/o Benjamin		
PAYNE Ruben	In 47th yr	25 Aug 1831
POWNER Elizabeth M - Mother	1864	1950
POWNER Elmer S - Father	1865	1934
POWNER Levi	- - - -	8 Jul 1903
Co I 10 or 13th Ohio Cav, Civil War Veteran		
POWNER Mary A	9 Jan 1826	7 Apr 1895
POWNER Matilda	6 Aug 1851	20 Jun 1908
d/o Andrew & Lydia		
POWNER Simeon	2 Mar 1821	3 Apr 1895
POWNER William	20y 2m 10d	23 Jan 1862
REDDISH John W	44y 11m 11d	17 Dec 1872
REDISH Susan G	31y 1m 23d	24 Oct 1864
w/o John W		
RICHEY Mary	75y 8m 15d	7 Feb 1832
w/o Stuart		
ROCKENFIELD Abraham	58y 7m 16d	27 May 1829
ROCKENFIELD Martha	In 53rd yr	11 Dec 1827
w/o Abraham		
ROFELTY Anna	71y 4m 6d	10 May 1845
w/o Mathias		
ROFELTY Barbara	10y 2m	9 Aug 1821
ROFELTY Francis	23 or 25y 8m	2 Oct 1839
ROFELTY John	12y 5m 22d	15 Jun 1838
ROFELTY Mathias	71y 4m 6d	7 Nov 1858
ROFELTY Philip	18y 3 or 5 m	12 Jun 1826

Name	BD or AE	DD
RYBOLT Amelia - Mother	14 Nov 1821	23 Dec 1893
ssa " John - Father	6 Apr 1815	31 Aug 1850
RYBOLT Jacob P	28 Sep 1840	5 Aug 1891
RYBOLT Michael	87y 1m 5d	13 Jan 1870
h/o Rachel H nee **SCUDDER**		
SAMMONS Elizabeth S	27y 8m 19d	28 Oct 1856
SCOFIELD Margaret	84y & 16d	16 May 1867
nee **PROSSER**, w/o Caleb		
SCUDDER Jane M F	15y 7m	2 Oct 1851
SEXTON William	18y 3m	28 Feb 1830
SHEPHARD Enoch	In 45th yr	18 Mar 1848
b Cumberland Co New Jersey		
SQUIER Margaret	29y 9m 15d	6 Jan 1839
Consort of Daniel		
STEVENS John	1m 7d	11 Mar 1845
s/o James T & Harriet		
STOMS Peter	20y 10m 8d	8 Sep 1835
ULREY Rebecca	- - - -	- - - -
w/o Stephen, d/o C & S **STATHEM**		
VANZANT Catharine	3 Nov 1778	12 Jul 1849
Consort of Garret, 70y 8m 9d		
WEBBER William Lewis	27 Jul 1833	26 May 1862
s/o Gideon C & Barbara, "killed at the siege		
of Vicksburg" - Civil War Veteran		
WESTCOTT Catherine	20y	27 Aug 1840
WESTCOTT Ebenezer	70y	22 Dec 1847
WESTCOTT James	59y & 17d	14 Nov 1826
WESTCOTT Sarah	67y	23 May 1848
WILTSEE Rachel **SPARKS**	21 Nov 1761	11 Jul 1821
WOOLEY Charlotte	In 61st yr	30 Sep 1824
w/o George		
WOOLLEY Alfred	In 24th yr	20 Jan 1832
s/o George & Charlotte		

Names from Veterans Grave Registration File
buried in Ebenezer Cemetery that were without gravestones.

Name		DD
BENSON John	Civil War Vet	8 May 1869
BENSON William	Civil War Vet	1898
BENN Joseph L	Civil War Vet	7 Apr 1870
CARSON W J	Civil War Vet	- - - -
COVERT Robert B	Civil War Vet, Navy	- - - -
FANVER Joseph	War of 1812	18 Oct 1897
HOWELL William	Mexican War Vet	13 Oct 1848
MARKLAND Jonathan	1812	23 Aug 1873
Civil War Vet		
MARKLAND Samuel	Civil War Vet	- - - -
MILLER Jefferson	Civil War Vet	- - - -
RYBOLT Michael G(eorge)	Civil War Vet	
	18 Dec 1844	6 Oct 1926
VANZANT Washington	Civil War Vet	29 Oct 1864
WILTSEE Cornelius	1761	4 Nov 1828
Revolutionary War Vet		
WOOLEY Thomas	Civil War Vet	2 Sep 1870

EBENEZER METHODIST EPISCOPAL CHURCH   Green Township

This is a list of names for people who were members of the Wilke Memorial Church, formerly known as Ebenezer Methodist Episcopal Church. It was compiled by the member Nellie R Jacobs Rankin and given by her descendant to Harold Hopping for publication. None of the names were found on the remaining gravestones in 1984 in the cemetery adjoining the church.

Name		
ALTER Frederick	1745	1819
ALTER Harriet	1847	1850
ALTER John	1807	1837
ANDREWS Isaac	1843	1846
ANTHONY Mary	1895	1897
ANTHONY May	? or	1828
APPLEGATE Elizabeth 1837-1893		
BACON Simeon	1843	1876
BAHHE-sp Sarah	1849	1852
BAHHL Sarah	1849	1851
BAILIES William	1822	1842
BAILLE William	1822	1849
BAKER Angeline	1854	1856
BATEMAN Hiram	1828	1829
BATEMAN John	1833	1834
BATEMAN Sarah	1792	1876
BATEMAN Sarah	1814	1821
BATEMAN William	1787	1871
BATTERSON Cathy	1869	1870
BATTERSON Charles	1871	1877
BATTERSON Louelem 1868-1871		
BATTERSON Mattie	1872	1877
____? Virginia	1831	1843
& was listed with Mattie		
BEE Mary	1803	1825
BEE William	1823	1825
BENN Pheba	1807	1888
BENN Samuel	1809	1896
BENN Siddie	1868	1870
BENN Joseph,Jr	1879	1882
BENN Mary	1811	1864
BENNELY Eliza	1839	1859
BENNETT Betsay	1798	1881
BENNETT George	1851	1893
BENNETT William	1855	1893
BENSON Elizabeth	1815	1876
BIDDLE Catherine	1783	1843
BROWN Harriet	1811	1842
BROWN Harriet	1811	1841
(?May be duplicate)		
BROWN Jesse	1838	1845
BROWN Jesse	1838	1849
(? May be duplicate)		
BROWN John	1813	1826
BUCKLEY Tommy	?	?
BURR William	1847	1851
COX George	1846	1859
COX Lewis	1812	1843
COX William	1812	1830
EDWARD Charles	1819	1851
EDWARD Charles	1819	1849
(?May be duplicate)		
EDWARD Daniel	1849	1849
EDWARD Daniel	1849	1853
(?May be duplicate)		
EDWARD J	1813	1870
EDWARDS Susan	1809	1893
ELLEN Sarah	1835	1863
GARRISON Hannah	1821	1895
GARRISON Mary	?	1860
GARRISON Priscilla	1836	1851
GARRISON Priscilla	1835	1851
(?May be duplicate)		
HAY Hannah	1843	1849
HEARN Eliza	1837	1923
HEARN Isaac	1839	1909
HEARN Lewis	1841	1841
HEARN Lewis	1840	1841
(?May be duplicate)		
HERRIN John	1818	1840
(Was written Johna)		
HERRIN John	1818	1897
HOFFMAN John	1818	1897
HOFFMAN Sophia	1795	1868
HOLIDAY John	1807	1822
HOLLIDAY John	1807	1840
HOLLIDAY Larenze	1807	1840
HOLLIDAY Rebecca	1809	1889
HOPKINS Josiah,Dr	1816	1847
HUMMEL Amos	1851	1888
HUMMELS Emma	1834	1836
JOHNSON Clarise	1822	1842
JOHNSON Harriet	? or	1818
JOHNSON Margaret	1838	1874
JOHNSON Mary	1819	1885
JOHNSON William	1813	1879
KELSAY Lydia	1845	1851
KELSAY William	1845	1876
KELSEY Lydia	1819	1877
KELSEY Sarah	1808	1826
KINNAN Richard	1837	1846
LOCKRIDGE Joseph	1850	1852
LONG Catherine	1844	1846
LONGSTREET John	1835	1840
MARKLAND Andrew	1826	1865
MARKLAND Charles	1835	1836
MARKLAND Daniel	1871	1876
MARKLAND Eman	1880	1880
MARKLAND Emily	1820	1888
MARKLAND Frances	1788	1852
MARKLAND George	1863	1870
MARKLAND Julia	1798	1957
MARKLAND Julia	1819	1852
MARKLAND John	1830	1859
MARKLAND Mary	1799	1877
MARKLAND Mary	1837	1837
MARKLAND Mary	1852	1878
MARKLAND Susan	1839	1839
MARKLAND Washington,	1809	1888
MARKLAND William	1852	1854
MARKLAND William	1797	1851
MAY Edward H	?	1859
MILLER Catherine	1828	1851
MILLER Hannah	?	?
MILLER Henry	1835	1856
MILLER Mary	1797	1850
MILLER Nancy	1878	1896
MILLER Rachel	1811	1851
MILLER William	1779	1838
MOORE Deborah	1783	1850
MOORE Eliza	1863	1876
MOORE George	1777	1833
MOORE Susan	1840	1843
MOORE John	1833	1839
NORRIS George Reed, b 22 May 1908 d 9 Nov 1908, s/o Fitzhugh Norris & Rachel Eva Rybolt		
NORRIS Margaret, b 10 May 1909 d 9 Aug 1909, d/o Fitzhugh Norris & Rachel Eva Rybolt		
PAILEY Samuel	1808	1830
PALVER Phoebe	1802	1889
PARKER Cynthia	1784	1836
PARKER Georgianna	1857	?
PARKER Samuel	1783	1858
PAYTON Lucy	1812	1813
POWNER Andrew	1816	1875
POWNER Boyde	1889	1892
POWNER John	1814	1864
POWNER John	1840	1865
POWNER Lydia	1854	1873
ROFELTY Anna	1794	1821
ROFELTY Eli	1801	1867
ROFELTY Gora	?	1877
ROFELTY Susanna	1802	1881
ROGERS Ann	1825	1906
ROGERS Clara	1848	1849
ROGERS Clark	1819	1893
ROGERS Mary	1822	1847
ROGERS William	1831	1831
ROLAND Edgar	1862	1864
RORK Daniel	1792	1828
RORK Daniel	1792	1841
ROYAL John	1803	1866
ROYAL Sarah	1801	1879
ROYAL Sarah	1833	1852
RYBOLT Charlotte	1803	1828
d/o Michael & Rachel		
RYBOLT Frances	1847	1917
RYBOLT Harriet	1819	1847
RYBOLT Harriet Eliza, b 6 Jun 1847 d 28 Mar 1919 nee BENSON, w/o Michael G Rybolt		
RYBOLT John Jacob, b 22 Mar 1870, d 4 Aug 1887		
RYBOLT Mary	1824	1856
w/o William		
RYBOLT Mary E	1851	1857
d/o William & Mary		
RYBOLT William	1829	1829

RYBOLT Rachel H, b 12 Nov 1877
    d 26 Jul 1846, nee
SCUDDER, consort of Michael
SAMMONS Abigail 1814 ?
SAMMONS Benjamin 1815-1866
SAMMONS James 1794 1874
SAMMONS Mary 1840 ?
SAMMONS William 1840 1922
SCOFIELD Caleb, b 10 May 1783
    d 25 Apr 1852
SCUDDER Elizabeth 1806 1887
SEXTON Ezekiel 1816 1837
SEXTON Hannah 1783 1815
    (1st burial in churchyard,
nee KINNAN, w/o Joseph.)
SEXTON Hannah 1808 1864
SEXTON Joseph 1783 1864

STEELE Leah 1826 1882
STATHEM Sarah 1786 1848
STATHEM Ephraim 1804 1850
STOMS Daniel 1814 1831
SUIT Jennie 1860 1874
SUIT William 1818 1875
SYLVESTER David 1834 1863
THUBSTON Katherine 1823 1893
TOULINSON Timothy 1819-1841
TULLIS Andrew 1835 1861
TULLIS David 1791 1880
TULLIS Margaret 1819 1877
VANZANT Garret 1780 1850
WATSON Mary 1832 1871
WEBBER Barbara 1803 1879
    nee RYBOLT & w/o
    G C WEBBER

WEBBER Gideon C 1803 1849
WEEKS Enoch 1789 1834
WESCOTT Damairs 1772 1821
WESCOTT Damairs 1772 1842
    (? if duplicate or error)
WESCOTT James 1767 1821
WIHST (sp) Cornelius 1838 - 1861
WOOLEY George 1826 1859
WOOLEY James 1825 1873
WOOLEY Jane 1802 1881
WOLLEY Mary 1836 1875
WOOLEY William 1796 1855
WOOLEY William 1843 1886
WRIGHT Cornelius 1838 1861
WRIGHT Joseph 1796 1841
WRIGHT Joseph 1799 1817

HISTORIC EBENEZER CHAPEL and CEMETERY

    In the book, Pioneer Annals of Green Township by Reese P Kendall, page 19, it states: "Martha BROWN, widow of Samuel from Sculltown, Salem County, New Jersey, arrived in Green Township in 1828...her husband had died December 4, 1833...she was born Martha PROSSER, January 27, 1779 and was brought up as a Quaker... she died December 23, 1834 and was buried in Ebenezer Churchyard."

A half acre tract of land owned by Daniel Jessup and his wife Nancy was given to the United Brethren Church in a deed signed by them on April 26, 1842 and recorded at the Hamilton County Courthouse. In 1842 this land was in Green Township but is now within the municipal limits of Cincinnati located at 2642 Jessup Road, between Colerain and Vogel Roads. The United Brethren Church became the Mt Airy United Methodist Church and they are now located at 2645 West North Bend Road. The present church has no records from the early United Brethren Church and Cemetery.

The Cemetery was neglected, vandalized and abandoned leaving the remaining stones broken and in disarray. The site was cleared of excess vegetation in 1993 and the grass is now being mowed by the church. The following records were obtained in July 1995 by piecing together the broken stones for reading by Sheila Balzer, Jack & Lee Fern, Paul Ruffing, and Betty Ann Smiddy. This information was added to a reading of existing stones in June 1967 by Ruth Wells.

BELL Margaret J	In tribute of affection to the memory of, born 15 May 1826 died 29 August 1862
BELL Rebecca	wife of William, died 8 May 1864, aged 73 years 7 months: Dear Mother thou art__
BELL William	Departed this life 29 November 1843, aged 48 years 8 months 23 days

        Blessed are the pure in heart for they shall see God. Stop here my friends and cast an eye. As you are now so once was I. As I am now so you must be. Prepare for death and follow me.

BELL Samuel	born 3 February 1785 died 23 December 1825 [At the top of the flat, in ground stone is book replica that says: My Guide, S B at rest.]
BELL Samuel, Jr	born 6 August 1807, died, aged 47 years, 7 months 29 days

        How still and peaceful is the grave. In her life have tumults past. The appointed place in heavens dear. Preserves us all at last.

OLMSTED Elizabeth (BELL)	wife of T T Olmsted, born 21 August 1821 died 11 January 1846
GIFFIN Mary Jane	Sacred to the memory of, who departed this life, 23 July 1851, aged 20 years 1 month 16 days.

        Sleep in Jesus! O, for me, may such a blissful refuge be; Security shall my ashes be.

GIFFIN Robert	died 26 January 1876, aged 76 years 7 months 5 days

        The wind breathes low, on the yellow land, sounds vespers from the trees. So flowed the parting breath when father ceased to be.

GIFFIN Sarah	wife of Robert Giffin, died 3 February 1872, aged 71 years 7 months 10 days

        Blessed are the dead who die in the Lord. Mother is not dead but sleepeth.

J G	(Infant stone that could be for James GIFFIN, son of Robert and Sarah Giffin.
GIFFIN Mary E	wife of James Giffin, died 3 October 1878, aged 41 years 4 months 26 days

        Dearest mother thou has left, Here thy loss we deeply feel but tis God that hath bereft us. He can all our sorrows heal.

HOFFING Dr M Friedrich	Geboren 1800 Gestorben 11 March 1855
JACKSON William S	son of S and M A Jackson born 11 January 1843 died 1 March 1854

        For changing scenes on earth, He found a home in heaven.

JESSUP Daniel	Sacred to the memory of, born in Cumberland County, New Jersey, 7 September 1780, died 12 October 1866, aged 86 years 1 month 5 days (Stone obelisk is broken) He was a veteran of the War of 1812.
_____ Meluc	son of W & R - stone fragment.
_____ died 1819	in the 36? or 85? year of her age - stone fragment.
_____ died 11 May 185_, aged 19 years 10 months 5 days - stone fragment.	
M. S. - Footstone	

The following gravestones are now missing from this cemetery but were read in 1967.

JESSUP Purnella	daughter of Daniel and Nancy Jessup, died 5 June 1811, aged 18 years 5 months 6 days
LONG Douglas E	son of James and Nancy A Long, born 17 September 1805, died 6 March 1866.
GIFFIN Jeremiah	died 7 October 1866, aged 31 years 1 month 10 days
M. J. G.	Footstone: may have been for Mary Jane Giffin, daughter of Robert and Sarah Giffin.
ASTON Samuel	died 9 June 1845 (Footstone with S A was found)
BACON Sarah Jane	Sacred to the memory of ...
CAMPBELL Martin	son of John and Rebecca Campbell, died 5 October 1812
CAMPBELL Josephus	son of John and Rebecca Campbell, died 17 June 1819

This cemetery is located in section 31 of Green Township, Hamilton County, Ohio and on the west side of Van Blaricum Road about one half mile south of South Road. It was established about 1865 for one half acre of ground on the farm that is still privately owned. The cemetery is enclosed with fencing on a small knoll of land near the farm buildings. It was once a very pretty site but it has received no maintenance for a long time as trees and weeds now cover the area. These gravestone inscriptions were copied by Jeanne Wullenweber and Mary H Remler in April 1992. This is the first time for readings of this cemetery to be published.

Name	BD or AE		DD	Name	BD or AE		DD
BENNETT Laura E	24 Sept 1872		7 July 1898	MANN William J		1836	1924
BENNETT Willie W	4m & 26d		16 June 1875	" ssa Eliza J		1833	1900
s/o E E & H M				MANN Ormon McDonald	18 June 1843	15 Dec	1895
CLAYTON William J -Father		1850	1918	s/o Ormon & Catharine, Civil War Veteran			
CLAYTON Emmaline-Mother		1844	1928	52y 5m 27d			
CLAYTON Lydia M-Sister		1876	1926	MANN Kezia	25 Nov 1831	26 Mar	1888
CLAYTON Ormon McDonald	? 6m & 9d		14 July 1846/49	w/o J W MANN & d/o M C & H DEW			
s/o Thomas & Emily CLAYTON				" ssa Sophia	13 Aug 1861		?----
CRAWLEY ___ An iron fence measuring approximately 15ft x 15ft with an entrance gate to the enclosure, without any large inscribed stones other than a small inscribed footstone in each corner.				w/o John W			
				" ssa Lydiann D	15y 5m 19d		8 Feb 1866
				d/o J W & Kezia & footstone			
				" ssa John W	18 June 1826		2 Nov 1905
DEW Hanna	58y 9m 17d		1 Mar 1864	s/o Orman MANN			
w/o Martin C DEW				MARKLAND Clara (3m4d)	6 Aug 1852		10 Nov 1852
EMMETT Samuel - Co G 193 Ohio N G Inf			----	MILLER George	29 Sept 1848		27 Sept 1888
Civil War Veteran				s/o A & J MILLER - 39y 11m 28d			
EMMETT Carrie C G	2y		30 Aug 1870	MOORE Lydia A	27 Jan 1833	29 or 19 Dec 1884	
d/o S & E EMMETT				w/o John H MOORE			
GALBREATH Sarah	26 May 1788		14 Feb 1875	MOORE Lillie M	11m 28 or 23d		21 Mar 1879
HENRY Eliza E	24y 1m 23d		6 July 1870	d/o E A & S A MOORE			
w/o Francis HENRY				MOORE Infant	11 days		27 Feb 1875/6
HENRY William	3m 26d ?		26 Aug 1870	s/o E A & S A MOORE			
s/o F & E E				PARK William	47y		10 Jan 1880
HOLLOWAY Thomas, Sr	----		10 Sept 1896	born in Cumberland, England, W P footstone			
" ssa Mary	----		7 Apr 1893	ssa LOVE John	16 May 1864	21 Apr	1883
" ssa Thomas, Jr	----		22 Feb 1942	s/o James & Elizabeth (18y11m5d)			
KIRGAN David	4 July 1799		7 June 1879	PARK Ann w/o William PARK	----		----
79y 11m 3d & footstone D K				PLOW William H	16 Jan 1849		15 Dec 1878
KIRGAN Mary Ann	3 Sept 1855		15 Apr 1856	29y 11m			
d/o J & M KIRGAN				REDDING William H	10m & 4d		28 Aug 1865
KIRGAN Julia Ann	30 Aug 1852		15 Nov 1854	s/o Henry & Mary REDDING			
d/o J & M KIRGAN				REDDISH William	5m		2 Aug 1872
KIRGAN David	11m		5 Sept 1864 or'54	s/o J E & A			
s/o Thomas & Elizabeth				SMITH Mercy Ann	48y 8m 29d		8 Sept 1860
KIRGAN Eliza E.	1y 2m		20 Aug 1871	w/o Peter SMITH			
d/o T & E KIRGAN				SMITH Mercy Ann	4m & 18d		18 Jan 1861
KIRGAN Ida	2 Sept 1859		24 Aug 1860	d/o Peter & M A SMITH			
d/o J & M KIRGAN				SIEGLER John	12y 1m 9d		23 May 1878 or70
KIRGAN Murcy E	1 Dec 1862		21 Feb 1863	s/o J & M SIEGLER			
d/o J & M KIRGAN				SIEGLER John Phillip		1825	1897
KIRGAN Infant	1 day		25 Nov 1864	"ssa Florinda		1823	1905
s/o T & E KIRGAN				TAYLOR Emma E	2y 8m 26d		12 July 1865
KOON Hiram	19y 11m 18d		6 Sept 1862	"ssa Willie Wessie	illegible		-- July 186?
Civil War Veteran				"ssa Mary E	2 Jan 1828		3 Aug 1889
LAWRENCE David E or R	13 Dec 1813		13 July 1882	w/o Abner G TAYLOR			
LAWRENCE George M	17 Mar 1855		9 June 1880	"ssa Abner G	53y 9m 23d		5 July 1879
LOVE James	47y		1 Dec 1882	VAN BLAIRCUM Infant	21 Sept 1876		23 Sept 1876
died Delhi, Ohio, U.S.A.-Civil War Veteran				s/o J M & E A			
MANN Mary	74y 9m 23d		27 May 1883	VAN BLARACUM Israel	59y 4m 6d		21 Sept1863/5
w/o Israel MANN				s/o David & Elizabeth			
MANN Ormon - Father	5 Feb 1800		24 July 1884	VAN BLARACUM Elizabeth	24 June 1780		18 Dec 1847
& O MANN lot marker				w/o David; A member of the United Brethren Church.			
MANN Catharine	67y 6m 3d		17 Sept 1875				
w/o Orman MANN & footstone							

Name	AE or BD		DD	
VAN BLARACUM David	13y 2m 8d ?		13 Apr	1865
s/o D & E				
"ssa Margarette or	1y 8 or 3m 5d		22 Oct	1858
Charlotte Ann, d/o D & E				
"ssa Margaret H	2y 1m 3d		1 Aug	1856
d/o D & E				
"ssa William Wesley	31y 10m 18d		4 May	1891
s/o D & E				
"ssa David	4 Nov	1821	9 Jan	1899
"ssa Elizabeth	18 Feb	1827	26 Aug	1903
w/o David				
VAN BLARICUM James	1y 4m 8d		1 Mar	1840
& another by name of ?Benjamin on same stone				
but dates are illegible; Children of I & Mary				
VAN BLARICUM Israel A	1y & 5d		20 Nov	1844
"ssa Martha Jane	b. & d. 23 June 1840			
children of I & Mary				
WYATT Charles H		1868		1916
& footstone, CHW				
WYATT Thomas	28 Feb	1829	24 June	1895
66y 3m 26d				
"ssa Mary J	5 July	1836	11 Apr	1901
65y 9m 6d				
"ssa James M	18 Sept	1859	29 Mar	1912
"ssa George W	1 Oct	1872	19 Oct	1915
"ssa Thomas W	26 Mar	1861	10 May	1862
"ssa Mary	17 Oct	1862	22 July	1863
"ssa Israel O	31 Mar	1867	23 June	1869
WYATT Mary	1y 9m 5d		22 July	1863/8
d/o T & M J				
WYATT Thomas	1y 1m 1?d		10 May	1862
s/o T & M J				
Footstone - G W M				
Footstone - M J V & I A V				

The gravestones for the following inscriptions were previously recorded for Van Blaricum but they were not found in 1992.

Name	AE or BD		DD	
APPLEGATE Israel	10 Jan	1790	8 Jan	1870
79y 11m 28d				
BUSH H B	75y 8m 12d		14 Oct	1899
A colored woman and Allan BUSH was her son.				
CLAYTON Emily	23y 11m 2d		1 May	1855
d/o O & C CLAYTON				
DEW Martin C	61y 2m 7d		29 Oct	1863
KENNADEY William	1y & 24d		19 Aug	1862
s/o J S & C M				
KIRGAN Alice	13y		27 Aug	1876
d/o J & M KIRGAN				
LOVE ____?	14 Mar	1836		----
wife of James LOVE				
LOVE John	16 May	1864	21 Apr	1883
s/o James & Elizabeth (18y 11m 5d)				
MANN James	11y 3m 18d		25 Jan	1839
s/o O & C MANN				
MANN Sarah	16y 7m 2d		5 May	1846
d/o Ormand & Catharine MANN				
McINTYRE James	1y 8m 21d		25 Jan	1850
s/o George T & Emily McINTYRE				
SLATTERY William	6y 7m 6d		6 Mar	1862
s/o P & E J SLATTERY				
SPEIDEL Infant s/o M & E		----	26 Mar	1865
"ssa Infant s/o M & E		----	3 Apr	1872
SPEIDEL Elizabeth	9 Apr	1838	3 Sept	1870
w/o Michael SPEIDEL				
"ssa Rachel	51y 2m 13d		13 July	1870
w/o Michael SPEIDEL				
VAN BLARICUM Mary Ann	74y 9m 23d		27 May	1883
w/o Israel VAN BLARICUM, is now overgrown by a tree.				
VAN BLARICUM David	85y lm 6d		30 Sept	1864
VAN BLARICUM Margaret	73y 9m 29d		17 Dec	1854
w/o David VAN BLARICUM				
VAN BLARICUM Infant	1d		19 Apr	1878
s/o J M & E A				
____? Lottie		----	3 July	1919

In July 1866 a meeting of Catholics residing in Green Township, Hamilton County, Ohio was held to decide on purchasing land for building a church. This meeting was attended by Jacob **Neiheisel**, Michael **Schaible**, Franz **Hauche**, Kasper **Weiglein**, Sebastian **Baechler**, Severin **Schwab**, Nicholas **Wagner**, Henry **Lange**, Philip **Neiheisel**, John **Knauber**, Philip **Frondorf**, Herman **Wilbers**, Peter **Liedel**, Franz **Frondorf** and Henry **Bertram**. A deed was recorded at the courthouse on August 20, 1866. The church history states that in September Herman Wilbers, Philip **Oehler** and Philip **Frondorf** purchased 9.17 acres of land, a rectangular piece of ground 375 feet in width, extending from Cleves Pike to Harrison Pike, along Fenton Avenue, later called Church Lane.

At the meeting on October 19, 1867, it was decided to transfer the property, on which the church was to be built, over to the diocese, that is to the Archbishop, John B Purcell as Trustee. It was also decided that the church would be named Saint Aloysius Gonzaga. Minutes of this meeting state that Philip **Oehler**, Philip **Neiheisel**, Philip **Frondorf**, Herman **Wilbers**, John **Scheid**, Peter **Liedel**, Sebastian **Baecher**, Nicholas **Wagner**, Henry **Bertram**, Gustave **Westrich**, Severin **Schwab**, John **Knauber**, Michael **Schaible**, Joseph **Schaible**, Philip Newhaus, Jr signed the agreement. A few years later, the lower portion of the property bordering on Harrison Pike, was sold leaving 4.8 acres for church, school and cemetery. The first burial in the cemetery occurred in November 1868, when Clemens **Jacob**, a child, age not given, was buried in the single grave section.

St Aloysius Church is still actively used as a place of worship located at 4366 Bridgetown Road. The cemetery is managed by the resident priest and has about 250 spaces left for burials. All gravestone inscriptions, lot cards and sexton records were transcribed by Catherine (Walters) Miodrag and Elizabeth (Walters) Bauscher in 1989 and 1990, with the support and cooperation of the present sexton, Ron Scheidt.

The day, month, and information enclosed in brackets ( ) and the names of funeral home in charge of the burial was added to the gravestone readings. This information was obtained from the log book of the sexton for which the burial was made. The gravestone readings were cross-referenced with the sextons log book and names not found on a gravestone are listed on separate pages for this cemetery.

Name	BD		DD or DI		Funeral Home	Remarks	Sec	Lot	Row
ABACHERLI John	3 Feb	1833	19 Apr	1895		Vater	2	1	
ssa " Katharina	5 Feb	1800	26 Nov	1881		Mutter	2	1	
ssa " Magdalena	22 Oct	18?5	5 Jan	1887			2	1	
ABLE Martin A		1892	(25 May)	1976	Bolton-Lunsford		12	79	
ssa " Martin L, Jr	16 Nov	1917	4 Feb	1950	Bolton-Lunsford	Son	12	79	
ssa " Viola P		1906	(7 May)	1986	Bolton-Lunsford		12	79	
ssa " **CASEY**, Mary E	20 Sep	1881	22 Nov	1945	Grueter	Mother (Mamie)	12	79	
ADAM George H	21 Feb	1851	19 Dec	1898			5	220	
ADAMS Appellona	8 Feb	1827	25 Sep	1893		E side of stone	4	42	
ssa " Valentine	11 Apr	1821	16 Jul	1892		Civil War Veteran	4	42	
ssa " Edward		1856		1932		Footstones: Mother	4	42	
ssa " Joseph	29 Oct	1863	28 Dec	1892		Brother, Father	4	42	
ssa " Eva		1859	(18 Dec)	1942	Neidhard		4	42	
ssa " Louisa		1853		1933			4	42	
AHLERS Rolf Albert	3 Jul	1923	20 Aug	1977	Rebold	PM 2 US Navy WW II	4	60	
AHRENS Henry E		1913	(23 Apr)	1947	Rebold	Father	17		E
AISENBREY Bernadette		1912	(19 Nov)	1987	Minges		15		O
AISENBREY Carl W		1908	(19 Aug)	1980	Minges		15		O
ALBERS Dr John G		1836		1914			3	6	
ALBERS Elmer J		1903	(19 Sep)	1970	Vitt & Stermer		13	S82	
ALBERS G F		1888		1908			3	6	
ALBERS Mary F		1847		1926			3	6	
ALFERS George		1885		1895			2	31	
ALFERS John		1856		1890		Father	2	31	
ALFERS John H	24 Nov	1881	16 Jun	1955	Nurre Brothers	Son	2	31	
ALFERS Scholastica	27 Sep	1883	31 Jul	1964	Nurre Brothers		2	31	
ALFERS Susanna (nee **DIRR**)		1861		1932		Mother	2	31	
ALFERS? Joanna		- - - -		- - - -		No stone	2	31	
ALFERS? John		- - - -		- - - -		No stone	2	31	
ALLEY George W		1926		1944	Seaman 1st Class, Lost at Sea on Ship U S S Spence		14	194	
ALLEY Stella B		1891	(4 May)	1972	Rebold		14	194	
ALLMAN Franziska		1885	(27 Jun)	1958	Wrassman		12	67	
ssa " John		1878		1915			12	67	

Name	BD		DD or DI		Funeral Home	Remarks	Sec	Lot-Row
ALMORE Henrietta		1850		1927			11	183
ALMORE John		1871	(20 Feb)	1943	Nurre Brothers		11	183
ALMORE Louise		1877		1928			11	183
AMEERGEN M Katherina	18 M??	1856	29 Sep	1879			3	4
AMEND Abbie (Appolonia)		1884	(28 Dec)	1974	Nurre Brothers		15	N
ssa " Charles		1885	(9 Aug)	1973	Rebold		15	N
ANDWAN Alphonse		1899		1930		Daddy	12	69
ANDWAN Elizabeth		1878		1919		nee AMBERGER	12	69
ANDWAN Irene F	11 Oct	1903	22 Jan	1905			7	Single
ANDWAN John L(awrence)		1869	(11 Apr)	1945	Vitt & Stermer		7	Single
ANDWAN Josephine		1880	(3 Aug)	1959	Joseph A Neidhard		7	Single
ANDWAN Lawrence		1871		1916			12	69
ANDWAN Marguerita Elizabeth	19 Jan	1901	23 Mar	1928			7	Single
APPEL George	19 Dec	1900	25 Aug	1916			7	Single
APPEL John		1886	(17 Mar)	1972	Busse & Borgman		15	L
ssa " Katherine		1886	(17 Dec)	1946	Busse & Borgman		15	L
ARBORGAST Loretta		1911	(26 Jun)	1948	Rebold	ssa Fred PFITZER	15	L
ARMSEY William K		1907	(15 Jan)	1946	Vitt & Stermer	Father	16	G
ARNS Julia C		1903		- - - -			15	276
ssa " Leo A		1892	(2 Jul)	1969			15	276
ASHWORTH Margaret		- - - -	(20 Nov)	1968	Vitt & Stermer	No stone	16	K
ATKINSON Marie	28 May	1897	18 Aug	1939		(nee SCHAIBLE)	17	C
AUCH Rose		- - - -		- - - -		No stone	1	43
AUMEN Simon J		- - - -	21 Mar	1944	Pennsylvania Sgt 8 CAV	No stone	16	J
AUSDENMOORE Catherine L		1912		- - - -			15	O
AUSDENMOORE Henry F		1940	(16 Mar)	1964	Vitt & Stermer		15	O
AUSDENMOORE William L		1907	(26 Jul)	1967	Vitt & Stermer		15	O
AVERBECK Agnes E		1900	(1 Sep)	1981	Rebold	Mom	17	C
ssa " Henry A		1897	(11 Sep)	1986	Rebold	Pop	17	C
BACH G	24 Dec	1813	2 Aug	1891			7	
BACHMAN Elizabeth		1857		1934		(nee ENGELMAN), Wife	6	233
BACHMAN Frank J	5 Dec	1870	9 Mar	1952	Neidhard		4	62
BACHMAN Frank W	11 Aug	1882	3 Nov	1953	John C Gump		13	74
BACHMAN George		1852		19??		Stone illegible	6	233
BACHMAN Gertrude	15 Jan	1882	24 Feb	1980	Rebold		13	74
BACHMAN Mary Rose	12 Mar	1875	19 Mar	1950	Joseph A Neidhard		4	62
BACHMAN Nicholas		- - - -	(- - Apr	1918)	Civil War Veteran, Co K 106 Ohio Inf		1	47
BACHMAN Nicholas		1837	(- - Apr	1918)		2nd stone for him	1	47
ssa " Phebe		1844		1926			1	47
BACHMANN Anne E		1937		- - - -			19	W
ssa " Leo V		1904		- - - -			19	W
ssa " Marie K		1905	(10 May)	1983	Rebold		19	W
BACHMANN Robert A	25 Oct	1937	28 Jan	1939			7	Single
BACKHERMS Harry		1878	(22 Jul)	1954	Busse & Borgman	Father	17	E
BACKHERMS Josephine		1881		1960	Vitt & Stermer	Mother	17	E
BACKMANN Gertrude		?1884		?1886			3	4
BACKMEN Franz - Infant		- - - -		- - - -		No stone	3	4
BAECHLE John		1887		1937			11	175
BAECHLE Lauretta (nee VOSS)		1891	(3 May)	1980	Rebold		11	175
BAGHMAN Elizabeth	12 Sep	1829	23 Jul	1896			3	4
BAHR Joseph - Father		- - - -	(d 28 Sep 1884)		Civil War Veteran	Co H 187 Ohio Inf	1	33
BAKES Mathias		1893	(27 Jan)	1949	Simminger		11	185
BALDINGER August		- - - -		- - - -		No stone	17	C
BALDINGER Katie		1866	(12 Sep)	1954	Gump		16	J
BALLHAUS Anna K		1898	(5 May)	1961	Rebold	Wife	14	162
ssa " Clifford J, Jr		1924		1945		Son	14	162
ssa " Clifford J, Sr		1902	(21 Aug)	1973	Rebold	Husband	14	162
BALLHAUS Marie G		1909	(28 Jan)	1983	Rebold	Wife	14	162
BALLMAN Charles H		1882	(18 Aug)	1955	Rebold		17	D
BALZER Hedwig		1865	(20 Sep)	1947	Rebold		16	J
BANDENBURG Anna		1871		1955		Mother	15	M
BANDENBURG Theresa M		- - - -	(10 Oct 1944)		Rebold	Baby	7	Single
BARGON George		- - - -		- - - -		No stone	4	54

102

Name	B D			DD or DI		Funeral Home	Remarks	Sec	Lot-Row	
BARLION A Veronica	23 - -?	1861		10 Aug	1862		Illegible stone	3	22	
BARLION Anna M (nee ADAM)		1824			1907		Mother	3	22	
ssa " Bassilius		1820			1906		Father	3	22	
BARLION Charles A		1878			1893			2	31	
BARLION Edward A		1856			1877			3	22	
BARLION Elizabeth nee BERNER?		1853			1887			2	31	
BARLION Fannie		1883			1903			3	22	
BARLION Frank W		1873			1875			3	22	
BARLION John M		1882			1903			2	31	
BARLION Karl	15 Dec	1862		-? May	1- - -?		Illegible stone	3	22	
BARLION Louis A		1885			1901			2	31	
BARLION Mary		1859			1897			3	22	
BARLION Nellie (nee CONNOR)		1865			1894			2	31	
BARLION Wilhelm		1871			1872			3	22	
BARLION William B		1850			1897			2	31	
BARON Helen A		1898		(7 May)	1974	Vitt & Stermer		18	1	P
ssa " Nick		1899		(31 (Oct)	1977	Vitt & Stermer		18	1	P
BARRETT Roy W	22 Aug	1921		29 Dec	1974	Neidhard & Minges	MOMM 2 US Navy	18	2	O
BARTSCHER Catherine A		1894		- - - -				16		J
ssa " Henry W		1891		(23 May)	1975	Gump-Holt	Father	16		J
BASTING Elizabeth		1877			1935		Mother	6	233	
ssa " Peter		1871			1934		Father	6	233	
BAUDE William J		- - - -		(29 Jun	1984)	Rebold	Oshry's friend	17		C
BAUER Agnes	7 Jun	1876		10 Feb	1879?		S side of Jacob METZ	1	45	
BAUER Barbara		1862		(3 Oct)	1947	Radel	Mother	1	33	
ssa " Frank		1891			1920		Father	1	33	
BAUER Christina		1848			1928		Mother	1	45	
BAUER Jacob		1859			1930			11	145	
BAUER Jakob	4 Jun	1826		28 Sep	1884		58y 3m 24d	1	33	
BAUER John		1878		(30 Aug)	1943	Vitt & Stermer	Son	1	45	
BAUER John H		1891		(3 Oct)	1968	Vitt & Stermer		17		F
ssa " Marie E		1900		(16 Sep)	1970	Miller		17		F
BAUER Joseph	13 Mar	1877		25 May	1965	Rebold - Ohio Pvt US Army, Spanish American War Veteran		11	161	
BAUER Margaretta	12 Jul	1830		11 Aug	1897			1	33	
BAUER Marie		1883		(17 Feb)	1968	Neidhard	Mother	11	161	
BAUER Robert		1870			1929		Brother	1	45	
BAUER Rosa		1860			1947			11	145	
BAUM Edward V		1916		(5 Mar)	1984	Vitt & Stermer	Husband	19		X
BAUM Ruth M		1929		- - - -			Wife	19		X
BAUMANN Franz Albert	20 Jan	1867		9 Jan	1885		Born in Baden	7	Single	
BECK Catherine		- - - -		- - - -			No stone	12	79	
BECK Edward F		1925		(21 Sep)	1985	Imwalle		13	126	
BECK Fred B		1893		(19 Aug)	1967	Vitt & Stermer		13	126	
BECK Fred B, Jr		1916		(28 Mar)	1977	Simminger	Husband; WW II Vet	13	90	
BECK Laura M		1915		- - - -			Wife	13	90	
BECK Mary T		1878		(29 Aug)	1955	John Gump	Mom	12	123	
BECK Mathilda M		1893		(10 Feb)	1969	Neidhard		13	126	
BECK Roman, Sr		1879		(29 Nov)	1952	Gump	Pop	12	123	
BECKER Barbara Ann		1938		(25 Sep)	1948	Rebold	Daughter	17		C
BECKER Frank A		1906		(19 Apr)	1985	Rebold	Dad	16		J
ssa " Marie A		1908		(5 Jun)	1989	Rebold	Mom	16	5	J
BECKER Gerald R		1956		(18 Jun)	1975	Rebold	Son & Brother	18		T
BECKLER Elizabeth	64y 8m 12d			20 May	1873		w/o Sebastian	3	2	
BECKLER George	1y 5m 2d			23 Dec	18??			3	2	
BECKLER Michael	16 Jun	1837		19 Apr	1899			3	2	
BECKLER Sebastian	19 Jan	1804		24 Aug	1882			3	2	
BECKMAN Agnes		1877		(24 May)	1962	J Gump		15		L
ssa " Edward		1875		(25 Mar)	1946	J Gump		15		L
BEERMAN Carl		1909		(4 Jun)	1959	John Gump		13	120	
ssa " Henrietta		1912		- - - -				13	120	
BEERMAN Carl J, Jr	19 Feb	1941		4 May	1975	Neidhard-Minges	Pfc US Army Vet	13	120	
BEERMAN Carol		- - - -		- - - -			No stone	12	120	

Name	BD		DD or DI		Funeral Home	Remarks	Sec	Lot-Row
BEERMAN David		- - - -		- - - -		No stone	13	120
BEERMAN Joseph		1872	(28 Jan)	1952	Gump		14	146
BEERMAN Joseph A	20 Dec	1894	1 Aug	1978	Vitt & Stermer	US Army WW II Vet	12	85
BEERMAN Joseph, Jr		1898	(20 Nov)	1981	Minges		14	146
BEERMAN Loretta	18 Sep	1898	17 Sep	1979	Vitt & Stermer	(nee SCHNEIDER)	12	85
BEERMAN Mary Ann		1877	(12 Jan)	1948	Vitt & Stermer		14	146
BEETZ Andrew A		1909		1965			11	171
BEETZ Eleanor E		1911	(31 Mar)	1984	Minges		11	171
BEHNE Elmer		1900	(7 Feb)	1957	Vitt & Stermer	Dad	12	133
BEHNE Martina		1902	(6 May)	1977	Vitt & Stermer	Mom	12	133
BEINKEN R S N	- - (Dec?)	1874		1877			7	Single
BEISCHEL Clara C		1901	(29 May)	1979	Neidhard-Minges		13	116
ssa " Louis J		1901	(4 Jun)	1975	Neidhard-Minges		13	116
BEISCHEL Clarence		1903	(21 Oct)	1977	Neidhard-Minges		13	112
ssa " Luella		1904	(21 Dec)	1970	Neidhard		13	112
ssa " James W		1930	(3 May)	1978	Neidhard-Minges	died Wayne Co, MI	13	112
BELL Minnie		1874		1935		Mother	17	C
BELL Theresa (1/2 stone is empty)		1894	(9 Jun)	1977	Simminger	Mother	18	T
BELLER Lois J	7 Nov	1914	14 Oct	1986	Neidhard-Minges		12	105
ssa " Marie V	20 Nov	1916	(29 Apr)	1989	Minges		12	105
BENZINGER Carl William		1904	(13 Jan)	1968	Vitt & Stermer	Husband	17	F
BENZINGER Christina		1906	(29 Aug)	1979	Vitt & Stermer	Wife	17	F
BERAVER Frank A		1863		1952			11	187
BERAVER Joseph F		1915	(27 Oct)	1947	Rebold		11	187
BERAVER Joseph, Jr		- - - -	17 Sep	1939			7	Single
BERAVER Josephine		1872	(2 Jul)	1953	Peter Rebold & Son		11	187
BERGAMYER Frank		1903		1922			15	245
BERGAMYER Mary		1883		1933			15	245
BERGAMYER Richard		1908		1930			15	245
BERLAGE Harry C		1901	(21 Jan)	1977	Dalbert-Woodruff		18	P
ssa " Marie C		1905		- - - -			18	P
BERNHARD Charles, Jr		1908	(6 Sep)	1947	Gump	Father	16	H
BERNING Donald F	25 Jul	1926	18 Nov	1967	Ohio Tec4 97 Signal BN	WW II Vet	17	D
BERNZOTT Catherine		1876	(8 Oct)	1963	Nurre Brothers	Mother	11	163
BERNZOTT George, Sr		1875	(19 Nov)	1951	Rebold	Father	11	163
BERNZOTT John W		1903		- - - -		Father	11	157
BERNZOTT Joseph		1897	(23 Sep)	1967	Nurre Brothers	Son	11	163
BERNZOTT Lillian M		1904	(2 Jul)	1988	Rebold	Mother	11	157
BERNZOTT William		1931	(1 Feb)	1950	Rebold		11	157
BERRY Caroline		1859			Only 1 date on stone		15	246
BERRY Ettelene		1893		1920			15	246
BERRY Joseph		1853			Only 1 date on stone		15	246
BERTE Edna Mary		1897	(9 Sep)	1978	Vitt & Stermer	Mother	13	100
BERTE Norbert		1901	(27 Oct)	1962	Vitt & Stermer	Father	13	100
BERTRAM Bernhard	26 (Sep?)	1817	10 Jun	1878			3	12
BERTRAM Catharina	26 Dec	1873	23 Apr	1889		15y 3m 27d	3	12
BERTRAM Elizabeth		1831		1903			1	39
ssa " Heinrich		1829		1905			1	39
BERTRAM George		1851		1922			7	Single
BERTRAM Henry		1856	(7 Jul)	1944	Vitt & Stermer		1	39
ssa " Theresa		1857		1940			1	39
BERTRAM Ida		1887		1940			1	39
BERTRAM Jacob	18 Nov	1866	30 Mar	1893		26y 4m 12d	3	12
BERTRAM John		1898	(21 Dec)	1973	Neidhard-Minges		6	225
ssa " Yetta		1890	(11 Dec)	1980	Argo		6	225
BERTRAM Maria	10 Mar	1831	11 Jan	1899			3	12
BERTRAM Heinrich		- - - -		- - - -		Fallen stone	3	12
BEYER Arthur J		1904	(24 Dec)	1976	Gump-Holt		13	114
ssa " Rose M		1906	(18 Jun)	1969	Simminger		13	114
BEYER Conrad		1877	(22 Jul)	1943	Gump		13	114
ssa " Elizabeth		1881	(26 Dec)	1961	Simminger		13	114
BIEDERMAN Edward F	4 Nov	1917	25 Aug	1983	Minges	Pfc US Army WW II	19	X
ssa " Rosemary A	7 Mar	1925	(9 Nov)	1989	Minges		19	X

Name	B D		DD or DI		Funeral Home	Remarks	Sec	Lot-Row
BIEHL Emma		1871	(13 Jul)	1950	E J Neidhard		16	J
ssa " Frank J		1871	(25 Jul)	1950	Neidhard		16	J
BIERMAN H		- - - -		- - - -		No stone	17	C
BIERMAN Lori Ann	2 Nov	1962	27 Jul	1963	Vitt & Stermer		7	Single
BIERMAN Fred G, Jr	28 Aug	1877	27 Jun	1960	Vitt & Stermer	KY Pvt Co A 2 Regt	6	226
						Inf Spanish American War Veteran		
BILLHORN Eleanora		1888	(30 Jan)	1960	Vitt & Stermer	Mother	16	G
ssa " Harry A		1882	(23 Feb)	1946	Gump	Father	16	G
BILLHORN Ruth H (nee BECK)		1927	(10 Jan)	1959	Neidhard		13	126
BILLOW Larry B		1924	(17 Dec)	1975	Neidhard-Minges		14	164
BIRCH Edward L		1909	(12 Sep)	1969	Rebold	Father	17	E
ssa " Mildred M		1910	(31 Mar)	1979	Rebold	Mother	17	E
BIRCK Carrie A		1880	(29 Jan)	1952	Gump	Sister	11	181
BIRCK George E		1907	(16 Jul)	1953	Simminger	Father	11	181
BIRCK Hilda (nee WITTE)		1896		1974		Mother	16	J
BIRCK Katherine		1858		1921		Mother	11	181
BIRCK Louis		1854		1927		Father	11	181
BIRCK Louis		1897	(7 Jun)	1955	J Gump	Brother	11	181
BIRCK Millie K		1883		1931			11	181
BIRCK Myrtle		1910	(28 Sep)	1987	Miller-Simminger	Mother	11	181
BIRCK Oscar H		1889	(5 Aug)	1944	Rebold	Father	16	J
BIRK Mary A		- - - -	17 Aug	188?		d/o N L & K Birk	7	Single
BIRKENHEUER Joseph	3 Apr	1876	8 Jul	1964			16	H
BIRKENHEUER Rose	13 Jun	1882	26 Jan	1968	Rebold		16	H
BLEH Amelia P		1874	(23 Jul)	1947			16	K
ssa " John Joseph, Sr		1869	(18 Mar)	1950	Rebold	Father	16	K
BLEH John		1839	18 Oct	1898		Aged 59y 1m	5	221
ssa " Mary		1843		1929			5	221
BLEH Russell A		1959	(24 Apr)	1973	Neidhard-Minges	Son, Rusty	16	251
BLEH William M, Jr		1954	(9 Jun)	1958	Neidhard	Son, Marty	16	251
BLUM Magdalena		1884		1932			16	248
ssa " Mathias		1884		1934			16	248
ssa " Maria		1859		1926			16	248
ssa " Mathias		1862		1927			16	248
BLUM Norma L (SCHULTE)		1897	(11 Jan)	1975	Rebold		17	E
BOERGER Clara M		- - - -	(11 Jul)	1963	Roehmer		16	H
ssa " Pat B		1892	(- - Apr)	1958	Boehmer		16	H
BOFFING Caroline		1850		1904			4	46
BOHMAN Marcella L, w/o Paul		1906		- - - -		Married 22 Oct 1928	18	U
ssa " Paul B		1904	(31 Oct)	1979	Rebold		18	U
BOHNERT David		1879	(28 May)	1946	Riedlinger		17	C
BOHRMANN George	16 Feb	1884	26 Dec	1902			5	223
BOIMAN August H		1878	(19 Apr)	1948	Neidhard		17	E
ssa " Barbara		1878	(4 Jun)	1963	Vitt & Stermer		17	E
BOLLER Daniel A	9 Jan	1906	15 Mar	1959	Meyer	Ohio SFC Vet Food	11	203
						INSP DET, WW II Veteran		
BOLLER Frank W		1902	(17 Jan)	1957	Rebold	Father	11	203
BOLLER Matilda C		1904		1983		Mother	11	203
BOLLINGER Alfred L		1884	(26 Oct)	1944	Vitt & Stermer	Father	16	G
BOLLINGER Flora		1889	(19 Nov)	1968	Rebold	Mother	16	G
BOLLMAN Mary E		1894	(30 Oct)	1946	Nurre Brothers	Mother	14	192
BORGMAN Philman		1906	(22 Jun)	1973	Rebold		18	P
ssa " Walter		1904		- - - -			18	P
BORGMANN Charles		1878	(27 Feb)	1950	Simminger	Daddy	15	N
ssa " Rosa		1877	(3 Oct)	1949	Gump	Mom	15	N
BORMAN Infant twins		- - - -	(25 Apr)	1969	Muehlenkamp	No stone	16	H
BOSCH George		- - - -		- - - -		No stone, Lot card	17	D
BOSCH Margaret		- - - -	(26 Mar)	1956	Simminger	No stone	17	D
BOVA Elizabeth A		1932	(17 Jan)	1972	Bolton-Lunsford		18	3 R
ssa " Ronald P		1932		- - - -			18	3 R
BOYCE Josephine F	26 Aug	1894	5 Sep	1982	Bolton-Lunsford	(nee METZ)	12	107
BRACKEN Ellen R		1862		1910			5	213
BRADY Louise S (PRINGMEYER)		1858	(30 Sep)	1942	Rebold		12	75

Name	BD		DD or DI		Funeral Home	Remarks	Sec	Lot	Row
BRANDENBURG Anton		1902	(30 Jan)	1974	Rebold		6	234	
ssa " Theresa		1908		- - - -			6	234	
BRANKAMP Anna M		1893		1973			17	255	
ssa " Walter J		1892		1957			17	255	
BRANKAMP Clarence M		1915	(15 May)	1979	Rebold	Father	18		U
ssa " Helen F		1908	(12 Jan)	1981	Rebold	Mother	18		U
BRANKAMP Elizabeth		1859		1934		Mother	17		E
ssa " Henry		1856		1940	Vitt & Stermer	Father	17		E
BRANKAMP Harry		1885	(21 Jan)	1957	Rosenocker & Dhonau		16		K
ssa " Louise		1884	(20 Apr)	1949	Dhonau		16		K
BRANN Charles		1877	(28 Oct)	1948	Rebold		15		O
ssa " Lillian		1880		1950			15		O
BREMER Anna T		1877		1954			15	276	
BRENTLINGER Charlotte nee BRAUN		1890	(12 Oct)	1943	Rebold		16	252	
BREVING Besse		- - - -	(18 Aug)	1971	Neidhard	No stone	14	168	
BREVING William, Jr	17 Jan	1900	29 Aug	1971	Neidhard - Ohio S1 U S Navy WW I Vet		14	168	
BREWER Betty J	24 Feb	1933		- - - -		Married 29 Nov 1969	19		X
ssa " Ronald E	10 Nov	1939	20 Feb	1986	Miller-Busse-Borgman		19		X
BRICK Anna		1880		1925		Mother	11	175	
BRICK Edward		1882		1916		Father	11	175	
BRICK Irma S		1913		1961		Mother	11	175	
BRICK Louis M		1910		1977		Father	11	175	
BRICK Marilyn A		- - - -	16 Sep	1930		Infant	11	175	
BRICKNER Arthur F		1896	(23 Aug)	1968	Simminger		12	133	
ssa " Caroline		1897	(23 Mar)	1988	Simminger	Mom	12	133	
BRICKNER Catherine B		1877	(20 Apr)	1970			11	153	
BRIELMEYER Oliver S	20 Aug	1898	7 Jul	1981	Rebold		15		O
BRIELMEYER Thelma G	19 Aug	1901		- - - -			15		O
BROCKHAUS Alfred S	17 Jul	1919	27 Jun	1978	Neidhard-Minges - MM 3 U S Navy WW II		17	258	
BROCKHAUS Bernard	8 Mar	1882	9 Mar	1882			3	26	
BROCKHAUS Geneva		1922		1926			17	258	
BROCKHAUS Joseph T		1887	(13 Mar)	1964	Neidhard	Father	17	258	
ssa " Katherine		1889	(8 Feb)	1961	Rebold	Mother	17	258	
BROCKMEIER Rosemary		1915	(20 Sep)	1989	Minges		18		U
ssa " William H		1911	(1 Dec)	1979	Neidhard-Minges		18		U
BRODBECK Gustave	20 Jun	1920	13 May	1980	Neidhard-Minges		11	201	
BRODBECK Mary		- - - -		- - - -		No stone	11	201	
BROGEL John		- - - -		- - - -		No stone	14	186	
- - - - - -? broken gravestone		- - - -		- - - -			1	33	
BROSS Albert		1896	(22 Jan)	1977	Rebold		13	82	
ssa " Alice		1901	(30 Jun)	1980	Rebold		13	82	
BROSS Anna		1860		1934		Mother	4	58	
ssa " Joseph		1856		1926		Father	4	58	
BROSS Anthony J		1888	14 Dec	1918	Co G 59th Infantry, died in France WW I		4	58	
BROSS Ben	19 Feb	1907	16 Mar	1944	Vitt & Stermer		16		K
BROSS Clara E		1917	(11 Aug)	1965	Rebold		13		9
ssa " F George		1911	(9 Jan)	1990	Minges		13		9
BROSS Edward	25 Feb	1891	9 Mar	1955	Vitt & Stermer		13	118	
BROSS Emma R		1907	(- - Dec)	1976	Vitt & Stermer		12	79	
ssa " William J		1899		1965			12	79	
BROSS Helen M		1900	(5 Nov)	1980		Mom	13		9
ssa " Louis D		1898	(30 Nov)	1968	Rebold	Dad	13		9
BROSS Joseph H		1882	(14 Sep)	1960		Father	14	150	
BROSS Louise	18 Jun	1864	6 Jan	1950	Vitt & Stermer		16		K
BROSS Raymond A	27 Sep	1921	d 8 Feb	1945	Vitt & Stermer	Ohio Sgt 513	16		K
					Parachute Inf WW II; KIA repatriated 25 Aug 1948.				
BROSS Regina S		1886	(10 Jan)	1951	Rebold	Mother	14	150	
BROSS Thomas W	29 Dec	1892	10 Jan	1893			4	58	
BROSSARD Jacob P		1887	(17 Mar)	1951	Vitt & Stermer	Husband	15		N
BROSSART Robert C	21 Sep	1908	14 Oct	1972	Rebold		16		K
BROSSART Stella	1 May	1910	23 Jan	1963	Rebold		16		K
BROWN Susanne		- - - -	(3 Oct)	1970	Dalbert-Woodruff	No stone	14	168	
BROXTERMAN Joseph		1876		1937		Father	17		C

Name	BD		DD or DI		Funeral Home	Remarks	Sec	Lot-Row
BROXTERMAN Elizabeth		1882	17 Oct	1941	Vitt & Stermer	Mother	17	C
(nee WILLEN)- (Lot card reads, stillborn baby between Elizabeth & Joseph)								
BROXTERMAN Oscar H		1906	(6 Feb)	1952	Vitt & Stermer		17	D
BRUEWER John M		1948	(14 Jan)	1950	J C Gump	Our boy	17	F
BRUFACH Elizabeth (nee BUCHER)		1880	(5 May)	1942	Vitt & Stermer	Mother	17	D
ssa " John		1876	(20 Jan)	1954	Vitt & Stermer	Father	17	D
BRUNGEL Maria		1877	(- - Apr)	1956	Rebold		16	K
ssa " Peter, Sr		1870	(15 Apr)	1948	Rebold		16	K
BRUNGS Gertrude		1925	(12 Jun)	1972	Vitt & Stermer	Pat	11	205
BRUNNER Marie A	22 Feb	1895	12 May	1988	Minges		16	300
BRUNNER Otto L	14 Jan	1890	14 Mar	1962	Gump - Ohio Pvt 2 Corps Arty Pack WW I		16	300
BRUNNER Robert O		1921	(28 Nov)	1942	Vitt & Stermer	Pilot U S Army Air Corp WW II	16	300
BRYAN Bernard J		1868		1940		Father	17	E
ssa " Louise KOESTER		1872	(3 Jul)	1945	Vitt & Stermer	Mother	17	E
BUCHHEIT David J	24 Dec	1913	19 May	1979	Gump-Holt	Sgt U S Army WW II	13	92
BUCHHEIT Joseph F	19 Nov	1869	20 Jun	1953	Vitt & Stermer	Pvt CoE 2 Regt KY Inf, Spanish American War Veteran	13	92
BUCHHEIT Mary T		1878	(9 Aug)	1966	Vitt & Stermer	Mother	13	92
BUCHWALD Mary A	21 Apr	1828	10 Mar	1897		w/o A Buchwald	7	Single
BUCKREUS John	24 May	1886	5 Dec	1969	Neidhard-Minges		15	L
(2 babies on the south side of John's grave.)								
BUCKREUS Odelia A	31 Jan	1887	25 Mar	1963	Rebold	Mother	15	L
BUDD Dorothy		- - - -		- - - -		No stone	13	120
BUDD John W		- - - -		- - - -		No stone	13	120
BUDD Julia		- - - -		- - - -		No stone	13	120
BUDD Robert G		- - - -		- - - -		No stone	13	120
BURDICK Cecilia		1902	(5 Mar)	1987	Rebold		14	204
ssa " Elvira		1910		- - - -			14	204
ssa " Loretta		1903	(6 Nov)	1987	Rebold		14	204
BURDICK Jerome A		1942	(3 Dec)	1965	Rebold		14	204
ssa " Louella		1911		- - - -			14	204
ssa " Stanley J		1909		- - - -			14	204
BURGER Elizabeth		1886	(6 Feb)	1950	Neidhard	Mother	15	N
ssa " Stefan		1881	(27 Dec)	1950	Neidhard	Father	15	N
BURGUN Amanda		1880	(9 Dec)	1964	Lutz		4	38
BURGUN Eugene		- - - -		1967			4	38
ssa " Victor		- - - -		1880			4	38
BURGUN George		- - - -	(5 Aug)	1955	Rebold		4	38
BURGUN Johanna		- - - -		1912			4	38
ssa " Vallie		- - - -		1891			4	38
BURGUN Michael		- - - -		1890	Vitt & Stermer		4	38
ssa " Valeska (nee HERMAN)		- - - -		1919			4	38
BURIAN Andrew		1830	(16 Jan)	1955	Rebold		16	J
ssa " Rose		1885	(23 Dec)	1960	Rebold		16	J
ssa " Rose M		1911	(10 Jan)	1951	Rebold		16	J
BURKART Jacob W		1911	(24 Dec)	1980	Gump-Holt		16	K
ssa " Lorain P		1914	(22 Dec)	1988	Gump-Holt		16	K
BURKE John F		1883	(5 Oct)	1961	Nurre Brothers		16	J
BURKE Richard (Pat)		1952	(31 Dec)	1974	Bolton-Lunford	Son	18	R
BURKHART Albert C		1890	(28 Nov)	1978	Simminger	Father	13	94
ssa " Mary L		1889	(10 Apr)	1972	B J Meyer	Mother	13	94
BURNS Clara		1914		- - - -			17	C
ssa " L Edward		1903	(16 Dec)	1965	Neidhard		17	C
BURNS J Edward		- - - -		- - - -		No stone	17	C
BURRIDGE Jess		1871	(6 Jul)	1950	W A Bolton	Father	15	O
BURRIDGE Louise		1877	(12 Sep)	1945	Brand Brothers	Mother	15	O
BUSCHE Frank A		- - - -	(5 Sep)	1979	Rebold	No stone	15	244
BUSCHE Helen		- - - -		- - - -		No stone	15	244
BUSSE Edward H	9 Oct	1916	17 Jul	1982	Vitt & Stermer	Married 7 Feb 1948	17	8
ssa " Irene M	14 Aug	1926		- - - -			17	8
BUXTON Charles C or L		1880	(15 Dec)	1945	Huth-Boehmer		14	188
BYWATER Edward C		- - - -	28 Oct	1943	Rebold	Husband	6	231

Name	BD		DD or DI		Funeral Home	Remarks	Sec	Lot-Row	
BUXTON Anna M		1897	(24 May)	1982	Dhonau-Rosenacker		14	188	
& she remarried to **SCHROEDER**									
BYRUM Mary R		1906	----			Mom	19	67	
ssa " Robert J		1911	(22 May)	1989	Rebold	Dad	19	67	
BYWATER Eleanore M		----	4 Sep	1953	Rebold	Wife	6	231	
CAFAZZO Antonio		1882	(3 Dec)	1955	Vitt & Stermer	Father	15		M
ssa " Pasqualina		1892	(31 Jul)	1979		Mother	15		M
CALLAHAN Joseph W	11 May	1920	22 Aug	1975	Neidhard-Minges	Cpl Army Air Force WW II Veteran	18		T
CAMPBELL James Stewart		1908		1977	Rebold	Pfc U S Army WW II	13	86	
CAMPBELL Katherine	4 Oct	1912	8 Feb	1977	Rebold	(nee **JUENGLING**)	13	86	
CANNON Henry T		1863		1908		Father	3	16	
CANNON Mary F		1866	(2 Oct)	1950	Frank T Corken	Mother	3	16	
CARL Joseph		1868	(13 Apr)	1949	Rebold	Father	15		L
ssa " Theresa H		1885	(23 Jul)	1975	Rebold	Mother	15		L
CARPENTER Giles J		1887	(8 Apr)	1953	Rebold	Father	17		F
CARR E Bernard		1906	(7 Mar)	1961	Rebold		15		M
CARR Jeanette M (nee **WESTRICH**)		1911		1984			15		M
CARROLL George		1865	(1 Aug)	1944	Rebold		6	228	
CARROLL Jimmie		----	2 Nov	1936		Son of Mel & Nora	6	228	
CARROLL Johanna (nee **POWELL**)		1863		1905			6	228	
CARROLL Julia	25 Feb	1854	10 Jul	1881			3	14	
ssa " Margaret	5 Dec	1832	13 Aug	1895		Born in County Meath, Ireland	3	14	
ssa " Martin	6 Jun	1856	5 Apr	1893			3	14	
ssa " Thomas	7 Jul	1831	4 Sep	1915		Born Tipperary, Ireland; Civil War Vet	3	14	
CARROLL Marie (nee **CUNI**)		1897	One date on stone				6	228	
CARROLL Melville		1903	(7 Jan)	1965	Rebold		6	228	
CARROLL Nora		1902	----				6	228	
CARROLL Richard T		1895		1987			6	228	
CARTER Jennie (nee **DWYER**)		1876	(21 Apr)	1951	Rebold		12	89	
CARUSO Carmen		1904	(21 Jan)	1969	Miller		17		C
ssa " Lillian		1907	(13 Sep)	1975	Miller		17		C
CASEY Clara F (nee **KESSEN**)		1905	(22 Aug)	1977	Rebold		11	169	
CASEY Jerome (Jerry)		1936	(28 Nov)	1957	Rebold		11	169	
CASEY John E		1907	(4 Oct)	1968	Rebold		11	169	
CASSEDY John R, Jr	27 Jul	1923	13 Dec	1984	Gump-Holt	Ohio lst Lt U S Army Air Force WW II	13	100	
CASSEDY Marilyn C	13 Sep	1923	14 Jan	1984	Gump-Holt	Wife	13	100	
CAVANAUGH Caroline C C		1916	(22 May)	1965	Rebold		17		C
ssa " Robert J		1911	(27 Mar)	1985	Vitt & Stermer		17		C
CAVANAUGH Florence		1906	(13 Jan)	1951	Rebold		11	191	
CERULLO Carmine		1902	(29 Jun)	1983	Minges	Father	19		X
ssa " Rosaria		1904	----			Mother	19		X
CHARTERS Colbert W		1901	(23 Nov)	1954	Rebold		13	76	
ssa " Grace		1903	(27 Oct)	1960	Rebold		13	76	
CHICHESTER Margaret		1926	(27 Mar)	1958	Rebold		11	191	
CIRINO Helen		1902	(8 Oct)	1971	Bolton-Lunsford		14		15
CLARK Marie A	30 May	1905	16 May	1958	Wirmel		16		H
CLARK Robert F		1896		1968	Wirmel		13	130	
CLIPP Kate Viola		1897	(8 Aug)	1958	Harry Meyer & Son		15		N
COLEMAN Wilson Bohl		1898	(2 Nov)	1956	Rebold		13	126	
CONCAD M		----	----			No stone	17		C
CONNOR James F		1862	(3 Dec)	1951	Rebold	Father/footstone &	5	213	
CONNOR Mary L		1872	(26 Jul)	1952	Rebold - Mother, Edward, & Elizabeth		5	213	
CONWAY Charlotte	19 Jun	1891	7 Dec	1976	Niedhard-Minges	Mom	12	97	
CONWAY Anna		1852	(20 Mar)	1956	Neidhard	Mother	12	97	
CONWAY Thomas W		1887	(2 Oct)	1961	Niedharad-Minges	Dad	12	97	
COOK Harry		1896	(14 Mar)	1977	Rebold	Husband	18	4	S
ssa " Helen		1901	(30 Jul)	1987	Rebold	Wife	18	4	S
COOPER Allie M		1901	(29 Apr)	1952	Hoynes	Mother	16		J
COSMIK Edmund		1913	(13 Jul)	1976	Vitt & Stermer		17		F
COSTELLO John B	22 Sep	1924	11 Jan	1976	Neidhard-Minges	T Sgt Army Air Force WW II Veteran	18	5	T

Name	BD or AE	DD or DI	Funeral Home	Remarks	Sec	Lot	Row
COVERT Carrie	- - - -	- - - -		No stone	12	107	
COVERT Catherine M	- - - -	9 Jul 1918		One date on stone	12	107	
COVERT Clifford C	1884	(18 Aug) 1953	J Gump	Father	17		F
ssa " Theresa E	1886	1940		Mother	17		F
COVERT John	1876	1919	Minges		12	107	
COVERT John L	29 Oct 1918	9 Jan 1988		S Sgt U S Army	12	107	
COVERT Joseph K	11 Jun 1853	28 Jul 1921			4	46	
COVERT Josephine	18 Jan 1849	25 Jan 1925			4	46	
COX Helen L	1910	(13 Jul) 1987	Rebold	Married 10 Feb 1934	19		Y
ssa " James M	1910	1948	Gump		19		Y
CRONIN Edith B	5 Jan 1914	19 May 1989	Rebold	Wife	15		L
CRONIN Edward M	23 Aug 1908	28 Jun 1953	Rebold	Ohio Pfc 1327 SVC COMD Unit	15		L
CROWE Flora	1907	- - - -			16		G
ssa " Leonard	1901	(2 Jul) 1951	Haigh & Brooks in Florida/Vitt-Stermer		16		G
CUMMINGS Ronald H	21 Jan 1911	6 May 1972	Dalbert-Woodruff - S Sgt Army Air Force		17		D
DAGENBACH Charles J	1892	(16 Jun) 1965	Rebold	Dad	17		C
ssa " Marie C	1899	(27 Jan) 1966	Rebold	Mom	17		C
DAMBOWSKY Loretta M	1918	(29 Oct) 1974	Rebold		12		5
DAMBOWSKY Victor P	28 Apr 1923	31 Dec 1979	Rebold	U S Army WW II	12		5
DAMME Dora	1868	(8 Oct) 1949	Gump		17		E
ssa " Joseph	1864	(27 Aug) 1949	Gump		17		E
DANGEL Earl M	1911	(15 Nov) 1973	Rebold		11	155	
DANGEL Ella	1878	(30 Nov) 1960	Rebold	Mother	11	155	
DANGEL Michael	1871	(9 Apr) 1963	Rebold	Father	11	155	
DASSINGER Conrad C	1889	1962	Vitt & Stermer		16	248	
DASSINGER Margaret B	1891	1968		Mother	16		K
DAVID Clifford H	1900	(13 Apr) 1982	Minges		12	95	
DAVID Mary M	1896	(13 Dec) 1955	J Gump		12	95	
DAVIS Alfred W, Jr	1925	(8 Nov) 1973	Harry Meyer		18	3	R
DAVIS Alma M	1907	(10 May) 1975	Rebold		16		G
ssa " Maurice F	1906	(16 Feb) 1980	Rebold		16		G
DAVIS C Ruth	1912	- - - -			11	153	
DAVIS Catherine (nee JASPERS)	1883	(11 Aug) 1943	Rebold		16	249	
ssa " Charles J	1880	(15 Jun) 1955			16	249	
DAVIS Charles G	1904	(22 Feb) 1973			11	153	
DAVIS Charles P	- - - -	- - - -		No stone	11	153	
DAVIS Cletus J	1909	(27 Aug) 1969	Simminger		16		G
ssa " Marie A	1910	- - - -			16		G
DAVIS Edward S	9 May 1902	14 Sep 1968	Neidhard		11	165	
ssa " Matilda C	22 Jun 1905	17 Jul 1983	Minges	Died in Florida	11	165	
DAVIS Hilda KAMPHAUS	1907	1934			16	249	
DAVIS Joseph Riley	1955	(21 Jun) 1979	Rebold	Joe	17		4
DAVIS Judd E	1906	(16 Aug) 1960		Dad	15		O
DAVIS Robert M	27 Jul 1920	22 Jan 1965	Vitt & Stermer	WW II Veteran	15		N
DAY Amanda C	1897	(26 Jul) 1971	Rebold		3	16	
DAY Emma	- - - -	- - - -		Footstone	2		
DAY Frances	- - - -	- - - -		Footstone	2		
DAY Frances M	1886	(5 Sep) 1986	Rebold	Mother	5	218	
DAY Harry G	1895	(29 Feb) 1972	Rebold		3	16	
DAY Henry	1860	(24 May) 1944	Vitt & Stermer	Footstone	2	29	
DAY Joseph	1834	(28 Aug) 1910	Father; Co H 187 Ohio, Civil War Vet & Footstones, Christina, Joseph, Infants		2	29	
DAY Henry A	- - - -	- - - -		Footstone	2		
DAY Margaret E (nee BACHMAN)	1859	(17 Jan) 1945			2	29	
DAY Margaret M	1890	(14 Apr 1966)	Neidhard		15	12	M
DAY Maria	1838	1923		Mother	2	29	
DAY Peter B	1886	(25 Oct) 1956	Rebold	Father	5	218	
DECK John	1873	(9 Oct) 1950	Rebold	Husband	17		F
DECK Mary	1877	(5 Apr) 1954	Rebold	Wife	17		F
DECKER Elizabeth (nee GROB)	1866	(7 Jul) 1942	Rebold		17		E
ssa " Michael	1863	(26 May) 1942	Rebold		17		E
DECKER Harry	1885	1950			15		L
ssa " Vera	1892	(22 Dec) 1975	Vitt & Stermer		15		L

Name	BD		DD or DI		Funeral Home	Remarks	Sec	Lot	Row
DEHMER August		1861		1929			5	220	
DEHMER Augusta		1861	(18 Jan)	1946	Riedlinger		5	220	
DEHMER Edna		1895	(10 Jul)	1975	Rudlmeyer-Lenen		5	220	
DEHMER Harry A		- - - -	(24 Jan)	1968	Vitt & Stermer	No stone	13	S118	
DEHMER Harry Lee	14 Sep	1923	5 Aug	1945	Vitt & Stermer	Ohio Staff Sgt U S Marine Corp	13	118	
DEHMER Marguerite		- - - -	(11 Mar)	1953	Vitt & Stermer	No stone	13	118	
DENIER Patrick A	15 Feb	1911	7 Aug	1975	Vitt & Stermer- Sgt Army Air Force WW II		18	1	P
DEWAR John T		1868	(-- Apr)	1956	Vitt & Stermer	Father	15		N
ssa " Mary C(ecilia)		1866	(16 Mar)	1954	Vitt & Stermer	Mother	15		N
DEYE Lenore	10 Aug	1914	9 Apr	1981	Strasser	"Babe"	12	87	
DIEHL Margaret		- - - -	8 Aug	1970	Simminger	Mother	18	2	Q
ssa " Nicholas		- - - -		- - - -		Father	18	2	Q
DIETRICH Marie C LeNeave		1915	(26 Aug)	1986	Rebold	Mother	19		X
ssa " William G		1910		- - - -		Father	19		X
DILLING August		1896		1934		Husband	17		C
DILLING Vera		- - - -	(16 Nov)	1979	Busse-Borgman	No stone	17		C
DIPILLA Antonio		1899	(29 Nov)	1985	Harry Meyer & Geiser	Father	18	3	R
ssa " Philomena Maria		1894	(12 Jul)	1984	Rebold	Mother	18	3	R
DIRI Elizabeth		- - - -		- - - -			5	210	
DIRR Large family stone		- - - -		- - - -			5	219	
DIRR Anna		1885	(23 Sep)	1944	Rebold	Mother	16		H
ssa " Joseph E		1875	(13 Jan)	1962		Father	16		H
DIRR Clara		1891		1895			2	31	
DISSER Casper		- - - -	d 4 Dec	1888		Co A 4 Ohio Inf	4	36	
DISSER Fred		1870		1916			4	36	
DISSER Grace A		1876	(20 Dec)	1955	John Gump		4	36	
ssa " Mary E		1860	(8 Apr)	1950	Vitt & Stermer		4	36	
DISSER Grace D		1898	(18 Jan)	1972	Bolton-Lunsford		12		5
DISSER John		1859		1891			4	36	
DISSER Louis		1862		1937			17		C
DISSER Mary		1833		1922			4	36	
DISTLER Florence W		1910	(12 Apr)	1982	Nurre		12	129	
DOLL John C		1868	(17 Oct)	1959			16	251	
ssa " Rose (nee MILLER)		1872	(18 Nov)	1946	Vitt & Stermer		16	251	
DOLL Joseph		1836		1905			6	227	
DOLL Louise (nee KOPP)		1894		1924			16	251	
DOLL Maria		1847		1918			6	227	
DOMSHER Helen M	29 Oct	1919	(2 Nov)	1989	Rebold	Wife & Mother	17		D
DOMSHER Norbert C	4 Nov	1915	25 Aug	1967	Rebold - Ohio Tec 5 CoA 81 Engr BN WW II Veteran		17		D
DOOGAN James E		1895	(14 Jan)	1987	Dalbert-Woodruff		16	286	
ssa " Loretta A		1910	(3 Feb)	1979	Neidhard-Minges		16	286	
DOOGAN James Edward		1942	(10 Sep)	1945	Vitt & Stermer		16	286	
DOPPLER A(ugust) G		1877	(29 May)	1950	Gump	"Gus"	16		H
DOPPLER Katie	5 Mar	1864	13 Dec	1905		Stone is broken	1	55	
DORDALLER Etta M (Henrietta)		1895	(8 Jun)	1983	Rebold		15	275	
ssa " John H		1894	(26 Sep)	1951	Rebold		15	275	
DORNBACK Anna G	24 Apr	1938	27 Sep	1938	Cousins, ssa Rose Mary MINNICK		7	Single	
DOTH Clifford L	24 Jan	1926	9 Feb	1984	Rebold	U S Army WW II	18	1	P
DOUGLAS Catherine		1913		- - - -			18	5	T
ssa " Donald S		1913	(28 Mar)	1977	Vitt & Stermer		18	5	T
DOURSON Jacob		1871	(18 Jun)	1941	Rebold	ssa Colbert W CHARTERS	13	76	
DOURSON John A		1870		1938			7		
DOURSON Theresa		1867		1933			7		
DOWNEY Ella K		1868	(26 May)	1962	Radel		4	56	
DOWNEY Michael W		1866		1929			4	56	
DOWNEY William G		1897		1911			4	56	
DOYLE Anna M		1888	(31 Dec)	1980	Ralph Meyer		11	207	
ssa " Harry J, Sr		1887	(15 Oct)	1983	Ralph Meyer		11	207	
DOYLE Dennis		- - - -		- - - -		No stone	11	207	
DOYLE Harry, Jr		- - - -		- - - -		No stone	11	207	
DOYLE Patricia		- - - -		- - - -		No stone	11	207	

Name	BD		DD or DI		Funeral Home	Remarks	Sec	Lot	Row
DOYLE Rose			- - - -	- - - -		No stone	11	207	
DREES Paul C	30 Aug	1907	14 Jul	1982	Minges	Major U S Army WW II	15	262	
DRESCH Edith M		1908		19 - -		Wife	15		N
ssa " Robert E		1907	(16 Sep)	1958	Neidhard	Husband	15		N
DREYER Teddy Charles	1 Jan	1947	11 Nov	1949	Rebold		15		L
DUENHOFT Joseph		1884	(3 Nov)	1959	Rebold	Dad	16		J
ssa " Josephine		1885	(14 Jan)	1950	Rebold	Mother	16		J
DUPPS James F	28 Aug	1918	13 May	1968	Neidhard	Ohio Tec 5 1570 SVC Comd	14	16	
						Unit, WW II Veteran			
DUVIGNEAUD Alfred		1907		1987		Son	16		H
DUVIGNEAUD Mary		1874	(21 Jan)	1959	Rebold	Mother	16		H
DWYER Helen M	19 Jan	1896	3 Oct	1975	Neidhard-Minges	Mother	16		G
DWYER James J	21 Oct	1893	30 Apr	1978	Neidhard-Minges	Father	16		G
EBBERS Eugene		1917		1936		Son	14	182	
EBERTZ John A		1883	(20 Mar)	1950	Milton Simminger		11	153	
EBERTZ Margaret A		1884	(14 Dec)	1949	Milton Simminger		11	153	
ECKHOFF Marie		1905		- - - -		Mother	19		X
ssa " Milton		1908	(21 May)	1984	Minges	Father	19		X
ECKHOFF Victor		1917	(4 Feb)	1948	Rebold		16		H
EGAN Christopher		1845	6 Jan	1906	(61y old)	Born in Co Dublin, Ireland	6	232	
EICHELS Louis M		1856		1925			7		
EICHMANN Bertha A		1914	(2 Sep)	1976	Rebold	Mom	18	5	T
ssa " Joseph A		1912		- - - -		Dad	18	5	T
EISENACHER Catherine R		1922	(3 May)	1977	Rebold	Mother	18	5	T
ECKSTROM Helen		- - - -		- - - -		No stone	11	207	
EKSTROM Lloyd C	3 Jul	1908	6 Feb	1966	R Meyer	Ohio Tec 3 U S Army WW II	11	207	
ELBERT Clara C		1886	(14 Jan)	1977	Rebold	Wife	12	83	
ELBERT Louis E		1884	(17 Dec)	1970	Rebold	Husband	12	83	
ELLERBROCK Rev H	24 Aug	1857	20 Dec	1922		Ordained 31 Mar 1888	OO	Priests	
ENDERLE Charles		- - - -	8 Dec	1923		Son	14	13	
ENDERLE Charles E	23 Jun	1901	9 Feb	1965	Rebold	Father	14	13	
ENDERLE Ellen	21 Jun	1899	21 Aug	1983	Minges	Mother	14	13	
ENDERLE Louis F		1891	(24 Aug)	1980	Cahall;	Res Georgetown, OH	17	253	
ssa " Marguerite		1893	(6 Nov)	1967	Neidhard		17	253	
ssa " Robert J		1922		1926			17	253	
ENDERS Alex A		1904	(14 Sep)	1981	Rebold		12	93	
ssa " Dorothy E		1909		- - - -			12	93	
ENGINGER Catherine M		1894	(12 Oct)	1976	Rebold		18	5	T
ssa " John F		1883	(14 Jun)	1976	Rebold		18	5	T
ENLINGER Jacqueline		- - - -		- - - -		Lot card notes infant buried with Ed.	12	105	
ENNEKING Alma		1915		- - - -			15		N
ENNEKING Helen		1916	(18 Apr)	1989	Rebold		15		N
ENNEKING Jo		1912		- - - -			15		N
ENSLEIN Arthur W	23 Oct	1916	10 Nov	1960	Simminger		16		G
ENSLEIN Bertha E		- - - -	(29 Aug	1988)	Minges	(nee FRONDORF) No stone	4	62	
ENSLEIN Dr Arthur S		1898	(17 Feb)	1949	Rebold	Father	4	62	
ENSLEIN Edward	21 Mar	1895	18 Jul	1967	Rebold - Ohio Sgt HQ Co8 Inf Div WW I		11	177	
ENSLEIN Gladys E	7 Nov	1917	4 Oct	1985	Holt	Sister & Wife	16		G
ENSLEIN Matilda	2 Feb	1895	18 Feb	1984	Spaeth		16		G
ENSLEIN Sophia		1870		1919		Mother	11	177	
ENSLEIN William A	31 Jul	1892	8 Mar	1969	Simminger		16		G
ERNI Aloysin	7 Oct	1865	1 Jan	1954			4	54	
ssa " Barbara	10 Feb	1828	24 Feb	1909			4	54	
ssa " Germann	28 May	1838	1 Oct	1891		(nee FEHEER)	4	54	
ssa " Josephine	13 May	1867	31 Dec	1936			4	54	
ERNST Emma M		1877	(24 Sep)	1951	Vitt & Stermer		12	79	
ssa " Joseph		1874	(5 Aug)	1944	Vitt & Stermer		12	79	
ESCHENBACH Antoinette		1905		- - - -			12	93	
ESCHENBACH Otto Wm.	20 Sep	1896	8 Oct	1974	Rebold	Sgt U S Marine Corps	12	93	
ESCHENBRENNER Bernice L		1926	(31 Jul)	1974	Neidhard-Minges	Mom	17		E
ESDORNE Johanna C (nee CARROLL)	1923			- - - -			11		2
ssa " William F		1915	(11 Feb)	1977	Rebold		11		2
ESPELAGE Emma		1889	(9 Aug)	1965	Vitt & Stermer		4	60	

Name	BD		DD or DI		Funeral Home	Remarks	Sec	Lot	Row
ESPELAGE Harry F		1908	(31 Jan)	1970	Rebold		16		G
ssa "　Thelma		1905		----			16		G
ESPELAGE Martin G		1911	(19 Feb)	1970	Rebold		17		E
ssa "　Mildred		1911		----			17		E
ESSEN Laverne		1929		----		Mother	13	128	
ssa "　Paul J	27 Jan	1925	22 Jun	1974	Rebold (2stones)	SO2 U S Navy	13	128	
ESTERMAN Ella N	11 Mar	1885	15 Nov	1948	Rebold	Mother	11	191	
ESTERMAN Harry B	5 Jan	1884	15 Sep	1951	Rebold	Father	11	191	
ESTERMAN Harry L	16 Jul	1904	8 Aug	1966	Rebold		11	191	
ESTERMAN Marie C	25 Nov	1903	1 Oct	1981	Rebold		11	191	
FAETH Edwin C		1904	(6 Sep)	1949	Rebold		16		K
FAETH Rosella		1907	(27 Mar)	1963			16		K
FAHEY Joseph J	27 Mar	1916	30 Mar	1976	Gump-Holt	Pfc U S Army WW II	18	5	T
FALK Catherine		1902	(27 Apr)	1988	Miller-Simminger		18	2	Q
FALK Clara		1895	(3 Feb)	1990	Simminger		14	188	
FALK Joseph		1870	(29 Jul)	1959	Simminger	Father	14	188	
ssa "　Mary BUTCHER		1874	(2 May)	1950	Rebold	Mother	14	188	
FALLER Frank A		1890	(30 Jan)	1947	Simminger	Father	12	117	
FALLER Mary A		1893	(3 Feb)	1983	Chas A Miller		12	117	
FANNING Ella		1890	(2 Sep)	1958	Harry Meyer & son		15		M
ssa "　John		1880	(20 May)	1960	Harry Meyer & son		15		M
FANNING John J, Jr		1907	(10 Jun)	1985	F H Rhodes; Cremains, died in Florida		15		M
FARRELL Daniel F	9 Feb	1889	25 Aug	1969	Rebold	Ohio Pvt Signal Corps WW II	17		F
FAY --------		1834		1904		Father/footstone	3	32	
FAY --------		1839		1909		Mother/footstone	3	32	
FAY Anna		1870	(11 Jul)	1949	Dhonau-Rosenacker		15	245	
ssa "　Matthew		1863		1929			15	245	
FAY Anna		1878		1930		Mother	3	32	
FAY Ben		1877	(11 Sep)	1967	Rebold		15	260	
FAY Catherine		1881	(1 Sep)	1970	Rebold		15	260	
FAY Felix		1872		1915		Father	3	32	
FAY Francis		1862		1934		Wife	5	214	
FAY Henry		1860		1922		Husband	5	214	
FAY Irene		1911	(20 May)	1977	Nurre Brothers	Mom	3	32	
ssa "　Walter J		1908	(15 Apr)	1964	Vitt & Stermer	Dad	3	32	
FAY John		----		----		Footstone	3	32	
FAY Martha		1917		----			18	5	T
ssa "　Victor J		1909	(27 Sep)	1976	Rebold		18	5	T
FEDERLE Ruth		1926		1928			1	61	
FEHRING Marguerite		1917		1936		Daughter	17		C
FEITH Louis		1870	(8 Nov)	1943	Vitt & Stermer		16		K
FELIX Clara ROBERS		1881	(6 Dec)	1961	Nurre		12	89	
FELIX George W		1880	(29 Nov)	1969	E C Nurre		12	89	
FELLER Mrs Emil		----		----		No stone	16		H
FESSELL Herman		1904		1987			12	123	
ssa "　Shirley		1934	(7 Jun)	1950	Rebold		12	123	
FIEDELDEY Joseph W		1903	(26 Apr)	1985	Miller-Simminger		18	2	Q
ssa "　Rose M		1904		----			18	2	Q
FIEDELDEY Paul W	4 Mar	1958	22 Aug	1971	Neidhard	Son	18	2	Q
FIELD Edna A		1907		----		Mother	18	2	Q
ssa "　Sylvester		1906	(24 Dec)	1970	Rebold	Father	18	2	Q
FINKE Adele M		1912		----			15		N
ssa "　Edward C		1909	(26 Nov)	1980	Vitt & Stermer		15		N
FINNIGAN Bridget		1836		1916			3	16	
FINNIGAN Gertrude		1884	(7 Jul)	1970	Rebold		3	16	
ssa "　William J		1871	(-- Dec)	1947	Frank T Corken		3	16	
FINNIGAN John L	11 Apr	1896	23 Sep	1923		WW I Veteran	1	63	
FINNIGAN Marie		----	(14 Sep)	1970	Vielhauer	No stone	1	63	
FINNIGAN William	59 years		27 Feb	1889		Born Co Meath, Ireland	3	16	
FISCHER Albert		1885	(10 Nov)	1958	Rebold	Husband	14	200	
FISCHER Albert P		1891	(4 Nov)	1965	Rosenacker		11		2
FISCHER Clara C		1891	(29 Jun)	1960	Neidhard	Sister	1	35	
FISCHER Florian		1872	(20 Apr)	1943/8	John Hodapp		16		H

Name	BD	DD or DI	Funeral Home	Remarks	Sec	Lot	Row
FISCHER Frank H	1889	1911			1	35	
FISCHER George	9 Mar 1843	20 Nov 1903		Co H 1 Ohio (LA) Civil War Veteran	5	217	
FISCHER Gregor Frederick	6 Jan 1888	24 Jan 1947	Neidhard	Ohio S 2C USNPF WW I	1	35	
FISCHER Herbert A	1897	(30 Apr) 1964	Vitt & Stermer	Father	1	35	
ssa " Maria E	1899	(5 Jun) 1971	Neidhard	Mother	1	35	
FISCHER J Henry	1874	(31 Dec) 1945	Rebold	Father	17		E
ssa " Karoline	1873	(15 Mar) 1956	Rebold	Mother	17		E
FISCHER John M	1861	1931		Father	1	35	
FISCHER Maria	1876	----			16		H
FISCHER Mary C	1860	(14 Dec) 1945	Neidhard	Mother	1	35	
FISCHER Rose P	1891	(16 Feb) 1971	Rosenacker-Dhonau		11		2
FISCHER Veronica	1888	(27 Mar) 1963	Vitt & Stermer	Wife	14	200	
FISCHESSER Henry J	1902	(4 Jun) 1982	Minges		12	131	
ssa " Mary J	1902	(29 Jul) 1982	Minges		12	131	
FISHER Anna Mary	25 Feb 187?	15 Jul 187?		Stone illegible	7		
FITZGERALD Charles R	1913	(31 Oct) 1967	Mack Johnson		11	183	
FITZGERALD Rosella	----	----		No stone	11	183	
FITZPATRICK Bernard H, Sr	1896	(8 Feb) 1968		Husband & Father	15		L
FLANAGAN Alice G	1910	----		Wife	16		K
ssa " John W	1902	(27 May) 1982	Rebold	Husband	16		K
FLANAGAN Anne (nee BURGUN)	----	23 Nov 1951	Rebold		4	48	
FLANAGAN Arnold S	----	25 May 1932			4	48	
FLANAGAN Grace I	----	16 Jul 1975	Simminger		4	48	
FLANAGAN Margaret A [Catherine]	----	(25 Apr) 1944 [17 Aug 1944]	Rebold	Daughter	5	216	
FLANAGAN Margaret	1833	1916		Mother	5	216	
FLANAGAN Mary	----	(?25 Apr 1955) [1955]		Daughter	5	216	
FLANAGAN Michael	1823	1910		Father	5	216	
FLANAGAN Thomas E [1 yr 1 mo per]	[~Mar 1893] 17 Apr 1894				4	48	
FLANAGAN Thomas L	----	19 Jan 1913			4	48	
FLEAHER Lillian [18 Mar 04]	----	10 Feb 1982	Rebold		17		C
ssa " William J	----	29 Apr 1967	Rebold	WW II Veteran	17	68	C
FLECKENSTEIN Albert [Confirm with St. Aloysius office]	1894	(9 Sep) 1953	Rebold		16	48	D
ssa " Theresa	1894	(27 May) 1966	Rebold		16	48	D
FLICK Dorothy L	1911	(14 Dec) 1957	Neidhard		15	263	
FLICK George L	1907	(17 Jan) 1989	Minges		15	263	
FLICK George M	15 Jan 1874	26 Nov 1951	E J Neidhard		15	263	
FLICK Gilbert G	1915	(20 Nov) 1958	Neidhard	Ohio Cpl U S Army WW II	15	263	
FLICK Lillia	28 Mar 1890	31 Oct 1946	Neidhard		15	263	
FLUEGEMAN Charles W	15 Oct 1893	17 Apr 1968	Rebold	Ohio Pfc 352 Inf WW II	17		C
FLUEGEMAN Clara M	11 May 1896	20 May 1975	Rebold	Mother	17		C
FLUEGEMAN Clarence	1896	(13 Nov) 1965	Rebold	Father	12	85	
FLUEGEMAN Florence	1897	(-- Nov) 1955	Rebold	Mother	12	85	
FLUEGEMAN William C	1929	(1 Feb) 1950	Rebold	Son	12	85	
FLYNN Bridget L	4 months 1947	(22 Dec) 1947	Rebold		7	Single	
FOCKE Anna Maria	17 Jun 1840	24 Feb 1923			1	41	
FOCKE Catherine	1867	1933		Mother	2	1	
FOCKE Clara	1889	(19 Sep) 1969	Neidhard-Minges		13	116	
ssa " Harry	1891	(21 Jun) 1944	Rebold		13	116	
FOCKE Frankie Ed	28 Jun 1895	5 Aug 1895			2	1	
FOCKE George	1894	(22 Oct) 1943	Rebold		13	116	
ssa " Margaret	1900	----			13	116	
FOCKE Henry	1867	(30 Nov) 1942	Rebold	Father	2	1	
FOCKE Joseph	19 Mar 1827	19 Mar 1878			1	41	
FOCKE Joseph	1877	(4 Dec) 1965	Neidhard		16	252	
FOCKE Mary	1885	1939			16	252	
FOCKE Olivia	6 Mar 1907	7 Dec 1907			4	46	
FOX Frances V	1901	(3 May) 1980	Holt	Mother "Nonnie"	17		F
FOX Kit Lee	1889	(16 Oct) 1957	J Gump	Father	17		F
FRANEY Carrie	1888	(14 Mar) 1964	Radel		16		K
ssa " William J	1874	(1 Sep) 1950	J J Radel		16		K
FREY Anthony W	9 Jul 1915	29 Oct 1979	Neidhard-Minges		11	155	
FREY Marion	----	----		No stone	11	155	
FRITZ Gladys	1901	(6 Sep) 1969			15		O

Name	BD		DD or DI		Funeral Home	Remarks	Sec	Lot	Row
FRITZ Hilda		----		----		No stone	17		D
FRITZ John J		1889	--Dec	1950	Bolton	Father	17		F
FRITZ Joseph F		1900		1953			15		O
FRITZ Leo G		1891	(18 Feb)	1950	Rebold	Father	15		O
ssa " Marie O		1893	(14 Oct)	1968	Grueter		15		O
FRITZ Louise B		1892	(31 Mar)	1972	Nurre	Mother	17		F
FRONDORF Anna B		1896	(12 Aug)	1972	Rebold		3	6	
FRONDORF Celestine		1884	(2 Feb)	1961	Neidhard		4	34	
FRONDORF Edward F		1894	(18 May)	1977	Rebold		3	6	
FRONDORF Florence		1888	(13 Jul)	1966	Neidhard		4	34	
FRONDORF Frank	10 Mar	1819	29 Aug	1908		Father	3	6	
ssa " Mary Elizabeth	26 Dec	1818	12 Nov	1882		Mother	3	6	
FRONDORF Frank		1846		1918		Father	4	34	
ssa " Julia		1854		1932		Mother	4	34	
FRONDORF Frank		1876	(13 Sep)	1955	Gump	Father	4	34	
FRONDORF George		1851		1923			3	6	
FRONDORF Gus C		1892	(1 Oct)	1987	Minges		4	34	
FRONDORF Henry		1850		1935			4	34	
FRONDORF Katie		1874	(7 Mar)	1952	Gump	Mother	4	34	
FRONDORF Louis A		1921		1925			3	6	
FRONDORF Margaret		1851		1938			4	34	
FRONDORF Mary E	21 Aug	1809	28 Dec	1880			4	34	
ssa " Phillip J	3 Feb	1810	6 Jan	1886			4	34	
FRONDORF Rosa		1859		1929			3	6	
FRONDORF Stanley G		1918	(13 Jul)	1945		Father	14	190	
FRONDORF Wilhelm H	23 Sep	1877	1 Dec	1877			2	3	
FUCHS Arnold		1899	(19 Aug)	1974	Neidhard-Minges		16		K
ssa " Cecilia M		1892	(25 Feb)	1969	Neidhard		16		K
FULLER Bill	19 Sep	1947	7 Mar	1962	Rebold	Son	14	158	
FULLER Christopher G	8 Jan	1950	5 Aug	1971	Rebold	Son	14	158	
FULLER Elizabeth		1873	(26 Jan)	1949	Rebold		14	148	
ssa " Henry		1867	(7 Jun)	1947	Rebold	Father	14	148	
FULLER Helen		1910		----			14	202	
ssa " Louis J		1909	(30 May)	1969	Rebold		14	202	
FULLER Herman		1900	(5 Jan)	1966	Rebold		12	99	
FULLER Lillian (nee KRAMER)		1899	(24 Apr)	1972	Rebold		12	99	
FULLER Ruth	14 Sep	1920	19 Feb	1963	Rebold	Mother	14	158	
FULMER Marion E		1915		----			12	81	
ssa " William F		1910		----			12	81	
GABRIEL Elsie M		1924	(29 May)	1971	Rebold		18	4	S
ssa " Lacern J		1923		----			18	4	S
GABRIEL Julia		1880	(28 Dec)	1961	Vitt & Stermer		6	239	
GABRIEL Louis		1884		1910			6	239	
GALBRAITH George M	14 Oct	1959	18 Jul	1981	Rebold		19		W
GASS Frank		1869		1920			7		
GASS Rosa	10 Mar	1844	24 May	1917			11	177	
GASS William		1843		1937			11	177	
GAUGER Edwin P		1909	(22 Mar)	1971	Neidhard		18	4	S
ssa " Mabel C		1908	(31 Oct)	1986	Neidhard-Minges		18	4	S
GEHRING Bernard J		1874	(10 Apr)	1947	Rebold		16		J
ssa " Katherine		1875	(17 Jan)	1964	Rebold		16		J
GEHRING Emily		1906	(3 May)	1989	Rebold		16		K
ssa " Mildred B		1905	(3 Jun)	1969	Rohde		16		K
GEIGER Eliz MILLER		1891	(5 Aug)	1964	Rebold	(nee SCHWAB) - Mother	6	237	
GEIS Carl P		1864		1924			12	109	
ssa " Catherine C		1862		1926			12	109	
GEISER Albert		----		----			2	25	
GEISER Albert G		1907		----			17		6
ssa " Clara UDRY		1907		----			17		6
GEISER Anna		1874		1876			2	25	
GEISER Clara E		1891	(2 Nov)	1971	Rebold	Mother	15		O
GEISER Frank V		1878	(7 Mar)	1953	Rebold	Father	2	25	
GEISER Harry J	21 Jan	1889	22 Jan	1964	Rebold	Ohio Cpl Air Service WW I	15		O

114

Name	BD		DD or DI		Funeral Home	Remarks	Sec	Lot	Row
GEISER J Joseph	2 Aug	1811	11 Mar	1893			2	25	
ssa " Katharine	13 Nov	18??	17 Mar	1895			2	25	
GEISER Katharina	8 Apr	1873	23 Dec	1874			2	25	
GEISER M	7 Jun	1850	20 Mar	1887?		Stone illegible	2	25	
GEISER Pauline		1881	(29 Sep)	1960	Vitt & Stermer	Mother	2	25	
GEISER(?) Alma		- - - -		- - - -		No stone	2	25	
GEISER(?) Louisa		- - - -		- - - -		No stone	2	25	
GELLENBECK Delores L	8 Jun	1916	29 Oct	1916		Lot card reads 'babies'	11	139	
GELLENBECK Louis		- - - -	(11 Dec)	1954	Gump	Father	11	139	
GELLENBECK Marvin E	7 Mar	1926	30 Jun	1926		Lot card reads 'babies'	11	139	
GELLENBECK Rose		- - - -	(12 Sep)	1968		Mother	11	137	
GERHARD Mildred F		1903	(6 Dec)	1976	Rebold	Wife	14	198	
GERHARD Walter P		1904	(19 Aug)	1981	Rebold	Husband	14	198	
GERHARDT Lester E	6 May	1918	22 Dec	1968	Neidhard-Minges - Ohio Cox USNR WW II		15		L
GERKAN William C		1892	(20 Sep)	1954	W A Bolton		13	130	
GERKE Clarence		1898		1958			12	119	
GERMAN Anna M		1882	(27 Jul)	1965	Rebold		14	182	
ssa " John H		1880	(- - Jul)	1963/5	Rebold		14	182	
GERMAN Virginia **BLAKELY**		1907		1983			14	182	
GIBEAN Cecilia C	18 Feb	1894	21 Sep	1979	Neidhard-Minges	Wife & Mother	18		U
GIBEAN Edward J	26 Oct	1896	28 Dec	19?9	Neidhard-Minges	Husband & Father	18		U
GILBERT Alma T		1892	(26 Oct)	1973	Rebold	Mother	13	98	
GILBERT Dorothy		1918		- - - -		Mom	17		E
ssa " John		1909	(1 May)	1985	Minges	Dad	17		E
GILBERT Philip P		1892	(28 Nov)	1962	Rebold	Father	13	98	
GILLEN Margaret M		1903	(5 Feb)	1970	Rebold		17		F
ssa " Philip H		1898	(4 Mar)	1972	Rebold		17		F
GILLICK Johann		1902	(13 Dec)	1973	Rebold		18	2	Q
GINLEY John (Jack)		- - - -	(30 Nov)	1983	Minges	No stone	11	201	
GINLEY Ruth		- - - -		- - - -		No stone	11	201	
GINN Mary Louise (nee **WEIDNER**)		1915	(3 Nov)	1941	Rebold		17		F
GINTER Julia		1889	(5 Feb)	1971	Rebold		15		M
GLASHIEN Barbara		1859		1904			5	224	
ssa " Edward W, Sr		1859		1923			5	224	
GLASHIEN Arthur J	2 May	1893	25 Jul	1967	Fredrick -	Ohio Sgt Btry A 136 Field Arty WW I Veteran	5	224	
GLASHIEN Edward W		1891	(10 Jun)	1970	Vitt & Stermer		5	224	
ssa " Norma E		1895	(31 Mar)	1983	Dalbert-Woodruff		5	224	
GLASSMEYER Herbert		- - - -	(26 Oct)	1956	Rebold	No stone	16		J
GOLD Timothy C		1967	(17 Feb)	1973	Neidhard-Minges		18	1	P
GOLDSMITH A		- - - -		- - - -			1	43	
GOLLER Esther K		1908		- - - -			12	135	
ssa " Joseph W		1911	(29 Dec)	1973	Rebold		12	135	
GOLLER Joseph A		1884	(30 Jun)	1961	Rebold	Father	12	135	
GOLLER Kathryn H or E		1879	(6 Nov)	1971	Rebold	Mother	12	135	
GORBOLD Russell R		- - - -	11 Jul	1974	Rebold		12	111	
GRAF Andrew J		1895	(6 Dec)	1941	Busse & Borgman		17		F
GRAF Rev Clarence D	20 Dec	1888	28 Feb	1963	Rebold - Priest ordained 29 May 1915		OO	Priests	
GRAF Martha M		1898	(12 Apr)	1986	Rebold		17		F
GRAFF Louise (nee **HUGHES**)		1874	(23 Oct)	1958	B J Meyer		2	17	
GRAICHEN Jack (John)		1912	(20 Oct)	1965	Rebold		13		11
GRANBERG Marie		1899	(9 Nov)	1962	Vitt & Stermer		6	225	
GREAGER Anna K		1896	(9 Oct)	1987	Minges		15		L
GREAGER Wilbur F		1899	(12 Jul)	1949	Rebold		15		L
GREBNER William P	4 Aug	1922	24 Oct	1983	Minges	Cpl U S Army WW II	19		X
GREENWALD Anton		1881	(11 Feb)	1961	Neidhard	Father	16		G
ssa " Marie (nee **FRASS**)		1873	(2 Nov)	1945	Neidhard	Mother	16		G
GREENWALD Lottie Mae		1908	(5 May)	1986	Vitt & Stermer	Mother	19		X
ssa " Thomas W		1909		- - - -		Father	19		X
GREINER Edwin A		1901	(10 Nov)	1960	Rebold	Father	16		J
ssa " Margaret E		1902		- - - -			16		J
GREINER Pauline M		1894	(30 Jun)	1958	Rebold		16		H
ssa " William A		1894	(20 Nov)	1985	Minges	Father	16		H

Name	B D		DD or DI		Funeral Home	Remarks	Sec	Lot	Row
GRESSEL Angela		1916		- - - -			18	4	S
ssa " Louis G		1909	(19 Feb)	1972	Rebold		18	4	S
GRESSER George		1886	(8 Jul)	1949	Simminger		11	145	
GRESSER Margaret		1877	(27 Mar)	1951	Simminger		11	145	
GRIFFITH Everette		1900	(1 Jul)	1975	Neidhard-Minges		3	32	
ssa " Ida Clara		1905	(20 May)	1960	Vitt & Stermer		3	32	
GROSARDT Elizabeth (nee NAGEL)		1865	(14 Nov)	1944	Rebold	Mother	2	27	
GROSARDT George, Sr		1858	(9 Jul)	1949	Rebold	Father	2	27	
GROTJAN Mary		1858	(20 Oct)	1947	Rebold	Mother	17		E
GRUSECK Julia		1877	(16 Apr)	1955	Catherman		14	148	
GUENTHER Betty K		1904		1989			15		O
GUENTHER John		- - - -	(19 May)	1954	Rebold	No stone	16		K
GUENTHER Josephine		- - - -	(14 Apr)	1961)	Rebold	No stone	16		K
GUENTHER Oscar J		1897	(8 Sep)	1957	Vitt & Stermer		15		O
GUENTHER George J		1899	(14 Apr)	1973	Neidhard-Minges		13	88	
ssa " Gertrude		1899	(7 Feb)	1980	Neidhard-Minges		13	88	
GUETHLEIN Albert F		1885	(12 Mar)	1949	Rebold		13	122	
ssa " Esther D		1896	(31 May)	1965	Rebold		13	122	
GUETHLEIN Ida A		1894	(29 May)	1969	Rebold	Mother	15		O
GUETHLEIN Peter C		1886	(2 Mar)	1948	Rebold		15		M
GUETHLEIN Ralph J		1890	(13 Sep)	1950	Rebold	Father	15		O
GUNDLACH Flora		- - - -	29 Dec	1969	Vitt & Stermer	ssa Joseph SEITER	6	N277	
GUNDLACH Aloysius	2 Jun	1896	4 Aug	1968	Vitt & Stermer	Ohio Pvt U S Army	6	N225	
GUNTTER ?sp, Regina	30 May	1869	13 Jul	1870			3	2	
HAAS Agnes A		1922		- - - -		Mother	15		L
ssa " Cletus F		1920	(20 Mar)	1986	Minges	Father	15		L
HAAS Frank Mathias	16 Sep	1925	7 May	1926			7	Single	
HAAS George	19 Apr	1916	24 Feb	1889			4	52	
HABAN Joseph C	6 Feb	1908	30 Jun	1983	Minges		14	170	
HAETTICH Fred	13 Feb	1904	(30 Dec)	1988	Rebold		11	195	
HAETTICH Tillie	26 Aug	1896	15 Nov	1982	Rebold	Res Newport, KY	11	195	
HAFNER Christina		1889	(29 Jan)	1968	Gump-Holt		16	7	G
HAFNER Elmer J or S		1890	(2 Oct)	1945	Gump		16	7	G
HAFNER Joseph	23 Aug	1886	24 Aug	1909		Brother	7	Single	
HAFNER Louis	31 Jun	1854	4 Dec	1907		Father	7	Single	
HAFNER Louise	10 May	1866	5 Nov	1905		Mother	7	Single	
HAGEN John		- - - -	(11 Nov)	1948)	Rebold	No stone	11	177	
HAGEN John	31 Oct	1853	26 Dec	1883			3	20	
HAGEN Margaret		1894	(11 Feb)	1981	Rebold	Mother	13	124	
HAGEN Marie F (nee ROWEKAMP)		1902	(7 Sep)	1943	Vitt & Stermer		5	214	
HAGEN Theodore		1894	(5 Feb)	1962	Vitt & Stermer	Father	13	124	
HAHN Amelia (nee HINRICH)		1860	(10 Oct)	1941	Vitt & Stermer		17		E
ssa " Louis (Christopher), Sr		1861	(18 Jan)	1947	Neidhard		17		E
HAHN Louis C		- - - -	(30 Oct)	1972	Gump-Holt	No stone	17		D
HALL Ethel S		1914	(21 Feb)	1986	Rebold		17		F
HALL Thomas L		1912	(6 Sep)	1968	Rebold		17		F
HALPEN Edward J		1893	(27 May)	1961	Vitt & Stermer		14	200	
ssa " Helen M (nee TEPE)		1900	(12 May)	1987	Vitt & Stermer		14	200	
HALPIN James E		1927	(21 Jun)	1978	Vitt & Stermer		18		U
HAMMAN Mary (nee HALPIN)		1881	(25 Jul)	1941	Rebold		17		F
ssa " Rudolph		1875	(14 Sep)	1956	Rebold		17		F
HANGBERS Bernard, Sr		- - - -		- - - -	Rebold	No stone	14	184	
HANGBERS Dorothy		1922	(21 Aug)	1942	Rebold	Sister	17		E
HANGBERS Margaret H		1918	(5 Jan)	1948	Rebold	Sister	17		D
HANGBERS Bernard L		1892	(12 Dec)	1966	Rebold		17		C
ssa " Mary H		1894	(19 Dec)	1969	Hardig-Riedlinger		17		C
HANLEIN Caroline		1876		1929			1	55	
HANNEKAMP Catherine		1872	(24 Jan)	1951		Mother	14	198	
HANNEKAMP Eleanor J		1900	(17 Jan)	1977	Rebold	Sister	14	198	
HANNEKEN Arthur J		1924	(1 Feb)	1989	Minges		19		Y
HARDIG Eugene Francis		1928	(8 Apr)	1980	Seifert-Hardig	Sgt U S Army Korea	19		W
HARDING Anna M (nee HERWEH)		1880	(29 Dec)	1943	Vitt & Stermer	Mother	16		J
HARDING Clara F		1900	(19 Feb)	1957	Rebold	Mother	16		J

Name	BD		DD or DI		Funeral Home	Remarks	Sec	Lot	Row
HARDING Loretta C		1910	(15 Jul)	1989	Minges		15		N
ssa " Richard H		1905	(4 Oct)	1982	Vitt & Sterner		15		N
HARDING William P		1900	(29 Mar)	1973	Seifert-Hardig	Father	16		S or J
HARDT Harry E		1890	(15 Mar)	1952	Vitt & Sterner		16		K
ssa " Stella E		1893	(17 May)	1951	Vitt & Sterner		16		K
HARE Alma F		1908		- - - -		Mother	16		G
ssa " Edward C		1905		1940	Reinterred from Vine St Hill - Father		16		G
HARTINGER Clara	16 Jun	1876	24 Dec	1965	Neidhard	Mother	14	S164	
HARTION Harry A		1895	(5 Dec)	1959	Neidhard	Father	11	195	
ssa " Marie A		1893	(3 Jul)	1987	Minges		11	195	
HARTMAN Ethel E		1895	(10 Mar)	1984	Rebold		12	89	
ssa " Henry J, Sr		1884	(20 May)	1955	Vitt & Sterner		12	89	
HARTMAN Matilda		1872	(27 Aug)	1956	Vitt & Sterner		7		
HARTZELL Katherine R		1888	(5 Apr)	1975	Neidhard-Minges		6	225	
HASSELBECK Anna C	25 Jul	1897	21 Apr	1980	Simminger - d. Ft Lauderdale, FL; Mother		11	151	
HASSELBECK Carl W	21 May	1894	5 Oct	1971	Gump-Holt - Ohio Pvt Btry F 136 Fld Arty WW I Veteran		11	151	
HASTELL Caroline		1861	(1 Aug)	1946	Rebold		13	76	
ssa " Elizabeth		1878		1938			13	76	
ssa " Gustav		1873	(23 Feb)	1968	Rebold		13	76	
HATFIELD Ronald George		1942	(11 Dec)	1943	Gump		13	80	
HAUCKE Henry H		1873	(10 Dec)	1962	Bolton-Lunsford reinterred from Miamitown Cemetery Father		17		D
HAUCKE Walter A		1909	(13 Nov)	1969	Bolton-Lunsford		17		D
HAUSER Clara		1890	(28 May)	1980	Vitt & Sterner	Mother	12	109	
HAUSER Ferdinand		1889	(11 Jun)	1959	Vitt & Sterner	Father	12	109	
HAUSMAN William F, Jr	24 May	1914	10 Dec	1971	Simminger - Ohio Pvt CoC 113 Inf WW II		5	224	
HAVERKAMP Georgianna PIEPMIER APPLEGATE		1895	(14 Sep)	1962	Neidhard		15	243	
HAYBACK Clarence		1879	(6 Dec)	1945	Neidhard		16		G
ssa " Mary		1875	(4 Jul)	1955	Neidhard		16		G
HAYDEN Charles T	18 Jul	1906	6 Dec	1971	Rebold - Ohio T Sgt Army Air Force WW II		17		E
HAYDEN Frank J		1904	(30 Apr)	1968	Rebold	Father	17		E
HEEG Emma C		1903	(22 Jul)	1967	Rebold	Mother	17		C
ssa " Richard A		1900	(13 Jan)	1969	Rebold	Father	17		C
HEIDEMAN Sophia (nee BLEH)		1881	(23 Jun)	1976	Rebold		5	221	
HEILEMAN Carl A	26 Dec	1902	8 Oct	1970	Rebold	'Charlie'	19	3	R
HEILEMAN Hilda C	4 Mar	1900	2 Apr	1974	Rebold	'Jo'	18	3	R
HEILEMANN Anna		1877	(7 Nov)	1964	Rebold	Mom	13		11
ssa " Herman		1872		1929		Pop	13		11
HEILKER Gertrude		1887	(19 Sep)	1981	Radel		19		W
ssa " Louis		1886	(23 Feb)	1982	Radel		19		W
HEILMANN Florence		1900		- - - -		Mother	16		G
ssa " Harry		1896	(22 Oct)	1955	M Simminger	Father	16		G
HEIM Anna Marie	16 Dec	1826	16 Dec	1882			7		
HEIM Anthony		1885	(4 Apr)	1953	Rebold	Husband	11	193	
HEIM Louis		1823		1894			7		
HEIM Margaret		1896		1977		Wife	11	193	
HEISEL Carrie		1879	(7 Oct)	1949	Rebold		17		F
HEISLER Andrew		1861	(30 Jan)	1956	Rebold	Father	2	11	
HEISLER Anna K		1865		1939		Mother	2	11	
HEITZLER Agnes C		1877	(31 Jan)	1951	Simminger		13	90	
HEITZLER Joseph A		1884	(28 Oct)	1967	Simminger		13	90	
HEITZLER Tillie		1878	(17 Jan)	1970	Simminger		13	90	
HELBLING Berthold	4 Jul	1856	17 Jun	1930		W side of stone	6	235	
ssa " Elizabeth	22 Dec	1862	22 Apr	1934		E side of stone	6	235	
ssa " Frantz X	25 Nov	1851	8 Sep	1926		N side of stone	6	235	
ssa " Josephine	8 Feb	1859	15 Dec	1945	A Riedlinger	E side of stone	6	235	
ssa " Louis	16 Feb	1851	6 Mar	1911		S side of stone	6	235	
HELD Elizabeth HUMMEL		1897	- - Dec	1982		ssa John HUMMEL	17		E
HELMIG Elizabeth		1880		1939		Mother	17		D
ssa " John J		1885	(11 Oct)	1944	Neidhard	Father	17		D
HELTON James B	4 Sep	1930	30 Apr	1972	Rebold - Ohio C 53 U S Coast Guard Korea		11	171	

Name	B D		DD or DI		Funeral Home	Remarks	Sec	Lot	Row
HELMING Bernard D		1874		1935			15	273	
ssa " Lillie		1876	(12 Jul)	1950	Rebold		15	273	
HEMPEN Margaretha geborne **BERTRAM**	7 Mar	1851	13 Dec	1878			1	39	
HEMPHILL Linda J		1952		- - - -			19		W
ssa " Terry M		1951	(15 Jan)	1983	Harry Meyer		19		W
HENDREN Emma Mary	16 Apr	1898	22 Oct	1988	Rullman		15	274	
HENDREN Milliard		- - - -	17 Oct	1940		Electrician 3 CL U S Navy	15	274	
HENDREN Shirley M	12 Mar	1927	19 Dec	1956	Rebold	(nee **FREESE**)	15	274	
HENDRICKS Della		1884		1931		Mother	12	111	
HENDRICKS George		1880		1924		Father	12	111	
HENGEHOLD John	22 Feb	1881	6 Oct	1951	Rebold	Father	6	230	
HENGEHOLD Lillie	19 Feb	1880	8 Aug	1949	Rebold	Mother	6	230	
HENGEHOLD Ruth J		1915	(13 Feb)	1968	Rebold		12	91	
HENKENBERENS Jean		1911		- - - -			14	154	
ssa " Joseph		1911	(31 Dec)	1982	Witt, Good, Kelsch		14	154	
HENKENBERENS Sandra M		1947	(11 Jun)	1949	Witt, Good, Kelsch		14	154	
HENNER John J		1894	(22 Oct)	1961	Greuter	Father	15		M
ssa " Josephine		1892	(7 Apr)	1982	Rebold		15		M
HENSLER Irma M		1895	(28 Feb)	1978	Harry Meyer		15		N
HENSLER Nelson G		1900	(15 Jun)	1946	B J Meyer		15		N
HERBE August		1860		1936		Father	4	62	
HERBE Bernard A	26 Aug	1892	28 Aug	1981	Rebold	Father	6	233	
HERBE Frances M (nee **KRUMMEN**)		1868	(19 Apr)	1945	Rebold	Mother	4	62	
HERBE Marguerite M	4 Nov	1893	20 Sep	1965	Rebold	Mother	6	233	
HERBERS Arthur G		1907	(6 Mar)	1968	Rebold		14		13
HERBERS Elenora		1908		- - - -			14		13
HERFEL Franz X	26 Apr	1813	8 Jan	1887			1	59	
HERFEL Maria	2 Apr	1814	22 Aug	1834			1	59	
HERFEL Mary Anne		- - - -		- - - -		No stone	1	59	
HERFEL Mathias	20 Aug	1888	18 Oct	1889			1	59	
HERKING Clara		1889	25 Apr	1944	Rebold	Mother	13	112	
HERKING Edward J		1912		1937			13	112	
HERKING Joseph W		1916	(24 Aug)	1974	Neidhard-Minges		13	112	
ssa " Marie R		- - - -	(20 Aug)	1982	Minges		13	112	
HERKING William H		1878	(16 Jan)	1957	Rebold	Father	13	112	
HERTH Alva		- - - -		- - - -		No stone	16		J
HERTH Edwin		- - - -		- - - -		No stone	16		J
HERTHAUS Leo		1898		1975		Father	?	2	
HERTHAUS Mary		1901		1973			?	2	
HERZ Katherine	23 Jun	1874	20 Aug	1954	Rebold		17		F
HERZ Mathias	1 May	1882	20 Jun	1948	Rebold		17		F
HERZOG Frank		1915	(24 Jul)	1967	Neidhard	Father	14		15
ssa " Ruth		1919		- - - -		Mother	14		15
HERZOG George J	21 Mar	1925	25 Aug	1981	H Meyer - MM 2 U S Navy WW II Veteran		13	94	
HESS Mayme (nee **NAGELE**)		1888	(31 Dec)	1977	Simminger		5	215	
HESS Nettie B		1881		1907			5	215	
HESS Oscar E		1902	(15 Mar)	1967	Rebold		5	215	
HESS Oscar R		1874		1934			5	215	
HEY Carl		1910	(2 Feb)	1981	Frederick	Husband & Father	6	238	
ssa " Justice (nee **MUELLER**)		1908		- - - -		Wife & Mother	6	238	
HEYOB Amelia L		1900	(19 Jan)	1966	Neidhard		12	119	
HEYOB August		1885	(22 Nov)	1949	Vitt & Stermer		4	60	
HEYOB Barbara		1871	(23 Apr)	1951	Neidhard	Mother	16		J
ssa " Valentine J		1871	(- - Dec)	1944	Neidhard	Father	16		J
HEYOB Jacob	13 May	1873	15 Feb	1945	Neidhard		12	77	
HEYOB Jeffrey Raymond	17 Sep	1961	31 Oct	1961	Neidhard		7		
HEYOB Josephine (nee **EGGNER**)		1906	(6 Mar)	1944	Neidhard	Mother	12	69	
ssa " Theodore J		1896	(7 Sep)	1987	Minges	Father	12	69	
HEYOB Magdalena	13 Jan	1878	16 May	1952	Neidhard		12	77	
HEYOB Robert A		1895	(4 Mar)	1961	Neidhard		12	119	
HEYOB Susan		1884	(- - May)	1956	Vitt & Stermer		4	60	
HICKEY Bernice M		1914	(26 May)	1961	Vitt & Stermer	Daughter	15		N

Name	B D		DD or DI		Funeral Home	Remarks	Sec	Lot	Row
HILL Mary L		1878	(4 Aug)	1960	Charles Miller & son		14	194	
HINES Donald C		1932	(28 Mar)	1986	Bolton-Lunsford		18	3	R
ssa " Mary Ann		1941	- - - -				18	3	R
HINKLER John L		1890		1934			15	273	
HINKLER John T	31 Mar	1928	22 Sep	1968	Rebold - Ohio lst Lt HQ 7 Inf Div Arty		15	273	
						Korean Arcom			
HINKLER Marie I		1890	(23 Nov)	1974	Rebold	d. Newport, KY	15	273	
HINSENN Agnes M		1897	(31 Jan)	1981	Rebold		11	173	
HINSENN Louis M		1886	(23 Jan)	1974	Vitt & Stermer		11	173	
HIRTH Anna C		- - - -	(13 Dec	1949)	Rebold	No stone	11	151	
HIRTH Arthur F		1905	(9 Jan)	1969	Rebold	Brother	11	151	
HIRTH Jacob		- - - -	(5 Aug	1946)	Rebold	No stone	11	151	
HIRTH Nicholas J		1910	(31 Dec)	1958	Rebold	Son	11	151	
HIRTH Ruth S		1906	(16 Mar)	1987	Rebold	Mom	11	151	
ssa " Walter N		1902	(9 Sep)	1954	Rebold	Dad	11	151	
HOEFFER Theresa M		1912	(- - Dec)	1958	Rebold		17	255	
ssa " William H		1905	(9 Feb)	1980	Rebold		17	255	
HOENEMIER Fred M	20 Jan	1904	29 Apr	1976	Vitt & Stermer		18	5	T
ssa " Marge M	1 Aug	1902	- - - -				18	5	T
HOERST Anna Mae		1914	- - - -			Mother	13	84	
ssa " William F		1915	- - - -			Father	13	84	
HOERST Fred		1890	(3 Feb)	1948	Rebold	Father	13	84	
aaa " Lydia		1891	(26 Nov)	1983	Rebold	Mother	13	84	
HOERST William P		1941	(9 Jan)	1985	Fitch-Denny	Son	13	N84	
HOESL Elizabeth M		1892	(29 Nov)	1946	Vitt & Stermer		15		N
ssa " Frank		1885		1972	Simminger		15		N
HOESL Marie C		1900	(28 Feb)	1966	Simminger		15	28	M
ssa " Nick W		1897	(3 Jan)	1951	Simminger		15	28	M
HOFFMAN Elizabeth M		1892	(30 Mar)	1968	Imwalle		14	204/6	
HOFFMAN Michael B		1887	(5 Feb)	1965			14	204	
HOHMEISTER Beatrice R	16 May	1924					19		X
HOHMEISTER William J	5 Jan	1924	25 Oct	1985	Holt	Sgt U S Army WW II	19		X
HOLFORD Alfred A		1909	(25 Oct)	1985	Holt	Cremains	12	69	
ssa " Viola		1918	- - - -				12	69	
HOLTGREFE Andrew		1878	(21 Apr)	1948	Rebold	Father	11	155	
HOLTGREFE Victoria		1878		1962	Rebold	Mother	11	155	
HOLTHAUS Rose (nee DREES)	19 Mar	1866	18 Dec	1958	M Simminger		15		M
HOLTVOGT Catherine		1901	- - - -				18	3	R
ssa " Joseph		1905	(9 Nov)	1974	Neidhard-Minges		18	3	R
HOLTVOGT Elizabeth (nee HURM)		1885	(12 Nov)	1941	Vitt & Stermer	Mother	17		E
HOLTVOGT Theodore		1881	(17 Feb)	1968	Neidhard	Father	17		E
HOLZMEISTER Adolph B		1899	(19 Nov)	1954	Gildehaus		15		O
ssa " Carolyn M		1902	(16 Sep)	1986	Gump-Holt		15		O
HOLZSCHUH Albert J		1906	(19 Jun)	1984	Sumner		19		X
ssa " Catherine A		1908	(23 Oct)	1985	Minges		19		X
HOLZSCHUH Alois		1872	(18 Nov)	1953		Father	6	233	
ssa : Elizabeth		1866		1933		Mother	6	233	
HONKAMP Dorothy B		1911	(2 Jul)	1982	B J Meyer		13		11
ssa " Frank J		1910	(10 Jul)	1981	B J Meyer		13		11
HOTOPP Katherine R (nee BUNING)		1877	(2 Dec)	1942	Rebold	N side of stone	13	78	
ssa " Loretta	13 Feb	1905	27 Sep	1976	Rebold - d. Huston, TX - 2 gravestones		13	78	
ssa " Michael		1875	(15 Dec)	1949	Rebold	N side of stone	13	78	
ssa " William - Cremains		1913	(15 Jul)	1976	Rebold-d. Dallas, TX	N side of stone	13	78	
HUBER Anthony J		1910	(20 Mar)	1963	Vitt & Stermer		15		L
ssa " Hilda M		1916	- - - -				15		L
HUBER Charles J		1910	(13 Aug)	1971	Rebold		18	3	R
ssa " Elsie M		1910	- - - -				18	3	R
HUBER Edward F		1912	(28 Dec)	1959	Vitt & Stermer	Husband	16		G
HUEBNER Joseph F		1888	(11 Dec)	1946	M Simminger		11	153	
HUEBNER Philomena M		1890	(23 Apr)	1956	M Simminger		11	153	
HUEIL Joseph C		1917	(2 Feb)	1982	Minges		17	8	F
HUELLEMEIER John J		1890	(25 Apr)	1969			17		F
ssa " Theresa J		1894	(11 Apr)	1977	Vitt & Stermer		17		F

Name	BD	DD or DI		Funeral Home	Remakrs	Sec	Lot	Row
HUGHES Mary		1845	1920			2	17	
ssa " Patrick		1835	1889			2	17	
HUGHES Michael		1867	(25 Mar) 1953	Paul E Frederick		2	17	
HULING Ralph Bud		1910	(2 Apr) 1976	Rebold		18		U
HUMMEL Henry J		1921	(1 Apr) 1978	Rebold	MM 1 U S Navy WW II	13	94	
HUMMEL Henry Richard	23 Sep 1949	28 Apr 1955	Rebold	'Rickey'	13	94	
HUMMEL John		1891	(26 Feb) 1957	Rebold		17		E
HUMMEL Marjorie E		1924	- - - -			17		E
ssa " William J		1920	(5 Jul) 1984	Rebold		17		E
HUNSCHE Alex A		1908	(30 Nov) 1976	Neidhard-Minges		17		D
ssa " Ann T		1909	(29 Nov) 1984	Minges		17		D
HUSSEY Joseph J		1908	(- - Jul) 1955	Imwalle	Father	15		N
HUSSI Frances		1921	(7 May) 1980	Neidhard-Minges		15	274	
HUSSI Matus		1880	1938			15	274	
HUSSI Rosa		1878	(12 Apr) 1947	Vitt & Stermer		15	274	
HUTH Clara C		1887	(21 Feb) 1985	Minges		6	230	
HUTH Edwin		1890	(9 May) 1957	Rebold		6	230	
HUTH Estella		1884	1905			6	230	
HUTH Jacob		1854	1931			6	230	
HUWEL Frank J		1886	(13 Aug) 1969	Neidhard	Father	17		F
ssa " Marie		1894	(13 Dec) 1977	Minges	Mother	17		F
HUY Celestine		1898	(5 Apr) 1978	Neidhard-Minges		11	197	
ssa " Raymond J		1901	(26 Oct) 1972	Neidhard		11	197	
ILG Anthony		1888	(2 Feb) 1984	Rebold	Dad	15		M
ssa " Helen Anna		1895	(23 Feb) 1984	Rebold	Mom	15		M
ISAAC John		- - - -	d - - Mar 1882		Co C 174 Ohio Inf Civil War Veteran	7	Single	
ISAAC Mary A		1820	1901			7	Single	
JACOB John		1854	1923		Father	2	11	
JACOB Lizzie (Elizabeth S)		1856	(11 Oct) 1950	E J Neidhard	Mother	2	11	
JACOB Richard F	18 Jun 1918	10 Apr 1970	Neidhard	Ohio Tec 5 274 Inf WW II	15	262	
JACOB William		1866	1939			17		C
JACOB William		1899	1925		Son	2	11	
JAKOB Katherina	3 Mar 1861	25 Oct 1885			1	33	
JANSON Peter		1881	(3 Dec) 1951	Neidhard	Father	17		E
JASPERS George		1879	1924		Father	7		
JOBST Clara M (nee NAGEL)	16 Oct 1890	19 Dec 1980	Neidhard-Minges		12	105	
ssa " Edward J	1 Jun 1887	9 Jun 1978	Rebold		12	105	
JOBST Edward Henry		1915	(29 Mar) 1978	Rebold	Tec 5 U S Army WW II	12	105	
JOBST Jimmie		- - - -	- - - -		No stone	12	105	
JOBST John A		1862	1913			12	105	
JOBST Mary K		1863	(2 Jan) 1949	Rebold		12	105	
JOCHUM Conrad		1881	(13 Oct) 1943	Rebold	Dad	11	179	
JOCHUM Marie B		1858	1931			11	179	
ssa " Philip J		1859	1939			11	179	
JOHNSON Rozeda (nee KNECHT)	16 Aug 1915	- - - -	one date on stone	Daughter	15		L
JOHNSON Thomas		- - - -	- - - -		stone illegible	2	25	
JONES Christina Marie		1955	(19 Mar) 1973	Neidhard-Minges		18	4	S
JRUNEWEIN((?Sp) Johann	31 Jan 1872	19 Jun 1881		stone illegible	7	Single	
JUENGLING Amelia	7 Jan 1890	15 Sep 1964	Rebold	Mother	13	86	
JUENGLING Charles F	13 May 1888	29 Aug 1954	Rebold	Father	13	86	
JUENGLING Charles P		1914	(13 Mar) 1975	Rebold		4	50	
JUENGLING Fred A	21 Nov 1916	6 Jul 1968	Rebold	Son	13	N86	
JUENGLING Gustave	13 May 1918	- - - -		Son; WW II Veteran	13	86	
JUENGLING Lawrence C	7 Feb 1930	14 Aug 1976	Rebold	AS U S Navy	18	5	T
JUENGLING Rita Marie	2 Feb 1935	8 Feb 1985	Rebold	Sister	18	5	T
JUENGLING Virginia M		1917	- - - -			4	50	
JUERGENS Clara M		1909	- - - -			14	196	
ssa " Paul J		1905	(14 Jul) 1981	Rebold		14	196	
JUNG Christ		1884	(16 Dec) 1946	Gump	Father	16		K
ssa " Mary		1891	(22 May) 1978	Vitt & Stermer	Mother	16		K
JUNG John C		1913	- - - -			16		K
ssa " Julia C		1916	(22 Sep) 1983	Vitt & Stermer		16		K
JUNKER John B	23 Dec 1862	24 Jul 1941	Grueter & son		15	275	

Name	BD		DD or DI		Funeral Home	Remarks	Sec	Lot	Row
JUNGKUNZ Elizabeth		1893	(5 Oct)	1974	Rebold		13	122	
ssa " Paul		1886	(8 Jun)	1955	Rebold		13	122	
					Lot card reads: child J **BAXTER** in grave #4				
JUNKER Mary G	26 Dec	1872	15 Oct	1950	H H Grueter		15	275	
JUNKER Rose B	10 Feb	1894	3 Aug	1958	Grueter & son		15	275	
KALLMEYER Elmer J		1903	(5 Feb)	1966	Rebold		12		5
ssa " Hilda M		1898	(4 Jun)	1983	Minges	Res. Pittsburg, PA	12		5
KALLMEYER John J	8 Mar	1924	25 Jan	1979	Neidhard-Minges	Pfc U S Army WW II	18		U
KAMMERER Ann M	14 May	1915	16 Jun	1984	T P White		18	3	R
KAMMERER Betty A		1913	- - - -				18	1	P
ssa " Edmund A		1904	(14 Jun)	1982	Rebold		18	1	P
KAMMERER Robert J	23 Jul	1907	30 Oct	1970	Rebold - Ohio Cpl 383 Base Unit AAF WWII			3	
KAMP Monica J		1944	(12 Nov)	1975	Bolton-Lunsford		18	5	T
KAMPEL Norbert A		1907	(20 Apr)	1988	Neidhard-Minges		18	4	S
ssa " Rosella L		1907	- - - -				18	4	S
KAMPHAUS George H		1880	(29 Nov)	1955	Vitt & Stermer		16	286	
ssa " Josephine		1880	(9 Apr)	1974	Neidhard- Minges		16	286	
KAMPHAUS Herman		1875	(17 Apr)	1950	Gump		17		F
KAMPHAUS Margaret		1875	(4 Mar)	1948	Gump		17		F
KANET N		- - - -		- - - -		No stone	17		C
KAPPNER Casper		1850		1933			15	245	
KARRER Clifford M		1911	(31 Dec)	1945	John J Gilligan		16		J
KARRER Margaret A		1885	(2 May)	1959	Rebold	Mother	16		J
ssa " Nicholas H		1885	(12 Mar)	1955	Rebold	Father	16		J
KASKE Ann Rose		- - - -	(4 Jan)	1965	Gump		17		E
ssa " Herman C		- - - -		- - - -			17		E
KEGEL John		1881	(18 Oct)	1944	Rebold		16		H
KEGEL Wilma		1894	(6 Aug)	1984	Rebold		16		H
KEISER Alma L		1894	(4 Dec)	1982	Rebold	Mother	16		G
ssa " Walter C		1899	(19 Apr)	1961	Rebold	Father	16		G
KELL Siegel O		1886	(7 Oct)	1974	Gilligan-Siefke		17		F
KELLER Carl M	12 Sep	1912	9 Oct	1977	Gump-Holt	Tec 4 U S Army WW II	11	167	
KELLER Harold		- - - -		- - - -		No stone	11	167	
KELLER Margaret M		- - - -	(3 Jan)	1978	Gump-Holt	No stone	16		K
KELLER Margie		- - - -	(19 Mar)	1966)	Gump-Holt		11	167	
KELLEY T Rachel	2 Sep	1959	20 Oct	1959			17		D
KELSCH Miriam L	5 May	1911	31 Jul	1979	John C Brater of Harrison, OH		12	87	
ssa " William G	5 Sep	1913	21 Dec	1984	John C Brater of Harrison, OH		12	87	
KEMME Amelia B		1888	(21 Dec)	1976	Vitt & Stermer		15		N
ssa " Joseph H		1872	(16 Jan)	1956	Vitt & Stermer		15		N
KEMME Bernard		1897		19- -			11	203	
ssa " Eleanora		1897	(13 Dec)	1966	Rebold		11	203	
KEMME Clara		1871	(7 Feb)	1947	Rebold	Mother	15	243	
ssa " John, Sr		1870	(16 Jul)	1943		Father	15	243	
KEMME Elizabeth		1878	(22 Feb)	1956	Vitt & Stermer		16		H
ssa " Marie Emma		1881	(22 Mar)	1947	Vitt & Stermer		16		H
KEMME Ella		1893	(1 Jul)	1980	Rebold	Mother	15	243	
ssa " John, Jr		1894	(11 Oct)	1956	Rebold	Father	15	243	
KEMME Gregory J		1919	(24 Jan)	1969	Vitt & Stermer	Son	14	182	
KEMME Velma	8 Dec	1924	26 Feb	1965	Neidhard		15	243	
KENNING George J		1903	(12 May)	1984	Minges		13	120	
ssa " Thomas G		1937	(3 Mar)	1983	Neidhard-Minges		13	120	
KENNING Harry H	15 Mar	1886	25 Dec	1951	Rebold	Father	14	156	
KENNING Louise		- - - -		- - - -		No stone	13	120	
KENNING Magdalena	11 Aug	1887	11 Oct	1966	Rebold	Mother	14	156	
KENNING Robert G		- - - -		- - - -		No stone	13	120	
KENNING Robert J	3 Nov	1919	5 Jan	1944	Rebold	Ohio 2nd Lt 343 AAF Fighter	14	156	
						SQ WW II, repatriated 23 Feb 1949			
KERBER A			- - - -		- - - -		K A footstone, no dates	1	53	
KERBER Amelia		1886	(27 Apr)	1959	Neidhard	Mother	16		G
ssa " Edward		1884	(9 Jan)	1960	Neidhard	Father	16		G
KERBER Eleanora		- - - -		- - - -		Footstone, no dates	1	53	
KERBER Frank		- - - -		- - - -		Footstone, no dates	1	53	

Name	BD		DD or DI		Funeral Home	Remarks	Sec	Lot	Row
KERBER Anna M (nee JACOB)	15 Jul	1857	17 Jun	1900		Mother, N side of stone	1	53	
ssa " George	15 Jan	1849	26 Jun	1911		Father	1	53	
KERBER J		----		----		K J footstone, no dates	1	53	
KERBER Johanna	16 Sep	1822	29 Apr	1884		E side of stone	1	53	
KERBER Joseph		----		----		Footstone, no dates	1	53	
KERBER M		----		----		Footstone, no dates	1	53	
KERBER N		----		----		Footstone, no dates	1	53	
KERN Howard J	8 Sep	1913	9 Feb	1960	Simminger - Ohio Tec 3 3425 Ord MAM Co WW II Veteran		15		N
KESSEN Elizabeth		1867	(2 Mar)	1953	Rebold		17		F
ssa " Frank B		1867		1941			17		F
KIEFLER George		1851		1920		Father	11	143	
KIEFLER George		1883		1935			17		D
KIEFLER Joseph G		1857	(7 Jan)	1943	Vitt & Stermer		16		K
ssa " Mary		1863	(12 Jun)	1948	Vitt & Stermer		16		K
KIEFLER Lillian (nee BROCKHOFF)		1890	(9 May)	1942	Gump		17		D
KIEFLER Rachel		1859		1931		Mother	11	143	
KIEFLER Stanley		1888		1918		Son	11	143	
KIEFLER Walter C		1895	(24 Nov)	1943	Rebold		11	143	
KILRAIN Jacob	8 Apr	1888	24 Jun	1888		s/o Jacob & Catherine	7	Single	
KINNE Donald J	4 Jul	1930	23 Jan	1981	Neidhard-Minges		19		W
KIRCHGESSNER George		1869		1922			7		
KIRCHNER Joseph Henry	24 Dec	1926	11 Apr	1948	Vitt & Stermer	Ohio S1C U S Navy WW II	17		F
KIRWIN Mary Louise		1889	(9 Apr)	1957	Rebold		17		F
KISSEL Eugene E	4 Nov	1920	10 Nov	1978	Vitt & Stermer	Pfc U S Army WW II	14	204	
KISSING Marcella		1915	(3 Dec)	1980	Simminger	Mom	19		W
ssa " Robert W		1916		----		Dad	19		W
KIST Mary A		1890		1923			11	183	
KLAWITTER Florian E		1922	(27 Aug)	1975	Seifert-Hardig	Tec 4 U S Army WW II	18	5	T
KLEIN Albert		1871		1941		Father	17		D
ssa " Mary		1874	(9 Dec)	1965	Simminger	Mother	17		D
KLEINTANK Charles H		1886	(11 Oct)	1973	Grueter		16		K
ssa " Ida L		1887	(30 Dec)	1971	Grueter		16		K
KLING Catherine SCHUCK		----		----			15	242	
KLING Joseph Thomas		----		----			15	242	
KLING Margaret HINKLER		----		----			15	242	
KLING Martha SANDER		----	(18 May)	1965	Rebold		15	242	
KLING Victoria Elizabeth		----		----			15	242	
KLUG Elizabeth C		1909		----			17		F
ssa " Walter L		1901	(26 Aug)	1968	Dhonau-Rosenacher		17		F
KLUG Louis S		1900	(16 Aug)	1949	Vitt & Stermer	Father	16	247	
KLUG Louise		1899		1922		Wife & baby	16	247	
ssa " Tommy		1943	(22 Jul)	1943	Vitt & Stermer		16	247	
KLUNDT Clara		1888	(26 Feb)	1952	Gump	Mother	15		M
KLUSMAN George H	22 Nov	1911	10 Jan	1963	Rebold		17		F
KNAPP Cecilia		1905		----			12	127	
KNAPP George J, Sr		1900	(16 Jul)	1971	Rebold		12	127	
KNAUBER Frank		----	(25 Nov)	1888		Civil War Veteran			
KNECHT Frank	6 Feb	1892	30 Jan	1954	Rebold	Father	15		L
KNECHT Jinny		1926		1954			15		L
KNECHT Lillian	9 Jul	1893	8 Jan	1961	Rebold	Mother	15		L
KNEPPER David Allen	25 May	1969	25 May	1969	Bolton-Lunsford		16		H
KNIGHT Albert Francis		1896	(d 3 Dec	1933)		No stone WW I Veteran	13	110	
ssa " Marie (nee DOLL)		1897		1933			13	110	
KNIGHT Betty Jane		1925		1933			13	110	
ssa " Charles Albert		1927		1933			13	110	
KNOEPFLER Cecelia		1889	(24 Oct)	1970	Rebold		15	276	
KNOEPFLER Howard		1908	(8 Apr)	1947	Rebold		15	244	
KNOEPFLER William		1883	(23 Jul)	1956	Rebold		15	276	
KNOESEL Edward		1880	(10 Jan)	1970	Quentin Staley		16		H
ssa " Sarah		1880	(20 Sep)	1950	Rebold		16		H
KNOLLMAN Edward F		1923	(9 May)	1986	J Hodapp	Father	18	2	Q
ssa " Virginia		1920	(23 Nov)	1974	J Hodapp	Mother	18	2	Q

Name	BD		DD or DI		Funeral Home	Remarks	Sec	Lot	Row
KOCH Amor H		1895	(8 May)	1973	Gump-Holt	Father	18	4	S
ssa " Mary P		1897	(6 Jun)	1974	Gump-Holt	Mother	18	4	S
KOCH Johanna	9 Mar	1899	9 Mar	1899			1	51	
KOCH Rose K		1859		1921			1	51	
KOEHLER Edith M		1911	- - - -				14	160	
ssa " William M		1912	(21 Mar)	1974	Neidhard		14	160	
KOEHLER Martha G		1901	(15 May)	1971	Vitt & Stermer		13	92	
KOHL Cora M KIEFLER	- - - -		(1 Sep)	1977	Rebold		11	143	
KOHL Edward C	- - - -		(24 Mar)	1954	Rebold		11	143	
KOHLMAN Frank		1883	(10 Dec)	1959	Simminger		1	57	
KOHLMAN L	- - - -		- - - -				1	57	
KOHLMAN Milton		1882	(20 May)	1962	Simminger		1	57	
KOHLMAN Rosa		1876	(11 Jun)	1955	Simminger		1	57	
KOOP Franz	14 Feb	1797	14 Feb	1871			5	209	
KORB Anna		- - - -		1899		Mother	5	223	
KORB George A		1884	(17 May)	1962	J Gump	Brother	5	223	
KORB John	- - - -			1926		Father	5	223	
KORB Sophia D		1886	(4 Apr)	1957	J Gump	Sister	5	223	
KRAFT Marion B	17 Apr	1911	21 Dec	1952			6	230	
KRAMER Alfred	15 Jun	1912	14 Jul	1971	Neidhard		17		F
ssa " Lucille	5 Jun	1910	4 Nov	1969	Neidhard-Minges		17		F
KRAMER August		1877	(9 Nov)	1951	Rebold		15		N
ssa " Marie		1881	(8 Aug)	1966	Rebold		15		N
KRAMER Elizabeth		1869	(24 Mar)	1948	Vitt & Stermer		15		O
ssa " Frank		1867	(16 Feb)	1960	Vitt & Stermer	Father	15		O
KRAMER Elizabeth		1876	(19 Feb)	1960	Rebold		16		K
ssa " Nickolas		1876	(18 Feb)	1948	Rebold		16		K
KRAMER Elizabeth (nee BOSSE)		1876		1928		Mother	7		
ssa " Henry		1872	(5 Jan)	1962		Father	7		
KRAMER Fred B		1879	(14 Aug)	1957	Rebold	Father	14	188	
ssa " Mary A (nee BOSSE)		1881	(1 May)	1944	Rebold	Mother	14	188	
KRAMER Freida		1905		- - - -			16	247	
KRAMER Harry B	- - - -		(14 Jan)	1980)	Rebold	No Stone	14	N188	
KRAMER Helen		1903		1939			16	247	
KRAMER Mildred C		1911	(25 Apr)	1980	Rebold		14	188	
KRAMER Minnie		1863		1924		Mother	16	252	
KRAMMER Cecilia C		1891		1983			15	275	
ssa " Walter D		1892		1981			15	275	
KRATZ Alma		1885	(1 Aug)	1975	Neidhard-Minges	Mother	16		G
ssa " George		1875		1947		Father	16		G
KREIMER Agatha		1888	(4 Apr)	1953	Rebold	Mother	16		J
ssa " John C		1885	(6 Mar)	1967	Rebold	Dad	16		J
KREIMER Albert A		1901	(23 Sep)	1983	Rebold		14	202	
ssa " Mildred		1909	(5 May)	1989			14	202	
KREIMER Martha M		1925	(22 Jul)	1965	Rebold	Mother	14	16	
KREMER Addie		1870		1928			7		
KRESTY Katie	- - - -		- - - -			Footstone	6	227	
KRISCH Anna	7 Feb	1904	22 Dec	1979			17		F
KRISCH John		1895	(29 Apr)	1966		Brother	17		E
KROGER Catherine		1885	(16 Aug)	1956		Mother	14	166	
ssa " Frank		1879	(21 Jan)	1969		Father	14	166	
KROGER Harry		1904	(16 Nov)	1959			15		O
KROGER Marie A		1906		- - - -			15		O
KROGER Paul James	- - - -		(6 Jun)	1953)	Neidhard	No stone	14	166	
KROGER Vincent S	17 Nov	1912	26 Apr	1982		S Sgt U S Army WW II	14	166	
KROLLMAN Anne		1913	(8 Oct)	1947		Mother	5	221	
KROLLMAN George B		1908	(28 Jan)	1970		Father	5	221	
KROLLMAN Vera A		1908		- - - -			5	221	
KRUMM Margaretta (nee KNAUBER)		1866		1914			5	210	
KRUMMEN Alma	- - - -		- - - -			Mother	17		D
ssa " Raymond		1914	(22 Dec)	1969		Father	17		D
KRUMMEN Aloysius		1896	(20 Feb)	1963			16	251	
ssa " Marie S		1896	(22 Aug)	1987			16	251	

Name	BD		DD or DI		Funeral Home	Remarks	Sec	Lot	Row
KRUMMEN Bernard	25 Oct	1829	- - Dec	1913		Vater - W side	4	62	
ssa " Margaretta	12 May	1833	14 Jun	1895		(nee CRAWER) Mutter	4	62	
KRUMMEN Bertha		1899	(1 Apr)	1975			14	152	
ssa " Herbert F		1900	(20 Jul)	1972			14	152	
KRUMMEN Eugene		1920		1924			16	251	
KRUMMEN Henry W		1873	(4 Jul)	1942		Father	4	62	
KRUMMEN John		1877	(29 Nov)	1943			5	218	
ssa " Mary MEYER (nee DAY)		1881	(17 Apr)	1945			5	218	
KRUMMEN Joseph A		1917	(28 Mar)	1990		Married 26 Jun 1940	19		Y
ssa " Virginia E		1918	(14 Jul)	1987			19		Y
KRUMMEN Margaret M		1876	(19 Aug)	1953		Mother	4	62	
KRUMMEN Rose M		1889	(9 Nov)	1981			11	193	
ssa ' William H		1885	(12 Jun)	1951			11	193	
KRUMMEN Victor A	2 May	1905	26 Dec	1956			12	97	
KRUMPELMAN Gertrude		1886		1950			11	159	
KRUMPELMAN William G		1881		1960			11	159	
KRUSE Harry J	16 Nov	1894	24 Feb	1973	Neidhard-Minges	Ohio Pvt U S Army	18	4	S
KRUSE Vera M	7 Apr	1903	26 Dec	1970	Neidhard	WW I Veteran	18	4	S
KUCHENBACH Gertrude F	11 Jan	1885	28 Mar	1966	Rebold		12		8
KUCHENBACH Glover P	17 Aug	1886	11 Feb	1968	Rebold		12		8
KUEBLER Clara		1871		1940		Mother	4	56	
KUEBLER Joseph V	10 Mar	187?	?? Jun	187?			2	3	
KUEBLER Mary (nee NEIHEISEL)	15 Aug 1847		26 Dec 1892			W side of stone	4	56	
KUEBLER Sylvester		1869	(10 Dec)	1957	James W Blackburn	Father	4	56	
KUEBLER Victor	1 Sep	1842	28 Nov	1926		W side of stone	4	56	
KUELENBORG Bernadine		1886	(5 Apr)	1961		Daughter	17	253	
KUELENBORG Carol Ann		1938	(19 Jul)	1949	H Meyer & son	Daughter	12	83	
KUELENBORG Elizabeth		1861		1928		Mother	17	253	
KUELENBORG Elizabeth		1897	(12 May)	1976	Rebold	Daughter	17	253	
KUELENBORG George		- - - -	(13 Mar)	1990	Minges		12	83	
KUELENBORG George A		1913	(14 May)	1983	Minges	Father	12	83	
KUELENBORG Herman		1861		1924		Father	17	253	
KUELENBORG John A		1889	(15 Nov)	1976	Rebold - Husband; Res Covington, KY		12	83	
KUELENBORG Kathryn		1917	(6 Dec)	1984	Minges	Mother	12	83	
KUELENBORG Mary Estella		1890	(6 Apr)	1974	Rebold	Wife	12	83	
KUFFEL Aloysius		1903	(1 Dec)	1986	Gump-Holt		12		8
KUFFEL Helen		1912	(11 Oct)	1965	Bolton		12		8
KUHLMAN Carrie		1882	(2 Nov)	1961	Gump		12	123	
KUHLMAN Frank J		1881		1972			12	123	
KUHN Frederick		1859		1926			11	143	
KUHN John		1888		1936		Father	11	143	
KUHN Rosa	24 Mar	1866	23 Nov	1918		geborne AUGUSTIN	11	143	
KUNZ Anne Marie		1915	(- - Dec)	1968	Vitt & Stermer		17		C
KUNZ Katherine		1885	(9 Jan)	1950	Vitt & Stermer		16		G
ssa " William M		1877	(5 Sep)	1962	Vitt & Stermer		16		G
KURTZ Frank M	8 Aug	1904	12 Jul	1987	Rebold		14		14
ssa " Mildred E	24 May	1905	17 Jul	1985	Rebold		14		14
LAHBE Marie H		1903	- - - -				11	173	
LAHEY Grace M	12 Jan	1884	21 Mar	1974	Gump-Holt		11	201	
ssa " Joseph J	11 Apr	1874	18 Jul	1960	Gump		11	201	
LAMBERT Ivy		- - - -	16 Jan	1870		Aged 1m 11d	3	2	
LAMBERT John		- - - -	24 Jan	1871		Aged 5y 3m 3d	3	2	
LAMPING Anna M		1904	(23 Dec)	1980			16		K
ssa " Herman M		1901	(7 May)	1983	Rebold		16		K
LANG Albert J		1890	(24 Aug)	1962	Gump		17		E
ssa " Helen		1894	(6 Jan)	1971			17		E
LANG Catherine		1893	(6 Feb)	1981	Rebold	Mother	15		L
ssa " John E		1891	(17 May)	1954	Rebold	Father	15		L
ssa " Edward		1860	(24 Jun)	1950	Rebold	Grandpa	15		L
LANG Cecelia Ann		- - - -	3 Dec	1956	Rebold	Baby	12	133	
LAUCH Edward A		1890	(3 Sep)	1924		WW I Veteran	12	75	
LAUCH Martin		- - - -	(8 Mar	1983)	Neidhard-Minges	No stone	12	75	
LAUCH Mary (nee VOIX)		1854	(24 Dec)	1945	Gump	Mother	12	75	

Name	BR		DD or DI		Funeral Home	Remarks	Sec	Lot	Row
LAUCH Rose		1872	(27 Jan)	1972	Rebold		2	21	
LAUG Elaine	5 Nov	1930	11 Mar	1986	Rebold	Wife & Mother	19		X
LAUXTERMANN Ernestine		1902	(15 Mar)	1980	Gump-Holt	Mother	11	169	
LAUXTERMANN Jean C		1927		- - - -			11	169	
LAUXTERMANN Rudolph F		1926	(13 Sep)	1969	Vitt & Stermer	Father	11	169	
LAUXTERMANN Rudolph J		1902	(14 Jun)	1985	Neidhard-Minges		11	169	
LAVELL Mary		- - - -		- - - -		No stone	3	30	
LAVELY Alfred King		1907	(9 Nov)	1970	Gump-Holt		12	131	
LAWRENCE Barbara		1935	(28 Oct)	1971	D Rosenecker	Wife & Mother	11	203	
LEARY Eloise		- - - -	(11 Nov)	1988)	Rebold	No stone	12	113	
LEARY William H, Jr	21 Apr	1913	7 Aug	1970	Rebold	Utah Tec5 U S Army WW II Vet	12	113	
LEHANE Mary F		1870	(18 Oct)	1950	Nurre Brothers		4	50	
LEISGANG Bertha		1891	(14 Feb)	1948	Rebold		12	111	
LEISGANG Edward J		1898	(1 Jun)	1972	Neidhard		11	145	
LEISGANG Helen		- - - -		- - - -		No stone	11	173	
LEISGANG Jeanette		1918		- - - -			19		W
ssa " Otto S		1916	(12 Apr)	1982	Minges		19		W
LEISGANG John		1887		1926		Father	12	111	
LEISGANG Loretta		1898	(18 Oct)	1966	Neidhard		11	145	
LEISGANG Marjorie		1928		1929		Baby	11	145	
LEISGANG Otto		1880	(10 Mar)	1962	Neidhard	Father	16		J
ssa " Sophia		1880	(11 Nov)	1954	Neidhard		16		J
LEITZ Alexander		1910		1965			15		M
LEITZ Eleanora		1920		- - - -			15		M
LELL Barb A	23 Mar	1886	16 Sep	1887			3	28	
LELL Barbara (nee RIES)	23 Mar	1851	2 Sep	1936			5	222	
LELL Elizabeth K		1916		1924			5	222	
LELL George		1883	(6 Jan)	1944			5	222	
LELL George C	8 Dec	1846	8 Jun	1898	Rebold - Father; Civil War Veteran		5	222	
					ssa Anna REILENSPERGER				
LELL Henrietta	2 Feb	1893	20 Jun	1893			3	28	
LEMKE Rose K	25 Feb	1876	14 Apr	1961	Paul Romer		4	56	
ssa " William F	21 Apr	1872	25 Apr	1952	Paul Romer		4	56	
LEMMINK Mary Ann	1 Jun	1900	30 Dec	1971	Vitt & Stermer		15		N
LEMMINK Vincent M	16 Feb	1897	20 Sep	1966	Vitt & Stermer		15		N
LEOPOLD Margaret	17 Feb	1900	28 Mar	1987	Minges	(nee SEITER)	6	227	
LEOPOLD Raymond J	18 Oct	1904	1 Jan	1976	Neidhard- Minges - Pvt U S Army WW II		6	225	
LEWIS Jimmy	9 Apr	1960	7 Dec	1960	Neidhard		7		
LIBBERT Herman H		1863	(14 Dec)	1949	Rebold	Father	17		E
ssa " Minnie		1866	(5 May)	1952	Rebold	Mother	17		E
LIEDEL Carrie w/o F Liedel		- - - -	4 Mar	1871		d/o S & E BECKLER	3	2	
LIEDEL Frank	29y 10m 12d		13 Feb	1874			3	2	
LIEDEL Willie	1m 17d	- - - -	1 Nov	1870			3	2	
LIENERT Frank X		1896	(7 Sep)	1966	Vitt & Stermer	Husband	14	148	
LIENERT Lena B		1898	(7 Jul)	1976	Vitt & Stermer	Wife	14	148	
LINGERS Joseph H		1911	(30 Dec)	1968	Rebold		16		G
ssa " Loraine R		1914	(8 Feb)	1989	Rebold		16		G
LITTELMANN Charles F		1884	(17 Jan)	1966	Rebold	Father	17		F
ssa " Frances M		1887	(29 Dec)	1965	Rebold	Mother	17		F
LITTELMANN Ray F		1919	(21 Jun)	1979		lst Lt U S Army WW II Veteran	17		F
LITTELMANN Joseph C		1946	(8 Sep)	1951	J P Coyle & Rebold		13	126	
LOBER Elmer J	18 Oct	1901	22 Jan	1975	Neidhard-Minges		6	240	
LOBITZ Daniel R		1905		- - - -		Husband	16	250	
ssa " Emma E		1907		- - - -		Wife	16	250	
LOHMAN Joseph A		1908	(9 May)	1973	Rebold	Menomiee Falls, Waukesha	14	156	
LOHMAN Loretta		1911	(24 Feb)	1967	Rebold		14	156	
LOHMAN Mildred		1911	(15 Dec)	1948	Rebold		14	156	
LOONEY Jerry D		1876	(26 Jun)	1952	Rebold	Father	16		H
ssa " Mary A		1886	(24 Oct)	1947	Rebold	Mother	16		H
LOSACKER August G		1883	(1 Aug)	1952	Rebold		13	88	
ssa " Johanna		1886	(17 Mar)	1950	Rebold		13	88	
LUCAS Anna E		1881	(28 May)	1951	Simminger		15		N
ssa " George		1874	(4 Oct)	1957	M Simminger		15		N

Name	BD	DD or DI	Funeral Home	Remarks	Sec	Lot	Row
LUCAS Bruce A		1939 (28 Oct) 1967	Rebold	Res Versailles, IN	16		J
Inscribed on gravestone: Accipe Fraterno Multum Manantia Fletu Atque in Perpetuum Frater Ave Atque Vale.							
LUCAS Clifford R		1911 (23 Sep) 1985	Rebold	Micah 6:8	16		J
ssa " Dorothy (nee KLUNDT)		1909 (27 Mar) 1987	Rebold	Micah 6:8	16		J
LUCAS Edwin		1908 (20 Jul) 1972	Rebold		3	24	
LUCAS George		1846 (7 May) 1930		Civil War Veteran	3	24	
ssa " Louisa		1848 (14 Sep) 1944	Rebold		3	24	
LUCAS Helen		1911 1935			3	24	
LUCAS Herman G		1881 (15 Jul) 1960	Rebold	Father	15		M
ssa " Laura E		1884 (23 Jan) 1953	Rebold	Mother	15		M
LUCAS Mary		1914 (29 Jun) 1976	Rebold		3	24	
LUCKAS Christian	12 Sep 1854	15 Nov 1871			3	24	
LUCKAS Johann	24 Jan 1849	28 Oct 1871			3	24	
LUDWIG Anna M		1908 - - - -		One date on stone	13	124	
ssa " Lawrence J		1911 - - - -		One date on stone	13	124	
LUEBBE Andrew James	26 Jan 1983	24 Feb 1983			?		
LUEBBERING Corine F		1900 1975	Grueter	Wife	18	1	P
ssa " Frank J		1902 (24 Sep) 1971	Rebold	Husband	18	1	P
LUENSMAN Bernard J		1914 (11 Jul) 1975	Vitt & Stermer		18	1	P
ssa " Catherine C		1912 (14 Nov) 1975	Vitt & Stermer		18	1	P
LUKEN Baby Jane		- - - - (1 Dec) 1952	Rebold		13	130	
ssa " Baby Victor		- - - - (17 Jun) 1954	Rebold		13	130	
LUKEN Bernard A		1882 (15 Mar) 1950	Rebold	Father	11	149	
ssa " Louise		1883 (25 Oct) 1950	Rebold	Mother	11	149	
LUKEN Catherine w/o Joseph		1911 - - - -		Married 14 Sep 1932	12	97	
LUKEN Joseph W		1904 (26 Mar) 1988	Neidhard-Minges		12	97	
LUKEN Clarence F (Steven)		1907 (9 Nov) 1979	Rebold	Married 14 Feb 1933	18	2	Q
ssa " Edna M w/o Clarence		1911 - - - -			18	2	Q
LUKEN Edna		1910 - - - -			15		L
ssa " Walter B		1909 (5 May) 1971	Rebold		15		L
LUKEN George		1900 (12 Apr) 1972	Rebold	Father	13	130	
ssa " Rose F		1900 (3 Jul) 1969	Rebold	Mother	13	130	
LUKEN Harry H		1914 (21 Oct) 1943	Rebold		11	185	
LUKEN Henry G		1887 (29 Nov) 1971	Rebold		11	185	
LUKEN Janet Leon	21 Feb 1919	20 Nov 1968	Rebold	ssa SCHWALLIE Oscar J	11	189	
LUKEN Mary		1916 1932		A O S F	11	149	
LUKEN Mary H		1891 (28 Oct) 1966	Rebold	Mother	11	185	
LURZ August		1902 1929			7		
LUTMER Helen G		1888 (23 Jul) 1974	Nurre Brothers	Mother	16	300	
LUTMER Joseph H		1887 (- -Dec) 1942	Vitt & Stermer	Father	16	300	
LUTTERBEI Ann (Mary)		- - - - (21 Dec 1989)	Gump-Holt	No stone	13	11	
LUTTERBEI Emma A	5 Apr 1898	26 Jan 1970	Gump-Holt		13	11	
LUTTERBEI Fred G	31 Jul 1894	28 Jul 1965	Gump	Ohio Cpl U S Army WW I Vet	13	11	
LYMAN Irving L		1878 (10 Aug) 1943	Rebold	Father	17		F
ssa " Lucy F		1879 1962		Mother	17		F
LYONS A B		1880 (6 Feb) 1958	Neidhard		12	121	
LYONS Clara E		1880 19??	Neidhard		12	121	
LYONS Horace F		1906 1958			12	121	
LYONS Lucille		1908 (19 Jul) 1979	Neidhard-Minges		12	121	
LYSINGER Jessie		- - - - - - - -		No stone	13		11
MAIER Mary Elizabeth		- - - - 29 Apr 1957	Rebold	Baby	7	Single	
MARINGER Jody		- - - - (19 Jun) 1970	Rebold	Small stone with JM	7	Single	
MARINGER Frank W		1859 (17 Dec) 1947	Neidhard	Father	15		M
ssa " Mary L		1861 (25 Sep) 1950	J R Minges	Mother	15		M
MARINGER Joseph		1865 (21 Jun) 1954	Rebold	Grandpa	12	121	
MARSCHALL Adalbert		1906 (9 Apr) 1979	Rebold		18		U
ssa " Anna		1906 - - - -			18		U
MARTIN Jeanette M		1907 (6 Oct) 1953	Rebold		17		F
MARTIN Kate		- - - - 11 Nov 1941	Busse-Borgman	Aunt	2	13	
MARTINI Florence		1901 (29 Jun) 1987	Minges		12	131	
ssa " Michael J		1896 (19 May) 1972	Rebold		12	131	
MARTINI Freida	14 Apr 1911	22 Oct 1963	Rebold	Wife	13	134	
MARX Aline nee SLAYBACK	7 Nov 1907	- - - -		One date on stone	11	201	

Name	BD		DD or DI		Funeral Home	Remarks	Sec	Lot	Row
MARX Edward B	14 Oct	1893	1 Apr	1975	Neidhard-Minges	QM 2 U S Navy WW II	11	201	
MARX James L		----		----		No stone	12	121	
MARX Joan C		----		----		No stone	12	121	
MARZHEUSER Alvin E		1897	(13 Apr)	1949	Rebold	Husband	15		O
MARZHEUSER Carl A		1903	(2 Oct)	1945	Rebold		16		K
MARZHEUSER Estelle T		1892	(8 Jun)	1974	R Meyer	Mom	15		O
ssa " Richard P		1893	(26 Jan)	1961	Rebold	Dad	15		O
MARZHEUSER Rosa M		1898	(15 Mar)	1989	Miller	Wife	15		O
MASCARI Carrie		1897	(2 Apr)	1962	Rebold		15		L
ssa " Henry		1899	(26 Feb)	1990			15		L
MASUR Anna M		1896	(10 Feb)	1973	Rebold		17		D
ssa " Joseph M		1898	(6 Jan)	1969	Rebold		17		D
MATT Henry	28 Oct	1862	2 Apr	1936			16	300	
ssa " Susanna nee BACHMAN	10 Apr 1865		6 Aug	1935			16	300	
MATTSCHECK Hilda	22 Jan	1895	21 Feb	1978	Rebold	Wife	11	161	
MATTSCHECK Joseph	31 Mar	1893	8 Feb	1960	Rebold	Husband	11	161	
MAURER Kurt W	2 Dec	1923	20 Feb	1967	Rebold	Ohio Pfc CoK 141 Inf Regt WW II BSM	17		C
MAYER Christine		1890	(10 Apr)	1974	Rebold		15	244	
ssa " John		1885		1938			15	244	
MAYER Frank E		1892	(13 Apr)	1935		WW I Veteran	16	300	
MAYER George		1850		1936		Father	16	300	
ssa " Victoria		1851		1936		Mother	16	300	
McBREEN Charles E	17 Jan	1894	19 Dec	1960	Rebold	Ohio Pvt Co I 104 Inf WW I PH	11	193	
McCRAY Olga C		1909		----			15		M
ssa " Paul D		1902	(9 Nov)	1985	Rebold		15		M
McDONOUGH Martin F		1878	(22 Jul)	1953	Vitt & Stermer		11	199	
ssa " Nora S		1888		1954			11	199	
McGINN Timothy J		1958	(30 Nov)	1984	Dalbert-Woodruff	Son	19		X
McLAUGHLIN Daniel		1887	(5 Apr)	1973	Neidhard-Minges	Father	17		F
McLAUGHLIN Michael		----		----		No stone	15	246	
McLAUGHLIN Nellie		1887		1941		Mother	17		F
McMAHAN Arthur A	8 Oct	1897	3 Apr	1969	Gump-Holt	Kentucky Pvt U S Army WW II	16		G
McMAHAN Laura C	12 Nov	1903	5 Aug	1975	Gump-Holt		16		G
MEDER John		1811		1883			4	46	
ssa " Katherine		1813		1904			4	46	
MEDER John B		1851		1931		Father	4	46	
MEDL Loretta M		1917	(19 Oct)	1978	Neidhard-Minges	Toots, Mother	15	261	
MEER Edward F		1911	(16 Dec)	1987	Rebold		15		O
MEER Evelyn C		1917	(28 Dec)	1978	Rebold		15		O
MEIERING Mark H	2 Mar	1916	3 Oct	1987	Minges	lst Lt U S Army WW II	14	152	
MEINERDING Catherine		1875		1935		Mother	13	74	
MEINERDING Edwin J		1900	(16 Apr)	1959	Rebold		13	74	
MEINERDING Joseph		1868		1938		Father	13	74	
MEINERDING Loretta		1903	(2 Mar)	1978	Rebold		13	74	
MEINERDING Mary H		1907	(27 Jun)	1963	Rebold		13	74	
MEISTER Clara W		1902	(20 Nov)	1985	Vitt & Stermer		12	117	
MEISTER Robert G		1885	(10 Jul)	1975	Neidhard	Father-Husband	12	117	
MELZER Marcella		1900	(20 Jun)	1968	Gump-Holt	Mother	17		F
MENDEL Hilda C		1900	(7 Apr)	1989	Vitt & Stermer	Mother	12	85	
MENDEL Jerome		1898	(17 Feb)	1969	Vitt & Stermer	Father	12	85	
MENDEL Melvin G		1926	(13 Jan)	1983	Vitt & Stermer	Son	12	85	
MENNY Marie		1883		1935			17		C
MERK Edward J		----	(22 Feb)	1956)	Rebold; Lot card father, no stone		14	188	
MERK Elenor		----		----	Lot card mother, no stone		14	188	
MERK George T		1899	(20 Nov)	1957	Rebold		12	99	
MERK Madonna Lee		1960	(8 Aug)	1979	Rebold	Daughter	18		U
METZ Alphonzo W		1891	(27 Jul)	1976	Vitt & Stermer	Married 4 Oct 1916	1	45	
ssa " Mary T		1890	(4 May)	1977	Vitt & Stermer	"	1	45	
METZ Barbara		1853		1913		Mother	4	50	
METZ Donna Jean		1941	(8 Feb)	1944	Rebold		7	Single	
METZ Edward C		1896	(12 Apr)	1961	Neidhard		12	107	

Name	BD		DD or DI		Funeral Home	Remarks	Sec	Lot	Row
METZ Bernadine J		1893	(13 Jan)	1956	Gump		16		K
ssa " Phillip J		1881	(3 Apr)	1946	Gump		16		K
METZ Georg		1888?	----			ssa Agnes BAUER	1	45	
ssa " Jacob	6 Jun	1806	27 Aug	18??		stone partially illegible	1	45	
ssa " Maria		1816		1849?			1	45	
METZ George		18??		18??		stone illegible	3	24	
METZ Gladys E		1918	----				16		K
ssa " Robert A		1916	(3 Nov)	1967	Rebold		16		K
METZ Jacob		1856		1925		Father	4	50	
METZ John		----	(26 Jan	1961)	Rebold	No Stone	15	244	
METZ Joseph		1858		1918			12	107	
ssa " Mary R		1867	(21 Jan)	1948	Neidhard		12	107	
METZ Joseph P		1865	(8 Oct)	1953	Vitt & Stermer		1	45	
METZ Lillian		1890		1970		w/o George FONDENBERGER	12	107	
METZ Mary L		1874		1932			15	243	
MEYER Anna May		----	----			No stone	11	207	
MEYER Charles		----	(15 Dec	1954)	Rebold	No stone	16	249	
MEYER Elizabeth		----	(9 Nov	1965)	Rebold	No stone	16	249	
MEYER Ellsworth		----	----			No stone	11	207	
MEYER F Al	7 May	1896	2 Jun	1956	Rebold		15		M
MEYER Fred		1869		1903			5	218	
MEYER Gregory		1952	(15 Mar)	1957	Muhaley Collige	Son	17		C
MEYER Hedwig	30 Apr	1891	20 Oct	1971	Rebold		15		M
MEYER James		----	(8 Jul	1968)	Vitt & Stermer	No stone; Baby	16	286	
MEYER Josephine		1896	(19 Sep)	1975	Rebold		18	4	S
MEYER Laura		----	----			No stone	5	218	
MEYER Mark G	6 Sep	1953	6 Sep	1969	R Meyer	Son	11	107	
MEYERS John H		1865	(4 May)	1950	Rebold		15		N
ssa " Rose K		1865	(8 Mar)	1954	Rebold		15		N
MEYERS Kenneth Lee	25 Aug	1937	14 Nov	1962	Rebold		12	95	
MEYERS Mary P		1899	(26 Apr)	1962	Rebold		16		H
MEYERS Robert Frank	8 May	1900	10 Dec	1949	Schrafenberger; Ohio SK 3 U S Navy WW I		16		H
MEYERS Theodore J	26 Nov	1886	12 Nov	1949	Gump	Ohio Pvt 327 Inf 82 Div WW I	16		G
MICHELS Katharine		1878		1925		Wife & Mother	16	248	
MIDDENDORF Anna		1873	(29 Mar)	1947	Vitt & Stermer	Mother	11	187	
MIDDENDORF Bernard A		1908	(14 Dec)	965	Rebold	Father	11	187	
MIDDENDORF Elsie		1894	(5 Aug)	1986	Minges	Sister of Mary	11	187	
MIDDENDORF Joseph H		1906	(22 Aug)	1986	Minges		11	187	
MILLER Adelaide M	9 Jul	1915	7 Dec	1970	Gump-Holt		18	2	0
MILLER Alberta E		1917	(23 May)	1986	Gump-Holt		13	80	
ssa " Charles J		1917	(24 Feb)	1983	Gump-Holt		13	80	
MILLER Amelia		1905	----				17		F
ssa " Elmer		1903	(1 May)	1969	Gump-Holt		17		F
MILLER Anna Belle		1889		1921			15	241	
MILLER Carl		1890	(26 Mar)	1948	Gump-Holt	Father	13	80	
ssa " Ellen E		1895	(29 Jun)	1985	Gump-Holt	Mother	13	80	
MILLER Earl D		1905	(12 Aug)	1943	Vitt & Stermer	Daddy	16		G
MILLER Edward G	27 Mar	1892	12 Aug	1976		Pfc U S Army WW I	5	217	
MILLER Henry		----	----				7	Single	
MILLER John G		1868	(13 Mar)	1950	Vitt & Stermer	Father	5	217	
ssa " Walter		1898		1905		Son	5	217	
ssa " Teresa		1871		1934		Mother	5	217	
MILLER John V		1878	(24 Jun)	1949	Gump		15		N
ssa " Lena (nee GETZ)		1883	(25 Oct)	1945	Gump		15		N
MILLER John D	24 Nov	1911	18 Dec	1911			4	46	
MILLER John E	29 Mar	1900	21 Apr	1945	Gump	Ohio Pvt lCL 6 Cal	15		O
MILLER June F		1921	(11 Sep)	1984	Meyer-Geiser		19		X
MILLER Katie		1879		1939			11	185	
MILLER Marsella	21 Feb	1913	10 May	1913			15	241	
MILLER Mayme Eva		1887	(10 Oct)	1952	Romer-Gump		4	50	
MILLER Nettie	12 Jul	1892	19 Apr	1962	Gump		5	217	
MILLER Peter		1853		1939			11	185	
MILLER Robert W	17 Apr	1914	----				?	2	

Name	B D	DD or DI	Funeral Home	Remarks	Sec	Lot	Row
MILLER Roger A	1965	(23 Sep) 1965	Rebold	Son	16	286	
MILLER Rose (nee SCHUTTE)	1855	1926			11	185	
MILLER Rosina	8 Dec 1852	17 Jul 1936		Mother	15	241	
ssa " Valentine	25 Mar 1849	26 Oct 1912		Father	15	241	
MILLER Walter	1884	1936			15	241	
MILLION Theo. C	- - - -	(4 Jan) 1913		CoD Ky Inf Spanish American War	7	Single	
MINGES Anthony J	1893	(27 Nov) 1958	Neidhard	Father	15	262	
MINGES Caroline	1856	1924			12	73	
ssa " Fred	1857	1939		S side of stone	12	73	
ssa " Frank	1900	1939		N side of stone	12	73	
MINGES Ed(ward) B	- - - -	(30 Jan 1985)	Neidhard-Minges	No Stone	12	73	
MINGES Edith E	1900	(9 Mar) 1988	Minges	Mother	15	262	
MINGES Karen	1951	1951		Baby	15	262	
MINGES Richard J	1919	(27 Aug) 1975	Neidhard-Minges	Father & Husband	15	262	
MINGES Ronnie	1938	(6 May) 1943	Neidhard		15	262	
MINNICH Anna M	1882	(6 Jul) 1955	Vitt & Stermer		15	261	
ssa " Anton	1906	1916			15	261	
ssa " Nicholas	1880	1940			15	261	
MINNICH Rose Mary	17 Nov 1931	3 Feb 1933		ssa Anna G DORNBACK, cousins	7	Single	
MISTLER Freida	1898	1976			15		L
ssa " Harry P	1889	(19 Jun) 1946			15		L
MOELLER Claire E	1911	(8 Mar) 1990	Rebold		19		W
ssa " Ralph F	1910	(6 Apr) 1982	Rebold		19		W
MOLL Florence C	1890	(19 Nov) 1979	Gump-Holt		16		J
ssa " John	1884	(28 Dec) 1948	Gump		16		J
MOORE Donald	1955	(1 Nov) 1968	Vitt & Stermer		11	199	
MORGENTHAL Jody Maria	14 Jun 1970	14 Jun 1970		Infant Sec	16		H
MOROSCO Joseph	4 Aug 1890	4 Feb 1967	Rebold	Father	13	134	
MOROSCO Mary	30 Nov 1894	18 Mar 1962	Rebold	Mother	13	134	
MORRISEY Frances	- - - -	(14 Mar 1975)	Rhode	No Stone	15	241	
MORRISEY James	- - - -	- - - -		No Stone	15	241	
MORSHAUSER Albert L	1912	(10 Dec) 1984	Frederick	Husband-Father	6	238	
ssa " Marie (nee MUELLER)	1912	- - - -		Wife-Mother	6	238	
MUELLER Anna Mary	1856	1925			11	183	
ssa " Henry	1851	1931			11	183	
MUELLER Anthony	1868	1931		Father	6	238	
MUELLER Cecelia	1887	(8 Apr) 1969	Muehlenkamp		11	183	
MUELLER Charles E	22 Dec 1916	30 Aug 1985	Minges	Brother of Joe	14	162	
MUELLER Dorothy J	25 Dec 1925	2 Jun 1985	Minges		14	162	
MUELLER Elizabeth	1883	(8 Feb) 1974	Rebold	Mother	11	193	
MUELLER Emil	1886	(12 Nov) 1969		Brother	17		D
MUELLER Emma T (PARTY?)	26 Jul 1874	25 Jul 1951			17		E
MUELLER George A	1899	(12 Dec) 1955	Rebold	Father	6	238	
MUELLER Gertrude E	13 Feb 1892	25 Sep 1975	Simminger	Mother	17		E
ssa " Louis J	3 Jul 1892	20 Apr 1959	Simminger	Father	17		E
MUELLER Gertrude H	1914	- - - -			14	202	
ssa " Peter B	1912	(6 Apr) 1972	Bolton Lunsford		14	202	
MUELLER Helen E	1908	(22 Oct) 1973	Rebold		14	168	
MUELLER Henry	1886	(27 Mar) 1956	Nurre Brothers		11	183	
MUELLER Hilda	24 Mar 1918	- - - -			14	162	
MUELLER Ida	1904	1908			6	238	
MUELLER Joseph	1894	1929			6	238	
MUELLER Joseph A	14 Apr 1915	- - - -		one date on stone	14	162	
MUELLER Louis	1881	(18 Apr) 1963	Rebold	Father	11	193	
MUELLER Marian	1909	(3 Aug) 1957	Vitt & Stermer	Daughter	11	193	
MUELLER Mary Louise	24 Aug 1910	- - - -		one Date/stone	14	162	
MUELLER Mildred E	8 Jun 1897	23 Mar 1965	Gump		14	162	
MUELLER Mollie	1897	1918			6	238	
MUELLER Regina	1872	1952		Mother	6	238	
MUELLER Sue K	1 Feb 1940	27 Apr 1986	Minges	Sunshine	14	162	
MULLEN Robert L	17 May 1931	31 Oct 1975	McGann (Rebold)	BM 3 U S Army Korea	14	198	
MULLER Rev Anthony J	1942	- - - -		One date/stone	17		D
MULLER Anthony P	1910	(15 Oct) 1976		Father	17		D

Name	BD		DD or DI		Funeral Home	Remarks	Sec	Lot	Row
MULLER Katherine nee **BRUMER?**	12 Apr	1822	7 Oct	1883			7		
MULLER Marie T		1910	(24 Apr)	1968	Simminger	Mother	17		D
MULLER Wilhelm	10 Aug	1803	21 Jan	1875		71y 5m 14d	5	212	
MULLIGAN Elsie F (nee **SANFORD**)		1900		1939			17		F
MURPHY Dorothy B		1895	(6 Jul)	1977	Neidhard-Minges		12	75	
ssa " John W, Sr		1893	(7 Sep)	1980	Gump-Holt		12	75	
MURPHY Elsie L		1891	(16 Jun)	1982	Minges	Mother	11	205	
MURPHY Frank		1897	(21 Nov)	1960	Neidhard		15		L
ssa " Laura		1902	(7 Jan)	1969	Neidhard-Minges		15		L
MURPHY Jack W	9 May	1915	17 Apr	1983	Minges	Husband	11	205	
ssa " Ruth P	17 Feb	1918	- - - -			Wife	11	205	
MURPHY John A		1887	(12 Jul)	1962	Neidhard		11	205	
MURPHY John W (Jack)		1918	(18 Jul)	1978	Minges	'Jack'	12	75	
ssa " Marie S		1921	- - - -				12	75	
MURPHY Mary Dot		1927		1933			12	75	
MURPHY Robert Joseph	16 Jun	1920	6 Jan	1982	Gump-Holt;	Cremains; Sgt U S Army WW II	12	75	
MURRAY John Pat		1900	(18 Sep)	1958	Rebold	Dad	15		L
NAGEL Clara nee **BERTRAM**		1868	(2 Aug)	1943	Riedlinger		2	27	
NAGEL Frank		1828		1906			2	27	
NAGEL Henry B		1868	(13 Feb)	1952	Riedlinger		2	27	
NAGEL Magdelina		1882	(30 Nov)	1970	Gump-Holt	Mother	14	182	
NAGEL Mary Anna		1840		1927			2	27	
NEIERT Pearl M	5 Aug	1886	15 Apr	1891			1	47	
NEIHEISEL A Magdalena	28 Nov	1860	5 Mar	1865		S side of stone	2	1	
ssa " Barbara	7 Apr	1818	13 Sep	1900	Mother/footstone	E side of stone	2	3	
ssa " John	4 Jul	1839	28 Feb	1864		S side of stone	2	1	
ssa " Philip	11 Nov	1811	15 Dec	1889	Father/footstone	E side of stone	2	3	
NEIHEISEL Alberta R		1922	(28 Mar)	1970	Neidhard	Daughter	14	148	
NEIHEISEL Alice F		1882	(2 Apr)	1962	Vitt & Stermer		11	169	
NEIHEISEL Alma	5 Nov	1895	20 Jun	1896			3	12	
NEIHEISEL Anna		1882	(24 Mar)	1958	Gump	Mother	6	233	
ssa " Edward		1881		1934		Father	6	233	
NEIHEISEL Anna		1885	(20 Mar)	1965	Neidhard	Mother	14	148	
NEIHEISEL Augusta R		1879	(16 Feb)	1963	Vitt & Stermer	Daughter	11	141	
NEIHEISEL Carl		1898	(5 Jul)	1966	Neidhard	Son	13	76	
NEIHEISEL Catherine		1860		1936		Mother	13	76	
NEIHEISEL Catherine		1912	- - - -				18	1	P
ssa " Joseph		1911	(29 Jun)	1978	Vitt & Stermer		18	1	P
NEIHEISEL Catherine	20 May	1846	21 Jul	1928		Mother	2	21	
ssa " Phillip	11 Feb	1842	6 Aug	1921		Father	2	21	
NEIHEISEL Christina	13 Jan	1831	30 Sep	1901			2	23	
ssa " Jakob	24 Aug	1822	7 Dec	1897	E side of stone & **WESTRICH'S** names		2	23	
NEIHEISEL Cletus G		1927	- - - -				13	110	
ssa " Rita Jean		1924	(28 Oct)	1982			13	110	
NEIHEISEL Delores		1917		1932			11	149	
NEIHEISEL Edna (nee **MACK**)		1889		1922			12	103	
NEIHEISEL Edward H	10 Feb	1879	9 Aug	1879			2	3	
NEIHEISEL Eleanor		1901	(4 Mar)	1982		Mother	15	N263	
NEIHEISEL Ella M (nee **REIFF**)		1882	(26 Oct)	1942			11	149	
NEIHEISEL Frank		1882		1911			12	103	
NEIHEISEL Frank		1917		1917		Baby	12	103	
NEIHEISEL Fred		1884		1939		Father	14	148	
NEIHEISEL Frieda		1879		1921			2	21	
NEIHEISEL Geneva F		1890	(8 Jun)	1971	Vitt & Stermer		11	141	
NEIHEISEL George		1862		1938		Father	13	76	
NEIHEISEL George P		1888	(13 Dec)	1969	Rebold		12	103	
NEIHEISEL Gertrude		1895	(22 Dec)	1973	Rebold		12	103	
NEIHEISEL Gilbert C	14 Nov	1911	4 Jan	1973	Rebold	WW II Veteran	11	157	
NEIHEISEL Gust		1874	(10 Sep)	1941	Rebold		6	237	
NEIHEISEL Harry J		1878	(9 May)	1961	Vitt & Stermer		11	169	
NEIHEISEL Harry W		1879	(11 Jun)	1964	Neidhard		11	149	
NEIHEISEL Helen		1909	(20 Jul)	1971	Rebold		14	150	

Name	B D		DD or DI		Funeral Home	Remarks	Sec	Lot	Row
NEIHEISEL Jacob		1843		1911			6	229	
NEIHEISEL Jacob		1825		1825?			2	23	
NEIHEISEL Jacob P		1897	(6 Nov)	1971	Neidhard	Father	15	263	
NEIHEISEL James E		1908		- - - -		One date on stone	11	149	
NEIHEISEL Jerome J		1908	(3 Jul)	1948	Rebold	WW II Veteran	11	157	
NEIHEISEL John V		- - - -	(15 May)	1952)	Rebold	Father	15	263	
ssa " Josephine		- - - -	(12 Feb)	1951)	Rebold	Mother	15	263	
NEIHEISEL Joseph		1880		1905			6	229	
NEIHEISEL Laura B		1873	(14 May)	1971	Vitt & Stermer		16	249	
ssa " William		1864		1939			16	249	
NEIHEISEL Louisa		1857	(29 Mar)	1951	Rebold		6	229	
NEIHEISEL Luella M		1921		- - - -	One date/stone	Daughter	14	148	
NEIHEISEL Marcella	15 Sep	1900	15 Aug	1901			3	12	
NEIHEISEL Margaret		1855	(15 Nov)	1946	Neidhard	Mother	12	103	
NEIHEISEL Margaret Ann	2 Jan	1889	29 Oct	1966	Vitt & Stermer		12	103	
NEIHEISEL Margarete		1865		1901			2	21	
NEIHEISEL Marie		1903		- - - -		West side of stone	11	165	
ssa " Stanley S		1905	(2 Feb)	1977	Rebold		11	165	
NEIHEISEL Marie E (nee COOK)		1906	(1 Apr)	1961	Neidhard		11	149	
NEIHEISEL Martha M		1883	(27 May)	1966	Vitt & Stermer		11	141	
NEIHEISEL Mary M	20 Feb	1882	23 Jun	1959	Rebold		11	157	
NEIHEISEL Mary (nee BERTRAM)		1869	(10 Dec)	1942	Rebold	Mother	3	12	
ssa " William		1869		1937		Father	3	12	
NEIHEISEL Matilda	1? Feb	1888	28 Apr	1888			2	21	
MEIHEISEL Nora		1886	(22 Jul)	1968	Neidhard-Minges		12	103	
NEIHEISEL Norbert J		1912	(29 Jul)	1974		Husband	14	148	
NEIHEISEL Peter		1854		1928			12	103	
NEIHEISEL Phillip V		1891	(13 Dec)	1965	Neidhard	Father	13	110	
ssa " Ruth M (nee MORITZ)		1892	(25 Nov)	1974	Neidhard-Minges	Mother	13	110	
NEIHEISEL Ray		1902		1934			6	237	
NEIHEISEL Richard J	27 Jan	1884	14 Jul	1954	Rebold		11	157	
NEIHEISEL Robert		1894		1913			11	141	
NEIHEISEL Rosa		1877	(43 Oct)	1947	Rebold		6	237	
NEIHEISEL Sarah, w/o William		1854		1917		Mother	11	141	
NEIHEISEL William		1849		1914		Father	11	141	
NEIHEISEL Sylvester J	20 Mar	1894	21 Oct	1960	Rebold	Ohio Sea U S Navy WW I Vet	12	103	
NEIHEISEL Victor W		1897		1924			16	249	
NEIMAN Eleanor C		1887	(13 Jan)	1971	Nurre	Mother	16		J
NEIMAN Joseph F		1876	(24 Jan)	1948	Gump	Father	16		J
NEIMEIER Mayme		1880	(24 Feb)	1948	Gump		16		H
NEIMEIER William H		- - - -	11 Dec	1944	Gump	Ohio Pvt 43 U S Vol Inf	16		H
NEINABER Gordon	9 Jun	1921	21 Jul	1959	Busse-Borgman	Ohio Cpl CoG 10 Inf WW II Veteran	1	33	
NEINABER Norbert		1904		1969	Hodapp		16		G
ssa " Ruby		1907		- - - -			16		G
NEINABER Regina		1893		1928			16	251	
NELSON Elizabeth K		1912	(3 May)	1980	Seifert-Hardig		19		W
ssa " Robert L		1903	(27 Sep)	1986	Seifert-Hardig		19		W
NEWMAN Ellen		1934		1939			7	Single	
NEWMAN Helen		1868	(21 May)	1956	R Wehr	Mother	16		J
NEWMAN Henry A		1902	(20 Sep)	1961	Wrassman		16		J
ssa " Mable E		1906	(11 Apr)	1974	Neidhard-Minges		16		J
NICHOLS Anna L (nee GRABER)		1888	(26 Jun)	1942	Neidhard		17		F
ssa " Charles J		1880	(1 Jun)	1959	Neidhard		17		F
NICHOLSON Margaret R		1897		1922			7		
NIEHAUS Caroline		1890	(15 Feb)	1982	Minges	Mother	14	160	
NIEHAUS Clement		1911	(13 Aug)	1977	Neidhard-Minges	Son	14	160	
NIEHAUS Edwin H		1889	(9 Jul)	1951	Rebold	Father	14	160	
NIEHOFF Elsie		1904	(11 Oct)	1980	Rebold		17		E
ssa " Frank		1896	(31 Jan)	1970	Rebold		17		E
NIEMANN M Katherine	78y 7m 22d		25 Nov	1903		Born in Essen, Oldenburg, Germany	4	40	
NIENABER Alma G		1893	(14 Jul)	1972	Rebold	Mother	14	168	
ssa " Sylvester F		1891	(24 Apr)	1970	Rebold	Father	14	168	

Name	B D	DD or DI		Funeral Home	Remarks	Sec	Lot	Row
NIENABER Sophia B		1894	(28 Feb) 1981	Neidhard-Minges		13	94	
ssa " Stanley A		1901	(29 Oct) 1975	Neidhard-Minges		13	94	
NIES Anna B		1902	(1 Dec) 1979	Rebold		18	3	R
ssa " Herbert L		1897	(10 Jul) 1972	Rebold		18	3	R
NIESEL Jan Eliz. HABAN	11 Jul 1941	12 Aug 1974		Lazear	Res.Ashland, KY	14	170	
NOCHELTY Mary A		1881	31 Aug 1936 or 56?	Minges		16		K
NOEHRING John		1903	(2 Dec) 1965	Rebold		17		C
ssa " Theresa Ann		1909	(14 Oct) 1983	Rebold		17		C
NOLTE Elmer Leslie	2 Mar 1891	17 Mar 1948		Gump	Ohio CMM U S Navy WWI &WWII	16		G
NONNENMACHER Rosa B		1878	1910			7	Single	
NORBERT James & David		- - - -	- - - -		ssa Joseph SEITER stone	6	227	
ssa " John		- - - -	18 Dec 1969		ssa Joseph SEITER stone	6	227	
NORTON Michael W		- - - -	(13 Mar 1868)	Rebold		16		H
NOSTHEIDE Catherine		1869	(1 Sep) 1948	Middendorf		14	184	
ssa " Henry		1870	(2 Apr) 1947	Rebold		14	184	
NOSTHEIDE Leo H		1908	1936			14	184	
NOTH Catherine E		1921	(12 Jun) 1948	Gump		16		H
NOTH Frederick	25 Sep 1892	10 Jan 1961		Gump	Ohio Sgt MG Co 146 Inf WW I	16		H
NOYES Anna G		1895	1970			17		E
ssa " Edward J		1889	(29 Jan) 1949	Rebold		17		E
NUSEKABEL Aurelia M		1904	- - - -			13	128	
ssa " Edward P		1904	(2 Apr) 1976	Rebold		13	128	
NUSEKABEL Ernst		1869	(24 Apr) 1944	Vitt & Stermer	Father	6	229	
NUSEKABEL Esther		1928	1933		Daughter	6	229	
NUSEKABEL Ida (nee NEIHEISEL)		1878	(8 Jun) 1943	Vitt& Stermer	Mother	6	229	
NUSEKABEL Jacob		1900	(4 Jun) 1970	Rebold		13	1	0
ssa " Marie		1903	(25 Jan) 1988	Minges		13	1	0
OBERT Andrew C		1910	(19 Apr) 1968	Dhonau-Rosenacher		14	146	
ssa " Ruth A		1916	(19 Jul) 1969	Dhonau-Rosenacher		14	146	
O'BRIEN John E		1896	(27 Oct) 1969	Rebold; Father; Elect.lCL U S Navy WW I		15		M
ssa " Rose Marie		1904	(30 Jan) 1968	Rebold		15		M
O'BRIEN Joseph P		1899	(23 Mar) 1984	Miller-Busse-Borgman		15		M
OEHLER Ph M Sylvester		1851	1870?			1	35	
OELLING Edward G		1897	(16 Aug) 1958	Gump		17		E
ssa " Marie Elizabeth		1897	(7 Nov) 1986	Gump-Holt		17		E
OGDEN John		- - - -	(30 Nov 1964)	Raymond Kenny	No stone	15	246	
OGDEN Mrs John		- - - -	- - - -		No stone	15	246	
OLDING Elizabeth		1886	(21 Nov) 1955	Rebold	Mother	17		F
OLDING John		1883	(19 Oct) 1948	Rebold	Father	17		F
ORSCHELL Mary A		1870	1959			14	194	
ORTH Gertrude		1866	(30 Jan) 1946	Rebold	Mother	14	190	
ORTH Irvin A		1893	(4 Mar) 1967	Rebold	Husband	14	190	
ORTH Mildred J		1900	(1 Sep) 1983	Rebold	Wife	14	190	
ORTH Patricia M		1923	(11 Aug) 1988	Nurre Brothers		14	190	
ORTH Robert F		1923	(28 Apr) 1980	Rebold	PHM 3 U S Navy WW II Veteran	14	190	
OSHRY Maurice E		- - - -	- - - -			17		C
OSTERKAMP Agnes E	1 Nov 1903	24 Mar 1966		Rebold	Sister	16		J
OSTERKAMP George F		1901	(13 Apr) 1962	Rebold		17		F
ssa " Luella M		1898	(30 Jul) 1985	Rebold		17		F
OSTERKAMP Gertrude	12 Mar 1900	13 Apr 1986		Rebold		16		J
OSTERKAMP Leo B	16 Jan 1897	10 Sep 1948		Rebold	Ohio 52C U S Navy WW I Veteran	16		K
OVERBECK Adele		1916	(12 Apr) 1977	Vitt & Stermer	Wife	18	5	T
OVERINGTON George Edmond	17 Jan 1929	11 Aug 1964		Vitt & Stermer; District of Columbia HN U S Navy WW II Veteran		17		C
PACKER Charles	8 Nov 18??	10 Nov 1904				5	210	
PAHLS Bernard		1884	1906		Brother	6	232	
PAHLS Douglas J		1966	(6 May) 1982	Chas Young: Res. Ross, OH; Grandson		6	231	
PAHLS F		- - - -	- - - -		No stone	17		C
PAHLS Grace L		1910	(13 Oct) 1983	Rebold	Mother	6	231	
PAHLS Gerhardt	26 Jul 1890	26 Jul 1890			ssa Katherine M NIEMANN	4	40	
ssa " H Joseph	13 May 1899	20 Apr 1900			ssa Katherine M NIEMANN	4	40	
ssa " J Heinrich	70y 7m 18d	23 Mar 1898			ssa Katherine M NIEMANN	4	40	
born in Kneheim, Oldenburg, Germany								

Name	B D	DD or DI		Funeral Home	Remarks	Sec	Low	Row
PAHLS Herman H		1867	(22 Jul) 1950	Rebold	Father	6	231	
PAHLS Herman J		1911	(14 Jan) 1966	Rebold	Father	6	231	
PAHLS John H		1864	(27 Dec) 1956	Vitt & Stermer		4	40	
PAHLS Lizette M		1861	1922		Mother	4	40	
PAHLS Marga		1880	1909		Sister	6	232	
PAHLS Mary E		1870	1919		Mother	6	231	
PANTLE Bertha		1915	- - - -		Mother	18	2	0
ssa " Robert		1910	(11 Jan) 1972	Rebold	Father	18	2	0
PARROTT Burke E	4 Mar	1901	12 Aug 1973	Frederick		17		C
PAULY Jacob		1850	1927		Father	16	250	
PERZEL Baby		- - - -	21 Sep 1939			7	Single	
PETERS Elizabeth		1872	(28 Apr) 1958	Vitt & Stermer		16		H
ssa " Joseph		1870	(25 May) 1961	Vitt & Stermer		16		H
PETERS Myrtle M		1911	- - - -			15		L
ssa " Russell H		1913	(5 Oct) 1968	Rebold		15		L
PETERS Patricia E		1940	(23 Feb) 1961	Gump	Daughter	15		N
PETERSMANN Helen A	11 Mar	1895	4 May 1984	Dhonau-Rosenacker		11	205	
PETERSMANN Jean A		1924	(13 Aug) 1960	Rebold		11	205	
PETERSMANN William R	14 Sep	1895	23 Mar 1976	Dhonau-Rosenacker	U S Army WW II	11	205	
PETRY Theresa B		1908	(26 Nov) 1982	Rebold		19		W
PETRY Herbert	22 Oct	1917	25 Mar 1989	Minges	Married 15 Nov 1941	19		Y
PETRY Katharina	30 Apr	1869	31 Mar 1871			7	Single	
PFADT Arthur M		1911	(6 Mar) 1984	Gump-Holt	Husband	14	152	
PFADT Louise E		1886	(8 Jun) 1960	Rebold	Mother	14	152	
PFADT Mary C		1909	- - - -		Wife	14	152	
PFADT Michael J		1881	(17 Nov) 1943	Rebold	Father	14	152	
PFADT Rose M		1879	(22 Jul) 1960	Rebold	Sister	14	152	
PFITZER Fred W		1884	(12 May) 1956	Vitt & Stermer	Dad	15		M
ssa " Nellie		1888	(15 Jul) 1964		Mother	15		M
PFLUM Paul F		1931	(29 Nov) 1949	Rebold		17		D
PIEPMEIER Harry F		1882	(4 Nov) 1963	Neidhard		16	248	
ssa " Marcella		1900	(2 May) 1985	Minges		16	248	
PIEPMEIER Henry		1849	1927			16	248	
ssa " Philomena		1852	(15 May) 1945	Neidhard		16	248	
PIEPMEIER Lawrence M		1890	1922			15	243	
PIRMAN Loretta KEMME		1900	1934			15	243	
PLOEGER Bernard A	28 Aug	1890	13 Apr 1946	Rebold	Ohio Pvt Field Artilery	11	151	
PLOEGER Dorothy		- - - -	(29 Jul) 1966)	Rebold	No stone	11	151	
PLOEGER Frank C		1887	(9 Mar) 1946	Rebold		11	151	
POLKING Bernadette		1907	(6 Mar) 1981	Neidhard-Minges	Mom	11	163	
POLKING Clifford		1909	(27Aug) 1979	Neidhard-Minges	Dad	11	163	
POLKING Florence		1888	(24 Feb) 1968	Neidhard		11	163	
ssa " Herman		1886	(29 Dec) 1951	Rebold		11	163	
POPP Caroline		1844	1927			1	55	
ssa " Clara M		1886	(7 Jan) 1953	B J Meyer		1	55	
ssa " John M		1883	(28 May) 1963	B J Meyer		1	55	
ssa " John		1835	1883	2 stones: CoG 13th Ohio Inf Civil War Vet		1	55	
POPP Louis	17 Mar	1890	31 Dec 1891			1	51	
POTTSCHMIDT Dorothy K		1907	(14 Feb) 1967	Rebold		17		E
POWELL Edward		1867	(27 Oct) 1948	Rebold		14	192	
POWELL Ella S		1877	(23 Oct) 1956	Rebold		12	113	
POWELL Genevieve		1910	(7 Oct) 1972			12	113	
POWELL James W	26 Apr	1896	16 Oct 1980	Minges	Pvt U S Army WW II	14	192	
POWELL Luella H		1872	(16 Sep) 1964	Rebold		14	192	
POWELL Margaret M	24Aug	1906	7 Nov 1986	Neidhard-Minges		14	192	
POWELL Richard A		1869	1932			12	113	
POWELL Richard A, Jr		1915	(14 Jul) 1979	Rebold		12	113	
POWELL Richard P		1901	(22 Dec) 1953	Rebold		14	192	
PUCCI Virginia M (nee HARTLAUB)		1926	(1 May) 1954	Rebold		16		K
PURCELL Agnes E		1894	15 Oct 1969	Gump-Holt		17		E
ssa " Louis P		1888	(17 Nov) 1969	Gump-Holt		17		E
PUTHOFF Frank A	26 Feb	1914	27 Mar 1980	Frederick		19		W

Name	BD		DD or DI		Funeral Home	Remarks	Sec	Lot	Row
PUTZ Elizabeth W		1889	(8 Feb)	1878	Gump-Holt	Mother	16		K
ssa " Mathias		1886	(8 Mar)	1943	Gump-Holt	Father	16		K
PUTZ Eva		1919		----		Mother	17		D
ssa " Mathias		1909	(9 Mar)	1970	Gump-Holt	Father	17		D
QUINT Elisabeth		1900	(10 Jan)	1987	Rebold		17		E
QUINT Frank		1901	(18 Mar)	1968	Rebold		17		E
RACK Anthony		1879		1931		Father	6	240	
RACK Anthony F		1853		1928		Father	1	59	
RACK Anton M	29 Jul	1821	16 Jan	1892		Vater	1	57	
ssa " Barbara	23 Nov	1823	23 May	1881		Mutter	1	57	
RACK Bert J	26 Aug	1894	23 Oct	1894			1	49	
RACK Catherine (nee BERTRAM)		1883		1907			6	240	
RACK Elizabeth B		1855		1939		Mother	1	59	
RACK Emma J		1885	(8 Apr)	1959	Schmitt-Dhonau	Mother	6	240	
RACK Gertrude		1920		1927			6	240	
RACK Ida Anne	6 Jul	1886	15 Mar	1887			1	59	
RACK John A		1886	(22 Jun)	1970	Simminger	East side stone	1	49	
ssa " Rosa M		1887	(16 Feb)	1972	Simminger	East side stone	1	49	
RACK John J	19 Mar	1861	14 Apr	1937		Father	1	49	
ssa " Margaretha (nee RIES)	22 Jul	1863	16 Jan	1897		Mother	1	49	
RACK Magdalena		1883	(18 Apr)	1973	Neidhard-Minges	South side stone	15	262	
ssa " Milton G		1883	(5 Jul)	1941	Neidhard		15	262	
RACK Mathias	24 May	1896	27 Mar	1987		Dad	6	240	
RACK Matthew B	17 Jun	1917	15 Oct	1976	Neidhard-Minges		6	240	
ssa " Wilma B		----		----			6	240	
RAHE Alvera		1904	(18 Jun)	1964			17		C
ssa " George		1902	(16 Nov)	1972	Neidhard-Minges		17		C
RAICHLE Mary E		1869		1924		Mother	7		
RAIRDON Michael	25 years		3 Jan	1892		Born Ireland	1	63	
ssa " Patrick	27 Jan	1861	5 Sep	1893		Father	1	63	
ssa " Sarah H		----		----	Born Ireland	Mother	1	63	
RANZ Arthur F		1918	(17 Nov)	1942	Rebold		14	186	
ssa " George S, Sr		1891	(2 Jul)	1982	Rebold		14	186	
ssa " Marie E		1893	(9 Dec)	1978	Rebold		14	186	
RASSENFOSS Anna		1861		1901		Mother	5	211	
RASSENFOSS Frieda		1894	(2 Apr)	1951	Neidhard		5	211	
RASSENFOSS Louisa		1898		1901			5	211	
RATH Estella		----	(18 Feb	1966)	Gump-Holt	No stone	11	N167	
RATH Herbert J		----	(7 Nov	1966)	Gump-Holt	No stone	11	N167	
RAU George		1859	(14 Sep)	1942	Vitt & Stermer		17		C
RAUCH John W	8 Jul	1882	21 Jan	1958	Rebold		15		N
RAUF Anna		----		----		No stone	17		D
REBOLD Florence C	27 Aug	1907	20 Aug	1977	Rebold		12	115	
ssa " Peter G	30 Aug	1908		----			12	115	
REBOLD Mayme	23 Aug	1882	15 Nov	1962	Rebold	Mother	12	115	
REBOLD Michael J	23 Jul	1882	15 Jan	1946	Rebold	Father/footstone	12	115	
RECHTEN Edward		----		----		No stone	7		
REDMOND Catherine M		1867	(9 Apr) 1943 or 48			nee KENNEDY - Mother	6	235	
REDMOND Charles H		1866	(12 Dec)	1947	Rebold - died in Arizona; Father		6	235	
REDMOND Gertrude		1891		1911			6	235	
REDMOND Janet M		1934		1935			6	235	
REDMOND Marie E (nee KRUMMER)		1903	(27 Jun)	1974	Neidhard-Minges		11	197	
REDMOND May E		1894	(16 Sep)	1969	Rebold		16		J
REDMOND Ralph	14 Apr	1900	17 May	1968	Neidhard - KY Pvt QM Corps WW I Vet		11	197	
REHKAMP Mathilda L		1907	(11 Mar)	1986	Neidhard		16		K
ssa " William B		1906	(20 Apr)	1983			16		K
REICHL Elsie K		1906	(- - Dec)	1969			16		J
ssa " George L		1902	(22 Jul)	1974	Neidhard		16		J
REID Arthur J		1908	(18 Nov)	1983	Dhonau-Rosenacker		19		X
ssa " Catherine M		1908	(13 Oct	1989)	Rebold		19		X
REIF Caroline		1885	(26 Apr)	1975			5	211	
REIF Charles F		1887	(23 Feb	1974)	Neidhard-Minges		17		D
REIF Otilia		1890	(12 Oct)	1962	Rebold		5	211	

Name	B D		DD or DI		Funeral Home	Remarks	Sec	Lot	Row
REIHLE Frank H		1909	(12 Jun	1989)		Married 22 Sep 1934	13		11
ssa " Helen C		1912	(7 Jun)	1977		"	13		11
REILENSPERGER Anna (nee RIES)	13 Oct 1863		29 Mar	1910		Mother	5	222	
REINERMAN Edwin J		1892	(25 Oct)	1969	Simminger	Husband	15		M
ssa " Hilda F		1895	(26 Mar	1990)		Wife	15		M
REINERMAN Edwin J		1895		1900			15		M
REINERMAN Robert E		1922		- - - -			18	3	R
ssa " Virginia C		1922	(15 Dec)	1970			18	3	R
REINERT Joseph F		1876	(15 Nov)	1954			14	166	
REINERT Magdalena C		1879	(13 Jun)	1955			14	166	
REINMUTH Oscar C	13 Sep	1897	8 Jan	1947			12	77	
REIS Adam J		1874	(7 Nov)	1945	Rebold	N side of stone	12	71	
ssa " Catherine		1874		1922		N side of stone	12	71	
ssa " Louis J		1908	(12 May	1989)	Fredrick	S side of stone	12	71	
ssa " Marie		1907	(30 Sep)	1965	Rebold	S side of stone	12	71	
ssa " Sylvester		1900		1919		N side of stone	12	71	
REIS Adolph		1857		1906		N side of stone	2	15	
ssa " Anna M (nee GRIESER)	5 May 1827		27 Nov	1894		w/o John; Mother; E side of stone	2	15	
ssa " John	22 Nov	1829	22 Jan	1891		Father; E side of stone	2	15	
ssa " Frank A	26 Feb	1862	3 Sep	1932		N side of stone	2	15	
ssa " Mary	12 Aug	1855	28 Apr	1889		S side of stone	2	15	
REIS Charlotte A		1906		- - - -			14		16
ssa " Francis J		1905	(25 May)	1966	Rebold	N side of stone	14		16
REIS Joseph		- - - -		- - - -		Son - No stone	12	105	
REIS Joseph		1876		1926		Father	12	105	
ssa " Margaret		1873		- - - -			12	105	
REISINGER Joseph W		1882	(19 Jun)	1967	Vitt & Stermer		16		G
ssa " Rose B		1888	(16 Jun)	1952	Vitt & Stermer		16		G
REISSIG Anna M		1885	(28 Feb)	1962	Bolton	Mom	15		L
ssa " Joseph		1875	(17 Jan)	1948	Brand Brothers	Daddy	15		L
REISSIG Joseph A	26 Sep	1907	23 Oct	1968	Bolton-Lunsford	Ohio Pvt 65 SVC SO Air Corps WW II Veteran	16		J
REKER Ida		1893	(13 Jul)	1954	Rebold	Mother	15		N
ssa " William		1892	(13 May)	1957	Rebold	Father	15		N
RELLAR Alvina SCHWARTZ		1908	(26 Apr)	1971	Neidhard		18	4	S
REMLE Jacob	26 Dec	1819	7 Sep	1897			7	Single	
RICKERS Leo R		1895	(13 Mar)	1959	Simminger		13	90	
RIEDINGER Catherine		1891		1959		Mom	11	201	
RIEDINGER Louis C		1888	(19 Aug)	1971	Gump-Holt	Dad	11	201	
RIEGER Alice A		1928	(5 Mar)	1988	Dalbert-Woodruff		19		Y
ssa " Ralph G		1924	(5 Oct)	1988	Dalbert Woodruff		19		Y
RIES Anna	19 Jan	1857	4 Dec	1887			3	28	
RIES Barbara	13 Jul	1823	9 Apr	1875			3	28	
RIES Caroline		1848		1929		Mother	4	44	
ssa " Matthew		1848		1931		Father	4	44	
RIES Clara A	21 Sep	1885	20 Mar	1955	Charles A Miller	Mother	5	222	
ssa " Joseph	28 Apr	1853	21 Jul	1934		Father/footstone	5	222	
RIES Clara B		1888	(- - Dec)	1978	Vitt & Stermer		4	44	
RIES Elizabeth	17 Jun	1876	23 Jan	1881			3	28	
RIES Frank		1846	(3 Dec)	1931		Civil War Veteran - Father	4	44	
ssa " Katherine		1848		1928		Mother	4	44	
ssa " Kath	8 Jul	1890	27 Jul	1890			4	44	
ssa " Peter	8 Jul	1890	28 Jul	1890			4	44	
RIES Frank M	14 Sep	1873	3 Jun	1882			3	28	
RIES Frankie J B	6 Jan	1876	21 Feb	1876			3	28	
RIES Fredricka	28 Sep	1873	17 May	1885			3	28	
RIES George N		- - - -		- - - -		No stone	3	28	
RIES Ida M	28 Sep	1889	8 Feb	1900			4	44	
RIES Joseph	10 Jan	1881	11 Jun	1882			3	28	
RIES Joseph		1904		1929		Grandson	3	24	
RIES Juliana	23 Feb	1891	7 Jul	1891			4	44	
RIES Karolina M	29 Feb	1884	17 Sep	1884			3	28	
RIES Laura	10 Mar	1887	11 Jun	1???			3	28	

Name	B D		DD or DI		Funeral Home	Remarks	Sec	Lot	Row
RIES Mary M	13 Dec	188?	18 Jul	18??			3	28	
RIES Nickalaus	7 May	1815	26 Jan	1891			3	28	
RIESENBECK Florence M		1909	(9 Nov)	1983	Minges		19		X
ssa " Hubert J		1910	(23 Nov)	1988	Minges		19		Y
RIGGS Amanda (nee GILLIAM)		1866	(6 May)	1942	Vitt & Stermer		11	179	
RIGGS Frederick J, Sr	1 Jan	1902	27 Nov	1968	T P White	Ohio Sea U S Navy WW I	6	234	
RIGGS John P		1859		1931		Father	11	179	
RIGGS Marie A	30 Jun	1902	29 Sep	1971	T P White		6	234	
RINCK Lawrence	----		----			No stone	11	193	
RINCK Rosemary	----		----			No stone	11	193	
RISCHMANN John		1851		1932			1	47	
ssa " Gertrude		1852		1890			1	47	
RISCHMANN Charles	----		----			No stone	1	47	
RISCHMANN Estella		1892		1961			1	47	
RISCHMANN Harry W		1887	(28 Sep)	1944	Neidhard		1	47	
RISCHMANN Oscar		1883	(15 Apr)	1961	Simminger		1	47	
ROBB Ellen	28 Oct	1818	23 Sep	1898			2	7	
ROBB Gustav		1875		1875			2	7	
ssa " Johanna		1873		1873			2	7	
ROBB Johnie	----		----				2	7	
ROBB William MEETEKERKE - In 59th year	11 Jun			1875	Born in Washington, PA; d. Hampton Pl		2	7	
ROBBE August		1876	(23 Apr)	1951	Neidhard	Father	15		O
ROBBE Catherine		1883	(6 Jul)	1965	Neidhard	Mother	15		O
ROBERTSON Mamie (nee MILLER)		1876		1918			15	241	
ROBINSON Charles W		1882	(3 Apr)	1956	Simminger	Father	14	152	
ssa " Dorothea M		1881	(25 Aug)	1959	Simminger	Mother	14	152	
ROBINSON Colette C		1915	----				6	236	
ROBINSON Robert A		1912	(26 Oct)	1976	Gump-Holt		6	236	
ROEHRIG Carl J	15 Dec	1902	4 Jun	1960	Gump		14	198	
ROEHRIG Laura E	16 Jul	1902	1 Nov	1982	Minges		14	198	
ROELL Leo S		1897	(9 Dec)	1950	Rebold	Husband	11	159	
ROELL Lillian		1900	(31 Jan)	1958	Rebold	Wife	11	159	
ROHRKASSE Anna		1861		1927		Mother	6	234	
ROHRKASSE Harry A	23 Aug	1923	25 May	1969	Vitt & Stermer	Ohio M Sgt HQ Btry 759 Field Arty BN WW II Veteran	6	234	
ROHRKASSE Louis		1889	(8 Apr)	1965	Vitt & Stermer	Dad	6	234	
ROHRKASSE Tillie		1896	(28 Sep)	1967	Vitt & Stermer	Mom	6	234	
ROLFES Edna M		1897	(7 Feb)	1980	Rebold		15	273	
ssa " Harry		1890	(11 Mar)	1963	Rebold		15	273	
ROLLINGER Rosa		1883		1935		Mother	17		D
ROSFELDER Howard		1906	(2 Feb)	1971	Vitt & Stermer		16		J
ssa " Marcella		1908	----				16		J
ROTH Edward A		1886	(24 Feb)	1965	Vitt & Stermer		14	200	
ssa " Geneva		1888	(10 Jul)	1974	Vitt & Stermer		14	200	
ROTH Henry E		1908	(16 Aug)	1980	Holt	Sgt U S Army WW II	19		W
ssa " Martha	----		----				19		W
ROTH Louis C		1871	(22 Apr)	1948	W J Wirmel		17		E
ssa " Mary		1875	(21 Feb)	1957	W J Wirmel		17		E
ROTHAN Joseph A	20 Aug	1917	2 May	1968		Ohio Pvt 7 Inf	16	250	
ROTHAN Agnes HEMSATH		1883		1924		Mother	16	250	
ROTHAN Joseph Charles		1880	(24 Sep)	1952	Rebold	Father	16	250	
ROTHAN Joseph R	----		23 May	1971	Rebold	Baby	16	250	
ROTHAN Frank A, Sr		1889	(30 Sep)	1972	Gump-Holt		12		7
ssa " Jeannetta		1892	19- -				12		7
ROTTINGHAUS Blanche		1897	(29 Mar)	1968	Neidhard	Mother	17		C
ssa " Herman W		1898	(8 May)	1974	Neidhard-Minges	Father	17		C
ROWE Cliff	----		----			No stone	17		D
ROWE George C	24 Feb	1922	2 Apr	1982	Vitt & Stermer	U S Navy WW II Vet	19		W
ROWE Shirley	----		----			No stone	17		D
ROWEKAMP Anna		1902		1943		Mother	5	214	
ROWEKAMP John		1864	(19 Apr)	1954	Vitt & Stermer	Father	5	214	
RUDOLFF Caroline (STARK)		1866	(15 Sep)	1947	Neidhard	Mother	14	154	
RUDOLPH Cath	----		----			No stone	11	179	

Name	BE	DD or DI	Funeral Home	Remarks	Sec	Lot	Row
RUEVE Bertha		----	----		No dates on stone	14	150	
RUEVE Edward		1877	(19 Feb) 1962	Rebold	E side of stone	14	150	
ssa " Minnie		1880	1940		E side of stone	14	150	
ssa " Thelma		----	----		No dates	14	150	
ssa " Loretta		1934	(7 Sep) 1942	Rebold	E side of stone	14	150	
RUEVE Loretta		1905	(31 Oct) 1983	Rebold	Mom; Married 26 Nov 1931	19		X
ssa " Harry		1905	(2 Jun) 1983	Rebold	Dad "	19		X
RUFFING Arthur L		1910	(16 Apr) 1975	Neidhard-Minges		18	2	0
ssa " Ruth		1913	----			18	2	0
RUPRECHT Edward H		1908	(23 Sep) 1971	Rebold	Father	18	4	S
ssa " Elfrieda C		1909	(27 May) 1986	Rebold	Mother	18	4	S
RUSH AL		----	----		No stone	12	69	
RUSH Claire		1903	----	One date on stone	Daughter	14	182	
ssa " Peter		1874	(17 Feb) 1975	Busse-Borgman	Dad	14	182	
ssa " Theresa		1877	(2 Feb) 1972	Gilligan	Mother	14	182	
RUSSO Andrew	30 Apr 1900	12 Feb 1959	Grueter		15	275	
RUSSO Helen L	31 May 1905	15 Apr 1984	H Meyer	Mary JUNKER lot	15	275	
RUSSO John		1879	(11 Dec) 1957	Gump	Father	11	147	
RUSSO John J		1911	1930		Son	11	147	
RUSSO Katherine		1878	(26 Jun) 1957	Gump	Mother	11	147	
RUSSO Leonard		1881	(31 Jun) 1957	Gump	Father	15		L
ssa " Rose		1882	(4 Feb) 1948	Gump	Mother	15		L
RUTHER Alma		1912	(30 Apr) 1951	Rebold		12	125	
ssa " Henrietta R, w/o Leo	11 Dec 1902	11 Dec 1989	Rebold	(nee FULLER)	12	125	
ssa " Leo T		1912	(19 Aug) 1985	Rebold		12	125	
RUTHER Anna		1879	1938		Mother	14	184	
ssa " Harry J		1879	(12 Dec) 1966	Rebold	Father	14	184	
RUTHER Walter T		1904	(28 Aug) 1943	Rebold	Father	14	184	
RUWE Alma C		1901	1987		Wife	17		C
RUWE Louis A		1897	(9 Jan) 1968	Rebold	Husband	17		C
S.G.		----	----		Footstone no dates	1	53	
SABATELLI David P	21 May 1921	1 Nov 1977	Vitt & Stermer	SSgt U S Army WW II	18		U
SABATELLI Mary		1899	(17 Jan) 1977	Vitt & Stermer	Mother	17		C
ssa " Phillip		1897	(2 Nov) 1967	Vitt & Stermer	Father	17		C
SAMMONS Duanne	1 Jul 1950	1 Dec 1959	J R Fitzpatrick		7		
SAMUELSON Patty	20 Jan 1955	31 Jan 1960	Rebold		12	135	
SANDER Robert A		1922	----			18		U
ssa " Roseann		1924	(24 Jul) 1979	Vitt & Stermer		18		U
SANDSCHULTE Elizabeth M		1896	(9 Jun) 1976	Neidhard-Minges		18	4	S
ssa " Henry J		1898	(26 Jun) 1973	Neidhard-Minges		18	4	S
SATTLER Betty		----	----		No stone	12	77	
SATTLER Will		----	----		No stone	12	77	
SAUTER Carolyn F		1895	(1 Jun) 1965	Vitt & Stermer		16		J
ssa " Edward J		1894	(24 May) 1972	Gilligan		16		J
SCHAAF Mae H		1902	(24 Jul) 1979	Simminger	Mom	18	5	T
ssa " Willis O		1901	(20 Feb) 1976	Simminger	Dad	18	5	T
SCHACHT Andrew	20 Jan 1835	25 Oct 1871			5	210	
SCHAEFER Anna F		1884	(25 Oct) 1972	Rebold	Wife	15		O
SCHAEFER Charles		1881	(17 Feb) 1961	Rebold	Husband	15		O
SCHAEFER Edward	14 Jan 1895	12 Jan 1899			3	26	
SCHAEFER Elizabeth		1901	(4 Feb) 1969	Rebold		17		D
ssa " Raymond		1901	(23 Nov) 1988	Rebold		17		D
SCHAEFER Frank C		18??	1945			3	26	
ssa " Margaret		1861	1899			3	26	
SCHAEFER Frank	23 Mar 1888	4 Dec 1889		1y 8m 11d	3	26	
SCHAEFER George		1893	(8 Jan) 1929		WW I Veteran	7	Gr38A	
SCHAEFER Joseph		----	(20 Jun 1972)	Rebold	No stone	14		15
SCHAEFER Martin		----	----		No stone	3	10	
SCHAEFER Mary		1892	(3 Aug) 1956	Simminger	Mother	5	217	
SCHAETZLE Pauline		1879	(17 Sep) 1949	Gump	Grandma	17		F
SCHAFER Anna		----	(13 Mar 1951)	Gump	No stone	16		H
SCHAFFER Beulah B	10 May 1892	30 Dec 1983			13	132	
SCHAFFER Ray	5 Jan 1885	30 Apr 1961		Pop	13	132	

Name	B D		DD or DI		Funeral Home	Remarks	Sec	Lot	Row
SCHAFFER George L		1890	(20 Apr	1959)	Gump		16		G
ssa " Stella M	1892		(6 Nov)	1968	Neidhard		16		G
SCHAFFER John E	24 Feb	1915	13 Jan	1958			13	132	
SCHAFFER June C		1919	(15 Nov)	1976			13	132	
ssa " Raymond		1912	(18 Apr)	1977		Father	13	132	
SCHAFFER Mary & John		----	17 Jul	1947		Twin Infants	7	Single	
SCHAIBLE Adam		1849		1920			2	5	
SCHAIBLE Albert G	- - Jan	1886	- - Mar	1886			2	5	
SCHAIBLE Alvina		1923		1924			6	239	
SCHAIBLE Anna		1881	(1 May)	1962	Neidhard	w/o Charles F	12	109	
SCHAIBLE Anna		1903		1910			6	239	
SCHAIBLE Bernard	13 Sep	1870	8 Sep	1940		Father	7		
SCHAIBLE Charles F		1876	(10 Feb)	1962	Neidhard		12	109	
ssa " Margaret		1877		1924			12	109	
SCHAIBLE Eleanora (nee **RAUCH**)		1888	(17 Sep)	1949	Rebold		15	260	
SCHAIBLE George M	15 Nov	1875	21 Mar	1962	Rebold		14	152	
SCHAIBLE George W	11 Jun	1911	22 Sep	1966	Rebold	Father	15		N
SCHAIBLE Harry H		1872	(9 Feb)	1944	Rebold		15	260	
SCHAIBLE J Frank		1868	(4 Feb)	1957	Vitt & Stermer	Husband	17		D
ssa " Sadie		1879	(26 Jan)	1963	Vitt & Stermer	Wife	17		D
SCHAIBLE J & K	25 Oct	1878	21 Dec	1879			2	5	
SCHAIBLE John	2 Dec	1880	19 Dec	1944	Gump	Father	6	239	
SCHAIBLE Joseph		1840		1923		E side of stone	2	5	
ssa " Katherine		1842		1911		E side of stone	2	5	
SCHAIBLE Julia	11 Oct	1872	13 Jan	1939		Mother	7		
SCHAIBLE Lee C		1908	(27 Jul)	1978	Neidhard-Minges	Husband	18		U
ssa " Margaret A		1905		----		Wife	18		U
SCHAIBLE Mary Lee	1 Sep	1941	13 Feb	1970	Rebold	Daughter	15		N
SCHAIBLE Matilda I		1899	(9 Mar)	1977	Rebold	Sister	15	263	
SCHAIBLE Michael F		----	(21 Aug)	1985		Cremains	12	109	
SCHAIBLE Philomena		1880	(6 Sep)	1955			14	150	
SCHAIBLE Ralph F	14 Dec	1904	21 Dec	1906			2	5	
SCHAIBLE Rose M	5 Dec	1875	17 Dec	1967	Dalbert-Woodruff	(nee **NEIHEISEL**)	14	152	
SCHAIBLE Theresa	13 Jul	1879	22 May	1970	Neidhard		6	239	
SCHAIBLE Theresa A		1888	(8 Jan)	1974	Rebold		14	150	
SCHALLER Anna		1889	(6 May)	1955	Rebold	Mother	15		M
ssa " Lucille		1913	(30 Sep)	1981	Rebold	Daughter	15		M
ssa " Michael		1882	(25 May)	1953	Rebold	Father	15		M
SCHAPKER Carol (nee **REEVES**)		1941		1967		Daughter	15		L
SCHAPKER Bernard L		1901		----		Married 17 Oct 1928	15		L
ssa " Edna J		1906		1983		"	15		L
SCHAPKER Dorothy C		1906		1988		Mother	15		L
ssa " Harry J		1899	(3 Sep)	1969	Vitt & Stermer	Father	15		L
SCHAPPERT Elizabetha	20 Nov	1875	21 May	1876		6m 1d	7		
ssa " Phillip	22 Sep	1871	13 Feb	1877		5y 4m 21d	7		
SCHAUB Adam		1855		1932		Father	5	215	
SCHAUB Elizabeth		1859		1899		Mother	5	215	
SCHAUMLOEFFEL Emma		1878	(20 Mar)	1963	Neidhard	Mother	16		G
ssa " Henry J		1875	(12 Jul)	1954	Neidhard	Father	16		G
SCHAURER Fred		1891	(12 Feb)	1953	Rebold		16		K
ssa " Mary M		1897	(2 Feb)	1980	Vitt- Good-Kelsch		16		K
SCHEID Arthur A, Sr		1896	(18 Jul)	1985	Rebold	U S Navy WW I Veteran	16		J
SCHEID Otilia M		1902		----			16		J
SCHINDLER Julia	20 Feb	1901	17 Mar	1965	Gump	Mother	11	197	
ssa " Lee R	9 Jan	1902	15 Apr	1981	Gump-Holt	Father	11	197	
SCHINKAL Angela **DAVIS**		1920	(23 Aug)	1986	Gump-Holt	Mom	15		O
SCHLAGETER Hilda E		1907	(10 Nov)	1988		Mother	16		G
SCHLAGETER Philip G		1906	(8 Apr)	1947	Vitt & Stermer		16		G
SCHLECHT Elsie		1896		1914			6	226	
SCHLECHT Frances		1870	(13 May)	1954	Rebold		6	226	
SCHLECHT Frances		1901		1911			6	226	
SCHLECHT Frank		1867		1907			6	226	
SCHLECHT Hilda		1898		1933			6	226	

Name	BD		DD or DI	Funeral Home	Remarks	Sec	Lot	Row
SCHLUETER Frank		1853	1930	Rebold	Father	17	254	
SCHLUETER Joseph		1900	1928		Nephew	17	254	
SCHLUETER Hazel M		1898	(2 Dec) 1975	Rebold	Mother	17		D
ssa " Joseph F		1887	(21 Mar) 1964	Rebold	Father	17		D
SCHLUETER Josephine		1858	1938		Mother	17	254	
SCHLUETER Michael		1948	1966			14		13
SCHMICK Alberta E	15 Feb	1916	18 Feb 1960	Vitt & Stermer		13	74	
SCHMID Antoinette		1887	(19 Nov) 1954	Rebold		12	131	
SCHMID Charles		1882	(30 Jun) 1954	Rebold		12	131	
SCHMIDT Anna		- - - -	(23 Dec 1948)	Rebold	No stone	17		D
SCHMIDT Eleanor T	17 Jan	1925	- - - -		Wife & Mother	19		W
ssa " Robert Leo	26 Dec	1921	8 Dec 1982	Radel	AMM 2 U S Navy WW II Vet	19		W
SCHMIDT Henry		- - - -	- - - -	No stone	Civil War Veteran	5	210	
SCHMITT George H		1902	(11 May) 1953	Ronan	Husband	11	159	
SCHMITT Henry J		1879	(26 Apr) 1951	Rebold	Husband	11	159	
SCHMITT Josephine		1879	(31 Aug) 1953	Rebold	Wife	11	159	
SCHMITT Marie L		1901	(14 Nov) 1974	Neidhard-Minges	Wife	11	159	
SCHMITT Mary K		1914	(16 Aug) 1977	Rebold	Mother	18	5	T
SCHMITT Msgr William S		1885	(15 Jan) 1952	Pastor at St Aloysius Gonzaga Church 1929-1952, ordained 6 Feb 1912.		OO	Priests	
SCHMITT Oliver	- - Aug	1910	- - May 1938		Father; Son-in-law	14	146	
SCHMITZ Kevin Michael	4 Nov	1958	28 Dec 1978	Neidhard-Minges	Son & Brother	18	4	S
SCHMUTTE Agnes		1865	(9 Dec) 1947	Rebold	Mother	12	67	
ssa " Anna		1905	1921		Daughter	12	67	
ssa " Cecelia		1892	1913		Daughter	12	67	
ssa " Henry		1860	1936		Father	12	67	
ssa " Joseph		1900	1913		Son	12	67	
SCHMUTTE Agnes M		1899	- - - -			11	171	
ssa " Clem A		1896	(7 May) 1974	Neidhard-Minges		11	171	
SCHMUTTE Anthony L, Sr		1890	(9 Nov) 1954	Rebold	Father	13	92	
SCHMUTTE Bertha		1902	- - - -		E side of stone	11	165	
ssa " Frank		1898	(26 Oct) 1983	Rebold	E side of stone	11	165	
SCHMUTTE Stella M		1895	(31 Mar) 1975	Rebold	Mother	13	92	
SCHNEIDER Antoinette		- - - -	- - - -			17		C
ssa " Otto P		1907	(27 Dec) 1967	Rebold		17		C
SCHNEIDER Frank P		1887	(25 Jul) 1973	Rebold		12	83	
ssa " Lillian		1888	(10 Jan) 1968	Rebold		12	83	
SCHNEIDER George J		1886	(11 Sep) 1962	Vitt & Stermer	Father	13	78	
SCHNEIDER Helen (nee SHARER)		1888	(22 Jan) 1944		Mother	16		K
ssa " Nicholas		1883	(27 Dec) 1950	Vitt & Stermer	Father	16		K
SCHNEIDER John		1867	(29 May) 1952	Neidhard		11	195	
SCHNEIDER Julius J		1898	(27 Sep) 1977	Vitt & Stermer		13	92	
ssa " Marcella M		1904	(12 Aug) 1966	Vitt & Stermer		13	92	
SCHNEIDER Katherine		1884	(26 Aug) 1947	Rebold	Mother	13	78	
SCHNEIDER Mathias		1881	(15 May) 1951	Vitt & Stermer		16	250	
SCHNEIDER Matthew		1910	(13 Nov) 1944	Vitt & Stermer		16		K
SCHNER Katherine		- - - -	- - - -	Stone illegible, name from lot card		7		
SCHNETZER George		1875	(9 May) 1957	Moon		15	260	
SCHNETZER Louise (nee RAUCH)		1884	1934			15	260	
SCHNUR Frank Joseph		1876	(22 Mar) 1952	Simminger	Father	16		H
SCHOLL Mary A		1874	(12 Feb) 1960	Grueter	Mother	2	17	
SCHOTT Margaret C		1900	(25 Mar) 1983	Neidhard-Minges		18	1	P
ssa " William		1898	(10 Mar) 1970	Neidhard		18	1	P
SCHOTTELKOTTE John C		1889	(11 Jan) 1965	Rebold	Dad	11	143	
ssa " Rose A		1895	(29 Aug) 1984	Rebold	Mother	11	143	
SCHRAM Charles F		1881	(24 May) 1952	Vitt & Stermer	Father	12	77	
SCHRAM Charles G		1910	(8 Feb) 1978	Gump-Holt	Husband	12	77	
SCHRAM Chuck A		1937	(12 Jul) 1984	Gump-Holt	Son; Cremains	12	77	
SCHRAM Clara E (nee RANLEY)		1876	(6 Oct) 1942	Vitt & Stermer	Mother	12	77	
SCHRATZ George J		1900	1977		S side of stone	13	78	
ssa " Marie H		1904	(23 May) 1989	Rebold	S side of stone	13	78	
SCHRAUDER Anna C		- - - -	(23 Dec 1974)	Vitt & Stermer	No stone	11	147	
SCHRAUDER Emma		1881	(12 Apr) 1955		Mother	6	234	

Name	BD		DD or DI		Funeral Home	Remarks	Sec	Lot	Row
SCHRAUDER Frank	29 Apr	1920	21 Jun	1963	Vitt & Stermer	Ohio S2 USNR WW II	11	147	
SCHRAUDER George J		1905	(6 Apr)	1984	T P White	Husband	6	234	
SCHRAUDER George		1859		1932		Father	11	147	
ssa " Josephine		1856		1931		Mother	11	147	
SCHRAUDER George J		1880		1915		Father	6	234	
ssa " Mary		1907	(24 Aug)	1973	T P White	Wife	6	234	
SCHRAUDER Margaret		- - - -		- - - -	Lot card reads daughter; No stone		11	147	
SCHRECK Stephanie	19 Feb	1987	5 Jul	1987	Vitt & Stermer		19		Y
SCHREIBER Franz		1886	(5 Jun)	1943	Riedlinger	Husband	16		J
ssa " Katherina		1893		1960		Wife	16		J
SCHREIBER Peter P	21 Aug	1891	25 Dec	1967	Neidhard	Ohio Pvt 332 Inf WW I Veteran	14		16
SCHREIBER Rose M	21 Aug	1900	19 Sep	1977	Neidhard-Minges	Mother	14		16
SCHRODER Bertha		1894		1977		Mother	16		J
SCHRODER Margaret B		1926	(- - Dec)	1946	Vitt & Stermer		16		J
SCHROEDER Charles J		1891		1937		Father	17		C
SCHROEDER Joseph		1887	(14 Feb)	1962	Simminger	Father	15		N
ssa " Marie M		1891	(9 May)	1951	Vitt & Stermer	Mother	15		N
SCHUERMAN Edward F		1919	(7 Jan)	1975	Rebold	Dad	14	198	
SCHUERMANN Gilbert	21 Jun	1915	7 Oct	1972		Ohio Tec5 3840 QM GAS SVP Co WW II Veteran	?		4
SCHULER Anna		1889	(14 Dec)	1967	Rebold	Daughter	16	247	
SCHULER Caroline		1852		1922		Mother	16	247	
SCHULER Jacob		1852		1936		Father	16	247	
SCHULLER Heinrich		1833	- - Apr	1875			2	11	
SCHULLER Henry		1856		1936			2	11	
ssa " Josephine		1856		1931			2	11	
SCHULTE Albert H		- - - -	21 Feb	1942	Rebold	Ohio Pvt U S Army	17		E
SCHULTE Albert J	18 Dec	1910	5 Oct	1974	Rebold	S2 U S Navy	18	3	R
SCHULTE Rose E		1897	(26 Feb)	1957	Rebold	Mother	17		D
SCHULTE Sister Mary A		1868		1938			17		F
SCHULTEN Carrie		1881	(1 Mar)	1963	Rebold		12	127	
SCHULTEN Joseph		1876	(3 Nov)	1965	Rebold		12	127	
SCHULTZ Linda C(arol)		1947	(15 Jul)	1983	Rebold	Wife & Mother	19		X
SCHULZ Eva M		1923		- - - -		Mother	18	4	S
ssa " Peter F		1922	(8 Mar)	1971	Rebold	Father	18	4	S
SCHUM John		1859	(26 Jan)	1951	Neidhard		15		L
ssa " Kate		1865	(19 Jul)	1948	Neidhard		15		L
SCHUNK Elsie	27 Nov	1906	31 Oct	1917			1	41	
SCHUNK Florence (Willie)		1908	(3 Nov)	1945	Neidhard	Mother	17		F
SCHUNK George J		1877	(26 Nov)	1966	Gump-Holt		16		G
ssa " Katherine		1873	(24 Oct)	1951	Gump		16		G
SCHUNK George, Jr		1908		1934		Daddy	17		F
SCHWAB Albert		1891		1931		Father	11	179	
SCHWAB Arthur J		1905	(29 Jun)	1955	Rebold	Father	16	252	
ssa " Christina F		1904	(9 Feb)	1984	Ralph Meyer	Mother	16	252	
SCHWAB Clara		1892		19- -		Mother	11	199	
ssa " Edward		1888	(7 Feb)	1961	Rebold	Father	11	199	
ssa " Norbert		1928	(3 May)	1953	Rebold	Son	11	199	
SCHWAB Dorothy		1921		- - - -			17		C
ssa " Frank		1917		- - - -			17		C
SCHWAB Elizabeth M		1879	(6 Sep)	1952	Rebold		6	237	
ssa " Joseph H		1878	(15 Nov)	1956	Rebold		6	237	
SCHWAB Elizabeth		1886	(- - Aug)	1962	Rebold		16	287	
ssa " George W		1882		1940			16	287	
SCHWAB Flora R		1886	(- - Dec)	1966	Rebold		16	252	
ssa " Joseph G		1885	(12 Jan)	1943	Rebold		16	252	
SCHWAB Florence		1882		1944		Mother	17		D
ssa " William		1875	(1 Sep)	1941	Neidhard	Father	17		D
SCHWAB Frank		1862		1933		Father	17	257	
ssa " Mary		1862		1935		Mother	17	257	
ssa " Stella C		1897	(21 Aug)	1985	Scobee-Combs		17	257	
SCHWAB Thomas		1947	(5 Dec)	1968	Rebold	Twice on stones	17		C
SCHWAB Franklin H		1921	(10 Dec)	1960	Vitt & Stermer	Father	11	179	

Name	BD	DD or DI		Funeral Home	Remarks	Sec	Lot	Row
SCHWAB Helen		1898	(12 May) 1953	Vitt & Stermer	Mother	11	179	
SCHWAB Theresa (nee MILLER)		1886	1911			6	237	
SCHWAB Joseph S		1882	(12 Feb) 1953	Neidhard		12	69	
ssa " Laura		1884	1918			12	69	
SCHWAB Patricia Ann		1943	(5 May) 1945	Vitt & Stermer		16	287	
ssa " Robert C	7 May 1916		3 Jan 1979	Rebold	Cpl U S Army WW II Veteran	16	287	
SCHWAB Rosina (nee JACOB)		1852	1909		Mother/footstone	6	237	
ssa " Wendel		1849	1933		Father/footstone	6	237	
SCHWAB Severin	21 Feb 1826		18 Apr 1900			1	43	
ssa " Katharina	25 Nov 1836		11 Mar 1903		E side of stone	1	43	
SCHWAB Thomas Paul	25 Sep 1947		20 Nov 1968	Rebold	Ohio SP4 CO12 Cav 1 Air	17		C
					CAv Div Vietnam AM-PH-SS-BS			
SCHWALLIE Anton		1885	(19 Oct) 1982	Rebold	E side of stone	11	189	
ssa " Oscar J		1890	(1 Oct) 1984	Vitt & Stermer	W side of stone	11	189	
ssa " Cora Belle		1899	(15 Apr) 1975	Vitt & Stermer	W side of stone	11	189	
ssa " Mary L		1886	(6 May) 1975	Vitt & Stermer	E side of stone	11	189	
SCHWALLIE Robert		- - - -	- - - -		No stone	11	189	
SCHWALLIE Ruth		- - - -	- - - -		No stone	11	189	
SCHWARTZ Magdalena	17 Dec 1884		23 Sep 1904			1	59	
SCHWARTZ Mary	100 years		(10 Mar 1956)	Rebold	No stone	2	21	
SCHWEER Eugene Paul		1962	(10 Nov) 1965	Rebold	Son	7		
SCHWOEPPE Cecilia E		1921	(14 Mar) 1989	Rebold		15		N
ssa " George A		1921	(27 Dec) 1967	Simminger		15		N
SCHWOEPPE George J		1884	(5 Mar) 1969	Simminger		15		N
ssa" Mathilda E		1888	(15 Oct) 1960	Simminger		15		N
SCOTT Benny	8m 7d		11 Feb 1874			3	2	
SCOTT Elnora	4m 4d		18 Mar 1875			3	2	
SCOTT Sadia	2y 7m 8d		7 Feb 1874			3	2	
SEEGER Anton		1871	(12 Feb) 1960	Rebold		17	255	
SEEGER Theresia M		1875	(28 Mar) 1949	Rebold		17	255	
SEIDLER Rose BYRNES		1881	(6 Mar) 1970	Neidhard		17		D
SEIFERT Lisa Ann	5 Mar 1970		30 Aug 1980	Rebold	Daughter & Sister	17		8
SEIFERT Robert T		1948	(9 Mar) 1979	Rebold	CWO 2 U S Army Vietnam	18		U
					Killed on duty, Cincinnati Police Force			
SEILER Beatrice M		1902	(5 Jun) 1984	Bolton-Lunsford		11	187	
SEILER William H(erman)		1889	(30 Aug) 1949	Nurre Brothers		11	187	
SEITER Estelle		- - - -	- - - -		Mom; E side of stone	6	227	
ssa " Joseph		- - - -	- - - -		Dad; E side of stone	6	227	
SEITZ Anna C		1906	(31 Oct) 1986	Miller		18	5	T
ssa" Charles H		1896	(11 Jan) 1977	Miller		18	5	T
SELBY Elinor	25 Apr 1896		21 Sep 1971	Vitt & Stermer		17		D
SELBY Raymond R	4 Mar 1894		23 Jan 1976	Vitt & Stermer		17		D
SHAY Daniel T, Jr		1958	(16 Mar) 1977	Frederick	Res Woodridge, VA	12	71	
					S side of stone, ssa Adam J REIS			
SHCUER Rev Henry J	22 Dec 1871		10 Dec 1931	Pastor of St Martin's Church, Cheviot, OH		OO	Priests	
SHIK Louis		1896	(18 Mar) 1981	Vitt & Stermer		6	234	
SHILFERTH Edward	13 Feb 1885		21 Jun 1913		Father	12	105	
SHOBLOM Rosella (nee PFADT)		1904	(22 May) 1969	Rebold	Wife	14	152	
SICKINGER Edwin E		1894	(23 Oct) 1974	Vitt & Stermer		13	90	
ssa " Viola E		1896	(1 Aug) 1967	Vitt & Stermer		13	90	
SIEBENBURGEN Cora		1884	(24 Jan) 1966			17		D
ssa " Frank, Sr		1880	(24 May) 1949	Rebold		17		D
SIEKBERT Susanna	10 Sep 1904		29 Jun 1966	Rebold	Mother	16		G
SIEN Nina (nee SMITH)		- - - -	(25 Apr 1944)	Busse-Borgman	No stone	16		K
SILLIES Clara F	14 Nov 1898		22 Jul 1980	Rebold	Mother	15		N
SILLIES Joseph H	19 Aug 1896		9 Sep 1949	Rebold	Ohio Sgt 1 Gas Regt WW I	15		N
SITZ Albert L		1880	1904		Son	6	231	
SITZ Louis		1856	1933		Father	6	231	
SITZ Louise		1857	1926		Mother	6	231	
SMITH Albert L		1911	(19 Mar 1990)	Minges	Father	11	171	
ssa " Aleene F		1912	(2 Apr) 1975	Neidhard-Minges	Mother	11	171	
SMITH Anna M		1894	1926			3	8	
SMITH Harry		1878	(12 Nov) 1960	Rebold		11	171	

Name	BD	DD or DI		Funeral Home	Remarks	Sec	Lot	Row
SMITH Mary		1880	(2 Jul) 1965	Neidhard		11	171	
SMITH Leroy		----	----		No stone	11	163	
SMITH Lois		----	----		No stone	11	163	
SMITH Margaret A		1900	(13 Jul) 1968	Vitt & Stermer	Mother	15		N
ssa " Roy A		1903	(27 Sep) 1969	Vitt & Stermer	Father	15		N
SMITH Nicholas David	30 Aug	1987	1 Dec 1988	Miller		19		Y
SMITH Vera B		1912	(11 Dec) 1985	Rebold	Auntie	15		O
SOHNER Elizabeth		1799	1876		w/o Wendell	3	26	
SOHNER Wendell	18 Nov	1801	28 Dec 1890			3	26	
SOMMER Carl		1886	(11 Mar) 1962		Father	11	159	
ssa " Marie		1895	1969	Vitt & Stermer	Mother	11	159	
SOMMERFELD Margaret		1880	(7 Dec) 1967	Bolton		17		F
ssa " William F		1878	(8 Dec) 1947	Bolton		17		F
SPINNER Anna		1885	(6 May) 1953	Rebold	Mom	11	177	
ssa " Charles		1878	(22 Aug) 1968	Neidhard	Dad	11	177	
SPINNER Lawrence N	10 Sep	1908	15 Oct 1981	Rebold		11	177	
SPINNER Raymond H		1914	(17 Apr) 1945	Rebold		17	258	
STACEY Edward C	27 Jun	1925	4 Oct 1986	Neidhard-Minges	EM 2 U S Navy WW II	11	197	
STACEY Ruth (nee REDMOND)		1929	----			11	197	
STECHER Marie E		1894	(16 Jun) 1972	B J Meyer		18	3	R
ssa " William B		1892	(17 Aug) 1972	B J Meyer		18	3	R
STECHNO Charles	8 Sep	1852	8 Apr 1932			7		
STEIDLE Charles		1865	1933			7		
STEIDLE Elizabeth		1869	1931			7		
STEIN George C		1906	(10 Sep) 1987	Rebold		12	99	
ssa " Rosella A (nee KRAMER)		1910	(16 May) 1977	Rebold		12	99	
STEINERT Nora F		1895	(25 Jul) 1980	Simminger		14	188	
STEINFORTH Victoria J	7 Feb	1908	1 Oct 1958	Neidhard		12	119	
STEPP Frederick A		1948	(3 Aug) 1950	Spaeth	Butch	7	Single	
STEVENS Baby	----		(8 Aug) 1955	Rebold		13	92	
STIDINGER Rosena		1827	1901			4	46	
STIEGLER John F		1904	(Dec) 1960	Rebold		12	131	
ssa " Ruth		1911	----			12	131	
STIERS Clyde M		1909	(7 Mar) 1974	Rebold		12		5
ssa " Marie		1910	(28 Feb) 1978	Rebold		12		5
STIGLER Anna M		1901	1929			11	181	
STIGLER Catherine		1885	1938		Mother	17		D
ssa " Frank		1882	(17 Nov 1956)	Rebold	Father	17		D
STIGLER D		----	----		Daughter, footstone	4	48	
STIGLER Josephine	21 Sep	1866	27 Dec 1891			4	54	
STIGLER Kate		1859	1934			11	181	
STOCKELMAN Elizabeth		1908	----			18	1	P
ssa " Elmer		1908	(2 Aug) 1974	Neidhard-Minges		18	1	P
STOCKMAN Bernard C		1906	(17 Jan) 1973	Miller		17		C
ssa " Geneva		1910	(17 Mar) 1986	Dalbert-Woodruff		17		C
STOFFEL John Philip	17 Dec	1925	13 Nov 1985	Rebold	Pfc U S Army WW II	19		X
STOLLER Henrietta F	3 Apr	1913	13 Jan 1982	Bolton-Lunsford		18	3	R
ssa " Sam	4 Jun	1905	1 Nov 1983	Bolton-Lunsford		18	3	R
STOLZ Albert Lewis	23 May	1897	26 Nov 1984	Bob Blust; Cremains; U S Army WW II		12	77	
STOLZ Bertha M	5 Jun	1900	8 Jan 1987		Cremains	12	77	
STONE Calvin		1909	----		Husband	17		D
ssa " Dolores		1905	----		Wife	17		D
STONE O C		----	----		Illegible stone	7		
STRASSELL George		1867	1937		Father	17		C
ssa " Rose		1874	(28 Aug) 1957	Vitt & Stermer	Mother	17		C
STRASSELL Helen Mae	3 Sep	1916	16 Jul 1962	Radel		11	171	
STRASSELL William G	2 Nov	1912	20 Oct 1983	Minges	Tec4 U S Army WW II	11	171	
STRASSER ____?	?? Mar	1825	?? Mar 1886		Vater/footstone	1	61	
STRASSER ____?	11 Apr	1822	?? Apr 1900		Mutter/footstone	1	61	
STRASSER Anna E		1895	1935			1	61	
ssa " Frank J		1889	(14 Jul) 1943	Rebold		1	61	
STRASSER Dorothy M		1919	(5 Aug) 1981	Rebold	Mother	11	173	
ssa " Frank C		1921	(22 Jan) 1966	Rebold	Father	11	173	

Name	BD		DD or DI		Funeral Home	Remarks	Sec	Lot	Row
STRASSER Therese	28 Jan	1888	13 Aug	1888			1	61	
STRASSER Frank X		1864	(13 Dec)	1954	Meyer		1	61	
ssa " Margaret		1862		1929			1	61	
STREICHER Irene M		1899	(14 Feb)	1951	Simminger		16		K
ssa " Walter J		1898	(21 Jun)	1950	Simminger		16		K
STROSCHEN Martha (nee HEYOB)		1893	(30 Oct)	1944	Gump		16		J
STUCKE John	13 Feb	1868	12 Feb	1910		Husband	7	Single	
STUCKE Mary		- - - -	31 Jan	1907		Mother	7	Single	
STUHMUELLER Alice		1884	(29 Sep)	1944	Vitt & Stermer	Mother	13	82	
STUHMUELLER Joseph G		1882	(26 Jan)	1963	Vitt & Stermer	Father	13	82	
SUCHER Judy A		1943	(5 Mar)	1949	Simminger		15		M
SUCHER Ray F		1909	(12 Sep)	1958			15		M
SUCIETTO Anna Maria	30 Mar	1824	3 Dec	1889			3	26	
SUCIETTO Clara	9 Mar	1885?	2 Jul?	1889			1	37	
SUCIETTO Flora		1882	(8 Jan)	1957	Gump	Sister	13	118	
SUCIETTO Frank		1862		1910		Father	1	37	
SUCIETTO Franz	1 Jun	1825	7 Feb	1888		Son	1	37	
ssa " Therelia(?)	16 Feb	1832	1 Dec	1878			1	37	
SUCIETTO John		1869		1917			1	37	
SUCIETTO Joseph		1859	(2 Jun)	1943	Riedlinger		3	26	
ssa " Mary		1860		1938			3	26	
SUCIETTO Joseph E		1890	(19 Apr)	1963	Gump	Brother	13	118	
SUCIETTO Maria A		1854		1891		Mother	1	37	
SUCIETTO Otillia		1885	(28 Oct)	1969	Gump-Holt	Sister	13	118	
SUDENDIE Albert		- - - -		1893		Son	17		E
ssa " Frank		1854		1936			17		E
ssa " Katherine		1869		1945			17		E
SUDENDIE Albert	21 Apr	1894	16 May	1947	Simminger	Ohio Pfc Engrs 42 Div WW I	17		E
SUDER George		1878	(9 Nov)	1955	Rebold		11	167	
ssa " Gertrude		1886	(12 Jun)	1973	Rebold		11	167	
SUNDERMAN Clem H		1882	(5 Dec)	1960	Rebold	Father	16	286	
SUNDERMAN Joseph B		1913	(15 May)	1986	Seifert-Hardig		18	3	R
ssa " Marie E		1916		- - - -			18	3	R
SUNDERMAN Joseph P(aul)		1948	(14 Oct)	1971	Hardig-Riedlinger		18	3	R
SUNDERMAN Lillian		1922		1938		Daughter	16	286	
SUNDERMAN Lilly		1888	(16 May)	1970	Rebold	Mother	16	N286	
SUNDRUP Anna		1885	(4 Mar)	1957		Mother	4	50	
SUNDRUP William		1891	(10 Apr)	1963	Rebold	Father	4	50	
SUR Margaret T		1903	(3 Mar)	1948	Rebold		16		J
SWEDERSKY Jacob, Sr		1871	(7 Feb)	1946	Rebold		1	43	
SWEDERSKY Jacob J		1904	(8 Jan)	1949	W J Wirmel		1	43	
SWEDERSKY Lawrence	14 Sep	1909	24 Nov	1953	Rebold	Ohio Pfc Btry D382 AAA AW BN CAC WW II Veteran	1	43	
SWEDERSKY Margaret		1841		1919			7		
SWEDERSKY Mary		1868	(25 Jan)	1956	Rebold		1	43	
SWEDERSKY Frank		- - - -	(10 Feb	1942)	W J Wirmel		17		C
SWEENEY Daniel J	18 Oct	1900	10 Jan	1948	Bolton	Ohio Pvt STU Army TNG Corps	16		H
SYMMONDS Dorothy (nee MUELLER)		1895		1923			6	238	
TABAR Beverly	4 Feb	1946	2 May	1951	Rebold		7		
TABLER Rosella C		1910	(4 Aug)	1988	Rebold		18	3	R
ssa " Urban J		1909		1970	Rebold		18	3	R
TAEUBER Adeline		1889	(6 Jul)	1956	Rebold	Mother	16		H
ssa " Ralph		- - - -		1921		Son; one date/stone	16		H
ssa " William L		1892	(25 Oct)	1957		Father	16		H
TATMAN Catherine		1906	(25 May)	1989	Rebold	Married 4 Sep 1944	18	1	P
ssa " Charles W		1903	(10 Jun)	1970	Service Veteran	"	18	1	P
TAYLOR Catherine M		1888	(26 Oct)	1972	Simminger		12	109	
TAYLOR William M		1873	(28 Jan)	1952	Simminger		12	109	
TEANEY Robert J	27 Jan	1917	6 Aug	1977	Vitt & Stermer	CWO W2 U S Army WWII	18	5	T
TENBRINK Harry C	30 Aug	1919	25 Sep	1968	Neidhard	Ohio Tec 91 Calvary WW II	12	119	
TENBRINK Henry J	5 Sep	1886	23 Mar	1947	Neidhard	Father	12	119	
TEPE George H		1890	(21 Nov)	1952	Rebold		14	160	
TEPE Mary G		1892	(15 Jul)	1974	Dhonau-Rosenacker		14	160	

Name	BD	DD or DI	Funeral Home	Remarks	Sec	Lot	Row
TERRILL Clara R		1887 (28 May) 1962	Vitt & Stermer	Mother	15		M
ssa " Edwin D(aniel)		1889 (5 Jun) 1950	Vitt & Stermer	Father	15		M
THALER Catherine		1886 (31 May) 1957	Rebold		4	58	
THALER Edward F	4 Feb	1893 8 Nov 1963	Neidhard		15		L
THALER Emma A	9 Jan	1889 6 May 1974	Neidhard-Minges		15		L
THALER Joseph F		1897 (29 Jul) 1954	Neidhard		14	164	
THALER Mayme (nee HAUCKE)		1889 (8 Jan) 1945	Neidhard	Mother	15	276	
THALER Ot to B		1887 (21 Mar) 1959	Rebold		4	58	
THEMANN Elizabeth		1912 (4 Feb) 1966	Vitt & Stermer		11		1
ssa " Jacob J		1909 (21 Nov 1989)	Vitt & Stermer		11		1
THIEMANN Robert		---- 2 Jan 1965	Neidhard	Baby	7	Single	
THOMA Louise A		1883 (21 Aug) 1973	Rebold	Mother	14	196	
THOMA Sebastian		1877 (6 Dec) 1950	Rebold	Father	14	196	
THOMA Sebastian W		1914 (14 Feb) 1989	Rebold	Son	14	196	
THOMAS Shirley (nee PIEPMEIER)		1925 (18 Jan) 1954	Neidhard		16	248	
THUNEMAN Carrie		1889 (14 Apr) 1979	Simminger		16		G
ssa " Fred		1889 (20 Aug) 1962	Simminger		16		G
TIEMAN Celeste A (nee JUNKER)	5 Nov 1910	2 Sep 1941	Grueter		15	275	
TIEMAN Marg.		---- ----		Stone cross, no dates	5	209	
TISCH Agnes		1888 (10 Jun) 1965	Argo		16		H
ssa " Oscar		1889 (24 Dec) 1951	Rebold		16		H
TISCH John		1880 (10 Dec) 1958		Father	12	93	
TISCH Maria		1882 (18 Oct) 1976	Simminger		12	93	
TOLLE Eleanora C		1898 (28 Nov) 1958	Gump	Mother	17		F
TOLLE John J	5 Nov	1917 18 Apr 1985	Minges	"Babe"	17		F
ssa " Matilda M	6 Apr	1919 ----			17		F
TOLLE John F, Sr		1897 (24 Apr) 1963	Gump		17		F
TOLWIG Alberta A		1914 ----			18		4S
ssa " Joseph S		1912 (6 Mar) 1971	Dalbert-Woodruff		18		4S
TOTTEN Baby		---- ----		No stone	12	81	
TOTTEN Charles C		1917 (8 Dec) 1984	Bolton-Lunsford		12	81	
ssa " Kathryn L		1919 ----			12	81	
TOTTEN Charles T, Jr		1947 (12 Sep) 1986	Bolton-Lunsford		12	81	
TRAGESSER Jacob		1859 1935			17		C
ssa " Margaret		1864 (28 Nov) 1947	William E Argo		17		C
TRAGESSER Thomas		1852 1922			11	183	
TRAPP Carrie (nee GARDENER)		1873 1935		w/o Jacob	5	209	
TRAPP Jacob		1872 1930			5	209	
TRAPP Joseph		---- ----		Stone cross/no dates	5	209	
TRAPP Katie		---- ----		Stone cross/no dates	5	209	
TRAPP Louise C		1905 (22 Jun) 1984	Frederick		13	128	
ssa " Norbert M		1903 ----			13	128	
TRAPP Marg.		---- ----		Stone cross/no dates	5	209	
TRAUTMANN John	12 Sep	1874 18 Apr 1946	Neidhard		15		M
TREFZGER Jerry		---- (21 Jan 1975)	Rebold; no stone; died in Ft Lauderdale, FL		14	154	
TREFZGER Mildred		---- (17 Feb 1973)	Rebold	No stone	14	154	
TRIMPE Eugenia E		1914 (27 Mar) 1989	Minges		18	2	0
ssa " Robert J		1911 (25 Aug) 1971	H Meyer		18	2	0
UDRY Catherine		1870 1939		Mother	17		D
ssa " John		1870 1939		Father	17		D
UDRY Harry J, Jr		1931 (15 Dec) 1950	Rebold	Son	12	125	
UDRY Harry J, Sr		---- (15 Jul) 1953	Rebold	Plaque broken	12	125	
UDRY Rosella B		1913 (10 Jan) 1983	Rebold; died in Florida; Sister		17		6
UHL Pauline		---- (2 Jun) 1951	Rebold		15		O
UMBERG Frank, Sr		1868 (28 Feb) 1945	Rebold		4	48	
UMERG John A	23 Jun	1906 16 Jul 1988	Rebold	"Jack"	16		J
ssa " Marcella		---- ----			16		K
UMBERG Joseph F		1901 (8 May) 1984	Rebold		13		11
ssa " Olive M		1903 (16 Jan) 1990	Rebold		13		11
UMBERG Lawrence		---- ----		No stone; lot card reads, wife on lot	14	192	
UMERG Louise		1875 1932			4	48	
UMERG Louise		1910 (14 Nov) 1979	Rebold	Daughter	4	48	
UMBERG Raymond A		1913 (17 Mar) 1980	Rebold		14	192	

Name	BD	DD or DI	Funeral Home	Remarks	Sec	Lot	Row
UMBERG Ruth	----	----		No stone	14	192	
URBANSKI Gertrude	----	----		No stone	17		C
URBANSKI Ray G	----	(8 Jul 1972)	Neidhard	No stone	17		C
VanOLST Gertrude	1898	(9 Dec) 1969	Radel		14	16	
ssa " Joseph	1898	(18 Apr) 1966	Radel		14	16	
VOGEL Jake H	1884	(25 Oct) 1967	Vitt & Stermer	Husband	17		D
ssa " Marie Lena	1887	(13 Aug) 1966	Vitt & Stermer	Wife	17		D
VOLK Adam C	26 Feb 1825	----	N side of stone; vater/ footstone		1	51	
ssa " Maria M	21 Feb 1824	15 Aug 1891		Mutter/footstone	1	51	
VonLUCKEWITZ Christina	1855	1923			1	37	
VonSIRLEN Martin	----	----		stone illegible	7	Single	
VONDENBENKEN Irvin J	8 Feb 1923	25 Sep 1966	Neidhard;Ohio SSgt Army Air Force WW II		14		13
VONDERHAAR Clara C	1894	(15 Jul) 1985	Minges	Married 13 Aug 1918	15		O
ssa " Leo C	1893	(24 Oct) 1983	Minges	"	15		O
VONDERHAAR Clare E	3 Jun 1921	29 Nov 1968	Rebold		14	158	
VONDERHAAR Emma M	23 Feb 1886	13 Dec 1976	Rebold	Mother	14	158	
VONDERHAAR George A	27 Apr 1892	8 Jul 1964	Rebold	Father	14	158	
VONDERHAAR Irene A	----	(8 Nov) 1977	Neidhard-Minges	Mother	14	158	
VONDERHAAR Norbert J	28 Jul 1918	27 Jun 1970	Neidhard		14	158	
VONLUKOWITZ Theobald	1846	1920			7		
VORHERR Mary W	1907	(28 Dec) 1985	Rebold	Leo RUTHER lot	12	125	
ssa " Phillip J	1912	----			12	125	
VOSS Ida S	1865	1912			11	139	
VOSS John H	1861	1916			11	139	
WACHTEL Leo A	1905	(29 May) 1971	Rebold		18	4	S
WAGNER Harry A	1899	(23 Sep) 1984	Meyer-Geiser	Father	12	121	
WAGNER Helen J	1930	(20 Apr) 1968	Vitt & Stermer		12	S121	
WAGNER Hilda M	1899	(13 Apr) 1968	Rebold	Mother	17		E
ssa " William J	1900	----		Father	17		E
WAGNER Larry	1899	(12 Apr) 1969	Neidhard	Father	6	233	
ssa " Norman W	14 Sep 1941	29 May 1973		Ohio Sgt U S Army Vietnam	6	233	
WAGNER Nicholas	----	----		Co B 105 Ohio Inf Civil War Veteran	3	4	
WAGNER Norbert L	17 Jun 1925	20 Dec 1944	Repatriated 19 Jul 1950; Ohio Pfc 110 Inf 28 Inf Div WW II BSM 2PH		12	121	
WAGNER Ralph	----	----		No stone	12	121	
WAGNER Rose M	1897	(24 Jan) 1973	Vitt & Stermer	Mother	12	121	
WAHL B Eugene	1835	1890			6	236	
WAHL Bernard H (Ben)	1876	(23 Oct) 1947	Gump	(Died Chicago, IL)	6	236	
WAHL Elizabeth	1840	1912			6	236	
WAHL John C (Jack)	1820	(12 Nov) 1957	Rebold		6	236	
WAHL John Otto	1877	(19 Aug) 1950	Rebold		6	236	
WAHL Mary B	1889	(3 Jan) 1956	Rebold		6	236	
WAHL Robert Sebastian	1912	(15 May) 1979	B J Meyer		6	236	
WALLACE Donald T	6 Nov 1916	30 Nov 1987	Bolton	U S Navy WW II	17		E
WALSH Mae	1889	(11 Dec) 1961	Rebold		13	124	
WALSH William	1886	(25 May) 1972	Rebold		13	124	
WALTER Bertha A	1904	(4 Nov) 1983	Gump-Holt		18		V
ssa " Carl W	1904	(25 Nov) 1978	Gump-Holt		18		V
WALTER George	1883	(29 Jul) 1948	Gump	Pop	16		J
ssa " Rose	1886	(9 Mar) 1966	Gump-Holt	Mom	16		J
WALTER Helen	29 Jul 1914	13 Oct 1955	Vitt & Stermer		15		O
WALTERS Bertha B	1913	----		S side of stone	12	81	
ssa " John W	1890	(19 Sep) 1946	Rebold	N side of stone	12	81	
ssa " Martha	1893	(30 Jan) 1982	Rebold	N side of stone	12	81	
ssa " William J	1912	----		N side of stone	12	81	
WALTERS John	1877	(15 Oct) 1951	Neidhard		17		D
WALTERS Louisa	1875	1913			1	37	
WALTERS Martin	1885	1937		Father	17		C
WANG Arthur	1920	(5 Nov) 1986	Neidhard-Minges		19		Y
ssa " Mae A	1927	----			19		Y
WARD Charles W, Jr	1918	(22 Aug) 1977	Simminger; Died Louisville, KY; Husband		15		L
ssa " Rosella M	1919	----		Wife	15		L

Name	BD		DD or DI		Funeral Home	Remarks	Sec	Lot	Row
WARNDORF Lester F		1904	(19 Jul)	1978	Bolton-Lunsford		18		U
ssa " Viola E		1911	(29 May)	1981	Bolton-Lunsford	Mother	18		U
WARREN Joseph A	11 Feb	1920	11 Feb	1960	Vitt & Stermer-Ohio	Sgt 474Air SVE GP AAF-15			M
WATSON Mary	43y & 4d		2 Apr	1834			3	24	
WEBER Constance J		1952	(10 Jun)	1962	Rebold		17		C
WEBER Edward	?? Oct	1880	1 Sep	1888			4	52	
WEBER Edward F		1880	(30 May)	1955	Bolton		17		E
ssa " Helen M		1889	(2 Feb)	1954	Bolton		17		E
WEBER Frank		1889	(29 Apr)	1965	Vitt & Stermer	Husband	6	234	
WEBER Johanna		1871	(18 Jul)	1959	Rebold		17		F
ssa " Valentine		1868		1937			17		F
WEBER John		1854		1934	Rebold	Father	4	52	
WEBER Margaret		1892	(7 Jun)	1958	Rebold		4	52	
WEBER Marie		1902	- - - -			Wife	6	234	
WEBER Mary	22 Oct	1858	29 Sep	1911			4	52	
WEBER Sadie		1887	(4 May)	1968	Rebold		4	52	
WEGENER Elmer G		1908	(16 Dec	1988)	Rebold	S side of stone	13	98	
ssa " Fred H		1887	(20 Jun)	1985	Rebold	N side of stone	13	98	
ssa " Joseph A		1938	(30 Nov)	1959	Vitt & Stermer	S side of stone	13	98	
ssa " Katherine		1919	- - - -			N side of stone	13	98	
ssa " Minnie		1889	(9 Mar)	1974	Rebold	N side of stone	13	98	
ssa " Ruth A		1913	(6 Aug)	1962	Vitt & Stermer		13	98	
WEIDNER Margaret		1879	(12 Nov)	1964	Gump		11	195	
ssa " Paul William		1882	(27 Nov)	1951	Gump		11	195	
WEIFS John William		1874		1875		Broken stone	2	13	
WEIFS Juliana		1864		1873			2	13	
WEIFS M Anna	10 Mar	1866	20 Apr	1868			2	13	
WEIGLEIN Mary		- - - -	(5 Jun	1980)	William A Walker	No stone	3	8	
WEIL John A	4 Apr	1894	13 Jul	1954	Rebold	Ohio Pvt Medical Dept WW I	12	87	
WEIL Josephine	21 Aug	1897	18 Feb	1975	Rebold	Wife	12	87	
WEINLE Elizabeth M		1897	(2 Jun)	1960	Simminger	Mother	16		G
WEINLE Louis		1894	(21 Mar)	1983	Miller	Pvt U S Army WWI	16		G
WEIRMAN Anna (nee SCHMIDT)		1871	(8 Jan)	1942	Neidhard	Mother	5	212	
WEIRMAN Dan		1874		1931			5	212	
WEISBRODT Wende Sue	30 Jul	1971	28 Aug	1971	Rebold		16	287	
WEISS? Aunt Mary		- - - -	- - - -			No stone	2	13	
WEITZ Frances		1888		1938			15	261	
ssa " Otto B		1897		1969	Radel		15	261	
ssa " Regina		1902		19- -			15	261	
WEITZ James William	11 Aug	1927	26 Mar	1950	Neidhard	Ohio 52 USNR WWII Vet	17		D
WEITZ Mary Ellen		1907		1987		Mom	17		D
ssa " Thomas J		1903		1987	Neidhard-Minges		17		D
WEITZEL Martin	12 Oct	1882	4 Sep	1957	Rebold	Father	12	95	
WEITZEL Mary	28 Jan	1885	22 Jan	1954	Rebold	Mother	12	95	
WENZ Clara		1885		1936			17		D
WERNICKE Audrey Marie		1939		1940			7	Single	
WERNICKE Charles J	19 Jun	1909	24 May	1984	Minges	Dad	14	164	
ssa " Loretta J	29 Jun	1910	24 Feb	1985	Minges	Mom	14	164	
WERNKE Edna (nee HOLTHAUS)	12 Sep 1890		18 Aug	1955	Simminger		15		M
WERNKE Henry J	19 Jun	1895	12 Jun	1964	Simminger	Ohio Cpl CoB 321 Inf WW I	15		M
WERNKE James A	17 Oct	1933	5 Apr	1974	Rebold	Ohio Pvt U S Army Korea	18	3	R
WESSEL Adelaide M		1886	(27 Nov)	1953	Rebold		16		K
WESSEL Gerhard J		1884	(16 Apr)	1966	Rohde		16		K
WESTERMAN Fred A		1878		1939		Father	2	11	
WESTERMAN Rose (nee STUCK)		1883		1966			2	11	
WESTMEYER Mrs Carrie		- - - -	(20 Aug	1951)	Rebold	No stone	17		D
WESTRICH Anna		- - - -	(23 Aug	1954)	Vitt & Stermer		12	71	
ssa " Mary		- - - -	- - - -				12	71	
ssa " William		- - - -	(30 May	1953)			12	71	
WESTRICH Anna		1858		1930			4	60	
ssa " Theobald		1852		1929			4	60	
WESTRICH Anna		1887	(23 Aug)	1975	Neidhard-Minges		2	19	
WESTRICH Carl F		1903	(1 Feb)	1975	Neidhard-Minges		16		K

Name	BD	DD or DI	Funeral Home	Remarks	Sec	Lot	Row
WESTRICH Carrie (nee **BAECHLE**)	1868	(17 Oct) 1951	Vitt & Stermer	Mother	11	145	
WESTRICH Clara Mary	27 Mar 1893	7 Sep 1893			2	19	
WESTRICH Clara M	1902	(3 Apr) 1974	Vitt & Stermer		4	60	
ssa " Robert F	1900	(3 Feb) 1969	Vitt & Stermer		4	60	
WESTRICH Eva M	1887	1920			12	73	
WESTRICH Frances	1902	(16 Nov) 1968	Simminger		17		E
ssa ' Ralph	1903	(24 Nov) 1973	Simminger		17		E
WESTRICH Frank	1889	1937			2	19	
WESTRICH Gertrude	1898	(22 Apr) 1963	Neidhard	Mother	16		K
WESTRICH Gustaf	1842	1918		E side of stone	2	19	
ssa " Regina (nee **NEIHEISEL**)	1845	1923			2	19	
ssa " Jakob	30 Jul 1851	8 Mar 1895		S side of stone	2	23	
ssa " Katharina	16 Jan 1867	18 Mar 1882		W side of stone	2	23	
ssa " Maria	1 Nov 1855	24 Aug 1882		N side of stone	2	23	
ssa " Phillip	18 Mar 1860	18 Apr 1882		W side of stone	2	23	
WESTRICH Gustav	1882	(11 Aug) 1950	Vitt & Stermer		12	73	
WESTRICH Joseph C	1867	1933		Father	11	145	
WESTRICH Louisa	1875	(4 Oct) 1965	Vitt & Stermer		2	19	
WESTRICH Matilda	1877	(13 Mar) 1963	Vitt & Stermer		2	19	
WESTRICH Theo. Jr	1891	1919			4	60	
WESTRICH William D	1892	(19 Jun) 1970	Strauser		12	71	
WETZEL Katherine	1912	(18 Jul) 1979	Neidhard-Minges		18		U
ssa " Roy F	1913	(5 Sep) 1984	Minges		18		V
WHEELAHAN Alice M	1908	(4 Dec) 1971	Imwalle		18	1	P
ssa " Joseph P	1905	(2 Dec) 1988	Imwalle		18	1	P
WIBBELSMAN Eve K	1910	- - - -			15		M
ssa " Fred C	1909	(3 Sep) 1968	Bolton		15		M
WIDMER Norma	1912	(11 Feb) 1983	Rebold		18	4	S
ssa " Ray	1911	(17 Feb) 1971	Rebold		18	4	S
WIDNER George	1876	1932		Father	11	139	
ssa " Mary	1876	1963		Mother	11	139	
WIEGEL Celesta B	1905	- - - -			18	4	S
ssa " Robert H	1910	(17 Aug) 1976	Gump-Holt		18	4	S
WIEGLEIN Jacob	1860	1930			3	8	
WIEGLEIN Johanny	11m 1d	3 Nov 1873			3	8	
WIEGLEIN Kasper	8 Sep 1823	2 Apr 1871		47y 6m 24d	3	8	
WIEGLEIN Philomena	1867	1943			3	8	
WILDER Dorothy I (nee **CARTER**)	1905	(1 Nov) 1986	Rebold		12	89	
WILK Gregory	- - - -	23 Sep 1962	Neidhard	Infant	7		
WILKENS Corine	1908	(22 Mar) 1977	Vitt & Stermer	Mother	17		C
WILKENS John	1879	(4 Oct) 1944	Grueter	Father	17		C
WILLIAMS Clifford J	1912	(6 Jul) 1987	Minges		18	2	0
WILLIAMS Lillian	1897	(17 Mar) 1986	Rebold	Wife	17		E
WILLIAMS Marie l	1915	(3 May) 1971	Neidhard		18	2	0
WILLIAMS Orville	1902	(5 Jul) 1963	Rebold	Husband	17		E
WILLING Nicholas	1890	(6 Dec) 1965	Gump-Holt		17		C
ssa " Lena	- - - -	(30 Jul) 1986	Minges		17		C
WILLWERTH Donald J, Sr	1931	- - - -			19		X
ssa " Rita M	1933	(17 Jun) 1983	Rebold		19		X
WILMER Anna May	30 Aug 1906	21 Dec 1986	Minges	Mother	11	197	
WILMER Joseph E	13 Jul 1905	20 Dec 1972	Gump-Holt	Father	11	197	
WINDHOLTZ Clara	1905	(9 Sep) 1972	Rebold	Mother	13	114	
			(Lot card reads: 4 babies buried on this lot.)				
WINTER Adolph		(16 Oct 1950)	Rebold	No stone	16		K
WINTERS Helen M	16 May 1915	- - - -		Wife	?		?
ssa " Valentine J	11 Nov 1909	6 Jun 1978		Pfc U S Army WWII	?		?
WIRMEL Albert	1895	(24 Jul) 1976	Rebold		11		1
ssa " Rose	1899	(16 Aug) 1966	Rebold		11		1
WIRTZ Warren	1904	(29 Mar) 1969	Bolton E side of stone of J **SCHWALLIE**		11	189	
WISSEMEIER Andrew	1887	1963			16		G
ssa " Lillie E	1887	(10 Jul) 1974	Neidhard-Minges		16		G
WITT, Catherine	1888	(20 Aug) 1971	Rebold		15		M
ssa " Peter J	1894	(31 Mar) 1983	Rebold		15		M

Name	BD		DD or DI		Funeral Home	Remarks	Sec	Lot	Row
WITTE Henry		1853		1933		Uncle	17	255	
ssa " Joseph		1858		1934		Father	17	255	
ssa " Wilhelmina		1860		1940		Mother	17	255	
WOERZ Herman		1886	(31 Jul)	1974	Thomas		11	181	
WOERZ Louise A		1893	(27 May)	1963	Gump		11	181	
WOLF Herman A	8 Aug	1905	9 Jan	1966	Rebold	Ohio Pvt U S Army WW II Vet	12		7
WOLF Sarah M	2 Mar	1907	19 Dec	1975	Rebold		12		7
WOLTERING Kelly Leigh	1 Jul	1968	17 Mar	1969	Rebold		12	129	
WOLTERING Carl		1885	(16 Jun)	1973	Neidhard-Minges	Father	13	94	
WOLTERING Florence		1892	(26 Feb)	1977	Neidhard-Minges	Mother	13	96	
WOLTERING Frank		1881	(13 Mar)	1964	Simminger	Father	13	94	
ssa " Julia M		1885	(27 Dec)	1973	Linneman	Mother	13	94	
WOLTERING John		1887	(7 Oct)	1965	Neidhard	Husband & Dad	15	242	
ssa " Olive KRAMER		1897	(- - Dec)	1966	Neidhard	Wife & Mom	15	N242	
WOLTERING Stephen	3 Apr	1850	29 Jun	1921		Father	15	242	
ssa " Veronica	12 Mar	1856	29 Jul	1934		Mother	15	242	
WOOD Charles		1911	(14 Feb)	1979	Vitt & Stermer		15		O
ssa " Marjorie		1916		- - - -			15		O
WOOD Dennis C	10 Mar	1947	3 Jan	1953		Baby	15		O
WOPPERER Alma		1883	(3 Feb)	1970	Simminger		14	186	
ssa " John, Jr		1912		1940			14	186	
ssa " John, Sr		1884	(23 Oct)	1963	Simminger		14	186	
WOTTLE Mary		1872	(7 Dec)	1959	Vitt & Stermer	Mother	14	192	
WUBBOLDING Betty J		1923	(2 Aug)	1980	Wittmeyer		14	196	
WUBBOLDING Edward		1895	(20 Oct)	1949	Vitt & Stermer; reinterred here from Mother of God Cemetery, Covington, KY		14	194	
ssa " Marion		1898	(8 Feb)	1975	Vitt & Stermer		14	194	
YANAWINE Anna		186?	?? Apr	1867			7	Single	
YANAWINE Franz	26 Apr	1875	?? Aug	1877			7	Single	
YETTER Helen M	18 Oct	1894	12 Jun	1986	Minges		18	2	0
YETTER John A	1 Nov	1893	22 Dec	1973	Neidhard-Minges	Ohio Pvt U S Army WW I	18	2	0
YOCKEY Edna M		1890	(8 Mar)	1967	Neidhard		17		D
YOCKEY Elmer P	14 Mar	1892	2 Mar	19964	Neidhard	Ohio Sgt U S Army WW I	17		D
YOUNG Edward J		1914		1935			17		D
YOUNGMAN Albert		1882	(12 Nov)	1966	Simminger		16	249	
YOUNGMAN Eva		1891	(2 Mar)	1966	Simminger		16	249	
YUNKER Margaret M		1925		- - - -		Mother	17		E
ssa " Robert L		1924	(21 Mar)	1969	Rebold	Father	17		E
ZEISER Marjorie	11 Jun	1963	21 Apr	1970	Vitt & Stermer	Infant	16		H
ZENZER Anna Marie		1911		1936		Daughter	14	146	
ssa " Susanna		1888	(18 Aug)	1965	Gump	Mother	14	146	
ZENZER Frank J		1890	(23 Aug)	1952	Gump	Father	14	146	
ZEPF Susan (nee STRASSER)	1 Jul	1868	2 Feb	1985			1	61	
ZETZEL Ada S		1905	(20 Feb)	1985	Neidhard-Minges		12	69	
ssa " Raymond J		1902	(- - Dec)	1983	Neidhard		12	69	
ZETZEL Albert		1898	(29 Mar)	1976	Rebold		12	127	
ZETZEL George		1872		1935			3	12	
ZETZEL Louise		1872	(4 Oct)	1951	Neidhard		3	12	
ZETZEL Marie H		1908	(22 Nov)	1971	Rebold		12	127	
ZIEVERINK Caroline M (nee KOEPFER)		1872	(19 Jun)	1954	Rebold	Mother	12	117	
ZIEVERINK Henry H		1871	(27 May)	1950	Rebold	Father	12	117	
ZIMMERMAN Ada W		1888	(21 Jun)	1983	Miller	Mother	12	127	
ZIMMERMAN Eleanor		1903	(8 Aug)	1975	Neihard-Minges		13	124	
ZIMMERMAN John		1894	(13 Sep)	1972	Vitt & Stermer		18	2	0
ssa " Katherine		1899	(18 Feb)	1977	Vitt & Stermer		18	2	0
ZIMMERMAN Joseph F	24 Dec	1889	12 Dec	1951	Rebold -	Ohio Cpl 1 Mechanics Regt AS WW I Veteran	12	127	
ZIMMERMAN Mary A		1921	(19 Apr)	1979	Simminger	Daughter	12	127	
ZIMMERMAN Edward		1873	(16 Nov)	1963		Husband	15	241	
ssa " Frances		1835		1911		Mother	15	241	
ssa " Mary E		1873	(2 Jul)	1949	Rebold	Wife	15	241	
ZOLG Carla		1908	(28 Mar)	1951	Rebold		11	161	
ZOLG Harley J		1908	(23 Jul)	1975	Rebold		11	161	

The following list of names and information were copied from the log book kept by the Sexton of this cemetery. In cross-referencing this book with the names on the gravestones they were not found. They also were not found in the Lot Owners card file.

Name	Burial date	Funeral Home	Remarks	Sec	Lot	Row
ALBA Infant Girl	28 Aug 1962	Rebold		-		
ARNSHOFF Infant	13 Sep 1951	Rebold				
BAHEL Infant	26 Jan 1950	Rebold	Stillborn	-		
BARNES Mary	30 Oct 1989	Rebold	19		Y	
BAUER Anna	1 Apr 1947	Vitt & Stermer		-		
BAXTER James	21 Mar 1973	Rebold		13	N122	
BAXTER Patricia A	29 Jun 1949	Rebold		-		
BECKER Harry	27 Jan 1950	Vitt & Stermer		-		
BECKWORTH Infant	31 Nov 1959	Neidhard		-		
BEISCHEL Infant boy	1 Dec 1958	Neidhard		-		
BELLER Matilda	30 Nov 1983	Rebold		11	203	
BERTRAM Frank G	29 Jun 1957	C A Miller & Son		-		
BIRCH Irma	7 Apr 1961	Rebold		-		
BIRCHMAN Estella	10 Feb 1961	Simminger		-		
BIRCK Louis M	9 Feb 1977	Dalbert-Woodruff		11	175	
BLACK Elizabeth M	11 Aug 1972	Rebold		7		
BLAKELY Mary Virginia	21 Oct 1983	Bolton-Lunsford	German Lot	14	182	
BLAN Karen Marie	28 Jan 1965	Vitt & Stermer	Baby Girl	-		
BOEHM Joseph G	14 Feb 1948	Vitt & Stermer	Infant			
BOHNERT Mary	1 Sep 1951	Neidhard		-		
BOHRMANN William	17 Jul 1969	Vorhis		5	223	
BOTTONI David	9 Apr 1987	Gump-Holt		19?		
BRADFORD Joseph	17 Jun 1948	Rebold	3 days old	-		
BRAKENHIUR Joseph	13 Jul 1964	Vitt & Stermer		-		
BRANDENBURG Anna	15 Jan 1955	Rebold		-		
BRANDENBURG Infant	19 Sep 1949	Rebold		-		
BRANKAMP Henry	19 Mar 1957	Vitt & Stermer		-		
BRAUN Baby Girl	1 Aug 1942	Rebold	Stillborn	-		
BRAUN Elizabeth	3 Jan 1951	Rebold		-		
BRIEMER Anna	18 Jun 1954	Nurre Brothers		-		
BROCKHAUS Catherine	8 Feb 1961	Rebold		-		
BROCKHAUS Joseph	21 May 1951	J Neidhard	Infant	-		
BROGEL William	6 Mar 1956	Simminger		-		
BROWN Baby	12 Feb 1958	Rebold		-		
BROWN Infant	14 Dec 1951	Rebold	Stillborn	-		
BROXTERMAN Infant Girl	20 Sep 1982	Minges		17		C
BROXTERMAN Paul	13 Aug 1963	Neidhard	Baby	-		
BURGUN Frieda	5 Feb 1976	Vitt & Stermer		15		L
BURGUN Michael	5 Aug 1976	Vitt & Stermer		4	38	
BURMAN Philomena	14 Mar 1955	Vitt & Stermer		-		
BURNS Cornelia	12 Jun 1950	Rebold		-		
BUTZ Andy	14 Jan 1965	Neidhard		-		
CANAVAN John	2 Jul 1966	Rebold		12	111	
CANNON Margaret	29 Dec 1964	Corken		-		
CARPENTER Cornelius	18 Dec 1959	Rebold		-		
CARPENTER Mayme	15 Jul 1969	Rebold		17		F
CHATEAU Herbert	19 Jan 1945	Rebold		-		
CHICESTER Margaret	19 May 1954	Rebold		-		
CHICESTER Baby	4 May 1955	Rebold		-		
CIRINO Joseph A	7 Sep 1985	Vitt & Stermer		14		15
CLARK Betty	27 Jan 1989	Rebold		15		O
CLARK William J, Sr	6 Sep 1989	Rebold		16		H
COHILL Brad David	27 Oct 1975	Rebold	Infant	17		F
CONNERS Infant	27 Apr 1963	Frederick		-		
CONNOLL Richard T	24 Jan 1987	Rebold		6	228	
COX James	-- May 1948	Gump	Stillborn	-		
CUGINGER Jacquelin	11 Feb 1953	Rebold		-		
DARPEL Infant	6 Sep 1948	Simminger		-		
DASSINGER (sp), Conrad	21 Feb 1953	Vitt & Stermer		-		

The following names and information were copied from the log book kept by the Sexton of this cemetery. In cross-referencing this book with the names on the gravestones they were not found. They also were not found in the Lot Owners card file.

Name	Burial Date	Funeral Home	Remarks	Sec	Lot	Row
DAVIS Thomas	11 Mar 1954	Neidhard		-		
DECK Catherine	3 Sep 1959	Busse-Borgman		-		
DECORA Sam & Shara Jean	31 Mar 1988	Neidhard-Minges	Cremains	19		Y
DEITSCH Charles	10 May 1974	Rebold		5	215	
DEITSCH Margaret	4 Sep 1976	Rebold		5	215	
DEYE Infant	17 Jul 1962	Vitt & Stermer		-		
DEYE Richard	30 Aug 1949	George E S Strawser	10 days old	-		
DIERKERS Clem	30 Jul 1968	Miller		17		F
DIRN Vinson	22 May 1987	Bolton-Lunsford		16		N
DIRR Herman H	3 Jul 1968	Cahall		5	219	
DIRR John Matthew	11 Sep 1948	B J Meyer		-		
DIRR Mary	31 Aug 1977	Cahall	Res Georgetown, OH	5	219	
DONALDSON Infant	9 Oct 1961	Rebold		-		
DORNBACH Anna H	13 Apr 1950	Vitt & Stermer		-		
DUENHOFT Infant	31 Dec 1958	Rebold		-		
DUENHOFT Infant	11 Jan 1952	Rebold	1 day old	-		
EISENACHER Nelson W	2 Feb 1990	Rebold		18		T
ELNHAUS Infant	10 Dec 1973	Vitt & Stermer		17		C
ERNST J Brosson	17 Dec 1965	Vitt & Stermer		12	S79	
ESPELAGE Baby	1 Mar 1965	Rebold		-		
ESTERMAN Infant	17 May 1952	Rebold		11	191	
FAETH Susan	- - Oct 1959	Rebold	Baby	-		
FALLER Jessie	18 Dec 1963	Simminger	Baby	-		
FARRELL Marie	27 Nov 1976	Rebold		17		F
FAY Joseph	16 Jan 1942	Rebold		-		
FAY Mamie	15 Feb 1977	Rebold		15	260	
FEDERLE Donna J	11 Jan 1951	Rebold	25 days old	-		
FELLER Carrie	8 Mar 1952	Vitt & Stermer		-		
FELLER Emil	13 Feb 1945	Vitt & Stermer		-		
FENBERS Arthur	22 Sep 1979	Spaeth		18		U
FINNIGAN Jennie	18 May 1946	F T Corken	fractured femur	-		
FINNIGAN John J	20 Jan 1944	F T Corken	Cerebral hemorrhage-			
FINNIGAN Margaret	28 Nov 1941	Busse-Borgman		-		
FISHER Maria	14 Mar 1964	Gump		-		
FISSEL Herman	2 Dec 1987	Miller		12	123	
FITZPATRICK Georgiana	15 Jul 1989	Minges		15		N
FOCKE Baby	7 May 1955	Rebold		-		
FONDENBERG Lillian	23 Sep 1970	Neidhard		12	S107	
FRICKE Infant	- - Jul 1956	Vitt & Stermer		-		
FRIETSCH Helen	15 Jun 1988	Minges		12	129	
FRITZ Charles	21 Feb 1953	Rebold		-		
FRONDORF Infant	11 Jun 1969	Grueter		14	190	
FULLER Lawrence	16 Jan 1989	Rebold		13	130	
GEHRING Baby Girl	28 Aug 1975	Neidhard-Minges	Janet Rose	15		
GEHRING Infant	16 May 1974	Neidhard-Minges	Stillborn	-		
GERLAND Mae C	2 Jan 1980	Neidhard-Minges		5	212	
GINN Thomas	19 Nov 1941	Rebold		-		
GIRARDEAN? Infant	18 Sep 1955	Rebold		-		
GOLDSMITH Lucille	2 Oct 1944	Neidhard		-		
GOODRIDGE Sara	15 Jan 1980	T P White	Stillborn	16	N286	
GOULD Howard H	13 Aug 1988	Rebold		5	218	
GREEN Gillard	19 Oct 1946	Rebold	3 years old	-		
GREKE Clarence	2 Mar 1953	Neidhard		-		
GRIFFIN Thomas	14 Mar 1947	Gump		-		
GROSARDT Karl J	10 Feb 1977	Rebold		2	27	
GUENTHER Infant	28 May 1962	Rebold		-		
GUETHLEIN Infant	18 Dec 1967	Rebold - S end of monument center		13	122	
HAAB Frank	13 Jan 1955	Rebold		-		
HAAS Infant	29 Aug 1945	Vitt & Stermer	Stillborn	-		

The following names and information were copied from the log book kept by the Sexton of this cemetery. In cross-referencing this book with the names on the gravestones they were not found. Also, they were not found in the Lot Owners card file.

Name	Burial date	Funeral Home	Remarks	Sec	Lot	Row
HALLER Infant boy	28 Sep 1944	Rebold	Stilborn	-		
HAUS Infant	19 Jul 1950	Rebold	Stillborn	-		
HAYDEN Jean	9 May 1970	Vitt & Stermer	buried at foot of Frank Hayden grave	17		E
HAYDEN John	18 Dec 1951	Gump		-		
HAYDEN Baby boy	24 Feb 1964	Rebold		-		
HEHMAN Anna H	3 Apr 1973	Neidhard (Witt) (Brandkamp)		17	255	
HEILER Caroline	27 Aug 1968	H Linneman of Covington, KY		2		
HEIN Dina	29 Aug 1949	Vitt & Stermer	Congenital heart disease - 15 months	-		
HEITHAUS Leo J	22 Oct 1975	Rebold		18		Q
HEITHAUS Mary	12 Jun 1973	Rebold		18		Q
HEITZ Infant	22 Dec 1946	Rebold	Stillborn	-		
HELMIG Infant	6 Dec 1946	Neidhard	Stillborn	-		
HENRY Anthony Joseph	15 Jan 1951	Rebold	Crushed skull	-		
HENSLER Henry	13 Apr 1942	Vitt & Stermer				
HOENEMIER Irene	31 Oct 1987	Minges		6		
HOERST Infant	16 Sep 1952	Rebold		-		
HOGAN Infant	20 Nov 1947	Gump	Stillborn	-		
HORWATH Infant	21 Oct 1949	Gump		-		
HOYES Anna	17 Oct 1970	Rebold		17		E
HYSINGER Jessie F	28 Mar 1967	Hodapp		13	47	11
JACOB Infant twins	16 Jan 1974	Gump-Holt	buried at foot of Cletus DAVIS grave	16		G
JENKINS Pamela	25 Jun 1948	Rebold	20 days old	-		
JERCHERHEIM? Margaret	23 Jun 1977	Rebold		11	193	
JOBST Edward, Jr	25 Sep 1964	Rebold		-		
JOBST Infant	- - Jan 1959	Rebold		-		
JOBST John R	27 Dec 1957	Riedlinger		-		
JOHNSON Baby Boy	25 Aug 1953	Simminger		-		
JOSEPH Theresa KRUMMEN	20 Sep 1971	Rebold		6	225	
KAINYSELMAN? William	26 Jul 1960	Rebold		-		
KAMMER Cecilia C	3 Sep 1983	Gump-Holt		15	275	
KAMMER Thomas	10 Feb 1949	Rebold	Infant	-		
KAMMER Walter	9 Jan 1981	Gump-Holt		15	275	
KAPPNER Molley nee STEINMAN	4 Mar 1943	Brand Brothers	Heart disease	-		
KEILHOLZ John J	22 Dec 1989	Minges		19		Y
KEISER Infant	10 Jun 1969	Radel		16		G
KEISER Infant Girl	20 Oct 1967	Radel		16		H
KEISER James John	28 Oct 1966	Radel	Baby	-		
KELLER Edward M	13 Nov 1967	Gump-Holt		11		3
KELLER Unknown	24 Dec 1956	Rebold		-		
KELLY Infant	- - Nov 1955	Rebold		-		
KELLY Infant	6 Jan 1959	Rebold		-		
KELLY Infant Girl	27 Jun 1963	Rebold		-		
KEMME Infant	21 Dec 1946	Rebold	Stillborn	-		
KIST Charles	7 Dec 1950	Riedlinger	Heart disease	-		
KLECKMER Frank J	8 May 1958	Rebold	Baby	-		
KLOPP Infant	13 Jun 1957	Rebold		-		
KNAUBER Alphonse Albert	12 Dec 1945	Vitt & Stermer		-		
KNOSP Baby	12 Aug 1968	Vitt & Stermer	Top of Brufach	17	3132	D
KOHLMANN Frank J	1 Aug 1972	Gump-Holt		12	123	
KONRAD Matt	9 Mar 1946	Riedlinger		-		
KRAMER Infant Boy	19 Oct 1959	Gump		-		
KRIMPELMAN Gertrude	15 Jul 1950	Rebold		-		
KROEGER Infant	30 Jun 1943	Vitt & Stermer	1 day old	-		
KROEGER Infant Girl	9 Mar 1960			-		
KRUMMEN Charlene	3 Oct 1942	Gump	6 weeks old	-		
LAPE Anna	29 Nov 1947	W J Wirmel		-		
LAUCH Helen	19 Apr 1982	Minges		12	75	
LEISGANG Infant	12 Dec 1941	Neidhard	Stillborn	-		
LEUBBE Andrew	26 Feb 1983	Neidhard-Minges	Baby	-		

The following names and information were copied from the log book kept by the Sexton of this cemetery. In cross-referencing this book with the names on the gravestones they were not found. Also, they were not found in the Lot Owners card file.

Name	Burial date	Funeral Home	Remarks	Sec	Lot	Row
LUCAS Horace F	4 Nov 1958	Neidhard		-		
LUDEN ____?	11 Jun 1945	Rebold		-		
LUKEN Infant	2 May 1958	Rebold		-		
LUKEN Infant Girl	14 Feb 1968	Rebold	buried at the foot of Joseph Luken grave	11	N185	
LUKEN Mary Ruth	21 Jan 1966	Rebold	Baby	13	S130	
LUTHER Mary	5 Dec 1949	Rebold	3 days old	-		
LUTMER Infant	7 Aug 1945	Radel		-		
LUTZ Alexander	12 Feb 1965	Rebold		-		
LYMAN Sylvia	15 Dec 1962	Rebold		-		
LYSINGER Elizabeth	8 Apr 1947	John Hodapp	Cardiac failure	-		
MacDONOUGH Nora	7 Dec 1954	Vitt & Stermer		-		
MARX Olive	1 Jul 1989	Minges		11	201	
MAYER Elizabeth	13 May 1957	Riedlinger		-		
McGINN Sean	8 Oct 1987	Rebold		19		
McKENNA Baby Boy	26 Dec 1941	Rebold	Stillborn	-		
MENKE Joseph	26 Mar 1986	Miller-Simminger	28 years old	18		T
MENKE Patricia A	28 Aug 1976	Simminger		18		T
MENNY Eugene	22 Jul 1942	Riedlinger		-		
MENZ Infant	28 Jan 1950	Neidhard		-		
MERRILL John	29 Dec 1950	Simminger		-		
METZ Helen	7 Jul 1966	Rebold		15	S244	
MEYER Infant Boy	6 Nov 1973	Vitt & Stermer	buried at top of James DUGAN grave	16	286	
MICHAEL Infant	28 Dec 1948	Gump		-		
MILLER John C	16 Aug 1976	Neidhard-Minges		5	217	
MOHR Baby	19 Jan 1957	Rebold		-		
MOLENKAMP Roger	22 Sep 1942	Vitt & Stermer	3 months old	-		
NEAD Mary Ann	21 Jul 1970	Neidhard	Baby	16		
NEIHEISEL Barbara	7 Dec 1967	Neidhard		13	S76	
NEIHEISEL Rose	20 Sep 1947	Vitt & Stermer		-		
NOSTHEIDE Rita KAMMER	1 Dec 1952	Rebold		-		
NOTH Joseph H	22 Feb 1977	Neidhard-Minges	Cremains	16		H
NUSEKABLE Gretchen M	22 May 1975	Rebold	Infant buried at foot of Jacob N	13		
OSTERKAMP Marie E	17 Apr 1974	Rebold		16		K
PANI ? Aloysis	4 Jan 1954	Vitt & Stermer		-		
PARSONS Infant	29 Aug 1974	Bolton-Lunsford		12	S81	
PARTYMILLER Emma	28 Jul 1951	Simminger		-		
PENNINGTON Infant Girl	20 Apr 1955	Simminger		-		
PETRY Donald H	19 Sep 1973	Neidhard-Minges		13	130	
PETRY Infant	12 Nov 1947	Rebold	Stillborn	-		
PIPP John	13 Sep 1951	Rebold	Senility	-		
POPP Jacob	16 Sep 1952	Vitt & Stermer		-		
POTRAFFHE Kenneth E	2 Jan 1948	Neidhard	4 months old	-		
RAHE Paul A	2 Nov 1988			17		C
RATHAN Joseph A	6 May 1968	Rebold, with burial permit from Indianapolis, IN		17	S250	
RATTERMAN Infant	19 Apr 1951	Simminger		-		
RATTERMAN Infant	22 Apr 1952	Simminger		-		
RAUF George	15 Apr 1953	Vitt & Stermer		-		
REDMAN Harold	18 Dec 1957	Rebold		-		
REDMOND Charles	11 Mar 1964	Gilligan		-		
REEVES Carol Jean	10 Oct 1967	Vitt & Stermer	Schapker	15		L
RIES Frances	24 Apr 1964	Miller		-		
RIES John	8 Jul 1960	Miller		-		
RIES Margarete	5 Nov 1957	Rebold		-		
ROCKER Infant Girl	9 Mar 1965	Vitt & Stermer	buried on SCHNUR grave	-		
RODINGTON John	- - Aug 1958	Rebold	Baby	-		
ROHRKASSE Infant	12 Jun 1950	Vitt & Stermer	Stillborn	-		
ROLLINGER Anton	16 Mar 1963	Frederick		-		
ROSENACKER Mary Jo	7 May 1949	Rebold	1 day old	-		
ROWE Alma	23 Jul 1987	Rebold		17		C

The following names and information were copied from the log book kept by the Sexton of this cemetery. In cross-referencing this book with the names on the gravestones they were not found. Also, they were not found in the Lot Owners card file.

Name	Burial date	Funeral Home	Remarks	Sec	Lot	Row
RUDINGER Rose C	4 Feb 1959	Neidhard		-		
RUEVE Baby	9 Mar 1957	Vitt & Stermer		-		
RUTHER Baby Girl	5 Dec 1941	Rebold		-		
SAMMONS Joyce	22 Sep 1946	Vitt & Stermer	3 hours old	-		
SAMUELSON Richard	16 May 1989			12	135	
SANDFRIED Neal	30 Dec 1963	Bolton		-		
SCALI Baby Boy	16 Apr 1956	Rebold		-		
SCH - - - ? Baby	3 Feb 1958	Rebold		-		
SCHACHT Henry	15 Jun 1948	Vitt & Stermer	Cerebral hemorrhage	-		
SCHAFER Frank G	7 Jun 1951	Rebold		-		
SCHAIBLE David	25 May 1946	Rebold	1 day old	-		
SCHAPKER Jack W	5 May 1983	Simminger-Miller		15		O
SCHIEVELKAMP Baby Boy	11 May 1964	Rebold		-		
SCHINNER Cecilia	3 Dec 1955	Rebold		-		
SCHISLER Annie	7 Jul 1948	Spaeth	Cancer/cervix	-		
SCHMUTTE Kelly	12 Nov 1957	Rebold	Baby	-		
SCHNEIDER Agnes Julie	13 Oct 1986	Vitt & Stermer		13	78	
SCHOLLE Mary Margaret	19 Aug 1944	Rebold	Riley Hospital	15		L
SCHOPKER Dorothy C	13 Jan 1988	Rebold		-		
SCHROEDER Pauline	25 Feb 1950	Rebold		-		
SCHRUBER Catherine	25 Sep 1960	Gilligan	Oster ?	-		
SCHURMAN Gilbert	10 Oct 1972	Gump-Holt		18		S
SCHUSTER Michael R	10 Aug 1966	Neidhard		14	58	
SEIBEL Infant	25 Aug 1949	Rebold	1 &1/2 day old	-		
SEIBEL Infant	25 Aug 1949	Rebold	5 minutes	-		
SEITER John	22 Dec 1969	Vitt & Stermer		6	N227	
SPINNER Edward	29 Mar 1966	Fitch		17	258	
SPINNER Frank	11 Apr 1955	Kramer		-		
SPINNER George	5 Feb 1959	Neidhard		-		
STAUB Marjorie	27 Feb 1987		Cremains	15		N
STOCK Rose nee **WESTERMAN**	8 Jul 1966	Neidhard		2	13	
STUCKE Bertha	24 May 1977	Gump-Holt		16		K
SUNDERMAN Edith	8 Mar 1979	Neidhard-Minges		15		O
TENBRINK Alma M	15 Nov 1982	Minges		12	119	
TENKOTTE Infant	26 Dec 1945	Rebold	Stillborn	-		
THALER Theresa	3 Jan 1979	Neidhard-Minges		14	164	
THINNES Baby	3 Sep 1968	Vitt & Stermer		12	N131	
TOOHEY Slyvia K	8 Mar 1979	Neidard-Minges		5	217	
TRAJILLE Joan E	12 Jan 1961	Rebold	Baby	-		
TRAUTMAN Rose	5 Dec 1972	Charles Miller		15		M
TREMIRR Sharon	5 Nov 1953	Simminger		-		
UMBER Valentine J	9 Jun 1978	Dalbert-Woodruff		18		U
Unknown Baby girl	28 Apr 1964	Rebold		-		
Unknown Infant	26 Feb 1952	Rebold		-		
Unknown Infant	20 Oct 1959	John Gump		-		
VIGNEOUD Alfred	27 Feb 1987	Rebold		16		H
WAGNER Infant	22 Sep 1964	R Meyers		-		
WAGNER Infant	19 Jan 1969	Vitt & Stermer		12	S121	
WAGNER Infant Boy	25 Oct 1962	Vitt & Stermer		-		
WALKER Clara	29 Aug 1968	Miller		5	221	
WEIDNER Bernard	23 Jul 1988	Rebold		11	195	
WEIDNER Mary	29 Jul 1963	Rebold		-		
WEIGLEIN Philomena	18 Jan 1943	L S Tufts		-		
WEIL Harry J	31 Oct 1988	B J Meyer		12	87	
WEINLE Jeffery	26 Jan 1967	Simminger	buried at foot of Elizabeths grave	16		G
WEITZ Infant	8 May 1947	Radel		-		
WENZ Fred	18 May 1963	Nurre Brothers		-		
WERTZ Marie Ellen	29 Aug 1987	Minges		17		D
WESSELMAN Baby	4 Jan 1945	Gump	Stillborn	-		

St Aloysius Gonzaga Churchyard   Green Township

The following names and information were copied from the log book kept by the Sexton of this cemetery. In cross-referencing this book with the names on the gravestones they were not found. They also were not found in the Lot Owners card file.

Name	Burial Date	Funeral Home	Remarks	Sec	Lot	Row
WESSEMEIER Andy	21 Feb 1963	Neidhard		-		
WESTMEYER Jasper	16 Jan 1954	Rebold		-		
WESTRICH Jeanette M	7 May 1984	Rebold	Howard CARR lot 15			M
WESTRICH Flora nee SCHWAB	27 May 1944	Neidhard		-		
WILCOX Infant	- - Aug 1957	Gump		-		
WINDHOLTZ Raymond	14 Feb 1942	Rebold		-		
WINDHOLTZ Infant	23 Jul 1962	Rebold		-		
WINDHOLTZ M	18 May 1960	Rebold	Baby	-		
WINGASSEN Infant	17 Feb 1949	Rebold		-		
WIRTH Morris M	6 Feb 1951	Fuldner		-		
WITTE Hilda	16 Feb 1974	Rebold		16		J
WOOLWINE Barbara R	1 Dec 1975	Gump-Holt		18		R
ZIMMERMAN Cecelia	23 Nov 1974	Rebold		18		Q
ZUMBAHLEN Margaret	25 Jan 1960	Vitt & Stermer		11	161	

FRONDORF FAMILY BURIAL GROUND   Green Township

On a farm in Green Township, between South Avenue and Fiddlers Green Road, and one half mile west of 6835 Bridgetown Road was an old burial site that had been owned by the Frondorf family. The burial site is named in a deed recorded at the courthouse on April 2, 1854 for two hundredths of an acre of land. When this land was to be sold the owners petitioned the court to make a division of the land. Following the court procedure seven burials were removed to the Bridgetown Cemetery on April 3, 1989. Jeanne Wullenweber recorded the following gravestone inscriptions that remained at the farm.

WOOD Clarkson F   36 or 86y 4m 27d   15 Aug 1853   WOOD Catherine   75y and 6m   24 Feb 1851
WORTHINGTON Frances   10 Dec 1810   2 May   1840   Relict of Dr Stephen Wood
        Blachly w/o Amos Worthington and d/o Dr   WOOD Dr Stephen   3 May 1763   11 May 1844
        Stephen Wood

MARKLAND FAMILY BURIAL GROUND   Green Township

On the south side of Fiddlers Green Road in Green Township at one time lived the Markland family. In 1988 it was owned by Hollmeyer who had a peach orchard. The burial site is named in a courthouse deed recorded on May 18, 1848 for six hundredths of an acre of land. The following few gravestone makers were found:

TOWNER Leah M   35y   16 May 1837   MARKLAND Anna Mariah   65y   9 June 1832
        Consort of H V Towner   w/o Thomas Markland, Sr
MARKLAND, erected by Washington Markland, Sr to the memory of his father and mother. Thomas Markland settled on this farm, Section 32, Green Township, Hamilton Co, Ohio, on March 3, 1805, died 18 May 1825, aged 61 years.

This small pioneer chapel is a unique historical landmark located in Section eleven of Green Township, Hamilton County, OH, about nine hundred feet west of North Bend Road and on the north side of West Fork Road (originally called Pleasant Ridge Road) in community now called Monfort Heights. The church archives contain documents that establish the founding of this church in 1826. The Chapel was closed from 1917 to 1934 as the congregation had dwindled but was reopened in 1934. After World War two membership had increased and it was decided that a new building was needed to meet the needs of the community and additional land on the east side of the cemetery was purchased. The new church building was opened on Easter Sunday in 1952 as the Monfort Heights United Methodist Church, at 3682 West Fork Road.

In May of 1984 the original Chapel was rededicated after undergoing restoration to nearly the exact replica of its early 1830s structure. A deed at the courthouse dated January 13, 1836 states that it was established by the trustees of the church on sixty-five hundredths of an acre of land. A brick building was the first structure but it was destroyed by a tornado in 1868. It was replaced by a wooden Chapel built on the original foundation that served the congregation for many years. It was named after Francis Asbury, a traveling preacher and one of the first Methodist bishops in the United States. This Chapel is now being used for small services.

The old cemetery remains between the two buildings but there must be many unmarked burials in this cemetery. The following burial records are from a 1984 compiled history. Note (*): This mark with a name means the information was supplied by Mrs Clara Coleman Wetterstroem Miller, Great-granddaughter of Rev John Coleman, in a 1979 interview. Note (**): This gravestone has disappeared from the cemetery since the 1937 listing was made.

Name	BD or AE	DD	Name	BD or AE	DD
BACON Jacob	----	----	FREESTON Paul	23 Jan 1837	6 Dec 1893
Co K 83rd Ohio Vol Inf; Civil War Veteran			FRONDORF Margaret - Mother	1874	1904
BADGLEY Mark	1891	1894	GALLAGHER James, son in law of Rev Coleman*		----
BARNES Florence, nee COLEMAN*		d circa 1892	ISGRIGG Jeremiah S	25yrs	11 Apr 1852
BIDDLE Rev William H	1781	10 Dec 1852	JUGIEZ Mary	91yrs	8 Apr 1859
Masonic emb on stone			KENDALL Dr R G	----	----
BIDDLE James H	10 May 1796	2 Sep 1868	LUMLER Melissa	Aged 54yrs	----
born in Salem Co, NJ			MACKAY Harry D	----	24 Oct 1949
BIDDLE Mary	18 May 1791	30 Sep 1874	Military Service Veteran		
born in Gloucester Co, NJ; w/o J H Biddle			McKNIGHT T R G	7 May 1842	10 Apr 1883
COLEMAN Ann - wife of Thomas*	----	----	McKNIGHT Martha T**	20y	16 Sep 1848
COLEMAN Grant s/o John and Theresa*		----	d/o John and Anna McKnight		
COLEMAN Jenny w/o Grant*	----	----	McKNIGHT Rev John**	71y 6m 14d	18 Aug 1861
COLEMAN Rev John (S*)	15 Apr 1789	6 Aug 1871	McKNIGHT Frances**	In 63rd year	3 Nov 1870
82 y 4 m 20 d			w/o Rev John McKnight		
" ssa Elizabeth	1 Aug 1793	8 June 1876	MOORE Elizabeth REED	30 Dec 1810	5 Apr 1874
nee MILLS*, w/o Rev John, 82 y 10 m 8 d			born in Burlington Co, NJ; moved to Ohio in 1828 and		
COLEMAN John d. ca 1921-22, s/o Samuel & grandson of			was married 4 Sept 1831 to Judge Robert Moore		
Rev John*			MOORE John Nelson	20 Nov 1855	10 Feb 1857
COLEMAN John	----	19 Apr 1863	s/o Robert & Elizabeth		
Co K 83rd Ohio Vol Inf; Civil War Veteran			MOORE Laura A	3 Sep 1835	12 Jul 1855
COLEMAN John W	37y 10m 29d	7 Apr 1883	w/o W R Moore, d/o John & Frances McKNIGHT		
COLEMAN Samuel - 2nd stone	1826	1 Mar 1898	NEFF Charles**	In 42nd year	29 Aug 1846
Co C 7th Ohio Cav; Civil War Veteran &			s/o Jacob & Mary of Philadelphia, PA		
s/o Rev John Coleman			OST Martha	8 Jun 1855	8 Jul 1855
COLEMAN Caroline	1828	1892	d/o Wm & Mary FRANK Ost		
nee MILLER, w/o Samuel Coleman*			POUDER Rachel	25y & 26d	24 May 1847
COLEMAN Theresa, w/o John, s/o of Thomas*		----	w/o Leonard Pouder		
COLEMAN Thomas s/o Rev John*		----	READ Jerusha	82y	7 Nov 1853
COLEMAN Thomas Mills	----	1916	Native of New Jersey; d. in H.C.O.		
s/o Samuel & grandson of Rev John*			SATER Kittie	10 Sep 1845	6 Jan 1875
DAVIDSON Isaac N	----	14 Apr 1885	w/o Jared Sater		
Civil War Veteran			UNDERWOOD Mary J	33y & 2m	4 Mar 1864
DEILKES Harriet M**	8m 2d	9 Mar 1839	Our Mother		
d/o S & Catharine A Deilkes			UNDERWOOD Benjamin	34y & 5m	3 Nov 1863
DEILKES Stephen**	29y 7m 3d	24 Feb 184?	Our Father		
EPLEY Alfred	----	----	UNDERWOOD Mary Lizzie	2y 4m 13d	11 Oct 1859
EPLEY Martha	----	----	d/o B & M Underwood		
FRANKHOUSE Martha	8 Jun 1855	8 Jul 1855	UNDERWOOD Martha S Helen	4y 1m 12d	11 Apr 1853
d/o William & Mary Frankhouse			d/o B & M		
FOX Richard J	----	1 Jan 1923	UNDERWOOD Julian	29y 3m 13d	1 Jun 1857
Civil War Veteran**					

Name	AE		DD	
WALKER Mary	5 May	1828	30 Dec	1869
w/o F W Walker; d/o J H BIDDLE				
WALKER Mary E		----	25 Aug	1861
d/o F W & Mary WALKER; Our Baby				
WETTERSTROEM Carl A		1888		1918
WILMER Charles	19 Jul	1832	30 Apr	1907
WILMER Henry L	30 Mar	1802	5 Apr	1878
WILMER Mary B	7 Oct	1802	22 Aug	1878
born Salem Co NJ, w/o Henry B Wilmer				
WILMER Caroline	9 July	1830	2 Jan	1878
d/o Henry L and Mary B Wilmer				
WILMER Clara	12 Jan	1876	17 Jul	1876
d/o Henry & Hannah M Wilmer				
WILMER Mary	3 y 3 m 4 d		25 Oct	1837
d/o Henry & Mary B Wilmer				

The following names are listed on the original subscription form as the Contributors for the construction of Asbury Chapel in 1836.

BARNARD John
BIDDLE William
COATES Thomas
COLEMAN John
CONKLIN Daniel
CRAIL James
EPLEY Hannah
EPLEY Jacob
EPLEY Sarah
FREESTONE John
GANZ John
GORSHORN David
GORSHORN Jacob
GOSLING George
GOSLING Samuel
GROGAN Edward
HAMMEL John
HUBBARD William
ISGRIG John W
JOHNS Andrew
JOHNSON E
JONES Jesse
KEMP E
LINGO Beachham
LINGO Henry
LINGO James
LINGO Josiah
LINGO William
MATLACK Sarah
McKNIGHT John
MOORE William
MORTIMER George
NEFF Mary
PATMAN Isaac
PINE Benjamin
PINE Lawrence
SEEL John
TURNER J Thompson
WILMER William
WILSON Joseph R
WOOLEY William

List of Circuit Riders and Ministers Who Served Asbury Chapel until 1900.

1830-31 - John Stewart (serving Asbury Society)
1831-33 - no data available
1834-35 - George W Maley & John G Bruce
1835-36 - Alfred M Loraine & Robert Cheney
1836-37 - Alfred M Loraine
1837-38 - Zachariah Connell & Levi P Miller
1838-39 - Adam Miller & William I Ellsworth
1839-40 - Charles R Lovell & J F Conrey
1840-41 - Charles R Lovell & Jacob G Dimmett
1841-42 - Joseph Gasner & Lorenzi D Houston
1842-43 - Levi White & Levi Cunningham
1843-44 - Levi White & Joseph Gatch
1844-45 - Jacob Young & J A Reeder
1845-46 - Henry Baker & Dewitt C Johnson
1846-47 - Francis A Timmons & James F Chalfant
1847-48 - Francis A Timmons
1848-49 - David Whitmer & M Wolf
1849-51 - LaFayette Vancleve
1852-53 - Benjamin Glasscock & Joseph Gassner
1853-55 - Benjamin Glasscock & Daniel Griffis
1855-56 - William Bitler & J P Waterhouse
1856-57 - J P Waterhouse
1857-58 - J Fitch
1858-60 - Levi White & Daniel Griffis
1860-61 - Levi White & H M Keck
1861-62 - G W Fee & W S Hartley
1862-63 - G W Fee & D J Starr
1863-64 - Andrew Murphy
1864-65 - Eli Kirk
1865-66 - A P Bowers & John F Hull
1866-67 - A P Bowers & D R Baker
1867-68 - A P Bowers & R M Thompson
1868-69 - S L Yourtree
1869-70 - C H Lawton
1870-71 - William B Jackson & N H Prince
1871-73 - William B Jackson
1873-74 - John W Southerland & William B Jackson
1874-75 - John Southerland
1875-76 - D R Baker
1876-78 - John Wilson
1878-81 - Henry Witham
1881-82 - Edgar Keyes
1882-83 - James L Glasscock
1883-85 - Charles H Haines
1885-86 - Thornton E Fidler
1886-87 - John F Laird
1887-90 - David J Starr
1890-91 - Sylvanus Lane
1891-92 - Samuel G Pollard
1892-93 - William L Brown
1893-95 - W L Y Davis
1895-96 - James A Geissinger
1896-97 - Henry C Hershey
1897-98 - Frank C English
1898-99 - Warren Dunham

St James Cemetery is located in Section 12 of Green Township, Hamilton County, Ohio with an entrance from Hubble Road, about 400 feet west of the intersection with Cheviot Road. The St James Catholic Church of White Oak at 3565 Hubble Road which owns and operates this cemetery is on the opposite side of the road from the cemetery. In 1841 Ambrose **Oehler**, Martin **Maier**, Thomas **Gehrlich** and Conrad **Briegel** started the original building fund for erecting a small log church. On May 5, 1844 the church was blessed by Rev Boeswalds. Two acres of land were purchased for the church, graveyard and a school that was deeded to archbishop John B Purcell by Ambrose and Eva **Oehler** and George and Theresa **Werth**. This deed was recorded at the courthouse on May 1, 1844. The cemetery now consists of over twenty acres.

In the early days the area was known as Creedville. From 1846 to 1851, two Jesuit Priests served the people of St James. By 1849 they had a church erected on the corner of Hubble and Cheviot which was built by hand of timbers from the white oak trees. This type of tree abounded in the area and thus, the reason the area became known as White Oak. The present church building was completed in April 1964.

The following gravestone readings were completed by Jeanne S Wullenweber, Dorothy Wurzelbacher, Mary H Remler and Mark Steinke in September 1996. The readings are given in the order as found in the cemetery to keep the family relationship together. Cemetery burial records from 1870 until 1982 were submitted by Elva W Kluener. Information enclosed in brackets (-) with that of a gravestone reading were added from the cemetery burial records and the dates are probably for the date of burial. Many gravestones were inscribed in German which was translated. The Church has sacramental records since 1844 and will respond to written requests for information.

Name	BD or AE			DD
SECTION C				
BROS Sietmund	00 Jan	1827	23 Apr	1850
_____ broken stone, half gone				
WANG Maria Anna	27y 6m 10d		17 Sep	1850
frau of Mathias Wang				
MESSINGSCHLAGER Lorenz	15 Feb	1816	12 Nov	1861
born in Frensdorf, Kongr. Bayern				
BITMER Andreas		1806	15 Aug	1864
_____ broken, illegible 1/2 stone	1806	15 --	----	
DENIER Mary L	17 May	1850	19 Jun	1862
d/o M & M C				
GIESLER Joseph	19 Mar	1846	26 Jul	1864
HASSELWANDER Joseph	?- - - -		?- - - -	
s/o Heim & A Maria - broken stone				
DENIER Jakob	27 Jul	1826	27 Feb	1851
HOFMAN Hlena	27 Feb	1849	26 Jan	1853
_____ broken, illegible stone				
SCHÄFFER Franz J	31 Dec	1819	21 Mar	1864
44y 2m 20d				
_____ empty base			- - - -	- - - -
NEIDHARD Amalia	28 Mai	1857	12 Feb	1864
ssa " David E	3 May	1855	23 Dec	1863
ssa " Georg	10 May	1861	1 Sep	1863
STENGER Stndreas	20 Jan	1814	28 Jul	1849
MUELLER Ignatz	58yrs		26 Jul	1849
RIES Magdalena	25 Jul	1821	18 Nov	1863
nee **GEISZLER**				
B- - L - - G? Elisabeth	22 - - -	1849	- - Aug	1851
d/o M & E				
BONTLINE William	11 Apr	1847	5 Jul	1863
aged 16y 2m 22d				
MEMMEL Maria Josephine	26 Mar	1849	2 Dec	1849
d/o J M & Veronica, 8m 7d				
_____ empty base			- - - -	- - - -
NEUMAIER Maria	15 Sep	1822	16 Jul	1878
nee **WEBER**				
SCHONTER Anton	25 Mar	1802	17 Jul	1849
(The stonemason was, C A Wempe, Cin)				
WANG Theresia	12 Sep	1833	20 Feb	1864
frau of Mathias Wang, 30y 5m 8d				
REICHLING Conrad	25 Apr	1809	27 Jun	1847
38y 2m 2d				
WANG Georg	37y 5m 4d		19 Sep	184?

Name	BD or AE			DD
SECTION C continued				
HECK Anna	18y & 10m		28 Juli	1860
STENGER Eva	12 Oct	1823	6 Jan	1847
GETZ Casper	42y		10 Apr	1866
DENIER, Marie	6 Aug	1847	22 Aug	1847
d/o A & M M Denier, 16d				
SCHAEFER Dorothea	41y		20 Feb	1842
_____ footstone, loose, J S				
EHLER Rosina	36y 7m 3d		16 Aug	1841
_____ top of stone gone			- - - -	11 Apr	- - - -
HUPPMANN Sebastian	47y 11m 3d		17 Nov	1843
& footstone, S H				
OEHLER Maria Anna, w/o S	15 Jan	1811	27 Jul	1878
SCHOELL Margaret - Mother		1810		1869
BIEHLE Jakob	25 Jul	1803	10 Jan	1869
KELLER, Anna Barbara	6 Mai	1783	9 Dec	1868
nee **BRAHM**				
SAGN Rosa nee **WAGNER**		1817	12 Mar	1869
FREY Maria	22y 1m		15 Feb	1868
BORTLEIN Catharine	30 Mar	1816	2 Nov	1867
w/o Adam - 51y 5m 2d				
HITT Sarah		1797	29 Nov	1869
born in Schiltheim Elsas				
ssa " M		1796	12 Jul	1867
born in Forstheim Elsas				
KLUCH George	12 Feb	1864	14 Jan	1867
KEEMER Ignatius		1792		1870
BROS Maria	7 Feb	1856	4 Jan	1872
SITZ Lewis G	29 Apr	1822	28 Nov	1871
MEŸER Magdalena	78 y		- - - - 24 Nov	1871
KRASS Johann	12 Jan	1806	16 Aug	1871
MARX Elisabetha		1807	7 Sep	1870
RIESTER Anna Maria	21 Sep	1858	2 Oct	1870
HILDPOLDSTEINER Johann	82y	1788	18 Jun	1870
born Burggriesbach, Kngr. Biern, Mittelfranken				
HOERSTING Gertrude		1820		1873
DENIER Mary N - Mother		1822		1875
SCHWARTZ Hegesippus		- - - -	1 Jan	1876
& stone is broken in half				
HAUBNER A Maria	25y		- - - - 3 Dec	1875
ERRAS Christopher		1840		1916
ERRAS Katharina E		1830		1903
HEEG Magdalena	17 Dec	1828	29 Apr	1902

Name	AE or BD		DD
SECTION C continued			
BRAUN Eva		1857	1901
WISSEL H		- - - -	- - - -
HAUCK Katherine - Mother		1852	1893
HEID Maria	28 Jan	1836	20 Dec 1892
BEILMANN Clara, geborne **SODY** - 73y10m21d			- - - -
BRIELMAIER Alvina E		1884	(14 Apr)1975
BLATTMAN William F	30 Jun	1879	28 May 1963
BLATTMAN Rose	2 Aug	1882	25 Mar 1967
nee **BRIELMAIER**			
MEYER Rosa		1869	1914
HEID Antona		1830	1913
ELSASSER Mary		1892	1912
FISHER John, Jr		1836	1912
Civil War Veteran			
HEID Antoinnette F		1892	1910
PETRY Freda M		1888	1908
HEEG Henry - Father		1837	1906
FLECKENSTEINE Elizabeth	22 Feb	1825	15 Feb 1905
DINNIE - widow, mother			
MEYERS Herman		1870	1904
HEID Otillia W		1881	1903
DOERR Charles - Lot A2		1892	1919
WISSEL J Harry		1884	(10 Mar) 1953
O'LEARY Gregory J Lot A 3	12 Mar	1894	10 Nov 1960
Ohio Sgt 330 Field Hospital, World War I Veteran			
(d New Orleans, LA)			
BOLLMANN Bernard F - Lot A3		1852	1925
ssa " Amelia I nee **WANG**		1859	1943
O'LEARY Elizabeth M	28 Oct	1901	12 Oct 1976
Wife - Lot A3 (d Houston, TX)			
WANG John		1852	(20 Dec) 1921
ssa " Mary N		1856	1923
RAISCH Rose W - A4		1887	(10 Dec)1919
RUGG Walker H - Father - Lot A5		1862	(28 Dec) 1925
ssa " Margaret - Mother		1865	(23 Aug) 1947
w/o Walker Rugg; (d Brookville, IN)			
GEISER Jonas - Father; Lot 26		1840	1912
(Civil War Veteran)			
ssa " Agatha - Mother		1843	1909
ssa " Stephen	2m		- - - -
HUTCHINSON Audrey	3 Jul	1926	26 Nov 1926
"Baby Sister" stone in front of Jonas Geiser			
HAUTZ Carrie - Wife; Lot 25		1861	1914
HAUTZ Johann	13 Mar	1819	21 Oct 1897
Husband & Father, unser geliebter			
ssa " Wilhemina - Mother	4 Juli	1822	1 Sep 1911
DALLER Clemens - Lot 24	18y & 2d		18 Jun 1865
HAUSER Fridolin - Lot 23	83y		29 Mar 1880
ssa " A Maria nee **GIERTLER**	77y		12 Nov 1883
HAUSER Katherine - Lot 23		1848	1944
GUTZWILLER, Children of Fridolin & Theresia: Lot 22			
ssa " Johann	13 Mar	1858	26 Oct 1860
ssa " Johann	28 Dec	1863	17 Jan 1865
ssa " Franz Wilhs.	19 Dec	1870	12 Feb 1871
ssa " Joseph	6 Dec	1853	14 Nov 1875
ssa " Maria	23 Juli	1852	21 Nov 1875
HECHINGER Joseph	6 Juni	1795	in Amolderen
Amt Endingen, Ghgm, Baden, d. 9 Nov 1880			
ssa " Maria Magdalena, geb **SHOENBERGER**, 31 Aug 1805, in Nugln, Canton Solothurn, Schweiz, gest 1 Sep 1881			
HANSMAN Bernette W	29 Apr	1921	____?

Name	BD or AE		DD
SECTION C - continued			
WIESMAN Joseph - Lot 2	27 Aug	1889	27 Nov 1978
(d Hamilton, OH)			
WIESMAN Gertrude T	23 May	1894	6 Apr 1971
LAWSON George W	22 Feb	1913	____?
LAWSON Sir Mae H	6 Oct	1914	18 Mar 1974
TUMEY Edward	29 Mar	1872	15 Feb 1949
TUMEY Magdalen	8 Mar	1875	2 Jul 1966
(d Covington, KY)			
MEIER Martin	11 Nov	1804	14 Jun 1877
MEIER Franziska - Lot 3	6 Mar	1808	8 Apr 1886
nee **MARGLOFF**			
ssa **STICKLER** Paul	29 Juni	1799	18 Sep 1872
ssa STICKLER Matthäus	22 Sep	1850	3 Sep 1876
STICKLER, H I R - Lot 3	4 Jul	1803	1 Apr 1890
RIEHLE Joseph	13 Jan	1838	12 Apr 1893
ssa " Frances		1847	(23 Feb)1929
RIEHLE Antoinette - Lot 4		1884	(12 Apr)1967
BRIELMAIER Anthony, Jr - Son		1889	1969
BRIELMAIER Edwin - Son		1892	(12 Jan)1928
WW I Veteran			
BRIELMAIER Anthony - Father		1851	1930
BRIELMAIER Barbara - Mother		1857	1943
BRIELMAIER Elsie C - Lot 1		1897	1991
HUPP Peter		1888	1954
HUPP Edith		1891	19- -
O'LEARY Timothy John	21 Apr	1929	30 Nov 1984
SIEGLE C J - Sonny		1914	1917
SIEGLE Edward - Father		1891	1949
ssa " Katherine		1890	1961
SCHNEIDER Esther		1900	1989
ssa " George		1892	1950
SCHNEIDER Ruth		1895	1919
RAMSTEIN Agatha - Lot 5	5 Feb	1818	13 Oct 1855
born in Waldburg, Amt Ettenheim, GROSS: Herzogth um, Baden			
FREY Elias - Lot 27	12 Jul	1816	28 Nov 1879
born Neitenthal bei neustadt ander sart Reihnkreiss, Bayern			
ssa " Barbara w/o E	14 Apr	1825	29 Oct 1887
Wustensachsen, Aschaffenbusch			
WURZELBACHER G Milton	11 Sep	1895	17 Oct 1975
ssa " Marion D(OLLE)	1 Jul	1898	24 Sep 1989
BRIGEL Joseph A - Large family headstone			- - - -
BRIGEL Joseph A - Lot 38		1846	1923
ssa " Rose F(ELDMAN)		1854	1944
(d St Petersburg, FL)			
DOLLE Eleanore B(RIGEL)	6 Oct	1874	8 Nov 1951
DOLLE Charles F(erdinand)	30 May	1873	18 Apr 1936
Lot 39			
WURZELBACHER Nancy L(ouise)	13 Sep1958		18 Sep 1981
(d Toronto, Ontario, Canada); Lot39			
HUY Andreas - Lot 50	11 Apr	1838	15 Apr 1866
ssa " Magdelena	14 Feb	1812	9 Mar 1887
nee **GROSS**			
ssa " Joseph	- - Dec	1812	3 Jul 1883
BROSS Johann - Lot 28	14 Aug	1859	- - Dec 1880
ssa " Karl	In his 48th yr		4 Mar 1866
ssa " Theresia nee **BROSS**	20 May	1863	6 Jun 1879
BEILMAN Karoline	- - Apr	1848	16 Jun 1878
BRIGEL Stella - Lot 37	29 Aug	1883	3 Jul 1888
BRIGEL Joseph F		1878	(29 Nov)1965
BRIGEL Otto G - Father		1839	1920

SECTION C - Continued

Name	AE or BD	DD
BRIGEL Mother (Adeline)	1848	(17 Oct) 1922
BRIGEL Caroline	1872	1964
KLEINE Henry - Lot 40	1877	(7 Oct) 1953
(d Hamilton, OH)		
KLEINE Fredrick - Father	1850	(5 Dec) 1938
KLEINE Bernadena - Mother	1854	(11 Mar)1935
KLEINE Mary E - Mother	1882	(13 Jul)1936
SIEFERT Mary - Lot 49	1882	(14 Aug)1935
SIEFERT Louise	1878	1915
SIEFERT Mary	1842	1908
SIEFERT Charles J	1840	1904
SIEFERT Rose Helen	26 Aug 1886	3 Jan 1949
SIEFERT Elizabeth	22 Jan 1880	11 Feb 1952
KELLER F A - Lot 29		(19 Feb 1904)
ZWISSLER Michael - Lot 29	30 Mar 1868	16 Sep 1948
ZWISSLER Anna (Theresa)	4 Jan 1871	1 Jan 1951
WIESMAN Antoinette E	1897	1983
ssa " Wanda	1924	1986
WIESMAN Leo - Father, Lot D 29	1901	(18 Sep)1959
GROSSER Anna C - Lot 30	1879	(25 Jul) 1972
(d Ft Thomas, KY)		
GROSSER Clara	1869	(23 Nov)1957
GROSSER Joseph	11 Jun 1828	14 Aug 1894
born in Baiern, 66 y		
ssa " Barbara nee HOGERST	12 Aug 1841	9 Oct 1915
born in Baden		
GROSSER Frances M	1864	(6 Jun) 1960
SHONTER Anton - Lot 35	23 Feb 1836	3 Sep 1879
ssa " Maria Antoinette	13 Oct 1879	10 May 1886
d/o Anton & Isabella SHONTER		
ssa KELLY Regina Isabel	1889	(28 Feb)1974
d/o Isabel Shonter TITUS; (d Pasadena, CA)		
ssa Isabella Catharina	19 Oct 1877	20 Apr 1878
d/o Anton & Isabella SHONTER		
SIEFERT Elisabeth nee	1 Nov 1813	7 Dec 1875
BROSZMER, born in Waldburg amt Ettenheim, Baden, came here on 26 Jul 1834, w/o Joseph, 62y 1m 6d		
ssa " Joseph	11 Dec 1810	7 Aug 1894
ssa " Mary	1845	1916
ssa " Frank J	1858	(4 Nov) 1930
ssa " Josephine	1850	(30 Oct)1935
Children of Joseph & Elisabeth		
ssa " Louisa	25 Jan 1837	2 Dec 1839
ssa " Joseph	10 Mar 1839	2 Aug 1842
ssa " Franziska	6 June 1852	1 Feb 1854
NIEHAUS, Michael - Lot 54	67 yrs	(21 Feb)1963
HANLON Infant boy		(15 Jul) 1969
WILSON James L - Lot D55	13 Jan 1928	6 Aug 1994
Tec US Army WW II Veteran		
ZWISSLER Philip F - Lot 31	1905	----
ssa " Felicita T	1907	(17 Mar) 1978
POLLWINE Gertrude- Lot 31	30 May 1906	15 Jul 1926
LEHNBEUTER Georg - Lot 34	1810	23 Apr 1884
ssa " Kunigunde - Wife	15 Sep 1808	28 Feb 1881
KELLER Catherine - Lot 43	1889	(8 Jun) 1976
KELLER Franz A	11 Jun 1811	6 Jan 1890
ssa " Elizabeth w/o Franz	15 Nov 1813	5 Mar 1895
KELLER Glenn	1924	(6 Feb) 1931
KELLER Philip - Father; Lot 43	1853	(? Dec) 1937
KELLER Elizabeth - Mother	1857	(5 Dec) 1930
SCHEINER Edward G- Lot 55; Husband	1866	(26 Feb(1927

SECTION C - Continued

Name	AE or BD	DD
SCHEINER Jacob	1834	1909
SCHEINER Justina	1838	(12 Aug)1920
SCHEINER Mary	1877	(d.14Feb)1927
SCHEINER John	82 yrs 1860	(14 Sep)1942
ABT Rev Louis J - Lot 58	1891	(23 Jun)1947
Pastor of St James Church of White Oak 1931-1946; was ordained a priest May 25, 1915; d Celina, OH		
KAMMER Jacob	1854	(1 Sep) 1937
ssa " Margaret	1861	(2 Dec) 1953
HONNERT Edward T - Lot 58	1883	(8 Jan) 1964
Father		
HONNERT Clara E - Mother	1884	(19 Apr)1966
WEDDING Henry - Lot 66; Father	1887	(7 Jul) 1958
ssa " Agnes - Mother	1886	1983
RETTIG Martha	1905	1936
LEHNHOFF Matthias - Lot 32	1801	1888
LEHNHOFF Barbara	1804	1897
LEHNHOFF Fred	33 yrs	18 Jun 1883
Civil War Veteran		
LEHNHOFF George - Father	1847	1884
UDRY Josephine nee Lehnhoff	1834	16 Feb 1896
LEHNHOFF Eliz	89 yrs	1922
MARKS Joseph - Lot 33	1859	(15 Dec)1936
Husband & Father		
MARX Peter - Lot 33	1856	(7 Mar) 1935
MARKS Joseph	1 Jan 1801	26 May 1879
MARKS Ursula w/o Joseph	76 yrs ----	2 Sep 1879
NEIDHARD Elisabetha	22 Jan 1858	3 Jun 1879
nee MARKS		
BERTKE Maria K - Lot 44	10 Oct 1877	10 Mar 1880
SCHALK Anna F - Mother - Lot 45	1899	(9 Aug) 1962
ssa " Albert D - Dad	1903	1991
KASPER Ella Mae	1 Feb 1928	----
ssa " Ted H(enry)	16 Aug 1918	6 Jun 1976
STERWERF L	----	----
STERWERF J	----	----
STERWERF Anna - Mother	1876	(26 Sep)1928
STERWERF William - Father	1860	(21 Aug)1924
ssa " Anna - Mother	1860	(1 Apr) 1939
STERWERF Henry W - Father	1882	(6 Mar) 1961
MAUCH Carrie nee GALL	1868	(4 Mar)1948
Mother (d Amelia, OH)		
MAUCH Anton - Lot 56	1873	(12 Nov)1940
GALL Louis	24 Jun 1821	19 Apr 1917
ssa " Margaretha	26 Nov 1834	22 May 1887
nee WIERMEL, w/o Louis, Mother		
WIESMAN Theodore G, Jr	23 Jan 1891	7 Jan 1967
Father - Lot 57		
WIESMAN Clara E	11 Aug 1887	20 Oct 1981
SCHWAB Frank	1886	(4 Jun) 1975
ssa " Catherine	1885	(13 Oct)1975
RIESTER Amelia - Lot 67	27 Dec 1876	17 Jun 1877
RIESTER Clemens	3 May 1830	29 May 1904
ssa " Barbara	29 Aug 1827	11 Apr 1882
nee SCHREINER		
RIESTER Laura - Sister	1907	(21 Dec)1920
KLEIN - Twins; Lot 67	----	16 Oct 1952
GROSS - Family Monument Lot 68	----	----
HEBAUF John - Lot 78	49 yrs	1876
HEBAUF M	75 yrs	1884
HUY Oliva M B	1903	1903
ssa " Albert E	1910	1910

SECTION C continued

Name	AE or BD		DD
VOGEL Joseph - Lot 78		1846	(12 Apr)1923
ssa " Rose		1882	(2 Jun) 1964
ssa " Catherine		1850	1930
ssa " Anna M		1880	(4 Mar) 1950
WISSEL Margaret - Lot 79		1881	1899
WISSEL Ida		1877	1901
WISSEL Barbara		1846	(21 Jan)1931
WISSEL Mary A	84yrs	1879	(14 Sep)1963
(d Covington, KY)			
STENGER Carol	13 days		(28 Feb)1938
STENGER George	87 yrs	1890	(1 Sep) 1977
WISSEL George		1847	1883
ssa " John		1819	1894
ssa " Ursula		1822	1899
ssa " Mike		1860	1910
ssa " Joseph		1863	1888
BRIELMEIER Francizka	15 Apr	1867	31 Dec 188?4
ssa " Creszenzia	3 Jan	1863	30 Oct 1886
SCHOENFELD Rev J H - Lot 98		1842	1912
MEMMEL Frank M - Lot 99		1854	1891
MEMMEL Christiana		1859	1896
MEMMEL John M	11 Nov	1816	28 Oct 1885
MEMMEL Veronica	31 Jan	1825	14 Dec 1869
w/o John M			
MEMMEL Geo. - Lot 99	64 yrs		(30 Apr)1922
MEMMEL Rose P	81 yrs		(19 Jul) 1943
NEIDHARD Elizabeth	21 yrs		1896
FREY Infant		----	----
SCHIBI Family - Lot 140		----	----
SCHIBI John - Lot 140	58 yrs		(28 Aug)1930
SCHIBI Mrs John	69 yrs		(15 May)1940
SCHIBI Carl Albert- Lot 140	22 Mar 1911		28 Nov 1970
Ohio BM1 US Coast Guard WW II Veteran			
SCHIBI Julia	83 yrs		1952
SCHIBI Otto	84 yrs		(9 Jul) 1958
KIELHOFER Bernhard	born in 1820 in		----
Alsace, Department of Bas Rhin - Lot 126			
ssa " Bicharde	born in 1813		----
nee KIEFER, w/o Bernhard, born in Alsace,			
Department of Bas Rhin			
LaFARY Brian J	25 Dec	1975	23 Dec 1990
Brother & Son			
SCHOENLING Lee F	6 Jul	1921	8 Aug 1992
(1/2 of stone without inscription)			
BERNHARDT Edward J	14 Aug	1923	----
Father, married 13 Dec 1945			
ssa " Betty L - Mother	7 Jul	1926	16 Jul 1992
HALL Margaret M	24 Aug	1928	----
ssa " Dallas T	12 Jul	1922	29 Jan 1992
U S Army WW II			
LANG Robert E	22 Aug	1935	15 Oct 1992
married 10 Jun 1961			
ssa " Gail D	11 Jun	1935	11 Aug 1991
SANDHAS Eric Stephen	Baby		24 Mar 1992
UPHUS William L	23 Jul	1922	----
married 3 Nov 1948			
ssa " Rita C	25 Jul	1924	15 Jul 1991
D'AGNILLO Paquale	9 Aug	1923	8 Aug 1991
S1 U S N WW II			
D'AGNILLO Thelma	29 Jan	1925	----
WEDDENDORF Richard F -Dad		1926	1990
ssa " Mary H - Mom		1927	----

SECTION C continued

Name	AE or BD		DD
GREWEL George R	10 Apr	1922	30 Jan 1990
Capt U S Army WW II			
KRASS Earl Edward	24 Jul	1914	21 Mar 1994
U S Marine Corps WW II			
KRASS Gladys M w/o Earl	29 Aug	1923	11 Apr 1990
KNAB James E	29 Jul	1925	12 Apr 1990
married 7 Aug 1948			
ssa " Lorraine A nee KIDD	4 Apr	1930	----
KNAB James E (2 stones)	29 Jul	1925	12 Apr 1990
PHM2 U S Army WW II			
GORDON Charles V		1934	1990
ssa " Verna R		1938	----
WINTERMAN Harry L - Father		1929	1989
ssa " Lynn M - Mother		1938	----
WINTERMAN Harry L	14 Jul	1929	25 Aug 1989
Cpl U S Army Korea (2nd stone)			
SEIBEL George H	8 Nov	1909	12 Mar 1989
Tec 5 U S Army WW II			
BAUMGARTNER John G	22 Oct	1922	1 Oct 1988
married 6 May 1939			
ssa " Esther M	26 Dec	1920	----
GERKEN Theresa	12 Oct	1902	14 Jun 1995
SCHLARMANN Bernard	10 Mar	1904	----
ssa " Anna	14 Feb	1900	2 Dec 1994
McCARTHY Jerome D		1910	1982
Air Corps Veteran			
ssa " Edythe L		1913	----
LAMPE August J		1910	1975
ssa " Hermine A		1914	----
SCHINDLER Jay	6 Feb	1972	6 Mar 1988
GERACI Ryan Thomas	- - May	1987	- - Oct 1987
EGGERS Breanna Nicole Ellis	Baby		6 Sep 1995
NEWELL Jessica Sarah - Daughter	----		4 Feb 1993
RAMKAP Abigail Rose	Baby		18 Aug 1992
PRENDERGAST James B, Jr - Son & Brother	23 Jul		1991
GERRETY Jan STIGLER	Infant		7 Jun 1990
AHR Andrew S - Son	----		7 Mar 1984
PAYNE Jonathan S - Son	27 Nov	1975	3 Sep 1976
MOLLMANN (Angel Statue)	----		1960
BOIMAN - Son	----		14 Oct 1971
KAMMER - Infant	----		15 Aug 1971
ESTRADA - Infant Daughter	----		31 Jan 1975
BABEL Brian C	29 Aug	1974	4 Sep 1974
BINZER James	13 Aug	1974	22 Mar 1975
NIEMEIER Mary J - Baby Sec	----		4 May 1976
STEINBECK J C	----		22 Dec 1960
McNEES Sandra Lynn	1 Mar	1959	20 Jul 1960
KAMMER Mark	----		11 Dec 1960
HUEY John	3 Feb	1961	4 Feb 1961
BABEL Joette E	1 Apr	1960	15 Feb 1961
DOUTHET Mary	----		1962
TASSET Stephen	31 Jul	1962	6 Aug 1962
TASSET Edwin, Jr	----		16 Nov 1963
PRADEL Dominic J		1965	1966
PRADEL Paul J	----		23 Dec 1968
ULRICH Elizabeth	2m & 11d		16 Jul 1987
SCHEPKER Mary Carol		1960	1979
SCHEPKER Paul F		1920	1979
ssa " Lavonne D		1927	1973
BLAZER Wilfred A	16 Jan	1908	24 Apr 1966
Father			
CARLE Alvin L, Father	6 Nov	1906	4 Aug 1969

St James of White Oak Churchyard

Name	AE or BD		DD
SECTION C continued			
HATKE Raymond, Father		1887	(17 Nov) 1962
ssa " Clara A, Mother - Lot 233		1887	(26 May) 1969
HERMES William A	23 Nov	1923	19 Feb 1983
Sgt US Army, WW II			
HERMES Rose H nee	21 Jun	1924	15 Mar 1965
KLOSTERMAN			
KLOSTERMAN Herman		1918	1992
US Army Air Corps, WW II			
SCHUH Thomas R	23 Dec	1926	9 Mar 1988
Pvt US Army, WW II			
OEHLER Robert W		1911	(17 Aug) 1972
SCHIBI Edward, Father		1913	(31 Jan) 1972
ssa " Hazel, Mother		1918	- - - -
SCHIBI Peter J, Father		1880	(8 Aug) 1962
ssa " Josephine, Mother		1887	(11 Apr) 1961
DENIER Albert		1852	1906
DENIER Anna		1852	1916
DENIER Anthony	13 Jun	1819	11 Feb 1882
ssa " Mary Anna	1 Oct	1824	29 Jun 1914
nee **MEMMEL**			
WINTZINGER Louisa nee **DENIER**		1849	1928
DENIER Kathryn M	7 Feb	1892	17 Jun 1975
DENIER Michael - Lot 219		1859	1932
PRICE Edna F nee **DENIER**		1894	(19 Aug)1961
DENIER James C	17 May	1891	17 Jun 1970
Ohio F1 US Navy WW I Veteran			
DENIER Alfred		1890	1918
DENIER Arthur	22 Jun	1886	4 Feb 1955
Ohio Pvt 67 Inf WW I Veteran			
GERNGROSS Katarina - Lot 218		1853	1915
GERNGROSS Sebastian		1854	(18 Jun) 1928
GERNGROSS Christena		1861	1906
BATTISTI Mary		1855	1906
MEINKEN Elizabeth - Lot 217		1862	(4 Aug) 1937
ssa " Frank		1857	(16 Nov)1940
ADAMS Ralph George	- - - -		12 Aug 1941
Ohio Chief Yeoman US Navy Veteran			
ADAMS Helen Frances	27 Nov	1892	27 Nov 1989
Wife & Mother - Lot 217			
HUY Charles E - Lot 216		1856	1905
ssa " Bertha		1861	(9 Dec) 1943
(d Indianapolis, IN)			
HUY Theresa		1894	(29 Aug)1926
BRISTOW Jean W		1902	1988
KRAUS Christian G - Lot 215		1870	(25 Sep) 1943
KRAUS George, Grandfather			1903
KRAUS Margaret **ALBERS**	80 yrs		1922
Grandmother			
KRAUS Theresa	73 yrs		(16 Jan 1950)
BUEKER Ann C - Lot 214		1898	(20 Feb)1981
BUEKER Herman J		1901	(19 Feb)1976
WIESMAN Robert - Son; Lot 214		1895	1901
WIESMAN Anna - Mother		1875	1904
WIESMAN Clement - Father		1865	(20 Jul) 1940
WIESMAN Gertrude A		1897	(12 Nov)1966
DENIER Andrew - Lot 213		1861	1923
BITTNER Veronica - Mother		1856	1927
BITTNER Michael - Father		1854	1942
BITTNER Dora L - Sister		1880	1954
BITTNER Martha - Lot 213		1884	1901
BITTNER George		1882	1965
WIESMANN Catherine		1881	(8 Feb) 1962

Green Township

Name	AE or BD		DD
SECTION C continued			
WIESMANN Matilda		1835	1900
WIESMANN George - Lot 213	12 Dec	1836	10 Sep 1921
ssa " Matilda	30 Sep	1835	22 Jun 1900
WIESMANN John		1869	(11 Jul) 1946
STENGER Dorothy - Daughter		1886	(4 Feb) 1957
KAMMER George		1908	(21 Apr)1981
ssa " Frances nee **MARKOWSKI**		1916	- - - -
STENGER George - Lot 211		1850	1934
ssa " Lizzie		1854	1905
STENGER Louise A - Wife		1892	(24 Nov)1975
KAMMER Edna A		1906	(24 Jan)1958
(d Kansas City, MO)			
KARCHES Anna nee **HACKERT**		1883	1917
ssa " Anna Maria - Lot 210		1908	1910
ssa " Frank		1917	1917
ssa " Val(entine)		1874	(5 Aug) 1946
ssa " Anna (nee **STENGER**)		1877	1905
ssa " Fred		1905	1905
ssa " Albert		1903	1911
STALFORD Hubert - Father		1858	(27 Apr)1943
ssa " Josephine - Mother		1869	(23 Feb)1938
YUST Infant girl	- - - -		(28 Dec)1964
LAUHOFF Elizabeth - Lot 209		1832	(25 Jul) 1922
LAUHOFF William		1832	1914
ALTENAU Elizabeth C		1865	1949
nee **MIDDELKAMP**; Lot 208			
ALTENAU Henry G		1855	1898
(Was reinterred from St Joseph Cemetery, Cincinnati, OH, 26 Mar 1945)			
MIDDELKAMP Carolina - Lot 208		1842	1903
MIDDELKAMP Bernard		1839	1910
RIESTER Catherine		1889	1912
RIESTER Rose A		1901	(5 Aug) 1971
RIESTER Edward, Sr - Father		1860	(18 Dec)1929
ssa " Katherine - Mother		1866	(3 Feb) 1936
RIESTER Edward C - Lot 207		1899	(28 Sep)1949
NYE Nora (Elenora)		1879	(16 Mar)1946
FREY John - Lot 206		1852	1922
ssa " Katharina		1857	1909
FREY Louis C	64 yrs		(11 Feb)1970
LANG Marie A		1904	(23 Feb)1965
LANG Joseph W	25 Nov	1895	2 Jul 1976
Pfc Army WW I Veteran			
SCHAFFER John - Lot 205		1856	(1 Dec) 1941
ssa " Mary		1859	1927
NIEHAUS Mary - Lot 205		1888	(24 Jun) 1940
CREED Jerome D - Son		1881	1943
CREED Mary Frances - Mother		1856	1931
McSORLEY Michael T	23 Mar	1956	23 Mar 1956
CREED Jerome D - Father		1854	1913
CREED Howard A - Son; Lot 253		1896	(24 Apr)1961
CREED Oliver L - Lot 203		1889	(17 May)1958
CREED Angela H		1892	(8 Oct) 1976
CREED William J, Sr		1884	(22 Apr)1982
CREED Lollie A		1896	1988
CREED Jerome D		1919	1982
Tec 4 US Army WW II			
CREED Joan M	12 Dec	1929	12 Nov 1991
CREED Oliver L, Jr - Lot 202	17 Sep	1923	12 Nov 1989
MEYER Joseph A - Grandpa		1851	1929
OEHLER Ralph J	22 Aug	1912	30 Mar 1993
ssa " Josephine M	4 Feb	1914	22 Oct 1993

Name	BD or AE	DD
SECTION C continued		
BRIGEL Conrad D - Lot 254 10 Nov 1810		8 Nov 1897
born Aubingen, Hohenzollern		
ssa " Kunigunda	91y 5m 3d	24 Jun 1910
nee **MEMMEL**		
ssa " Martin	31 Dec 1841	9 Jun 1912
OEHLER Rev Edgar T (SVD) 28 Aug 1907		3 Mar 1974
Ordained 12 May 1935 and was the first to become		
a priest from St James Parish. "Missionary, Educator,		
Scientist, educated St Mary Mission, Techny, IL,		
University of Chicago in chemistry & palentology,		
taught University of Peking, China, San Carolos,		
Cebu, Phillipines, Divine Word College."		
SCHUTTE Jos.	Infant	(2 Oct) 1946
OEHLER Florence - Lot 252	----?	1906
OEHLER Roman J	1869	1915
OEHLER Mary A	1876	(21 Jul) 1952
DIEFENBACHER Katie	1884	(31 Mar)1926
OEHLER Theodore - Uncle	1867	(2 Jun) 1945
HUY James Francis	25 Feb 1941	7 Mar 1942
s/o Oliver & Margaret - Lot 251		
HUY Frank - Father	1878	(9 Nov) 1954
ssa " Mary - Mother	1878	(28 Feb)1938
HUY Oliver	1907	1996
ssa " Margaret nee **LISTERMANN**	1907	1994
SCHRAMM Mary M - Mother	1857	1926
SCHRAMM John - Father	1865	(3 May)1949
SCHULTE Frank J	1897	1984
SCHULTE Edwin F	1901	1987
EDISON Joseph	1881	1947
EDISON Marie E(llen)	1884	1939
ETTENSOHN John A, Sr 16 Jan 1876		16 Jan 1959
SCHULTE Catharine C	1894	1984
CRAIG Catherine **ETTENSOHN**	1879	1962
CRAIG Hilda - Lot 250	15 Mar 1904	21 Aug 1909
BERLIER Frank - Lot 249	1904	1904
BERLIER John - Father	1863	1940
BERLIER Mary A - Mother	1859	1921
HAGEN Joseph H - Father; Lot 249	1888	(14 Jul) 1936
HAGEN Balbina C - Mother	1887	(19 Nov)1968
RIESTER Robert	----	----
RIESTER Albert - Lot 248	1907	(31 Aug)1923
RIESTER Alfred	1905	1906
RIESTER Albert	1872	(31 Aug)1937
ssa " Bertha	1877	(12 Jun) 1944
RIESTER Lillian	----	----
ETTENSOHN Magdalena - Lot 247	1822	1909
BEDEL M Magdelena - Lot 247	1858	1906
BEDEL Edward	65 yrs	(16 Dec)1944
BEDEL Jos. - Lot 247	43 yrs	(29 Jul) 1926
KAMMER Martin J - Lot 246	1866	(14May)1945
ssa " Katherine E	1868	(12 Oct)1935
KAMMER Robert J	1898	1909
KAMMER Clarence V	1901	1927
LEHMKUHL Richard - Lot 244	1856	1931
ssa " Lena - Mother	1860	1937
ssa " Albert	1899	1922
ssa " William Theodore	1881	1905
GAIGE Ada nee **LEHMKUHL**	1902	(8 Jan) 1940
HINSSEN Stella - Lot 243	8 Feb 1902	15 Jun 1983
HINSSEN Anthony	15 Dec 1893	10 May 1978
HONNERT Joseph, Sr - Lot 243	1866	(11 Dec)1943
ssa " Mary	1868	1925

Name	BD or AE	DD
SECTION C continued		
NIEMANN Harry J - Lot 242	1889	(15 Oct) 1927
WW I Veteran		
NIEMANN John	1841	(8 Jun) 1929
NIEMANN Mary	1849	1914
NIEMANN Anna	1885	(5 Jul) 1973
VIERLING Rose E - Lot 241	1893	1985
VIERLING Henry	1862	(15 Mar)1938
VIERLING Elizabeth	1863	(2 Apr) 1940
VIERLING Monica	1892	(9 Dec) 1964
VIERLING Ella K	1888	1908
VIERLING Virginia	1899	1987
WEIK Alma E nee **VIERLING**	1891	(31 Oct)1932
REINHARDT Margarit - Lot 240	1850	1913
REINHARDT Sebastian	1840	1912
BEALL Katherine - Lot 240	1877	(1 Jun) 1954
SCHOMAKER Henry - Lot 239	64 yrs(8 May) 1921	
GLAISEN Maria	69 yrs	(26 Apr)1948
(d Hamilton, OH)		
GLAISEN Fred	56y	---- (13 Dec)1934
HACKSTEDT Gerhard - Lot 239	53 yrs(23 Jul) 1943	
SCHUNK Esther (**MORTIMER**)- Lot238 1916		(18 Jul)1959
ENGEL James H - Son	1942	(16 Dec)1949
(d Springfield, OH)		
ENGEL William	1905	1988
ssa " Mildred C	1908	----
MORTIMER Mae	1894	1941
d/o John **HAUTZ** & Caroline nee **GRISKEN**)		
MORTIMER Frank L	1893	(13 Apr) 1949
(h/o Mae Theresa nee **HAUTZ**; s/o Samuel Mortimer		
& Rose nee **SCHIBI**)		
BUELTE Raymond A, Father	1903	(24 Jan) 1963
BERLIER William, Father	1893	(9 Nov) 1953
BERLIER Catherine, Mother	1910	----
PATRICK William J	1911	(17 Mar)1961
ssa " Ruth M(ary)	1912	(6 Feb) 1971
BLAZER William J	1879	(16 Mar)1957
BLAZER Elenora	1880	(1 Mar) 1977
VASILIAUSKAS Petra, Father	1892	(5 Sep) 1959
VASILIAUSKAS Ursule, Mama	1896	(3 Mar) 1982
(d Columbus, OH)		
SCHOTTE Oscar A, Father	1879	(24 Oct) 1961
ssa " Emma, Mother	1882	(15 Mar) 1961
COLLINS James H	25 Jan 1889	8 Apr 1963
Pvt 43rd Balloon Co Air SVC, WW I		
COLLINS Johanna "Dodie" 12 Dec 1892		24 Mar 1965
Wife		
THEOBALD Kim **COLLINS** 6 Dec 1954		17 Nov 1990
Wife		
VIRGIN Allen F(rancis)	1902	1971
ssa " Louise	1903	1985
MEYER Carrie, Mother	1894	(8 Sep) 1970
MEYER Albert R	30 May 1894	5 Oct 1964
Ohio Pvt Btry B 3 Regt Fard, WW I		
BRAUN Clara A, wife	30 May 1897	8 Jul 1979
BRAUN Carl I	16 Jun 1895	25 Apr 1969
Ohio Pvt Co G 15 MG BN, WW I		
PAFFE Harry G	14 Jun 1894	7 Jan 1957
Ohio Pvt Stu Army TNG Corps, WW I		
COOK Henry J	1879	(14 Aug) 1954
HOLCOMB Cheryl Lynn	----	(1 Dec) 1953
HOLCOMB Joseph	----	(21 Sep) 1954

Name	BD or AE		DD	
SECTION C continued				
BUCHERT Andrew		1905	(1 May)	1973
ssa " Lenna		1905		1991
SHAY Jack - Pop, Lot 237		1891	(4 Dec)	1965
ssa " Helen M - Mom		1898	(26 Feb)	1970
GEISER Walter L - Son; Lot 237		1900	(29 Jul)	1950
GEISER Elmer A - Son		1913	(27 Nov)	1952
GEISER Bertha O		1909	(21 Oct)	1957
Daughter				
GEISER William - Father		1884	(3 May)	1968
ssa " Eleanora - Mother		1888	(1 Apr)	1966
BETSCH Valentine - Father; Lot 256		1860	(26 Aug)	1931
BETSCH Kathrine - Mother		1869	(20 Jan)	1948
HEID Josephine	75 yrs		(22 Aug)	1966
HEID Louis	63 yrs		(26 Jan)	1952
HEID Infant s/o Robert	----			1938
HEID Thomas	2 months		(2 Dec)	1942
HUY Eugene - Lot 258		1854	(13 Feb)	1928
ssa " Barbara		1856	(20 Mar)	1929
ssa " Elizabeth		1887	(19 Feb)	1973
ssa " Albert		1893		1912
WESTRICH Jacob T	85 yrs		(2 Mar	1962)
(d Mason, OH) & large family stone - Lot 257				
CHOUTEAU Herbert L	16 Dec	1919	28 Apr	1960
Ohio Pfc MP Armored Div Plat 9 WW II Veteran				
SCHMIDT John - Son; Lot 259		1885	(30 Aug)	1979
SCHMIDT Joseph - Father		1858	(20 Apr)	1949
SCHMIDT Margaret - Mother		1865	(13 Oct)	1947
DIETER, Frederick		1834		1915
BERLIER Philip - Lot 260	1 Jul	1859	12 Nov	1950
BERLIER Mary A	15 Aug	1862	3 Aug	1954
BERLIER Louisa		1827		1914
BERLIER Jakob		1823		1875
BERLIER Jacob John		1885	(10 Oct)	1957
BERLIER Agnes nee **NIEHAUS**		1893		1924
SCHULTE Mary B(arbara)		1880	(28 Nov)	1958
SCHULTE Herman - Lot 261		1847		1916
SCHULTE Mary		1856	(20 Feb)	1930
SCHULTE Louisa M		1882	(27 Jun)	1950
SCHIELE Marie R - Lot 262	26 Oct	1895	2 Feb	1981
SCHIELE Joseph F		1871	(25 Oct)	1960
ssa " Marie T		1871	(3 Apr)	1951
SCHIELE Helen		1899		1918
SCHIELE Anthony S	26 Dec	1901	19 Apr	1986
SCHIELE Joseph F - Dad		1897	(4 Aug)	1978
ssa " Martha J - Mom		1902		1992
SCHIELE Donald	7 Aug	1928	3 Dec	1930
KOCK Herman - Lot 263; Father		1882	(20 Dec)	1971
ssa " Mary - Mother		1884	(16 Jan)	1961
KOCK Albert W		1917	(21 Jan)	1936
FEDERLE Caroline - Lot 263	84 yrs		(16 Apr)	1966
FEDERLE Vincent	91 yrs		(2 Sep)	1970
WISSEL Helen - Lot 264		1901		1908
ssa " Leo		1887		1908
ssa " Louisa		1865	(29 Mar)	1926
ssa " Adam		1858		1914
ssa " Arthur A		1892		1981
ssa " Janet Anne		1936	(16 Dec)	1979
ssa " Clara F		1896	(31 Dec)	1973
HAMPEL Oliver P - Lot 264		1914		1918
MELTEBRINK George H - Dad		1881	(20 Sep)	1972
ssa " Stephen - Lot 265	31 Jan	1850	6 Mar	1916
ssa " Elizabeth	14 Aug	1845	28 Jul	1926

Name	BD or AE		DD	
SECTION C continued				
MELTEBRINK Frank H - Father		1890	(4 Dec)	1967
ssa " Louise M - Mom		1898	(7 Jun)	1963
MELTEBRINK Frank E	31 May	1927	17 Jul	1994
Father - Lot 265				
DEHOE Ruth E - Lot 265	1 Feb	1931	23 Mar	1979
MELTEBRINK John	80 yrs		(21 Jan)	1956
KLUG John - Lot 266		1888	(23 May)	1938
KLUG Valentine		1863	(5 Aug)	1938
KLUG Mary		1868	(28 Dec)	1961
KLUG Louis		1906		1906
KLUG Edward T	14 May	1898	20 Jul	1962
Ohio Cpl US Army WW I PH Veteran				
KLUG Viola E(ellen)		1898	(29 Apr)	1974
KLUG Joseph	2 Nov	1904	4 May	1965
Ohio Pvt Co B Engr BN Co B 124 ARMD WW II				
WIESMANN George		1871	16 May	1942
WIESMANN Jacob - Father; Lot 267		1872	(21 Oct)	1944
ssa " Mary - Mother		1880	(3 Feb)	1964
SCHWARTZ Henry - Lot D 268		1836	(d 5 Sep)	1925
(Civil War Veteran)				
ssa " Margaret		1836		1912
SCHWARTZ John		1868	(2 May)	1922
SCHMELZLE Charles, Father		1877	(22 Jul)	1924
ssa " Katherine, Mother		1877		1933
ROLFES Mary - Lot 269		1885	(26 Jun)	1951
ROLFES John		1884	(27 Feb)	1919
BOERTLEIN Vera		1878		1917
BOERTLEIN John		1868	(15 May)	1952
ROLFES C H(erman)	78 yrs		(22 Dec)	1926
BAUER Benjamin L - Lot 270		1883	(28 Jun)	1938
BAUER Leonard - Father		1854	(28 Oct)	1938
BAUER Barbara - Mother		1855	(28 Jan)	1929
BAUER Mary A		1881	(29 Jun)	1964
(d Aurora, IN)				
BAUER George W		1887	(23 Apr)	1965
(d Aurora, IN)				
BAUER William A		1885	(9 Sep)	1964
BLUM Henry - Lot 271		1886	(26 May)	1969
ssa " Edmunda		1887		1969
KELLER Frank A	26 Oct	1894	13 May	1948
Ohio F2C USNRF WW I Veteran				
KELLER Edna C - Lot 271	10 Mar	1900	19 Aug	1986
Wife				
KELLER Esther E - Daughter		1922	(27 Nov)	1971
ZOLLER Joseph J - Husband; Lot 272		1896	(27 Oct)	1977
ZOLLER Louis C - Father		1928	(28 Jul)	1967
HANDEL Louis - Lot 272		1888	(2 Nov)	1963
ssa " Rose (Mary)		1890	(30 Nov)	1961
HANDEL Louis	12 Jan	1917	2 Jun	1948
Ohio Pfc 107 CAV Veteran				
SCHNEIDER Jacquelyn - Lot 273		1937	(25 Oct)	1948
SCHNEIDER Alma		1909	(15 Dec)	1954
SCHNEIDER Joseph J		1910	(14 Feb)	1969
BAUER Joan M(arie)		1935	(4 Nov)	1950
BAUER Daryl C	22 Mar	1950	11 Mar	1969
Ohio Pfc H & S Co4 MAR 3 MAR Div				
Vietnam BSM PH Veteran				
BAUER Charles		1907		1993
Navy WW II Seaman l/c Veteran				
BAUER Rose		1907		1988
GAMEL Julia M - Lot 274		1890	(6 Aug)	1970
w/o Charles Gamel				

Name	BD or AE		DD
SECTION C continued			
GAMEL Charles Louis		1874	(26 Jun)1958
KRAMER Daniel E		1890	1982
ssa " E Lillie		1890	1985
IHLE Joseph H - Father		1908	(14May)1958
ssa " Louise S - Mother		1913	(24May)1974
BALLBACK Charles F - Lot 274		1902	(2 Jun 1958
ssa " Bernadine		1906	1993
KUHN Barry Francis		1949	(25 Nov)1950
VOGT William L - Lot 291	2 Nov	1871	14 May 1967
ssa " Cecilia **FLICK**	2 Dec	1875	12 Feb 1966
HOLTVOGT Joseph - Dad		1927	(9 Dec) 1958
STATEN Hazel C - Mother		1908	(30 Sep)1958
MENKHAUS Casper, Father		1884	(14 Jan) 1954
ssa " Anna, Mother		1885	(30 Jun) 1954
RECKMANN Albert C	12 Nov	1888	28 Jul 1964
Massachusetts Sgt CoB 325 Infantry, WW I			
RECKMANN Alma E		1896	(29 Jan) 1974
TRAUT Leo H		1890	(10 Sep) 1980
ssa " Mary		1896	(31 Mar) 1966
GILLEN Joseph B		1903	(19 Dec) 1955
ssa " Mary A		1896	1983
EDELMANN Karl, Father		1891	(7 Apr) 1956
HEID William F, Father		1888	(31 Aug) 1955
HEID Catherine G, Mother		1889	(21 Jul) 1971
(d Hamilton, OH)			
KAMPHAUS John	(75y)	----	(11 Jun 1956)
KAMPHAUS Clara	(85y)	----	(5 May 1962)
JOLLY John H, Father		1888	(14 May) 1956
JOLLY Minnie, Mother		1885	(21 Aug) 1964
BEIERLEIN Ronald Lee, Son		1936	(17 Dec) 1957
BEIERLEIN Pauline Anna nee		1910	1990
HOFMANN, Mother			
BEIERLEIN Stanley, Father		1909	1991
GROSSER Frank		1903	(26 Jul) 1958
ssa " Emma		1907	(5 Nov) 1965
HANNON Peter P	25 May	1914	12 Oct 1958
Illinois Tec 4 635 AAA AW BN CAC, WW II			
BACHELIER Eugene		1887	1985
ssa " Isabella		1890	(18 Oct) 1961
BRAUN Henry		1903	1985
ssa " Lona		1908	----
AMRHEIN Anthony A	10 Apr	1901	26 Feb 1988
married 2 July 1930			
ssa " Loretta L	6 May	1906	----
BEISCHEL Edith		1891	(24 Jan) 1961
ssa " Victor, (d Hamilton, OH)		1892	(31 Jul) 1980
FREY Kermit F	23 May	1916	28 Aug 1987
SSgt US Army, WW II			
MEYER Dorothy A, Mother		1920	(9 May) 1957
MEYER Edward F, Father - Lot D66		1920	1989
LEMKUHL Myrtle, wife	14 Dec	1895	20 Aug 1982
LEMKUHL Oscar H - Lot D66	6 Mar	1895	25 Apr 1957
Ohio Pvt 4 Co 159 Depot Brigade, WW I			
LUEBBERT Ernest J		1896	(30 Jul 1957
ssa " Catherine		1892	1985
SCHMITT Agnes R, Mother		1890	(5 Nov) 1965
SCHMITT Richard, Father		1887	(2 Dec) 1955
BINDER Valentine, Daddy B		1871	(17 Oct) 1956
(d Osgood, IN)			
GUTTING Pete, Uncle		1886	(7 Mar) 1979
GUTTING Clara **OTTE**, Mom		1883	(22 Jun) 1965
(d Lake City, IN)			

Name	BD or AE		DD
SECTION C continued			
GUTTING John, Dad		1881	)25 Apr) 1958
PORTMAN Janet L		1951	(22 Mar) 1980
(d Indianapolis, IN)			
GOLDSCHMIDT Paul E		1945	(9 Sep) 1972
GOLDSCHMIDT Elmer L		1915	(20 May) 1972
ssa " Irene E		1914	----
JACOBS Raymond		1914	(27 Jul) 1955
ssa " Henrietta		1914	----
HAYDEN Mabel D	4 Mar	1909	16 Oct 1990
HAYDEN Roy F	20 Jan	1898	10 Oct 1954
Kentucky Pvt 325 Bakery Co QMC, WW I			
BAILEY Russell Lot 291	28 Jun	1906	7 Aug 1989
WELSH Maurice P, Sr	19 Nov	1893	7 Jun 1960
Ohio F2 US Navy WW I			
WELSH Antonia Marie	3 Jan	1901	28 Dec 1994
nee **SCHULZ**, Wife, Mother, Grandmother			
POLLWINE Katherine A	20 Jan	1901	10 May 1968
Lot 292			
POLLWINE Andrew G	6 Nov	1901	9 Jan 1984
FATH, Alma	30 Jan	1893	9 Sep 1962
FATH John S	10 Aug	1893	27 Dec 1971
NEIHEISEL Edward - Lot 293	25 Nov	1921	23 Dec 1990
ssa " Margaret	20 Feb	1925	----
NEIHEISEL Cary Victor	5 Aug	1955	27 Dec 1957
WILKENS John J, Jr - Lot 294	6 Apr	1920	9 May 1990
Col US Army WW II Veteran			
WILKENS Dwight Paul		1947	1988
WILKENS Charlotte - Mother		1895	1988
ssa " John J - Father		1891	(23 Jan) 1954
BERENS Gerald Edward (Jerry) Son		1933	(17 Jul) 1951
Lot 295			
BERENS Edward - Father		1899	(15 Jun)1974
BERENS Alma - Mother		1903	1986
BERENS Mary Ann - Daughter		1931	----
KEILHOLZ William G, Lot 295		1897	(14 Sep)1963
WANG Mathias - Lot 296	12 Apr	1863	14 Oct 1985
Father			
WANG Lillian L - Mother	8 Nov	1889	10 May 1968
WANG Robert J		1924	----
ssa " Helen D		1923	----
HIRSCHBERG Helen F - Lot 297		1903	1988
HIRSCHBERG Margaret M		1881	(30 Aug)1951
HIRSCHBERG Moses		1881	(23 Jun)1971
(d Covington, KY)			
HIRSCHBERG Alice A		1912	(21 Jul) 1950
SCHMIDT Joseph J - Lot 298		1866	(1 Oct) 1941
ssa " Magdalena		1869	(16 Jun)1933
ssa " F	84 yrs		1920
KRAMER Katherine **SCHMIDT**		1891	1936
FREY Joseph - Lot 299		1896	(d.3 Feb)1927
WW I Veteran			
ssa " Dorothy		1900	(13 Apr)1973
ssa " Infant		----	(19 Mar)1927
OEHLER Karl J - Lot 300	29 Sep	1914	31 Dec 1958
OEHLER Albert C	23 Mar	1881	2 Jan 1948
Father			
OEHLER Mathilda	12 Jan	1884	16 Feb 1922
Mother			
OEHLER A Robert	28 Nov	1911	----
OEHLER Rosalyn L	22 Jul	1913	----
RILEY Irene M OEHLER	7 Jan	1921	4 Jun 1996
GARDNER Robert T- Lot301	15 Nov	1903	31 May 1971

Name	BD or AE	DD
SECTION C continued		
HAMPEL John A - Father	1880	(5 Apr) 1922
Military Service Veteran		
ssa " Louisa - Mother	1882	(3 Aug) 1960
GARDNER Loretta A	28 Feb 1910	22 Jul 1989
GARDNER Leroy - Son	1935	1939
GARDNER David H - Son	1937	(2 Aug) 1952
WOLTERMAN Edna M - Sister	1911	(13 Oct) 1969
WOLTERMAN Robert J - Father	1908	(7 Feb) 1972
WOLTERMAN Henry - Lot 302	1879	(8 May) 1958
WW I Veteran		
ssa " Elizabeth	1877	1934
ssa " Emma	1879	(22 Mar)1958
BRAUSCH Martin, Sr - Lot 303	1877	1941
ssa " Catherine	1883	1984
BRAUSCH Erwin Charles - Son	1918	(5 May) 1930
BRAUSCH Martin G	10 Oct 1906	4 Oct 1965
Ohio Pvt 734 Bomb Sq AAF WW II		
BRAUSCH Marie H	1912	(18 Jan) 1945
GUTZWILLER Charles - Lot 304	3 Oct 1861	11 Nov 1932
ssa " Anna P	25 Mar 1865	19 Sep 1921
SCHWAB Emma	1900	1986
ssa " Robert	1897	(22 Jun) 1982
GUTZWILLER Stephen R	1884	(2 Apr) 1958
(d Batesville, IN)		
ssa " Rosa C	1894	1968
(d Lawrenceburg, IN)		
GUTZWILLER Ruth F	1926	- - - -
GUTZWILLER Joseph	7 Nov 1893	24 Jul 1985
US Army WW I Veteran		
GUTZWILLER William C	14 Aug 1895	13 Jul 1957
Ohio Pvt 406 Co MTC WW I		
GUTZWILLER Caroline	5 May 1889	20 Oct 1973
RIES Charles - Father; Lot 305	1878	(18 Jul) 1958
RIES Anna - Mother	1877	(26 Apr)1961
RIES Ralph F	8 Nov 1916	19 Jul 1984
US Army Veteran		
WIEST Michael - Lot 306	1856	1918
ssa " Rosa, (d Covington, KY)	1855	(27 Oct) 1952
WIEST Leo	1895	(1 Jul) 1963
DOURSON Frank A - Lot 307	1918	1993
DOURSON Caroline nee **HUY**	1880	1918
DOURSON Frank	1880	(25 Sep)1950
DOURSON Louise nee **WALTER**	1878	(15 Mar)1948
DOURSON Mary - Sister	1883	(8 Aug) 1929
DOURSON Howard F	1915	(20 Apr)1938
RIES Michael - Lot 308	1852	1917
ssa " Barbara	1850	1925
RIES Catherine	1883	(2? Nov)1933
STOECKEL Andrew	1871	1923
STOECKEL Elizabeth	1879	(21 Nov)1953
DIETRICH Ferd(inand) B - Lot 308	1896	(11 Jun) 1975
DIETRICH Dora Rose nee **RIES**	1895	1948
RIES Mary (Christina)	1885	(7 Oct) 1942
BUCHERT Edward J - Son - Lot 309	1902	(28 Dec)1964
BUCHERT William A - Father	1862	1941
BUCHERT Margaret - Mother	1862	(15 Jul) 1935
BUCHERT Marie A - Sister	1904	(24 Oct)1945
WISSEL Charles P	1915	- - - -
ssa " Vivian Lee	1918	1989
DEAN Freda B	1901	(23 Jun)1982
BRIELMAIER Orville C - Lot D1	1906	(29 Apr)1978
ssa " Helen D	1911	- - - -

Name	BD or AE	DD
SECTION D		
BRIELMAIER Irwin J	1907	1930
BRIELMAIER Julius - Father	1874	(24 Jul) 1951
BRIELMAIER Anna - Mother	1879	(2 Aug) 1946
DEAN Arthur W	27 Jul 1926	22 Mar 1985
FREUND Arthur - Husband; Lot D6	1890	(24 Sep)1960
FREUND Grace nee **HOCK**	1887	(5 Sep) 1954
HOCK Conrad - Father	1858	1936
HOCK Mary - Mother	1858	1930
KELHOFFER Henry C - Lot D 7	1899	(20 Mar)1967
ssa " Florence	1895	(5 Mar) 1981
ssa " Ellen May	1931	(23 Oct)1933
WEBER Edward	1890	(5 Jun) 1964
WEBER Eleonora nee **HUY**	1889	(17 Nov)1945
NIEHAUS John - Lot 7	1892	(13 Jul) 1975
NIEHAUS Matilda M	1895	(18 Dec)1978
SCHULTE Urban J - Lot 12	1916	(5 Nov) 1938
SCHULTE Joseph W	26 Oct 1878	30 Sep 1968
SCHULTE Mary A	18 Apr 1888	24 Mar 1989
CROPP Infant girl - Lot 12	- - - -	1950
FREY Irene M - Daughter - Lot 13	1905	1983
FREY Martin - Father	1876	(1 Feb) 1936
FREY Catherine - Mother	1876	(3 May) 1954
FREY Irma E - Daughter	1917	(29 Dec)1980
GREISER 4 Infants died, 1940, 1941, 1942 & 1948		
OTT Matilda K - Lot D18	1901	(15 May)1961
FREY Martin J - Lot D18; Father	1901	(23 Sep)1980
ssa " Martin T -was Lost at sea.	1933	1957
ssa " Gertrude	1907	- - - -
WENNING Lawrence L, Lot D18	1891	(20 Nov)1953
WENNING Anna K	1895	(3 Jul) 1981
DUWEL Albert Joseph - Lot D19	1 day	(8 Sep) 1952
DUWEL Donald C(harles)	1929	(5 Feb) 1952
DUWEL James J	- - - -	5 Sep 1952
GARDNER Albert V	1892	1989
ssa " Alma T(heresa)	1890	(15 Jan) 1957
GARDNER Donald A - Son	1942	(16 Aug)1952
KAHLES John F - Lot D24	1914	1993
WIESMANN Philip	1878	(19 Jan) 1970
WIESMANN Mary	1888	1983
GROSSER Alphonse - Lot D25	1877	(17 Aug)1956
Father		
ssa " Anna B - Mother	1879	(15 Oct) 1951
EVERS Edward A	1889	(26 Jun) 1956
ssa " Laura K	1902	(29 Nov)1951
BIENER Mayme - Lot D30	10 Jun 1891	17 Jul 1964
WIESMAN Loretta - Mother	1917	1989
FITZJARRELL Ramond B	1914	(18 Jul) 1978
US Army WW II Veteran		
GLASMEIER Lawrence F	26 May 1919	11 Aug 1969
Ohio SSgt 798 Mil Police BN WW II; (reinterred		
from St Stephen Cemetery, Hamilton, OH).		
LEEDS Alberta A, Mother	1915	1995
FREY Louis - Lot D 31	1859	1930
ssa " Anna	1875	(31 Oct)1962
FREY Loretta, Sister & Aunt	1906	1995
HUTCHINSON Hilda - Mother	1898	(9 Jul) 1932
(nee **FREY**)		
HUTCHINSON Audrey	4 months	(29 Nov)1926
MINNICH Mary Elizabeth - Lot D36	1855	(13 Oct)1976
(d Tucson, AZ)		
MINNICH George C	1882	(21 Jun)1952
DONNELLY Cynthia Ann	3 Nov 1955	3 Aug 1956

Name	BD or AE		DD
SECTION D continued			
RAIBLE Mamie - Mother		1879	(18 Apr)1952
RAIBLE George H		1901	1989
ssa " Cecilia H		1901	(27 Mar)1980
MINNICH Theresa - Mother 16 Feb		1913	17 Jun 1995
married August 8, 1931			
ssa " George - Dad 4 Sep		1908	16 Jul 1990
WIEMAN Benjamin - Lot D37		1880	(7 Jul 1964)
ssa " Louisa		1879	(24 Apr)1953
GROSSIE Katharina Paul		1868	(5 Mar) 1974
VOGERL Alvina C - Lot D37		1905	1982
VOGERL Mary H		1898	(18 Jan)1954
AUGUSTIN Nick - Father		1890	(25 Sep)1952
AUGUSTIN Anna - Mother		1893	1984
LEMKUHL Alphonse - Father		1899	1985
LEMKUHL Eleanor E - Mother		1898	(27 Apr) 1953
DAVIS Earl E		1912	- - - -
ssa " Rose M		1919	- - - -
KRAUS William G - Lot D42		1918	1953
KRAUS Marie E		1915	1995
MUSCHONG Barbara		1890	(16 Nov) 1976
ssa " Paul		1887	(2 Jul) 1964
SCHOMAKER Joseph- Lot D43 18 Mar 1902			5 Jul 1956
SCHOMAKER Dorothy 17 Jul		1906	22 May 1965
(d Los Angeles, CA) Lot 43			
FREY Edward J - Father		1888	(3 Dec) 1966
ssa " Irma A		1891	- - - -
THOLE Carl A - Father		1897	(23 Aug)1956
THOLE Elizabeth S - Mother		1904	(3 Mar) 1970
CLARK Tom - Dad; Lot D48		1885	(8 Sep) 1958
CLARK Louise, Mom		1892	1986
STENGER Eugene P - Dad		1906	1983
STENGER Catherine Mary - Mom		1913	(12 Feb)1959
WARNER John		1885	(13 Nov)1958
PORCARO Santo - Father; Lot D48		1870	(24 Apr)1959
WILSON Sylvia - Lot D49		1905	1989
WILSON Howard		1892	(15May)1960
LAUGEL John F 14 Aug		1892	7 May 1960
LAUGEL Mary E 15 Aug		1892	28 Feb 1969
WALTERS Raymond B - Lot D49		1922	- - - -
ssa " Ruth M(arie)		1923	(15 Jul) 1977
(d Clermont Co OH)			
STABLER Timothy L		1954	(3 Aug) 1974
PETERS Stephen C - Lot D54		1946	(7 Aug) 1967
Sp 5 5430 MP Co Ft Knox, KY Veteran			
PETERS David A		1939	(9 Sep) 1960
PETERS Mary G		1901	1994
ssa " John E		1901	(10 Aug)1982
NIEHAUS Eleanor - Lot D54		1895	1986
NIEHAUS Michael		1895	(21 Feb)1963
TEUSCHLER Eva P - Mom		1901	(15 Feb)1961
ssa " Joe - Dad		1898	1987
HONNERT Magdalena nee **FEDERLE**		1892	1987
HONNERT Andrew F 30 Oct		1893	14 Oct 1968
Ohio Pfc US Army WW I Veteran			
MEYER Harry B - Father; Lot D55		1892	(21 Aug)1974
MEYER Matilda - Mother		1891	1984
WILSON James L 13 Jan		1928	6 Aug 1994
Tec 5 US Army, WW II			
DECKER George M		1890	(17 Aug)1959
ssa " Angela		1896	(9 Apr) 1975
BERNING Lota Frances		1911	(14 Feb) 1961
ssa " Cletus F - Lot D56		1902	(20 Jan 1978)

Name	BD or AE		DD
SECTION D continued			
BOSSE Florence A - Lot D56,Mother		1905	(17 Aug)1960
ssa " Joseph H, Father		1904	(Dec) 1981
GEISER Hazel H 27 Oct		1905	(1 Jul) 1970
GEISER Robert M		1905	1960
HONNERT Frances - Lot D53		1892	(16 Feb)1980
ssa " William		1891	(11 Sep)1961
PETERS Kathleen - Lot D53 11 Jun		1943	- - - -
ssa " Ronald 11 Mar		1941	18 Apr 1987
STALFORD Raymond F		1904	((28 Feb)1974
ssa " Helen M **HAUBNER**		1910	1978
RISOLA Angela Lorraine - Sister		1919	1986
STEHLIN Infant Girl		- - - -	(6 Dec) 1967
GILLICH Catherine		1905	1988
ssa " Julius		1905	26 Aug 1959
(died in Hayward, WI)			
HONNERT Kathryn I - Lot D50 15 Sep 1900			7 Jul 1986
HONNERT Frank E 17 May		1896	16 Mar 1981
(d Franklin Co IN)			
LAUBER Mary J - Lot D50		1959	(12 Nov)1960
ZEINER Joseph - Father; Lot D47		1879	(30 Jan)1960
ssa " Anna - Mother		1879	(7 Jun) 1974
ZEINNER Anna - Mother		1907	1990
ssa " Joseph J - Father		1904	(15 Sep)1961
WETHINGTON Dorothy - Lot D44		1904	1988
WETHINGTON Frank		1908	(28 Apr)1960
FEDERLE Ottilia S - Lot D44		1891	(1 Jul) 1978
ssa " Albert T		1886	(6 Mar) 1961
MINGES Eleanora - Lot D41 3 Feb		1886	8 Jul 1960
MINGES Louis 28 Feb		1878	23 May 1962
SCHAUB Ruth E - Lot D41		1915	(29 Jun) 1961
ssa " Robert J		1917	- - - -
KAESER Rosa A - Lot D38		1892	1986
ssa " Arthur		1891	(28Jun) 1963
ANKENBAUER Florence - Mother		1891	(23 Dec)1960
ssa " George - Father; Lot D38		1888	(19 Feb)1976
DIPPONG Maria - Wife; Lot D41		1879	(23 Dec)1970
(d Fairfield, OH)			
DIPPONG Joseph, Sr - Husband		1877	(21 Nov)1960
SAGEL Frank H - Lot D35		1881	(14 Aug)1964
SAGEL Catherine		1883	(20 Dec)1974
CAMMA Anna Ruth - Lot D35 3 Jun		1925	28 Aug 1960
FINDLEY Margaret - Lot D32		1934	(24 Jun)1959
HERMES Anna 9 Mar		1880	21 Jun 1961
HERMES John E 27 Sep		1873	13 May 1959
FEHRING Joseph C		1892	(6 Apr) 1959
ssa " Ethel E		1894	1994
GEISER Alice		1909	1983
ssa " Raymond F		1907	(2 Apr) 1969
SUNBERG Joseph A(nthony)		1911	(21 Nov)1959
ssa " Catherine		1912	1990
MEYERS Henry J - Lot D29 1 Mar		1891	1 Jan 1958
MEYERS Carrie T 3 Feb		1898	22 May 1986
JUNIET Louis		1883	(22 Jul) 1958
ssa " Clara w/o Louis		1885	(9 Dec) 1971
ROHR Philip A - Lot D26		1905	(5 Apr) 1982
ssa " Mable A		1905	1992
SMITH Phyllis M nee **ROHR**		1928	(3 May)1958
Wife & Mother			
ROEHRIG Thomas E - Son 13 Jul		1938	8 Jun 1958
ROEHRIG Esther M		1912	1992
Mother, Grandmother & Great grandmother			
AHLERS Infant Girl; Lot D26		- - - -	(25 Sep)1967

Name	BD or AE			DD	
SECTION D continued					
FERNEDING Gregory Charles - Son		1950	(11 Jul)	1955	
FERNEDING Russell C, Lot D23		1921	- - - -		
FERNEDING Jessie M		1921	(22 May)	1973	
FEY John Joseph - Lot D20	3 weeks		(14 Jul)	1956	
FLICK Ferdinand - Father		1891	(27 Oct)	1962	
ssa " Gertrude A - Mother		1892	(17 Jun)	1957	
WEIL Virginia A		1902	(14 Nov)	1970	
ssa " Harry J		1892	(30 Dec)	1958	
SCHAEFER Martha M		1905	(13 Oct)	1978	
ssa " Frank C		1897	(2 Jun)	1972	
FEY Infant Girl		- - - -	(4 Sep)	1968	
HALBIG William - Father; Lot D17		1877	(23 Sep)	1949	
ssa " Anna M - Mother		1883	(23 May)	1953	
WAGNER John J - Lot 17; Father		1877	(12 Mar)	1953	
ssa " Mary Ann - Mother		1874	(18 Feb)	1955	
DICKHAUS, William A - Lot D14		1908	(17 Oct)	1979	
ssa " Eleanor M		1910		1993	
DICKHAUS Frederick A		1913	(29 Oct)	1974	
DICKHAUS Henry B		1869	(18 Jun)	1948	
ssa " Emma A		1873	(30 Mar)	1948	
BURWINKEL Joseph T - Father		1892	(23 Sep)	1958	
(d Hamilton, OH)					
ssa " Agnes M - Mother		1905		1988	
SCHAFFER Joseph - Lot D11		1883	(21 May)	1980	
(d Butler Co OH)					
SCHAFFER Elizabeth		1872	(3 Feb)	1948	
SCHAFFER John J		1890	(19 Dec)	1953	
SCHAFFER Mary Ann		1885		1984	
HONNERT Justus J - Lot D8		1901	(3 Jul)	1944	
HONNERT Jacob W - Father		1869	(3 Feb)	1945	
HONNERT Ida C - Mother		1873	(24 Feb)	1969	
THIEL Frank N		1897	(7 Aug)	1945	
THIEL Ida R		1894		1995	
BRUNING Florence C - Mother		1803	(25 Nov)	1974	
Pfc US Army WW I Veteran					
WENTZEL Carl G - Lot D5	8 Sep	1900	1 Dec	1966	
WENTZEL Charles J	2 Aug	1872	7 Sep	1953	
Father					
WENTZEL Katherine M	1 Apr	1872	6 Jul	1944	
Mother					
WENTZEL Louise J	28 Apr	1913	23 Apr	1988	
WENTZEL Catherine E	13 Aug	1906	6 Aug	1975	
HOLT Elva (URLAGE) - Lot D2		1888	(12 Sep)	1975	
URLAGE George L		1884	(11 Feb)	1952	
EARLAGE Elizabeth	26 Sep	1949	17 Feb	1989	
WENTZEL Louis B - Dad	22 Nov	1908	23 Oct	1946	
EARLAGE Thelma	13 Feb	1913	13 Sep	1994	
EARLAGE Frank L - Dad	24 Sep	1913	14 Dec	1974	
BRAEUNING Mary Jo (Jody)	11 Nov	1858	17 Feb	1960	
Lot D3					
BRAEUNING John A, Sr	26 Jun	1880	19 Oct	1953	
BRAEUNING Helen E	12 Nov	1888	8 Feb	1970	
(d Newport, KY)					
MOORE Barbara Katherine	19 Mar	1951	15 Jul	1970	
(d Butler Co OH)					
MOORE Rebecca Anne	25 Feb	1956	- - Dec	1980	
(d Lexington, KY)					
BRAENING Angela	2 hours		(23 Nov)	1950	
BRAEUNING Infant	10 hours		(13 Feb)	1952	
BRAEUNING Infant boy	sb		(18 Nov)	1968	
NIEMEYER Gertrude C - Mother		1887	(30 Oct)	1975	
ssa " Fredrick G - Father - Lot D4		1887	(11 Jul)	1979	

Name	BD or AE			DD	
SECTION D continued					
KOVACS Frank - Husband - Lot D9		1889	(9 Apr)	1962	
KOVACS Elizabeth - Wife		1898	- - - -		
TOTH Victoria - Mother		1863	(6 Feb)	1956	
MILLER Katalin nee TOTH - Daughter		1886	(6 Mar)	1968	
DIETRICH Barbara		1881	(14 Nov)	1979	
(d Covington, KY)					
ssa " Arthur C		1878	(17 Apr)	1971	
(d Covington, KY)					
BRUNING Florence C, Mother		1903		1974	
ANTE Clarence J - Lot D9		1902	(29 Mar)	1958	
ANTE Marie		1913	(1 Mar)	1968	
LEIGH Ivan R	24 Aug	1911	25 Apr	1958	
Father; Lot D10					
HOLTMAN Margaret LEIGH	20 Jun	1911	31 Jan	1990	
ROBBEN Tom - Father		1951		1985	
MEYER Clara ROBBEN		1887	(1 Oct)	1968	
ssa " Clifford G		1888	(14 Dec)	1973	
KASPER George - Father	15 Jan	1886	8 Dec	1957	
KASPER Mary - Mother	22 Jan	1886	25 Sep	1954	
OTT Jacob Joseph - Father		1876	(25 Apr)	1956	
ssa " Louise - Mother - Lot D4		1879	(5 Feb)	1965	
ssa WEBER Helen H - Mom		1901	(7 Jun)	1968	
ssa " Oscar H - Dad		1899	(25 Apr)	1974	
BETSCH Joseph H	8 Nov	1909	10 Oct	1995	
ssa " Dorothy C- Married 61y	27 Jun	1914	- - - -		
WEISS Louis G - Lot 15	29 Jul	1892	12 Feb	1976	
WEISS Cecelia		1894	(9 Oct)	1957	
WEISS Emil - Father		1889	(1 Nov)	1976	
WEISS Clara M - Mother		1889	(6 Sep)	1961	
HERBERT Quinton C - Lot D16		1909	(26 Nov)	1965	
Father					
ssa " Kathryn M - Mother		1909		- - - -	
LAWARRE Morgan H - Father		1900	(12 Jul)	1957	
ssa " Mildred M - Mother		1903		1988	
ARNOLD Charles W - Father; Lot D16		1879	(18 May)	1956	
ssa " Katherine - Mother		1883	(12 Mar)	1956	
FEY Matilda - Mom; Lot D21		1879	(20 Dec)	1970	
ssa " John P - Dad		1877	(12 Mar)	1964	
WAGNER John L	5 May	1905	25 May	1996	
Pvt 1Cl US Army, WW II					
BRAUCH William A	17 Jan	1927	29 Jan	1964	
Ohio F1 USNR, WW II					
WANDSTRAT Mildred E- Lot D22		1905	(13 May)	1981	
ssa " Theodore A		1902	(13 Jun)	1959	
WANDSTRAT Edward		1905	(11 Feb)	1976	
ssa " Alma C		1907	(11 Feb)	1976	
RUEVE Bertha - Lot D27 - Mother		1889	(27 Sep)	1967	
ssa " Bernard J - Father		1882	(22 Feb)	1965	
(d Ft Mitchell, KY)					
MARTIN Raymond		1911	(29 Jul)	1959	
LARSH Elizabeth - Mother	22 Aug	1906	11 Dec	1960	
ssa " Edwin	7 Jul	1905	- - - -		
RETHMAN Evelyn - Mother		1904	(11 Dec)	1972	
w/o Raymond S					
ssa " Raymond S - Father		1903	(20 Aug)	1959	
BUCHERT Margaret C - Lot D28		1895	(28 Mar)	1977	
ssa " Ruth G		1916	- - - -		
HAUCK Erwin C	8 Dec	1905	24 Sep	1960	
HEBBELMAN Henry J	18 Mar	1916	4 Mar	1977	
Cpl US Army WW II; (d Chillicothe, OH)					
SANDER Herbert J - Lot D33; Dad		1909		1985	
ssa " Martha S - Mom		1913	- - - -		

Name	B D or AE		DD
SECTION D continued			
SANDER Virginia (Helen)	7 Aug	1938	6 Jan 1961
SANDER Rebecca	Infant		(26 Jul) 1972
METZEL George J - Uncle; Lot D33		1892	(11 Apr)1966
FEDERLE William		1844	1907
ssa " Barbara		1852	(19 Feb)1937
SHARKIE Joe	(57 y)	- - - -	(26 Mar 1920)
KARG Nicholas J - Lot D34		1896	(15 Jan)1980
US Army WW I Veteran			
KARG Hilda E - Wife		1899	(30 May)1980
EHRMAN Theresa C	18 May	1897	13 Jan 1986
Daughter - Lot D39			
ssa " Lillian C - Mother	15 Sep	1878	16 Feb 1961
ssa " Albert J	11 Mar	1874	20 Mar 1964
GRAU Sylvia Jean		1922	(27 Nov)1959
GRAU Samuel W	25 Oct	1919	30 May 1985
US Navy WW II, Korea Veteran			
HUERMANN Mary	93 yrs		(8 Jan 1970)
HERMES Frank J - Lot D40	19 Apr	1908	8 Apr 1962
KIST August - Lot D40		1901	(13 Nov) 1971
KIST Esther M(ary)		1905	(15 Nov) 1961
SCHOTT Anna (OEHLER)	75 yrs		(10 Sep)1932
SCHOTT Joseph - Lot 45	82 yrs		(6 May) 1940
WACLAWICK Antonia - Mother		1882	(10 Sep)1965
ssa " Frank - Lot D46; Father		1868	(11 Jul) 1961
STANLEY W Jack - Husband		1907	(15 Dec)1976
STANLEY Rose - Wife		1907	(1946)
HESS Thomas Benton	12 Oct	1916	20 Dec 1992
T Sgt US Army WW II Veteran			
DIETRICH Alberta STEINLE	18 Sep	1913	25 Jan 1987
Lot D51			
STEINLE Calvin E	1 Jun	1912	20 Aug 1964
LAWRENCE Louise - Mother		1889	(28 Jan) 1970
Lot D 52			
WANG Lillian - Mother; Lot D 57		1900	(28 Jan)1963
ssa " Oscar - Father		1898	(21 Jun)1980
(d Okeana, OH)			
STEHLIN Clara - Mother		1911	- - - -
ssa " Arthur G - Father		1910	(- - Dec) 1962
MEINKEN John L		1886	(25 May) 1974
ssa " Elsie A(nn)		1889	(21 Mar)1969
DOLLE Philip N		1904	(7 Sep) 1979
d Butler Co OH			
ssa " Dorothy E, Lot D60		1907	- - - -
LITTELL Frank		1889	(18 Sep)1965
ssa " Helen		1886	(15 Jul) 1966
ELFERS Lawrence E, Dad	(70y)		26 Apr 1957
ELFERS Sophia DENIER, Mom	(79y)		5 Apr 1969
WULLKOTTE Loraine C, Mother		1904	(2 Nov) 1971
ssa " John G, Father		1897	1984
TEKULVE Frank J, Father		1881	(2 Nov) 1957
HIRTH Betty Ann		1955	(10 Oct) 1957
MEYER Edward, Sr, Dad		1896	(30 Jan) 1978
MEYER Christine W, Mom		1895	(27 Sep) 1969
MEYER Raymond B, Son		1924	(20 Jan) 1979
KRAMER Lucille		1907	1987
ssa " Frank B		1907	(11 Apr) 1962
BECKMAN Ervin F(rank)	22 Oct	1913	28 Sep 1962
BECKMAN May R	31 May	1916	30 Jan 1994
BETSCH Clara T - Lot D68		1904	1984
BETSCH John B		1907	(9 Nov) 1962
MOTSCH Josephine B, Mother		1880	(7 Dec) 1963
MOTSCH Benjamin W, Father		1876	(13 Dec)1967

Name	B D or AE		DD
SECTION D continued			
KLIMPER Patti Helen, Wife		1904	1996
KLIMPER Charles H, Husband		1904	1990
ALEXANDER Marie M		1896	(5 Dec) 1957
MEENTS Edward C(hristian)		1899	(5 Dec) 1981
ssa " Catherine A, Lot D64		1910	1997
TILLOTSON Elmer H	4 Jan	1932	16 Mar 1986
U S Army Veteran			
BONHAUS Myra C, Mother		1892	(23 Oct) 1976
ssa " Leo J, Father		1886	(9 Nov) 1957
HOERST Theresa		1891	(10 Mar) 1971
ssa " Edward		1887	(13 Jun) 1973
KUNKEL Sophia, Mother		1896	(11 Mar) 1958
KUNKEL Theodore H, Father		1895	(2 Apr) 1968
KOHL Louis Frank		1869	(28 Dec) 1956
ssa " Anna Marie		1871	(21 Apr) 1958
LaWARRE Coletta M, Mother		1900	(8 Jan) 1981
ssa " John B, Father		1898	(2 Oct) 1955
MEYER Lillian		1898	(20 Apr) 1956
ssa " Albert B		1894	(20 Apr) 1957
(d Chillicothe, OH)			

SECTION F - left of main driveway

Name	B D or AE		DD
DIETRICH Nicholas J	18 Oct	1893	10 Nov 1969
Ohio Cpl US Army WW I			
ELLERMAN Edna M	10 Nov	1900	16 Jan 1989
(DIETRICH)			
HARTMAN Albert A		1904	(17 Jan) 1981
ssa " Bertha M		1914	- - - -
GEIGER George A		1901	(11 Feb) 1969
ssa " Sylvia		1909	1988
ELLERHORST Leo J		1898	(1 Sep) 1969
ssa " Marie M		1904	(13 Jun) 1977
HUY Edward J		1898	1989
HUY Elsie C		1902	(18 Jun) 1973
LAMPRECHT Eugene W		1905	(30 Aug)1969
LAMPRECHT Lena		1907	1990
BATTERSBY John M		1934	- - - -
BATTERSBY Janice L		1940	(6 Sep) 1969
DORNACHER Kathryn - Mother		1916	(8 Oct) 1968
JODY John		1904	1980
ssa " Carola - Mother		1909	(7 Jun) 1982
WITTE George J - Father		1903	(4 Aug) 1969
STROHOFFER Ronald L		1942	(1 Aug) 1969
Son & Brother			
BUSHMANN Leo H - Father		1901	(19 Oct) 1977
ssa " Henrietta J - Mother		1902	1993
BACKHAM Wilbur C		1903	1969
BACKHAM Lorina		1906	1975
BLESSING Harry		1909	(14 Apr) 1969
ssa " Kathryn		1911	1992
MEINERS Bernard		1903	(27 Dec) 1979
MEINERS Helen		1905	(11 Apr) 1969
HOFFMAN Michael		1909	(26 Oct) 1974
HOFFMAN Anna		1909	(14 Jul) 1966
FINKE Fred E	23 Oct	1893	26 Jul 1986
Pvt US Army WW I Veteran			
FALLS Paul E		1904	1994
FALLS Mary M		1905	(31 Jan) 1977
WEIL Robert H		1917	19- -
WEIL Rhea G		1917	(6 Dec) 1969
SCHWECKE William B	19 Jul	1906	21 Mar 1984

Name	BD or AE		DD	
SECTION F continued				
SCHWECKE Helen M	21 Mar	1909	25 Jun	1981
BREILING Edward G	21 Mar	1909	18 Jul	1968
Father				
BALERIO Josephine L		1896	(17 Apr)	1973
OTTKE Alma H - Mother		1908		1988
ssa " Herman A - Father		1897	(17 Mar)	1981
ENGEL Joseph		1913	(15 Mar)	1972
ssa " Charlotte		1912	(27May)	1968
RUHE John B	7 Nov	1896	31 Jan	1969
Ohio Pvt 2 Recrmt Sqd Air SBC WW I Veteran				
HOLTGREWE Harry G		1897	(29 (Oct)	1977
ssa " Henrietta		1910		1984
WOYCKE Herman		1903		1986
ssa " Clara		1905		- - - -
BRITCH Frank M		1915	(16 Sep)	1968
ssa " Luella		1918		- - - -
BROTHWOHL Lawrence		1913	(30 Nov)	1968
BROTHWOHL Mary Jane		1918		- - - -
RAUF George B		1896	(12May)	1978
ssa " Helen M		1901		1990
KASPER John	24 Nov	1912	5 Mar	1996
US Army Veteran				
ESTERKAMP Bernard		1898	(5 Mar)	1971
ssa " Florence		1902		- - - -
ROETTING Harry H		1895		1987
ssa " Marie J		1899	(18May)	1974
BURKE James P - Father		1909		1990
ssa " Mildred C - Mother		1914		- - - -
FLANIGAN John A	13 Jun	1916		- - - -
ssa " Bernardine E	12 Jul	1917		- - - -
RACK Joseph J		1890	(4 Apr)	1975
RACK Milthilda F		1890		1988
RACK Jerome C "Jerry"		1921		1994
married 8 May 1943				
ssa " Charlotte nee **KEMPF**		1925		- - - -
FLANIGAN Robert C	11 Nov	1944	19 Sep	1978
DUFFY James F	14 Aug	1944	30 Dec	1988
SMYTH Arthur T - Dad	11 Jul	1898	10 Dec	1978
ssa " Marian - Mom	23 Feb	1904		- - - -
SCHMITT Gregory L - Son		1961	(2 Nov)	1968
GRANNEN Francis E		1899	(1 May)	1978
ssa " Dorothy		1909		- - - -
GEIGER Jerome R	19 Jan	1943	1 Aug	1968
Ohio Sgt US Air Force				
HERMES Elder		1902		1982
ssa ' Ernestine		1896	(10 Apr)	1970
SCHWIERLING John T - Father		1900	(10 Feb)	1975
SCHWIERLING Marie A - Mother		1906		1993
SCHWIERLING Robert H	1 Oct	1935	5 Nov	1992
RIEMAN Jacob		1905	(30 Mar)	1976
ssa " Florence		1907		- - - -
RIEMAN Jeff J	11 Mar	1965	24 Mar	1978
BRECOUNT David D		1907		1995
BRECOUNT Ann J		1911		19- -
HUEY Arthur		1902	(30 Apr)	1977
ssa " Antoinette		1907		1986
HATHAWAY Floyd S		1912		1994
ssa " Ruth M		1917	(14 Mar)	1968
WELAGE Joseph	11 Oct	1908		- - - -
ssa " Amelia	17 Jan	1917	28 Oct	1982
MERTEN Barron C		1935		- - - -
ssa " Bernice J		1937		- - - -

Name	BD or AE		DD	
SECTION F- continued				
RETTIG Joseph W	12 Sep	1908		- - - -
married 13 May 1939				
ssa " Elizabeth	22 Mar	1913	10 Oct	1988
RETTIG Erwin W	22 Jan	1918	24 Apr	1991
US Army Veteran				
THIEMANN Walter H		1906		- - - -
ssa " Clara E		1909		1994
PETERS Arthur J		1908	(24 May)	1963
PETERS Concordia		1908		1986
SCHNEIDER Joseph		1888	(17 Jan)	1970
SCHNEIDER Katherine		1888		1984
RYAN Elmer		1912		1995
RYAN Marie		1918		- - - -
SUNDERHAUS Earl C	21 Jun	1916	11 Mar	1984
US Army WW II Veteran				
BONERT John (Matthew)		1914	(Dec)	1969
SCHNAPP James J		1919		1987
ssa " Margaret E		1920		- - - -
ROMER Lawrence J		1930		- - - -
ssa " Karol K		1938		1991
SCHWAB John		1928		1986
ssa " Alice		1934		- - - -
WIESMAN Elder E - Father	3 Nov	1923		- - - -
ssa " Elizabeth A	17 Mar	1922	30 Mar	1996
SCHMIDT Cyril F - Father	17 Apr	1924	26 Oct	1993
ssa " Doris M - Mother	25 Jan	1926		- - - -
ENGEL Louis A		1913	(24 Sep)	1981
ssa " Mildred M		1912		1992
NIEMAN Andrew J	23 Jul	1915	7 Dec	1979
(d Ripley Co IN)				
ssa " Ellen M	7 Oct	1918		- - - -
FREY Joseph V	11 Sep	1908	2 Jul	1990
ssa " Edna R	18 Aug	1913		- - - -

SECTION C by school

Name	BD or AE		DD	
GLASER Wilhelm	13 May	1827	14 May	186?
LEHMAN Infant	12 Feb	1863		1865
LEHMAN top gone_?	21 Nov	1856	18 Mai	1858
KRIEG Anton	16 Oct	1790	17 Mar	1855
im Groszhervogthum, Baden, left wife & 3 children				
WENTZINGER Josephine	29 Aug	1817	26 Nov	1859
OEHLER Maria M	28y	- - - -	4 May	1855
w/o Philip - is flat on ground				
_____stone broken off & gone				
OEHLER Philip s/o P H & C		- - - -	14 Mar	1865
BEILMANN Eberhard	17y	- - - -	7 Jul	1865
MARKS Margaret (?Casnor)	35y	- - - -	31 Aug	1865
w/o George				
HULLER Sebastian	47y & 6m		5 Oct	1865
WINTE - - - - ? Georg	11 Nov	1813	22 Oct	1865
MARX Caspar	2 Apr	1836	10 Dec	1865
BROSMER Lorentz	33y	- - - -	16 Jul	1856
GRÜNWALD Kunigunde	26 Juli	1821	1 Feb	1866
HARLINGER Johann	14 Oct	1798	13 Oct	1858
BURKHARD Margaretha	52y	- - - -	27 Jun	1858
nee **LEMBERT**, Mother				
HAHN Johann	37y	- - - -	7 Dec	1862
RIESTER Catharina	13 Apr	1805	3 Jan	1859
RIESTER Melchior	Jan or Feb 1800 & illegible			
HUŸ Georg	17 Oct	1885	15 Dec	1891
HUY Johann A	17 Aug	1873	12 Sep	1889

Name	BD or AE	DD
SECTION C continued by school		
HUY Karl A	2 Nov 1876	14 Mar 1877
MEMMEL Amalie	8m & 7d	29 Jun 1861
d/o J M & Veronica		
MENDEL John	1801	1866
ssa " Katharina	1819	1866
_____? broken stone	Illegible	
BOERDLIN Adam	- - - -	- - - -
WISSEL Susanna	15 Juli 1856	16 Juli 1856
WISSEL Michael	13 Sep 1859	18 Aug 1860
_____? Elizabeth	1 Dec 1854	6 Apr 1857
FRIESZ Johannes	27 Apr 1833	26 Nov 1866
STARK Mary	1835	1917
RIESTER Magdalena	27 Oct 1869	28 Sep 1870
RIESTER M Magdalena	4 Jun 1867	10 Sep 1868
SCHOPP P Jacob	1867	1868
DENIER Martin, s/o A & M	6 Dec 1863	2 Sep 1867
GERTTER Petrus	22 Apr 1867	1 Apr 1867
_____? Johannes	21 Apr 1868	28 Jul 1868
MAIER Christian	62y	11 May 1869
HUY M Louisa	12 Dec 1864	3 Aug 1866
HUY Josephina	5 Mar 1867	9 Jun 1867
BORTLINE Geo.	Lot Mkr	
GUTZWILLER Amalia		1866
_____ Carolina	5 Mar 1817	3 Juni 1867
SIGRIST Georg	3 Apr 1808	16 Dec 1869
SIGRIST Georg?	Infant	29 Oct 1868
SIGRIST John P - Father	1838	1877
Civil War Veteran, Lot 16		
NEIL Edward	60y	4 Jan 1870
Civil War Veteran - C Lot 16 (Stone is down)		
OCHS Theodor	33y & 22d	22 Jan 1870
SCHMIDT Joseph - 87y	19 Mai 1794	27 Juli 1881
ssa " Maria Anna - 66y	8 Dec 1804	17 Apr 1870
MATHEIS Anna	72y	13 Jul 1879
Gewesene **SCHMIDT**		
KRASS Margaretha	15 May 1803	12 Nov 1878
FISCHER Magdalena	59y	29 Sep 1876
nee **STERN**, w/o Johannes		
_?____TECH Nikolaus	20 Oct 1871 ?	1877
HASZ William J, Jr	21 Jun 1909	29 Nov 1924
ssa **MATHEIS** Elvira	26 Nov 1907	21 Mar 1927
HASZ		
ssa " Infant son	21 Mar 1927	7 Apr 1927
THYE Harry	1893	(16 Jan) 1968
ssa " Elizabeth	1893	(18 Jun) 1935
SPARKS Robert - Father, C Row 28	1886	(12 Apr) 1956
ssa " Mathilda - Mother	1891	(20 Sep) 1977
BLOUNT Joseph - Father	1898	(20 Apr) 1950
BINDER Frank W	1875	(13 Aug) 1955
ssa " Rose C	1887	(23 Sep) 1971
(d Newport, KY)		
LESSEL Frank	17 Jun 1897	31 Dec 1984
ssa " Agnes	13 Dec 1900	23 Jul 1984
GILLICH Margaret - Mother	1876	(1 Feb) 1952
FRANZ Aloysius L	15 Oct 1907	12 Feb 1996
ssa " Eunice M	9 Oct 1920	- - - -
FRANZ David - Infant	- - - -	19 Jul 1953
GRAU William	20 Nov 1878	5 Aug 1953
Ohio Pvt TRP L 7Regt Cavalry, Spanish American War		
(d Dayton, OH)		
DISTLER Richard - Son	1950	(22 May)1954
SMITH Elizabeth - C Row28	1865	(4 Nov) 1954

Name	BD or AE	DD
SECTION C continued by school		
WULLKOTTE George	1868	1917
ssa " Mary	1868	(26 Mar)1951
KIEFER Joseph	1882	1918
ssa " Anna	1889	(9 Jan) 1968
KIEFER Nick	1910	1983
ssa " Alma	1909	- - - -
BUCHER Susanna - Grandma	1894	(28 May)1974
WAGNER Frank - Father	1876	1925
ssa " Barbara - Mother	1879	(4 May) 1948
FISCHER John E	1875	1928
SCHALK Joseph - C Row 27	1935	(13 Dec)1937
ROTH Herbert J - C Row 27	1924	(23 Aug)1943
MILLER George W - C Row 27	1887	(26 May)1958
ssa " Sarah A - C Row 27	1888	(27 Sep) 1944
(d Newport, KY)		
HOLMES Robert J -Bobby	1929	1932
SMITH Joseph W - Father -C Row 27	1859	(30 Jan) 1945
BEISER Nicholas	1888	1948
ssa " Josephine - C Row27	1887	(7 Apr) 1979
HOLTHAUS Anthony C - C Row 27	1893	(16 Jun) 1961
ssa " Marie C Row 27	1891	(14 Jun) 1948
KASTER Michael - C Row 27	1895	(13 Mar)1952
ssa " Hilda E - C Row 27	1904	(25 Sep) 1948
HERRMANN George	19 May 1892	7 Dec 1956
Ohio Cpl 818 Co MTC World War I - C Row 27		
HERRMANN Raymond - Son - C Row27	1925	(2 Jun) 1949
WIECHMAN Ralph F	29 Mar 1918	17 Oct 1990
ssa " Helen R - C Row 27	22 Sep 1917	6 Aug 1949
(d New Mexico)		
BELLMAN Barbara M - C Row 27	1865	1950
nee **SCHOTT** - Mother		
DESSAUER Reuben J - C Row 27	1881	(19 Jun) 1954
ssa " Eva B	1884	(24 May)1963
SCHRANTZ Dorothy - C Row 26	1887	(26 Jun) 1964
SCHRANTZ John - C Row 26	1887	(12 Nov)1946
HOLTMANN Gladys	15 Mar 1899	6 Dec 1988
HEITMANN Frank - C Row26	25 Jul 1875	24 May 1946
LUEBBERST Frank - C Row 27	1869	(29 Oct) 1946
ssa " Frances - C Row 26	1869	(1 Feb) 1943
VOGERL Frank - Father - C Row 26	1866	(3 Sep) 1942
ssa " Cecelia - Mother - C Row 26	1870	(16 Apr)1943
BENDER Edgar - Husband - C Row 26	1898	(4 Feb) 1942
ssa " Theresa - Wife	1903	1975
HASZ William - C Row 26	1884	(24 Feb)1972
ssa " Katherine - C Row 26	1886	(25 Nov)1941
WUEST Jacob - Father - C Row 26	1862	(18 Jul) 1940
WUEST Catherine - Mother - C Row26	1872	(22 Jul) 1941
WEITZEL Augusta - Mother - C Row26	1873	(3 Jul) 1953
WEITZEL Peter - Father - C Row 26	1869	(12 Mar)1940
_____empty stone base		
ROTH Anna - Mother	1888	(17 Jun) 1935
ROTH Anthony - Father - C Row 26	1874	(3 Dec) 1964
SCHELL Barbara	1882	(26 Mar)1936
PETERSMAN Henry - C Row 26	1893	(20 Aug)1971
ssa " Lillian & Infant Daughter	1893	(6 Nov) 1931
ERTEL Mary C - Mother	1865	(23 Oct 1933)
ERTEL John - Father	1830	(12 Apr) 1927
HAENNING Michael - Father	1871	1928
ssa " Kate - Mother - C Row 26	1876	(27 Jan) 1944
BUCHER Wilhelmina - Mother	1886	(24 Dec) 1934
ssa " Blasius - Father	1883	(14 Apr) 1965
ssa " Heinrich	9 Juli 1908	22 Apr 1916

Name	BD or AE		DD
SECTION C continued by school			
ERDMAN John B - Father		1882	(1 Aug) 1957
ssa " Marie A - Mother		1902	1989
SCHALK Henry A		1925	(7 Jul) 1926
KOPFTE Maria M	19 Aug	1887	27 Juli 1888
ssa " Friederika	19 Aug	1887	13 Sep 1888
BITTNER Edw.		1886	1892
_____? Magdalena	59y		23 Sep 1876
SCHMIDT Anna M	72y		13 Juli 1879
SCHMELZLE Catherine	25 Jan	1905	19 Dec 1908
d/o C & K			
SCHMELZLE Charles - s/o C & K		1904	1904
VOGERL Lawrence		1900	1900
VOGERL Lillian		1896	1897
PETERS Mary A nee **HEID**		1877	1914
MUELLER Dorothea - Mother		1818	1890
ANTE Anthoney & Julia - My Parents	- - - -		- - - -
(Julie	74 y		10 Dec 1923)
BRAUN Michael	10 Mai	1814	1 Aug 1889
TUCHFEROER Georg	5 Apr	1806	4 Apr 1889
RIESTER Katharina	12 Apr	1855	24 Apr 1888
nee **MAIER**, 33y 1m 12d			
BRAUN Anna Maria	31 Juli	1824	6 Apr 1887
TUCHFEROER Maria M	25 Jun	1795	11 Jan 1886
PILLER Joseph A - Grandson -B4		1928	(10 Jul) 1939
PILLER Joseph - Father - Sec B4		1870	(5 Nov) 1926
& large head stone with a statue			
PILLER Frances - Mother		1872	(15 Dec)1948
UDRY Lorenz	73y		6 Dec 1880
SCHWABLE August - Father		1844	1880
DENIER Nicholas	16 Nov	1823	7 Nov 1880
56y 11m 23d			
HARTMYER Anna	15 Feb	1866	20 Aug 1880
BITTNER Catharine		1818	26 Mai 1880
WISSEL Clara A - B7	15 Jun	1891	12 Oct 1974
SIGRIST Magdalena		1843	1880
Mother, w/o John P			
_____empty stone base			
_____ Joseph, only a footstone			
SCHOPP Sebastian J - Father		1836	1879
SCHOPP William - Brother		1861	1886
BEILMANN August - C Row 13		1845	(d 12 Jul)1920
Civil War Veteran			
ssa " Frances		1855	- - - -
ssa " Lena		1857	(10 Apr 1947)
TRAUT Nicholas G- Husband		1856	(18 Feb)1928
ssa " Mary Susan- Wife		1858	(23 Jul) 1920
WENTZEL Elmer - Daddy		1899	(31 Aug) 1928
BAKER Emily **WENTZEL**	27 Jul	1900	15 Dec 1988
BAKER Elmer - Daddy		1897	(4 Apr) 1962
WENDLING Philip - Father-C Row25		1857	(8 Feb) 1943
WENDLING Emma - Mother		1858	(25 Feb)1927
GANTER Frank, born in Alsace		1861	(30 Oct) 1934
SCHEUERMANN Mary		1875	1936
SCHEUERMANN Mary		1876	(16 Jul) 1935
ssa " John		1870	(29 Sep) 1947
HOEHN Louis J - Father		1871	1936
ssa " Magdalena - Mother -C Row25		1872	(28 Oct) 1952
KRAUS William E - Father-C Row25		1884	(22 Jan) 1940
ssa " Frances C - Mother- C Row 25		1882	(6 Sep) 1956
MOORE William F - C Row 25		1891	(18 May)1940
ssa " Irene E		1894	1989

Name	BD or AE		DD
SECTION C continued by school			
MOORE William H		1919	1992
ssa " Camilla M		1929	- - - -
GROSSER John - C Row 25		1872	(8 Jul) 1955
ssa " Anna - C Row 25		1874	(7 Feb) 1941
HONNERT Emil J- C Row 25		1881	(28 Aug)1950
ssa " Emma F- C Row 25		1877	(7 May) 1941
DALL Herman H - C Row 25		1874	(9 Sep) 1963
(d Clay City, FL)			
ssa " Mary C		1875	(18 Dec) 1942
DICKMAN Erlene Eva	6 Feb	1929	20 Jun 1946
Our Dolly - C Row 25			

SECTION B

Name	BD or AE		DD
STALL Margaret- B 27		1884	(20 Feb 1978)
ssa " Harry - B 27		1886	(8 Mar) 1947
RITTER Josepha A - B21	29 Dec	1895	17 Oct 1972
RITTER Gustav A - B21	17 Aug	1889	25 Jan 1968
MACKE Baby - B 18	- - - -		(4) Apr 1955
SCHMIDT Baby - B 18	- - - -		21 Dec 1954
MOTSCH Albert - Baby	(23d)		30 Aug 1958
BINDER Charles - Father- B20		1877	(27 May)1954
ssa " Augusta - Mother-B20		1882	(29 Apr) 1946
_____2 Empty stone bases			
WILPERS William W	14 Oct	1919	1 Jan 1996
S Sgt U S Army World War II			
BRUNS Audrey - B17	3 Jan	1920	30 Jan 1961
BRUNS Pfc Howard F	24 Apr	1918	10 Apr 1945
32nd Inf 7th Div Co H died in service overseas			
BRUNS Albert J, Sr, Father	7 Sep	1891	26 Aug 1967
BRUNS Flora C - Mother	18 Jul	1892	27 Jul 1963
STALL Philomena - B16		1874	(17 Jul) 1958
ssa " Barbara **HENRICH**		1874	1956
STALL Anna - B16		1879	(10 Feb)1959
STALL William- B16		1881	1948
SIESS Flora M	25 Sep	1895	17 May 1984
SIESS Joseph W	15 Aug	1895	13 Nov 1974
Pvt U S Army - B15			
STROBL Joseph	2 Oct	1891	21 Jan 1971
Ohio Pvt 877 Aero SQ WW I - B14			
STROBL Sherman - Son, Flower Urn		1918	(10 Jul) 1939
STAIGL Patricia- Daughter	11 May	1947	24 Jul 1991
CHRISTMAN Ida M - Wife- B10		1889	(31 Oct) 1944
CHRISTMAN William J - Husband		1878	(23 Sep) 1954
HONNERT Joseph B- B9		1889	(12 Feb) 1974
WISSEL Leona P- B7	5 Dec	1882	15 Nov 1973
WISSEL Jacob - B7		1851	1928
WISSEL Josephine nee **DENIER**		1850	(12 Jan) 1929
WISSEL Philip- B7		1886	(16 Oct) 1948
MORROW James- B1		1868	(14 Mar 1949)
ssa " Margaret- B1		1871	(28 Jun) 1943
WALTER John - B1		1859	(18 Apr) 1938
ssa " Margaret- B1		1861	(10 Jun) 1926
KINNE Irene E- B2		1901	(8 Aug) 1979
(d. Lawrenceburg, IN)			
KINNE Wilbur A- B2		1904	(15 Jan) 1958
KINNE Ruth- B2		1905	(23 Jul) 1976
ERRAS Edward- A7N		1900	(4 Jun) 1976
married 50 years & porcelain picture of them on stone			
ssa " Emma		1902	(9 Jun) 1976
KLEIN Jacob - B5		1883	(12 Jan) 1927
ssa " Mary- B5		1884	(12 Nov) 1966

SECTION B continued

Name	BD or AE		DD	
GUTZWILLER Leo- B3		1899	(20 Mar)1973	
ssa " Casper- B3		1854	(21 Jun) 1926	
ssa " Mary - B3		1866	(4 Apr) 1950	
GUTZWILLER Louise- B3		1909	(11 Jun) 1949	
KLEIN William D	12 Jan	1922	27 Nov 1987	
RUSKAMP Marie K		1910	1984	
ssa " Infant Mary- B5		----	(8 Aug) 1934	
WIESMAN Marie A - Mother- B6		1898	(11 Jun) 1928	
DENIER Joseph, Sr - B8		1863	(28 Nov)1936	
ssa " Annie - B8		1865	(19 Mar 1942)	
ssa " Joseph, Jr - B8		1895	1928	
HONNERT Ethel R		1907	1986	
KROEGER J E - B10		1865	(31 Jul) 1930	
KROEGER K - B10		1867	(19 Mar)1938	
MANTSCH Stephen- B11		1866	(18 Mar)1937	
ssa " Maria- B11		1873	(15 Apr) 1950	
NICHOLS Exina - Grandma- B12		1878	(21 Jan) 1957	
WATERS Rilla May - Mother- B12		1907	(19 Jan) 1938	
ENSLEIN Max - B13		1870	(2 Dec) 1950	
ssa " Matilda - B13		1885	(19 Dec)1939	
STROBL George J - B14		1889	(16 Jul) 1964	
ssa " Marie L - B14		1889	(21 Jun) 1980	
ALFING Henry B - B15		1865	(12 Mar) 1945	
ssa " Catherine - B15		1868	(14 Aug) 1951	
ULRICH Frank - Father		1878	1936	
ULRICH Mary - Mother - A17		1882	(11 Feb) 1957	
ULRICH Franklin - Husband - A17		1903	(8 Jan) 1962	
ULRICH Stella - Wife		1903	1989	
_____ 2 Empty stone bases				
SCHWARTZ George - B19		1866	(27 Feb) 1963	
ssa " Katherine - B19		1879	(23 Mar) 1961	
TOELKE Ralph A - B20		1908	(17 Nov) 1951	
ssa " Ethel nee BINDER		1909	1984	
BINDER Alexander - B21		1870	(2 Apr) 1947	
ssa " Barbara		1874	1947	
KOCK Kenneth R - B22	8 Aug	1945	14 Sep 1945	
ssa " Mary Jo - B22		----	28 Jun 1947	
ssa " Joseph H - B22	19 Aug	1912	25 Jan 1985	
ssa " Marie D	12 Mar	1914	6 Apr 1996	
WESTRICH Jacob A - B23		1872	(24 Feb)1958	
WESTRICH Ida GEISER - B23		1879	(9 Dec) 1981	
(d Butler Co, OH)				
GEISER Frank A - B24	13 Jun	1881	7 Aug 1972	
ssa " Rosa - B24	29 Jan	1881	8 Mar 1964	
KALLAGE Clemens A - B25		1901	(6 Feb) 1982	
married 12 Feb 1929				
ssa " Johanna J		1896	1990	
ssa " Adalbert - B25		1930	1947	
SIGL John - Father - B26		1884	(31 Mar) 1950	
ssa " Elizabeth - Mother		1885	(27 Aug) 1948	
JANSZEN John H - Father - B28		1878	(10 Nov) 1954	
ssa " Dora B - Mother		1890	(6 Dec) 1980	

SSECTION A

Name	BD or AE		DD	
FREY Rose BERLIER	5 Oct	1889	27 Jun 1983	
FREY William M E - A23	4 Oct	1892	23 May 1963	
KAMMER Jack B		1900	1992	
ssa " Ada M		1899	1993	
SCHMIDT Frank H - A19		1913	(11 Feb) 1974	
ssa " Anna - A19		1913	(13 Feb) 1982	
WENNINGER John F - A18		1883	(8 Jul) 1970	

SECTION A & B continued

Name	BD or AE		DD	
MILLER Lawrence G - A18		1909	(4 Mar) 1965	
BERNS Anna - Mother - A17		1880	(21 Apr) 1969	
BERNS Theodore - Father - A17		1875	(10 Oct) 1946	
HAUBNER Joseph - A15	22 Jul	1895	10 Jul 1983	
ssa " Marie - A15	9 Jul	1897	12 May 1977	
BAUMEL Edward J	14 Dec	1902	3 Dec 1952	
Ohio Pfc 26 Base HQ AB SQ AAF World War II				
BAUMEL Catherine - Mother		1866	1942	
BAUMEL Michael - Father - A14		1858	1925	
BAUMEL Louis J - Son - A14		1898	(15 Jul) 1959	
STEHLING Bertha M - Sister - A13		1874	(23 Nov) 1948	
GROTHAUS Helen M nee SCHECK		1906	1992	
WACHTER Dorothea		1847	1915	
SCHON Albert C - A12		1920	(3 Aug) 1925	
SCHON Elsie - A12		1892	(25 Jan) 1965	
SCHON Christ - A12		1888	(7 Nov) 1967	
STAIGL Teresa Lynn - Daughter-A11	(10d)	25 Dec	1955	
GRAFF Celestine M - A10		1914	(5 Nov) 1949	
FATH Leona - Wife - A9		1897	(15 Jun) 1931	
BRAUN Anna - Mother - A8		1892	(24 Mar)1934	
(d Hamilton, OH)				
HASSELWANDER Agnes- Mother-A8		1869	(5 Feb) 1946	
HASSELWANDER Michael- Father		1867	(21 May)1930	
ERRAS John - Father - A7N		1862	(3 Mar) 1939	
ssa " Caroline - Mother - A7N		1862	(12 Jun) 1935	
BRAUM Caroline - A7		1870	(19 Nov)1958	
BRAUM John M - A7		1862	(5 Sep) 1955	
RIES Bertha - A6		1888	(19 Sep)1955	
RIES Edmund M - A6N		1881	(23 Apr)1963	
MOCK Catherine - A6		1874	(18 Nov)1961	
(d Hamilton, OH)				
MOCK Henry - A6		1865	(26 Jul) 1952	
GEIST Estella E	12 Aug	1888	10 Nov 1920	
nee STENGER				
FATH John - Father - A9		1862	(12 Sep) 1932	
ssa " Josephine - Mother - A9		1864	(4 Oct) 1928	
GRAFF John - A10		1879	(19 Feb)1957	
ssa " Mollie - A10		1883	(16 Nov)1954	
GRAFF Henry - A10		1853	(31 Dec)1943	
ssa " Eva - A10		1861	1918	
WITTMAN John		1865	1939	
ssa " Margaret		1867	1946	
ssa " Clara		1893	1925	
STAIGL Raymond		1923	----	
ssa " Virginia		1923	----	
GRIESHOP Joseph W	1 Feb	1915	6 Oct 1988	
ssa " Ruth L	7 Sep	1912	----	
BURGER Rose M - Mother - Lot 106		1885	(24 Apr)1939	
BURGER Albert J - Father - Lot 106		1883	(9 Oct) 1967	
WOLMER Pfc Joseph C - Son - A16		1918	(2 Feb) 1946	
(d. Cleveland, OH)				
ssa " Irma A - Daughter		1926	1927	
ssa " Gertrude - Mother - A16		1893	(25 Jun)1981	
(d Winfield, IL)				
ssa " Joseph B - Father		1895	1983	
DISTLER Albert - Lot 120	26 May	1895	29 Oct 1960	
DISTLER Martha	12 Oct	1896	18 Oct 1988	
MILLER John W - A18		1890	(12 Jun)1946	
MILLER Catherine (Kate) - A18		1891	(18 Jul) 1979	
MILLER Jerome E - A18		1914	(8 Feb) 1973	
WINGERT Frank - Father - A19		1893	(4 Dec) 1947	
ssa " Anna - Mother - A19		1894	(29 Nov)1958	

Name	BD or AE			DD		

SECTION A continued

_____Small Angel statue without inscription

SCHMIDT Stephen	4 Mar	1936	28 Sep	1946		
Our son & Grandson - A19						
WIESMAN Frank X - Lot 19	19 Apr	1859	1 Apr	1949		
ssa " Frances - Lot 19	28 Oct	1859	9 Nov	1929		
WIESMANN Peter - Lot 19		1805		1891		
ssa " Barbara - Lot 19		1806		1875		
KAMMER Charles P - Father - A20		1892	(8 Aug)	1970		
ssa " Lena M - Mother - A20		1891	(31 Mar)	1979		
CABLE Michael G - Child - Lot 148S		- - - -	31 Jul	1969		
FREY John A - Johnny - A21		1938	(27 Jan)	1954		
FREY John, married 47 years		1904	(11 May)	1982		
ssa " Dorothy		1904	(19 Aug)	1978		
FREY Richard E - A22	15 Feb	1907	28 Nov	1986		
ssa " Irene J	1 Aug	1907		- - - -		
DENIER Daniel G	8 May	1949	19 Jun	1991		
DENIER Jerome A - Lot 164	28 Dec	1903	1 May	1968		
(d Wilmington, OH)						
DENIER Genevieve M	10 Dec	1907	17 Feb	1995		
DENIER Grace R - Lot 164	18 Jul	1907	15 Apr	1973		
DENIER Caroline	27 Nov	1804	8 Jan	1938		
nee **BRIELMAIER**, Mother - Lot 164						
DENIER John A - Lot 164	29 Nov	1856	17 Feb	1946		
DENIER Mary C - Daughter	1 Sep	1899	7 Jun	1991		
RENSING William A - Lot 163		1884	(12 Jun)	1965		
ssa " Emma J - Lot 163		1885	(14 Aug)	1973		
(d Ft Thomas, KY)						
VEITE Josephine		1915		1990		
VEITE Daniel - Lot 163		1910	(18 Sep)	1956		
PILLER Alvin J - Lot 149		1896	(19 Mar)	1951		
PILLER Lillian - Lot 149		1898	(27 Mar)	1979		
ENGEL Frances Clara-Lot 148	7 Oct	1911	31 Jul	1949		
ENGEL Herman J - Lot 148	2 Mar	1909	3 Jun	1982		
ENDRES Paulina - Lot 148	13 Jun	1897	22 May	1992		
ENDRES Jacob - Lot 148	3 Nov	1892	29 Jul	1949		
WIESMANN Rose M - Lot 135		1887	(1 May)	1963		
WIESMANN Thedore - Father-Lot 134		1861	(30 Nov)	1951		
ssa " Catherina - Mother		1865	(12 Jan)	1944		
WESTRICH Edwin T	21 Aug	1907	27 May	1987		
Father						
ssa " Frances C - Wife	6 Jan	1906		- - - -		
MIDDLEKAMP Frank - Lot 133		1874	(1 Mar)	1941		
ssa " Catherine nee **SAGEL**		1875	(1 Mar)	1939		
RACK James - Lot 132	8m		(25 Apr 1945)			
RACK Carol - Infant - Lot 132		- - - -	(31 Oct 1940)			
HAUBNER Barbara R-Lot 120	12 Dec	1866	24 Jul	1967		
HAUBNER Joseph, Sr	12 Feb	1855	25 Jul	1949		
BERNHARDT Emma M	8 Jun	1894	28 Apr	1985		
BERNHARDT Stanley O-Lot 120		1922	(10 Apr)	1926		
_ _____?, Eileen		1924		1926		
WALTER Joan L	9 Aug	1934	2 Apr	1982		
nee **SCHULTE**, Mother - Lot 119						
SCHULTE Catherine J - Mother		1891	(31 Jan)	1973		
SCHULTE Herman H - Father-Lot 119		1891	(26 Nov)	1938		
BURWINKEL Catherine	27 Mar	1893	1 Jun	1956		
(d Hamilton, OH) Lot 118						
BURWINKEL Frank J	28 Apr	1888	26 May	1967		
BURWINKEL Harold	23 Apr	1943	24 Apr	1943		
BURWINKEL Norbert J	4 Jan	1922	18 Nov	1923		
REINHART Frank - Lot 107		1862	(21 Jan)	1929		
ssa " Catherine - Lot 107		1866	(3 Nov)	1939		
REINHART Gertrude - Lot 107		1901		1921		

Name	BD or AE			DD	

SECTION A continued

WEBER Louis - Lot 14		1855	(19 Nov)	1935	
ssa " Katherine - w/o Louis		1850		1917	
BIEHLE Elmer -Lot 13		1911	(1Jun)	1968	
BIEHLE Alvin - Lot 13		1907	(29 Sep)	1972	
BIEHLE William - Lot 15		1868	(30 Aug)	1955	
BIEHLE John - Lot 15		1879	(28 Dec)	1963	
BIEHLE William - Lot 15		1841		1925	
ssa " Mary		1848		1914	
DENNIS Frank -Lot 16	21 Oct	1837	?1 Jan	1877	
FRICKERT Mary E - Mother-Lot11		1853	(19 Feb)	1935	
FRICKERT Joseph C - Father-Lot11		1850		1901	
MILLER Anna - Mother		1869		1922	
HELT Paul - Lot 17		1847		1909	
ssa " Emma w/o Paul - Lot 17		1848	(22 Jul)	1929	
ssa " Eddie - Lot 17		1876		1877	
STENGER Andrew & his wives		1844		1922	
ssa " Louisa - Lot 18		1842		1975	
ssa " Margaret - Lot 18		1852		1924	
_____Top 1/2 of stone gone		- - - -		- - - -	
HONNERT Cora M - Baby		1917		1918	
GRIEST Johannes	5 Mai	1795	16 Jan	1882	
born in Pa- -?ingen, Frankreich					
POTTWEIN _____ half of stone gone		1805	- - Aug	1894	
born in Bayern					
ssa " Barbarra	25 Dec	1803	13 Mai	1881	
s/o J Pottwein					
_____?	20 Jan	1870	23 Jun	1870	
LUICHINGER Martin Sebastin, Jr	Infant			- - - -	
s/o Martin & Barbara					
LUICHINGER Martin	- - Aug	1828	2 Mai	1872	
HILL Annie C - Lot 6		1857	(18 Nov)	1936	
ELDER Margaret - Lot 6		1852	(14 Feb)	1938	
OEHLER Charles A - Lot 8		1853		1902	
_____ Empty stone base					
STOECKEL Anthony F - Father		1892	(23 Sep)	1953	
ssa " Elizabeth F - Mother -Lot11		1895	(1 Sep 1978)		
(d Indianapolis, IN)					
GARBON Robert A		1912		1984	
ssa " Catherine **AUG**		1907		1994	
McNEES George W - Lot 12		1907		1988	
ssa " Katherine - Lot 12		1905		- - - -	
WEISS Joseph - Lot 104		1886	(9 Aug)	1943	
WEISS Emil		1854	(9 Jan)	1931	
ssa " Johanna		1852	(11 Jan)	1943	
WEISS Frank J - Lot 104		1885	(27 Aug)	1963	
ssa " Anna M - Lot 104		1891	(10 Jan)	1970	
STENGER Philip	17 Aug	1860	5 Sep	1926	
ssa " Mary - Lot 9	16 Jun	1863	24 Sep	1943	
nee **SCHMIDT**; (d Tampa, FL)					
GILES Myrtle w/o C W - Lot 16		1887		1908	
FRICKERT Anthony - Father-Lot 16		1869		1904	
EDELMAN Alma - Mother- Lot 14		1890	(15 May)	1934	
AHAUS Hubert A	31 Oct	1902	30 Jan	1983	
Pvt U S Army - World War II					
REINHART Sebastian	24 Feb	1867	27 Feb	1949	
REINHART Gertrude - Lot 107		1827		1898	
ssa " Franz - Lot 107		1829		1907	
BRIELMEYER John- Lot 107	1 Dec	1871	28 Sep	1959	
BRIELMEYER Elizabeth	20 Mar	1874	17 Feb	1948	
BURWINKEL Lawrence		1914		1991	
ssa " Martha - Lot 118		1921	(20 Jan)	1973	
_____? Bobbie		1914		1939	

Name	BD or AE	DD
SECTION A & B continued		
AUSTING Robert - Father - Lot 121	1885	(17 Nov)1950
(s/o John Austing & Catherine **SUMME**)		
ssa " Rose - Mother w/o Robert	1883	(24 Mar)1956
(nee **McDONALD**)		
KIST David Edward - Lot 132 7 Aug	1960	4 Jul 1962
RACK Charles - Son - Lot 132	1920	(26 May)1943
RACK Frank - Lot 132	1891	(26 Jun)1947
RACK Bertha C - Lot 132	1893	(22 Dec)1973
RACK Edna	1925	1983
RACK Walter C - Lot 132 17 Jul	1932	19 Apr 1953
STERWERF George E - Lot 135	1884	(28 Nov)1959
(d Hamilton, OH)		
STERWERF Mary M - Lot 135	1886	(19 Mar)1959
GEISER Scott Ronald - Son-Lot 135	1959	(27 Jan) 1962
GEISER Herbert W - Father-Lot 135	1904	(1 Jun) 1978
ssa " Elsie C - Mother-Lot 135	1905	(12 Oct)1974
YOUNG George - Lot 136	1902	(17 Feb)1958
PERRANT Joseph C-Lot 147 13 Mar	1890	20 Jun 1949
PERRANT Mary A - Wife 22 Sep	1893	27 Oct 1982
GLINDMEIR Fred W - Lot 114	1876	(7 Nov) 1959
KOHL Gertrude Marie	1913	----
SMITH William J - Father-Lot 150	1870	(28 Mar)1945
SMITH Alice - Mother - Lot 150	1876	(11 Nov)1943
HAUTZ John - Father - Lot 150	1857	(12 Apr)1944
(s/o John & Lena Hautz)		
NIEMAN Mary Ann - Lot 165	1901	(16 Apr)1970
NIEMAN Mary A - Nettie	1891	(30 Nov)1967
(d Hamilton, OH)		
NIEMAN John A	1901	1983
NIEMAN Albert - Lot 165	1893	(16 Jun)1964
(d Butler Co, OH)		
NIEMAN Anthony J - Lot 165	1864	(- - Jan) 1929
NIEMAN Mary Anna nee **DENIER**	1867	(18 Mar)1954
NIEMAN Mary Louise - Lot 166	1898	(23 Jan)1960
(d Hamilton, OH)		
O'ROURKE John J - Lot 166	1907	(24 Mar)1967
O'ROURKE Marion C nee **NIEMAN**	1906	1991
FISCHESSER Vincent- Lot 161	1855	(23 Mar)1956
FISCHESSER Mary nee **SCHWAB**	1924	----
FISCHESSER Vincent F	1925	----
SCHON John H - Father	1883	(3 Nov) 1978
SCHON Bertha - Mother - Lot 151	1887	(29 Jul) 1958
SCHON Earl - Son - Lot 151	1908	(19 Sep)1933
RIES Robert A 5 Aug	1925	8 Mar 1995
ARM 3 U S Navy, World War II		
WIESMAN Clyde	1930	- - -
married 23 April 1987		
ssa " Marjorie	1935	----
RIES Margaret - Mother	1910	1994
RIES Lawrence - Father - Lot 146	1908	(18 May)1948
BROSS Frank L 19 Nov	1917	28 Dec 1989
married 11 July 1942		
ssa " Viola C nee **TICE** 29 Apr	1918	9 Apr 1995
BROSS Alvina F 21 Aug	1881	31 Oct 1970
BROSS Leo C - Lot 131 26 Nov	1879	3 Jun 1962
TROESCHER Arthur	1900	1991
ssa " Dorothy	1914	----
OEHLER Clarence E - Lot 117	1898	(10 Mar)1949
OEHLER William A - Lot 117	1863	(2 Sep) 1929
ssa " Mary A - Lot 117	1865	(8 Sep) 1953
HAENNING Frank - Son - Lot 94	1908	(25 Feb)1941
KISTNER Clara C-Lot 93 23 Jun	1897	22 Jan 1991

Name	BD or AE	DD
SECTION A & B continued		
KISTNER Albert M 20 Apr	1895	30 Jul 1974
LD SQ MA 1 U S Navy; (d. Lee Co, FL)		
BROSS Charles - Lot 10	1855	1891
ssa " Rosa A & their stone	1859	(30 Oct) 1943
was surrounded by the following names on footstones:		
Father, Mother, Charles, Helen, Bertha, August,		
Elenora, Alphons.		
STENGER Henry - Lot 9 15 Jul	1805	17 Jul 1877
OEHLER Charlotta C - Lot 8	1877	1896
OEHLER Simon P - Lot 8	1825	1907
ssa " Barbara, (81y 10m 25d)	1804	(30 Dec)1915
ssa " Gregor Albert 7 Jun	1855	30 May 1876
ssa " Leona Stephana __? 14d		20 Aug 1879
ssa " Elenora Maria 14 Jul	1875	14 Jan 1876
HONNERT Magdalena - Lot 7	1841	1915
HONNERT Matthias - Lot 7	1842	1910
HONNERT Fredrick - Lot 7 24 Jun	1799	14 Mai 1876
ssa " Margaret nee 11 Oct	1802	20 Nov 1876
DEIDAMIR, w/o Fredrick		
WENTZEL Elizabeth - Lot 6	1826	1878
WENTZEL Fred - Lot 6	1865	1903
HILL Lewis R - Lot 6	1838	1894
RIES Michael - Lot 62 2 Aug	1820	10 Apr 1897
RIES Edmund - Father	1857	(12 Dec)1919
BITTLINGER Katharina 17 Apr	1845	7 Sep 1876
nee **RIES**; Lot 63		
WISSEL George C - Husband	1871	(5 Dec) 1942
ssa " Mary A - Wife -- Lot 72	1882	(1 May) 1958
BEDEL Andreas - Lot 73 15 Marz	1811	24 Aug 1879
ssa " Regina 15 Sep	1827	3 Mar 1911
SCHMIDT Ferdinand - Father	1830	(15 Nov)1920
ssa " Margaret - Mother - Lot 74	1842	(15 Feb) 1936
SCHMIDT Aloysius J 22 Oct	1882	22 Oct 1963
SCHMIDT Elizabeth - Lot 74 2 Jun	1886	27 Jan 1968
SCHMIDT Henry - Lot 74	1880	(6 Nov) 1952
HAUBNER Michael 27 Nov	1834	5 Aug 1886
KISSICK Virginia - Lot 84	1917	(27 Jul) 1937
_____? Magdalena	----	----
DEPENBROCK Ben	----	----
DEPENBROCK Anna - Lot 85	(73y)	(12 Aug 1942)
ERDMAN Joseph - Lot 84	1849	(11 Jan)1930
ssa " Anna - Lot 84	1851	(6 Nov) 1935
ERDMAN Georgie Mae - Lot 84	1930	(21 Dec)1936
KISTNER Theodore - Father - Lot 93	1852	(9 Mar) 1936
ssa " Mary B - Mother - Lot 93	1850	1915
ROSENER Baptist 29 Nov	1830	2 Marz 1888
KAMMER Peter - Lot 103 4 Dec	1827	7 Feb 1905
ssa " Susanna nee **BACKES** 31 Aug	1829	4 Apr 1887
HENNEL Peter - Lot 108 15 Jun	1823	11 Jun 1904
ssa " Margaretha 29 Sep	1823	23 Jul 1887
nee **BENNUA**		
ssa " Michael 17 Juli	1863	20 Dec 1910
ssa " Josephine 4 Juli	1864	16 Mai 1938
RETTIG Joseph - Lot 116	1870	(22 Apr)1933
RETTIG Josephine - Lot 116	1881	(4 Mar) 1966
(d Covington, KY)		
TROESCHER Edmund - Lot 122	1897	(1 Dec) 1973
(d Covington, KY)		
ssa " John - Father - Lot 122	1871	(13 May)1942
ssa " Caroline - Mother	1874	(26 Mar)1945
BOING Joseph - Lot 131	1877	(22 Jun) 1951
(d Batesville, IN)		

Name	BD or AE	DD
SECTION A & B continued		
YOUNG Anthony G - Lot 131	1877	(16 May)1964
(d Batesville, IN)		
ssa " Elizabeth A - Lot 131	1883	(15 Apr)1957
(d Batesville, IN)		
BOING George - Lot 131	1873	(21 May)1941
BOING Georg - Lot 131	6 Jan 1836	3 Aug 1896
ssa " Elisabeth	8 Jun 1842	19 Oct 1916
YOUNG Edward A - Lot 136	1904	(29 Jan) 1957
ssa " Irene B	1905	1984
RIES Emil - Father - Lot 146	1881	(14 Jul) 1929
ssa " Catherine - Mother	1884	1947
RIES Alvera - Lot 146	1912	(5 Apr) 1982
(d Dayton, OH)		
HAUTZ Edgar - Lot 151	1903	(28 Aug)1932
(s/o John Hautz & Caroline nee **GRISKEN**)		
WEBER Edna - Mother - Lot 167	1894	(21 Mar)1932
WEBER Louis - Father - Lot 167	1888	(10 Sep)1953
RUPPENTHAL Harry W C - Father	1875	(14 Mar)1945
RUPPENTHAL Theresa **MEYER**	1876	(27 Apr)1931
Mother- Lot 160		
WURZELBACHER Frank - Father	1914	1986
ssa " Josephine - Mother	1916	(7 Jul) 1971
(d Hamilton, OH) Lot 152		
RIEHLE Margaret - Mother- Lot 152	1873	(23 Feb)1929
RIEHLE Joseph C - Father - Lot 152	1880	(4 Aug) 1959
RUBERG Clifford J - Dad	28 Nov 1887	7 Jan 1986
HEHN Helen nee **WIEST** - Lot 137	1895	(3 Aug) 1948
WIEST J - Father - Lot 137	1861	1908
ssa " Carolina - Mother	1866	(31 Mar)1922
SPINDLER Louise - Baby	10 Oct 1954	12 Oct 1954
_____? Mayme	- - - -	- - - -
RUBERG Tommy - Lot 137	1928	(20 Jul) 1937
KOCK Herman - Lot 130	1848	(17 Feb)1934
ssa " Mary w/o Herman	1858	1906
HOELSCHER Anita - Daughter-Lot 123	1928	(20 May)1943
HOELSCHER Rose - Mother	1890	(24 Jun)1942
HURLIMAN Anna - Mother- Lot 123	1855	(29 Nov)1929
HURLIMAN Peter - Father - Lot 123	1850	1925
BINDER Wilhelm - Father - Lot 116	1833	1893
ssa " Josephine - Mother- Lot 116	1845	1912
SCHEINER Jacob - Father	1859	1892
ssa " Caroline - Lot 109	1862	1897
SCHELL Aloysius	1889	1956
ssa " Mary A	1891	1975
SCHELL Aloysius - Father - Lot 102	1863	(2 Mar) 1896
ssa " Clara - Mother - Lot 102	1865	(8 Oct) 1916
BUCHERT Louisa - Mother - Lot 95	1871	(21 Jun) 1943
BUCHERT Georg - Father	8 Apr 1824	2 Oct 1881
ZWYGART Amelia	1856	(29 Jan)1938
nee **BUCHERT**, Mother; Lot 95		
SCHOELL Michael - Lot 85	1808	1881
WISSEL Peter - Lot 81	1852	(4 Feb) 1932
(f/o Peter & Emma)		
ssa " Theresa - Lot 81	1854	1916
KAMMER - Large stone without other names		- - - -
GARBON Carrie - Lot 75	22 Apr 1863	28 May 1960
WISSEL Anthony - Lot 72	1880	(23 Jun) 1923
WISSEL Eva - Lot 72	1854	(3 Apr) 1928
WISSEL Adam - Lot 72	15 Aug 1821	25 Sep 1897
ssa " Elisabeth nee	2 Feb 1824	12 Mai 1898
THOMA		
WISSEL Elizabeth - Lot 72	1857	(25 Mar)1931

Name	BD or AE	DD
SECTION A & B continued		
SAGEL Albert - Lot 64	1842	1915
ssa " Ottillia and on reverse side	1842	1912
VOGEL Anton - Lot 64	1809	1868
ssa " Maria G	1801	1866
ssa " Anton	1844	1876
_____Empty stone base		
STEHLE Jacob - Lot 76	1865	1889
GIESLER Viktoria nee	6 Jan 1806	30 Nov 1891
ACKERMAN, born in Oberschoptheim, Gross,		
Herzth. Baden		
STEHLE Charles - Lot 76	1876	1915
STEHLE Mother - Lot 76	1840	1901
STEHLE Father, (Joachin) Lot 76	1833	1906
STEHLE Rose - Lot 76	1869	(5 Jan) 1944
STEHLE William - Lot 76	1883	1894
STEHLE Lilly - Lot 76	1872	1877
STEHLE Amalia - Lot 76	1880	1881
STEHLE Elizabeth - Lot 76	1874	(7 Jul) 1956
STEHLE Severin - Lot 76	- - - -	- - - -
WANG Uncle Matt - Lot 81	1860	(10 Jul) 1940
ssa " Aunt Rose - Lot 81	1868	(15 Jul) 1950
_____ ? Anna	- - - -	- - - -
BITTNER Adam - Lot 86	1841	1916
ssa " Clara S - Lot 86	1843	(16 May)1934
KRASS Harry J - Lot 91	1895	1899
KRASS Edward - Father - Lot 91	1865	(5 Feb) 1941
KRASS Mickael - Father	1826	1915
ssa " Eva - Lot 91	16 Oct 1824	22 Dec 1890
BUCHER Margaretha	18 Mai 1855	31 Aug 1888
nee **KRASS**		
KRASS Barbara - Mother - Lot 91	1865	(24 May)1943
TUMEY Martin - Father - Lot 96	1845	1920
ssa " Elizabeth - Mother - Lot 96	1852	(30 Dec)1925
TUMEY Martha - Lot 96	1904	(25 Feb)1922
TUMEY George M - Father	1878	(22 Jul) 1957
(d. Covington, KY)		
ssa " Emma M - Mother - Lot 96	1884	(2 Jul) 1962
GUTZWILLER ___	- - - -	- - - -
HAMMER Peter	28 Mar 1870	23 Mar 1888
s/o P & M, 17y 11m 25d		
ssa " Peter	8 Jan 1825	13 Aug 1888
Civil War Veteran		
HAMMER George - Lot 110	- - - -	8 Oct 1918
Ohio 158 Depot Brig, WW I Veteran		
ULRICK Deloris E - Sister; Lot 115	1910	(1 May) 1965
LIPP Nellie (**MOORMAN**) Lot 115	1891	(27 May)1949
SMITH Stella Frances	1908	1983
& name of **ZIEGLER** was added to stone.		
SMITH Stanley Henry - Lot 115	1899	(7 May) 1949
ARMBRUSTER Mary - Mother	1865	1901
GUTZWILLER George - Lot 124	1853	1924
GUTZWILLER Stephan R - Father	1878	1902
ssa " Bridget - Mother, Lot 124	1831	1891
WIEST Margaret - Lot 128	1881	(18 May)1967
LEHNBEUTER George	1858	1936
LEHNBEUTER Mary	1858	1916
TUSSEY Elmer - Lot 138	1893	(11 Jul) 1978
ssa " Kathryne - Lot 138	1891	(9 Oct) 1972
THIEMANN Martin - Lot 138	1865	(27 Dec)1937
ssa " Barbara - Lot 138	1867	(6 Nov) 1935
BAUM Millie - Lot 138	1915	(30 Jun)1973
ssa " Jack	1912	- - - -

St James of White Oak Churchyard   Green Township

Name	BD or AE		DD
SECTION A continued			
MEYER Joseph - Father - Lot 143		1838	1913
MEYER Josepnine - Mother- Lot 143		1849	1915
MEYER Herbert - Father		1893	(20 Dec)1972
MEYER Frieda - Mother - Lot 144		1896	(3 Jul) 1980
ssa " Herman A		1892	1893
MENDEL John J - Lot 153		1894	(22 Dec)1970
MENDEL Elizabeth Lot 153		1896	(29 Nov)1974
GUTZWILLER Emil - Lot 159		1863	(9 Nov) 1934
ssa " Theresa **RIESTER**		1865	(15 Feb)1950
MENDEL John - Lot 153		1856	(17 Feb)1940
ssa " Justine - Lot 153		1857	(16 Dec)1939
GEISER Carrie - Lot 154	16 May	1874	2 May 1951
GEISER George M - Lot 87	16 Apr	1876	19 Feb 1967
SCHLACHTER Anna - Mother, Lot143		1875	(5 Jan) 1952
SCHLACHTER Herman - Father		1857	(20 Oct)1945
MEYER Louise C - Lot 143		1888	(28 Apr)1965
(d Montrose, CA)			
WIEST Rose - Lot 139		1880	1890
ssa " Frank - Lot 139		1883	1898
WIEST Mary - Lot 139		1857	(7 May) 1927
ssa " John - Lot 139		1854	1925
WIEST Rosa	18 Feb	1880	22 Jul 1890
ssa " Johann	7 Jun	1823	1904
ssa " Margaretha	6 Jul	1834	1893
nee **KRASS**			
WIEST William J		1900	(29 Nov)1977
ssa " Genevieve		1904	1986
PETRY Joseph - Lot 114		1854	1888
PETRY Nikolaus, Sr - Lot 114		1822	1901
PETRY Margaretha - Lot 114		1831	1897
PETRY Fredericka - Lot 114		1859	(13 May)1949
(d Cheyenne, WY)			
PETRY Nikolaus, Jr - Lot 114		1852	1892
DeBARR Veronica		1857	(21 Sep)1948
ssa " Peter		1848	(14 Jun)1926
REINHART Valentin - Lot 100		1855	(27 Dec 1935)
DUERCK Theobold	19 Nov	1801	15 Jun 1891
ssa " Margaretha	15 Mai	1803	25 Feb 1880
nee **HEMMER**			
REINHART Louise - Lot 100		1845	(27 May)1920
ENGEL Frank J	3 Mar	1894	16 Sep 1972
Ohio Pfc Co D 309 Sup TN; Lot 90			
ENGEL Vincent - Brother; Lot 90		1853	1907
ssa " Joseph - Lot 90	14 Sep	1813	25 Feb 1895
ssa " Margaretha	21 Mar	1820	6 Mar 1896
nee **RADBERGER**			
GEISER Bernadine - Lot 87		1876	(2 Apr) 1938
GEISER Joseph - Lot 87		1874	(14 May)1965
FREY Catherine - Mother - Lot 80		1866	1933
FREY Elias - Father		1861	1927
NEUMAIER Maria - Lot 77	1 Nov	1862	10 Juli 1863
ssa " Maria nee **WEBER**	15 Sep	1822	16 Juli 1878
STENGER Sophia	5 Sep	1848	16 Aug 1889
nee **FRANZ**; Lot 70			
ROW 1 SECTION G			
HERRMANN Anthony - Dad		1893	(12 Feb)1970
HERRMANN Stella - Mother		1894	(22 Aug)1964
BROSS Anthony A (d Butler Co OH)		1880	(6 Feb) 1974
BROSS Ida K		1873	(2 May) 1963
TROESCHER John A		1911	1993
ssa " Gertrude M		1910	1985

Name	BD or AE		DD
ROW 1 - SECTION G continued			
BIGNER Myrtle C	24 Mar	1898	7 Mar 1963
BIGNER Ray	5 Aug	1895	11 Nov 1982
BIGNER Mary Lou	8 Apr	1927	5 Jan 1996
MENKE Louis J		1903	(20 Sep)1975
ssa " Luella C		1906	1986
EHRMAN John J	2 Apr	1899	1 Aug 1963
Father			
EHRMAN Florence	3 Jun	1901	28 May 1979
ROW 2 - SECTION G			
KUSNERAK Kimberlee K	----		2 Mar 1961
KUSNERAK Edward A	8 Feb	1920	----
married 29 May 1948			
ssa " Ethel F	17 Feb	1922	----
FATH Martin F, Father	23 Dec	1896	3 Jun 1986
FATH Emma M	18 Sep	1898	28 Nov 1988
Mother			
MALLARD Clara E	29 Aug	1920	16 Oct 1982
Mother			
MALLARD Michael B	19 Jan	1915	4 Nov 1984
Father			
HERRMANN Carl T	23 Feb	1893	10 Jun 1983
US Army WW I Veteran; 2nd stone			
HERRMANN Carl T	23 Feb	1893	10 Jun 1983
ssa " Margaret L	18 Jun	1899	11 Sep 1977
BETSCH Carl		1899	(17 Mar)1976
ssa " Carrie		1898	1989
SCOTT Carl J		1923	(20 Jan) 1964
STAUTBERG Donald J		1930	(18 Jan) 1964
WIESMAN Edwin R		1911	1980
married 19 June 1935			
ssa " Thecla C		1910	----
MILLER William F	11 Jul	1882	12 Feb 1964
Father			
MILLER Carrie K - Mother	14 Jul	1884	19 May 1965
ROW 3 SECTION G			
DIERSING George C		1901	1985
ssa " Pauline E		1902	1990
LOVE John A	30 Aug	1932	26 Oct 1978
Pvt US Army WW II Veteran; (d Ft Thomas, KY)			
LOVE Barbara T		1912	(22 Feb)1964
HUBERT Kati - Mother		1891	(16 Aug)1973
MEHRLEIN Morgan H		1900	1982
ssa " Hilda I		1902	1984
STARK Nick, Sr		1902	(22 Dec)1970
STARK Theresa		1901	(9 Sep) 1964
KLOSTERMAN James J	30 Oct	1944	26 Jul 1964
BUCHERT Charles J	3 Jun	1894	19 Aug 1965
Ohio Pvt Co F 10 Eng WW I Veteran			
BUCHERT Marie B	4 Jun	1904	21 Aug 1964
Mother			
STROHOFER Albert L		1918	(8 Apr) 1964
STROHOFER Ruth A - Mother		1922	----
ROW 4 SECTION G			
SEIBALD Edward L		1907	1992
ssa " Rosella R		1909	----
GRAFF Clarence		1905	1987
ssa " Stella M nee **DOURSON**		1906	1988
GRAFF Alphonse J	25 Jan	1911	2 Nov 1972
Ohio Tec 4 345 HARCFT Co WW II Veteran			

Name	BD or AE		DD	
ROW 4 SECTION G continued				
DOURSON Oscar		1908	(11 Apr)	1978
ssa " Rosella		1916		1982
MINGES Fred W		1889	(30 Dec)	1964
ssa " Pauline		1898		1983
LUPP Carl H	11 Sep	1918	6 Sep	1990
Sgt US Army WW II Veteran				
LUPP Eloise M		1927	(23 Sep)	1964
LUPP Baby boy	19 Sep	1964	(23 Sep)	1964
SCHMIDT Joseph	26 May	1895	22 Aug	1975
SCHMIDT Elizabeth	23 Mar	1899	7 Apr	1970
NEVIN Thomas Richard	30 May	1910	13 Jun	1964
Ohio TM 2 USNR WW II Veteran				
NEVIN Margaret C	21 Jun	1911		- - - -
ROW 5 SECTION G				
SPAITH Robert		- - - -		- - - -
ssa " Frances		- - - -		1984
DARWISH Joseph P	19 Mar	1920	20 Feb	1991
US Army Veteran				
DARWISH Mildred I	19 Dec	1924		- - - -
PLOGSTED Edward H		1923	(24 Jun)	1980
BM 2 US Navy WW II Veteran				
BUSH Jean Marie	12 Oct	1961	6 Feb	1965
PLOGSTED Anna M	1 Jan	1893	14 Dec	1980
ssa " William P	29 Dec	1889	3 Aug	1976
BUCKREUS John L - Son	4 Nov	1951	8 Jan	1965
FLYNN Rose Ann		1941		1964
ROW 6 SECTION G				
FOLTZER Thresa B - Wife	27 Jun	1898	19 Oct	1967
BETSCH Frank J	28 Nov	1894	22 Jan	1972
Ohio Bugler Co E 319 Inf WW I Veteran				
BETSCH Antoinette PETERS	25 Feb 1903		3 Mar	1985
WALDNER Joseph		1885	(2 Nov)	1965
ssa " Pauline		1885	(18 Nov)	1974
FINDLEY John A	26 Feb	1898	25 Mar	1984
ssa " Alberta M	11 Jul	1903	11 Jul	1979
ssa " James M - Son	3 Oct	1932		- - - -
KIEFER Leonard S	25 Oct	1915	30 Oct	1965
KIEFER Lucy	23 Aug	1920	30 Dec	1971
KELLER Louis	14 Nov	1887	16 Sep	1965
KELLER Mary	14 Apr	1892	16 Jan	1977
ROW 7 SECTION G				
FUTTER Nellie V - Mother		1898		1987
HOFFMANN Joseph		1910	(18 Dec)	1971
ssa " Anna		1883	(14 Jul)	1966
ssa " John		1912	(22 Apr)	1966
BETSCH Edward J	6 Oct	1935	11 Jul	1995
ssa " Janet M	25 Aug	1942		- - - -
WISSEL James C - Son		1957	(19 Jan)	1966
WISSEL Alberta M - Mother		1934	(2 Sep)	1970
HEID Robert	25 Dec	1916	1 Oct	1988
HEID Pauline M	25 Jan	1914	31 Dec	1965
KIEFER John (Lou)	29 Dec	1905	25 Dec	1968
OEHLER Adolph F	23 Dec	1898	19 Dec	1992
ssa " Elizabeth A	21 Jul	1905	15 Nov	1988
McHUGH Margaret C	11 Jun	1912	12 May	1985
BINDER William A, Father	10 May	1883	25 Jun	1966
BINDER Lillian - Mother	11 Mar	1890	13 Feb	1966

Name	BD or AE		DD	
ROW 8 SECTION G				
LEMKUHL Richard		1917		- - - -
ssa " Lucille		1918	(24 Aug)	1966
CISKO Edward J		1898		1987
ssa " Barbara M		1900		1983
CAMPAGNA August S - Father		1902		1989
CAMPAGNA Italia E - Mother		1913	(4 Oct)	1966
FEHRING Mary H nee BECK		1930	(10 Jul)	1967
KAHLES Stephen		1913	(10 Oct)	1966
US NR WW II Veteran				
ssa " Anna M		1910		- - - -
McCOY Mark		1907	(21 Oct)	1966
McCOY Allen		1906		1981
HALL William O		1906	(7 Aug)	1967
ssa " Catherine		1908	(8 Feb)	1967
BUCHERT William		1902	(29 May)	1979
ssa " Mildred		1905	(15 Feb)	1967
ROW 9 SECTION G				
DECHANT Clara O - Mother		1906		1989
WALTER William		1895		1988
WALTER Elsie		1898		1995
WANG William H	18 Jan	1896	22 Sep	1967
WANG Esther	13 Aug	1900	13 Jul	1995
CAMPAGNA Velia E	30 Nov	1907	24 Nov	1987
RITTER William J		1913	(25 Sep)	1967
RITTER Marian		1913		- - - -
PFENNING Joan E	3 Nov	1925	18 Sep	1986
PRINZBACH Julius A	10 Aug	1906	27 Jul	1967
Ohio Sgt 77 Med Supply Plat WW II Veteran				
VOGERL Robert J - Son		1956	(12 Jun)	1967
KRASS Albert M	12 Nov	1889	7 Mar	1967
KRASS Lill E - Mama	23 Mar	1894	28 Feb	1994
ROW 10 SECTION G				
METZ Dennis Lee	6 Nov	1946	24 Dec	1970
Ohio SSgt USAF Vietnam; (d. Indianapolis, IN)				
THORBURN Mildred		1909	(27 Mar)	1968
THORBURN Louis B		1905		1987
THORBURN Rev Harold A		1898	(11 Jul)	1975
ATTERMEYER Katherine		1886	(30 Sep)	1972
ATTERMEYER Mary		1890	(2 Jul)	1970
RUNK Richard C		1919		- - - -
RUNK Virginia O		1917		1987
HONNIGFORD Edward J		1899	(10 Jan)	1973
HONNIGFORD Loraine		1910		1993
BAUMER Albert A	30 Sep	1922	29 Jul	1970
Ohio Pfc 282 Coast Arty WW II Veteran				
SCHALK Thomas M	2 Aug	1943	22 Jun	1970
Ohio Cpl TRP C4 CAV 25 Inf Div Vietnam VSM PH				
SCHMIDT Dee Dee	- - Jan	1967	- - Jun	1969
KIST Oscar A		1926	(- - Dec)	1967
KIST Viola R		1930		- - - -
KIST Raymond L		1928		1994
BERNHARDT Jerry - Son	1 Feb	1950	24 Jan	1972
EHRHART Harold F	3 Mar	1902	12 Sep	1992
married August 1, 1928				
EHRHART Edna E	30 Aug	1901	4 Dec	1995
SCHWAB Michael J		1915		- - - -
married December 28, 1938				
ssa " Rosalia C		1920		1991
ZWISSLER William F	3 Jun	1896	1 Jan	1971
Ohio Pvt Co D 309 Engineers WW I Veteran				

Name	BD or AE	DD
ROW 10 SECTION G continued		
ZWISSLER Frances A	21 Dec 1900	31 Oct 1972
ENGELKE Howard Robert	1912	(5 May) 1971
ENGELKE Ann M	1915	----
TASSET Edwin F	3 Jan 1899	2 Apr 1989
TASSET Angela B	18 Feb 1902	27 Mar 1986
MARTINI William J	28 Jul 1894	7 May 1972
Ohio Pvt US Army WW I		
MARTINI Jannette	8 Aug 1893	4 Nov 1987
(nee **WEITZEL**); Wife & Mother		
LEMKUHL Edward J - Father	1886	(25 Mar) 1968
LEMKUHL Agnes M - Mother	1894	(25 Mar) 1968
BERNING Donna C - Mother	1960	1988
ROW 11 SECTION G		
DIETRICH Fred A	1916	----
DIETRICH Anna Louise	1919	(21 Jul) 1971
DIERSING Bernard H	1903	(8 Aug) 1975
DIERSING Anna O	1906	(10 Oct) 1981
DELLERMAN Charles F	21 Dec 1892	16 Aug 1971
Ohio Cpl Co C 330 Infantry WW I		
DELLERMAN Louise H	29 Nov 1894	28 Mar 1983
KOCH Henry R	26 Sep 1905	22 Apr 1988
married May 9, 1936		
ssa " Veronica E	23 Jul 1914	----
RUWE Vincent H - Father	1908	(15 Sep)1971
RUWE Ruth H - Mother	1911	1991
BEIERSDORFER William J	1895	1982
BEIERSDORFER Catherine A	1893	1987
FREY Howard J	1920	----
FREY Lucille D	1920	(13 Sep)1973
ROW 12 SECTION G		
HUBERT George - Dad	1911	(18 Sep)1980
HUBERT Katherine - Mom	1916	1987
RICE Dillard (Scotty)	1907	(6 Dec) 1971
RICE Edna	1912	1992
HERRMANN Elmer A - Husband	1916	(15 Nov)1978
HERRMANN Virginia - Wife	1917	----
BOTTENHORN Lillian	1895	(28 Feb) 1979
ROW 10 SECTION J		
HAENNING Albert L - Baby		1941
GERDES (Charlotte)	Baby	12 Oct 1944
RUMP Josef H - Father	24 Feb 1900	28 Aug 1981
ssa " Agnes	28 Feb 1913	----
SCHLARMANN Herman	4 Feb 1906	----
married 6 Feb 1929		
ssa " Dora	23 Sep 1902	3 Aug 1989
SCHNIEDERS August F	28 Nov 1904	5 Jun 1980
married 4 Nov 1933		
ssa " Josepha M	5 Nov 1909	----
KRESS Earl E	28 Feb 1916	8 Jan 1972
Ohio Tec4 CoA 147 Infantry, WW II		
RUTHEMEYER Charles	1917	(5 Jun) 1972
ssa " Barbara	1914	1995
MURRAY Donald Joseph	22 Jan 1931	12 Nov 1972
Pennsylvania Lieutenat (JG) U S Navy		
KRAMER William V	23 Feb 1922	10 Dec 1972
Ohio Pfc U S Army WW II		
VIDAL Alvera C - Mother	1849	(10 Jan) 1973
VIDAL Clarence F - Father	1896	1984

Name	BD or AE	DD
ROW 10 SECTION J continued		
ROSENACKER Frank G	1907	(8 Mar) 1973
ssa " Vera Z	1914	----
SCHMIDT Walter	1902	1983
ssa " Vera	1904	1983
PELZEL Val C - Dad	1901	1985
ssa " Marie K - Mom	1906	1990
ROW 9 - SECTION J		
FELDMAN Donald	1943	----
ssa " Faye	1939	1995
FELDMAN Helen J - Mother	1913	1990
FELDMAN Harry G	1911	(1 Sep) 1976
Cpl U S Air WW II Veteran		
FELDMAN Richard R "Rick" Son	1955	(31 Oct)1973
WRIGHT Rudonal W	25 Feb 1927	21 Jul 1973
Ohio Tec5 U S Army WW II		
BUTLER Francis X	1909	(28 Jul) 1973
ssa " Marie A	1915	----
RINGENBACH Raymond F	31 Aug 1917	22 Jun 1973
Ohio 2nd Lieutenant U S Army WW II		
HENNEGAN Thomas T - Husband	1935	(12 Jun) 1973
BALTRUSCH Charlotte E - Mom	3 Oct 1923	11 Jul 1988
COUGHLIN Timothy	1904	(14 Jun) 1968
ssa " Mabel	1907	----
VanNIMAN Clinton F	25 Feb 1888	4 Aug 1967
Ohio Sgt CoB 34 Engineers WW I		
GEISER George F	1900	1987
ssa " Lorene E	1900	1994
ZOLLER August	27 Jun 1894	26 Jan 1989
ssa " Carrie	27 May 1899	26 Jan 1985
KRESS Harry H	1883	(24 Jan) 1981
ssa " Bessie M	1891	(29 Aug)1964
WIESMANN Edward - Father	1875	(16 Sep)1958
WIESMANN Emily - Mother	1879	(7 Mar) 1964
AUSTING Lawrence A - Father	1894	(30 Aug)1971
AUSTING Mathilda - Mother	1895	(25 Sep)1958
GROTHAUS Herman	1886	(31 Dec)1958
ssa " Katie	1891	(2 Nov) 1971
WAOHTER Jasper	16 Mar 1855	19 Nov 1923
A metal plack on stone cross.		
KRAMER Albert	1892	(15 Apr)1959
ROW 8 SECTION J		
ANDERSON Elsie F - Wife	1893	1973
ANDERSON Ralph W	1896	(16 Dec)1977
Pfc U S Army WW I		
SMYLIE Willian H	1893	(6 Oct) 1942
SMYLIE Theresa A	1892	(2 Dec) 1958
STEIN Florence Eleanor	10 May 1896	19 Aug 1973
STEIN Charles G	30 Aug 1896	28 Jul 1950
Ohio Sgt 15 Regt U S M C WW I		
GLASSMEYER Anna M	5 Jun 1891	18 Mar 1975
GLASSMEYER August	8 Jun 1890	12 Jun 1953
PETERS William G	22 Apr 1877	12 Oct 1954
GRIMM Esther H - Wife	7 Oct 1918	23 Aug 1964
GRIMM John K - Husband	4 Nov 1909	9 Sep 1978
(d Brooksville, FL)		
KERSH Eva R - Daughter	21 May 1920	10 Oct 1973
KERSH ? ___ Name plate missing from stone.		
BOWERS Raymond L	1913	(13 Dec) 1961
SCHOTT Marietta	9 Mar 1902	27 Jan 1986

Name	BD or AE		DD	

ROW 8 SECTION J - continued

Name	BD or AE		DD	
SCHOTT Roman J	7 Jun	1898	4 Sep	1960
Ohio Pvt Co H 41 Infantry Regt WW I				
TISCH John George, Jr	2 Sep	1912	13 Dec	1960
Ohio MOMM 3 USNR WW II				
NOLL Clifford G - Dad		1910		1986
ssa " Florence M - Mom, w/o C G		1908		- - - -
MALY Robert A	25 Apr	1918	5 Jul	1996
ssa " Ada May E	13 Dec	1915		- - - -
BINDER Charles		1914		- - - -
ssa " Dorothy		1914		1993
BINZER Frank J		1897	(23 Aug)	1974
ssa " Anna B		1900		1983
NIEMAN Mart		1902		1983
ssa " Mae		1907		1985
FINAMORE Tony - Father	17 Dec	1896	23 Apr	1992

ROW 7 SECTION J

Name	BD or AE		DD	
EGAN John A	19 Dec	1923	13 Nov	1982
U S Army WW II Veteran				
KAELIN Cyril M - Father	22 Dec	1913	12 Jun	1990
ssa " Mildred A - Mother	26 May	1926	29 Jun	1989
FRITZ Edward H, Jr	1 Jan	1918	1 May	1987
U S Navy WW II				
SCHULER August J		1914		1992
SCHULER Ursula M		1916		- - - -
RYAN Charles J		1906	(7 Jun)	1978
ssa " Agnes M		1908	(26 Jul)	1975
FISCHER Frank J, Sr - Dad		1915	(14 Jan)	1970
ssa " Clara A - Mom		1917		- - - -
RIES Roman		1905	(21 Dec)	1957
ssa " Emma		1911	(27 Jun)	1980
(d Covington, KY)				
EHRHART Ruth - Daughter		1912		- - - -
ssa " Sophia - Mother		1879	(17 Sep)	1957
ssa " Anthony - Father		1887	(3 Jul)	1957
GAISER George W		1875	(23 Jan)	1954
ssa " Frances		1882	(22 Nov)	1960
RUEHLE John J	30 Apr	1896	1 Mar	1977
RUEHLE Clara J	19 Apr	1897	25 Feb	1953
JUNGKUNZ George		1906	(12 Apr)	1946
ssa " Estelle		1906	(23 Mar)	1970
BECKER Alma	20 Jan	1891	14 Feb	1960
BECKER Charles	2 Jul	1891	20 Jan	1978
WHITE Marie	10 Apr	1902	3 Aug	1985
WHITE Edward E		1902	(31 Dec)	1957
SCHWING James J	19 Jul	1904	24 Jul	1981
ssa " Eleanor B	9 Feb	1906	7 May	1988

ROW 6 - SECTION J

Name	BD or AE		DD	
BERTRAM Albert		1888	(13 Apr)	1962
ssa " Rose (d Fairfield, OH)		1894	(20 Aug)	1977
SCHUNK Myrtle - Mother		1910		1995
ssa " William W - Father		1910		1982
TEUSCHLER Pearl K		1904	(10 Dec)	1974
ssa " Elmer M, Sr		1900		1993
FEIST Marie A - Wife		1910		1992
FEIST John J - Husband		1908	(21 Dec)	1974
SUNDRUP Paul S - Father		1921	(26 Apr)	1977
ssa " Irma R - Mother		1922	(8 Oct)	1975
MILLER Robert H - Father		1909		1996
ssa " Myrtle - Mother		1908	(16 Mar)	1976

ROW 5 SECTION J

Name	BD or AE		DD	
ELLERHORST Harvey		1897		1983
ssa " Helen M		1899	(8 Sep)	1976
STAEHLING Irene E - Mother		1893	(17 Feb)	1976
RUTHER Vincent J		1909	(7 May)	1976
ssa " Ruth M		1914		- - - -
CANDELARESI Anthony R	3 Jan	1927	21 Dec	1975
Tecr U S Army WW II				
INDERHEES Elaine M - Mother		1925	(14 Nov)	1975
BILL Albert J	28 Mar	1918		- - - -
ssa " Loraine L	20 Nov	1920	12 Mar	1983
HAUENSTEIN George A	7 Mar	1928	27 Oct	1975
Sgt U S Army Korea				
PILLER Linus A		1899	(5 Aug)	1970
ssa " Marie E		1903		1994

ROW 4 SECTION J

Name	BD or AE		DD	
STROHOFER Joseph A		1895	(27 May)	1977
ssa " Marie C w/o Joseph		1898		1984
MEYER Thelma M	1 Oct	1916	5 Jan	1988
MEYER Joseph H	17 Apr	1911	14 Mar	1977
KOLKS Harry F		1911	(10 Jan)	1977
ssa " Mildred L		1910	(4 Apr)	1979
REBEL Robert C - Son		1956	(6 Nov)	1976
HAECKL Ethel (**GRAY**)		1902	(30 Jul)	1976

ROW 3 SECTION J

Name	BD or AE		DD	
BRAEUNING Philip C	14 Sep	1925	8 Oct	1976
Y3 U S Navy WW II				
KAY Gertrude - Mother		1900	(13 Apr)	1977
SCHRANTZ Joseph J		1913	(2 Jun)	1977
(d Southgate, KY)				
ssa " Mary A		1916	(2 Jun)	1977
(d Southgate, KY)				

ROW 2 SECTION J

Name	BD or AE		DD	
KOKENGE Julian H		1923		1977
ssa " Marilyn M		1933		- - - -

3rd SECTION, left of main drive

ROW 1

Name	BD or AE		DD	
HONNIGFORD Victor B	7 Jul	1907	29 Aug	1994
married September 4, 1937				
ssa " Alma B nee **JACOB**	27 Jun	1914	4 Mar	1993
DOURSON Leonard F	28 May	1905	9 Feb	1988
married October 6, 1928				
ssa " Marcella A	13 Jun	1907	8 Oct	1989
MAYER J Sheridan	5 Jun	1908	4 Dec	1993
married June 29, 1943				
ssa " Dorothy D	22 Apr	1917		- - - -
OSTENDORF Carl J		1925	(21 Jan)	1978
ssa " Betta A		1926		- - - -
GALLAGHER James J		1920		- - - -
ssa " Mary Elaine		1926	(16 Feb)	1978
ROLLINGER Adam F		1911	(17 Aug)	1978
ROLLINGER Rosemary		1914		1986
ERB Rosalie C "Rody"	6 Apr	1938	10 Nov	1995
married March 2, 1957				
ERB George John	22 Dec	1930		- - - -
PEETE Nicholas L	26 Sep	1953	22 Jan	1984
D'AMICO Thomas A	27 Sep	1930	25 May	1987
US Navy Veteran				

Name	BD or AE		DD	

ROW 2 - 3 rd SECTION, left of drive

Name	BD or AE		DD	
MICHAEL Norma **HERBERT**	3 Aug	1908	5 May	1996
US Army WW II Veteran				
LUIPOLD Richard M	16 Jun	1931	6 Jun	1987
ssa " Joyce M		- - - -		- - - -
ROSS Douglas - Son & Brother	3 May	1974	11 Aug	1986
JAUCH Darin Leonard		- - - -	29 Aug	1989
BLOEMER Beverly J	7 Mar	1928		- - - -
ssa " E "Jack"	6 Mar	1918	14 Apr	1990
BLOEMER Mark A	19 Feb	1950	4 Dec	1979
(d San Francisco, CA)				
O'SHAUGHNESSY William P	14 Mar	1919	28 Mar	1982
Tec 4 US Army WW II				
HOLLITSCH Emmerich	17 May	1918		- - - -
ssa " Sabina	24 Mar	1929		- - - -
REIS Herman		1898	(11Apr)	1981
ssa " Margaret		1896	(11Mar)	1978
BUCHHOLZ George H	9 Dec	1922	16 Jul	1978
Pfc US Army WW II				
SCHENKEL Rita S	17 Jun	1927	9 May	1989
SCHENKEL Clifford C	14 Mar	1926	20 Apr	1978
Cox US Navy WW II				
OSTENDORF Walter F		1893	(16 Oct)	1979
ssa " Julia E		1894		1986
DOERGER Mary- Mother	11 Jun	1910	31 Jan	1996
WEIL Leonard F		1906		1994
ssa " Ruth M		1909	(27 Jun)	1978
HOLMES Clara E - Mother		1902	(1 May)	1978
FINK Leo C	6 Feb	1918	28 Feb	1964
US Army WW II Veteran				
GRABETT Robert - Dad	1 Aug	1943		- - - -
ssa " Carole - Mom	1 Mar	1942	24 Sep	1977
TEEKEN Lester F		1903		1985
SIESS Kevin W	10 Aug	1955	9 Nov	1979
AQAN US Navy Veteran				

ROW 3 - 3rd SECTION, left of drive

Name	BD or AE		DD	
GERWE Walter John	1 Jun	1895	20 Sep	1981
Sgt US Army WW I Veteran				
GERWE Alice S - Mother	14 Jul	1897	2 Jan	1990
HOFFMANN John	26 Jul	1912	17 Apr	1966
Ohio Pfc BRTY C 769 FA BN WW II Veteran				
DONNELLY Daniel P		1957		1984
OLDING James H		1927		1995
married May 3, 1952				
ssa " Rosemary C		1931		- - - -
BAUSCH Carl H		1910	18 May)	1979
ssa " Pearl M		1910		- - - -
HENZE Melvin L	24 Mar	1948	5 May	1979
Sp5 US Army Vietnam Veteran				
KNAPP Robert J	5 Nov	1925	25 Jun	1979
US Army WW II Veteran				
HUTCHINSON Pat		1927		- - - -
ssa " Mildred (Marie)		1923	(8 May)	1979
DIETRICH Robert F	23 Dec	1904	11 Jul	1992
CSK US Navy WW II Veteran				
STELLITANO Anthony F	7 Nov	1903	2 Jun	1979
Dad				
STELLITANO Myrtle M	25 May	1902	5 Apr	1990
Mother				
BORGARDING Joseph J		1907		1979
BORGARDING Marcella R		1910		- - - -

Name	BD or AE		DD	
MINGES Alfred E	1 Mar	1924	23 Jan	1983
Tec 4 US Army WW II Veteran				
DICKMAN Bob	5 Mar	1929		- - - -
married August 22, 1953				
ssa " NA	2 May	1933	14 Jan	1985

ROW 4 - 3 rd SECTION, left of drive

Name	BD or AE		DD	
NAEHRING Gary Lee (Bugsy)	18 Sep	1949	27 Feb	1996
BECKER Jeffery R	23 Oct	1969	25 May	1984
FORMAN Donald L - Husband		1927		1984
ssa " Mary C - Wife		1930		- - - -
FORMAN Donald L	3 Aug	1927	22 Feb	1984
US Army WW II Veteran				
KRUEGER Mark Clay	1 May	1957	27 Dec	1979
(d Fairfield, OH)				
KESSEN Bernard -Father		1922		- - - -
ssa " Kathleen A		1956	(7 Mar)	1980
ssa " Anne Mara		1923		- - - -
KRAMER Lois E	6 Dec	1979	24 Mar	1980
WILSON Mary	16 May	1922		- - - -
WILSON John L	30 Jan	1922	19 Jan	1981
Tec 4 US Army WW II Veteran				
RENNEKER Edward J		1906		1982
ssa " Mercedes H		1908		1993
DONNELLY Kevin P - Son		1972		1985
TAULBEE Shirley Ann		1928		1984
FUELL Lawrence		1901	(20 Dec)	1980
FUELL Catherine		1904		1988
LOUIS Roberta J nee **FELTZ**		1912	(18 Aug)	1979
(d Butler Co OH)				
ZEINNER Richard H	21 May	1932	9 Oct	1982
ssa " Kathleen F	23 Nov	1933		- - - -
KLEINWAECHTER Paul J		1911		1982
ssa " Mary A		1911		- - - -
KOEPFLE Lawrence A		1903		1984
LISTERMAN Fred D	2 Sep	1927	27 Apr	1982
ssa " Ruth J	9 Apr	1929		- - - -

ROW 5 - 3rd SECTION, left of drive

Name	BD or AE		DD	
NIEMEYER Loraine L	20 Jul	1924	20 Jun	1980
HORNER Owen E	31 Dec	1900	11 Aug	1981
CM2 US Navy WW II Veteran				
HORNER Dorothy Mary	25 Apr	1918	29 Apr	1991
METTE Robert G		1919		1995
married November 25, 1943				
ssa " Vera F		1922		1989
STENGER Phillip	8 Jan	1903	12 Oct	1984
ssa " Loretta	7 Apr	1904	21 Oct	1981
STENGER Harry A	6 Jul	1931		- - - -
ssa " Alice A nee **STELLITANO**	4 Jul	1936	13 Sep	1995
LINDEMAN Mark A	22 Sep	1918	12 Aug	1980
lst Lt US Army WW II Veteran				
WISSEL Raymond C		1933		- - - -
ssa " Audrey L		1930		1983
WISSEL Richard E		1918		- - - -
WISSEL Beatrice E		1922		1987

ROW 6 - 3rd SECTION, left of drive

Name	BD or AE		DD	
BLUMMER Timothy J	24 Sep	1958	17 May	1984
DRESMAN William C	14 Apr	1902	25 Apr	1981
ssa " Irma A	2 Jul	1908		- - - -
HEYOB Albert J		1911		1984
ssa " Alma R		1919	(6 Jan)	1981

Name	BD or AE		DD
ROW 6 - 3 rd SECTION, left of drive continued			
KARCH Michael - Grandpa		1916	1985
ssa " Elizabeth		1919	- - - -
DAULTON Lee J, Sr	29 Nov	1907	10 Aug 1981
ssa " Marie E	17 Apr	1908	9 Mar 1984
DRANSMAN Dorothy C	28 Feb	1923	- - - -
ssa " Norbert S	13 Aug	1919	9 Jun 1984
WORST Florian "Bud"	31 Jan	1906	9 Sep 1988
ssa " Mildred E	21 Sep	1910	- - - -
ROW 7 - 3 rd SECTION, left of drive			
SCHMUELLING William A, Jr	29 Jan 1924		16 Jun 1981
Tec4 US Army WW II Veteran			
SCHMIDT Frank G	13 Jan	1919	5 Jul 1981
AMM2 US Navy WW II Veteran			
JONES Loraine M		1920	(17 Aug)1981
ZEINNER Joseph John, III	1 Sep	1927	7 Dec 1981
S1 US Navy WW II Veteran			
McPHERSON Roy K	10 Jul	1920	21 Oct 1989
married November 27, 1952			
ssa " Catherine L	2 May	1921	28 Jun 1990
KRAMER Eugene "Squirt"	18 Feb	1929	19 Jul 1983
Dad			
ssa " Barbara O'BRIEN		- - - -	- - - -
SPINDLER Gordon P, Sr	6 Aug	1920	18 May 1983
WELSH Maurice P		1926	- - - -
ssa " June M (FASOLD)		1926	1983
GRIPKEY Marvin A "Joe"	23 Feb	1912	25 Sep 1983
ssa " Helen A	14 Feb	1922	- - - -
BROWNE Joseph M, Jr	21 Mar	1923	1 Jul 1986
SP3 US Army Korea Veteran			
KABBES Carl H		1932	- - - -
married 29 September 1956			
ssa " Shirley A		1935	1989
CRUSE Walter G	13 Sep	1930	12 Jul 1986
SK3 US Coast Guard Korea Veteran			
ROW 8 - 3 rd SECTION, left of drive			
CAIN Loretta A - Wife & Mother		1930	1988
PETERS John	21 Jul	1916	23 Sep 1987
married June 22, 1940			
ssa " Mary	12 Feb	1919	- - - -
MOONE Paul J		1924	1987
ssa " Mary A		1932	- - - -
SMALL Harry T		1915	1986
Sgt US Army Air Corp WW II Veteran			
MERKLEY Stanley G	25 Jun	1935	17 Sep 1986
US Army			
KLOEPFER Betty J	22 Jun	1924	- - - -
KLOEPFER Carl J	21 Sep	1921	2 Apr 1996
US Army WW II Veteran			
HEID Charlotte Rose	- - - -		21 Jul 1987
TILLETT Scott E - Brother		1961	- - - -
TILLETT William M - Brother		1864	1982
DICKMAN Dorothy C	29 May	1918	- - - -
DICKMAN Kenneth H	11 Mar	1917	10 Sep 1994
Pfc US Marine Corp WW II Veteran			
STUBENRAUCH Susan M	21 May	1963	27 Apr 1982
WHITED William "Todd"	19 Jun	1967	31 Mar 1982
SEIFERT Florence A	3 Jan	1930	17 Feb 1982

Name	BD or AE		DD
ROW 9 - 3 rd SECTION, left of drive			
RAUH Frederick E	2 Sep	1928	23 Jul 1982
ADAN US Navy Korea Veteran			
SCHWETSCHENAU Paul J		1927	- - - -
ssa " Margaret E		1927	1982
BRUNS Albert J, Jr	13 Sep	1916	(31 Aug 1967)
ssa " Eleanora R	17 Mar	1919	14 Jun 1987
HARTMAN Edwin B	12 Jan	1905	16 Dec 1982
ssa " Elizabeth	18 Nov	1909	18 Mar 1986
THATCHER Robert L - Dad		1912	1983
ssa " Mildred T		1917	- - - -
ASZMAN Wilson M - Dad		1911	1989
ssa " Jessie R - Mom		1915	1995
ROW 10 - 3 rd SECTION, left of drive			
TILLETT William E		1940	1993
ssa " Patricia A		1942	- - - -
TINNEY Harry Val	23 Apr	1923	20 Mar 1993
SFC US Army Korea Veteran			
FLEMING Richard M	3 Jan	1957	19 Oct 1992
Husband & Father			
SCHWAB Victor J	22 Mar	1927	9 Oct 1992
married May 30, 1952			
ssa " Dorothy	5 Apr	1930	- - - -
LAMPE Edward J		1934	- - - -
ssa " Dorothy A		1934	- - - -
LAMPE Linda M	21 May	1960	5 Sep 1992
ROW 11 - 3 rd SECTION, left of drive			
CAMPBELL G William, Jr		1947	1983
WISSEL Dan - Dad		1925	1985
ssa " Kathleen - Mom		1923	1983
BERTRAM Theodore		1928	1984
ssa " Elizabeth		1932	- - - -
ROW 12 - 3 rd SECTION, left of drive			
BREHM Emily Marie	9 Dec	1979	23 Oct 1985
BILLHORN Robert A		1918	1984
Cpt US Army WW II Veteran			
HEDRICK Robert- Father	4 Sep	1911	20 Mar 1996
ssa " Margaret - Mother	26 Mar	1922	9 Oct 1984
STAHL Louis P		1898	1990
STAHL Anna F		1899	1991
ROW 13 - 3 rd SECTION, left of drive			
PAUL Joseph M - Dad		1897	1989
ssa " Lucille B - Mom		1898	1985
ZOLLER Joseph A - Dad		1923	1985
ssa " Ruth M - Mom		1924	1985
WENDLING Wilbert E	24 Feb	1923	8 Jul 1993
US Army WW II			
SCHNEIDER Edgar J	25 Mar	1943	1 Apr 1986
ROW 14 - 3 rd SECTION, left of drive			
MILLER Elmer H		1915	1986
DOUTHWAITE Melvin C	5 Nov	1921	18 Nov 1985
ssa " Marcella B	12 Jan	1920	- - - -

St James of White Oak Churchyard

Name	BD or AE		DD	
ROW 15 - 3 rd SECTION, left of drive				
KABBES Mathew J		1907		1986
ssa " Louise F		1908		1988
KELLER Wilbur T		1926		1986
ssa " Corrine R		1927		----

NEW SECTION end of drive, on left

Name	BD or AE		DD	
STENGER Herbert P	21 Apr	1912	1 Jan	1993
US Army WW II Veteran				
PICKENS Clifford J, Jr		1921		1992
ssa " Grace		1923		----
HATTER Linda S	17 Jan	1960	26 Feb	1993
HULLER J Paul		1928		1993
OBERT William J	2 Mar	1934		----
ssa " Rose Marie	13 Jan	1938		----
nee **BEHRENS**				
MOELLER Joseph F	4 Jun	1920	13 Feb	1994
TSgt US Army WW II Veteran				
HAGGERTY Rosemary		1931		1994
BAKER Jeffery	11 Apr	1973	18 Feb	1995
PIAZZA Ernest V	14 Sep	1918	6 Apr	1996
US Army Veteran				
POWERS Elizabeth T	24 Jul	1927	15 Mar	1993
MILLER Dolores F		----		----
LUCAS Hildagarde E		1912		1994
married July 10, 1937				
ssa " Joseph M		1912		1993
HODAPP Mary Beth	17 Oct	1960	5 Oct	1993
nee **GIESKEN**, mother of Sara & Sidney				
SCHAAF William B		1919		1993
married 1 July 1939				
ssa " Dorothy L		1913		----
BOSKEN Edward R	21 Aug	1922		----
married May 3, 1947				
ssa " Marguerite A	9 Aug	1921	2 Sep	1993
NUNN James F		1958		1993
BRABENDER Terri L	27 Apr	1956	25 Jan	1996
DICKINSON Donald J	9 Jul	1930		----
married January 11, 1958				
ssa " Anna C	15 May	1932	19 Nov	1994
CASSINELLI Marilyn Jean	14 Nov	1946		----
Lot 191				
CASSINELLI Emanuel	21 Mar	1943	13 Dec	1993
Nicholas,III - US Navy Veteran				
GEIGER Jerome R	2 Jun	1929	11 Dec	1995
1st Lt US Army Korea Veteran				
GEIGER Dorene E	11 Nov	1934		----
HONNERT Melvin A		1926		----
HONNERT Elizabeth F		1929		----
FREESE Josef	10 Feb	1929	8 Feb	1995
married April 15, 1959				
ssa " Heddy	26 Jul	1935		----
GATES Gerard W	8 Aug	1935	30 May	1995
STRECKER David	6 Jan	1926		----
ssa " Katharina	17 Apr	1930		----

Green Township

Name	BD or AE			DD
NEW SECTION end of drive, on left continued				
BREHM Ray G	28 Aug	1914		----
married November 30, 1940				
ssa " Angela M	14 Feb	1915	1 Feb	1994
HESS Marie C	26 Feb	1918	23 May	1995
OSBORNE Evan Nicholas	9 Dec	1992	22 Dec	1992
WESSENDORF Mark E		----		----
ssa " Laura A nee **HUGHES**	10 Feb	1962	3 Jan	1994
SULLIVAN Brian J	29 Jan	1961		----
SULLIVAN Lisa L	2 Sep	1994	16 Sep	1996
YOUNGER Claude Thomas	6 Nov	1945	21 Sep	1994
Love, Rhonda, Renea, Nick				
FLAHERTY Carmella	24 Oct	1901	26 Dec	1992
KRUETZKAMP Jack	24 Jan	1938		----
married August 26, 1961				
ssa " Judy	18 Nov	1940	12 Sep	1993
FOWLER Benjamin Allen	15 Jun	1990	7 Jun	1994

NEW SECTION end of drive, on right

Name	BD or AE			DD
WOLLJUNG Edna E - Mother		1922		1996
married 22 February 1941				
ssa " Raymond E		1917		----
RODEN Joseph	12 Feb	1933	15 May	1994
US Army Korea Veteran				
HERBERT Robert W	7 Mar	1935	4 May	1993
US Air Force Veteran				
SCHNELLER Leo J	5 Oct	1917	26 May	1993
MICHEL Charles C	26 Mar	1909	13 Oct	1993
married June 30, 1934				
ssa " Cleo C	22 Aug	1908		----
MAI Jeffery E	11 Oct	1959	26 Jun	1993
NIEBLING Gilbert J	9 Apr	1920	17 Apr	1994
married June 5, 1948				
ssa " Hazel M	16 May	1927		----
NIEBLING Gilbert J	9 Apr	1920	17 Apr	1994
US Army WW II Veteran - 2nd stone				
FARRELL James T, Jr	16 Feb	1934	15 Dec	1995
CN US Navy Veteran				
TIERNEY Patrick Thomas	21 Feb	1957	12 Aug	1994
HOUP James R	14 Jun	1934	6 Apr	1994
US Navy Veteran				
RICHMOND Raymond		1931		1993
US Marine Veteran				
MIDDENDORF William J	22 Apr	1935	3 Oct	1993
US Navy Korea Veteran				
NADLER Robert C		1925		----
married July 2, 1949				
ssa " Annette H		1930		1995
DOUTHET James R		1937		1994
married July 2, 1960				
ssa " Jeanette E		1939		----
BEST Ruth Caroline	31 Oct	1923	13 Feb	1993
nee **MATTSCHECK**				

The following names are from the cemetery burial records from 1870 until 1982. Sometimes a name is given without a date as this person had reserved the burial location. The dates given are for the date of burial in the cemetery and they were not found on a gravestone.

Name	AE	DI		Location
ADELMAN A	44y		1934	Lot 14
ALFING Bertha	9y	----		Lot 215
ALLGEIER Alfred		----		Lot D 38
ALLGEIER Edna		----		Lot 131
ALLGEIER Frank		----		Lot 131
ANDREW Edric	Infant	10 May	1937	Sec C #27
AUER Infant		13 Feb	1961	
AUER Infant Boy	sb	17 Apr	1958	
AUER Infant Girl		23 Sep	1961	
AUSTING		26 Jan	1926	Lot 121
AUSTING Infant		22 Jul	1922	Lot 121
AUSTING Robert,Jr	25y	20 Nov	1938	Lot 121
s/o Robert Austing & Rose nee McDONALD				
BATTISTI Franz		----		Lot217N
BAUMEL Henry	35y	d. 8 Jul	1932	Sec A 14
BAUMEL John	76y	7 Oct	1960	Sec A 14
BEALL Charles I	81y	29 Jun	1962	Gr1 R4
BEERMAN William		----		Lot D 48
BEIERLEIN Infant Boy		7 Dec	1973	Lot 288
BEIERLEIN Infant Boy		14 Jan	1970	Lot 288
BEILMORE Karoline	16y		1879	Lot 28
BEISER Infant Girl	3 hours	24 Oct	1981	Sec C27-G8
BERGARDING Joseph J	71y	8 Jun	1979	K Gr29 R3
BERLIER Agnes Johanna	31y	22 Feb	1924	Lot 260
BERLIER Mrs William A				Lot 236NW
BERNHART Andrew		----		Lot 120
BIEHL Mary Ann	3d	28 Jul	1959	
BIEHL Michael Joseph	Infant	23 Jul	1959	
BIEHLE Jacob	76y	24 Jan	1946	Lot 13
BIEHLE Norbert	26y	15 Dec	1943	Lot 13
BIEHLE Rose	80y	28 Jan	1956	Lot 13
BIELMAN Frances	84y	26 Jun	1940	Sec C 13
BIENER Infant	sb	d.15 Feb	1927	
BIESCHEL Infant	1d	8 Mar	1961	Lot D 67
BINDER Barbara	72y	17 Oct	1956	Lot D 61NE
BINZER Infant Boy		18 Aug	1973	Baby Sec
BLAZER Infant Boy	2 hours	29 Dec	1972	Lot 276
BLAZER Mrs Marie				Lot 233SE
BLUM Edmund V	81y	10 Jan	1969	Lot271S1/2
BOERTLEIN George	83y	27 Mar	1919	
BOGERMAN Vera		----		Lot13
BRAINY Poreta		----		Lot 96
BRAMLAGE Elizabeth		----		Lot 87
BRAMLAGE Francis		----		Lot 87
BRAMLAGE W		----		Lot 80
BRAMLAGE William		----		Lot 87
BRAUN Margaret	Infant	17 Sep	1931	Sec A 7
BRAUSCH Infant			1922	Lot 303
BRAUSCH Infant	sb	d. 15 Aug	1927	
BRAUSCH Nicholas	3d	29 May	1954	Sec A 10
BRAUSCH Paul	Infant	4 Oct	1937	Lot 303
BRIELMAIER Anthony	72y	21 Feb	1930	Sec A 1
BRIELMAIER Anthony	80y	17 Nov	1969	Sec A 1
d Saskatoon, Canada				
BRIELMAIER Anthony	88y	24 Sep	1919	Lot 89
BRIELMAIER Barbara	88y	20 Nov	1943	Sec A 1
BRIELMAIER Edwin	35y	d. 12 Jan	1928	Sec A 1
World War I Vet				
BRIELMAIER Gertrude	19y	29 Jun	1921	
BRIELMAIER Martin		----		Lot 112

Name	AE	DI		Location
BROCK Cheryl	2d	28 Jul	1964	
BROCK Infant Girl		4 Mar	1968	Sec C Row27
BROSS Kunigunda	48y		1866	Lot 28
BROSS Norma	12y	13 Sep	1920	Lot 10
BUCHERT Anthony	81y	14 Feb	1949	Lot 95
BURGESS Richard	6 weeks	12 Feb	1958	
BURGMEYER Mrs		----		Lot 5
BUTRAM George Paul	3d	16 Aug	1919	
CAMMA Philip		----		Lot D 34W
CATANZARO Infant		14 Sep	1957	Sec B 18
COLLINS James W		----		Lot 278
CRAIG Catherine	82y	6 Jan	1962	Lot 250
CRAIG Infant girl		20 May	1963	
CREED Angela H	84y	8 Oct	1976	Lot 202
CREED J	59y		1913	Lot 203
CREED Jerome D		----		Lot 252
CREED Jerome D?		11 Nov	1943	Lot 203
CREED Mary		----		Lot 203
CRUSE Mary Lee	1d	26 May	1959	
DAGENBACH Stephen R	5y	23 Oct	1958	Lot 291
DAGENBACH William				291NW
DALLER Albert			1896	Lot 24
DALLER Amelia			1904	Lot 24
DALLER Francis Peter			1883	Lot 24
DALLER Roa Magdalena		?? Jun	1880	Lot 24
DALLER Wilhelmina			1921	Lot 24
DAUM Carol May	13d	30 Sep	1938	Lot 211
DENIER John A	61y	1 May	?----	Lot 177
DENIER Michael	73y	18 Oct	1932	Lot 219
DETERS John	70y		1927	Lot 21
DETERS Theresa	53y	22 Mar	1921	
DISTLER Elizabeth ALTENAU	83y	23 Dec1949		Lot 208
DOURSON Magdalena		3 Mar	1920	Lot 51
DREILING Edward G	69y	22 Jul	1968	F Gr13 R1
DUCK Infant boy	2 hours	5 Apr	1961	
EDER Franklin Matthew	7d	13 Jun	1958	
EGNER Mrs ?		----		D 51E Cor
EHRHART Michael	Infant	1 Apr	1965	
ELDRIDGE Adam Wilson	4y	14 Aug	1981	K Gr6 R7
ELFERS Lawrence	70y	29 Apr	1957	Lot D 62
ELFERS Mrs Sophia Marie	79y	8 Apr	1969	Lot D 62NE
ENGEL Anna	93y	5 Feb	1962	Lot 90
ENGEL Anthony	73y	4 Aug	1961	Lot 90
ERDMAN George H	71y	25 Mar	1965	Lot 84
ERDMAN John Jacob	64y	5 Aug	1963	G Row 1
ERLAGE Robert	Infant	26 Dec	1930	Lot B 9
ERMER Andrew	70y		1915	Lot 105
ERMER Andrew J	77y	26 Jan	1954	Lot 105
ERMER Katherine	12y		1886	Lot 105
ERMER Katherine	74y	19 Jan	1921	Lot 105
ERMER Wilhelmina	73y	d.20 Jul	1949	Lot 105
EVERS Ronald R		----		Lot D 52
FATH Infant M.		15 Jul	1960	Sec A Lot 9
FERRIS Carol Jean	Infant	26 Jun	1963	
FEY Alvin	3y	21 Dec	1925	Single Gr
FEY Cyril		----		LotD 21E
FINKE Infant		28 Apr	1951	Sec C27-11
FISCHESSER Aloysius	31y		1944	Lot 161
Reinterred 23 Nov 1948, d. overseas				

Name	AE	DI	Location
FISCHESSER Elmer	21y	19??	Lot 161
Reinterred 16 Feb 1949, d. overseas			
FISCHESSER Harry C	84y	25 Feb 1970	Lot 161
FISCHESSER Mary	49y	10 Oct 1932	Lot 161
Wife			
FOSTER Infant		15 Aug 1928	
FOX Thomas J	10m	19 Dec 1959	
FREY Albert		----	Lot 27
FREY Child of Louis & Christina Frey		----	Lot 27
FREY Christina w/o Louis Frey		----	Lot 27
FREY Elias, Sr	63y	1879	Lot 27
FREY Isabelle		----	Lot 27
FREY Ruben J	56y	22 Jul 1952	Lot 80
FRICKERT Fred	33y	1904	Lot 11
FRICKERT Joseph, Jr		----	Lot 16
FRICKERT Mary E	82y	1903	Lot 16
FRIEB J	24y	1882	Lot 20
FRIEB J F	87y	1882	Lot 21
FRIEB K		----	Lot 21
FRIES Joseph	?	d. 8 Feb 1915	Lot 299
Civil War Veteran			
FULTON Michael	3m	d. 19 Jul 1949	Sec B 19
GARBON A		----	Lot 75
GARBON Catherine A	86y	30 Jan 1961	Lot 12
GARBON Charles		----	Lot 12
GEISER Amelia	1m	5 May 1920	
GEISER Elmer J		----	Lot D 18SE
GEISER Frank H		----	Lot 65
GEISER Infant		1 Aug 1940	Lot D 13
GEISER Infant		16 Feb 1948	Lot D 13
GEISER Infant		22 Jul 1942	Lot D 13
GEISER Infant		28 Jul 1941	Lot D 13
GEISER Joseph		----	Lot237S
GEISER Mary C	1y	3 Mar 1920	
GEISER Melvin	sb	d. 8 Aug 1927	
GEIST Infant	sb	12 Oct 1920	
GERKEN John	Infant	9 Oct 1964	
GERKEN Mary Kathleen	Infant	11 Jan 1964	
GINN Infant Girl		11 May 1972	Lot 134
GLASSMEYER Mary	79y	29 Jul 1936	R2
GLINDMEIER Katherine	69y	16 Aug 1944	Lot 114
d/o Nicholas **PETRY** & Marg nee **FEHR**			
GRAU Margaret	83y	24 Mar 1958	Gr17 R28
GREENE Barbara C	10y	29 Mar 1965	Gr20 R6
d Suffolk, England			
GRIMM Helen M	74y	28 May 1955	X
GROSS Adam		----	Lot 68
GROSSER Edna E	66y	23 Aug 1957	Lot D 25
GRZANKE Anthony S	60y	29 Mar 1965	Gr11 R21
GUTZWILLER Fred T		----	Lot 22
GUTZWILLER H	59y	20 Jun ?1933	Lot 22
GUTZWILLER Victor		----	Lot 101
GUY Anthony	10 hours	23 Apr 1967	SecA 19
GUY Stephan	Infant	12 Oct 1964	Sec A 19
HAENNING Infant	1d	4 Mar 1942	X
HANDEL Louis	30y	4 Jun 1948	LotS 272
HARRIS Elizabeth H	81y	21 Oct 1966	Lot 107
HARTER Joseph S	?	d. 26 Aug 1963	Lot 71
World War I Vet			
HAUBNER Helen	67y	18 Apr 1978	Lot D 53NW
STALFORD; d. Knoxville, TN			
HAUBNER Marion	2y	8 Apr 1932	Sec A 15
HAUCK Mrs Marie (Irwin)		----	SecD 28W
HAUSER Fredolin		----	Lot 23
HAUSER Maria		----	Lot 23

Name	AE	DI	Location
HAUSER Katherine	96y	17 Aug 1944	Lot 23
HAUSER Susan	76y	23 Mar 1922	
HAYDEN James	2 days	10 Nov 1959	Lot 290
HAYDEN John	9d	16 Nov 1959	Lot 290
HAYS Louisa	78y	1920	Single Gr
HEID Infant Boy		21 Jun 1966	Gr13 R7
HEID William	67y	31 Aug 1955	Lot D 61
HEINRICH Barbara	82y	31 Oct 1956	Sec B 16
HEITMANN David	4y	1 Feb 1933	Lot 102SW
HENDRICK Alma Bernadine	83y	20 Aug 1975	Lot 41
HENDRICK John	89y	7 Jul 1978	Lot 41
HIRSCHBERG Lee		----	Lot 297W
HIRTH James		----	Lot D 65S
HOFFELDER Eleanor	3y	1904	Lot 11
HOFFMAN Infant boy		19 Jun 1962	
HOLCOMB Infant	sb	21 Sep 1954	Lot 275
HOLTKAMP Laverne	8m	15 Jan 1931	Lot 29 Gr7
HOLTVOGT Anita		----	Lot 291SE
HONNERT Mattie	36y	18 Feb 1929	Sec B 9
HONNERT Ruth A	8y	6 May 1932	Sec B 9
HONNIGFORD Dennis	19d Twin	1 Sep 1945	
HONNIGFORD Donald	19d Twin	1 Sep 1945	
HUEY Bertha	82y	1943	Lot 216
HUEY Theresa	32y	d.29 Jul 1926	
HUNTER Helen	55y	25 May 1959	Lot D 62
d Dayton, OH			
HUPP Edith	85y	22 Feb 1977	Sec A 2N
HUPP Peter	66y	20 Dec 1954	Sec A 2
HURLIMAN Infant		13 Aug 1941	Lot 123
HUTCHINSON Gilbert		----	Lot 27
HUY Albert E	Infant	1910	Lot 78
HUY Joseph		----	Lot 51
HUY Olivia	Infant	1903	Lot 78
ICENOGLE Mary		4 Aug 1960	
INGERMANN Theodore	73y	10 Apr 1933	Lot 20
INGLE Steven Richard	1d	6 Jul 1963	
JACKSON Christine Ursuline-Infant		23 Oct 1961	
JELICK John		----	Lot 88
JESSENDORF Margaret R	66y	27 Aug 1947	Lot 114
d San Diego, CA			
KAESER Infant		2 Sep 1941	Sec C27-3
KAESER Infant		19 Jan 1945	Sec C27-3
KAESER Willard		----	Lot D 38
KAMMER Daniel		----	Lot 274NW
KAMMER Ida	21y	1952	Lot 103
KAMMER Jacob		----	Lot 82
KAMMER Jacob B		----	Sec A 20E
KAMMER Mary	98y	17 Jan 1966	Lot 82
KAMMER Rose		----	Lot 246
KAMMERER Karen Diane	14d	17 Feb 1976	Sec F 22
KASPER Joseph, Sr	72y	18 Nov 1933	Lot 240
KASSELWANDER Michael		d.20 May 1930	
KELLER Catherine	?	22 Sep 1911	Lot 29
KEMPLIN Infant		8 Jun 1944	Lot 122
d Dayton, KY			
KEMPLIN Infant		18 Dec 1937	Lot 122
KIEFLER Frank	84y	1940	Lot 117
KIEFLER Katherina	59y	9 Nov 1935	Lot 117
KISTNER Antoinette		1895	Lot 93
KISTNER Elizabeth		----	Lot 93
KLEINE Bernadina M	81y	11 Mar 1935	Lot 40
KLUBA Phyllis	Infant	15 Jan 1959	
KOCH Elizabeth	82y	13 Feb 1967	Lot 130
KOCK John H	67y	2 Dec 1953	Lot 130
KOEPFLE Infant Girl		1 Dec 1959	

Name	AE	DI		Location
KOLODZIK Josephine	3 hours	22 Mar	1961	
KRAUS Jerome		----		Lot D 42N
KRAUS John	67y	5 Feb	1934	Lot 80 Gr1
KRIB John		----		Lot 125
LAUBER Louis		----		Lot D 50E
LECTURE Christine	10m	27 Dec	1969	Baby Sec
LEHMKUHL Arthur	46y	31 Jul	1943	X R5
LEHMKUHL Elizabeth	91y	11 Dec	1944	Lot 257
LEHMKUHL Ivy Eugenia	35y	3 Feb	1947	X 4
LEIGH Margaret		----		Lot D 10S
LENNBEUTER Christopher		----		Lot 138
LENNBEUTER George	76y		1936	Lot 129
LENNBEUTER Mary	58y		1916	Lot 129
LUICHINGER Joseph J	69y	17 Jan	1941	Lot 21
LUICHINGER Mary	84y		1914	Lot 21
MALONE Girl	1d	11 Mar	1961	Sec B 3
MARKS J	78y		1897	Lot 33
MARRINGER	Infant	16 Nov	1948	
MARTIN Mrs Louise		----		Lot D 27SE
MASUR Eugene		----		Lot D 49N
McCARTHY Eugene A	48y	7 Sep	1974	SecJGr4 R6
McCARTHY Jerome		----		Lot 224NW
McCOY Alice	75y	1 Jul	1981	SecK Gr16 R8
MEIER Francis	78y		1886	Lot 3
MEINKIN C Gertrude ZWISSLER 26y 22 Jan 1920 Lot 29 Gr5				
MEINKIN Fred	?	----		Lot217S1/2
MERKEL Infant Girl		10 Aug	1963	
MEYER Henry B	?	----		Lot D 55 NW
MILLER Annie	53y	9 Sep	1933	Sec A 16
MINGES Joseph	68y	30 Jun	1953	Sec B 18
MINGES Mary	44y	29Aug	1945	Sec B 18
MINNICH _____?			1928	
NERICH Frank	Reinterred from St Joseph (German)			
	Cemetery, 20 Oct 1945.			
NEUMEIER Christina		----		Lot 77
NIEHAUS Thelma	2y	16 Jul	1928	
NIEMAN Anthony			1927	Lot 165
NIEMEIER Hildegard	23y	4 Jan	1939	Disinterred ?
NIES Susan Elizabeth	1d	27 Apr	1960	
NIKLAS Infant		7 Feb	1961	
OEHLER Infant	3 days	9 Sep	1942	Lot 300
OEHLER Infant		5 May	1957	Lot 300
OEHLER Mary	57y		1897	Lot 8
OREAR Harry L	88y	11 Mar	1959	Lot 147
OREAR Jean	66y	16 Jan	1960	Lot 147
O'ROURKE Infant Girl		1 Oct	1974	Lot 166
O'ROURKE Katherine	25y	1 Oct	1974	Lot 175
OSER Agnes	73y	14 Mar	1945	Sec C27-9
OTTEM Infant Boy		12 Nov	1966	Baby Sec
PACKHAM Ann Lovina	69y	19 Dec	1975	SecF Gr7 R3
PACKHAM Wilbur	65y	15 Apr	1969	SecF Gr6 R3
PACL Thomas John	1d	29 May	1962	
PAFFE Helen		----		Lot 276
PAILER Mathias	?	----		Lot 97
PELZEL Gerald	1d		1941	Lot 146
PETERSMAN Henry	sb	6 Nov	1931	Single Gr
PETRY Peter	b. 1866		1892	Lot 114
PILLER Charles	2d	23 Jul	1943	Sec B 4 Gr3
PILZER Gerald	Infant	21 Jul	1941	Lot 146
POLLMEIER B	78y		1881	Lotc20
POLLMEIER J	89y		1894	Lot 20
PRADAL Infant Girl		11 Jun	1971	Baby Sec
QUAST John	Infant	21 Jun	1958	
RABONG Paul A	5y	20 Apr	1948	SecC27 R11
RACK Irene	Infant	18 Jul	1958	Lot 132

Name	AE	DI		Location
RACK Loretta	Infant	14 May	1937	SecC 27 R3
RAPIEN Raene Marie	Infant	7 Jan	1961	
REDDICK Martha		----		Lot 140
REDMOND Luella	53y	26 Jan	1954	Lot 275NW
REDMOND Theodore,Sr	85y	11 Mar	1981	Lot 275NW
REIFENBERGER Infant boy		28 Sep	1963	
REINHARDT William	48y	3 Oct	1921	Lot 111
REINHARDT William		----		Lot 240
REINHART Alexander		----		Lot 111
REISER Nicholas	60y	2 Jun	1947	SecC 27 R11
RENNER Aurelia BRIELMEIER 34y d.15 Sep 1922				
	Removed to St Mary Cemetery, 30 Nov 1944			
RENSING Caroll Marie	8y	1 Sep	1959	Lot 163
RENSING Henry Anthony				Lot 163S
RENSING William	2y	8 Mar	1950	Lot 163
RETHLAKE John W	1m	17 Jan	1968	Baby Sec\
RIEHLE Mary			1935	Lot 4
RIESTER Christina		----		Lot 92
RIESTER Clem	59y	21 May	1938	X
RIESTER Mrs Clem	64y	14 Jan	1949	X
RIESTER Kath	23y		1912	Lot 207
ROLFES G H		----		Sec 269
ROLFES J Herman	78y	22 Dec	1926	Lot 269
ROLLMEIER O H		----		Lot 29
RUBERG Joseph	2d	14 Jul	1961	Lot 137
RUCKERT William A	79y	1 Dec	1941	Lot 309
RUEHL Harold	Infant	6 Nov	1959	Lot D 57SE
RUSCHE Ida	87y	9 Jun	1973	SecH R7
SAGEL Franz	2y		1875	Lot 61
SALZER Infant Boy		18 Jun	1968	Lot 268
SCHECK Adrian Clara	3y	27 Jun	1921	
SCHECK Anna	96y	16 Mar	1976	Sec A 13N
SCHECK Donald Frank	2y	5 Dec	1930	Lot 268
SCHECK George	62y	25 Sep	1939	Sec A 13
SCHECK Mrs George		----		Sec A 13 N
SCHELL Edward	76y	21 Nov	1957	SecC10 R26
SCHELL G		----		Lot 85
SCHELL H		----		Lot 85
SCHELL L		----		Lot 85
SCHELL Richard		----		Lot 102
SCHELL William		----		Lot 85
SCHIBI Eve	58y	7 Nov	1921	Lot 113
SCHIBI Eve	84y	18 Jul	1921	Lot 113
SCHIBI Infant		7 Jun	1952	Lot 220
SCHIBI Julia	83y	17 May	1952	Lot 140
SCHIBI Lawrence	63y	26 Feb	1935	Lot 113
SCHIBI Louise	83y	1 Apr	1952	Lot113
	d in Hamilton County Home			
SCHIBI Michael		----		Lot 113
SCHLACHTER Herman	1y		1893	Lot 143
SCHLAGER Lorenz M	?	d.12 Nov 1964		Sec C10-7
	Civil War Vet			
SCHLARMANN Bernard		----		Lot 224E
SCHMIDT Baby		----		Lot 115
SCHMIDT Dorothy Ann	2y	26 Jun	1969	Sec G R10
SCHMIDT Eileen	5m	13 May	1933	R2 Single
SCHMIDT George	71y	7 Jan	1924	Lot 115
SCHMITT Anna	41y 2m 18d	6 Aug 1895		
SCHNEIDER George	58y	4 Jan	1951	Sec A 5
SCHNEIDER Ruth Marie	23y	4 Jan	1919	Sec A 5
SCHULTE Marcella	8y	22 Jul	1926	Lot 119
SCHULTE Minnie	70y	23 Mar	1932	Single Gr
SCHULTE Richard	1d	22 Jan	1966	Lot 119
SCHULTE Richard	2y	3 Apr	1931	Lot 119
SCHULTE William	4y	30 Jan	1926	Lot 119

Name	AE	DI		Location
SCHULTEN Infant		11 Jan	1958	Sec B 18
SCHULTZ Charles	47y		1924	Lot 268
SCHULTZ Katherine	56y		1933	Lot 268
SCHWARTZ George, Jr	62y	27 Nov	1968	Sec B 19
SEIFERT Charles			- - - -	Lot 52
SHAFFER Anna T	79y	16 Apr	1947	Lot 86
SHARRIE Joseph	57y	13 Oct	1969	Lot 302
SHOEMAKER Henry	1y 6m	15 Mar	1939	Lot 239
SHOEMAKER Joseph			- - - -	Lot 239
SHROYER Walter			- - - -	Lot 57SE
SIEGLE Clayton	2y		1917	Sec A 4
SIEGLE Edward	58y	20 Oct	1949	Sec A 4
d New Baltimore, OH				
SIEGLE Katherine	70y	24 Apr	1961	Sec A 4
d Lawrenceburg, IN				
SMITH Infant		29 Jul	1960	
SMITH Oscar C			- - - -	Lot 57NE
SMITH Ricky David	Infant	4 Jun	1960	
SPENCER Theresa M	71y	1 Mar	1975	SecC26 Gr21
STAIGL Carrie	62y	9 Mar	1949	Sec A 11N
STAIGL Frank			- - - -	Sec A 11N
STATEN W Howard			- - - -	Lot 291NE
STEIN Debora Florence	29d	7 Jan	1960	
STENGER Edward	46y	5 Nov	1930	Lot 70
STENGER Edward			- - - -	Lot 71
STENGER W	32y		1957	Lot 71
STEPHENSON Deborah Ann	12d	21 Mar	1962	
STERWERF Infant		17 Dec	1945	Sec C27-4
TESSENDORF Margaret	b.1880		1947	Lot 114
THIEL Anthony	71y	13 Dec	1955	Lot 289
TIEMAN H			- - - -	Lot 80
TRACHSEL Infant Girl	1d	16 Jan	1957	Lot 308
TROESCHER Ray			- - - -	Lot 235NW
TUMEY William	75y	10 Dec	1920	Lot 2
VEITE Mark C	24d	26 May	1978	Lot 163
VOGEL Anna K	80y	4 Nov	1930	
VOLLMER Iram	1y 5m	3 Dec	1927	Single
WACHTER Mrs Casper			- - - -	Sec A 13
WAGNER Hilda	22y	28 Dec	1925	Single
WALTER Infant	1 hour	21 Apr	1927	
WANG Mildred	6 days	18 Mar	1932	Lot D 4
WASSENICK Joseph			- - - -	Lot 46
WEBER Anna	52y	6 Feb	1936	Lot 14
WEBER Edna	40y	9 Jan	1936	Lot 245
WEBER Frank	60y	28 Dec	1933	Lot 245
WEBER John	69y	27 May	1954	Lot 14
WEBER William			- - - -	Lot 245
WEDDING Henry Frank	70y	7 Jul	1958	Lot 66
WEISMAN Josephine	69y	29 Mar	1943	X
WEISMAN Mrs Clem			1904	Lot 214
WEISS Infant		22 Sep	1971	Lot 104
WEISS Lucille	9d	8 Dec	1930	Single
WEISS William	14d	20 Feb	1920	
WEITZEL Infant		12 Feb	1940	Sec C27-4
WELSH Antonia			- - - -	Lot 292SW
WELSH Maurice P, Sr	66y	10 Jun	1960	Lot 292
WENTZEL Theresa	Infant	2 Nov	1955	Sec B 18
WENTZINGER Louisa	78y	19 Jul	1928	
WESTRICH Infant Girl		16 Nov	1960	Sec B 23
WESTRICH Louisa	73y	23 May	1952	Lot 257
WHITTMAN John	75y	7 Oct	1939	Sec A 11 S1
WHITTMAN Margaret	79y	23 May	1979	Sec A 11
WIESMAN Alphonse	1d	10 Feb	1930	
WIESMAN Jacob J			- - - -	Sec B 6
WIESMAN Mrs Leo	?		- - - -	Lot D 29NW
WIEST Mary Bridget	5y		1895	Sec 137
WISSEL Adam			- - - -	Lot 264
WISSEL Agnes	41y	2 Oct	1928	Lot 145
WISSEL Arthur A	89y	9 Nov	1981	Lot 264
WISSEL Infant Girl		25 Mar	1958	
WISSEL J			- - - -	Lot 79
WISSEL Janet Anne	42y	16 Mar	1979	Lot 264
d Lexington, KY				
WISSEL Lena	DI	18 Jun	1943	Lot 95
WISSEL Oscar	85y	3 Apr	1970	Lot 145
WOLF Sean Thomas	Infant	27 Jul	1968	Baby Sec
WOLTERMAN Robert J	63y	7 Feb	1972	302NE
WOOD Blanche Eliz.			- - - -	Lot 115
WUEST Albert	64y	16 Mar	1939	Lot 128
WURZELBACHER Milton	80y	21 Oct	1975	Lot 38 Old
WURZELBACKER Infant		13 Jun	1945	X
YUST Infant Girl		28 Dec	1963	
ZWISSLER George	Infant		1901	Lot 29 Gr6

BENZINGER, 61, 104
BERAUER, 72
BERAVER, 104
BERBERICH, 80
BERBERICK, 4, 78
BERENS, 164
BERGAMYER, 104
BERGARDING, 183
BERGER, 56
BERGMANN, 80
BERKEMEIER, 51
BERLAGE, 104
BERLIER, 162, 163,
    172, 183
BERNARD, 28
BERNAUER, 10
BERNER, 70, 103
BERNHARD, 21, 80,
    104
BERNHARDT, 33, 160,
    173, 177
BERNHART, 183
BERNING, 104, 166,
    178
BERNS, 172
BERNZOTT, 104
BERRY, 44, 104
BERTE, 104
BERTKE, 159
BERTRAM, 5, 21, 28,
    101, 104, 118,
    130, 131, 134
    149, 179, 181
BESEL, 80
BEST, 182
BETSCH, 163, 167,
    168, 176, 177
BETZING, 37
BEUSE, 14
BEVINS, 75
BEYER, 48, 79, 80,104
BEYNER, 38
BEYRER, 32
BIBENT, 59
BICHSEL, 51
BIDDLE, 96, 156
BIEDERMAN, 104
BIEHL, 34,80, 105, 183
BIEHLE, 157, 173, 183
BIELMAN, 183
BIENENSTEIN, 61
BIENER, 165, 183
BIERMAN, 105
BIESCHEL, 183
BIGNER, 176
BIHN, 76
BILL, 179
BILLHORN, 105, 181
BILLING, 74
BILLINGHURST, 30, 78
BILLINGS, 86
BILLOW, 105
BINDER, 164, 170, 171
    172, 175, 176,
    177, 179, 183
BINON, 50

BINZER, 160, 179, 183
BIRCH, 105, 149
BIRCHMAN, 149
BIRCK, 4, 5, 105, 149
BIRK, 105
BIRKENHAUER, 74
BIRKENHEUER, 105
BIRKENMAIER, 64
BIRKIGT, 54
BISHOP, 90
BITLER, 156
BITMER, 157
BITTER, 31
BITTLINGER, 174
BITTNER, 34, 161, 171,
    175
BLACK, 10, 149
BLAGA, 78
BLAKELY, 115, 149
BLAN, 149
BLANKENSHIP, 22
BLASDELL, 80
BLATTMAN, 158
BLAZER, 160, 162, 183
BLEH, 49, 105, 117
BLESSING, 168
BLOEMER, 180
BLOOM, 33
BLOUNT, 170
BLUM, 71, 105, 183
BLUMMER, 180
BOCKLET, 13
BOEHM, 55, 64, 149
BOEHMER, 7
BOEHRINGER, 60, 65
BOENITSCH, 63
BOERDLIN, 170
BOERGER, 105
BOERTLEIN, 34, 183
BOETTCHER, 37, 163
BOFFING, 36, 78, 90,
    105
BOFINOF, 80
BOGERMAN, 183
BOHMAN, 105
BOHN, 74
BOHNERT, 78, 105,
    149
BOHNING, 3, 30
BOHRMANN, 105, 149
BOHSANCURT, 37, 38
BOIMAN, 54, 105, 160
BOING, 174, 175
BOLLER, 105
BOLLINGER, 62, 105
BOLLMAN, 105
BOLLMANN, 36, 158
BOLSER, 94
BOLSINGER, 4, 5
BOLZINGER, 80
BOMMER, 6, 12, 24,
    32, 33, 42, 46,
    50
BOND, 29, 33
BONERT, 169
BONHAUS, 168

BONTLINE, 157
BOOK, 73
BOOKWALT, 17
BOOMER, 46
BOOTHE, 48
BORCHERS, 59
BORGARDING, 180
BORGER, 55
BORGMAN, 51, 105
BORGMANN, 78, 105
BORMAN, 105
BORTLEIN, 157
BORTLINE, 170
BOSCH, 105
BOSKEN, 182
BOSSE, 123, 166
BOSSERT, 38
BOTTENHORN, 178
BOTTONI, 149
BOURN, 76
BOVA, 105
BOWERS, 156, 178
BOWKER, 58
BOWSER, 17
BOYCE, 105
BOYD, 46, 54, 66, 80,
    90, 92
BOYER, 6
BRABENDER, 77, 182
BRACHER, 69
BRACKEN, 32, 33, 92,
    105
BRADFORD, 65, 67,
    149
BRADLEY, 11
BRADY, 17, 105
BRAEGER, 80
BRAENING, 167
BRAEUNING, 167, 179
BRAHM, 157
BRAIDWEIT, 80
BRAINY, 183
BRAKENHIUR, 149
BRAMLAGE, 183
BRANDENBURG, 106
BRANDENBURG, 149
BRANDHORST, 41, 52
BRANDITETTNER, 9
BRANKAMP, 106, 149
BRANN, 106
BRARUCHT, 80
BRATER, 27
BRAUCH, 167
BRAUM, 172, 175
BRAUN, 55, 80, 106,
    149,158, 162,
    164, 171, 172
    174, 183
BRAUSCH, 165, 183
BRAY, 90
BRECOUNT, 169
BREEN, 17
BREHM, 181, 182
BREILING, 169
BREINNER, 23
BREMER, 106

BRENNER, 6
BRENSTRUB, 80
BRENTLINGER, 106
BREUND, 164
BREVING, 106
BREWER, 58, 106
BREWSTER, 41
BRIANT, 90
BRICK, 106
BRICKNER, 106
BRIELMAIER, 158, 165
    173, 183
BRIELMEIER, 160, 185
    173
BRIELMEYER, 106,
    173
BRIEMER, 149
BRIERLY, 25, 88
BRIES, 80
BRIGEL, 158, 159, 162
BRINKMAN, 5
BRISTOW, 161
BRITCH, 169
BRITTON, 37, 78
BROCK, 183
BROCKHAUS, 106, 149
BROCKHOFF, 1, 12, 18
    19, 23, 35, 46,
    77, 92, 122
BROCKMEIER, 44, 61,
    106
BRODBECK, 106
BROEGER, 80
BROERMAN, 58
BROGEL, 106, 149
BROGLE, 26
BROKHOFF, 80
BROOKS, 77, 90
BROS, 157
BROSMER, 169
BROSS, 58, 106, 158,
    174, 176, 183
BROSSARD, 106
BROSSART, 58, 106
BROSZMER, 159
BROTHWOHL, 169
BROWN, 6, 24, 29, 48,
    50, 59, 60, 77
    90, 94, 96,
    106, 149, 156
BROWNE, 60, 181
BROXTERMAN, 106,
    107, 149
BROZ, 53
BRUCE, 156
BRUCH, 44
BRUESTLE, 29, 68
BRUEWER, 107
BRUFACH, 107
BRUG, 39
BRUMER, 130
BRUNGEL, 107
BRUNGS, 107
BRUNING, 167
BRUNN, 9
BRUNNER, 88, 107
BRUNS, 171, 181

FEHR, 5, 32, 184
FEHRING, 112, 166, 177
FEISS, 16, 39
FEIST, 179
FEITH, 45, 112
FELDKAMP, 14, 62
FELDMAN, 158, 178
FELIX, 26, 112
FELLER, 112, 150
FELLERS, 2
FELTZ, 180
FENBERS, 150
FENTNER, 81
FENTON, 92
FERGUSON, 69
FERNEDING, 47, 48, 78, 81, 167
FERRELL, 62
FERRIL, 25
FERRIS, 183
FERSICH, 75
FESSELL, 112
FETH, 81
FEY, 165, 167, 183
FICHEBAUM, 81
FIDLER, 156
FIEDELDEY, 112
FIELD, 112
FIEDLER, 60, 67
FIEGENBAUER, 81
FIELDS, 27
FIGHTMASTER, 57
FINAMORE, 179
FINDLEY, 166, 177
FINK, 62, 180
FINKBAUER, 81
FINKBEINER, 3, 36, 37, 55
FINKE, 112, 168, 183
FINLEY, 90
FINNIGAN, 112
FISCHER, 11, 22, 23, 27, 29, 32, 40, 56, 57, 81, 112, 113, 170, 179
FISCHESSER, 68, 113, 174, 183, 184
FISH, 90
FISHER, 40, 63, 81, 90, 113, 150, 158
FISSEL, 150
FITCH, 156
FITHIAN, 90
FITZGERALD, 38, 113
FITZJARRELL, 165
FITZPATRICK, 52, 113, 150
FLACH, 56
FLAHERTY, 182
FLANAGAN, 113
FLANIGAN, 150, 169
FLEAHER, 113
FLECK, 61
FLECKENSTEIN, 113

FLECKENSTEINE, 158
FLEMING, 181
FLEURY, 19
FLICK, 3, 73, 113, 164, 167
FLINCKPAUCH, 78
FLINSCHBACH, 81
FLOURNOY, 42
FLUEGEMAN, 113
FLYNN, 88, 113, 177
FOCKE, 15, 16, 17, 37, 50, 113, 150
FOEGLE, 69
FOGLE, 17
FOLSOM, 57
FOLTZER, 177
FONDENBERG, 150
FONDENBERGER, 128
FOPPE, 75
FORESTER, 13, 14
FORMAN, 180
FORSYTH, 17
FOSTER, 184
FOWLER, 50, 182
FOX, 11, 37, 43, 81, 86, 113, 155, 184
FRAAS, 62
FRANCIS, 29, 37
FRANCOTTE, 35
FRANEY, 113
FRANK, 19, 24, 51, 52, 59, 75, 90, 155
FRANKENBERG, 46, 48, 86
FRANKENSTEIN, 81
FRANKHOUSE, 155
FRANZ, 79, 170, 176
FRASS, 115
FRAZIER, 77, 78
FREDERICK, 58
FREESE, 74, 118, 182
FREESON, 70
FREESTON, 155
FREESTONE, 156
FREISENS, 86
FREITAG, 77
FREPPON, 51
FREY, 5, 10, 11, 56, 57, 60, 69, 74, 113, 157, 158, 160, 161, 164, 165, 166, 169, 172, 173, 176, 178, 184
FRICKE, 150
FRICKERT, 173, 184
FRIEB, 184
FRIEDRICH, 67, 68
FRIES, 184
FRIESZ, 170
FRIETSCH, 150
FRITSCHLER, 61
FRITZ, 51, 113, 114, 150, 179
FRITZPATRICK, 78

FRONDORF, 53, 75, 101, 111, 114, 150, 154, 155
FRUEHE, 5, 6, 81
FRUN, 81
FUCHS, 8, 12, 81, 114
FUELL, 180
FULLER, 76, 114, 137, 150
FULMER, 114
FULTON, 184
FUNK, 39, 61, 81
FURNISH, 40
FUSS, 78
FUTTER, 177
FYKE, 59

- G -

GABRIEL, 114
GAIGE, 78, 162
GAINES, 92
GAISER, 88, 179
GALBRAITH, 114
GALBREATH, 99
GALL, 159
GALLAGHER, 155, 179
GAMEL, 163, 164
GANNON, 50
GANTER, 171
GANZ, 156
GARBER, 42, 49, 50
GARBON, 173, 175, 184
GARDENER, 144
GARDNER, 39, 60, 89, 164, 165
GARRETT, 22
GARRISON, 94, 96
GARY, 72
GASNER, 156
GASS, 114
GASSNER, 156
GATCH, 156
GATES, 182
GATTEMOLLERS, 4
GAUB, 24, 81
GAUGER, 114
GEARTLEIN, 61
GEEDING, 34
GEHL, 53
GEHRING, 24, 70, 114, 150
GEHRINGER, 21
GEIER, 73
GEIGER, 79, 114, 168, 169, 182
GEIR, 73
GEIS, 114
GEISER, 79, 114, 115, 158, 163, 166, 172, 174, 176, 178, 184
GEISSINGER, 156
GEIST, 3, 21, 26, 39, 172, 184

GEISZLER, 157
GELLENBECK, 115
GEMPP, 37
GENNERLEIN, 81
GERACI, 160
GERBER, 78, 81
GERDES, 178
GERHARD, 115
GERHARDT, 115
GERKAN, 115
GERKE, 115
GERKEN, 160, 184
GERLAND, 30, 150
GERMAN, 115
GERNE, 4
GERNGROSS, 161
GERRETY, 160
GERTTER, 170
GERWE, 180
GERWIN, 81
GETZ, 128, 157
GETZENDANNER, 61, 92
GEYER, 48, 49
GIANNETTO, 63
GIBBS, 78, 81
GIBEAN, 115
GIERING, 44
GIERTLER, 158
GIESENBERG, 44
GIESKEN, 182
GIESLER, 157, 175
GIFFIN, 98
GILBERT, 21, 37, 49, 65, 115
GILDEHAUS, 65, 68
GILES, 173
GILLEN, 115, 164
GILLIAM, 136
GILLICH, 166, 170
GILLICK, 115
GILLIS, 81
GILVEN, 62
GINGERICH, 22
GINGINRCH, 4
GINLEY, 115
GINN, 115, 150, 184
GINTER, 77, 115
GIRARDEAN, 150
GIRBER, 81
GIVEN, 15
GIVENS, 52
GLAISEN, 162
GLASER, 64, 169
GLASHIEN, 115
GLASMEIER, 165
GLASSCOCK, 156
GLASSMEYER, 115, 178, 184
GLATT, 42
GLINDMEIER, 184
GLINDMEIR, 174
GOEBEL, 37, 58, 71
GOEDDE, 68
GOEDDEL, 16
GOERTEMOELLER, 62

5

JACOBS, 47, 48, 50, 164
JAEGER, 32
JAICH, 8
JAKOB, 120
JANSON, 18, 38, 120
JANSZEN, 172
JASPERS, 18, 109, 120
JAUCH, 180
JELICK, 184
JENKINS, 151
JENNINGS, 4
JERCHERHEIM, 151
JESSENDORF, 184
JESSUP, 98
JETT, 64
JOBST, 120, 151
JOCHUM, 120
JODY, 168
JOHM, 8
JOHNS, 72, 156
JOHNSON, 17, 38, 49, 78, 82, 91, 96, 120, 151, 156
JOLLY, 164
JONES, 36, 68, 76, 82, 91, 120, 156, 181
JOPPS, 82
JOSEPH, 151
JOSTING, 10, 82
JOYNER, 63
JRUNEWEIN, 120
JUENGLING, 73, 108, 120
JUERGENS, 120
JUGIEZ, 155
JULCH, 49
JULI, 82
JUNG, 68, 82, 120
JUNGKUNZ, 121, 179
JUNIET, 166
JUNKER, 120, 121, 137, 144

- K -

KABBES, 181, 182
KAELIN, 179
KAES, 10, 13, 14, 82
KAESER, 166, 184
KAHLES, 165, 177
KAILHOLZ, 23, 57
KAINYSELMAN, 151
KAISER, 18
KALLAGE, 172
KALLMEYER, 44, 63, 121
KAMMER, 151, 152, 159, 160, 161, 162, 172, 173, 174, 175, 184
KAMMERER, 121, 184
KAMP, 121
KAMPEL, 121

KAMPHAUS, 109, 121, 164
KANE, 64
KANET, 121
KANIT, 48
KAPPEL, 36
KAPPNER, 121, 151
KARCH, 181
KARCHES, 161
KARG, 168
KARRER, 121
KARST, 50
KARTZE, 43
KASER, 74
KASKE, 121
KASMORE, 34
KASPER, 159, 167, 169, 184
KASSELWANDER, 184
KASTER, 170
KATH, 36
KAUTZ, 91
KAWALSZIK, 79
KAY, 52, 54, 179
KAYSER, 2
KECK, 156
KEELER, 82
KEEMER, 157
KEENE, 57
KEEPPINGER, 34
KEGEL, 27, 33, 121
KEILHOLZ, 23, 24, 43, 82, 151, 164
KEISER, 2, 18, 121, 151
KELHOFFER, 165
KELL, 121
KELLER, 1, 45, 47, 68, 78, 82, 121, 151, 157, 159. 163, 177, 182 184
KELLEY, 45, 66, 73, 121
KELLY, 151, 159
KELSAY, 94, 96
KELSCH, 121
KELSEY, 96
KEMME, 121, 133, 151
KEMP, 156
KEMPF, 24, 37, 82,167
KEMPLIN, 184
KENDALL, 155
KENKER, 9
KENNADEY, 100
KENNEDY, 134
KENNING, 121
KEPPNER, 91
KERBER, 2, 43, 121, 122
KERN, 51, 122
KERSH, 178
KESSELRING, 52
KESSEN, 108, 122, 180
KESSLER, 16, 17
KETTEMAN, 73

KETTERMAN, 2
KEYES, 156
KEYSER, 82
KIDD, 73, 160
KIEFER, 41, 160, 170, 177
KIEFFER, 67
KIEFLER, 122, 123,184
KIEHBORTH, 64
KIELHOFER, 160
KILRAIN, 122
KIMBALL, 82
KINEMEYER, 22, 40
KING, 76, 78
KINNAN, 94, 96, 97
KINNE, 17, 122, 171
KINNEMEYER, 40
KIRBY, 73, 74
KIRCHER, 48
KIRCHGESSNER, 7, 61, 75, 122
KIRCHNER, 122
KIRGAN, 99, 100
KIRK, 156
KIRWIN, 122
KISER, 19
KISSEL, 122
KISSICK, 35, 82, 174
KISSING, 122
KIST, 122, 151, 168, 174, 177
KISTNER, 72, 174, 184
KITTEL, 32
KLAWITTER, 122
KLECKMER, 151
KLEEB, 67
KLEEMAN, 34
KLEEMANN, 1, 26, 27, 34
KLEIN, 4, 76, 122, 159, 171, 172
KLEINE, 159, 184
KLEINFELTER, 63
KLEINLE, 20, 40
KLEINTANK, 122
KLEINWAECHTER, 56, 180
KLEMENS, 88
KLIMPER, 168
KLINE, 35
KLINELA, 82
KLING, 122
KLINK, 40
KLOEPFER, 181
KLOHA, 82
KLOPFSTEIN, 46
KLOPP, 151
KLOSTERMAN, 161, 176
KLUBA, 184
KLUCH, 157
KLUG, 1, 122, 163
KLUNDT, 122, 126
KLUSMAN, 7, 46, 82, 122
KLUSMANN, 3, 7

KNAB, 160
KNABE, 6
KNAGGS, 65
KNAPP, 12, 20, 33, 75, 122, 180
KNAUBER, 48, 50, 58, 59, 76, 78, 101, 122, 123, 151
KNAUSZ, 29
KNECHT, 120, 122
KNEPPER, 122
KNERIUM, 18
KNIERIEHM, 46, 47
KNIERIM, 28
KNIGHT, 67, 122
KNIPPER, 70
KNOEPFLER, 122
KNOESEL, 122
KNOLLMAN,122
KNOSE, 28,36
KNOSP, 75, 151
KNOTH, 40
KOBBE, 61
KOBER, 82
KOCH, 3, 13, 18, 26, 43, 62, 63, 76, 82, 123, 178, 184
KOCK, 1, 163, 172, 175 184
KOEHLER, 123
KOENIG, 27, 42, 82
KOEPFER, 148
KOEPFLE, 180, 184
KOERBER, 13
KOESTER, 107
KOHL, 123, 168, 174
KOHLHEIM, 82
KOHLMAN, 123
KOHLMANN, 151
KOKENGE, 179
KOLB, 44, 45
KOLBINSKY, 53
KOLKS, 179
KOLODZIK, 185
KONRAD, 151
KOON, 99
KOOP, 123
KOOPMAN, 60
KOPFTE, 171
KOPP, 110
KORB, 11, 62, 64, 123
KORNDORFER, 82
KORZDORFER, 2, 6, 7, 89
KOTH, 35
KOTTMEYER, 29
KOTTMYER, 29
KOVACS, 167
KRAFT, 123
KRAMER, 2, 14, 82, 88, 123, 142, 144, 148, 151, 164, 168,178, 180, 181

NEYMAN, 53
NICHOLS, 25, 50, 51, 131, 172
NICHOLSON, 131
NICKUM, 55
NIDA, 83
NIEBLING, 182
NIEHAUS, 57, 131, 159, 161, 163, 166, 185
NIEHOFF, 131
NIELAND, 36
NIEMAN, 53, 169, 174, 179, 185
NIEMANN, 131, 132, 162
NIEMEIER, 160, 185
NIEMEYER, 167, 180
NIENABER, 131, 132
NIES, 72, 132, 185
NIESEL, 132
NIGHTENGALE, 5
NIGHTINGALE, 10, 19, 39
NIKLAS, 185
NISTLER, 38
NOBLE, 91, 93
NOCHELTY, 132
NOEHRING, 132
NOELL, 11
NOERR, 13
NOES, 66
NOLKAMPER, 23, 24
NOLL, 51, 62, 70, 72, 179
NOLLER, 8, 17
NOLTE, 132
NONNENMACHER, 132
NORBERT, 132
NORRIS, 40, 46, 96
NORTON, 132
NOSTEHEIDE, 33
NOSTHEIDE, 132, 152
NOTH, 132, 152
NOYES, 132
NUGENT, 41
NUNN, 182
NUSEKABEL, 26, 27, 132
NUSEKABLE, 152
NUSKY, 9, 10
NUSS, 48
NUTZEL, 83
NUZMANN, 83

- O -

OAKLEY, 75
OAKS, 57
OBERHELMAN, 60
OBERT, 132, 182
OBLE, 8
O'BRIEN, 132, 181
OCHS, 170

OEHLER, 101, 132, 157, 161, 162, 164, 169, 173, 174, 177, 185
OELLING, 132
OETTINGER, 15, 67
O'GARA, 33
OGDEN, 132
O'HEARN, 76
OLDING, 72, 132, 180
OLEARY, 158
OLMSTED, 98
OMEN, 39
OREAR, 185
O'ROURKE, 174, 185
ORR, 19, 91
ORSCHELL, 132
ORTH, 132
OSBORNE, 182
OSER, 185
O'SHAUGHNESSY, 180
OSHRY, 132
OST, 155
OSTENDORF, 179, 180
OSTERDAY, 73
OSTERHUES, 62
OSTERHUS, 60
OSTERKAMP, 132, 152
OTT, 165, 167
OTTAWAY, 63
OTTE, 164
OTTEM, 185
OTTKE, 169
OVERBECK, 132
OVERINGTON, 132

- P -

PACKER, 132
PACKHAM, 185
PACL, 185
PAFFE, 162, 185
PAHLS, 132, 133
PAILER, 185
PAILEY, 96
PALK, 55
PALVER, 96
PANARO, 74
PANI ?, 152
PANTLE, 133
PAPE, 58
PARK, 99
PARKER, 95, 96
PARROTT, 93, 133
PARRY, 17, 38
PARSONS, 152
PARTRIDGE, 75
PARTY, 129
PARTYMILLER, 152
PASELEY, 95
PASQUIRE, 62
PASSO, 20
PATMAN, 156
PATRICK, 162
PATTERSON, 62
PATTON, 58, 93

PAUL, 71, 181
PAULEY, 34
PAULL, 39
PAULY, 133
PAVEY, 93
PAYNE, 95, 160
PAYTON, 96
PEACE, 77
PEARMAN, 91
PECK, 62
PEERY, 83
PEETE, 179
PEFE, 83
PEGG, 53
PEKEL, 77
PELIZAEUS, 1
PELLMAN, 63
PELZEL, 178, 185
PENDLETON, 83
PENNAK, 12, 33
PENNINGTON, 152
PEREIRA, 73
PERRANT, 174
PERRY, 93
PERZEL, 133
PETER, 76
PETERS, 9, 34, 50, 51, 56, 76, 133, 166, 169, 171, 178, 181
PETERSMAN, 170, 185
PETERSMANN, 133
PETERSON, 47, 50
PETES, 179
PETRI, 8, 24, 83
PETRY, 133, 152, 158, 176, 184, 185
PFADT, 133, 141
PFAFF, 2, 11, 18, 27, 30, 33, 36, 39, 53, 64, 83
PFAHLER, 35, 54
PFAU, 70
PFEIFFER, 76
PFENNING, 177
PFISTER, 40
PFITZER, 102, 133
PFLUM, 133
PFOETZER, 88
PHANDNER, 4
PHELPS, 53
PHILIPP, 63
PHILIPPI, 58
PHILLIPS, 47, 73
PHOENIX, 51
PIAZZA, 182
PICKENS, 63, 182
PIEPER, 20, 21
PIERCE, 14
PIEPMEIER, 133, 144
PIEPMIER, 117
PILLER, 171, 173, 179, 185
PILZER, 185
PINAK, 83
PINE, 156

PINKERTON, 70, 79
PIPER, 24
PIPP, 152
PIRMAN, 133
PISTOR, 57
PLATT, 68
PLATTS, 93
PLECKER, 83
PLICKER, 39
PLOEGER, 133
PLOGSTED, 66, 177
PLOSS, 70
PLOW, 99
PLUM, 163
PLUMMER, 68, 78
POLK, 55
POLKING, 133
POLLARD, 156
POLLMEIER, 185
POLLWINE, 159, 164
POOLE, 72
POPP, 8, 133, 152
POPPLEWELL, 38
PORCARO, 166
PORTMAN, 164
POSTLE, 17
POTH, 25
POTRAFFHE, 152
POTRAFFKE, 37, 38, 77
POTTS, 56
POTTSCHMIDT, 133
POTTWEIN, 173
POUDER, 155
POWELL, 59, 108, 133
POWERS, 182
POWNER, 51, 52, 68, 83, 95, 96
PRADAL, 185
PRADEL, 160
PRAGAR, 21, 35, 55, 56
PRAGER, 15, 21, 47
PREISING, 78
PREM, 57
PRENDERGAST, 160
PRICE, 161
PRICHARD, 60
PRINCE, 156
PRINZBACK, 177
PROBST, 60, 64
PROCK, 44
PROCTOR, 57
PROSSER, 95
PROTSMAN, 86
PUCCI, 133
PUCKETT, 5
PURCELL, 133
PUTHOFF, 133
PUTZ, 134

- Q -

QUAST, 185
QUINT, 134

13

WEEKS, 97
WEGELIN, 45
WEGENER, 146
WEGHORST, 43
WEHRLE, 72, 89
WEHRMEYER, 41, 42, 47, 76
WEIDMANN, 53
WEIDNER, 115, 146, 153
WEIERMAN, 85
WEIFS, 146
WEIGH, 88
WEIGLEIN, 101, 146, 153
WEIHERMANN, 85
WEIK, 88, 162
WEIKEL, 85
WEIL, 44, 146, 153, 167, 168, 180
WEINGARTNER, 74
WEINLE, 146, 153
WEINMANN, 85
WEIRMAN, 14, 15, 146
WEIS, 25, 41
WEISBRODT, 146
WEISE, 37
WEISMAN, 186
WEISS, 146, 167, 173, 186
WEITZ, 146, 153
WEITZEL, 3, 146, 170, 178, 186
WELAGE, 169
WELLS, 76
WELSH, 51, 164, 181, 186
WENDELMANN, 2
WENDLING, 73, 171, 181
WENGERT, 44
WENINGER, 5, 7, 85
WENNING, 165
WENNINGER, 172
WENTZEL, 167, 171, 174, 186
WENTZINGER, 169,186
WENZ, 146, 153
WERNER, 77, 89
WERNICKE, 146
WERNKE, 146
WERTZ, 60, 65, 153
WESCOTT, 95, 97
WESOLOWSKI, 52
WESSEL, 43, 52, 75, 146
WESSELMAN, 76, 153
WESSEMEIER, 85, 154
WESSENDORF, 182
WESSLING, 18
WEST, 66, 76
WESTERFIELD, 74
WESTERMAN, 146, 153
WESTERMANN, 59
WESTMEYER, 37, 146, 154

WESTRICH, 12, 74, 101, 108,130, 146, 147, 154, 163, 172, 173, 186
WETHINGTON, 166
WETTERER, 66
WETTERSTROEM, 156
WETZEL, 147
WEYMANN, 47
WHACKE, 39
WHEATLEY, 35
WHEELAHAN, 147
WHITE, 8, 55, 68, 156, 179
WHITED, 56, 181
WHITMER, 156
WHITTMAN, 186
WIBBELSMAN, 147
WICK, 61
WIDMER, 39, 147
WIDNER, 52, 147
WIECHMAN, 170
WIEGEL, 147
WIEGLEIN, 147
WIEMAN, 166
WIERMEL, 159
WIESEHAN, 36, 38
WIESMAN, 57, 158, 159, 161, 165, 169, 172, 174, 176, 186
WIESMANN, 161, 163, 165, 172, 173, 178
WIESNER, 27
WIEST, 165, 175, 176, 186
WIGHTMAN, 68
WIHST, 97
WILBERS, 101
WILBURN, 37
WILCHER, 54
WILCOX, 154
WILDE, 10, 19
WILDER, 147
WILK, 147
WILKENS, 147
WILKINS, 164
WILLEN, 107, 149
WILLENBURG, 71
WILLIAMS, 29, 51, 75, 76, 86, 91, 147
WILLIAMSON, 43, 57, 91
WILLING, 147
WILLIS, 87
WILLKINSON, 85
WILLOUGHBY, 75
WILLWERTH, 147
WILMER, 49, 147, 156
WILPERS, 171
WILSON, 54, 59, 74, 86, 156, 159, 166, 180

WILTSEE, 95
WIMMER, 7, 85
WINDHOLTZ, 147, 154
WINGASSEN, 154
WINGERT, 75, 172
WINKEMEIER, 49
WINKLER, 24, 77
WINOLD, 62
WINTER, 63, 147
WINTERHALTER, 48
WINTERMAN, 160
WINTERS, 147
WINTZINGER, 161
WIRMEL, 147
WIRTH, 154
WIRTHLIN, 91
WIRTZ, 33, 147
WISSEL, 158, 160, 163, 165, 170, 171, 174, 175, 177, 180, 181, 186
WISSEMEIER, 28, 43, 51, 147
WITHAM, 156
WITT, 147
WITTE, 47, 105, 148, 154, 168
WITTENBERG, 13, 14
WITTMAN, 172
WITTROCK, 72
WOCHER, 85
WODE, 60
WODRICH, 67
WOEFER, 76
WOERZ, 148
WOLF, 19, 26, 53, 55, 71, 148, 156, 186
WOLFE, 90, 91
WOLFER, 76
WOLLJUNG, 182
WOLMER, 172
WOLTERING, 148
WOLTERMAN, 165,186
WOOD, 38, 52, 91, 148, 154, 186
WOODS, 24, 39, 78
WOOLEY, 95, 97, 156
WOOLWINE, 154
WOPPERER, 70, 148
WORST, 181
WORTHINGTON, 154
WOTTLE, 148
WOYCKE, 169
WRESCHAM, 50
WRIGHT, 30, 56, 97, 178
WUBBOLDING, 148
WUEBBLING, 66
WUELZER, 19, 20
WUEST, 5, 85, 170, 186
WULLKOTTE, 168, 170
WUND, 57
WURTZ, 21, 63, 75
WURZELBACHER, 158 175, 186

WURZELBACKER, 186
WYATT, 100

- Y -

YANAWINE, 148
YANNEY, 88
YEAROUT, 54
YETTER, 148
YOCKEY, 148
YOUNG, 25, 74, 148, 156, 175
YOUNGER, 68, 182
YOUNGMAN, 148
YOURTREE, 156
YUNKER, 148
YUST, 161, 186

- Z -

ZAESKE, 19, 27, 46
ZAVISIN, 77
ZEEK, 72, 77
ZEHBOGEN, 8
ZEINER, 166
ZEINNER, 166, 180, 181
ZEISER, 148
ZELNER, 23
ZENZER, 148
ZEPF, 148
ZETZEL, 148
ZIEGLER, 175
ZIESMANN, 77
ZIEVERINK, 148
ZIMMERMAN, 11, 17, 34, 51, 61, 62, 77, 148, 154
ZIMMERMANN, 41, 85
ZINGER, 2
ZOLG, 148
ZOLLER, 163, 178, 181
ZORN, 4, 8, 21, 85
ZUMBAHLEN, 154
ZUGELTER, 16
ZUGLISCH, 85
ZWISSLER, 159, 177, 178, 185, 186
ZWYGART, 175